컴퓨터 구조와 원리 3.0

다양한 그림으로 배우는 컴퓨터의 동작 원리

지은이 **신종홍** sigs@mail.kcu.ac

홍익대학교 전자전기컴퓨터정보통신공학부에서 학사 · 석사 · 박사를 취득했습니다. 홍익대학교 같은 학과에서 겸임교수로 재직했으며, 2003년부터 2021년까지 숭실사이버대학교 ICT 및 전기공학부 교수로 재직 중입니다. 웨이브렛 이론, 디지털 비디오 및 영상 신호처리, 디지털 워터마크 및 영상 보안 등에 관심이 많으며, 저서로는 '2009년 우수학술도서'로 선정된 『디지털 영상처리 입문』(한빛아카데미, 2008)이 있습니다.

컴퓨터 구조와 원리 3.0

초판발행 2021년 6월 30일
3쇄발행 2023년 3월 20일

지은이 신종홍 / **펴낸이** 전태호
펴낸곳 한빛아카데미(주) / **주소** 서울시 서대문구 연희로2길 62 한빛아카데미(주) 2층
전화 02-336-7112 / **팩스** 02-336-7199
등록 2013년 1월 14일 제 2017-000063호 / **ISBN** 979-11-5664-543-6 93000

책임편집 유경희 / **기획** 유경희 / **편집** 박민정 / **진행** 정지윤
디자인 표지 윤혜원, 내지 이아란 / **전산편집** 박종희 / **제작** 박성우, 김정우
영업 김태진, 김성삼, 이정훈, 임현기, 이성훈, 김주성 / **마케팅** 길진철, 김호철, 심지연

이 책에 대한 의견이나 오탈자 및 잘못된 내용에 대한 수정 정보는 아래 이메일로 알려주십시오.
잘못된 책은 구입하신 서점에서 교환해 드립니다. 책값은 뒤표지에 표시되어 있습니다.
홈페이지 www.hanbit.co.kr / 이메일 question@hanbit.co.kr

Published by HANBIT Academy, Inc. Printed in Korea

Computer Architecture

신종홍 지음

컴퓨터 구조와 원리 3.0

다양한 그림으로 배우는 컴퓨터의 동작 원리

한빛아카데미
Hanbit Academy, Inc.

진정한 IT 전문가의 첫 입문서, 컴퓨터 구조

우리는 빠르게 발전하는 정보화 시대에 살고 있습니다. 정보화 시대를 이끄는 기본적인 원동력은 컴퓨터와 인터넷입니다. 컴퓨터의 처리 능력이 지속적·비약적으로 향상함에 따라 데이터를 저장하는 능력도 계속 증가하고 있습니다. 그 결과 대용량 멀티미디어 정보를 원활하게 처리함으로써 오디오, 이미지, 비디오는 물론이고 컴퓨터에서 가상현실까지 체험할 수 있게 되었습니다. 인터넷은 전기 신호를 기본으로 하는 유선 매체 시대를 지나 빛 신호를 이용하여 초고속으로 통신하는 광 네트워크 시대로 발전했습니다.

최근에는 스마트폰과 태블릿 PC가 정보화 시대를 한층 빠르게 발전시키고 있습니다. 이러한 기기는 컴퓨터보다 가볍지만 컴퓨터와 거의 동일한 수준의 기능을 수행합니다. 또한 블루투스와 와이파이 등의 무선 환경에서도 데이터 통신이 가능하여 사물인터넷 시대의 필수적인 장치로 자리를 잡아가고 있습니다. 스마트 기기는 컴퓨터처럼 다양한 형태의 응용 프로그램을 설치하고 여러 하드웨어 장치를 장착할 수 있습니다. 모바일 기기는 이동성 특징을 활용하여 지구자기 센서, 중력 센서, GPS, 조도 센서, 근접 센서를 장착함으로써 컴퓨터가 구현하기 힘든 작업도 수행할 수 있습니다.

최신 스마트 기기와 초기 컴퓨터의 구조가 전혀 다른 형태일 것 같지만 큰 차이는 없습니다. 최신 스마트 기기와 초기의 IBM 컴퓨터는 외부적으로 동일한 입출력 장치를 포함하며 내부적으로는 중앙 처리 장치와 기억 장치 시스템, 운영체제를 포함합니다. 물론 초기 컴퓨터에 비해 스마트 기기의 성능이 비약적으로 발전했지만 그 역할은 동일합니다.

이 책은 컴퓨터의 구성과 동작을 정확하게 이해하고, 이를 바탕으로 최신 스마트 기기를 이해하는 것을 목표로 합니다. 이 책은 컴퓨터 구조의 큰 그림을 그릴 수 있도록 구성했습니다. 먼저 컴퓨터를 이해하는 데 필요한 지식을 설명합니다. 그리고 컴퓨터의 큰 틀을 제시한 후 컴퓨터의 외관과 내부를 설명합니다.

- **1장:** 컴퓨터 시스템을 구성하는 요소를 파악하고 컴퓨터의 발전을 이해합니다. 그리고 컴퓨터의 분류를 통해 컴퓨터의 종류를 파악합니다.

- **2장**: 컴퓨터에서 데이터를 표현하는 진법을 이해하고 2진수 표현, 문자 표현, 2진수 연산을 공부합니다.
- **3장**: 컴퓨터의 구성 장치를 이해하는 데 필요한 디지털 논리를 살펴봅니다. 논리 게이트의 종류와 특성을 파악하고 불 대수의 개념과 간략화, 플립플롭을 공부합니다.
- **4장**: 디지털 논리를 기반으로 컴퓨터에서 활용되는 조합 논리회로와 순차 논리회로를 공부합니다.
- **5장**: 컴퓨터 구성과 버스를 통한 구성의 상호 연결과 컴퓨터의 기능, 동작을 공부합니다.
- **6장**: 중앙 처리 장치의 내부 구성과 논리회로 설계를 이해하고 기능, 동작, 성능을 파악합니다.
- **7장**: 기억 장치와 주기억 장치를 이해하고 RAM과 ROM의 개념, 설계를 공부합니다.
- **8장**: 캐시 기억 장치의 개념을 이해하고 동작 원리, 설계 방법, 구조를 공부합니다.
- **9장**: 보조 기억 장치의 개념을 이해하고 자기 디스크, RAID, 광디스크 기억 장치의 특성을 공부합니다.
- **10장**: 입출력 장치를 이해하고 입출력 모듈의 개념과 제어 기법을 공부합니다.
- **11장**: 시스템 버스를 이해하고 다중 버스의 계층 구조, 버스 중재의 개념을 공부합니다.
- **12장**: 어셈블리 언어를 이해하고 명령어 사이클, 명령어 집합과 형식, RISC를 공부합니다.
- **13장**: 기억 장치 주소 지정 방법, 인터럽트, 명령어 파이프라이닝, 슈퍼스칼라 프로세서를 공부합니다.
- **14장**: 제어 장치와 마이크로 연산, 제어 장치 구현 방법, 마이크로프로그램을 이용한 제어 장치의 구조와 동작을 공부합니다.
- **15장**: 병렬 처리를 위한 선결 조건, 병렬 프로세서의 분류, 배열 프로세서와 다중 프로세서 등을 공부합니다.

저자 **신종홍**

이 책의 사용 설명서

| 강의 보조 자료 | 한빛아카데미 홈페이지에서 '교수회원'으로 가입하신 분은 인증 후 교수용 강의 보조 자료를 제공받을 수 있습니다. 한빛아카데미 홈페이지 상단의 〈교수전용공간〉 메뉴를 클릭하세요.
http://www.hanbit.co.kr/academy

| 연습문제 해답 | 이 책은 대학 강의용 교재로 개발되었으므로 연습문제 해답을 제공하지 않습니다.

| 주요 내용 |

❶ **컴퓨터 구조와 데이터 표현(1~2장)** 컴퓨터를 구성하는 장치와 기본 구조를 이해하고 컴퓨터에서 처리되는 데이터의 표현 방법과 기본 개념을 간략하게 살펴봅니다.

❷ **디지털 논리와 디지털 논리회로(3~4장)** 디지털 시스템을 이해하기 위해 디지털 논리와 디지털 논리회로를 살펴보고 컴퓨터에서 사용되는 데이터의 표현 방법과 연산을 학습합니다.

❸ **컴퓨터 시스템의 구성과 기능(5장)** 컴퓨터 시스템을 구성하는 하드웨어 장치와 시스템 버스를 살펴보고 컴퓨터의 수행 과정을 이해합니다.

❹ **컴퓨터 시스템(6~11장)** 컴퓨터의 기능을 이해한 후 중앙 처리 장치, 주기억 장치, 캐시 기억 장치, 보조 기억 장치, 입출력 장치, 시스템 버스 등 컴퓨터의 구성을 알아봅니다.

❺ **컴퓨터 명령어(12~13장)** 중앙 처리 장치의 명령어와 동작 과정을 살펴보고 컴퓨터 명령어를 효율적으로 실행하기 위한 기법을 학습합니다.

❻ **제어 장치와 병렬 컴퓨터 구조(14~15장)** 마이크로 연산 제어 장치를 살펴보고 이를 바탕으로 제어 장치의 구조와 동작을 학습합니다. 그리고 병렬 처리를 위한 병렬 컴퓨터 구조와 배열 프로세서, 다중 프로세서의 개념을 이해합니다.

| 참고 사이트 |

- https://en.wikipedia.org/wiki/
- https://ko.wikipedia.org/wiki/
- https://www.britannica.com/technology/computer
- https://www.livescience.com/
- https://artsandculture.google.com/
- https://www.computerhistory.org/
- https://terms.naver.com/
- https://www.doopedia.co.kr/

| 구성 요소 |

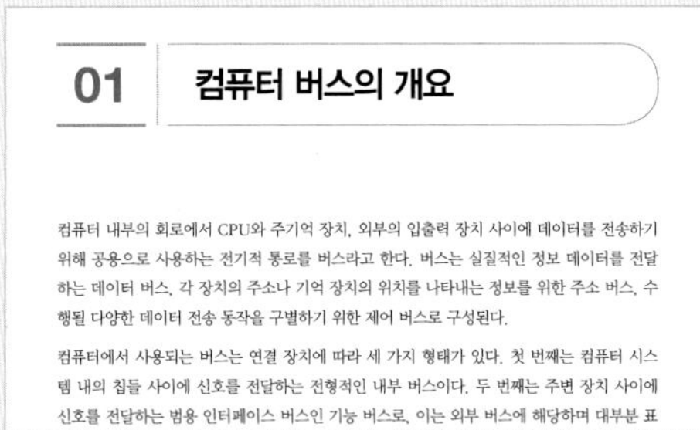
01 컴퓨터 버스의 개요

컴퓨터 내부의 회로에서 CPU와 주기억 장치, 외부의 입출력 장치 사이에 데이터를 전송하기 위해 공용으로 사용하는 전기적 통로를 버스라고 한다. 버스는 실질적인 정보 데이터를 전달하는 데이터 버스, 각 장치의 주소나 기억 장치의 위치를 나타내는 정보를 위한 주소 버스, 수행될 다양한 데이터 전송 동작을 구별하기 위한 제어 버스로 구성된다.

컴퓨터에서 사용되는 버스는 연결 장치에 따라 세 가지 형태가 있다. 첫 번째는 컴퓨터 시스템 내의 칩들 사이에 신호를 전달하는 전형적인 내부 버스이다. 두 번째는 주변 장치 사이에 신호를 전달하는 범용 인터페이스 버스인 기능 버스로, 이는 외부 버스에 해당하며 대부분 표

기본 이론

컴퓨터의 구조를 이해하는 데 필요한 전반적인 내용을 설명합니다.

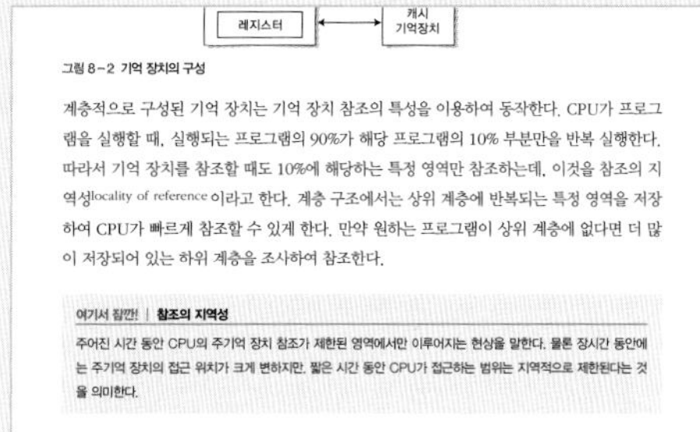

그림 8-2 기억 장치의 구성

계층적으로 구성된 기억 장치는 기억 장치 참조의 특성을 이용하여 동작한다. CPU가 프로그램을 실행할 때, 실행되는 프로그램의 90%가 해당 프로그램의 10% 부분만을 반복 실행한다. 따라서 기억 장치를 참조할 때도 10%에 해당하는 특정 영역만 참조하는데, 이것을 참조의 지역성locality of reference이라고 한다. 계층 구조에서는 상위 계층에 반복되는 특정 영역을 저장하여 CPU가 빠르게 참조할 수 있게 한다. 만약 원하는 프로그램이 상위 계층에 없다면 더 많이 저장되어 있는 하위 계층을 조사하여 참조한다.

여기서 잠깐! | 참조의 지역성

주어진 시간 동안 CPU의 주기억 장치 참조가 제한된 영역에서만 이루어지는 현상을 말한다. 물론 장시간 동안에는 주기억 장치의 접근 위치가 크게 변하지만, 짧은 시간 동안 CPU가 접근하는 범위는 지역적으로 제한된다는 것을 의미한다.

여기서 잠깐

본문 중에서 중요한 내용이나 관련 용어, 부연 설명을 수록했습니다.

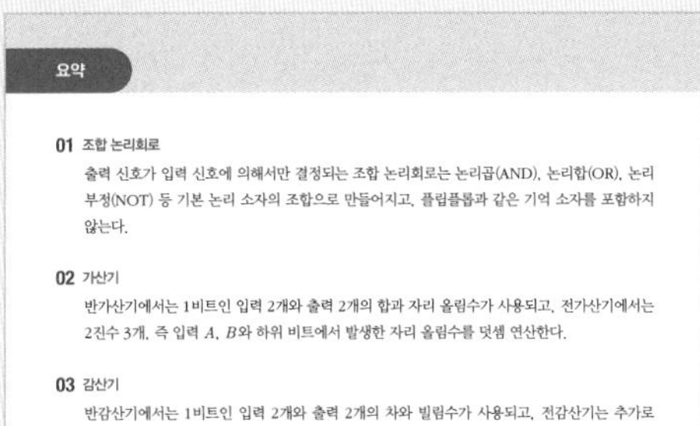
요약

01 조합 논리회로

출력 신호가 입력 신호에 의해서만 결정되는 조합 논리회로는 논리곱(AND), 논리합(OR), 논리부정(NOT) 등 기본 논리 소자의 조합으로 만들어지고, 플립플롭과 같은 기억 소자를 포함하지 않는다.

02 가산기

반가산기에서는 1비트인 입력 2개와 출력 2개의 합과 자리 올림수가 사용되고, 전가산기에서는 2진수 3개, 즉 입력 A, B와 하위 비트에서 발생한 자리 올림수를 덧셈 연산한다.

03 감산기

반감산기에서는 1비트인 입력 2개와 출력 2개의 차와 빌림수가 사용되고, 전감산기는 추가로

요약

각 장이 끝날 때마다 핵심적인 내용을 요약했습니다. 본문을 통해 얻은 세분화된 지식을 전체적으로 정리해 볼 수 있습니다.

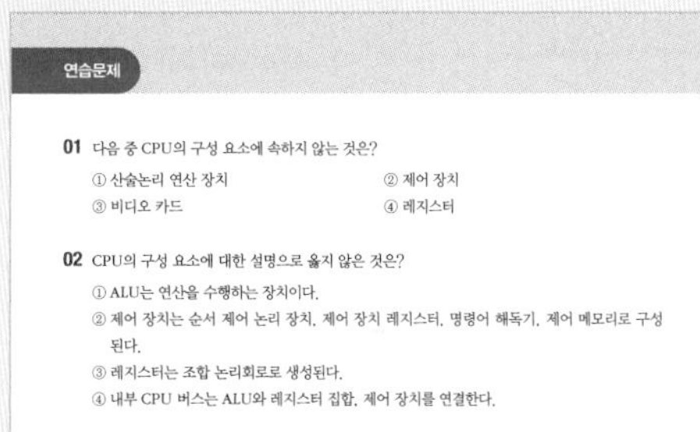
연습문제

01 다음 중 CPU의 구성 요소에 속하지 않는 것은?

① 산술논리 연산 장치 ② 제어 장치
③ 비디오 카드 ④ 레지스터

02 CPU의 구성 요소에 대한 설명으로 옳지 않은 것은?

① ALU는 연산을 수행하는 장치이다.
② 제어 장치는 순서 제어 논리 장치, 제어 장치 레지스터, 명령어 해독기, 제어 메모리로 구성된다.
③ 레지스터는 조합 논리회로로 생성된다.
④ 내부 CPU 버스는 ALU와 레지스터 집합, 제어 장치를 연결한다.

연습문제

각 장이 끝날 때마다 본문의 핵심 내용을 문제 형식으로 정리했습니다. 배운 내용을 확인해보고 응용력을 배가할 수 있습니다.

| 참고 문헌 |

- William Stallings, *Computer Organization and Architecture*, 11th edition, Pearson, 2019
- Morris Mano, *Logic And Computer Design Fundamental*, 5th edition, Pearson, 2018
- Ata Elahi, *Computer Systems Digital Design, Fundamentals of Computer Architecture and Assembly Language*, Springer, 2018
- Irv Englander, *The Architecture of Computer Hardware, Systems Software, and Networking: An Information Technology Approach*, 5th edition, Wiley, 2014
- Subir Kumar Sarkar, Asish Kumar De, Souvik Sarkar, *Foundation of Digital Electronics and Logic Design*, CRC Press, 2014

차례

Chapter 01 컴퓨터의 구조

Chapter 02 데이터의 표현과 연산

Chapter 03 디지털 논리

Chapter 04 컴퓨터에서 활용되는 디지털 논리회로

Chapter 05 컴퓨터 시스템의 구성과 기능

Chapter 06 중앙 처리 장치의 구성과 기능

Chapter 07 주기억 장치

Chapter 08 캐시 기억 장치

Chapter 09 보조 기억 장치

Chapter 10 입력과 출력

Chapter 11 시스템 버스

Chapter 13 효과적인 컴퓨터 명령어 실행 기법

Chapter 14 마이크로 연산과 제어 장치

Chapter

01

컴퓨터의 구조

학습목표

- 컴퓨터 시스템을 구성하는 요소를 파악한다.
- 컴퓨터의 발전 과정을 이해한다.
- 다양한 기준에 따라 컴퓨터를 분류한다.

01 컴퓨터 시스템의 구성 요소

컴퓨터 시스템은 하드웨어와 소프트웨어로 구성되는데, 하드웨어는 컴퓨터의 물리적인 장치이고 소프트웨어는 하드웨어의 동작을 제어하고 지시하는 프로그램이다. 하드웨어는 기본 기능에 따라 중앙 처리 장치, 기억 장치, 입력 장치, 출력 장치로 분류하고, 소프트웨어는 운영체제와 같은 시스템 소프트웨어와 응용 소프트웨어로 분류한다.

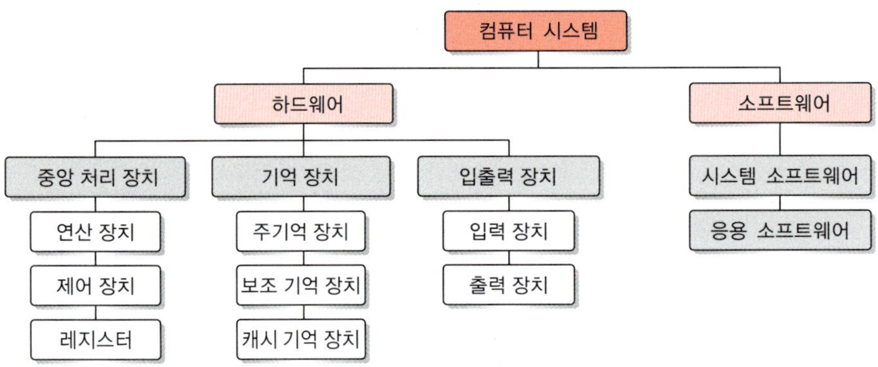

그림 1-1 컴퓨터 시스템의 구성

1 중앙 처리 장치

중앙 처리 장치Central Processing Unit, CPU는 시스템을 제어하는 제어 장치, 계산을 담당하는 산술논리 연산 장치, 저장 장소인 레지스터로 이루어져 있다. 초창기 컴퓨터 시스템에서 CPU는 개별 요소로 구성되었으나 1970년대 이후 단일 MOS 집적회로Metal Oxide Semiconductor integrated circuit 칩인 마이크로프로세서microprocessor로 구축되었다. 컴퓨터의 두뇌에 해당하는 CPU는 입력 장치를 통해 입력받은 데이터를 산술논리 연산 장치에서 처리한 후 출력 장치와 기억 장치로 보내는 제어 처리 과정을 수행한다. 즉 주어진 명령에 따라 데이터를 계산하고 각종 주변 장치에 데이터의 입출력 명령을 내리는 핵심 장치이다.

그림 1-2 중앙 처리 장치

■ **제어 장치**

제어 장치control device는 컴퓨터의 다양한 구성 요소를 관리하고 CPU 내부에서 일어나는 모든 작업을 통제한다. 제어 장치는 프로그램 명령어를 적절한 순서로 인출하고 그 명령어를 해석하여 컴퓨터 시스템의 필요한 부분을 활성화하는 제어 신호를 전달한다.

■ **산술논리 연산 장치**

산술논리 연산 장치Arithmetic Logic Unit, ALU는 산술 연산arithmetic operation과 논리 연산logic operation을 수행한다. 산술 연산은 덧셈, 뺄셈, 곱셈, 나눗셈 등의 사칙 연산이고, 논리 연산은 AND, OR, NOT, XOR 등 참과 거짓을 판별하는 연산이다.

2 기억 장치

프로그램 및 프로그램을 수행하는 데 필요한 데이터를 저장하는 기억 장치memory device는 내부 기억 장치와 외부 기억 장치로 구분할 수 있다. CPU 내의 레지스터와 캐시 기억 장치cache memory, 주기억 장치는 내부 기억 장치에 속하고, 보조 기억 장치는 외부 기억 장치에 해당한다.

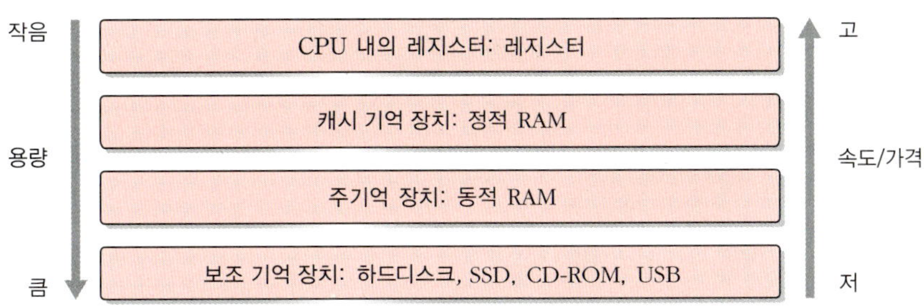

그림 1-3 기억 장치의 계층 구조

■ **주기억 장치**

CPU 가까이에 위치한 주기억 장치main memory는 프로그램 실행 중에 일시적으로만 사용되는 휘발성 메모리(전원이 꺼지면 데이터가 지워지는 메모리)로서 고속으로 액세스가 가능하다. 주기억 장치로 사용되는 RAMRandom Access Memory은 DRAM(동적 RAM)Dynamic RAM과 SRAM(정적 RAM)Static RAM으로 구분된다. SRAM은 전원이 연결된 동안에는 데이터를 보관할 수 있어 재생할 필요가 없으므로 속도가 빠르지만 가격이 비싸다. 일반적으로 주기억 장치에는 DRAM을 사용하고 캐시 같은 고속 기억 장치에는 SRAM을 사용한다.

■ **보조 기억 장치**

보조 기억 장치secondary memory는 하드디스크나 SSD, CD-ROM 같은 비휘발성 메모리(전원이 꺼져도 데이터가 지워지지 않는 메모리)이다. 주기억 장치보다 가격이 저렴하고 저장 용량이 크지만 속도가 느리기 때문에 처리 속도가 빠른 CPU와 직접적인 데이터 교환이 불가능하다.

3 입출력 장치

입력 장치input device는 데이터를 받아들이는 장치로서 키보드, 마우스, 스캐너, 마이크, 조이스틱, 카메라 등의 기본 입력 장치와 다양한 센서를 이용한 입력 장치가 있다. 키보드는 문자 데이터를, 마이크는 소리를 받아들이는 장치이다. 또한 스캐너와 카메라는 이미지를 받아들이는데, 스캐너는 주로 종이에 인쇄된 것을 이미지로 바꿔준다.

키보드

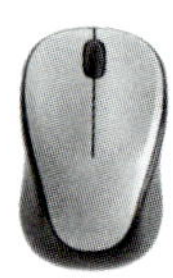

마우스

마이크

스캐너

조이스틱

그림 1-4 다양한 입력 장치

출력 장치output device는 컴퓨터 내부에서 처리된 결과를 사용자가 보거나 들을 수 있게 해주는 장치로서 화면을 출력하는 모니터, 문서를 출력하는 프린터, 소리를 출력하는 스피커와 헤드폰 등이 있다.

그림 1-5 다양한 출력 장치

4 소프트웨어

컴퓨터 프로그램 및 이와 관련된 문서를 통틀어 소프트웨어라고 한다. 소프트웨어는 정보가 이동하는 방향과 정보 처리의 종류, 이러한 동작이 일어나는 시간을 지정하는 명령의 집합으로, 운영체제와 같은 시스템 소프트웨어와 응용 소프트웨어로 구분된다.

■ 시스템 소프트웨어

시스템 소프트웨어system software는 사용자가 컴퓨터를 좀 더 효율적으로 사용하기 위해 여러 컴퓨터 시스템에서 공통적으로 필요한 프로그램이다. 즉 컴퓨터 시스템을 제어하고 운영하는 프로그램으로서 운영체제(윈도, 리눅스, 맥 등)와 컴파일러, 입출력 제어 프로그램처럼 시스템을 관리하는 유틸리티 등이 있다.

■ 응용 소프트웨어

응용 소프트웨어application software는 응용 분야에서 특정 목적을 위해 사용하는 프로그램을 말한다. 인터넷 검색을 할 때 사용하는 크롬이나 익스플로러, 영화를 볼 때 사용하는 동영상 플레이어, 발표 자료를 만들 때 사용하는 파워포인트 등이 대표적인 예이다.

02 컴퓨터의 발전 과정

컴퓨터는 기계식 계산기에서 점차 발전하여 오늘날에 이르고 있다. 주요 기계식 계산기의 발전 과정을 [표 1-1]에 정리했다.

표 1-1 기계식 계산기의 발전 과정

구분	설명
파스칼린(Pascaline)	1645년 프랑스의 과학자 파스칼(Blaise Pascal)이 톱니바퀴를 이용하여 개발한 최초의 기계식 계산기이다. 덧셈과 뺄셈이 가능하며 올림수의 자동 처리, 덧셈의 연속 처리를 통한 곱셈 연산, 음수의 보수화 표현 등의 기능을 갖추었다.
가감승제 계산기(calculating machine)	1671년 독일의 수학자 라이프니츠(Gottfried Wilhelm Leibniz)가 개발한 것으로, 덧셈과 뺄셈뿐만 아니라 곱셈과 나눗셈도 가능했다. 오늘날 탁상용 계산기의 초기 모델이다.
차분 기관(difference engine)	1823년 케임브리지대학교의 배비지(Charles Babbage) 교수가 개발한 것으로, 사람이 관여하지 않아도 계산하고 결과를 출력했다. 소수점 이하 유효 숫자 다섯 자리까지 정확한 수치표를 자동으로 계산하여 출력함으로써 삼각함수를 계산할 수 있었다.
분석 기관(analytical engine)	1834년 배비지가 설계한 것으로, 천공카드 입력 시스템과 밀(Mill)이라는 기억 장치 및 연산 장치로 구성되어 어떠한 산술 연산도 자동으로 처리할 수 있었다. 즉 데이터 입력 장치, 산술 연산 장치, 기억 장치, 출력 장치 등 오늘날 컴퓨터의 기능별 장치를 모두 갖추고 있었다.
천공카드 데이터 처리(punched card data processing)	1890년 통계학자 홀러리스(Herman Hollerith)가 미국의 인구 조사 자료를 처리하기 위해 개발했다. 천공카드를 사용한 데이터 입력 기술이 응용된 전산 기계로, 필요한 내용을 코드화한 후 카드에 구멍을 뚫어 표시하고 코드화된 이 자료를 전기적으로 처리했다.
마크 I(Mark I)	1944년 에이킨(Howard Aiken) 교수가 개발한 최초의 전기 기계식 계산기로, 배비지의 해석기가 설계된 지 100년 후 디지털 컴퓨터로 구현된 것이다.
아타나소프-베리 컴퓨터(Atanasoff-Berry Computer)	1942년 아타나소프(John Vincent Atanasoff) 교수와 제자 베리(Clifford Berry)가 순차 방식과 2진법 체계의 진공관 방식으로 개발한 컴퓨터이다. 이 전자식 계산 원리는 전자식 디지털 컴퓨터의 발달에 크게 이바지했다.
ENIAC(Electronic Numerical Integrator And Calculator)	1946년 포탄의 궤도를 추정하는 탄도 표를 만들려는 목적으로 개발되었다. 진공관을 18,000여 개 사용하여 무게가 30톤에 달하고 집채만큼 거대한 데다 프로그램을 수행하려면 스위치 6,000여 개를 조절해야 하므로 매우 불편했다. 이러한 단점에도 불구하고 최초의 전자식 디지털 컴퓨터로서 탁월한 능력을 인정받았다.

구분	설명
EDSAC(Electronic Delayed Storage Automatic Computer)	1945년 폰노이만(Johann Ludwig von Neumann)이 제안한 것으로 오늘날 컴퓨터의 기본 개념이 되었다. 1949년 윌크스(Maurice Vincent Wilkes)가 동료들과 함께 케임브리지대학교에서 최초의 프로그램 내장 방식인 EDSAC을 개발했다. 컴퓨터에 기억 장치를 설치하고 프로그램과 함께 데이터를 기억 장치에 저장했다가 컴퓨터가 프로그램에 포함된 명령어에 따라 자동으로 작업을 처리하는 방식이다.
EDVAC(Electronic Discrete Variables Automatic Computer)	1952년 미국에서 최초로 프로그램 내장 방식을 도입한 컴퓨터이다. 대용량 저장이 가능했고, 2만여 개의 글자를 저장할 수 있는 보조 기억 장치가 있었으며, 자료나 프로그램 명령어를 10진법이 아닌 2진법으로 표현했다.
UNIVAC I(UNIVersal Automatic Computer I)	1951년 순수 데이터 처리용으로 개발된 최초의 상업용 컴퓨터로 미국 인구조사통계국에서 이용했다. 또한 1954년 미국의 제너럴일렉트릭 제조 공장에 설치되어 기업체에서 사용한 최초의 컴퓨터이기도 하다. 자기 테이프를 보조 기억 장치로 하여 이를 입출력 매체로 사용했다는 점에서 컴퓨터의 발전에 크게 이바지했다.
IBM 701	1952년 IBM이 개발한 것으로, 주기억 장치가 CRT(Cathode-Ray Tube)이고 자기 드럼과 자기 테이프를 보조 기억 장치로 채택하여 이때부터 본격적인 상업용 컴퓨터 시대가 열렸다.

1950년대부터는 전자식 컴퓨터가 실용화되기 시작했는데, 사용하는 회로 소자(반도체)에 따라 다음과 같이 세대를 분류할 수 있다.

■ 1세대

- **주요 소자**: 진공관
- **주기억 장치**: 자기 드럼, 수은 지연 회로
- **보조 기억 장치**: 천공카드, 종이 테이프
- **처리 속도**: ms$^{\text{milli second}}$ = 10^{-3}초
- **사용 언어**: 기계어, 어셈블리 언어 등
- **특징**: 진공관을 사용하여 크기가 매우 크므로 넓은 공간이 필요했다. 또한 열 발생량이 많고 전력 소모가 크며 신뢰도가 떨어지고 처리 속도가 느렸다. 하드웨어 개발에 치중했으며 주로 과학 계산용으로 사용되었다.
- **예**: ENIAC, EDVAC, UNIVAC

■ 2세대

- **주요 소자**: 트랜지스터
- **주기억 장치**: 자기 코어

- **보조 기억 장치**: 자기 드럼, 자기 디스크
- **처리 속도**: μmicro second = 10^{-6}초
- **사용 언어**: 고급 언어(코볼COBOL, 포트란FORTRAN, 알골ALGOL)
- **특징**: 컴파일러가 사용되고 운영체제가 등장했다. 부피가 작아지고 신뢰도가 크게 향상되었으며 온라인 실시간 처리 시스템이 실용화되었다. 과학 분야뿐만 아니라 일반 사무용으로도 사용되었다.
- **예**: IBM 1400 계열 IBM 1401 모델

■ 3세대

- **주요 소자**: 집적회로
- **주기억 장치**: 집적회로(RAM, ROM)
- **보조 기억 장치**: 자기 디스크, 자기 테이프
- **처리 속도**: nsnano second = 10^{-9}초
- **사용 언어**: 고급 언어(LISP, 파스칼PASCAL, 베이식BASIC, PL/I)
- **특징**: 운영체제가 본격적으로 개발되어 시분할time sharing과 다중 처리multiprocessing 등이 실현되었다. OMR, OCR, MICR과 같은 입력 장치가 개발되어 사용되었다.
- **예**: IBM 360 계열, UNIVAC 1108

■ 4세대

- **주요 소자/주기억 장치**: 고밀도 집적회로Large Scale Integrated circuit, LSI, 초고밀도 집적회로Very Large Scale Integrated circuit, VLSI
- **보조 기억 장치**: 자기 디스크, 자기 테이프
- **처리 속도**: pspico second = 10^{-12}초
- **사용 언어**: 고급 언어(ADA 등), 문제 지향적 언어
- **특징**: 마이크로프로세서의 출현으로 컴퓨터가 소형화되고 최초의 개인용 컴퓨터와 슈퍼컴퓨터가 등장했다. 네트워크가 크게 발달하여 원격지의 자료를 공유할 수 있게 되었으며 공장 자동화Factory Automation, FA, 사무 자동화Office Automation, OA 등 각종 분야에서 컴퓨터를 이용한 자동화가 이루어졌다. 또한 가상 기억 장치 기법virtual memory이 도입되었다.
- **예**: IBM 370 계열

■ 5세대

- **주요 소자/주기억 장치**: 고밀도 집적회로, 초고밀도 집적회로
- **보조 기억 장치**: 자기 디스크, 광디스크
- **처리 속도**: fs[femto second] $=10^{-15}$초
- **사용 언어**: 객체 지향 언어(C++, 자바[Java]), 인공지능어
- **특징**: 초소형화, 초고속화가 이루어졌다. 많은 사람이 사용하는 노트북이나 스마트폰에는 VLSI 반도체가 내장되어 있다.

03 컴퓨터의 분류

컴퓨터는 사용 목적, 데이터 형태, 처리 능력, 구조 등 다양한 기준에 따라 분류할 수 있다.

표 1-2 컴퓨터의 분류

기준	종류
사용 목적	전용 컴퓨터, 범용 컴퓨터
데이터 형태	디지털 컴퓨터, 아날로그 컴퓨터, 하이브리드 컴퓨터
처리 능력	마이크로컴퓨터, 미니컴퓨터, 메인프레임 컴퓨터, 슈퍼컴퓨터
구조	파이프라인 슈퍼컴퓨터, 대규모 병렬 컴퓨터

1 사용 목적에 따른 분류

사용 목적에 따라 분류한 컴퓨터의 종류와 특징은 다음과 같다.

■ 전용 컴퓨터

전용 컴퓨터special purpose computer는 특정 목적을 위해 설계된 컴퓨터로 군사용이나 공장의 공정 제어용 등 한정된 목적에 사용되고 대개 일체형으로 제작된다. 대표적인 예로 로봇과 컴퓨터를 이용한 무인 공장을 들 수 있으며, 많은 기업은 생산성과 제품의 품질을 높이기 위해 전용 컴퓨터를 이용하고 있다.

■ 범용 컴퓨터

범용 컴퓨터general purpose computer는 여러 분야의 다양한 일을 처리할 수 있도록 설계 및 제작된 컴퓨터로 과학 계산, 사무 처리 분야에 주로 사용된다. 응용 소프트웨어를 활용함으로써 다양한 작업 처리가 가능하다.

2 데이터 형태에 따른 분류

사용하는 데이터의 형태에 따라 분류한 컴퓨터의 종류와 특징은 다음과 같다.

■ **디지털 컴퓨터**

모든 정보를 2진수의 데이터로 부호화하여 나타내므로 디지털이라고 하며, 대부분의 컴퓨터가 이에 해당한다. 아날로그 컴퓨터보다 정밀도가 높고 정보 처리 결과를 부호, 문자, 숫자, 그림 등으로 정확히 구분할 수 있다.

■ **아날로그 컴퓨터**

연속적인 물리량으로 표시되는 아날로그 신호를 데이터로 이용하는 컴퓨터로, 입력이 신속하고 즉각적인 반응을 얻을 수 있으므로 제어용으로 사용하기에 적합하다.

■ **하이브리드 컴퓨터**

하이브리드 컴퓨터hybrid computer는 아날로그와 디지털의 장점을 취한 것으로 어떤 종류의 데이터도 처리할 수 있다. 대표적인 예인 모뎀MOdulator and DEModulator, MODEM은 디지털 데이터를 아날로그 신호로 또는 아날로그 신호를 디지털 데이터로 변환하여 두 종류의 데이터를 모두 처리할 수 있다.

3 처리 능력에 따른 분류

기억 장치의 크기, CPU의 연산 속도는 컴퓨터의 데이터 처리 능력을 좌우한다. 따라서 처리 능력에 따른 분류는 CPU와 기억 장치의 규모에 따른 분류라고도 할 수 있다. [그림 1-6]은 처리 성능과 규모에 따라 분류한 컴퓨터의 종류를 보여준다.

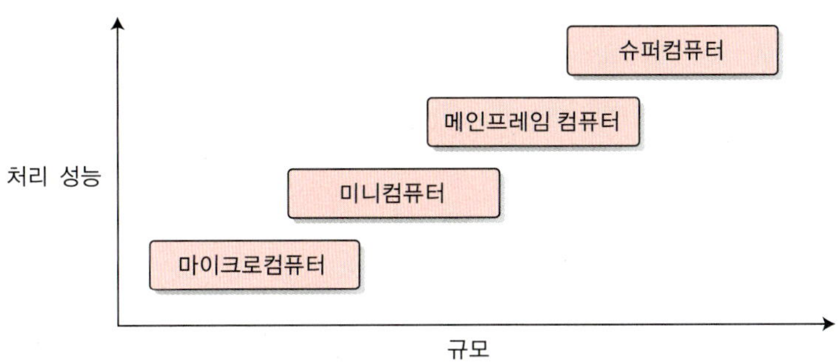

그림 1-6 처리 성능과 규모에 따른 컴퓨터의 종류

■ 마이크로컴퓨터

마이크로컴퓨터microcomputer는 마이크로프로세서의 집적회로를 사용함으로써 부피가 작고 저렴한 비용으로 대량 생산된다. 소형 컴퓨터로 가정용이나 소규모 사업용으로 사용된다. 8비트, 16비트, 64비트와 같이 워드 길이에 따라 구분하며, 숫자가 클수록 처리 속도가 빠르다.

■ 미니컴퓨터

미니컴퓨터minicomputer는 메인프레임 컴퓨터보다는 작고 마이크로컴퓨터보다는 크며, 속도가 빠른 주변 장치가 있어 다수의 사용자가 이용할 수 있다. 중소기업, 학교, 연구소 등에서 주로 사용된다.

■ 메인프레임 컴퓨터

메인프레임 컴퓨터main frame computer는 대용량 저장 장치가 있어 다중 입출력 채널을 이용한 고속 입출력 처리가 가능하므로 많은 작업을 신속하게 처리할 수 있다. 공공 단체, 대기업, 은행, 병원, 대학 등에서 수백 대의 단말기를 연결하여 온라인 업무나 분산 처리 업무에 사용하며, 대규모 데이터베이스를 저장하거나 관리하는 데 사용하기도 한다. 초창기 상업용 컴퓨터가 바로 메인프레임 컴퓨터에 해당한다.

■ 슈퍼컴퓨터

슈퍼컴퓨터supercomputer는 복잡한 계산을 초고속으로 처리하는 초대형 컴퓨터로 가장 빠르고 비싸다. 강력한 병렬 처리를 지원하는 소프트웨어로 이루어져 있으며, 복잡한 연산을 매우 빠른 속도로 계산할 수 있어 원자력 개발, 항공 우주, 기상 예측 등의 분야에서 주로 사용된다.

4 구조에 따른 분류

컴퓨터의 구조는 컴퓨터 내의 프로세서, CPU의 운영 형태나 병렬 여부에 따라 달라지는데 대표적인 분류는 다음과 같다.

■ 파이프라인 슈퍼컴퓨터

파이프라인 슈퍼컴퓨터pipeline supercomputer는 CPU 하나에 다수의 연산 장치가 포함된 컴퓨터로, 각 연산 장치는 고도의 파이프라이닝 구조를 이용하여 고속 벡터 계산이 가능하다.

■ 대규모 병렬 컴퓨터

대규모 병렬 컴퓨터massively parallel computer는 시스템 하나에 상호 연결된 수백 개 또는 수천 개 이상의 프로세서가 있으며, 이러한 프로세서가 하나의 큰 작업을 나누어서 병렬로 처리한다. 현재 클라우드 컴퓨팅과 증강현실 컴퓨팅 처리에 효과적으로 활용되고 있다.

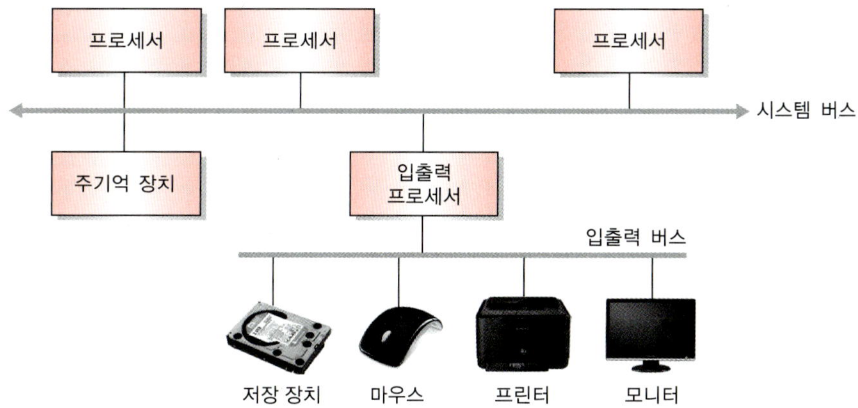

그림 1-7 다중 프로세서 시스템의 구조

01 컴퓨터 시스템의 구성 요소

컴퓨터 시스템은 하드웨어와 소프트웨어로 구성된다. 하드웨어는 중앙 처리 장치, 기억 장치, 입력 장치, 출력 장치로 분류하고, 소프트웨어는 시스템 소프트웨어와 응용 소프트웨어로 분류한다.

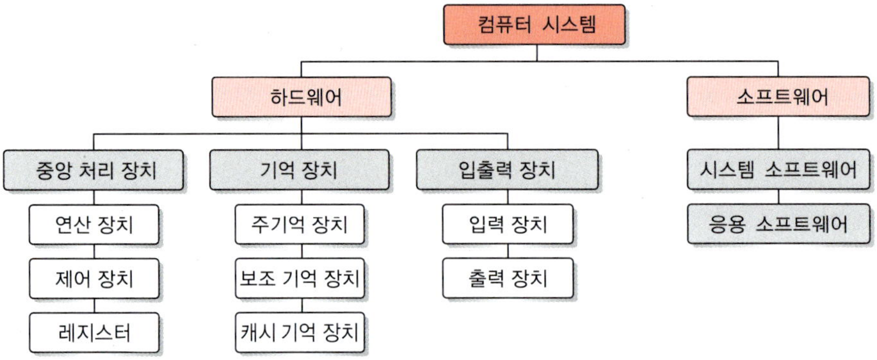

02 컴퓨터 세대별 주요 소자

1세대	2세대	3세대	4세대	5세대
진공관	트랜지스터	집적회로(IC)	고밀도 집적회로(LSI), 초고밀도 집적회로(VLSI)	고밀도 집적회로(LSI), 초고밀도 집적회로(VLSI)

03 컴퓨터의 분류

기준	종류
사용 목적	전용 컴퓨터, 범용 컴퓨터
데이터 형태	디지털컴퓨터, 아날로그컴퓨터, 하이브리드컴퓨터
처리 능력	마이크로컴퓨터, 미니컴퓨터, 메인프레임 컴퓨터, 슈퍼컴퓨터
구조	파이프라인 슈퍼컴퓨터, 대규모 병렬 컴퓨터

연습문제

01 컴퓨터 시스템의 구성 요소가 바르게 연결되지 않은 것은?

① 중앙 처리 장치–주기억 장치　　② 기억 장치–보조 기억 장치

③ 입출력 장치–입력 장치　　④ 소프트웨어–시스템 소프트웨어

02 컴퓨터의 구성에 대한 설명으로 옳지 않은 것은?

① 중앙 처리 장치는 연산 장치와 제어 장치로 구성된다.

② 주기억 장치는 자기 디스크, CD-ROM, DVD 등이다.

③ 시스템 소프트웨어는 컴퓨터 시스템을 제어하고 운영하는 프로그램이다.

④ 응용 소프트웨어는 특정한 응용 분야에서 특수 목적을 위해 사용된다.

03 다음 중 중앙 처리 장치를 구성하는 요소가 아닌 것은?

① 제어 장치　　② 레지스터

③ 산술논리 연산 장치　　④ 직접 기억 장치 액세스

04 컴퓨터의 CPU에는 임시 저장 장치로 (①)가 있다. 수행 프로그램과 수행에 필요한 데이터를 기억하고 있는 장치를 (②)라고 한다.

05 기억 장치 중 메모리 액세스 속도가 가장 빠른 것은?

① 하드디스크　　② CD-ROM

③ 플로피디스크　　④ RAM

06 기억 장치에 대한 설명으로 옳지 않은 것은?

① 주기억 장치는 수행 프로그램과 수행에 필요한 데이터를 기억하고 있다.

② 주기억 장치는 비교적 CPU 접근 속도가 빠르고 많은 용량을 기억한다.

③ 외부 기억 장치는 반영구적으로 데이터를 저장하고 보존한다.

④ 외부 기억 장치는 주기억 장치보다 고가이지만 속도가 빠르다.

07 컴퓨터 시스템을 제어하고 운영하는 프로그램을 (①) 소프트웨어라고 한다. 그리고 워드프로세서, 스프레드시트와 같이 특정한 작업을 위해 만들어진 것을 (②) 소프트웨어라고 한다.

08 다음 중 시스템 소프트웨어에 해당하는 것은?

① 워드프로세서 ② 윈도

③ 스프레드시트 ④ 웹 브라우저

09 컴퓨터의 종류에 대한 설명으로 옳지 않은 것은?

① 마이크로컴퓨터: 초소형 컴퓨터로 무선과 이동성이 특징이다.

② 대규모 병렬 컴퓨터: 하나의 시스템에 다수의 프로세서를 포함하고 있다.

③ 파이프라인 컴퓨터: CPU 내 다수의 연산 장치가 파이프라이닝 구조를 이용하여 고속 계산을 수행한다.

④ 슈퍼컴퓨터: 복잡한 계산을 초고속으로 처리하는 초대형 컴퓨터로 기상 예측 등에 사용된다.

10 컴퓨터의 발전 과정에서 최초로 캐시 기억 장치를 사용한 세대는 (①)이다. 처리 능력과 규모에 따른 컴퓨터의 분류에서 대용량 저장 장치가 있어 다중 입출력 채널을 이용한 고속 입출력 처리가 가능한 컴퓨터는 (②)이다. 구조에 따른 컴퓨터의 분류에서 시스템 하나에 상호 연결된 수백 개 또는 수천 개 이상의 프로세서가 하나의 큰 작업을 나누어서 병렬로 처리하는 컴퓨터를 (③)라고 한다.

Chapter

02

데이터의 표현과 연산

학습목표

- 정보를 표현하는 진법을 이해한다.
- 2진수의 음수, 정수, 실수 표현법을 이해한다.
- 문자를 2진수로 표현하는 방법을 파악한다.
- 2진수의 연산을 이해한다.

01 정보의 표현 단위와 수 체계

1 비트, 바이트, 워드

컴퓨터는 인간에게 친숙한 10진수가 아닌 2진수를 사용한다. 컴퓨터가 받아들이는 정보는 전기 신호의 전압이 일정 기준보다 높으면 1, 그렇지 않으면 0으로 변환되어 저장되며, 이러한 0과 1을 조합하여 계산한다. 그러므로 컴퓨터에서 정보를 표현하는 방법을 이해하려면 데이터를 표현하는 방법과 2진수 표기법을 알아야 한다.

2진수로 데이터를 표현하는 단위는 비트bit이며, n비트로 2진수 2^n개를 표현할 수 있다. [표 2-1]에서 보듯이 1비트는 2개, 2비트는 4개, …, 7비트는 128개, 8비트는 256개를 표현할 수 있다. 비트 수가 크면 처리할 수 있는 정보의 양이 많아져서 그만큼 저장량이 증가하지만 데이터 압축으로 비트 수를 줄일 수 있다.

표 2-1 비트당 사용 가능한 2진수의 조합

비트 수	사용 가능한 2진수 조합	비트 수	사용 가능한 2진수 조합
1	$2^1 = 2$	5	$2^5 = 32$
2	$2^2 = 4$	6	$2^6 = 64$
3	$2^3 = 8$	7	$2^7 = 128$
4	$2^4 = 16$	8	$2^8 = 256$

바이트byte는 정보를 표현하기 위한 비트의 집합으로 1바이트는 8비트이다. 문자를 2진수로 표현하는 대표적인 표준 코드인 ASCIIAmerican Standard Code for Information Interchange 코드의 경우 한 문자가 8비트로 이루어져 1바이트가 한 문자라는 개념으로 정보가 처리된다. 또한 워드word는 컴퓨터의 종류에 따라 2바이트, 4바이트, n바이트 등으로 구성되며 일반적으로 32비트(4바이트)가 많이 쓰인다. 2진수의 비트를 나타내는 단위를 [표 2-2]에 정리했다. 2^{10}은 kbit, 2^{20}은 Mbit, 2^{30}은 Gbit, 2^{40}은 Tbit이다.

표 2-2 디지털 정보의 표현 단위

명칭	약어	크기
Kilo	K	2^{10} = 1,024비트
Mega	M	2^{20} = 1,048,576비트
Giga	G	2^{30} = 1,073,741,824비트
Tera	T	2^{40} = 1,099,511,627,776비트

2 수 체계와 진법 표기

수 체계

수를 나타내기 위해 약속한 기호와 규칙을 통틀어 수 체계number system라고 한다. [그림 2-1]에서 보듯이 실제로 존재하는 수인 실수real number와 상상의 수 또는 가공의 수인 허수imaginary number를 합쳐서 복소수complex number라고 한다. 실수 중 유리수rational number는 두 정수의 비로 나타낼 수 있는 수이고, 무리수irrational number는 두 정수의 비로 나타낼 수 없는 수이다. 유리수는 다시 정수integer와 정수가 아닌 유리수로 구분된다. 그리고 정수는 다시 양수positive number와 음수negative number, 0으로 구분되는데, 양수는 양의 값인 정수, 음수는 음의 값인 정수이다. 또한 정수가 아닌 유리수 중 분수는 나누어진 수를 의미하며, 소수decimal fraction는 1보다 작고 0보다 큰 수를 말한다.

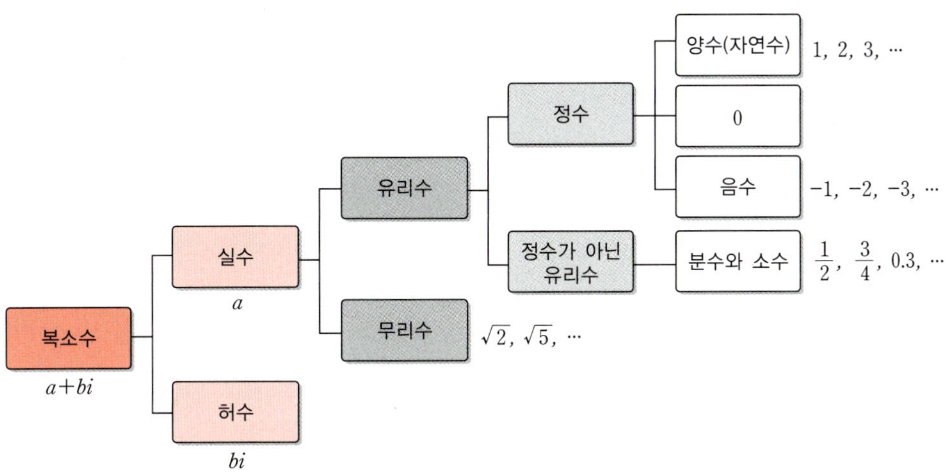

그림 2-1 수 체계

수 체계는 자릿수 체계와 비자릿수 체계로 구분된다. 자릿수 체계에는 2진법, 8진법, 10진법, 16진법 등이 있으며, 컴퓨터와 같은 디지털 장치는 기호 2개로 수를 표현하므로 2진법을 사용한다.

10진법

0부터 9까지 10개의 수로 표현하는 10진법decimal notation은 각 자리에서 9 다음에 자리 올림이 발생하고, 각 자리의 단위가 10의 지수승(10^N)이다. 10진법으로 나타낸 수를 10진수라고 하며, 다른 진법으로 나타낸 진수와 구별하기 위해 첨자 10으로 표시한다. 예를 들어 10진수 724는 $(724)_{10}$로 나타낸다. 또한 $(528)_{10}$은 $500+20+8$로 분해되며, 표 [2-3]과 같이 각 자리의 단위로 표현할 수 있다.

표 2-3 10진수의 예: $(528)_{10}=5\times10^2+2\times10^1+8\times10^0$

10^5	10^4	10^3	10^2	10^1	10^0
0	0	0	5	2	8

2진법

0과 1로 수를 표현하는 2진법binary notation은 각 자리의 단위가 2의 지수승(2^N)이다. 2진법으로 나타낸 수를 2진수라고 하며, 다른 진법으로 나타낸 진수와 구별하기 위해 첨자 2로 표시한다. 예를 들어 $(1101)_2$은 $1\times2^3 + 1\times2^2 + 0\times2^1 + 1\times2^0$으로 분해되며, [표 2-4]와 같이 각 자리의 단위로 표현할 수 있다. [표 2-4]에서 2^3 위치의 값을 최상위 비트Most Significant Bit, MSB 값, 2^0 위치의 값을 최하위 비트Least Significant Bit, LSB 값이라고 한다.

표 2-4 2진수의 예: $(1101)_2=1\times2^3+1\times2^2+0\times2^1+1\times2^0$

2^5	2^4	2^3	2^2	2^1	2^0
0	0	1	1	0	1

2진법의 자리 올림을 10진법과 비교하여 살펴보자. $(9)_{10}$에서 자리 올림이 하나 발생하면 $(10)_{10}$이 되는 것처럼 $(1)_2$에서 자리 올림이 하나 발생하면 $(10)_2$이 된다. 따라서 $(99)_{10}$ 다음 수는 $(100)_{10}$이고 $(11)_2$ 다음 수는 $(100)_2$이다.

표 2-5 10진수와 2진수의 비교

10진수	2진수	10진수	2진수
0	0000	5	0101
1	0001	6	0110
2	0010	7	0111
3	0011	8	1000
4	0100	9	1001

예를 들어 $(101101)_2$은 $1\times2^5+0\times2^4+1\times2^3+1\times2^2+0\times2^1+1\times2^0$이므로 이를 계산하면 $1\times32+0\times16+1\times8+1\times4+0\times2+1\times1$이며 결국 $(45)_{10}$가 된다. 즉 $(101101)_2=(45)_{10}$이다.

8진법

2진수를 사용하는 컴퓨터는 일반적으로 8비트, 16비트, 32비트, 64비트 단위로 데이터를 처리하기 때문에 다음과 같이 데이터의 길이가 매우 길다.

16비트: $(1011011011011100)_2$

32비트: $(10110110110111001011011011011100)_2$

64비트: $(1011011011011100111010110000110000111010111010001011011011011100)_2$

이처럼 2진수는 데이터를 표현하기에 너무 길고 복잡하여 8진법octal notation이 등장했다. 0부터 7까지 8개의 수로 표현하는 8진법은 각 자리의 단위가 8의 지수승(8^N)이다. 8진법으로 나타낸 수를 8진수라고 하며, 다른 진법으로 나타낸 진수와 구별하기 위해 첨자 8로 표시한다. 예를 들어 $(27)_8$은 $2\times8^1+7\times8^0$으로 분해되며, [표 2-6]과 같이 각 자리의 단위로 표현할 수 있다.

표 2-6 8진수의 예: $(27)_8=2\times8^1+7\times8^0$

8^5	8^4	8^3	8^2	8^1	8^0
0	0	0	0	2	7

8진법의 자리 올림을 10진법과 비교하여 살펴보자. $(9)_{10}$에서 자리 올림이 하나 발생하면 $(10)_{10}$이 되는 것처럼 $(7)_8$에서 자리 올림이 하나 발생하면 $(10)_8$이 된다. 따라서 $(99)_{10}$ 다음 수는 $(100)_{10}$이고 $(77)_8$ 다음 수는 $(100)_8$이다. 8진수는 2진수보다 짧게 나타낼 수 있어 2진

수 대신 사용되기도 한다. 예를 들어 $(001\ 110)_2$은 6비트로 구성되지만 이를 8진수로 나타내면 $(16)_8$이므로 훨씬 간단하다.

[표 2-7]은 10진수, 2진수, 8진수를 비교하여 보여준다. 2진수는 8진수 한 자리에 2진수 세 자리가 대응되는 2진화 8진수이다. 즉 2진수의 하위 비트 110은 8진수 하위 자릿수의 값 6에 대응되고, 2진수의 상위 비트 001은 8진수 상위 자릿수의 값 1에 대응된다.

표 2-7 10진수, 2진수, 8진수의 비교

10진수	2진수(2진화 8진수)	8진수	10진수	2진수(2진화 8진수)	8진수
0	000 000	0	8	001 000	10
1	000 001	1	9	001 001	11
2	000 010	2	10	001 010	12
3	000 011	3	11	001 011	13
4	000 100	4	12	001 100	14
5	000 101	5	13	001 101	15
6	000 110	6	14	001 110	16
7	000 111	7	15	001 111	17

예를 들어 $(2571)_8$은 $2\times8^3+5\times8^2+7\times8^1+1\times8^0$이므로 이를 계산하면 $2\times512+5\times64+7\times8+1\times1$이며 결국 $(1401)_{10}$이 된다. 즉 $(2571)_8=(1401)_{10}$이다.

16진법

0부터 9까지의 수와 A부터 F까지의 기호를 사용하는 16진법hexadecimal notation은 각 자리에서 15 다음에 자리 올림이 발생하고, 각 자리의 단위가 16의 지수승(16^N)이다. 따라서 10진수 10~15는 16진수로 A~F가 된다. 다른 진법으로 나타낸 진수와 구별하기 위해 16진수는 첨자 16으로 표시한다. 예를 들어 $(12FF)_{16}$는 $1\times16^3+2\times16^2+F\times16^1+F\times16^0$으로 분해되며, [표 2-8]과 같이 각 자리의 단위로 표현할 수 있다.

표 2-8 16진수의 예: $(12FF)_{16}=1\times16^3+2\times16^2+F\times16^1+F\times16^0$

16^5	16^4	16^3	16^2	16^1	16^0
0	0	1	2	F	F

16진법의 자리 올림을 10진법과 비교하여 살펴보자. $(9)_{10}$에서 자리 올림이 하나 발생하면 $(10)_{10}$이 되는 것처럼 $(F)_{16}$에서 자리 올림이 하나 발생하면 $(10)_{16}$이 된다. 따라서 $(99)_{10}$ 다음 수는 $(100)_{10}$이고 $(FF)_{16}$ 다음 수는 $(100)_{16}$이다.

[표 2-9]는 10진수, 2진수, 16진수를 비교하여 보여준다. 2진수는 16진수 한 자리에 2진수 네 자리가 대응되는 2진화 16진수이다. 즉 2진수의 하위 비트 0100은 16진수 하위 자릿수의 값 4에 대응되고, 2진수의 상위 비트 0001은 16진수 상위 자릿수의 값 1에 대응된다. 그래서 $(0001\ 0100)_2$은 8비트로 구성되지만 16진수로는 $(14)_{16}$로 간단하게 표현할 수 있다.

표 2-9 10진수, 2진수, 16진수의 비교

10진수	2진수(2진화 16진수)	16진수	10진수	2진수(2진화 16진수)	16진수
0	0000 0000	0	9	0000 1001	9
1	0000 0001	1	10	0000 1010	A
2	0000 0010	2	11	0000 1011	B
3	0000 0011	3	12	0000 1100	C
4	0000 0100	4	13	0000 1101	D
5	0000 0101	5	14	00001110	E
6	0000 0110	6	15	0000 1111	F
7	0000 0111	7	50	0011 0010	32
8	0000 1000	8	248	1111 1000	F8

예를 들어 $(F3)_{16}$은 $F \times 16^1 + 3 \times 16^0$이므로 이를 계산하면 $15 \times 16 + 3 \times 1$이며 결국 $(243)_{10}$이 된다. 즉 $(F3)_{16} = (243)_{10}$이다.

3 진법 변환

각 진법의 지수는 다음과 같이 기수의 지수승으로 표현한다. M은 가수significand로 10진법에서는 값이 0~9이고 2진법에서는 0과 1, 8진법에서는 0~7, 16진법에서는 0~F이다. 또한 B는 기수base로 10진법에서는 10, 2진법에서는 2, 8진법에서는 8, 16진법에서는 16이며, E는 지수exponent로 정숫값이다.

$$M = B^E$$

[그림 2-2]는 2진법, 8진법, 10진법, 16진법 간의 변환 관계를 보여준다.

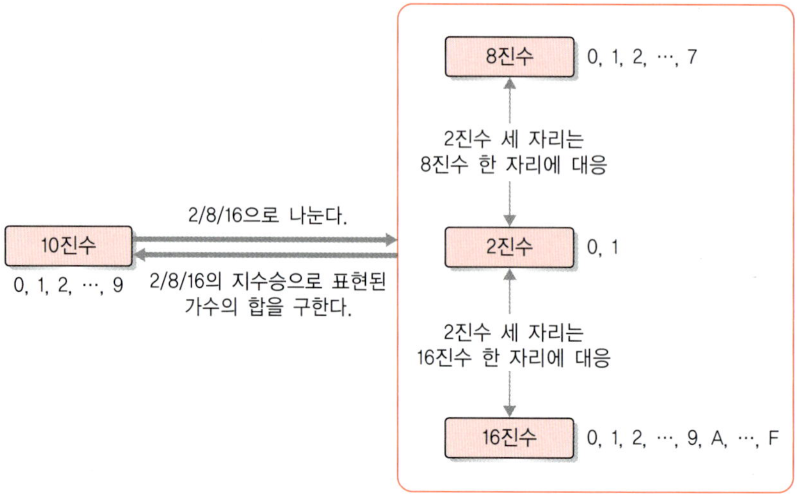

그림 2-2 진법 간의 변환 관계

2진수, 8진수, 16진수를 10진수로 변환

2진수를 10진수로 변환할 때는 ①과 같이 $(11001011001)_2$을 2의 지수승으로 나타낸 후 각 값을 더한다. 또한 8진수는 ②와 같이, 16진수는 ③과 같이 변환한다.

① $$(11001011001)_2 = 1\times2^{10} + 1\times2^9 + 0\times2^8 + 0\times2^7 + 1\times2^6 + 0\times2^5 + 1\times2^4 + 1\times2^3 + 0\times2^2 + 0\times2^1 + 1\times2^0 = 1024 + 512 + 64 + 16 + 8 + 1 = (1625)_{10}$$

② $$(2613)_8 = 2\times8^3 + 6\times8^2 + 1\times8^1 + 3\times8^0 = 1024 + 384 + 8 + 3 = (1419)_{10}$$

③ $$(12E0)_{16} = 1\times16^3 + 2\times16^2 + 14\times16^1 + 0\times16^0 = 4096 + 512 + 224 = (4832)_{10}$$

10진수를 2진수, 8진수, 16진수로 변환

■ **10진수 → 2진수**

10진수를 2진수로 변환하는 것은 $10^n + 10^{n-1} + \cdots + 10^0$으로 표현된 수 체계를 $2^m + 2^{m-1} + \cdots + 2^1 + 2^0$으로 표현된 수 체계로 바꾸는 것을 말한다. 예를 들어 $(1463)_{10}$을 2진수로 변환하려면 기수가 2인 지수승으로 나타내야 하므로 가수 M_m을 구한다.

$$
\begin{aligned}
(1463)_{10} &= 1\times10^3 + 4\times10^2 + 6\times10^1 + 3\times10^0 \\
&= M_m\times2^m + M_{m-1}\times2^{m-1} + \cdots + M_1\times2^1 + M_0\times2^0
\end{aligned}
$$

먼저 10진수에서 가수를 찾는 방법을 알아보자. 다음과 같이 $(1463)_{10}$을 기수 10으로 나누면 그 과정에서 발생하는 나머지가 10진수의 가수가 된다. 즉 첫 번째 나눗셈에서 발생한 나머지 3은 10^0의 가수, 두 번째 나눗셈에서 발생한 나머지 6은 10^1의 가수, 세 번째 나눗셈에서 발생한 나머지 4는 10^2의 가수, 마지막에 남은 나머지 1은 10^3의 가수이다. 그리고 화살표 방향으로 나머지 값을 읽으면 10진수 $(1463)_{10}$이 된다.

```
10 | 1463
10 |  146 ······ 3 ↑
10 |   14 ······ 6 |
        1 ······ 4 |
```

$$1\times10^3 + 4\times10^2 + 6\times10^1 + 3\times10^0 = (1463)_{10}$$

2진수로 변환하기 위한 가수를 같은 방법으로 구해보자. 주어진 10진수를 연속해서 기수 2로 나누어 나머지를 구한다. 즉 첫 번째 나눗셈의 나머지 1은 2^0의 가수, 두 번째 나눗셈의 나머지 1은 2^1의 가수, …, 열 번째 나눗셈의 나머지 0은 2^9의 가수, 마지막에 남은 나머지 1은 2^{10}의 가수이다. 그리고 화살표 방향으로 나머지 값을 읽으면 $(1463)_{10} = 1\times2^{10} + 0\times2^9 + 1\times2^8 + 1\times2^7 + 0\times2^6 + 1\times2^5 + 1\times2^4 + 0\times2^3 + 1\times2^2 + 1\times2^1 + 1\times2^0 = (10110110111)_2$을 얻을 수 있다.

```
2 | 1463
2 |  731 ······ 1 ↑
2 |  365 ······ 1 |
2 |  182 ······ 1 |
2 |   91 ······ 0 |
2 |   45 ······ 1 |
2 |   22 ······ 1 |
2 |   11 ······ 0 |
2 |    5 ······ 1 |
2 |    2 ······ 1 |
       1 ······ 0 |
```

$$1\times2^{10} + 0\times2^9 + 1\times2^8 + 1\times2^7 + 0\times2^6 + 1\times2^5 + 1\times2^4 + 0\times2^3 + 1\times2^2 + 1\times2^1 + 1\times2^0 = (10110110111)_2$$

이번에는 $(41)_{10}$을 2진수로 변환해보자. $(41)_{10}$을 연속해서 기수 2로 나눈 후 나머지를 화살표 방향으로 읽으면 $(41)_{10} = (101001)_2$을 얻을 수 있다.

$$
\begin{array}{r|l}
2 & 41 \\
2 & 20 \cdots\cdots 1 \\
2 & 10 \cdots\cdots 0 \\
2 & 5 \cdots\cdots 0 \\
2 & 2 \cdots\cdots 1 \\
 & 1 \cdots\cdots 0
\end{array}
\uparrow
$$

$$1\times2^5 + 0\times2^4 + 1\times2^3 + 0\times2^2 + 0\times2^1 + 1\times2^0 = (101001)_2$$

■ 10진수 → 8진수

10진수를 8진수로 변환하는 것은 $10^n + 10^{n-1} + \cdots + 10^0$으로 표현된 수 체계를 $8^m + 8^{m-1} + \cdots + 8^1 + 8^0$으로 표현된 수 체계로 바꾸는 것을 말한다. 예를 들어 $(314)_{10}$를 8진수로 변환해보자. 우선 다음과 같이 10과 8의 지수승으로 나타낸 다음 2진수로 변환할 때처럼 가수 M_m을 구해야 한다.

$$
\begin{aligned}
(314)_{10} &= 3\times10^2 + 1\times10^1 + 4\times10^0 \\
&= M_m\times8^m + M_{m-1}\times8^{m-1} + \cdots + M_1\times8^1 + M_0\times8^0
\end{aligned}
$$

8진수로 변환하기 위한 가수를 얻으려면 주어진 10진수를 연속해서 기수 8로 나누어 나머지를 구한다. 즉 첫 번째 나눗셈의 나머지 2는 8^0의 가수, 두 번째 나눗셈의 나머지 7은 8^1의 가수, 마지막에 남은 나머지 4는 8^2의 가수이다. 그리고 화살표 방향으로 나머지 값을 읽으면 $(314)_{10} = 4\times8^2 + 7\times8^1 + 2\times8^0 = (472)_8$를 얻을 수 있다.

$$
\begin{array}{r|l}
8 & 314 \\
8 & 39 \cdots\cdots 2 \\
 & 4 \cdots\cdots 7
\end{array}
\uparrow
$$

$$4\times8^2 + 7\times8^1 + 2\times8^0 = (472)_8$$

■ 10진수 → 16진수

10진수를 16진수로 변환하는 것은 $10^n + 10^{n-1} + \cdots + 10^0$으로 표현된 수 체계를 $16^m + 16^{m-1} + \cdots + 16^1 + 16^0$으로 표현된 수 체계로 바꾸는 것이다. 예를 들어 $(958)_{10}$을 16진

수로 변환해보자. 우선 다음과 같이 10과 16의 지수승으로 나타낸 다음 2진수나 8진수로 변환할 때처럼 가수 M_m을 구해야 한다.

$$\begin{aligned}(958)_{10} &= 9\times10^2 + 5\times10^1 + 8\times10^0 \\ &= M_m\times16^m + M_{m-1}\times16^{m-1} + \cdots + M_1\times16^1 + \mathrm{M}_0\times16^0\end{aligned}$$

16진수로 변환하기 위한 가수를 얻으려면 주어진 10진수를 연속해서 기수 16으로 나누어 나머지를 구한다. 즉 첫 번째 나눗셈의 나머지 E는 16^0의 가수, 두 번째 나눗셈의 나머지 B는 16^1의 가수, 마지막에 남은 나머지 3은 16^2의 가수이다. 그리고 화살표 방향으로 나머지 값을 읽으면 $(958)_{10} = 3\times16^2 + \mathrm{B}\times16^1 + \mathrm{E}\times16^0 = (3\mathrm{BE})_8$를 얻을 수 있다.

```
16 | 958
16 |  59 ······· E ↑
       3 ······· B |
```

$$3\times16^2 + \mathrm{B}\times16^1 + \mathrm{E}\times16^0 = (3\mathrm{BE})_8$$

2진수와 8진수 간의 변환

3비트씩 분할된 2진수는 8진수의 각 자리와 대응되며, 두 진법은 대응되는 3비트 2진수와 8진수 각 자리 간에 독립적으로 변환된다.

■ 2진수 → 8진수

2진수를 8진수로 변환할 때는 ① 8진수에 대응되도록 2진수를 3비트씩 묶고, ② 각 3비트를 10진수로 만든 후 10진수로 변환하면 최대 크기가 7을 넘지 않으므로 8진법을 만족한다. 길이가 12비트인 $(110010111110)_2$을 8진수로 변환해보자.

① 2진수를 3비트씩 그룹화: $(110010111110)_2 \rightarrow (110\ 010\ 111\ 110)_2$

② 3비트씩 분할된 2진수를 10진수로 변환: $(110\ 010\ 111\ 110)_2 \rightarrow (6\ 2\ 7\ 6)_8 \rightarrow (6276)_8$

$(110010111110)_2$을 10진수로 변환한 결과와 최종 변환된 8진수 $(6276)_8$을 10진수로 변환한 결과를 비교해보면 바르게 변환되었는지 확인할 수 있다.

$$\begin{aligned}(110010111110)_2 &= 1\times2^{11} + 1\times2^{10} + 1\times2^7 + 1\times2^5 + 1\times2^4 + 1\times2^3 + 1\times2^2 + 1\times2^1 \\ &= 2048 + 1024 + 128 + 32 + 16 + 8 + 4 + 2 = (3262)_{10}\end{aligned}$$

$$(6276)_8 = 6\times8^3 + 2\times8^2 + 7\times8^1 + 6\times8^0 = (3262)_{10}$$

■ 8진수 → 2진수

8진수를 2진수로 변환할 때는 ① 8진수 각 자리를 3비트의 2진수로 변환하고, ② 3비트씩 분할된 2진수를 하나의 비트열로 만든다. $(1374)_8$를 2진수로 변환해보자.

① 8진수 각 자리를 3비트의 2진수로 변환: $(1374)_8 \rightarrow (001\ 011\ 111\ 100)_2$

② 2진수를 하나의 비트열로 만듦: $(001\ 011\ 111\ 100)_2 \rightarrow (001011111100)_2$

2진수와 16진수 간의 변환

4비트씩 분할된 2진수는 16진수의 각 자리와 대응되며, 두 진법은 대응되는 4비트 2진수와 16진수 각 자리 간에 독립적으로 변환된다. 그러나 2진수와 8진수 간의 변환과 달리 10진수로 변환하는 중간 단계를 거친다.

■ 2진수 → 16진수

2진수를 16진수로 변환할 때는 ① 16진수에 대응되도록 2진수를 4비트씩 묶고, ② 4비트씩 분할된 2진수를 10진수로 만든 후, ③ 10진수 각 자리를 16진수로 변환한다. 여기서 중간 변환된 10진수는 4비트씩 묶지 않고 모든 비트를 한 번에 10진수로 변환한 값과 다르다. 그리고 4비트의 2진수를 10진수로 변환했기 때문에 최대 크기가 15이므로 16진수에서 사용하는 수의 범위와 동일하다. 길이가 16비트인 $(0011001011111000)_2$을 16진수로 변환해보자.

① 2진수를 4비트씩 그룹화: $(0011001011111000)_2 \rightarrow (0011\ 0010\ 1111\ 1000)_2$

② 4비트씩 분할된 2진수를 10진수로 변환: $(0011\ 0010\ 1111\ 1000)_2 \rightarrow (3\ 2\ 15\ 8)_{10}$

③ 10진수를 16진수로 변환: $(3\ 2\ 15\ 8)_{10} \rightarrow (3\ 2\ F\ 8)_{16} \rightarrow (32F8)_{16}$

$(0011001011111000)_2$을 10진수로 변환한 결과와 최종 변환된 16진수 $(32F8)_{16}$을 10진수로 변환한 결과를 비교해보면 바르게 변환되었는지 확인할 수 있다.

$$\begin{aligned}(0011001011111000)_2 &= 1\times2^{13} + 1\times2^{12} + 1\times2^9 + 1\times2^7 \\ &\quad + 1\times2^6 + 1\times2^5 + 1\times2^4 + 1\times2^3 \\ &= 8192 + 4096 + 512 + 128 + 64 + 32 + 16 + 8 = (13048)_{10}\end{aligned}$$

$$\begin{aligned}(32F8)_{16} &= 3\times16^3 + 2\times16^2 + 15\times16^1 + 8\times16^0 \\ &= 12288 + 512 + 240 + 8 = (13048)_{10}\end{aligned}$$

■ 16진수 → 2진수

16진수를 2진수로 변환할 때는 ① 16진수 각 자리를 10진수로 변환하고, ② 10진수 각 자리를 4비트의 2진수로 변환한 후, ③ 4비트씩 분할된 2진수를 하나의 비트열로 만든다. $(C4D2)_{16}$를 2진수로 변환해보자.

① 16진수 각 자리를 10진수로 변환: $(C\ 4\ D\ 2)_{16} \rightarrow (12\ 4\ 13\ 2)_{10}$

② 10진수 각 자리를 4비트의 2진수로 변환: $(12\ 4\ 13\ 2)_{10} \rightarrow (1100\ 0100\ 1101\ 0010)_2$

③ 2진수를 하나의 비트열로 만듦: $(1100\ 0100\ 1101\ 0010)_2 \rightarrow (1100010011010010)_2$

$(C4D2)_{16}$를 10진수로 변환한 결과와 최종 변환된 2진수 $(1100010011010010)_2$ 을 10진수로 변환한 결과를 비교해보면 바르게 변환되었는지 확인할 수 있다.

$$
\begin{aligned}
(C4D2)_{16} &= 12\times16^3 + 4\times16^2 + 13\times16^1 + 2\times16^0 \\
&= 49152 + 1024 + 208 + 2 = (50386)_{10}
\end{aligned}
$$

$$
\begin{aligned}
(1100010011010010)_2 &= 1\times2^{15} + 1\times2^{14} + 1\times2^{10} + 1\times2^7 + 1\times2^6 + 1\times2^4 + 1\times2^1 \\
&= 32768 + 16384 + 1024 + 128 + 64 + 16 + 2 = (50386)_{10}
\end{aligned}
$$

8진수와 16진수 간의 변환

8진수와 16진수는 2진수를 좀 더 간단하게 표현하기 위해 만들어진 것이므로 8진수와 16진수 간 변환의 경우 중간에 2진수 변환 과정을 거친다.

■ 8진수 → 16진수

8진수를 16진수로 변환할 때는 ① 8진수 각 자리를 3비트의 2진수로 변환하고, ② 2진수를 4비트씩 분할하여 10진수로 만든 후, ③ 10진수를 16진수로 변환한다. 4비트의 2진수를 10진수로 변환했기 때문에 최대 크기가 15이므로 16진수에서 사용하는 수의 범위와 동일하다. $(5323)_8$ 을 16진수로 변환해보자.

① 8진수 각 자리를 3비트의 2진수로 변환: $(5323)_8 \rightarrow (101\ 011\ 010\ 011)_2$

② 2진수를 4비트씩 분할하여 10진수로 변환: $(101\ 011\ 010\ 011)_2 \rightarrow (1010\ 1101\ 0011)_2 \rightarrow (10\ 13\ 3)_{10}$

③ 10진수를 16진수로 변환: $(10\ 13\ 3)_{10} \rightarrow (A\ D\ 3)_{16} \rightarrow (AD3)_{16}$

$(5323)_8$을 10진수로 변환한 결과와 최종 변환된 16진수 $(AD3)_{16}$을 10진수로 변환한 결과

를 비교해보면 바르게 변환되었는지 확인할 수 있다.

$$(5323)_8 = 5\times8^3 + 3\times8^2 + 2\times8^1 + 3\times8^0$$
$$= 2560 + 192 + 16 + 3 = (2771)_{10}$$

$$(AD3)_{16} = 10\times16^2 + 13\times16^1 + 3\times16^0$$
$$= 2560 + 208 + 3 = (2771)_{10}$$

■ 16진수 → 8진수

16진수를 8진수로 변환하는 것은 8진수를 16진수로 변환하는 과정과 반대이다. 즉 ① 16진수 각 자리를 10진수로 변환하고, ② 10진수 각 자리를 4비트의 2진수로 만든 후, ③ 2진수를 3비트씩 분할하여 8진수로 변환하면 된다. $(4B2)_{16}$ 를 8진수로 변환해보자.

① 16진수 각 자리를 10진수로 변환: $(4\ B\ 2)_{16} \rightarrow (4\ 11\ 2)_{10}$

② 10진수 각 자리를 4비트의 2진수로 변환: $(4\ 11\ 2)_{10} \rightarrow (0100\ 1011\ 0010)_2$

③ 2진수를 3비트씩 분할하여 8진수로 변환: $(0100\ 1011\ 0010)_2 \rightarrow (010\ 010\ 110\ 010)_2 \rightarrow (2\ 2\ 6\ 2)_8 \rightarrow (2262)_8$

$(4B2)_{16}$를 10진수로 변환한 결과와 최종 변환된 8진수 $(2262)_8$를 10진수로 변환한 결과를 비교해보면 바르게 변환되었는지 확인할 수 있다.

$$(4B2)_{16} = 4\times16^2 + 11\times16^1 + 2\times16^0$$
$$= 1024 + 176 + 2 = (1202)_{10}$$

$$(2262)_8 = 2\times8^3 + 2\times8^2 + 6\times8^1 + 2\times8^0$$
$$= 1024 + 128 + 48 + 2 = (1202)_{10}$$

02 정수 표현

앞에서 언급했듯이 컴퓨터와 같은 디지털 장치는 2진수를 사용하여 정보를 표현한다. 0이나 양수는 앞서 배운 진법 변환 방식을 통해 2진수로 변환하면 되지만 부호가 있는 2진수는 대표적으로 다음과 같은 방법을 이용하여 음수를 표현한다.

- 부호화-크기 표현signed-magnitude representation
- 1의 보수 표현1's complement representation
- 2의 보수 표현2's complement representation

1 부호화-크기 표현

부호화-크기 표현은 가장 단순한 방법으로, n비트의 2진수에서 최상위 비트는 부호 비트signed bit 이고 나머지 $n-1$개의 비트는 수의 절대 크기magnitude를 나타낸다. 다음은 부호화-크기 표현 방법으로 나타낸 2진수의 예이다.

$$(+13)_{10} = (0\ 0001101)_2 \qquad (-13)_{10} = (1\ 0001101)_2$$
$$(+43)_{10} = (0\ 0101011)_2 \qquad (-43)_{10} = (1\ 0101011)_2$$

부호화-크기 표현 방법으로 나타낸 2진수($m_{n-1}\ m_{n-2} \cdots m_1\ m_0$)를 10진수로 변환하는 경우, 부호 비트로 부호만 결정하면 나머지 절대 크기 비트는 일반적인 변환 방법과 동일하다. 이를 일반화한 형태와 예를 살펴보자.

$$M = (-1)^{m_{n-1}}(m_{n-2} \times 2^{n-2} + m_{n-3} \times 2^{n-3} + \cdots + m_1 \times 2^1 + m_0 \times 2^0)$$

$$\begin{aligned}(0\ 0101011)_2 &= (-1)^0(0 \times 2^6 + 1 \times 2^5 + 0 \times 2^4 + 1 \times 2^3 + 0 \times 2^2 + 1 \times 2^1 + 1 \times 2^0)\\ &= (32 + 8 + 2 + 1) = (43)_{10}\end{aligned}$$

$$\begin{aligned}(1\ 0001101)_2 &= (-1)^1(0 \times 2^6 + 0 \times 2^5 + 0 \times 2^4 + 1 \times 2^3 + 1 \times 2^2 + 0 \times 2^1 + 1 \times 2^0)\\ &= -(8 + 4 + 1) = (-13)_{10}\end{aligned}$$

부호화-크기 표현은 간단하지만 부호 비트를 별도로 처리하므로 절대 크기를 나타내는 수의 범위가 줄어든다. 즉 n비트 $2n$개가 아닌 2^{n-1}개의 워드를 표현할 수 있다. 또한 0을 표현하는 방법은 다음과 같이 두 가지 형태가 있다.

$$(0\ 0000000)_2 = (+0)_{10} \qquad (1\ 0000000)_2 = (-0)_{10}$$

이러한 부호화-크기 표현의 한계를 극복하기 위해 개발된 것이 보수 표현이다.

2 보수 표현 및 활용

보수補數, complementary number는 상호 보완하는 수라는 의미로, 임의의 수를 보완하는 다른 임의의 수를 말한다. r진법에서 정의되는 보수는 두 가지 종류이다. 하나는 $r-1$의 보수이고 또 하나는 진보수라고 하는 r의 보수이다. 따라서 10진수에서는 9의 보수와 10의 보수가 존재하고, 2진수에서는 1의 보수와 2의 보수가 존재한다.

2진수의 경우 1의 보수는 각 자리의 수를 1에서 뺀 것과 각 자리의 비트를 $0 \rightarrow 1$, $1 \rightarrow 0$으로 반전하는 것이 같고, 2의 보수는 1의 보수에 1을 더해서 구한다.

- 1의 보수: 모든 비트를 반전($0 \rightarrow 1$, $1 \rightarrow 0$)
- 2의 보수: 모든 비트를 반전한 결과에 1을 더함

예를 들어 $(101100)_2$에서 1의 보수와 2의 보수는 다음과 같다.

- 1의 보수: 111111 − 101100 = 010011
- 2의 보수: 010011 + 1 = 010100

다음은 2진수의 보수 표현을 사용하여 부호를 변경한 예이다. 여기서 주의할 점은, 양수는 절대 크기 비트가 부호화-크기 표현과 같지만 음수는 부호화-크기 표현의 크기 값과 다르다는 것이다. 이처럼 보수를 이용하면 부호 비트가 변경되고 크기도 적절한 형태로 바뀐다.

	$(+13)_{10} = (0\ 0001101)_2$	$(+43)_{10} = (0\ 0101011)_2$
1의 보수	$(-13)_{10} = (1\ 1110010)_2$	$(-43)_{10} = (1\ 1010100)_2$
2의 보수	$(-13)_{10} = (1\ 1110011)_2$	$(-43)_{10} = (1\ 1010101)_2$

$(-25)_{10}$를 2의 보수로 표현된 2진수로 변환하는 과정을 살펴보자. 부호를 포함하여 총 6비트

가 되게 한다.

① 부호가 없는 10진수를 부호가 없는 2진수로 변환: $(25)_{10} \rightarrow (11001)_2$

② 부호 비트 삽입: $(11001)_2 \rightarrow (011001)_2$

③ 1의 보수로 만듦: $(011001)_2 \rightarrow (100110)_2$

④ 2의 보수로 만듦: $(100110)_2 \rightarrow (100111)_2$

따라서 다음 결과를 얻을 수 있다.

$$(-25)_{10} \rightarrow (100111)_2$$

이번에는 2의 보수로 표현된 2진수를 10진수로 변환하는 과정을 살펴보자. 이 경우는 양수와 음수를 분리해서 생각해야 한다. 최상위 비트가 양수, 즉 다음과 같은 형식에서 $m_{n-1} = 0$인 2의 보수로 표현된 2진수는 부호 비트를 제외한 절대 크기 비트를 10진수로 변환하면 된다.

$$M = m_{n-2} \times 2^{n-2} + m_{n-3} \times 2^{n-3} + \cdots + m_1 \times 2^1 + m_0 \times 2^0$$

반면 최상위 비트가 음수, 즉 $m_{n-1} = 1$인 2의 보수로 표현된 2진수는 최상위 비트의 자릿수를 2의 지수승으로 표현하고 − 부호를 붙여서 음수를 만들어야 한다.

$$M = -2^{n-1} + (m_{n-2} \times 2^{n-2} + m_{n-3} \times 2^{n-3} + \cdots + m_1 \times 2^1 + \mathrm{m}_0 \times 2^0)$$

예를 들어 2의 보수로 표현된 $(10010111)_2$을 10진수로 변환하면 다음과 같다.

$$\begin{aligned}(10010111)_2 &= -2^7 + (1 \times 2^4 + 1 \times 2^2 + 1 \times 2^1 + 1 \times 2^0) \\ &= -128 + (16 + 4 + 2 + 1) = (-105)_{10}\end{aligned}$$

2의 보수로 표현된 음수를 10진수로 변환하는 또 다른 방법은 보수를 이용하여 먼저 양수로 만들고 10진수로 변환한 후 최종 단계에서 − 부호를 붙이는 것이다. 이 방법으로 $(10010111)_2$을 10진수로 변환하는 과정은 다음과 같다.

① 2의 보수를 이용하여 음수를 양수로 만듦: $(10010111)_2 \rightarrow (01101001)_2$

② 10진수로 변환: $(01101001)_2 \rightarrow 1 \times 2^6 + 1 \times 2^5 + 1 \times 2^3 + 1 \times 2^0 \rightarrow 64 + 32 + 8 + 1 \rightarrow (105)_{10}$

③ − 부호를 붙임: $(105)_{10} \rightarrow (-105)_{10}$

2의 보수는 0을 표현하는 방법이 하나이고 산술 연산이 용이하여 컴퓨터를 비롯한 디지털 장치에서 부호가 있는 2진수를 표현하는 데 사용된다. 부호가 있는 8비트 2진수의 표현 범위는 [표 2-10]과 같다. 2의 보수 표현에서는 −0이 존재하지 않으므로 −128을 표현할 수 있다.

표 2-10 부호가 있는 8비트 2진수의 표현

10진수	부호화-크기 표현	1의 보수	2의 보수
127	01111111	01111111	01111111
126	01111110	01111110	01111110
⋮	⋮	⋮	⋮
1	00000001	00000001	00000001
+0	00000000	00000000	00000000
−0	10000000	11111111	×
−1	10000001	11111110	11111111
−2	10000010	11111101	11111110
⋮	⋮	⋮	⋮
−126	11111110	10000001	10000010
−127	11111111	10000000	10000000
−128	×	×	10000000

3 비트 확장

비트 확장bit extension은 데이터의 비트 수를 늘리는 연산으로, 8비트 데이터를 16비트로 확장하는 경우처럼 연산 과정에서 큰 수를 표현하기 위해 비트 수를 늘려야 할 때 이용되는 방법이다.

부호화-크기 표현

확장 비트에서 최상위 자리에는 부호 비트를 옮기고 나머지는 0으로 채운다. 다음은 부호화-크기로 표현된 8비트의 +21과 −21을 16비트로 확장한 예이다.

$$(+21)_{10} = (00010101)_2 \rightarrow (+21)_{10} = (00000000\ 00010101)_2$$
$$(-21)_{10} = (10010101)_2 \rightarrow (-21)_{10} = (10000000\ 00010101)_2$$ ← 부호화-크기 표현

2의 보수 표현

확장 비트를 부호 비트와 동일한 값으로 채우는 것을 부호 비트 확장sign bit extension이라고 한다. 다음은 2의 보수로 표현된 8비트의 +21과 −21을 16비트로 확장한 예이다.

$$(+21)_{10} = (00010101)_2 \rightarrow (+21)_{10} = (00000000\ 00010101)_2$$
$$(-21)_{10} = (11101011)_2 \rightarrow (-21)_{10} = (11111111\ 11101011)_2$$
← 2의 보수 표현

다음과 같이 16비트로 부호 확장된 양수에 대한 2의 보수를 구하여 부호를 변경하면 2의 보수는 음수와 동일하므로 부호 비트 확장 방법이 정당하다는 것을 알 수 있다.

$$0000000000010101 \rightarrow 1111111111101010 \rightarrow 1111111111101011$$

03 실수 표현

1 소수를 포함한 2진 실수

10진수에서는 소수점을 이용하여 1보다 작은 소수를 표현한다. 예를 들어 $(137.625)_{10}$ 는 정수와 소수로 이루어진 실수이므로 ①과 같이 정수부와 소수부로 나누고, ②와 같은 형태의 지수승으로 표현할 수 있다. 소수점 이하에는 – 지수승을 사용한다.

① $(137.625)_{10} \rightarrow 137 + 0.625$

② $137 + 0.625 \rightarrow 1 \times 10^2 + 3 \times 10^1 + 7 \times 10^0 + 6 \times 10^{-1} + 2 \times 10^{-2} + 5 \times 10^{-3}$

소수를 포함한 10진수의 실수를 2진수로 변환할 때 정수부는 진법 변환에서 배운 방법과 같고 소수부는 2를 연속해서 곱하여 발생하는 자리 올림수로 구한다. 이를 단계별로 살펴보자.

① 정수부와 소수부로 분리: $(137.625)_{10} \rightarrow 137 + 0.625$

② 정수부를 2진수로 변환: $(137)_{10} \rightarrow (10001001)_2$

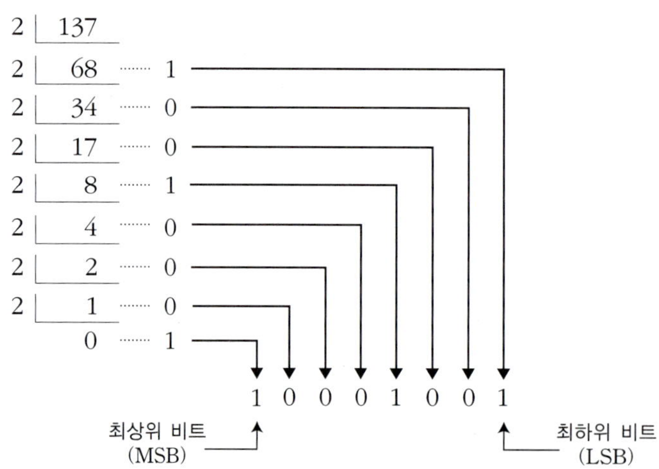

③ 소수부를 2진수로 변환: $(0.625)_{10} \rightarrow (0.101)_2$

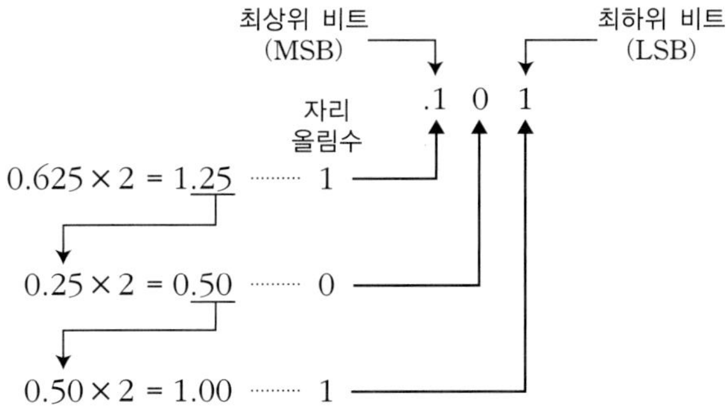

④ 2진수로 변환한 정수부와 소수부를 합함: $(10001001)_2 + (0.101)_2 \rightarrow (10001001.101)_2$

이번에는 소수부를 포함한 2진수를 10진수로 변환하는 방법을 알아보자. 2진수도 10진수처럼 소수부는 − 지수승으로 표현하는데, 예를 들어 $(1001.1101)_2$은 다음과 같이 10진수로 변환할 수 있다.

$$\begin{aligned}(1001.1101)_2 &= 1\times2^3 + 0\times2^2 + 0\times2^1 + 1\times2^0 + 1\times2^{-1} + 1\times2^{-2} + 0\times2^{-3} + 1\times2^{-4} \\ &= 8 + 1 + 0.5 + 0.25 + 0.0625 = (9.8125)_{10}\end{aligned}$$

지금까지 살펴본 소수를 포함한 2진 실수는 소수점이 고정된 고정 소수점fixed-point 표현 방식이다. 그런데 고정 소수점 표현 방식은 매우 작거나 큰 값을 표현하는 데 많은 자릿수를 필요로 한다. 즉 많은 비트 수가 필요하다. 반면에 부동 소수점floating-point 표현 방식은 과학적 표기의 지수를 사용하여 소수점의 위치를 이동하면서 수의 표현 범위를 확대할 수 있다. 다음은 부동 소수점 표현의 일반적인 형태와 10진수, 2진수를 표현한 예이다. 여기서 M은 가수, B는 기수, E는 지수이다.

$$\pm M \times B^{\pm E}$$

$$(176000)_{10} = 1.76\times10^5 \qquad (0.000176)_{10} = 1.76\times10^{-4}$$

$$(+1100.101)_2 = +1.100101\times2^3 \qquad (+0.001100101)_2 = +1.100101\times2^{-3}$$

2진수는 사용 비트 수에 따라 단일 정밀도single-precision 부동 소수점 수와 복수 정밀도double-precision 부동 소수점 수로 구분할 수 있다. 단일 정밀도 부동 소수점 수는 32비트를 사용하고, 복수 정밀도 부동 소수점 수는 64비트를 사용한다. 예를 들어 단일 정밀도 부동 소수점 수는 [그림 2-3]과 같이 크게 3개의 필드로 구성된다.

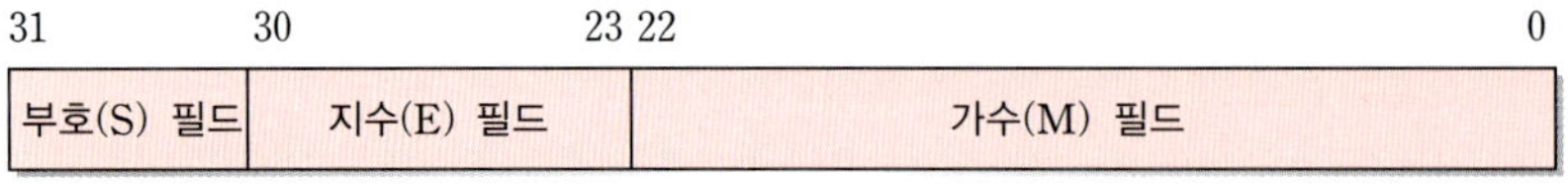

- 부호(S) 필드(1비트): 부호가 있는 2진수로 표현할 때 부호 비트를 표시한다. 0이면 양수, 1이면 음수이다.
- 지수(E) 필드(8비트): 소수점을 이동하여 얻는 지숫값을 저장한다. 256(=2^8)개를 표현할 수 있다.
- 가수(M) 필드(23비트): 실질적인 값을 저장한다. 8,388,608(=2^{23})개를 표현할 수 있어 고정 소수점 수보다 표현할 수 있는 수의 범위가 훨씬 넓다.

그림 2-3 단일 정밀도 부동 소수점 수의 구성

각 필드에 할당되는 비트는 표현하는 수의 범위와 정밀도를 결정한다. 지수 필드의 비트 수가 늘어나면 소수점을 이동하는 범위가 커져서 표현 가능한 수의 범위가 확장되고, 가수 필드의 비트 수가 늘어나면 2진수로 표현할 수 있는 수가 많아져서 정밀도가 높아진다. 따라서 적절한 비트 할당이 필요하다.

2 정규화된 표현

부동 소수점 수는 지숫값에 따라 다양하게 나타낼 수 있는데, 그 표현의 통일된 형태를 정규화된 표현normalized representation이라고 한다. 정규화된 표현의 국제 표준 IEEE 754의 형태는 다음과 같다.

$$\pm 1.bbbb \cdots bbb \times 2^{\pm E}$$

국제 표준도 비트 수에 따라 32비트의 단일 정밀도와 64비트의 복수 정밀도로 구분할 수 있다.

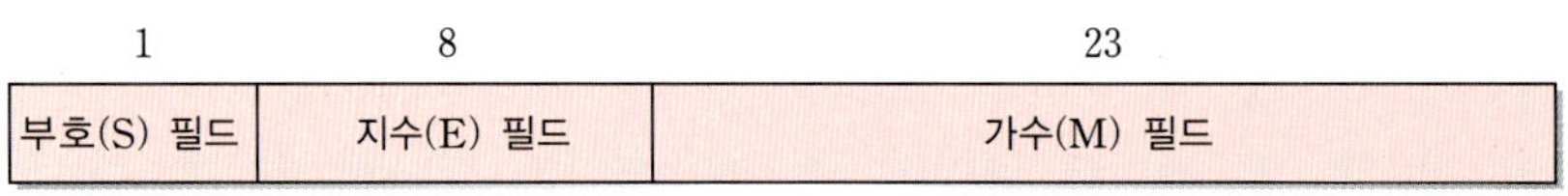

(a) 단일 정밀도 형식

(b) 복수 정밀도 형식

그림 2-4 단일 정밀도와 복수 정밀도의 형식

10진수 $-(13.625)_{10}$를 IEEE 754로 표현해보자. 먼저 $(13.625)_{10}$를 2진수로 변환하고 다음과 같이 표준형으로 나타낸다.

$$(13.625)_{10} \rightarrow (1101.101)_2 = 1.101101 \times 2^3$$

그리고 이 표준형을 [그림 2-4] (a)의 단일 정밀도 형식으로 표현한다. 지수는 양수뿐만 아니라 음수도 될 수 있으므로 부호를 표현할 수 있어야 한다. 양의 지수와 음의 지수를 표현하기 위해 바이어스된 수biased number를 사용한다. IEEE 754에서는 127을 바이어스 값으로 사용하고 지수에 127을 더하여 바이어스 지숫값을 만든다. 8비트 길이 양과 음의 지숫값 범위를 [표 2-11]에 정리했다.

표 2-11 지수 비트 패턴과 127로 바이어스된 지숫값

지수 비트 패턴(128)	절댓값	127로 바이어스된 지숫값
11111111	255	+128
11111110	254	+127
⋮	⋮	⋮
10000100	132	+5
10000011	131	+4
10000010	130	+3
10000001	129	+2
10000000	128	+1
01111111	127	0
01111110	126	−1
⋮	⋮	⋮
00000001	1	−126
00000000	0	−127

부호(S) = 1(−)

지수(E) = 00000011 + 01111111 = 10000010 ← 바이어스 127을 더함

가수(M) = 10110100000000000000000 ← 소수점 좌측의 1은 제외

부호(S) 필드	지수(E) 필드	가수(M) 필드
1	**10000010**	1011 0100 0000 0000 0000 000

그림 2-5 10진수 $-(13.625)_{10}$의 IEEE 754 표현

3 부동 소수점 수의 표현 범위

32비트 부동 소수점 수를 이용하면 [그림 2-6]의 음수 $-(1-2^{-24})\times 2^{127}$~$-0.5\times 2^{-128}$과 양수 0.5×2^{-128}~$(1-2^{-24})\times 2^{127}$을 표현할 수 있으나 아주 작거나 아주 큰 양수/음수 언더플로underflow와 오버플로overflow에 해당되는 수는 표현이 불가능하다.

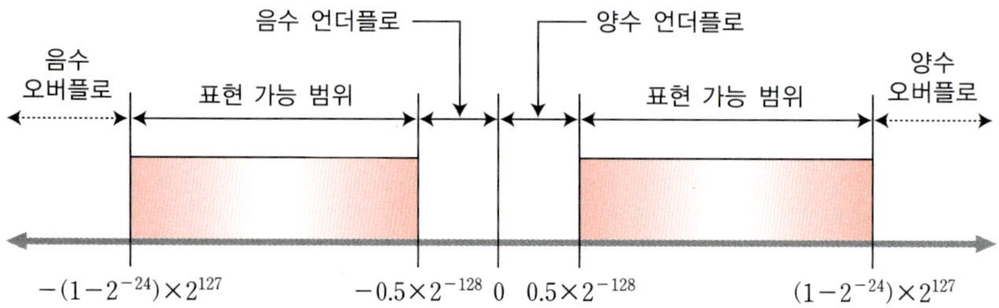

그림 2-6 부동 소수점의 표현 범위

04 문자 표현

컴퓨터에서 사용되는 문자도 2진수로 변환해야 한다. 문자를 신호로 변환하여 컴퓨터에 입력하는 과정을 문자 부호화character encoding라고 하며, 신호를 문자로 해독하는 과정을 문자 복호화character decoding라고 한다. 문자의 부호화와 복호화는 미리 정해진 기준에 따라 처리되어야 하는데, 이 기준을 문자열 세트 또는 문자 세트라고 한다. 초기 컴퓨터에서는 ASCII나 EBCDIC가 문자열 표준으로 사용되었으나 컴퓨터가 대중화되면서 다양한 언어를 표현할 수 있는 문자 세트의 표준화 방식이 필요하게 되어 표준 문자 세트로 유니코드가 개발되었다.

1 표준 BCD 코드

2진화 10진 코드라고도 하는 표준 BCDBinary Coded Decimal 코드는 기본적으로 길이가 6비트이지만 좀 더 효율적으로 사용하기 위해 존zone 비트와 숫자digit 비트로 분리하고 이를 조합하여 코드를 생성한다. [그림 2-7]은 표준 BCD 코드의 구성을 보여준다. 최상위 비트는 패리티parity이므로 실질적으로 64(=2^6)개의 문자, 숫자, 특수 문자의 정보를 표현할 수 있다.

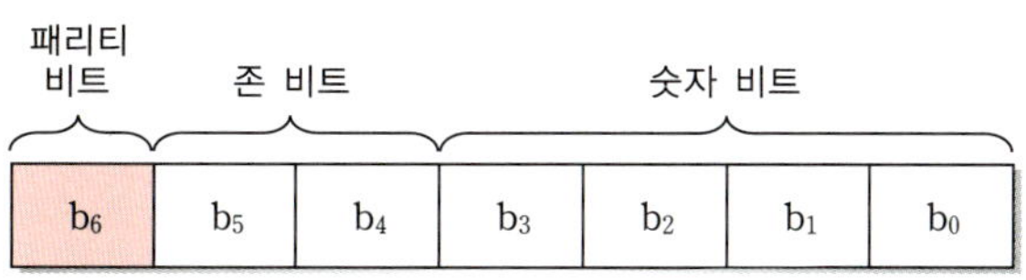

그림 2-7 표준 BCD 코드의 구성

존 비트는 숫자를 2진 부호로 밀도 높게 표현할 때 사용되는 숫자 4비트 외의 비트이다. 6개의 비트가 각 문자를 나타내는데, 존 비트인 왼쪽의 2개 비트는 알파벳이나 특수 문자를 나타내기 위해 숫자 비트와 연관해서 사용할 수 있다. 존 비트에 따른 표준 BCD 코드의 분류는 [표 2-12]와 같다.

표 2-12 존 비트에 따른 표준 BCD 코드의 분류

패리티 비트	존 비트		숫자 비트			
6	5	4	3	2	1	0
하위 비트에 따라 달라짐	1	1	영문자 A~I(0001~1001)			
	1	0	영문자 J~R(0001~1001)			
	0	1	영문자 S~Z(0010~1001)			
	0	0	숫자 0~9(0001~1010)			
	혼용		특수 문자 및 기타 문자			

표준 BCD 코드를 보여주는 [표 2-13]에서 P는 패리티 비트, Z는 존 비트를 나타내며 숫자 비트는 8421 코드로 표현되었다.

표 2-13 표준 BCD 코드 표

문자	P ZZ8421	문자	P ZZ8421	문자	P ZZ8421	문자	P ZZ8421	문자	P ZZ8421
A	0 110001	J	1 100001	S	1 010010	1	0 000001	=	0 001011
B	0 110010	K	1 100010	T	0 010011	2	0 000010	>	1 001100
C	1 110011	L	0 100011	U	1 010100	3	1 000011	+	0 010000
D	0 110100	M	1 100100	V	0 010101	4	0 000100	.	1 011011
E	1 110101	N	0 100101	W	0 010110	5	1 000101	)	0 011100
F	1 110110	O	0 100110	X	1 010111	6	1 000110	%	1 011101
G	0 110111	P	1 100111	Y	1 011000	7	0 000111	?	0 011111
H	0 111000	Q	1 101000	Z	0 011001	8	0 001000	−	1 100001
I	1 111001	R	0 101001			9	1 001001	@	1 111010
						0	1 001010	$	1 111111

2 ASCII 코드

ASCII 코드는 미국국립표준협회American National Standards Institute, ANSI가 제정한 컴퓨터 간 정보 교환용 미국 표준 코드이다. 미니컴퓨터나 개인용 컴퓨터와 같은 소형 컴퓨터를 중심으로 보급되어 현재 국제적으로 널리 사용되고 있다. 코드의 길이는 7비트와 패리티 비트가 추가된 8비트 등 두 종류가 있으며, 128(=2^7)개의 정보를 표현할 수 있다.

ASCII 코드는 128개의 문자 조합을 제공하는 7비트 부호로, 처음 32개의 부호가 인쇄와 전송 제어용으로 사용된다. 그런데 보통 기억 장치는 8비트(1바이트, 256개 조합)로 구성되어 있고, ASCII 코드는 7비트의 128개 문자만 사용하기 때문에 나머지 1비트를 추가하여 패리티 비트로 사용하거나 특정 문자를 표현하는 데 사용한다. 이렇게 1비트를 추가하여 8비트의 코드로 특정 문자도 표현할 수 있도록 만든 것을 확장 ASCII 코드라고 한다.

[그림 2-8]은 ASCII 코드의 구성을 보여준다. 표준 BCD 코드보다 존 비트가 하나 더 많은데, 이 존 비트에 의해 [표 2-14]와 같이 세 가지 종류의 코드로 구분된다.

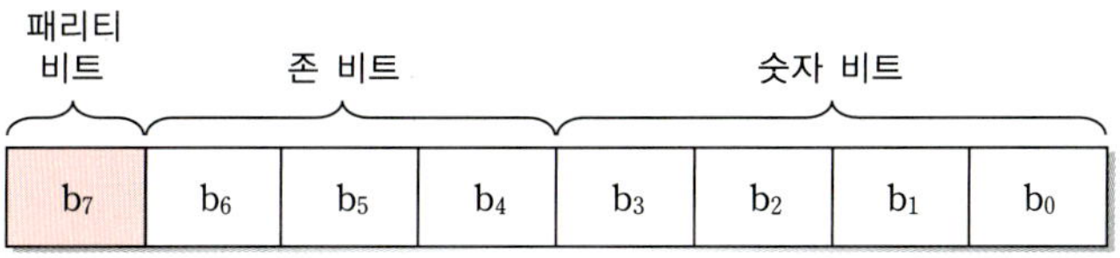

그림 2-8 ASCII 코드의 구성

표 2-14 존 비트에 따른 ASCII 코드의 분류

패리티 비트	존 비트			숫자 비트			
7	6	5	4	3	2	1	0
하위 비트에 따라 달라짐	1	0	0	영문자 A~O(0001~1111)			
	1	0	1	영문자 P~Z(0000~1010)			
	0	1	1	숫자 0~9(0000~1001)			

[표 2-15]는 128개 문자로 이루어진 표준 ASCII 코드 표이고, [표 2-16]은 확장 ASCII 코드에서 확장된 특수 문자만을 정리한 것이다.

표 2-15 표준 ASCII 코드 표

	0	1	2	3	4	5	6	7	8	9	A	B	C	D	E	F
0	NUL	SOH	STX	ETX	EOT	ENQ	ACK	BEL	BS	TAB	LF	VT	FF	CR	SO	SI
1	DLE	DC1	DC2	DC3	DC4	NAK	SYN	ETB	CAN	EM	SUB	ESC	FS	GS	RS	US
2		!	"	#	$	%	&	'	(	)	*	+	,	–	.	/
3	0	1	2	3	4	5	6	7	8	9	:	;		=	>	?
4	@	A	B	C	D	E	F	G	H	I	J	K	L	M	N	O
5	P	Q	R	S	T	U	V	W	X	Y	Z	[	W	]	^	_
6	`	a	b	c	d	e	f	g	h	i	j	k	l	m	n	o
7	p	q	r	s	t	u	v	w	x	y	z	{	|	}	~	

표 2-16 확장 ASCII 코드 표

	0	1	2	3	4	5	6	7	8	9	A	B	C	D	E	F
8	Ç	ü	é	â	ä	à	å	ç	ê	ë	è	ï	î	ì	Ä	Å
9	É	æ	Æ	ô	ö	ò	û	ù	ÿ	Ö	Ü	¢	£	¥	Pt	f
A	á	í	ó	ú	ñ	Ñ	a	o	¿	┌	┘	½	¼	¡	«	»
B	░	■	▓	│	┤	╡	╢	╖	╕	╣	║	╗	╝	╜	╛	┐
C	└	┴	┬	├	─	┼	╞	╟	╚	╔	╩	╦	╠	═	╬	╧
D	╨	╤	╥	╙	╘	╒	╓	╫	╪	┘	┌	█	▄	▌	▐	▀
E	α	β	Γ	π	Σ	σ	μ	τ	Φ	Θ	Ω	δ	∞	ϕ	ε	∩
F	≡	±	≥	≤	⌠	⌡	÷	≈	○	•	·	√	n	2	■	

3 EBCDIC 코드

EBCDICExtended Binary Coded Decimal Interchange Code는 7비트의 표준 BCD 코드를 8비트로 확장한 코드로 확장 2진화 10진법 교환 부호라고도 한다. 따라서 한 문자를 8비트(1바이트)의 조합으로 표현함으로써 영문자(a~z), 숫자(0~9), 특수 문자 등 256개의 문자를 표현할 수 있다. EBCDIC 코드는 세계 표준과는 다르지만 컴퓨터 업계 표준으로 널리 사용되고 있다.

[그림 2-9]는 EBCDIC 코드의 구성을 보여준다. 표준 BCD 코드보다 존 비트가 2개 더 많은데, 이 존 비트에 의해 [표 2-17]과 같이 코드가 구분된다.

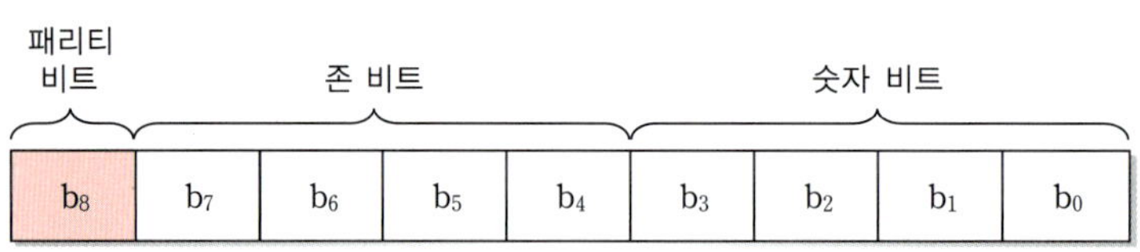

그림 2-9 EBCDIC 코드의 구성

표 2-17 존 비트에 따른 EBCDIC 코드의 분류

패리티 비트	존 비트				숫자 비트			
8	7	6	5	4	3	2	1	0
하위 비트에 따라 달라짐	0	0			예약			
	0	1			특수 문자			
	1	0			영문 소문자			
	1	1			영문 대문자 또는 숫자			
			0	0	영문자 A~I			
			0	1	영문자 J~R			
			1	0	영문자 S~Z			
			1	1	숫자 0~9			

4 유니코드

ASCII 코드는 미국의 표준이므로 표현할 수 있는 문자가 알파벳과 확장형인 몇 가지 기호에 불과하며, 크기가 1바이트라 그 이상의 바이트 코드로 표현되는 한국, 일본, 중국 등의 언어를 나타내는 데 한계가 있다. 그래서 전 세계 모든 나라의 문자를 동일하게 표현하기 위해 ISO/IEC JTC1은 1995년 9월 유니코드Unicode를 국제 표준으로 제정했다.

유니코드는 사용 중인 운영체제, 프로그램, 언어에 관계없이 문자마다 고유한 코드 값을 제공하는 새로운 개념의 코드로, 26개 언어의 문자와 특수 기호에 코드 값이 부여되어 있다. 또한 유니코드는 2바이트(16비트) 길이를 사용하므로 최대로 수용할 수 있는 문자가 6만 5,536개이다. 이 가운데 나라의 문자 표현을 위해 3만 8,885개가 이미 할당되었고 사용자 영역으로 6,400개가 할당되었으며, 나머지 2만여 개는 새로운 문자가 추가될 수 있도록 남아 있다. 영문 대·소문자와 숫자의 유니코드 표는 http://www.unicode.org/charts/PDF/U0000.pdf에서, 한글 유니코드 표는 http://www.unicode.org/charts/PDF/UAC00.pdf 에서 확인할 수 있다.

한편 유니코드는 ASCII 코드에 비해 길이가 2배로 확장되면서 처리 과정에서 비효율적인 문제가 있다. 이에 UTFUnicode Transformation Format는 문자 코드의 길이를 가변적으로 변경하여 ASCII 코드와 호환이 가능하도록 함으로써 이 문제를 보완했다. UTF는 부호 비트의 길이에 따라 UTF-8, UTF-16, UTF-32 등이 있으며, 이는 가변 길이 인코딩을 수행하여 ASCII 코드의 길이에 맞게 호환된다. UTF-8은 대부분의 문자 코드를 ASCII 코드와 동일한 8비트 길이로 저장할 수 있다. 한글의 경우에는 3바이트로 가변적으로 저장되며 그 외 나라의 문자도 한 번에 표현이 가능하다.

05 2진수의 연산

컴퓨터에서는 덧셈, 뺄셈, 곱셈, 나눗셈 등의 산술 연산과 참[true], 거짓[false]을 판별하는 논리 연산을 수행한다. 정수와 달리 부동 소수점 수는 지수부와 가수부가 독립적으로 수행되므로 정수와 부동 소수점 수를 구분하여 살펴보자.

1 정수의 산술 연산

부호가 있는 2진 정수의 산술 연산에서는 2의 보수를 활용한다. 부호를 변경하는 2의 보수는 앞의 보수 부분에서 설명했으니 덧셈, 뺄셈, 곱셈, 나눗셈만 살펴보자.

덧셈

2의 보수로 표현된 2진수를 더할 때 최상위 비트에서 자리 올림이 발생하면 이 자리 올림수를 버린다. 디지털 장치는 비트가 고정되어 있어 최상위 비트 이상으로 발생한 자리 올림수를 표현할 자리가 없기 때문이다. 4비트의 2진수로 오버플로가 발생하지 않는 네 가지 덧셈과 오버플로가 발생하는 경우를 10진수 연산과 비교하여 살펴보자.

■ 자리 올림 없는 양수와 양수의 덧셈

최상위 비트에서 자리 올림이 발생하지 않아 결과가 정확하다.

$$(+2)_{10} + (+3)_{10} = (+5)_{10} \qquad \begin{array}{r} 0010 \\ +\ 0011 \\ \hline 0101 \end{array}$$

■ 자리 올림 없는 음수와 양수의 덧셈

최상위 비트에서 자리 올림이 발생하지 않아 결과가 정확하다.

$$(-6)_{10} + (+3)_{10} = (-3)_{10} \qquad \begin{array}{r} 1010 \\ +\ 0011 \\ \hline 1101 \end{array}$$

■ **자리 올림 있는 음수와 양수의 덧셈**

최상위 비트에서 발생하는 자리 올림수를 버리더라도 결과 $(0010)_2$이 정확하다.

$$(-3)_{10} + (+5)_{10} = (+2)_{10} \qquad \begin{array}{rr} & 1101 \\ + & 0101 \\ \hline \underset{\text{버림}}{1} & 0010 \end{array}$$

■ **자리 올림 있는 음수와 음수의 덧셈**

둘 다 음수라 부호 비트인 최상위 비트에서 필연적으로 자리 올림이 발생하지만 자리 올림수를 버린 결과 $(1010)_2$이 정확하다.

$$(-2)_{10} + (-4)_{10} = (-6)_{10} \qquad \begin{array}{rr} & 1110 \\ + & 1100 \\ \hline \underset{\text{버림}}{1} & 1010 \end{array}$$

덧셈 결과가 표현할 수 있는 범위를 초과하여 올바르지 않은 경우를 오버플로 상태라고 한다. 오버플로가 발생하면 오류 메시지를 보내어 계산이 잘못되었음을 알린다. 덧셈 오버플로는 양수끼리 또는 음수끼리 더한 결과의 부호가 반대일 때 발생한다. 덧셈에서 오버플로가 발생하는 두 가지 경우를 살펴보자.

■ **오버플로가 발생하는 양수와 양수의 덧셈**

10진수는 양수끼리 더한 결과도 양수이지만 2진수의 덧셈 결과는 자리 올림으로 인해 부호 비트가 변경된다. 즉 $(1001)_2 = (-7)_{10}$ 로 잘못된 결과가 나와 오류가 발생한다.

$$(+4)_{10} + (+5)_{10} = (+9)_{10} \qquad \begin{array}{rr} & 0100 \\ + & 0101 \\ \hline & 1001 \end{array} = (-7)_{10}$$

■ **오버플로가 발생하는 음수와 음수의 덧셈**

오버플로가 발생하지 않는 경우처럼 자리 올림이 발생하지만 부호 비트가 변경됨으로써 잘못된 결과가 나와 오류가 발생한다.

$$(-7)_{10} + (-6)_{10} = (-13)_{10} \qquad \begin{array}{rr} & 1001 \\ + & 1010 \\ \hline 1 & 0011 \end{array} = (+3)_{10}$$

뺄셈

뺄셈 연산의 경우 2의 보수를 사용하여 다음과 같이 덧셈 연산으로 수행할 수 있다. 결국 뺄셈은 감수(빼는 수 B)를 보수화하여 피감수(빼지는 수 A)와 덧셈 연산을 하는 셈이다.

$$A - (+B) = A + (-B)$$
$$A - (-B) = A + (+B)$$

뺄셈도 오버플로가 발생하지 않는 경우와 발생하는 경우로 구분하여 살펴보자. 먼저 오버플로가 발생하지 않는 것은 뺄셈 결과가 디지털 장치에서 표현할 수 있는 범위 내인 경우이다. 따라서 최상위 비트에서 자리 올림이 발생하더라도 연산 결과가 정확하다.

■ **자리 올림 없는 뺄셈**

감수를 음수화하여 덧셈 연산을 수행하면 부호 비트의 변경이나 자리 올림이 발생하지 않고 정확한 결과를 얻을 수 있다.

$$(+2)_{10} - (+5)_{10} = (+2)_{10} + (-5)_{10} = (-3)_{10} \qquad \begin{array}{r} 0010 \\ +\ \ 1011 \\ \hline 1101 \end{array} = (-3)_{10}$$

■ **자리 올림 있는 뺄셈**

마찬가지로 감수를 음수화하여 덧셈 연산을 수행한다. 자리 올림수를 버리고 나머지를 취하여 정확한 결과를 얻을 수 있다.

$$(+5)_{10} - (+2)_{10} = (+5)_{10} + (-2)_{10} = (+3)_{10} \qquad \begin{array}{cr} & 0101 \\ + & 1110 \\ \hline \underset{\text{버림}}{1} & 0011 \end{array} = (+3)_{10}$$

감수를 음수화하여 부호가 같은 두 수의 덧셈 연산이 되는 경우 결과의 부호가 변경되어 뺄셈 오버플로가 발생한다.

■ **오버플로가 발생하는 자리 올림 없는 뺄셈**

2의 보수를 통해 최종적으로 양수와 양수의 덧셈이 되었는데, 오버플로로 인해 결과의 부호가 변경됨으로써 잘못된 결과가 나와 오류가 발생한다.

$$(+7)_{10} - (-5)_{10} = (+7)_{10} + (+5)_{10} = (+12)_{10} \qquad \begin{array}{r} 0111 \\ +\ 0101 \\ \hline 1100 \end{array} = (-4)_{10} \text{ 오버플로}$$

■ **오버플로가 발생하는 자리 올림 있는 뺄셈**

2의 보수를 통해 덧셈으로 만든 연산 결과로 발생하는 자리 올림수를 버리더라도 오버플로가 발생함으로써 잘못된 결과가 나와 오류가 발생한다.

$$(-6)_{10} - (+4)_{10} = (-6)_{10} + (-4)_{10} = (-10)_{10} \qquad \begin{array}{r} 1010 \\ +\ 1100 \\ \hline 1\ \ 0110 \end{array} = (+6)_{10} \text{ 오버플로}$$

(1: 버림)

곱셈

$A \times B = C$ 형태의 곱셈 연산에서 곱하는 수 B를 승수multiplier, 곱해지는 수 A를 피승수multiplicand라고 한다. 부호가 없는 2진수의 곱셈을 생각해보자. 다음 예와 같이 승수의 비트별로 부분합을 먼저 계산하는데, 부분합을 구하는 승수 비트가 0이면 결과는 모두 0이고, 1이면 피승수와 같다. 최종 결과 값은 부분합을 모두 더해서 구한다.

				1	1	0	1	피승수(13)
			×	1	0	1	1	승수(11)
				1	1	0	1	
			1	1	0	1		부분합
		0	0	0	0			
	1	1	0	1				
1	0	0	0	1	1	1	1	곱의 결과(143)

계산 결과는 8비트이다. 즉 4비트짜리 두 수를 곱하면 2배인 8비트가 된다. 이것을 일반화하면 두 N비트 2진수를 곱하면 결과는 $2N$비트가 된다고 정리할 수 있다.

2의 보수로 표현하여 부호가 있는 2진수의 곱셈을 생각해보자. 가장 단순한 방법은 ① 음수를 양수로 변환하고, ② 부호가 없는 2진수의 곱셈을 수행하며, ③ 승수와 피승수의 부호가 다르면 결과 값에 2의 보수를 취하여 부호를 변경하는 것이다. 예를 들어 2의 보수로 표현된 0010×1001은 다음과 같은 과정을 거쳐 $(-14)_{10}$가 된다.

① 음수에 2의 보수를 취하여 양수로 변환: 1001 → 0110(1의 보수) + 1 → 0111(2의 보수)

② 부호가 없는 곱셈 수행

				0	0	1	0	피승수(2)
			×	0	1	1	1	승수(7)
				0	0	1	0	
			0	0	1	0		
		0	0	1	0			
	0	0	0	0				
0	0	0	0	1	1	1	0	곱의 결과(14)

③ 승수와 피승수의 부호가 다르면 결과 값에 2의 보수를 취하여 부호를 변경: 00001110 → 11110010

나눗셈

$D \div V = Q \cdots R$ 형태의 나눗셈 연산에서 나누어지는 수 D를 피제수dividend, 나누는 수 V를 제수divisor라고 한다. 나눗셈의 결과로 몫quotient Q와 나머지 수remainder R을 얻는다.

부호가 없는 2진수의 나눗셈을 생각해보자. 10진수의 나눗셈과 마찬가지로 먼저 피제수의 비트를 좌측에서부터 우측으로 차례대로 검사하는데, 그 비트가 나타내는 값이 제수보다 같거나 클 때까지 한 비트씩 이동하면서 검사를 반복한다. 피제수가 제수보다 같거나 클 때까지 몫에는 0이 채워진다. 조건이 만족되면 몫에 1이 주어지고 부분 피제수의 값에서 제수를 빼는데, 그 결과를 부분 나머지 수라고 한다. 피제수의 모든 비트에 적용될 때까지 이 과정이 반복된다. 다음은 10010011 ÷ 1011을 계산하는 과정이다.

	00001101	← 몫
제수 → 1011	10010011	← 피제수
	1011	
부분 나머지 →	01110	
	1011	
부분 나머지 →	001111	
	1011	
	100	← 나머지

2의 보수로 표현하여 부호가 있는 2진수의 나눗셈도 곱셈과 마찬가지로 ① 2의 보수를 통해

모두 양수로 고친 후, ② 부호가 없는 2진수의 나눗셈을 수행하고, ③ 제수와 피제수의 부호가 다른 경우에는 몫의 부호를 변경한다. 예를 들어 2의 보수로 표현된 0111÷1101은 다음과 같은 과정을 거쳐 몫 $(-2)_{10}$를 얻는다.

① 음수에 2의 보수를 취하여 양수로 변환: 1101 → 0010(1의 보수) + 1 → 0011(2의 보수)

② 부호가 없는 나눗셈 수행

```
                  0010     ← 몫(2)
제수(3) →  0011 ) 0111     ← 피제수(7)
                  011
                  ----
                  0001     ← 나머지(1)
```

③ 제수와 피제수의 부호가 다르면 몫을 2의 보수로 표현: 0010 → 1110

2 부동 소수점 수의 산술 연산

부동 소수점 수는 가수와 지수를 분리하여 산술 연산을 수행한다. 덧셈과 뺄셈은 지수를 같게 조정한 가수끼리 덧셈과 뺄셈을 하고, 곱셈과 나눗셈은 가수의 덧셈과 뺄셈을 통해 수행한다. 부동 소수점 수의 덧셈과 뺄셈을 수행할 때는 지수를 동일한 값으로 만들기 위해 가수 부분의 소수점을 좌우로 이동한 다음 가수 간의 덧셈과 뺄셈을 수행하고 정규화한다.

쉽게 이해할 수 있도록 10진수를 먼저 살펴보자. 10진수 부동 소수점 수 $A = 0.3\times10^2$, $B = 0.2\times10^3$의 산술 연산은 다음과 같이 수행한다.

- $A+B = 0.3\times10 + 0.2\times10^3 = 0.3\times10^2 + 2\times10^2 = 2.3\times10^2$
- $A-B = 0.3\times10^2 - 0.2\times10^3 = 0.3\times10^2 - 2\times10^2 = -1.7\times10^2$
- $A\times B = (0.3\times10^2)\times(0.2\times10^3) = (0.3\times0.2)\times10^{2+3} = 0.06\times10^5$
- $A\div B = (0.3\times10^2)\div(0.2\times10^3) = (0.3\div0.2)\times10^{2-3} = 1.5\times10^{-1}$

2진수 부동 소수점 수의 덧셈과 뺄셈도 기본 원리는 같지만 결과 값을 정규화하는 과정이 추가된다. 다음은 2진수 부동 소수점 수 $(0.110010\times2^2) + (0.111011\times2^3)$을 계산하는 과정이다.

$$\begin{array}{r} 0.110010\times2^2 \\ +0.111011\times2^3 \end{array} \xrightarrow{\text{지수 조정}} \begin{array}{r} 0.011001\times2^3 \\ +0.111011\times2^3 \\ \hline 1.010100\times2^3 \end{array} \xrightarrow{\text{정규화}} 0.101010\times2^4$$

부동 소수점 수 A = 0.3×10^2, B = 0.2×10^3의 곱셈은 가수끼리는 곱하고 지수끼리는 더한다. 2진수 부동 소수점 수의 곱셈도 가수끼리는 곱하고 지수끼리는 더한 후 결과 값을 정규화한다. $(0.1011 \times 2^3) \times (0.1001 \times 2^5)$은 다음과 같이 수행된다.

- 가수 곱하기: $1011 \times 1001 = 01100011$
- 지수 더하기: $3 + 5 = 8$
- 정규화: $0.01100011 \times 2^8 = 0.1100011 \times 2^7$

2진수 부동 소수점 수의 나눗셈은 가수끼리는 나누고 지수끼리는 뺄셈을 한 후 결과 값을 정규화한다. $(0.1100 \times 2^5) \div (0.1100 \times 2^3)$은 다음과 같이 수행된다.

- 가수 나누기: $1100 \div 1100 = 1$
- 지수 빼기: $5 - 3 = 2$
- 정규화: 0.1×2^3

부동 소수점 수의 표현 범위에서 오버플로와 언더플로가 발생하는 영역을 볼 수 있었는데, 연산 결과가 이러한 영역에 포함되면 오류가 발생한다. 먼저 양의 지숫값이 최대 지숫값을 초과하여 발생하는 오류를 지수 오버플로exponent overflow라고 한다. 이것은 수가 너무 커서 표현될 수 없음을 의미하며 $+\infty$ 또는 $-\infty$로 나타낸다. 이와 반대로 지수 언더플로exponent underflow는 음의 지숫값이 최대 지숫값을 초과하는 경우이다. 이것은 수가 너무 작아서 표현될 수 없음을 의미하며 0으로 나타낸다.

가수의 경우 가수 언더플로mantissa underflow는 가수의 소수점 위치 조정 과정에서 비트가 가수의 우측으로 넘치는 것으로, 반올림rounding으로 문제를 해결할 수 있다. 또한 가수 오버플로mantissa overflow는 같은 부호의 두 가수를 더했을 때 자리 올림수가 발생하는 것으로, 재조정realignment 과정을 거쳐 정규화하여 해결할 수 있다.

3 논리 연산

논리 연산에서는 주어진 명제에 대해 참 또는 거짓을 결정한다. 컴퓨터와 같은 디지털 장치에서는 산술 연산뿐만 아니라 다양한 논리 연산을 지원한다. AND, OR, XOR, NOT 등의 기본 논리 연산을 먼저 살펴본 후 선택적 세트, 선택적 보수, 마스크, 삽입, 비교 등의 응용 연산에 대해 알아보자.

기본 논리 연산

기본 논리 연산의 원리는 다음과 같으며, [표 2-18]은 두 입력 X, Y에 대한 논리 연산의 진리표true map이다.

- AND 연산: 입력이 모두 1일 때 1을 출력하고 그 밖의 경우에는 0을 출력한다.
- OR 연산: 입력이 모두 0일 때 0을 출력하고 그 밖의 경우에는 1을 출력한다.
- XOReXclusive OR 연산: 입력이 모두 동일할 때 0을 출력하고 그 밖의 경우에는 1을 출력한다.
- NOT 연산: 입력이 0이면 1을 출력하고, 입력이 1이면 0을 출력한다.

표 2-18 기본 논리 연산의 진리표

입력		X AND Y	X OR Y	X XOR Y	NOT X	NOT Y
X	Y					
0	0	0	0	0	1	1
0	1	0	1	1	1	0
1	0	0	1	1	0	1
1	1	1	1	0	0	0

응용 논리 연산

주로 사용되는 응용 논리 연산은 선택적 세트, 선택적 보수, 마스크, 삽입, 비교, 순환 시프트, 산술적 시프트 등이며, 예를 통해 그 연산 원리를 알아보자.

■ 선택적 세트

선택적 세트selective set는 특정 비트를 세트하는, 즉 1로 만드는 연산이다. 1001 0010이라는 데이터 A의 하위 4비트를 세트하려면 다음과 같이 데이터 B를 0000 1111로 하여 데이터 A와 OR 연산을 한다.

```
  A = 1 0 0 1  0 0 1 0   연산 전
  B = 0 0 0 0  1 1 1 1   선택적 세트(OR) 연산
 ---------------------
  A = 1 0 0 1  1 1 1 1   연산 후
```

■ 선택적 보수

선택적 보수selective complement는 특정 비트를 1의 보수로 만드는, 즉 반전하는 연산이다. 다음과 같이 1001 0010이라는 데이터 A의 하위 4비트를 반전하려면 데이터 B를 0000 1111로 하여 데이터 A와 XOR 연산을 한다.

```
 A = 1 0 0 1  0 0 1 0   연산 전
 B = 0 0 0 0  1 1 1 1   선택적 보수(XOR) 연산
--------------------
 A = 1 0 0 1  1 1 0 1   연산 후
```

■ 마스크

마스크mask는 특정 비트만 선택적으로 리셋하는, 즉 0으로 만드는 연산이다. 1011 0101이라는 데이터 A의 상위 4비트를 0으로 만들려면 다음과 같이 데이터 B를 0000 1111로 하여 데이터 A와 AND 연산을 한다.

```
 A = 1 0 1 1  0 1 0 1   연산 전
 B = 0 0 0 0  1 1 1 1   마스크(AND) 연산
--------------------
 A = 0 0 0 0  0 1 0 1   연산 후
```

■ 삽입

삽입insert은 특정 위치에 새로운 비트 값을 추가하는 연산으로, 마스크 연산과 선택적 세트 연산을 차례로 수행하면 된다. 1011 1010이라는 데이터 A의 하위 4비트에 1100을 삽입하려면 데이터 A의 하위 4비트에 AND 연산을 한 결과와 0000 1100이라는 데이터 B를 OR 연산을 한다.

```
 A = 1 0 1 1  1 0 1 0   연산 전
 B = 1 1 1 1  0 0 0 0   마스크(AND) 연산
--------------------
 A = 1 0 1 1  0 0 0 0   마스크 결과
 B = 0 0 0 0  1 1 0 0   삽입(OR) 연산
--------------------
 A = 1 0 1 1  1 1 0 0   최종 삽입 결과
```

■ 비교

비교compare는 두 데이터를 비교하는 연산이다. 데이터 A와 B의 각 비트를 비교하여 같으면 데이터 A의 해당 비트를 0으로 만들고 다르면 1로 만들어 XOR 연산을 한다.

$$\begin{array}{rl} A = 1110\ 0001 & \text{연산 전} \\ B = 0101\ 1001 & \text{비교(XOR) 연산} \\ \hline A = 1011\ 1000 & \text{연산 후} \end{array}$$

■ **순환 시프트**

순환 시프트circular shift는 최상위 또는 최하위 비트가 반대편 끝 비트로 이동함으로써 회전하는 효과를 내는 연산이다. [그림 2-10]에서 (a)는 최상위 비트인 D_4가 최하위 비트인 D_1로 이동하는 순환 좌측 시프트left circular shift이고, (b)는 최하위 비트인 D_1이 최상위 비트인 D_4로 이동하는 순환 우측 시프트right circular shift이다.

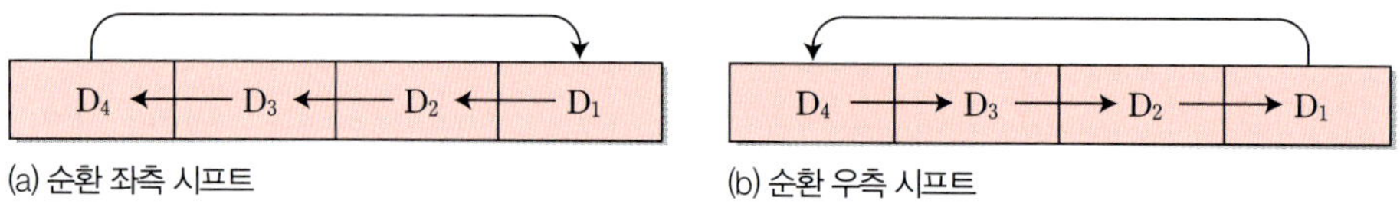

그림 2-10 순환 시프트

■ **산술적 시프트**

산술적 시프트arithmetic shift는 부호 비트는 그대로 두고 수의 절대 크기를 나타내는 비트만 시프트하는 연산이다. 산술적 좌측 시프트는 한 자리씩 시프트할 때마다 2를 곱하는 것과 같고, 산술적 우측 시프트는 한 자리씩 시프트할 때마다 2로 나누는 것과 같다. 10101110이라는 데이터 A를 산술적 좌측 시프트하면 11011100이 되고, 산술적 우측 시프트하면 11010111이 된다.

- D_4(불변), $D_3 \leftarrow D_2$, $D_2 \leftarrow D_1$, $D_1 \leftarrow 0$: 11011100
- D_4(불변), $D_4 \rightarrow D_3$, $D_3 \rightarrow D_2$, $D_2 \rightarrow D_1$: 11010111

요약

01 2진수의 보수

- 1의 보수: 모든 비트를 반전(0 → 1, 1 → 0)
- 2의 보수: 모든 비트를 반전한 결과에 1을 더함

02 부동 소수점 수의 표현

부동 소수점 수의 일반적인 형태 $\pm M \times B^{\pm E}$ 에서 M은 가수, B는 기수, E는 지수이다. 2진수 부동 소수점 수에서 M은 0과 1로 구성된 2진수이고 B는 2이다.

03 부동 소수점 수의 산술 연산

부동 소수점 수는 가수와 지수를 분리하여 산술 연산을 수행한다.

04 표준 BCD 코드

표준 BCD 코드는 2진화 10진 코드라고도 하며, 기본적으로 길이가 6비트이지만 좀 더 효율적으로 사용하기 위해 존 비트와 숫자 비트로 분리하고 이를 조합하여 코드를 생성한다.

05 ASCII 코드

미국 표준 코드인 ASCII 코드는 현재 국제적으로 널리 사용되고 있다. 코드의 길이는 7비트와 패리티 비트가 추가된 8비트 등 두 종류가 있으며, 128(=2^7)개의 정보를 표현할 수 있다.

06 EBCDIC 코드

EBCDIC 코드는 7비트의 표준 BCD 코드를 8비트로 확장한 코드로 확장 2진화 10진법 교환 부호라고도 한다.

07 유니코드

전 세계 모든 나라의 문자를 동일하게 표현하기 위해 ISO/IEC JTC1은 유니코드를 국제 표준으로 제정했다.

01 컴퓨터의 정보 표현에 대한 설명으로 옳지 않은 것은?

① 컴퓨터에서 사용하는 수 체계는 2진법이다.

② 2진수에서 데이터를 표현하는 단위를 비트라고 한다.

③ 워드는 정보 처리를 위해 사용되는 비트의 집합으로 8비트로 규정된다.

④ 사람이 컴퓨터를 이용하려면 10진법에서 2진법으로의 변환 과정이 필요하다.

02 컴퓨터의 정보 표현에 대한 설명으로 옳은 것은?

① 1바이트는 8비트로 구성된다.

② 1Mbit는 1,000비트이다.

③ 10진수는 1, 2, 3, 4, 5, 6, 7, 8, 9를 사용하여 수를 표현한다.

④ 2F4A34는 8진수로 표현된 것이다.

03 10진수 13을 2진수로 표현하려면 몇 비트가 필요한가?

① 1비트 ② 2비트 ③ 3비트 ④ 4비트

04 다음 중 8진수가 아닌 것은?

① 19 ② 451 ③ 670 ④ 77053

05 2의 보수를 이용하여 부호가 있는 2진수를 표현하는 것에 대한 설명으로 가장 적절하지 않은 것은?

① 0에 대한 표현이 하나만 존재한다.

② 논리 연산에서 용이하게 사용된다.

③ 부호 비트가 자연스럽게 변경되고 크기도 적절한 형태로 바뀐다.

④ 수의 표현 범위가 넓다.

06 2진수의 음수 표현 방법에 대한 설명으로 옳지 않은 것은?

① 음수를 표현하기 위해 별도의 부호 비트를 할당한다.

② 부호화-크기 표현은 가장 단순한 방법으로 2진수의 크기를 크기 비트에 할당한다.

③ 1의 보수 표현은 각 비트의 값을 반전하여 보수를 얻는다.

④ 2의 보수 표현은 각 비트에 1을 더하여 보수를 얻는다.

07 다음 2진수의 1의 보수와 2의 보수를 구하라.

① $(11011)_2$

② $(1111\ 0011)_2$

③ $(1010\ 0010\ 1011)_2$

08 다음 10진수를 2진수로 변환하라.

① $(8.9375)_{10}$

② $(128.125)_{10}$

09 다음 2진수를 10진수로 변환하라.

① $(1101.0001)_2$

② $(110.111)_2$

10 2의 보수를 이용하여 다음 10진수를 부호 있는 2진수로 변환하라.

① $(-16)_{10}$

② $(-450)_{10}$

11 2의 보수로 표현된 다음 2진수를 10진수로 변환하라.

① $(0011\ 1001)_2$

② $(1100)_2$

12 $(10011011)_2$은 2의 보수를 이용하여 음수를 나타낸 것이다. 이를 10진수로 변환하라.

13 2의 보수로 표현된 다음 2진수를 8비트로 확장하여 표현하라.

① $(1001)_2$

② $(0101)_2$

14 소수점 이하의 10진수 값을 2진수로 표현할 때 연속적인 2의 (①)을 통해 얻는다. 2진 부동 소수점 수에서 (②)는 0과 1로 구성된다.

15 2진수의 부동 소수점 표현에서 단일 정밀도 부동 소수점 수를 구성하는 3개의 필드 중 8비트가 할당된 것은 (①)이고, 가장 적은 비트가 할당된 것은 (②)이다.

16 2의 보수를 이용하여 다음 2진수의 연산을 계산하라.

① $\begin{array}{r} 0100\ 0001 \\ +\ 1010\ 0101 \\ \hline \end{array}$

② $\begin{array}{r} 111000 \\ -\ 110011 \\ \hline \end{array}$

③ $\begin{array}{r} 11001100 \\ -\ 11101110 \\ \hline \end{array}$

④ $\begin{array}{r} 10101010 \\ -\ 11110011 \\ \hline \end{array}$

17 부호가 없는 2진수 부동 소수점 수 $A = 0.10101 \times 2^5$, $B = 0.1011 \times 2^4$이 주어졌을 때 다음을 구하라.

① A + B

② A − B

18 2진 데이터 1000 0001을 10111101로 수정하려고 한다. 필요한 논리 연산은 무엇인가? 수정 과정을 설명하라.

19 2진 데이터 1001 0011의 산술적 우측 시프트를 두 번 수행한 값을 구하라.

20 부동 소수점 수의 곱셈과 나눗셈 연산에서는 가수끼리 곱셈과 나눗셈을 수행하고, 지수끼리는 곱셈의 경우 (①), 나눗셈의 경우 (②)을 수행한다.

21 다음 진리표의 빈칸을 채워 완성하라.

입력(*A*)	입력(*B*)	*A* AND *B*	*A* OR *B*	*A* XOR *B*
0	0			
0	1			
1	0			
1	1			

22 기본 논리 연산에 대한 설명으로 옳지 않은 것은?

① AND 연산은 2진수의 입력이 모두 1일 때 1을 출력한다.

② OR 연산은 2진수의 입력 중 하나만 1이면 1을 출력한다.

③ XOR 연산은 2진수의 두 입력이 다를 때 0을 출력한다.

④ NOT 연산은 입력의 반대 값을 출력한다.

23 2진수의 연산에 대한 설명으로 옳은 것은?

① 0010+0011 산술 연산 결과에서는 오버플로가 발생한다.

② 1101+1001 산술 연산 결과에서는 오버플로가 발생하지 않는다.

③ 두 입력이 모두 1인 경우 XOR 연산의 출력은 거짓이다.

④ 두 입력이 모두 0인 경우 AND 연산의 출력은 참이다.

24 문자 데이터 표현에 대한 설명으로 옳지 않은 것은?

① 2진화 10진 코드는 존 비트와 숫자 비트로 분리하고 이를 조합하여 코드를 생성한다.

② 표준 BCD 코드는 길이가 7비트이다.

③ ASCII 코드는 128개의 정보를 표현할 수 있다.

④ 확장 ASCII 코드는 길이가 8비트이며 특수 문자도 표현할 수 있다.

Chapter

03

디지털 논리

학습목표

- 2진 정보를 처리하는 논리 게이트의 종류와 특성을 파악한다.
- 논리식을 표현하고 공식화하는 불 대수를 이해한다.
- 최적의 디지털 회로 설계를 가능하게 하는 논리식의 간략화를 이해한다.
- 기억 장치를 구성하는 플립플롭에 대해 알아본다.

01 논리 게이트

디지털 컴퓨터는 모든 정보를 0 또는 1로 표현한다. 전압 신호가 있는 경우 1로, 전압 신호가 없는 경우 0으로 표현한다. 0과 1만 사용하는 2진 정보는 게이트gate라는 논리회로에서 처리하며, 게이트는 다음과 같이 다양한 종류가 있다.

1 AND 게이트

AND 게이트는 논리곱 연산을 수행하며, 모든 입력이 1인 경우에만 1을 출력하고 그 밖의 경우에는 0을 출력한다. AND 게이트는 2개 이상의 입력과 1개의 출력으로 구성된다.

■ AND 게이트의 진리표

진리표는 여러 입력의 조합으로 생성될 수 있는 모든 경우에 대한 각 출력을 표로 나타낸 것이다. AND 게이트는 입력이 2개이면 $4(=2^2)$가지 경우가 존재하며, 모든 입력이 1일 때만 1을 출력하고 그 밖의 경우에는 모두 0을 출력한다.

입력(A)	입력(B)	출력(X)
0	0	0
0	1	0
1	0	0
1	1	1

■ AND 게이트의 논리식 표현

AND 게이트는 논리곱 연산을 수행하므로 수식으로 표현하면 일반적인 곱셈 연산과 유사하다. 입력이 2개일 때 다음과 같이 나타낸다.

$$X = A \cdot B$$

■ AND 게이트의 논리 기호

전자회로에서 입력이 2개일 때 AND 게이트의 논리 기호는 [그림 3-1]과 같다.

그림 3-1 AND 게이트의 논리 기호

■ AND 게이트의 집적회로

AND 게이트는 패키징packaging을 통해 단일 칩 집적회로로 만들어진다. [그림 3-2]는 입력이 2개인 AND 게이트 집적회로이다.

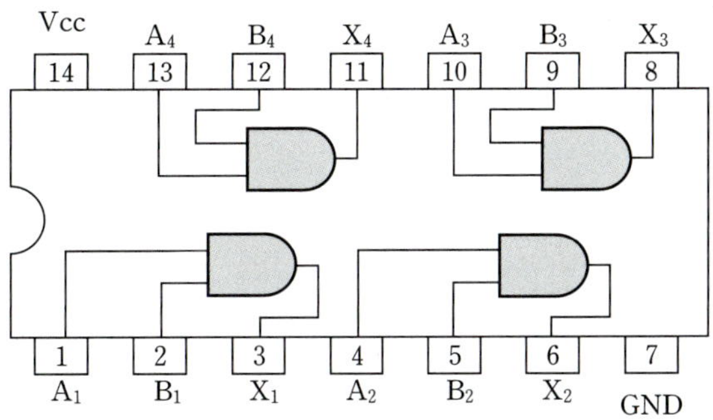

그림 3-2 단일 칩의 AND 게이트 집적회로(IC 7408)

■ AND 게이트의 펄스 연산

디지털 신호의 논리 레벨로 AND 게이트의 동작을 표현하면 두 입력이 high일 때만 high가 출력되고 그 밖의 경우에는 low가 출력된다.

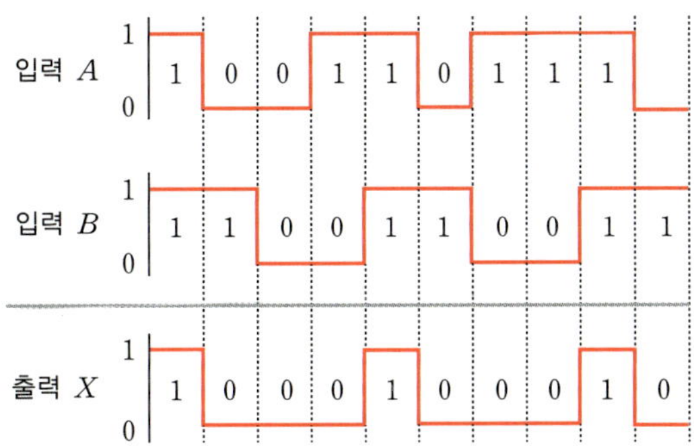

그림 3-3 AND 게이트의 펄스 연산

2 OR 게이트

OR 게이트는 논리합 연산을 수행하는 논리 소자로, 다수의 입력 중 최소한 하나 이상의 입력이 1일 때 1을 출력한다.

■ OR 게이트의 진리표

입력이 2개일 때의 진리표는 다음과 같다. OR 게이트는 입력이 2개이면 $4(=2^2)$가지 경우가 존재하며, 하나 이상의 입력이 1일 때 1을 출력한다.

입력(A)	입력(B)	출력(X)
0	0	0
0	1	1
1	0	1
1	1	1

■ OR 게이트의 논리식 표현

OR 게이트는 논리합 연산을 수행하므로 수식으로 표현하면 일반적인 덧셈 연산과 유사하다. 입력이 2개일 때 다음과 같이 나타낸다.

$$X = A + B$$

■ OR 게이트의 논리 기호

입력이 2개일 때와 3개일 때 OR 게이트의 논리 기호는 [그림 3-4]와 같다. AND 게이트와의 차이를 눈여겨보자.

(a) 입력이 2개인 OR 게이트 (b) 입력이 3개인 OR 게이트

그림 3-4 OR 게이트의 논리 기호

■ OR 게이트의 집적회로

OR 게이트도 패키징을 통해 단일 칩 집적회로로 만들어진다. [그림 3-5]는 입력이 2개인 OR 게이트 집적회로이다.

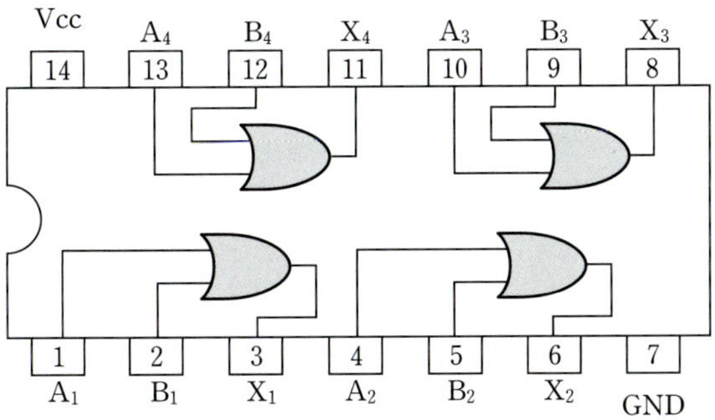

그림 3-5 단일 칩의 OR 게이트 집적회로(IC 7432)

■ OR 게이트의 펄스 연산

디지털 신호의 논리 레벨로 OR 게이트의 동작을 표현하면 두 입력 중 최소한 하나 이상이 high일 때 high가 출력되고 그 밖의 경우에는 low가 출력된다.

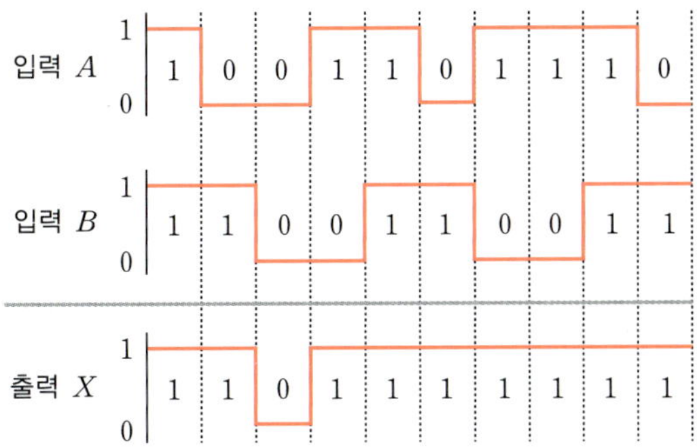

그림 3-6 OR 게이트의 펄스 연산

3 NOT 게이트

입력과 출력이 각각 1개인 NOT 게이트는 논리 부정을 나타내며 입력값의 반대를 출력한다.

■ NOT 게이트의 진리표

NOT 게이트는 입력이 0이면 1을 출력하고, 입력이 1이면 0을 출력한다.

입력(A)	출력(X)
0	1
1	0

■ NOT 게이트의 논리식 표현

논리 부정을 수행하는 NOT 게이트는 수식으로 다음과 같이 나타낸다.

$$X = \overline{A} = A'$$

■ NOT 게이트의 논리 기호

NOT 게이트는 삼각형의 꼭지점에 작은 원을 붙여서 표현한다. NOT 게이트를 다른 게이트와 결합하여 사용하는 경우에는 결합되는 게이트 앞에 작은 원을 붙인다.

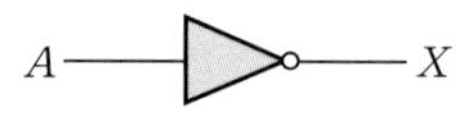

그림 3-7 NOT 게이트의 논리 기호

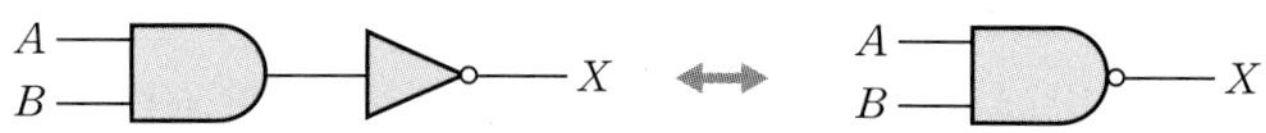

(a) AND 게이트와 결합된 NOT 게이트

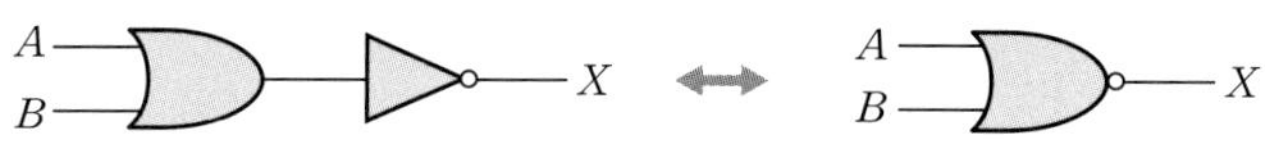

(b) OR 게이트와 결합된 NOT 게이트

그림 3-8 다른 게이트와 결합된 NOT 게이트의 논리 기호

■ NOT 게이트의 집적회로

단일 칩의 NOT 게이트 집적회로는 [그림 3-9]와 같다. AND 게이트 집적회로와 OR 게이트 집적회로에는 각각 AND 게이트, OR 게이트가 4개 있지만, NOT 게이트 집적회로의 경우 입력이 하나라 NOT 게이트가 6개이다.

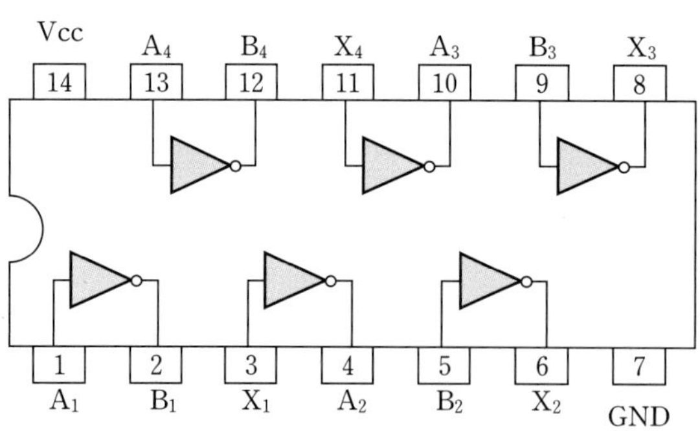

그림 3-9 단일 칩의 NOT 게이트 집적회로(IC 7404)

■ NOT 게이트의 펄스 연산

디지털 신호의 논리 레벨로 NOT 게이트의 동작을 표현하면 입력에 대해 부정값을 출력하는 것을 확인할 수 있다.

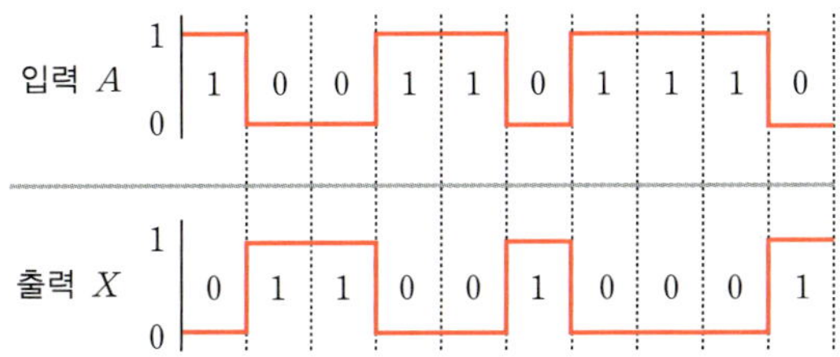

그림 3-10 NOT 게이트의 펄스 연산

4 XOR 게이트

XOR 게이트의 정확한 명칭은 Exclusive OR이며, 이는 배타적 OR로 해석된다. XOR 게이트는 여러 개의 입력 중 1의 개수가 홀수이면 1을 출력한다. 예를 들어 입력이 2개인 경우 두 입력 중 하나만 1이면 1을 출력하고, 둘 다 1이거나 0이면 0을 출력한다.

■ XOR 게이트의 진리표

입력이 2개인 XOR 게이트는 두 입력이 다른 값일 때 1을 출력하고 같은 값일 때 0을 출력한다.

입력(A)	입력(B)	출력(X)
0	0	0
0	1	1
1	0	1
1	1	0

■ XOR 게이트의 논리식 표현

입력이 2개인 XOR 게이트의 논리식 표현을 통해 입력이 여러 개일 때의 일반적인 논리식 표현을 유추할 수 있다. 입력이 A, B인 XOR 게이트에서 1이 출력되는 경우는 $A=1$, $B=0$ 또는 $A=0$, $B=1$이다. 따라서 논리식 표현은 다음과 같다.

$$X = A \cdot \overline{B} + \overline{A} \cdot B$$

XOR 게이트의 논리식 표현은 자주 사용되므로 XOR 연산 기호를 ⊕로 정의하여 나타낸다.

$$X = A \cdot \overline{B} + \overline{A} \cdot B = A \oplus B$$

■ XOR 게이트의 논리 기호

논리식 표현에서 보았듯이 XOR 게이트는 기본 게이트를 이용하여 표현할 수 있다. 입력이 2개인 XOR 게이트는 [그림 3-11]과 같이 AND 게이트 2개, NOT 게이트 2개, OR 게이트 1개의 조합으로 이루어진다. 그리고 이는 [그림 3-12]와 같이 기호 하나로 표현할 수도 있다.

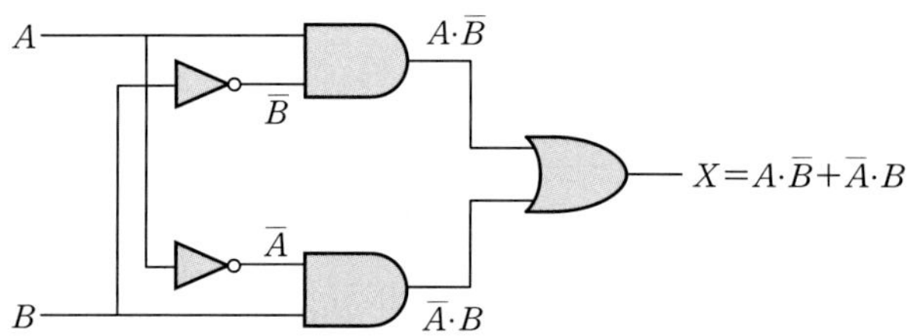

그림 3-11 기본 게이트의 조합으로 설계된 XOR 게이트

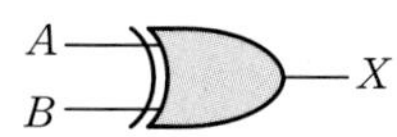

그림 3-12 XOR 게이트의 논리 기호

■ XOR 게이트의 집적회로

입력이 2개인 XOR 게이트 집적회로는 [그림 3-13]과 같다.

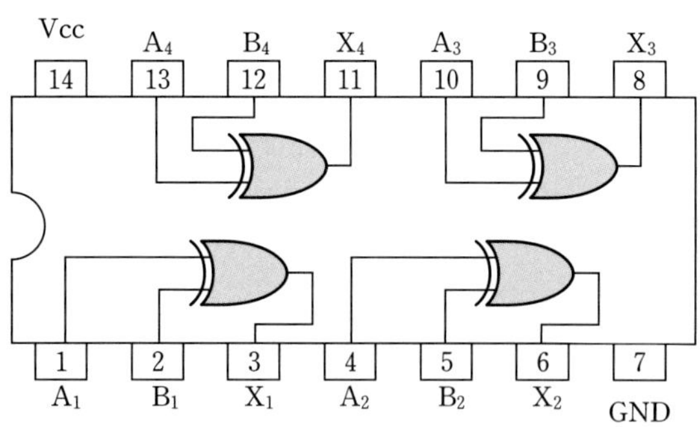

그림 3-13 단일 칩의 XOR 게이트 집적회로(IC 7486)

■ XOR 게이트의 펄스 연산

디지털 신호의 논리 레벨로 XOR 게이트의 동작을 표현하면 두 입력이 다른 레벨일 때만 high가 출력되고 그 밖의 경우에는 low가 출력된다.

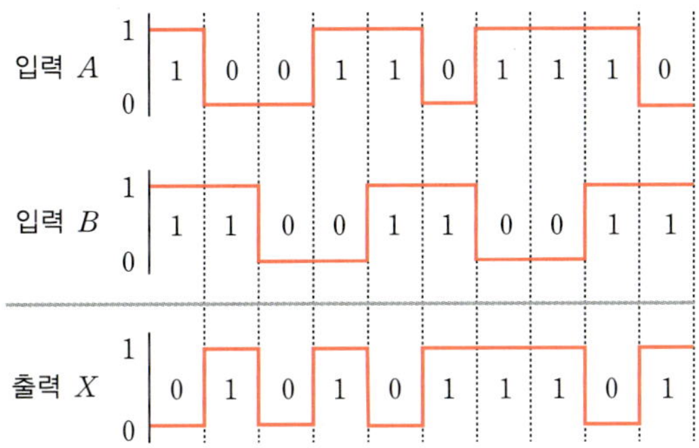

그림 3-14 XOR 게이트의 펄스 연산

5 NAND 게이트

NAND 게이트는 AND 게이트와 NOT 게이트를 결합한 것으로 AND 게이트의 결과를 반대로 출력한다. 즉 모든 입력이 1일 때만 0을 출력하고 그 밖의 경우에는 1을 출력한다. NAND 게이트는 AND 게이트와 마찬가지로 2개 이상의 입력과 1개의 출력으로 구성된다.

■ NAND 게이트의 진리표

입력이 2개일 때의 진리표는 다음과 같다. NAND 게이트는 입력이 2개이면 $4(=2^2)$가지 경우가 존재하며, 모든 입력이 1일 때만 0을 출력하고 그 밖의 경우에는 모두 1을 출력한다.

입력(A)	입력(B)	출력(X)
0	0	1
0	1	1
1	0	1
1	1	0

■ NAND 게이트의 논리식 표현

논리곱 연산을 수행하는 AND 게이트의 결과에 대한 부정을 수식으로 표현하면 된다. 입력이 2개일 때 다음과 같이 나타낸다.

$$X = \overline{A \cdot B}$$

■ NAND 게이트의 논리 기호

NAND 게이트의 논리 기호는 AND 게이트에 NOT 게이트가 연결된 형태이다.

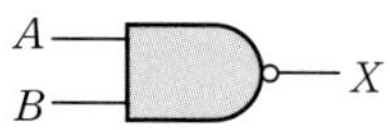

그림 3-15 NAND 게이트의 논리 기호

■ NAND 게이트의 집적회로

입력이 2개인 NAND 게이트 집적회로는 [그림 3-16]과 같다.

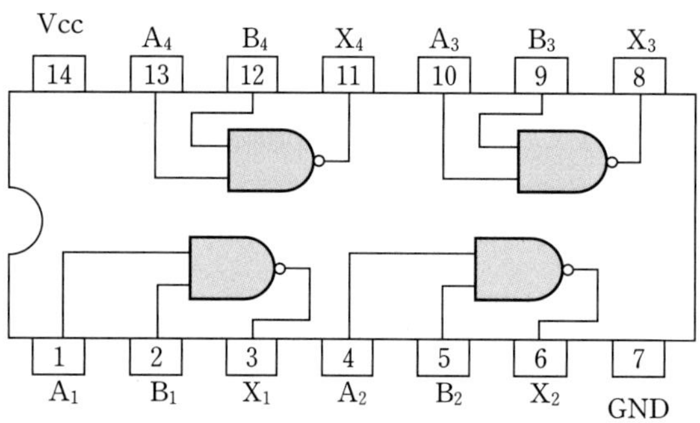

그림 3-16 단일 칩의 NAND 게이트 집적회로(IC 7400)

■ NAND 게이트의 펄스 연산

디지털 신호의 논리 레벨로 NAND 게이트의 동작을 표현하면 두 입력이 high일 때만 low가 출력되고 그 밖의 경우에는 high가 출력된다.

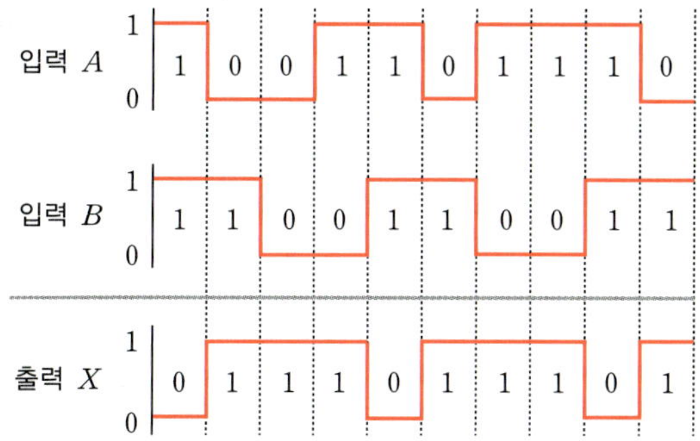

그림 3-17 NAND 게이트의 펄스 연산

6 NOR 게이트

NOR 게이트는 OR 게이트와 NOT 게이트를 결합한 것으로 OR 게이트의 결과를 반대로 출력한다. 즉 다수의 입력 중 최소한 하나 이상의 입력이 1일 때 0을 출력한다.

■ NOR 게이트의 진리표

입력이 2개인 NOR 게이트는 두 입력 중 하나 이상이 1일 때 0을 출력하고, 두 입력이 모두 0일 때 1을 출력한다.

입력(A)	입력(B)	출력(X)
0	0	1
0	1	0
1	0	0
1	1	0

■ NOR 게이트의 논리식 표현

논리합 연산을 수행하는 OR 게이트의 결과에 대한 부정을 수식으로 표현하면 된다. 입력이 2개일 때 다음과 같이 나타낸다.

$$X = \overline{A + B}$$

입력이 3개일 때는 다음과 같다.

$$X = \overline{A+B+C}$$

■ **NOR 게이트의 논리 기호**

NOR 게이트의 논리 기호는 OR 게이트와 NOT 게이트가 연결된 형태이다.

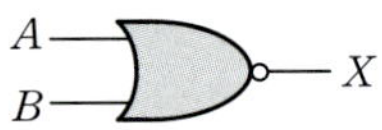

그림 3-18 NOR 게이트의 논리 기호

■ **NOR 게이트의 집적회로**

입력이 2개인 NOR 게이트 집적회로에는 NOR 게이트가 4개 있다.

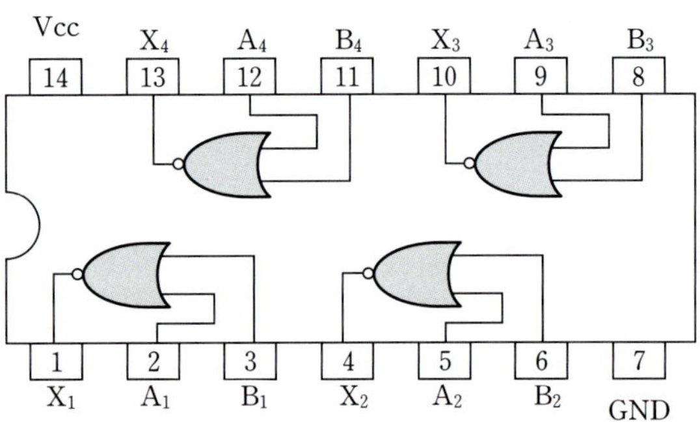

그림 3-19 단일 칩의 NOR 게이트 집적회로(IC 7402)

■ **NOR 게이트의 펄스 연산**

디지털 신호의 논리 레벨로 NOR 게이트의 동작을 표현하면 두 입력 중 최소한 하나 이상이 high일 때 low가 출력되고, 두 입력이 모두 low일 때만 high가 출력된다.

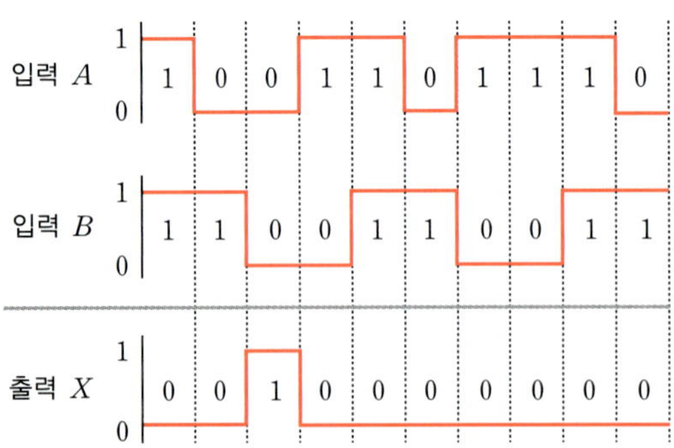

그림 3-20 NOR 게이트의 펄스 연산

7 XNOR 게이트

XNOR 게이트의 정확한 명칭은 Exclusive NOR이며, 이는 배타적 NOR로 해석된다. XNOR 게이트는 여러 개의 입력 중 1의 개수가 짝수이면 1을 출력한다. 예를 들어 입력이 2개인 경우 두 입력이 모두 1 또는 0이면 1을 출력하고, 두 입력이 다르면 0을 출력한다. 즉 XNOR 게이트는 XOR 게이트와 NOT 게이트를 결합한 것으로 XOR 게이트의 결과를 반대로 출력한다.

■ XNOR 게이트의 진리표

입력이 2개인 XNOR 게이트는 두 입력이 같은 값일 때 1을 출력하고 다른 값일 때 0을 출력한다.

입력(A)	입력(B)	출력(X)
0	0	1
0	1	0
1	0	0
1	1	1

■ XNOR 게이트의 논리식 표현

XOR 게이트와 마찬가지로, 입력이 2개인 XNOR 게이트의 논리식 표현을 통해 입력이 여러 개일 때의 일반적인 논리식 표현을 유추할 수 있다. 입력이 A, B인 XNOR 게이트에서 1이 출력되는 경우는 $A=0$, $B=0$ 또는 $A=1$, $B=1$이다. 따라서 논리식 표현은 다음과 같다.

$$X=\overline{A}\cdot\overline{B}+A\cdot B$$

XNOR 게이트는 XOR 연산 기호 ⊕를 사용하여 다음과 같이 나타낼 수 있다.

$$X=\overline{A}\cdot\overline{B}+A\cdot B=\overline{A\oplus B}$$

■ XNOR 게이트의 논리 기호

XNOR 게이트도 기본 게이트를 이용하여 표현할 수 있다. 입력이 2개인 XNOR 게이트는 [그림 3-21]과 같이 AND 게이트 2개, NOT 게이트 2개, OR 게이트 1개의 조합으로 이루어진다. 그리고 이는 [그림 3-22]와 같이 기호 하나로 표현할 수도 있다.

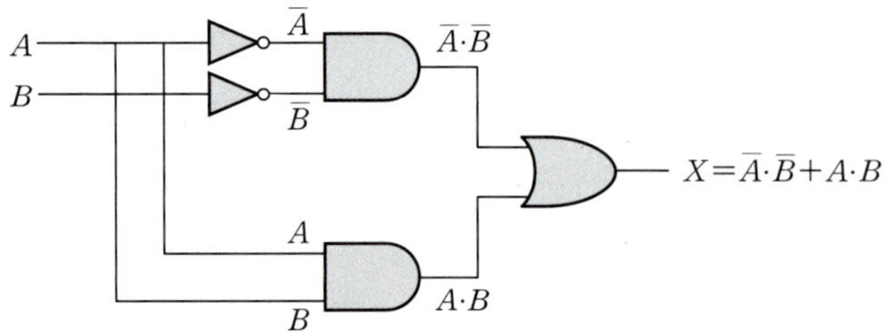

그림 3-21 기본 게이트의 조합으로 설계된 XNOR 게이트

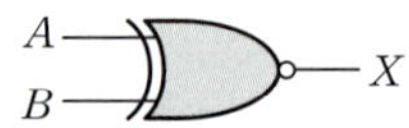

그림 3-22 XNOR 게이트의 논리 기호

■ XNOR 게이트의 집적회로

입력이 2개인 XNOR 게이트 집적회로에는 XNOR 게이트가 4개 있다.

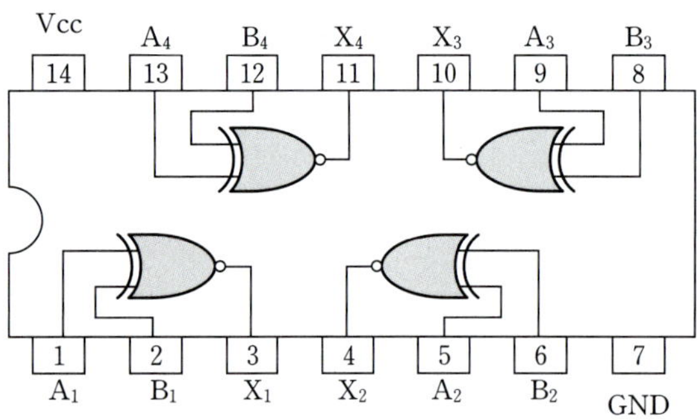

그림 3-23 단일 칩의 XNOR 게이트 집적회로(IC 74266)

■ XNOR 게이트의 펄스 연산

디지털 신호의 논리 레벨로 XNOR 게이트의 동작을 표현하면 두 입력이 동일한 레벨일 때만 high가 출력되고 그 밖의 경우에는 low가 출력된다.

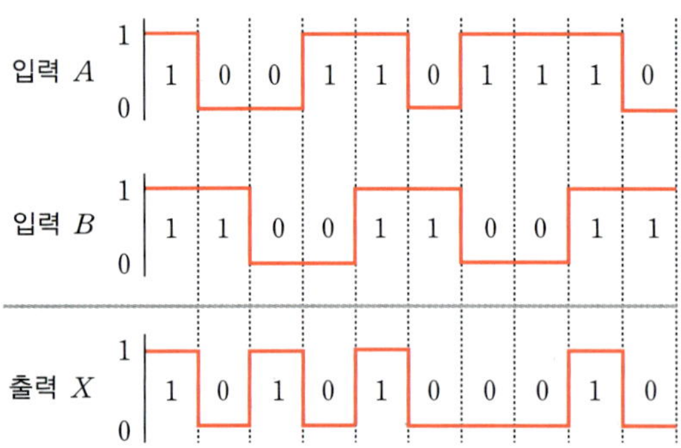

그림 3-24 XNOR 게이트의 펄스 연산

8 범용 논리 게이트

디지털 시스템에서 사용되는 논리 게이트를 NAND 게이트와 NOR 게이트로 구성할 수 있어 NAND 게이트와 NOR 게이트를 유니버설 게이트universal gate 또는 범용 게이트라고 한다.

■ AND 게이트의 구성

NAND 게이트로 AND 게이트를 구성하려면 NAND 게이트 2개를 직렬로 연결해야 한다. 이는 AND 게이트의 결과를 연속해서 두 번 부정하는 것으로 결국 AND 게이트의 출력과 같다. 또한 NOR 게이트로 AND 게이트를 구성할 수도 있는데, 이 경우에는 NOR 게이트 2개를 하나의 NOR 게이트에 병렬로 연결해야 한다.

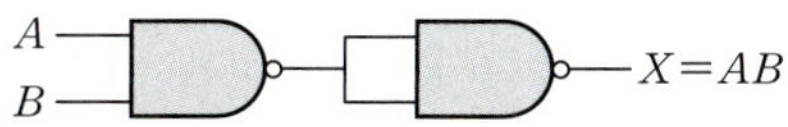

그림 3-25 NAND 게이트로 구성한 AND 게이트

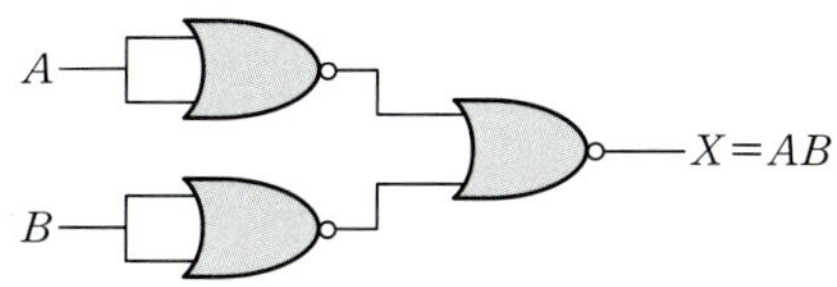

그림 3-26 NOR 게이트로 구성한 AND 게이트

■ OR 게이트의 구성

NAND 게이트로 OR 게이트를 구성하려면 하나의 NAND 게이트에 NAND 게이트 2개를 병렬로 연결해야 한다. 또한 NOR 게이트로 OR 게이트를 구성하려면 NOR 게이트 2개를 직렬로 연결하는데, 이는 OR 게이트의 결과를 연속해서 두 번 부정하는 것으로 결국 OR 게이트의 출력과 같다.

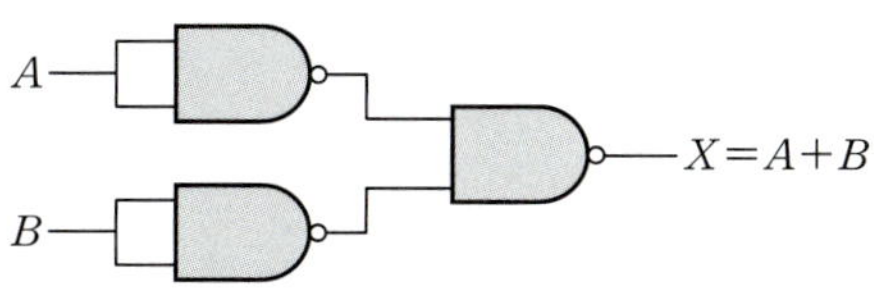

그림 3-27 NAND 게이트로 구성한 OR 게이트

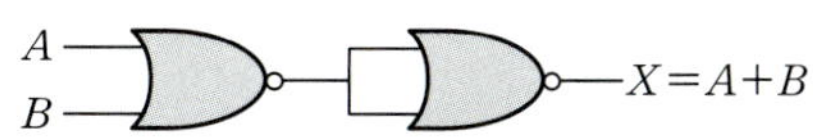

그림 3-28 NOR 게이트로 구성한 OR 게이트

■ NOT 게이트의 구성

하나의 NAND 게이트에 입력 레벨을 동일하게 입력하면 NOT 게이트를 만들 수 있고, 하나의 NOR 게이트 입력 레벨을 동일하게 입력하면 NOT 게이트를 만들 수 있다.

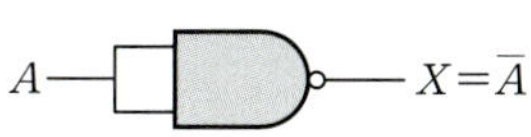

그림 3-29 NAND 게이트로 구성한 NOT 게이트

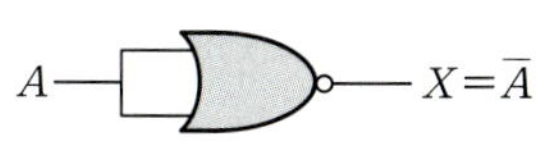

그림 3-30 NOR 게이트로 구성한 NOT 게이트

02 불 대수

1848년 영국의 수학자인 조지 불George Boole이 창안한 불 대수Boolean algebra는 인간의 사고 과정을 수학적으로 해석한 것으로, 임의의 명제가 참인지 판명하기 때문에 논리 대수logical algebra라고도 한다. 1938년 미국 벨연구소의 클로드 섀넌Claude Shannon이 전기 스위치 회로에 불 대수를 응용하자고 제안한 이후 통신 분야 및 컴퓨터의 논리회로에 불 대수가 이용되었다.

논리회로를 설계할 때 불 대수를 이용하면 복잡한 논리회로를 정확하고 간결하게 표현할 수 있다. 불 대수는 2진수와 논리 동작을 취급하는 대수로, 0과 1만을 취하는 논리회로의 형태와 구조를 기술하는 데 필요한 수학적 이론이다. 불 대수를 사용하면 변수의 진리표 관계를 대수식으로 쉽게 표현할 수 있으며, 동일한 성능을 지닌 회로를 더 간단하게 만들 수도 있다.

1 불 대수의 기본 법칙

연산의 기본 법칙인 교환 법칙, 결합 법칙, 분배 법칙, 다중 부정은 불 대수에도 그대로 적용된다. 논리식, 논리회로, 진리표를 이용하여 이를 살펴보자.

교환 법칙

교환 법칙commutative law은 논리 연산에서 입력 순서가 바뀌어도 연산 결과가 동일하다는 것이다. 입력이 2개인 논리 게이트의 수식은 다음과 같으며, 입력 A와 B의 순서가 바뀌어도 AND 연산과 OR 연산의 결과가 동일하다.

$$A \cdot B = B \cdot A$$
$$A + B = B + A$$

[그림 3-31]은 입력이 2개인 AND 게이트와 OR 게이트에서 교환 법칙이 성립하는 것을 보여준다.

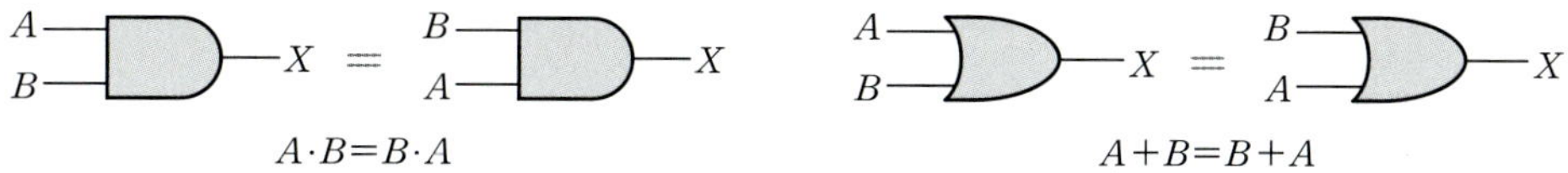

그림 3-31 교환 법칙이 성립하는 등가의 논리회로

다음은 AND 연산과 OR 연산에서 교환 법칙이 성립한다는 것을 보여주는 진리표이다.

A	B	$A \cdot B$	$B \cdot A$	$A+B$	$B+A$
0	0	0	0	0	0
0	1	0	0	1	1
1	0	0	0	1	1
1	1	1	1	1	1

결합 법칙

결합 법칙associative law은 3개의 입력으로 동일한 논리 연산을 수행할 때 입력 순서가 바뀌어도 연산 결과가 동일하다는 것이다. 다음과 같이 AND 연산과 OR 연산에서 입력 A, B, C의 수행 순서가 괄호에 의해 바뀌어도 그 결과는 동일하다.

$$A \cdot (B \cdot C) = (A \cdot B) \cdot C$$
$$(A+B)+C = A+(B+C)$$

[그림 3-32]는 입력이 2개인 AND 게이트 2개와 OR 게이트 2개로 입력이 3개인 논리회로를 만들어 결합 법칙이 성립하는 것을 보여준다.

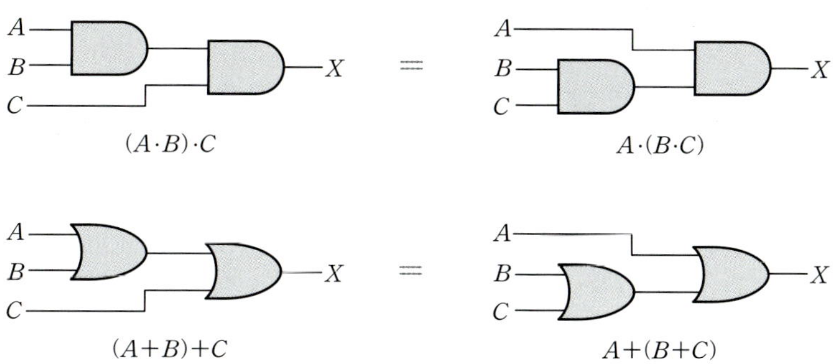

그림 3-32 결합 법칙이 성립하는 등가의 논리회로

다음은 입력 A, B, C의 AND 연산과 OR 연산으로 이루어진 불 논리식의 진리표로, 결합 법칙을 만족하는 것을 확인할 수 있다.

A	B	C	$(A\cdot B)\cdot C$	$A\cdot(B\cdot C)$	$(A+B)+C$	$A+(B+C)$
0	0	0	0	0	0	0
0	0	1	0	0	1	1
0	1	0	0	0	1	1
0	1	1	0	0	1	1
1	0	0	0	0	1	1
1	0	1	0	0	1	1
1	1	0	0	0	1	1
1	1	1	1	1	1	1

분배 법칙

분배 법칙distributive law은 입력이 3개일 때 입력 B, C로 OR 연산을 수행한 후 그 결과와 입력 A를 AND 연산하는 것과, 입력 B와 C를 각각 입력 A와 AND 연산한 후 두 결과로 OR 연산을 수행하는 것이 동일하다는 것이다. 이러한 분배 법칙은 다음과 같은 수식으로 나타낼 수 있다.

$$A\cdot(B+C)=(A\cdot B)+(A\cdot C)$$

[그림 3-33]은 입력이 2개인 AND 게이트와 OR 게이트로 입력이 3개인 논리회로를 만들어 분배 법칙이 성립하는 것을 보여준다.

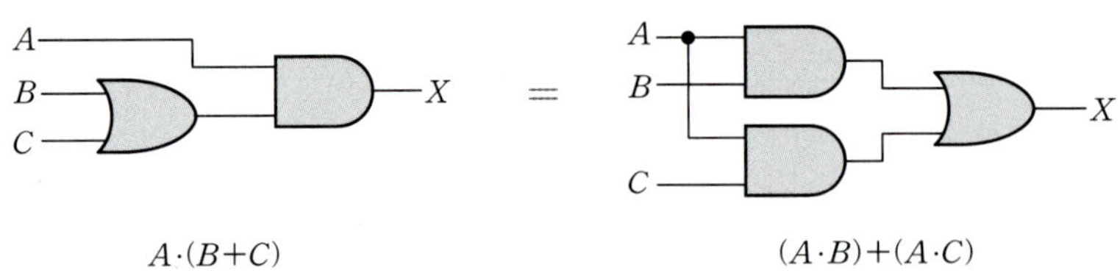

그림 3-33 분배 법칙이 성립하는 등가의 논리회로

입력 A, B, C에 대한 불 논리식의 진리표는 분배 법칙을 만족하는 것을 보여준다.

A	B	C	$A \cdot (B+C)$	$(A \cdot B)+(A \cdot C)$
0	0	0	0	0
0	0	1	0	0
0	1	0	0	0
0	1	1	0	0
1	0	0	0	0
1	0	1	1	1
1	1	0	1	1
1	1	1	1	1

다중 부정

다중 부정은 논리 부정, 즉 NOT 연산을 여러 번 수행하는 것을 말한다. 만약 논리 부정을 두 번 연속으로 수행하면 원래의 자신이 된다. 이처럼 NOT 연산을 두 번 수행하여 원래대로 되는 것을 수식으로 표현하면 다음과 같다.

$$\overline{\overline{A}}=A$$

[그림 3-34]는 NOT 게이트 2개를 직렬로 연결하여 원래의 입력 A를 얻는 것을 보여준다.

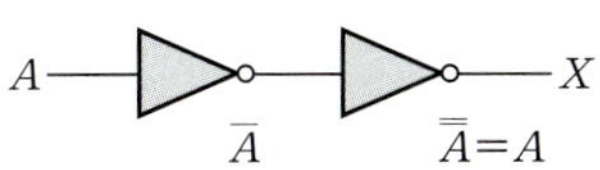

그림 3-34 NOT 게이트를 이용한 이중 부정

다음은 입력 A의 논리 부정 결과에 대한 진리표이다. 논리 부정의 횟수가 짝수이면 원래의 입력 A가 되고, 홀수이면 입력 A의 논리 부정을 결과로 얻는다.

A	$\overline{A}$	$\overline{\overline{A}}$	$\overline{\overline{\overline{A}}}$
0	1	0	1
1	0	1	0

2 드모르간의 법칙

논리학 또는 불 대수에서 드모르간의 법칙De Morgan's law은 여러 논리 변수의 논리합 전체를 부정(NOR 연산)하는 것은 각각의 논리 변수를 부정한 것을 논리곱 연산한 것과 같고, 여러 논리 변수의 논리곱 전체를 부정(NAND 연산)하는 것은 각각의 논리 변수를 부정한 것을 논리합 연산한 것과 같다는 정리이다. 이 법칙을 불 대수식으로 표현하면 다음과 같다.

$$\overline{A\cdot B}=\overline{A}+\overline{B}$$
$$\overline{A+B}=\overline{A}\cdot\overline{B}$$

[그림 3-35]는 드모르간의 법칙을 논리 게이트의 기호로 표현한 것이다.

$\overline{A\cdot B}=\overline{A}+\overline{B}$

$\overline{A+B}=\overline{A}\cdot\overline{B}$

그림 3-35 드모르간의 법칙이 성립하는 등가의 논리회로

다음은 드모르간의 법칙이 성립한다는 것을 보여주는 진리표이다.

A	B	$\overline{A}$	$\overline{B}$	$\overline{A\cdot B}$	$\overline{A}+\overline{B}$	$\overline{A+B}$	$\overline{A}\cdot\overline{B}$
0	0	1	1	1	1	1	1
0	1	1	0	1	1	0	0
1	0	0	1	1	1	0	0
1	1	0	0	0	0	0	0

드모르간의 법칙은 입력이 여러 개인 경우의 수식을 일반화할 수 있다. 입력 X가 n개일 때 드모르간의 법칙의 일반식은 다음과 같다.

$$\overline{X_1+X_2+\cdots+X_n}=\overline{X_1}\,\overline{X_2}\cdots\overline{X_n}$$
$$\overline{X_1X_2\cdots X_n}=\overline{X_1}+\overline{X_2}+\cdots+\overline{X_n}$$

3 불 대수의 기본 정리

불 대수의 여러 가지 유용한 정리를 이용하여 복잡한 형태의 불 대수식을 간단하게 표현할 수 있다. 진리표를 이용하여 각 정리를 살펴보자.

기본 정리 1 $A+0=A$

입력 A의 값이 0이고 다른 입력이 0이면 두 입력의 OR 연산은 입력 A와 동일한 0을 출력한다. 또한 입력 A의 값이 1이고 다른 입력이 0이면 두 입력의 OR 연산은 입력 A와 동일한 1을 출력한다. 즉 입력 A와 입력 0의 OR 연산을 수행하면 항상 입력 A를 출력한다.

A	0	$A+0=A$
0	0	0+0=0
1	0	1+0=1

기본 정리 2 $A+1=1$

입력 A의 값이 0이고 다른 입력이 1이면 두 입력의 OR 연산은 1을 출력한다. 또한 입력 A의 값이 1이고 다른 입력이 1이면 두 입력의 OR 연산은 1을 출력한다. 즉 입력 A와 입력 1의 OR 연산을 수행하면 항상 1을 출력한다.

A	1	$A+1=1$
0	1	0+1=1
1	1	1+1=1

기본 정리 3 $A\cdot 0=0$

입력 A의 값이 0이고 다른 입력이 0이면 두 입력의 AND 연산은 0을 출력한다. 또한 입력 A의 값이 1이고 다른 입력이 0이면 두 입력의 AND 연산은 0을 출력한다. 즉 입력 A와 입력 0의 AND 연산을 수행하면 항상 0을 출력한다.

A	0	$A\cdot 0=0$
0	0	$0\cdot 0=0$
1	0	$1\cdot 0=0$

기본 정리 4 $A \cdot 1 = A$

입력 A의 값이 0이고 다른 입력이 1이면 두 입력의 AND 연산은 입력 A와 동일한 0을 출력한다. 또한 입력 A의 값이 1이고 다른 입력이 1이면 두 입력의 AND 연산은 입력 A와 동일한 1을 출력한다. 즉 입력 A와 입력 1의 AND 연산을 수행하면 항상 입력 A를 출력한다.

A	1	$A \cdot 1 = A$
0	1	$0 \cdot 1 = 0$
1	1	$1 \cdot 1 = 1$

기본 정리 5 $A + A = A$

동일한 두 입력 A의 OR 연산은 항상 입력 A와 동일한 결과를 출력한다.

A	A	$A + A = A$
0	0	$0 + 0 = 0$
1	1	$1 + 1 = 1$

기본 정리 6 $A + \overline{A} = 1$

입력 A가 있고 다른 입력이 A의 논리 부정일 때 두 입력의 OR 연산은 항상 1을 출력한다.

A	$\overline{A}$	$A + \overline{A} = 1$
0	0	$0 + 1 = 1$
1	0	$1 + 0 = 1$

기본 정리 7 $A \cdot A = A$

동일한 두 입력 A의 AND 연산은 항상 입력 A와 동일한 결과를 출력한다.

A	A	$A \cdot A = A$
0	0	$0 \cdot 0 = 0$
1	1	$1 \cdot 1 = 1$

기본 정리 8 $A \cdot \overline{A} = 0$

입력 A가 있고 다른 입력이 A의 논리 부정일 때 두 입력의 AND 연산은 항상 0을 출력한다.

A	$\overline{A}$	$A \cdot \overline{A} = 0$
0	1	$0 \cdot 1 = 0$
1	0	$1 \cdot 0 = 0$

기본 정리 9 $\overline{\overline{A}} = A$

입력 A의 논리 부정을 두 번 수행하면 원래의 입력 A를 출력한다.

A	$\overline{A}$	$\overline{\overline{A}} = A$
0	1	0
1	0	1

기본 정리 10 $A + A \cdot B = A$

불 대수식 $A + A \cdot B$의 진리표를 보면 결과가 입력 A와 동일하다는 것을 알 수 있다.

A	B	$A \cdot B$	$A + A \cdot B$
0	0	0	0
0	1	0	0
1	0	0	1
1	1	1	1

기본 법칙과 드모르간의 법칙, 기본 정리를 이용하여 기본 정리 10을 증명할 수도 있다. 먼저 분배 법칙을 이용한 후 기본 정리 2와 4를 적용하면 다음과 같은 결과를 얻는다.

$$\begin{aligned} A + A \cdot B &= A \cdot (1 + B) && \text{분배 법칙} \\ &= A \cdot 1 && \text{기본 정리 2 } (1 + B = 1) \\ &= A && \text{기본 정리 4 } (A \cdot 1 = A) \end{aligned}$$

기본 정리 11 $A+\overline{A}\cdot B = A+B$

불 대수식 $A+\overline{A}\cdot B$와 $A+B$의 진리표를 보면 둘이 동일하다는 것을 알 수 있다.

A	B	$\overline{A}$	$\overline{A}\cdot B$	$A+\overline{A}\cdot B$	$A+B$
0	0	1	0	0	0
0	1	1	1	1	1
1	0	0	0	1	1
1	1	0	0	1	1

또 다른 방법으로, 기본 정리 10, 7, 8을 차례로 적용한 후 인수분해로 정리하고 기본 정리 6과 4를 적용하면 다음과 같은 결과를 얻는다.

$$\begin{aligned}
A+\overline{A}\cdot B &= A+A\cdot B+\overline{A}\cdot B && \text{기본 정리 10 } (A+A\cdot B=A)\\
&= A\cdot A+A\cdot B+\overline{A}\cdot B && \text{기본 정리 7 } (A\cdot A=A)\\
&= A\cdot A+A\cdot B+A\cdot\overline{A}+\overline{A}\cdot B && \text{기본 정리 8 } (A\cdot\overline{A}=0)\\
&= (A+\overline{A})\cdot(A+B) && \text{인수분해}\\
&= 1\cdot(A+B) && \text{기본 정리 6 } (A+\overline{A}=1)\\
&= A+B && \text{기본 정리 4 } (A\cdot 1=A)
\end{aligned}$$

기본 정리 12 $(A+B)\cdot(A+C)=A+B\cdot C$

불 대수식 $(A+B)\cdot(A+C)$와 $A+B\cdot C$의 진리표를 보면 둘이 동일하다는 것을 알 수 있다.

A	B	C	$A+B$	$A+C$	$B\cdot C$	$(A+B)\cdot(A+C)$	$A+B\cdot C$
0	0	0	0	0	0	0	0
0	0	1	0	1	0	0	0
0	1	0	1	0	0	0	0
0	1	1	1	1	1	1	1
1	0	0	1	1	0	1	1
1	0	1	1	1	0	1	1
1	1	0	1	1	0	1	1
1	1	1	1	1	1	1	1

또 다른 방법으로, 먼저 분배 법칙을 이용하고 기본 정리 7을 적용한 후 다시 분배 법칙을 이용하고 기본 정리 2를 적용한다. 그리고 분배 법칙을 또다시 이용하고 계속해서 기본 정리 2와 4를 적용하면 다음과 같은 결과를 얻는다.

$$
\begin{aligned}
(A+B)\cdot(A+C) &= A\cdot A+A\cdot C+A\cdot B+B\cdot C && \text{분배 법칙} \\
&= A+A\cdot C+A\cdot B+B\cdot C && \text{기본 정리 7}(A\cdot A=A) \\
&= A\cdot(1+C)+A\cdot B+B\cdot C && \text{분배 법칙} \\
&= A\cdot 1+A\cdot B+B\cdot C && \text{기본 정리 2}(1+C=1) \\
&= A\cdot(1+B)+B\cdot C && \text{분배 법칙} \\
&= A\cdot 1+B\cdot C && \text{기본 정리 2}(1+B=1) \\
&= A+B\cdot C && \text{기본 정리 4}(A\cdot 1=A)
\end{aligned}
$$

표 3-1 불 대수의 기본 정리

❶ $A+0=A$	❷ $A+1=1$	❸ $A\cdot 0=0$
❹ $A\cdot 1=A$	❺ $A+A=A$	❻ $A+\overline{A}=1$
❼ $A\cdot A=A$	❽ $A\cdot\overline{A}=0$	❾ $\overline{\overline{A}}=A$
❿ $A+A\cdot B=A$	⓫ $A+\overline{A}\cdot B=A+B$	⓬ $(A+B)\cdot(A+C)=A+B\cdot C$

4 불 대수의 표준형

불 대수의 표준형은 모든 입력 변수를 포함하여 표현한다는 것을 뜻한다. 표준형을 이용하여 불 대수를 최적으로 간략화할 수 있다.

최소항과 최대항

불 대수를 구성하는 변수 A는 진릿값truth value 1과 0을 가지며, 진릿값을 정상 형태인 A와 보수 형태인 $\overline{A}$로 나타낼 수 있다. 만약 변수 A, B로 AND 연산을 하는 경우 네 가지 조합, 즉 $\overline{A}\overline{B}$, $\overline{A}B$, $A\overline{B}$, AB가 가능하다. 이와 같이 변수가 AND로 결합된 것을 최소항minterm이라고 한다. 최소항의 상대적인 개념은 최대항maxterm으로, 이는 변수가 OR로 결합된 것이다. 이 경우 가능한 조합은 $\overline{A}+\overline{B}$, $\overline{A}+B$, $A+\overline{B}$, $A+B$이다. 다음 진리표는 변수 A, B, C에 대한 최소항과 최대항을 보여준다.

A	B	C	최소항	최대항
0	0	0	$\overline{A}\cdot\overline{B}\cdot\overline{C}$	$A+B+C$
0	0	1	$\overline{A}\cdot\overline{B}\cdot C$	$A+B+\overline{C}$
0	1	0	$\overline{A}\cdot B\cdot\overline{C}$	$A+\overline{B}+C$
0	1	1	$\overline{A}\cdot B\cdot C$	$A+\overline{B}+\overline{C}$
1	0	0	$A\cdot\overline{B}\cdot\overline{C}$	$\overline{A}+B+C$
1	0	1	$A\cdot\overline{B}\cdot C$	$\overline{A}+B+\overline{C}$
1	1	0	$A\cdot B\cdot\overline{C}$	$\overline{A}+\overline{B}+C$
1	1	1	$A\cdot B\cdot C$	$\overline{A}+\overline{B}+\overline{C}$

최소항 표현의 경우 변숫값이 참(1)일 때는 정상 형태인 A, B, C를 사용하고 변숫값이 거짓(0)일 때는 보수 형태인 $\overline{A}$, $\overline{B}$, $\overline{C}$를 사용하며, 변수들을 AND 연산한다. 최대항 표현은 이와 반대이다. 변숫값이 참(1)일 때는 보수 형태인 $\overline{A}$, $\overline{B}$, $\overline{C}$를 사용하고 변숫값이 거짓(0)일 때는 정상 형태인 A, B, C를 사용하며, 변수들을 OR 연산한다.

최소항은 표준곱의 항, 최대항은 표준합의 항이라고 하며, 여기서 표준은 불 대수가 모든 변수를 포함하고 있음을 뜻한다. 변수가 3개인 불 대수에서 표준곱의 항과 표준합의 항은 다음과 같다.

$$\text{표준곱의 항} : \overline{A}\cdot\overline{B}\cdot\overline{C},\ \overline{A}\cdot\overline{B}\cdot C,\ \overline{A}\cdot B\cdot\overline{C},\ \overline{A}\cdot B\cdot C,\ A\cdot\overline{B}\cdot\overline{C},\ A\cdot\overline{B}\cdot C,\ A\cdot B\cdot\overline{C},\ A\cdot B\cdot C$$

$$\text{표준합의 항} : A+B+C,\ A+B+\overline{C},\ A+\overline{B}+C,\ A+\overline{B}+\overline{C},\ \overline{A}+B+C,\ \overline{A}+B+\overline{C},\ \overline{A}+\overline{B}+C,\ \overline{A}+\overline{B}+\overline{C}$$

다음의 경우는 모든 변수를 포함하고 있지 않기 때문에, 변수가 3개인 불 대수에서 표준곱의 항과 표준합의 항에 해당하지 않는다.

$$\overline{A}B,\ A\overline{B},\ \overline{A}+B,\ A+\overline{B}$$

곱의 합 표현

곱의 합Sum Of Product, SOP은 2단계로 이루어지는데, 1단계는 곱의 항(AND 항)으로 구성되고 2단계는 합의 항(OR 항)으로 만들어진 논리식으로 구성된다. 따라서 곱의 합의 불 대수식은 최소항으로 구성되고 이것이 OR 연산으로 연결된다. 곱의 합은 최소항의 합이라고도 하며, 곱의 합 식은 하나의 함수 형태로 나타낼 수 있다. 변수가 3개인 다음의 진리표에서는 함수 형태로 표현하기 위해 임의의 출력 X와 최소항, 별도의 기호 m으로 나타냈다.

A	B	C	X	최소항	기호
0	0	0	1	$\overline{A}\cdot\overline{B}\cdot\overline{C}$	m_0
0	0	1	1	$\overline{A}\cdot\overline{B}\cdot C$	m_1
0	1	0	0	$\overline{A}\cdot B\cdot\overline{C}$	m_2
0	1	1	0	$\overline{A}\cdot B\cdot C$	m_3
1	0	0	0	$A\cdot\overline{B}\cdot\overline{C}$	m_4
1	0	1	1	$A\cdot\overline{B}\cdot C$	m_5
1	1	0	0	$A\cdot B\cdot\overline{C}$	m_6
1	1	1	1	$A\cdot B\cdot C$	m_7

출력 X가 1이 되는 논리식들의 합을 최소항으로 표현하면 다음과 같다.

$$\begin{aligned} X(A,B,C) &= \overline{A}\cdot\overline{B}\cdot\overline{C}+\overline{A}\cdot\overline{B}\cdot C+A\cdot\overline{B}\cdot C+A\cdot B\cdot C \\ &= m_0+m_1+m_5+m_7 \\ &= \sum m(0,1,5,7) \end{aligned}$$

합의 곱 표현

합의 곱Product Of Sum, POS 역시 2단계로 이루어진다. 1단계는 합의 항(OR 항)으로 구성되고 2단계는 곱의 항(AND 항)으로 만들어진 논리식으로 구성된다. 따라서 합의 곱의 불 대수식은 최대항으로 구성되고 이것이 AND 연산으로 연결된다. 합의 곱은 최대항의 곱이라고도 하며, 합의 곱 식도 하나의 함수 형태로 나타낼 수 있다. 변수가 3개인 다음의 진리표에서는 함수 형태로 표현하기 위해 임의의 출력 X와 최대항, 별도의 기호 M으로 나타냈다.

A	B	C	X	최대항	기호
0	0	0	1	$A+B+C$	M_0
0	0	1	1	$A+B+\overline{C}$	M_1
0	1	0	0	$A+\overline{B}+C$	M_2
0	1	1	0	$A+\overline{B}+\overline{C}$	M_3
1	0	0	0	$\overline{A}+B+C$	M_4
1	0	1	1	$\overline{A}+B+\overline{C}$	M_5
1	1	0	0	$\overline{A}+\overline{B}+C$	M_6
1	1	1	1	$\overline{A}+\overline{B}+\overline{C}$	M_7

합의 곱의 경우 곱의 합과 반대로 출력이 0인 최대항으로 일반 논리식을 표현한다.

$$\begin{aligned} X(A,B,C) &= (A+\overline{B}+C)\cdot(A+\overline{B}+\overline{C})\cdot(\overline{A}+B+C)\cdot(\overline{A}+\overline{B}+C) \\ &= M_2+M_3+M_4+M_6 \\ &= \Pi M(2,3,4,6) \end{aligned}$$

03 논리식의 간략화

불 대수는 여러 가지 공식이나 정리를 사용하여 간략화할 수 있으나 최적의 방법을 찾기란 쉬운 일이 아니다. 불 대수의 간략화는 개인의 수학적 능력과 숙련도를 비롯해 불 대수의 기본식을 얼마나 잘 사용하느냐에 따라 달라질 수 있다. 따라서 간략화 과정에서 다양한 형태가 나올 수 있으므로 도출한 간략화가 최적인지 검증하기도 쉽지 않다.

1 카르노맵

카르노맵Karnaugh map이라는 조직적인 도표를 사용하여 불 대수를 최적으로 간략화할 수 있다. 즉 카르노맵은 불 대수식을 간소화하기 위한 가장 체계적이고 간단한 방법이다. 입력 변수의 2진 값을 나타낼 수 있는 셀을 적절히 묶어 간략화된 최적의 불 대수식을 얻을 수 있다. 결과적으로 최적의 간략화에 근거한 디지털 회로 설계만이 게이트 수를 최소화할 수 있으며, 이렇게 해야만 회로의 경제성, 소비 전력의 효율성, 회로의 신뢰성, 제품의 소형화가 가능하다. 카르노맵은 입력 변수가 2~5개인 경우에 적용할 수 있으나 보통은 변수가 4개인 경우까지만 적용하고 5개 이상이면 다른 방법을 사용한다.

변수가 2개인 카르노맵

변수가 2개(A, B)일 때 AND 연산의 조합은 $\overline{A}\cdot\overline{B}$, $\overline{A}\cdot B$, $A\cdot\overline{B}$, $A\cdot B$이다. 다음 진리표에서는 임의의 출력 X와 최소항, 별도의 기호 m으로 나타냈다.

A	B	X	최소항	기호
0	0	1	$\overline{A}\cdot\overline{B}$	m_0
0	1	0	$\overline{A}\cdot B$	m_1
1	0	0	$A\cdot\overline{B}$	m_2
1	1	1	$A\cdot B$	m_3

카르노맵은 이 네 가지 입력 조합을 도표로 나타낸 것으로, 두 입력 중에서 하나는 행 방향으로, 하나는 열 방향으로 배치한다.

A \ B	0	1
0	$\overline{A}\overline{B}$	$\overline{A}B$
1	$A\overline{B}$	AB

B \ A	0	1
0	$\overline{A}\overline{B}$	$A\overline{B}$
1	$\overline{A}B$	AB

최종적으로 출력을 반영하여 가장 간단한 형태로 나타내보자. 출력이 0인 경우는 빈칸으로 두고 1인 경우만 표시하면 다음과 같다.

A \ B	0	1
0	1	
1		1

B \ A	0	1
0	1	
1		1

변수가 3개인 카르노맵

다음은 임의의 출력값을 가진 변수가 3개일 때의 진리표이다.

A	B	C	X	최소항	기호
0	0	0	1	$\overline{A}\cdot\overline{B}\cdot\overline{C}$	m_0
0	0	1	1	$\overline{A}\cdot\overline{B}\cdot C$	m_1
0	1	0	0	$\overline{A}\cdot B\cdot\overline{C}$	m_2
0	1	1	0	$\overline{A}\cdot B\cdot C$	m_3
1	0	0	0	$A\cdot\overline{B}\cdot\overline{C}$	m_4
1	0	1	1	$A\cdot\overline{B}\cdot C$	m_5
1	1	0	0	$A\cdot B\cdot\overline{C}$	m_6
1	1	1	1	$A\cdot B\cdot C$	m_7

여덟 가지 입력 조합으로 카르노맵을 만들 때는 세 입력 중에서 2개를 행 방향으로, 1개를 열 방향으로 배치하거나, 1개를 행 방향으로, 2개를 열 방향으로 배치한다. 입력의 일반적인 순서는 00, 01, 10, 11이지만 카르노맵에서는 00, 01, 11, 10이다. 간략화하는 과정에서 유리한 점이 있어 이렇게 배치한다.

A \ BC	00	01	11	10
0	$\overline{A}\overline{B}\overline{C}$	$\overline{A}\overline{B}C$	$\overline{A}BC$	$\overline{A}B\overline{C}$
1	$A\overline{B}\overline{C}$	$A\overline{B}C$	ABC	$AB\overline{C}$

C \ AB	00	01	11	10
0	$\overline{A}\overline{B}\overline{C}$	$\overline{A}B\overline{C}$	$AB\overline{C}$	$A\overline{B}\overline{C}$
1	$\overline{A}\overline{B}C$	$\overline{A}BC$	ABC	$A\overline{B}C$

출력을 반영하여 가장 간단한 형태로 나타내보자. 출력이 0인 경우는 빈칸으로 두고 1인 경우만 표시하면 다음과 같다.

A \ BC	00	01	11	10
0	1	1		
1		1	1	

C \ AB	00	01	11	10
0	1			
1	1		1	1

변수가 4개인 카르노맵

다음은 변수가 4개일 때의 진리표이다.

A	B	C	D	X	최소항	기호
0	0	0	0	1	$\overline{A}\cdot\overline{B}\cdot\overline{C}\cdot\overline{D}$	m_0
0	0	0	1	1	$\overline{A}\cdot\overline{B}\cdot\overline{C}\cdot D$	m_1
0	0	1	0	0	$\overline{A}\cdot\overline{B}\cdot C\cdot\overline{D}$	m_2
0	0	1	1	0	$\overline{A}\cdot\overline{B}\cdot C\cdot D$	m_3
0	1	0	0	0	$\overline{A}\cdot B\cdot\overline{C}\cdot\overline{D}$	m_4
0	1	0	1	0	$\overline{A}\cdot B\cdot\overline{C}\cdot D$	m_5
0	1	1	0	0	$\overline{A}\cdot B\cdot C\cdot\overline{D}$	m_6
0	1	1	1	1	$\overline{A}\cdot B\cdot C\cdot D$	m_7
1	0	0	0	0	$A\cdot\overline{B}\cdot\overline{C}\cdot\overline{D}$	m_8
1	0	0	1	0	$A\cdot\overline{B}\cdot\overline{C}\cdot D$	m_9
1	0	1	0	0	$A\cdot\overline{B}\cdot C\cdot\overline{D}$	m_{10}
1	0	1	1	0	$A\cdot\overline{B}\cdot C\cdot D$	m_{11}
1	1	0	0	0	$A\cdot B\cdot\overline{C}\cdot\overline{D}$	m_{12}
1	1	0	1	1	$A\cdot B\cdot\overline{C}\cdot D$	m_{13}
1	1	1	0	0	$A\cdot B\cdot C\cdot\overline{D}$	m_{14}
1	1	1	1	1	$A\cdot B\cdot C\cdot D$	m_{15}

열여섯 가지 입력 조합으로 카르노맵을 만들 때는 네 입력 중에서 2개를 행 방향으로, 2개를 열 방향으로 배치한다.

AB \ CD	00	01	11	10
00	$\overline{A}\overline{B}\overline{C}\overline{D}$	$\overline{A}\overline{B}\overline{C}D$	$\overline{A}\overline{B}CD$	$\overline{A}\overline{B}C\overline{D}$
01	$\overline{A}B\overline{C}\overline{D}$	$\overline{A}B\overline{C}D$	$\overline{A}BCD$	$\overline{A}BC\overline{D}$
11	$AB\overline{C}\overline{D}$	$AB\overline{C}D$	$ABCD$	$ABC\overline{D}$
10	$A\overline{B}\overline{C}\overline{D}$	$A\overline{B}\overline{C}D$	$A\overline{B}CD$	$A\overline{B}C\overline{D}$

CD \ AB	00	01	11	10
00	$\overline{A}\overline{B}\overline{C}\overline{D}$	$\overline{A}B\overline{C}\overline{D}$	$AB\overline{C}\overline{D}$	$A\overline{B}\overline{C}\overline{D}$
01	$\overline{A}\overline{B}\overline{C}D$	$\overline{A}B\overline{C}D$	$AB\overline{C}D$	$A\overline{B}\overline{C}D$
11	$\overline{A}\overline{B}CD$	$\overline{A}BCD$	$ABCD$	$A\overline{B}CD$
10	$\overline{A}\overline{B}C\overline{D}$	$\overline{A}BC\overline{D}$	$ABC\overline{D}$	$A\overline{B}C\overline{D}$

출력을 반영하여 가장 간단한 형태로 나타내보자. 출력이 0인 경우는 빈칸으로 두고 1인 경우만 표시하면 다음과 같다.

AB \ CD	00	01	11	10
00	1	1		
01			1	
11		1	1	
10				

CD \ AB	00	01	11	10
00	1			
01	1		1	
11		1	1	
10				

2 카르노맵을 이용한 불 대수의 간략화

카르노맵을 적절히 그룹화함으로써 복잡한 불 대수를 간략하게 만들 수 있다. 그룹화에 배분 법칙의 원리를 이용한 다음 흡수 법칙이나 항등 법칙을 적용하면 간략화 과정이 직관적이다. 이는 불 대수를 직접 간략화하는 방법보다 쉽고 정확성이 높다.

불 대수를 이용한 카르노맵 작성

앞에서는 진리표를 바탕으로 카르노맵을 만들었지만 불 대수식이 주어진 경우에도 쉽게 카르노맵을 작성할 수 있다. 불 대수를 이용하여 카르노맵을 작성하면 그룹화의 효과를 이해할 수 있을 것이다. 다음과 같이 변수가 4개인 불 대수의 표준형이 주어진 경우 카르노맵의 작성이 간단하게 진행된다.

$$X(A,B,C,D)=\overline{A}\cdot\overline{B}\cdot\overline{C}\cdot\overline{D}+\overline{A}\cdot\overline{B}\cdot\overline{C}\cdot D+\overline{A}\cdot B\cdot C\cdot D+A\cdot B\cdot\overline{C}\cdot D+A\cdot B\cdot C\cdot D$$
$$=m_0+m_1+m_7+m_{13}+m_{15}$$
$$=\sum m(0,1,7,13,15)$$

AB \ CD	00	01	11	10
00	1	1		
01			1	
11		1	1	
10				

카르노맵에서 행과 열의 이웃 관계

카르노맵에서 이웃과의 그룹화를 통해 불 대수를 간략화할 수 있다. 카르노맵은 평면 형태로 보이지만 이웃 관계에는 상하좌우가 모두 포함되므로 실제로는 원통 또는 구球 형태라고 볼 수 있다. 즉 0000은 가로축으로는 0010과 이웃하고 세로축으로는 1000과 이웃하고 있다. 0010의 이웃은 0011, 0000, 1010이고 1000의 이웃은 1001, 1010, 0000이며 1010의 이웃은 1011, 0010, 1000이다. 또한 0001과 1011, 0011과 1011은 이웃 관계이다.

[그림 3-36]은 변수가 4개인 경우 카르노맵에서 행과 열의 이웃 관계를 보여준다.

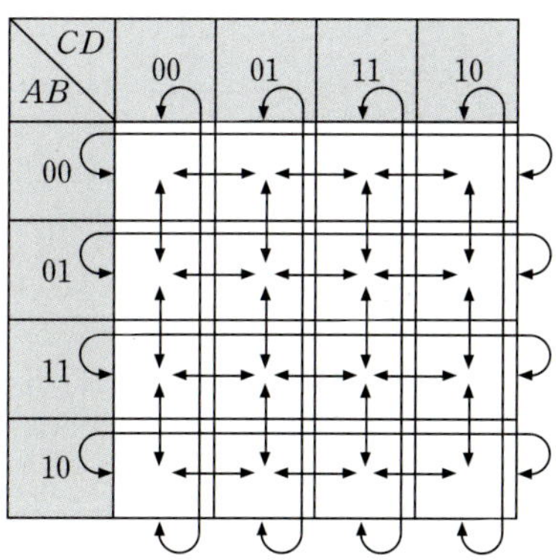

그림 3-36 카르노맵에서 행과 열의 이웃 관계

카르노맵을 이용한 불 대수의 간략화

카르노맵을 이용하여 간략화하는 과정은 단계별로 다음과 같다.

- **1단계**: 주어진 불 대수식이나 진리표를 바탕으로 카르노맵을 작성한다.
- **2단계**: 그룹화를 수행한다.
  - 카르노맵에서 1로 표시된 이웃을 1, 2, 4, 8, 16개씩 묶는다.
  - 되도록 큰 개수로 그룹화하면 간략화 효과가 크다.
  - 각각 다른 그룹으로 여러 번 중복해서 그룹화할 수 있다.
  - 그룹화할 이웃이 없는 경우 단독으로 그룹화하고 이것은 간략화되지 않는다.
- **3단계**: 각 그룹을 간략화한다.
- **4단계**: 간략화된 불 대수식끼리 OR 연산을 한다.

변수가 4개인 카르노맵에서는 1, 2, 4, 8, 16개 항을 그룹화할 수 있다. [그림 3-37]은 2개 항을 그룹화한 경우이다.

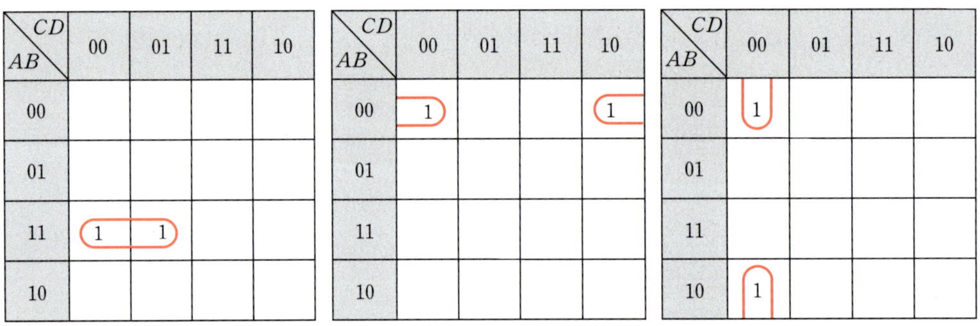

$X=AB\overline{C}$　　$X=\overline{A}\,\overline{B}\,\overline{D}$　　$F=\overline{B}\,\overline{C}\,\overline{D}$

그림 3-37 2개 항의 그룹화

첫 번째 카르노맵을 불 대수식으로 표현하면 다음과 같다.

$$X=AB\overline{C}\,\overline{D}+AB\overline{C}D$$

그룹화한다는 것은 다음과 같이 공통 변수를 묶는 개념이다.

$$X=AB\overline{C}(\overline{D}+D)$$

그리고 기본 정리 6에 따르면 $D+\overline{D}=1$이므로 다음과 같은 결과를 얻을 수 있다. 이를 통해 카르노맵의 동일 그룹에서 공통 변수만이 기록된 것을 확인할 수 있다.

$$X=AB\overline{C}$$

두 번째 카르노맵의 그룹화도 불 대수식에 다음과 같은 효과를 발휘한다. 즉 공통 변수만 남아서 간략화되었다.

$$X=\overline{A}\overline{B}\overline{C}\overline{D}+\overline{A}\overline{B}C\overline{D}=\overline{A}\overline{B}\overline{D}(C+\overline{C})=\overline{A}\overline{B}\overline{D}$$

세 번째 카르노맵도 마찬가지로 그룹화를 통해 다음과 같은 결과를 얻는다.

$$X=\overline{A}\overline{B}\overline{C}\overline{D}+A\overline{B}\overline{C}\overline{D}=(\overline{A}+A)\overline{B}\overline{C}\overline{D}=\overline{B}\overline{C}\overline{D}$$

[그림 3-38]은 4개 항을 그룹화하는 것을 보여준다. 2개 항의 그룹화보다 더 잘 간략화되어 입력의 수가 더 적다.

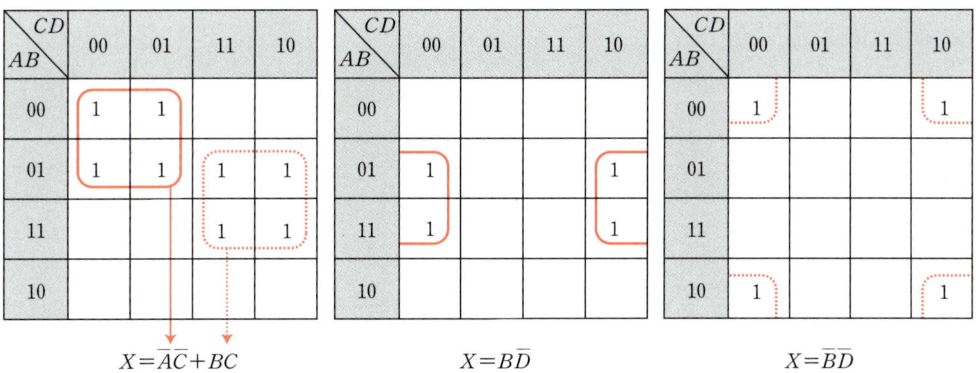

그림 3-38 4개 항의 그룹화

첫 번째 카르노맵을 불 대수식으로 표현하면 다음과 같다.

$$X=\overline{A}\overline{B}\overline{C}\overline{D}+\overline{A}\overline{B}\overline{C}D+\overline{A}B\overline{C}\overline{D}+\overline{A}B\overline{C}D+\overline{A}BCD+\overline{A}BC\overline{D}+ABCD+ABC\overline{D}$$

두 종류의 그룹으로 묶는다.

$$\begin{aligned}X&=(\overline{A}\overline{B}\overline{C}\overline{D}+\overline{A}\overline{B}\overline{C}D+\overline{A}B\overline{C}\overline{D}+\overline{A}B\overline{C}D)+(\overline{A}BCD+\overline{A}BC\overline{D}+ABCD+ABC\overline{D})\\&=\overline{A}\overline{C}(\overline{B}\overline{D}+\overline{B}D+B\overline{D}+BD)+BC(\overline{A}D+\overline{A}\overline{D}+AD+A\overline{D})\\&=\overline{A}\overline{C}(\overline{B}\overline{D}+BD+\overline{B}D+B\overline{D})+BC(\overline{A}\overline{D}+AD+\overline{A}D+A\overline{D})\end{aligned}$$

기본 정리 6과 2를 이용하면 다음 결과를 얻을 수 있다.

$$\begin{aligned} X &= \overline{A}\overline{C}(\overline{B}\overline{D}+BD+\overline{B}D+B\overline{D})+BC(\overline{A}\overline{D}+AD+\overline{A}D+A\overline{D}) \\ &= \overline{A}\overline{C}(1+\overline{B}D+B\overline{D})+BC(1+\overline{A}D+A\overline{D}) \\ &= \overline{A}\overline{C}(1+B\overline{D})+BC(1+A\overline{D}) \\ &= \overline{A}\overline{C}+BC \end{aligned}$$

나머지 두 카르노맵도 마찬가지로 간략화된다.

[그림 3-39]는 8개 항을 그룹화한 경우로 불 대수식의 입력이 1개이다. 간략화 과정은 2개 항, 4개 항일 때와 동일하다.

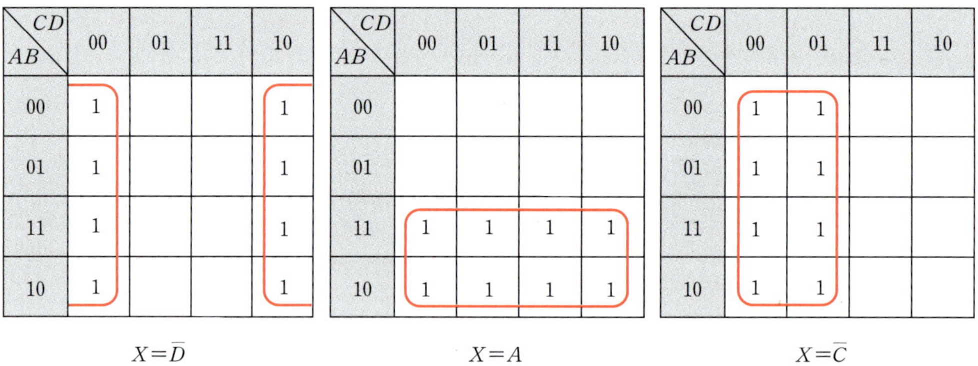

그림 3-39 8개 항의 그룹화

[그림 3-40]은 여러 항의 중복 그룹화를 보여준다. 불 대수식이 복잡하더라도 쉽게 간략화할 수 있다.

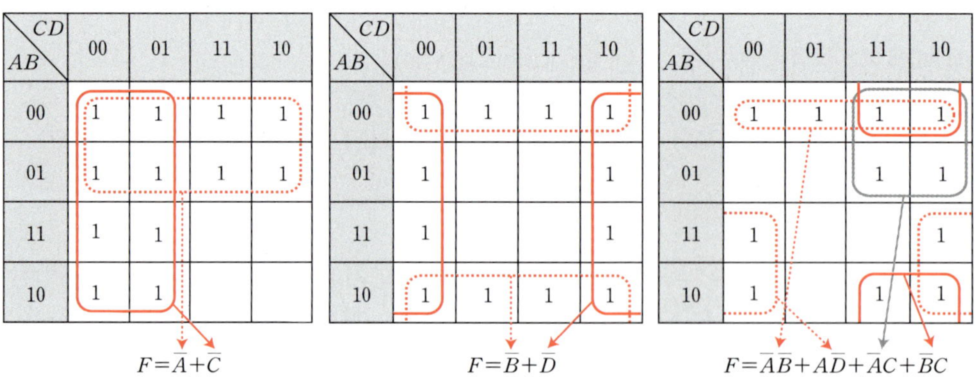

그림 3-40 중복 그룹화

무관 조건

특별한 경우 디지털 논리회로에 나중에 확장할 때 사용할 목적으로 출력에 관여하지 않는 입력이 존재할 수도 있는데 이를 무관 조건 don't care 이라고 한다. 무관 조건은 이웃 영역을 그룹화할 때 가장 간단한 표현을 얻기 위해 임의로 채울 수 있으며, 간략화 과정에서 그룹화할 수도 있고 그렇지 않을 수도 있다.

[그림 3-41]은 무관 조건을 활용하여 그룹화하는 방법을 나타낸 것이다. 무관 조건은 카르노 맵에서 X로 표기한다.

AB \ CD	00	01	11	10
00	1			
01	1			
11	1			
10				

(a) 무관 조건을 사용하지 않은 경우

AB \ CD	00	01	11	10
00	1			
01	1	X		
11	1			
10	X			

(b) 무관 조건을 사용한 경우

그림 3-41 무관 조건의 활용

무관 조건을 사용하지 않은 경우의 불 대수식은 다음과 같다.

$$X=\overline{A}\overline{B}\overline{C}\overline{D}+B\overline{C}\overline{D}$$

무관 조건을 사용한 경우의 불 대수식은 다음과 같다.

$$X=\overline{C}\overline{D}$$

04 플립플롭

1비트의 정보를 기억할 수 있는 회로인 플립플롭flip-flop은 RAM, 캐시 기억 장치, 레지스터를 구성하는 기본 회로이다. 입력에 따른 출력 하나가 지연되면 이를 다시 입력에 궤환feedback함으로써 정보를 기억한다. 플립플롭은 전원이 연결되었을 때만 정보의 기억이 유지되고 전원이 차단되면 정보가 사라지는 휘발성 기억 소자이다.

1 래치

래치latch는 수동적 또는 전자적 조작으로 상태를 바꾸지 않는 한 그 상태를 유지해주는 장치 또는 회로를 말한다. 따라서 래치는 주어진 상태를 유지·보관할 수 있도록 NAND 게이트 또는 NOR 게이트를 이용하여 회로를 구성한다. 래치는 논리회로로 구성되었기 때문에 빠른 속도로 동작하는 플립플롭에 활용된다.

NOR 게이트를 이용한 R-S 래치

[그림 3-42]는 NOR 게이트 2개를 이용하여 R-S 래치를 구성한 것으로, 2개의 입력인 Rreset, Sset 단자가 있다. 입력이 R인 NOR의 출력은 Q이고, 입력이 S인 NOR의 출력은 $\overline{Q}$이다. Q와 $\overline{Q}$는 보수 관계이다.

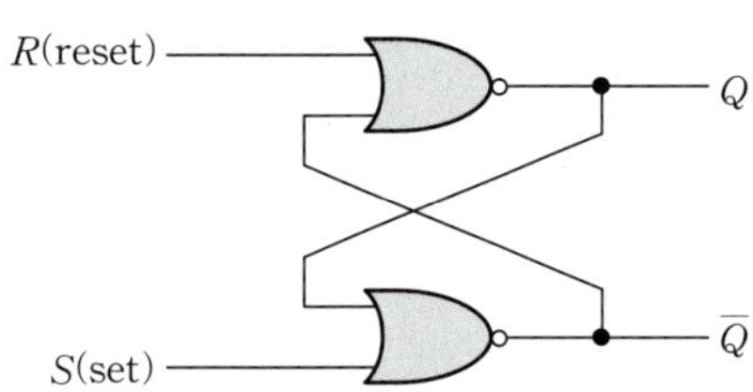

그림 3-42 NOR 게이트를 이용한 R-S 래치

NOR 게이트를 이용한 래치 회로의 동작을 관찰하고 진리표를 작성하기 위해 먼저 각 입력에 대한 출력을 정리하면 다음과 같다.

■ $R=0$, $S=0$인 경우

[그림 3-43]의 (a)는 $R=0$, $S=0$이고 이전 상태(Q)의 값이 0인 회로의 동작이다. 이전 상태의 값이 NOR 게이트 G_2의 입력으로 궤환되므로 $Q=0$, $\overline{Q}=1$이 출력된다. 즉 이전 상태의 값이 변하지 않고 출력된다. (b)는 $R=0$, $S=0$이고 이전 상태(Q)의 값이 1인 회로의 동작이다. 이전 상태의 값이 NOR 게이트 G_2의 입력으로 궤환되므로 $Q=1$, $\overline{Q}=0$이 출력된다. 즉 이전 상태의 값이 변하지 않고 출력된다.

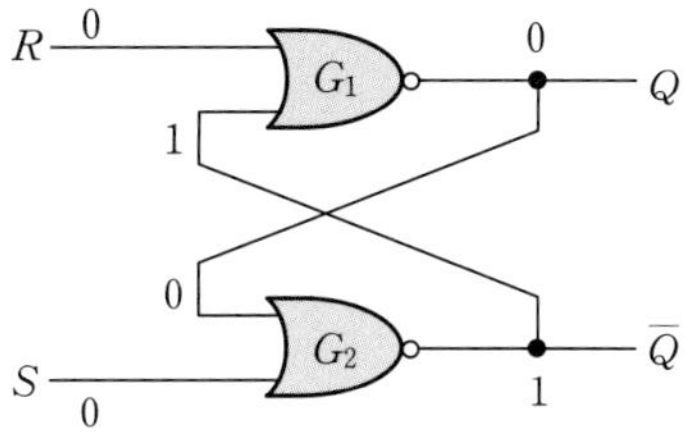

(a) $Q=0$

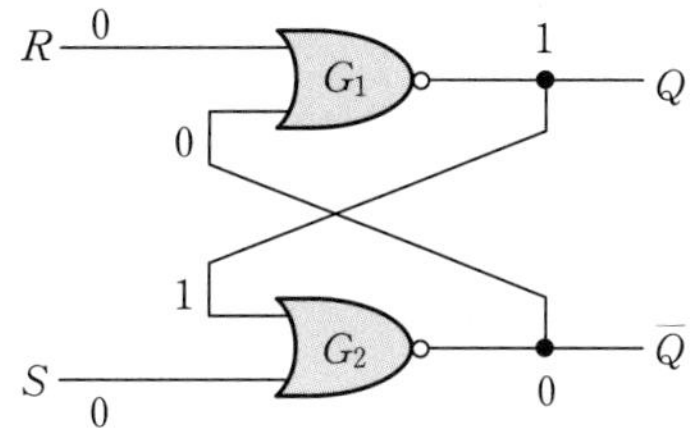

(b) $Q=1$

그림 3-43 $R=0$, $S=0$일 때의 동작

■ $R=0$, $S=1$인 경우와 $R=1$, $S=0$인 경우

[그림 3-44]와 같이 $R=0$, $S=1$인 경우 G_2의 출력은 G_2의 또 다른 입력인 Q에 관계없이 $\overline{Q}=0$을 출력한다. 따라서 G_1의 또 다른 입력은 항상 0이 되어 $Q=1$을 출력한다. 그리고 [그림 3-45]와 같이 $R=1$, $S=0$인 경우 G_1의 출력은 G_1의 또 다른 입력인 $\overline{Q}$에 관계없이 $Q=0$을 출력한다. 따라서 G_2의 또 다른 입력은 항상 0이 되어 $\overline{Q}=1$을 출력한다.

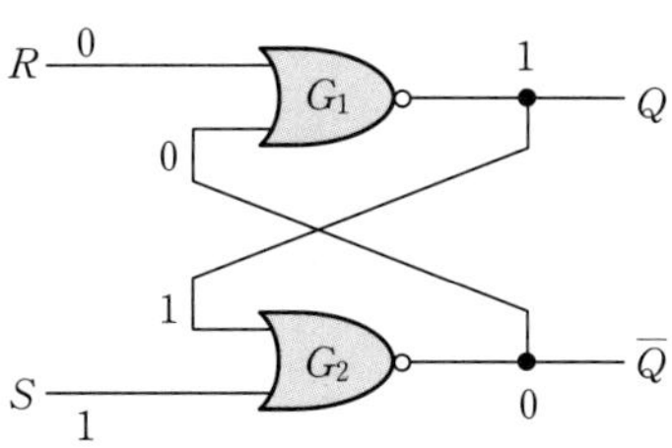

그림 3-44 $R=0$, $S=1$일 때의 동작

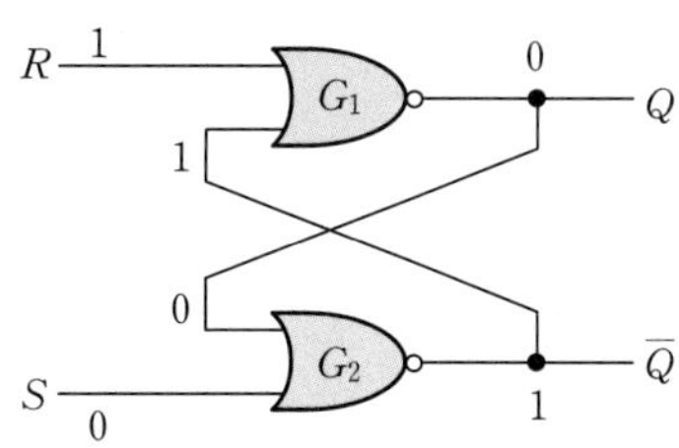

그림 3-45 $R=1$, $S=0$일 때의 동작

■ $R=1$, $S=1$인 경우

$R=1$, $S=1$인 경우 G_1, G_2의 출력은 또 다른 입력인 Q와 $\overline{Q}$에 관계없이 $Q=0$, $\overline{Q}=0$을 출력한다. 그런데 Q와 $\overline{Q}$는 보수 관계가 되어야 하므로 논리적인 정의에 위배된다. 따라서 $R=1$, $S=1$인 경우는 불능으로 처리하며 [그림 3-46]은 이 과정을 보여준다.

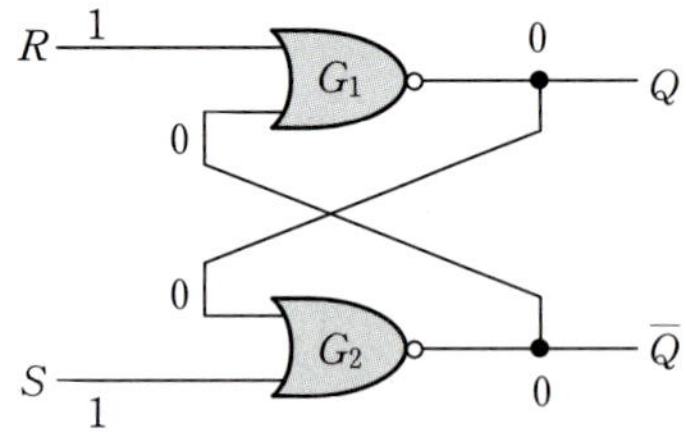

그림 3-46 R=1, S=1일 때의 불능 동작

[표 3-2]는 이러한 결과를 통해 작성한 진리표이다.

표 3-2 NOR 게이트를 이용한 R-S 래치의 진리표

S	R	Q	$\overline{Q}$
0	0	불변	불변
0	1	0	1
1	0	1	0
1	1	불능	불능

NAND 게이트를 이용한 R-S 래치

NAND 게이트를 이용하여 구성한 R-S 래치의 기본 동작은 NOR 게이트를 이용한 경우와 같으며, [그림 3-47]은 NAND 게이트를 이용한 래치의 논리회로와 진리표이다. NOR 게이트를 이용한 경우와 달리 S와 R의 입력이 $\overline{S}$와 $\overline{R}$의 형태로 인가되고, $\overline{S}$와 $\overline{R}$이 모두 0일 때 불능, 모두 1일 때 불변 상태가 된다.

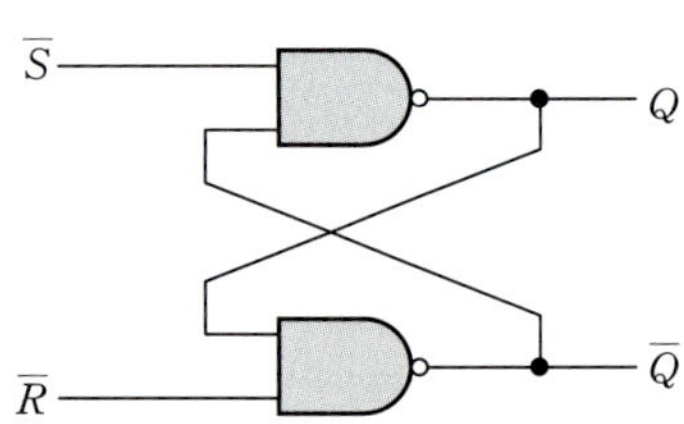

(a) 회로도

$\overline{S}$	$\overline{R}$	Q	$\overline{Q}$
0	0	불능	불능
0	1	1	0
1	0	0	1
1	1	불변	불변

(b) 진리표

그림 3-47 NAND 게이트를 이용한 R-S 래치

2 R–S 플립플롭

R–S 플립플롭은 래치에 입력 게이트를 추가하여 클록이 발생하는 동안에만 동작하도록 만든 것으로, 입력을 받는 AND 게이트 2개와 NOR 게이트를 사용한 R–S 래치로 구성된다. [그림 3–48]의 (d)에서 원 내부의 값은 현재 상태 $Q(t)$로, 입력에 의해 화살표 방향으로 상태가 변하여 다음 상태 $Q(t+1)$이 된다.

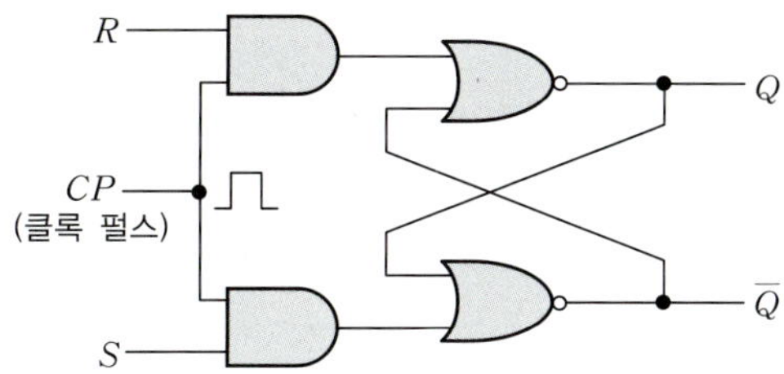

(a) 회로도

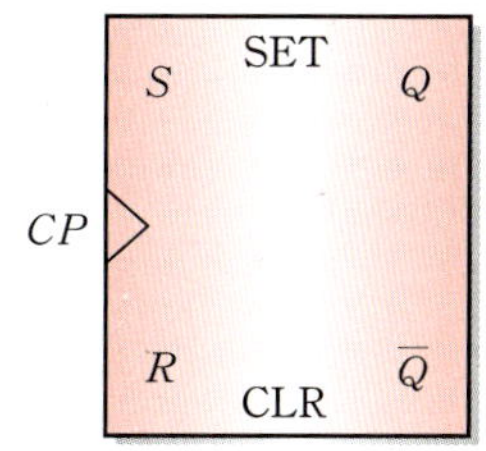

(b) 논리 기호

클록 펄스	R	S	$Q(t+1)$
1	0	0	Q
1	0	1	1
1	1	0	0
1	1	1	불능

(b) 진리표

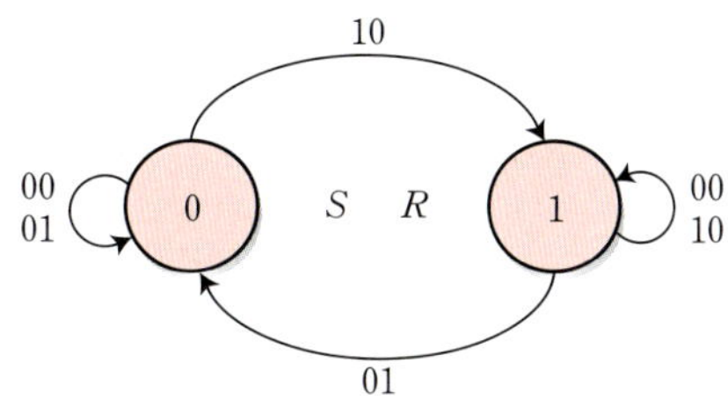

(d) 상태도

그림 3–48 R-S 플립플롭

3 D 플립플롭

R–S 플립플롭에서는 입력 R과 S가 모두 1인 경우 불능인데, D 플립플롭은 입력 단자 R과 S에 동시에 1이 입력되는 것을 회로적으로 차단한 플립플롭이다. 입력 신호 D가 클록에 의해 변하지 않고 그대로 출력에 전달되는 특성이 있어 데이터data 전달과 지연delay을 의미하는 D 플립플롭으로 불리게 되었다. [그림 3–49]의 (a)에서 보듯이 D 플립플롭은 입력이 하나이다.

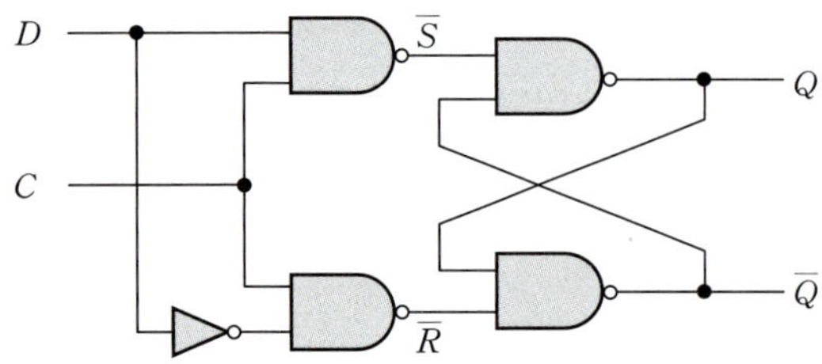

(a) 회로도

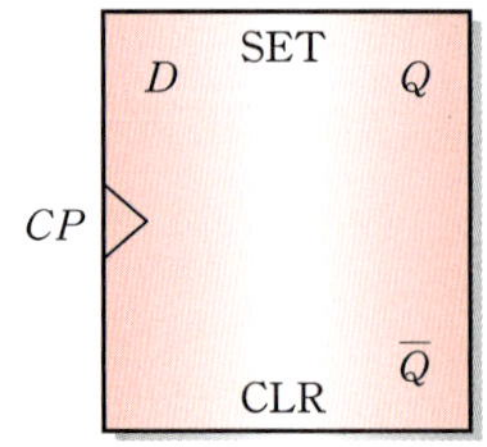

(b) 논리 기호

클록 펄스	D	$Q(t+1)$
1	0	0
1	1	1

(c) 진리표

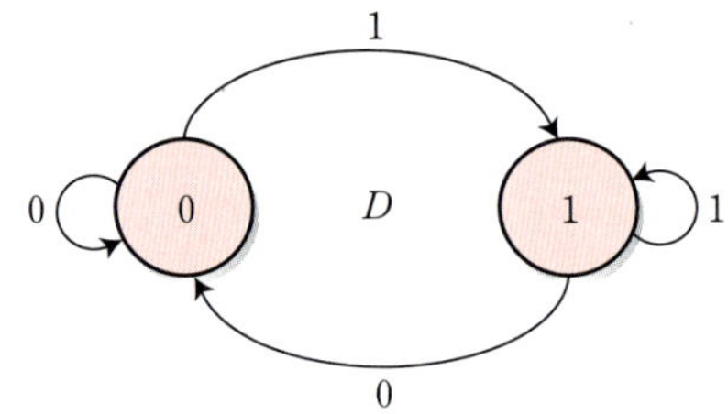

(d) 상태도

그림 3-49 D 플립플롭

4 J-K 플립플롭

가장 많이 사용되는 J-K 플립플롭은 R-S 플립플롭에서 $S=1$, $R=1$인 경우 불능 상태가 되는 것을 해결한 논리회로이다. J-K 플립플롭의 J는 S에, K는 R에 대응하는 입력으로, J와 K에 동시에 1이 입력되면 플립플롭의 출력은 이전 출력의 보수 상태로 변환된다.

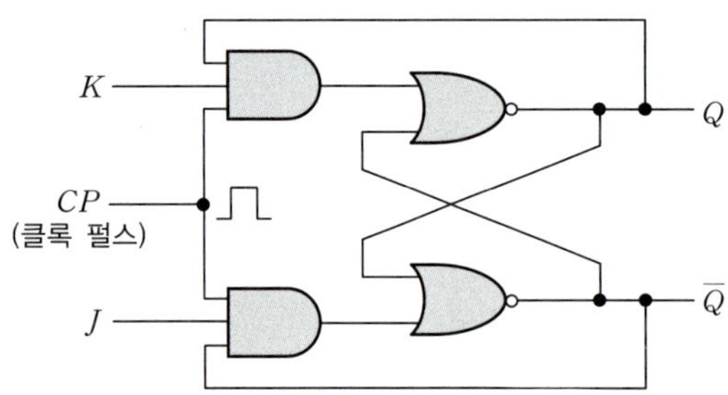

(a) 회로도

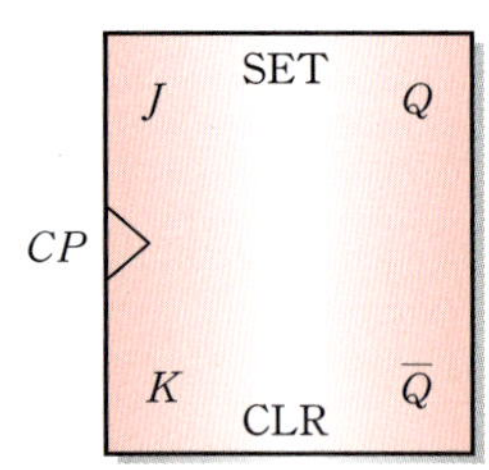

(b) 논리 기호

클록 펄스	J	K	$Q(t+1)$
1	0	0	Q
1	0	1	0
1	1	0	1
1	1	1	$\overline{Q}$

(c) 진리표

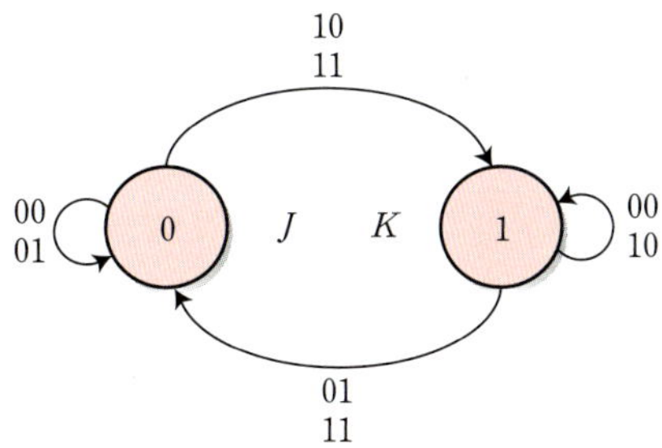

(d) 상태도

그림 3-50 J-K 플립플롭

5 T 플립플롭

T 플립플롭은 J-K 플립플롭의 입력 J와 K를 묶어서 하나의 입력 신호 T로 동작시키는 플립플롭이다. T 플립플롭의 입력 T가 0이면 $J=0$, $K=0$인 J-K 플립플롭처럼 동작하므로 출력이 변하지 않는다. 또한 T가 1이면 $J=1$, $K=1$인 J-K 플립플롭처럼 동작하므로 출력은 보수가 된다. 즉 T 플립플롭은 입력이 0이면 이전 상태(Q)의 값이 그대로 출력되고, 입력이 1이면 이전 상태의 보수 상태로 출력된다.

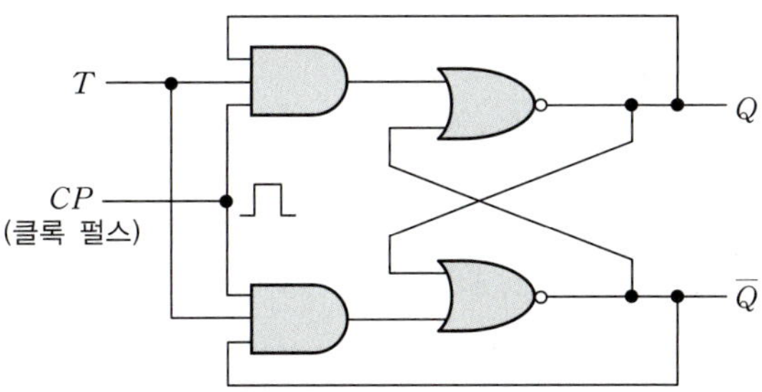

(a) 회로도

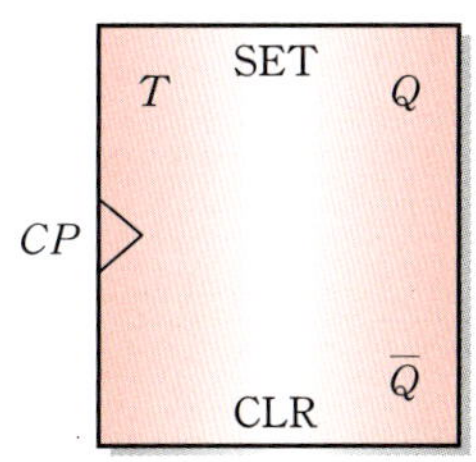

(b) 논리 기호

클록 펄스	T	$Q(t+1)$
1	0	Q
1	1	$\overline{Q}$

(c) 진리표

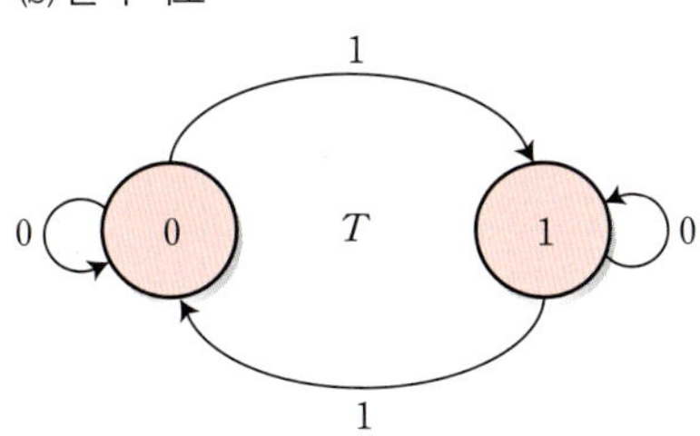

(d) 상태도

그림 3-51 T 플립플롭

요약

01 논리 게이트

논리 게이트는 2진수의 논리 연산을 수행하는 회로이다. 게이트의 동작은 불 대수로 표현하고, 게이트의 입력과 출력의 관계는 진리표로 나타낸다.

02 AND, OR, NOT, XOR 게이트의 논리 기호와 진리표

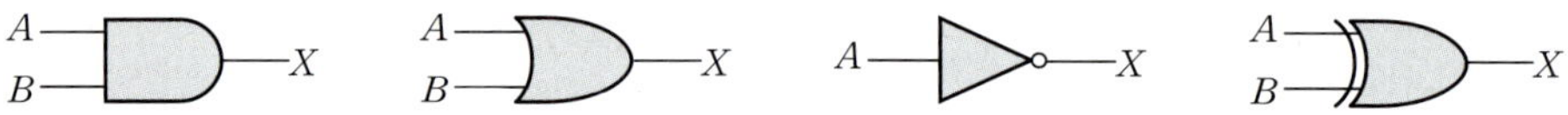

(a) AND 게이트 (b) OR 게이트 (c) NOT 게이트 (d) XOR 게이트

입력 (A)	입력 (B)	AND 출력	OR 출력	A의 NOT 출력	XOR 출력
0	0	0	0	1	0
0	1	0	1	1	1
1	0	0	1	0	1
1	1	1	1	0	0

03 NAND, NOR, NXOR 게이트의 논리 기호와 진리표

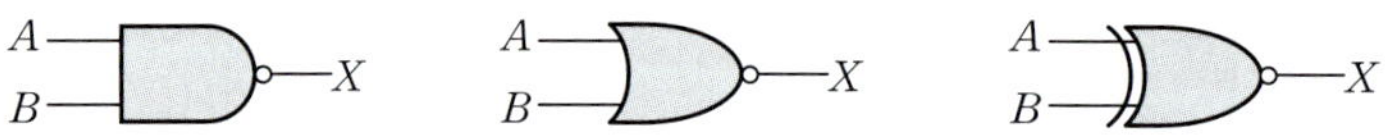

(a) NAND 게이트 (b) NOR 게이트 (c) NXOR 게이트

입력 (A)	입력 (B)	NAND 출력	NOR 출력	NXOR 출력
0	0	1	1	1
0	1	1	0	0
1	0	1	0	0
1	1	0	0	1

04 불 대수의 기본 법칙

기본 법칙	불 대수식
교환 법칙	$A\cdot B=B\cdot A$ $A+B=B+A$
결합 법칙	$A\cdot(B\cdot C)=(A\cdot B)\cdot C$ $(A+B)+C=A+(B+C)$
분배 법칙	$A\cdot(B+C)=(A\cdot B)+(A\cdot C)$
다중 부정	$\overline{\overline{A}}=A$

05 드모르간의 법칙의 불 대수식

$$\overline{A\cdot B}=\overline{A}+\overline{B} \qquad \overline{A+B}=\overline{A}\cdot\overline{B}$$

06 불 대수의 기본 정리

❶ $A+0=A$	❷ $A+1=1$	❸ $A\cdot 0=0$
❹ $A\cdot 1=A$	❺ $A+A=A$	❻ $A+\overline{A}=1$
❼ $A\cdot A=A$	❽ $A\cdot\overline{A}=0$	❾ $\overline{\overline{A}}=A$
❿ $A+A\cdot B=A$	⓫ $A+\overline{A}\cdot B=A+B$	⓬ $(A+B)\cdot(A+C)=A+B\cdot C$

07 카르노맵을 이용한 불 대수의 간략화

- 1단계: 주어진 불 대수식이나 진리표를 바탕으로 카르노맵을 작성한다.
- 2단계: 그룹화를 수행한다.
  - 카르노맵에서 1로 표시된 이웃을 1, 2, 4, 8, 16개씩 묶는다.
  - 되도록 큰 개수로 그룹화하면 간략화 효과가 크다.
  - 각각 다른 그룹으로 여러 번 중복해서 그룹화할 수 있다.
  - 그룹화할 이웃이 없는 경우 단독으로 그룹화하고 이것은 간략화되지 않는다.
- 3단계: 각 그룹을 간략화한다.
- 4단계: 간략화된 불 대수식끼리 OR 연산을 한다.

08 플립플롭

RAM, 캐시 기억 장치, 레지스터를 구성하는 기본 회로인 플립플롭은 전원이 연결되었을 때만 정보의 기억이 유지되고 전원이 차단되면 정보가 사라지는 휘발성 기억 소자이다.

09 R-S 플립플롭과 J-K 플립플롭의 진리표

Q	R	S	$Q(t+1)$	J	K	$Q(t+1)$
0	0	0	Q	0	0	Q
0	0	1	1	0	1	0
0	1	0	0	1	0	1
0	1	1	불능	1	1	$\overline{Q}$
1	0	0	Q	0	0	Q
1	0	1	1	0	1	0
1	1	0	0	1	0	1
1	1	1	불능	1	1	$\overline{Q}$

10 D 플립플롭과 T 플립플롭의 진리표

Q	D	$Q(t+1)$	T	$Q(t+1)$
0	0	Q	0	Q
0	1	1	1	$\overline{Q}$
1	0	0	0	Q
1	1	1	1	$\overline{Q}$

01 다음 진리표의 빈칸을 채워라.

입력 (A)	입력 (B)	AND 출력	OR 출력	XOR 출력	NAND 출력	NOR 출력	XNOR 출력
0	0						
0	1						
1	0						
1	1						

02 논리 게이트의 대수적 표현을 바르게 나타낸 것은?

① AND 게이트: $X = A\overline{B} + \overline{A}B$　② OR 게이트: $X = A + B$

③ XOR 게이트: $X = \overline{A}$　④ NAND 게이트: $X = A \cdot B$

03 다음 게이트 중 출력이 옳지 않은 것은?

① AND　② OR　③ NOT　④ XOR

04 두 입력이 서로 반대되는 조건일 때 1을 출력하는 게이트는 (①)이고, 대수적 표현이 $X = \overline{A + B}$인 게이트는 (②)이다. 모든 게이트를 구성할 수 있는 NAND 게이트와 NOR 게이트를 (③)라고 한다.

05 다음 게이트 조합과 동일한 출력을 하는 기본 게이트는 무엇인가?

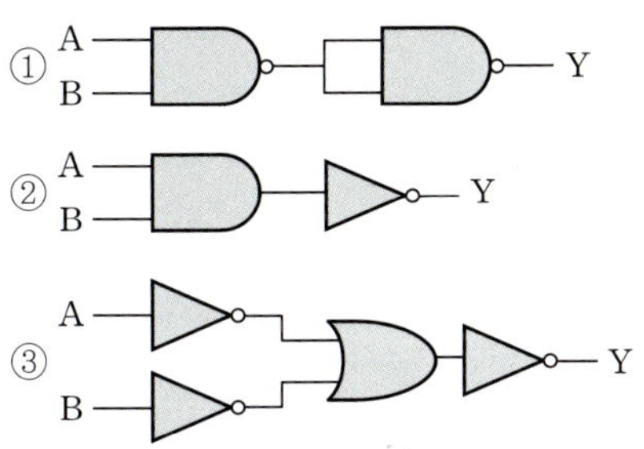

06 다음 불 대수식을 AND 게이트와 OR 게이트로 구성하라.

$$AB + CD = Y$$

07 다음 논리회로의 불 대수식을 표현하라.

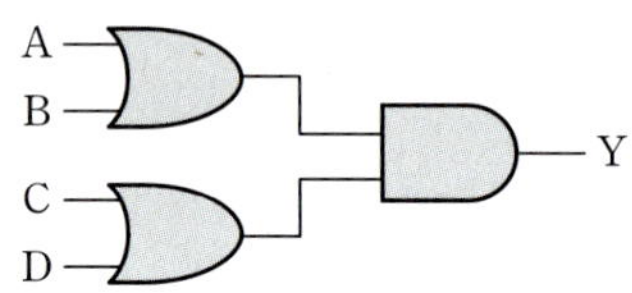

08 논리회로를 이용하여 다음 불 대수식을 구성하라.

$$F=(A+B)(B+C+D)(A+C)$$

09 다음 불 대수식을 간략화하라.

① $F=\overline{\overline{(A+B)}+C}$

② $F=\overline{\overline{A+B}+\overline{C+D}}$

③ $F=\overline{AB+AC}+\overline{A}\overline{B}C$

④ $F=\overline{A}BC+A\overline{B}\overline{C}+\overline{A}\overline{B}\overline{C}+A\overline{B}C+ABC$

10 불 대수의 표준형에 대한 설명으로 옳지 않은 것은?

① $AB+BC=Y$는 곱의 합 표현이다.

② $(A+B)+(B+C)=Y$는 합의 곱 표현이다.

③ $(A+C)(A+B)=Y$는 최대항의 표현이다.

④ $AC+BD=Y$는 최소항의 표현이다.

11 다음 진리표를 보고 최소항의 불 대수식으로 표현하라.

①

A	B	C	X
0	0	0	1
0	0	1	0
0	1	0	0
0	1	1	0
1	0	0	1
1	0	1	1
1	1	0	0
1	1	1	1

②

A	B	C	X
0	0	0	1
0	0	1	1
0	1	0	0
0	1	1	0
1	0	0	0
1	0	1	0
1	1	0	1
1	1	1	1

12 다음 카르노맵을 이용하여 간략화된 최소항의 불 대수식을 구하라.

①

AB \ CD	00	01	11	10
00	1	1		
01	1	1	1	1
11				
10		1	1	

②

AB \ CD	00	01	11	10
00	1			1
01	1	1		1
11	1	1		1
10	1		1	1

13 다음 카르노맵을 이용하여 간략화된 최대항의 불 대수식을 구하라.

①

AB \ CD	00	01	11	10
00			0	0
01				
11	0		0	0
10	0		0	0

②

AB \ CD	00	01	11	10
00	0	0		0
01	0	0		0
11				0
10	0		0	0

14 플립플롭에 대한 설명으로 옳지 않은 것은?

① 변경 명령이 있을 때까지 현재의 상태를 유지한다.

② 출력이 다시 입력으로 궤환된다.

③ 조합 논리회로의 가장 기본적인 회로이다.

④ 상태를 바꾸는 신호는 클록 신호가 되거나 외부의 입력 신호가 될 수 있다.

15 괄호 속의 두 가지 보기 중 옳은 것을 선택하라.

① 기본적인 디지털 저장 장치를 (게이트, 래치)라고 부르기도 한다.

② 래치는 (게이트, D 플립플롭)와(과) 같은 기능을 수행하기도 한다.

③ 래치는 임시 메모리 버퍼처럼 동작하는 것이다(True, False).

④ 래치는 복잡한 집적회로의 내부에 포함되며 임시 메모리 장치의 기능을 수행한다(True, False).

16 R–S, D, J–K, T 플립플롭의 진리표를 작성하고, 각 플립플롭의 특징을 설명하라.

17 플립플롭에 대한 설명으로 옳지 않은 것은?

① 래치는 2개의 AND 게이트와 NOR 게이트로 구성된다.

② R–S 플립플롭은 불능 상태가 존재한다.

③ D 플립플롭은 동시에 1이 입력되는 것을 차단했다.

④ J–K 플립플롭은 두 입력이 모두 1이면 지연이 발생한다.

Chapter 04

컴퓨터에서 활용되는 디지털 논리회로

학습목표

- 조합 논리회로와 순차 논리회로의 개념을 이해한다.
- 다양한 조합 논리회로를 알아본다.
- 순차 논리회로의 설계 기법과 그 종류를 파악한다.
- 컴퓨터에서 조합 논리회로와 순차 논리회로를 활용하는 방법을 이해한다.

01 조합 논리회로와 순차 논리회로의 개념

디지털 논리회로는 조합 논리회로combinational logic circuit와 순차 논리회로sequential logic circuit로 구분된다. 출력 신호가 입력 신호에 의해서만 결정되는 조합 논리회로는 논리곱(AND), 논리합(OR), 논리 부정(NOT) 등 기본 논리 소자의 조합으로 만들어지고, 플립플롭과 같은 기억 소자를 포함하지 않는다. 이와 달리 출력 신호가 입력 신호뿐만 아니라 이전 상태의 논리 값에 의해 결정되는 순차 논리회로는 비트 값을 저장하는 플립플롭과 같은 기억 소자를 포함한다.

[그림 4-1]은 n개의 입력을 받아 m개를 출력하는 조합 논리회로를 보여준다. 입력 신호가 n개이므로 입력 신호 조합을 2^n개 만들어낼 수 있다.

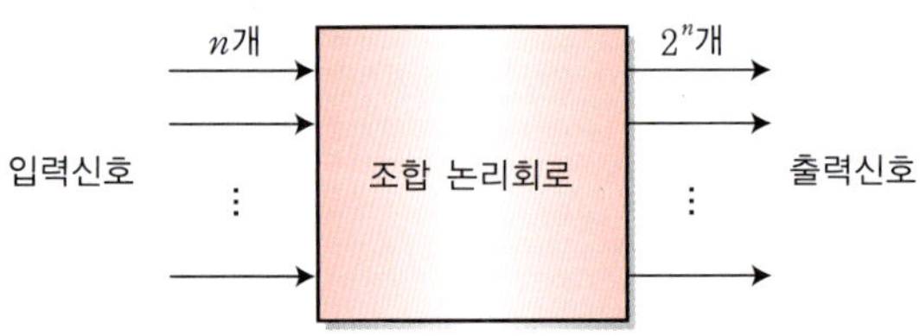

그림 4-1 조합 논리회로의 블록도

조합 논리회로의 종류에는 가산기, 비교기, 디코더와 인코더, 멀티플렉서와 디멀티플렉서, 코드 변환기 등이 있다. 가산기는 2진수의 덧셈을 계산하는 회로이며, 이를 응용하면 감산기를 쉽게 구성할 수 있다. 비교기는 2진수의 크기를 비교하는 회로이다. 디코더는 코드화된 데이터로부터 정보를 찾아내는 논리회로이고, 인코더는 이와 반대로 데이터를 코드화하는 논리회로이다. 멀티플렉서는 여러 회로가 단일 회선을 공동으로 이용하여 신호를 전송하는 데 필요하며, 디멀티플렉서는 단일 회선상의 디지털 신호를 수신 회로로 전송하는 데 필요하고 디코더를 이용하여 그 기능을 얻을 수 있다. 또한 코드 변환기는 2진 코드를 다른 2진 코드로 변환하는 조합 논리회로를 말한다.

순차 논리회로는 조합 논리회로와 기억 소자로 구성되고, 기억 소자가 궤환을 형성하며 연결되어 있다. 이 기억 소자는 2진 정보를 저장할 수 있는 장치로 이루어져 있으며, 기억할 수 있는 소자로 가장 널리 사용되는 것은 플립플롭이다. [그림 4-2]는 순차 논리회로의 구조를 간략하게 나타낸 것으로, 클록 펄스clock pulse가 있는 순차 논리회로에서는 기억 소자에 클록 펄스의 입력 부분이 있다. 순차 논리회로의 출력은 현재 상태의 입력과 이전 상태의 출력, 즉 기억 소자를 통과한 결과에 따라 결정된다.

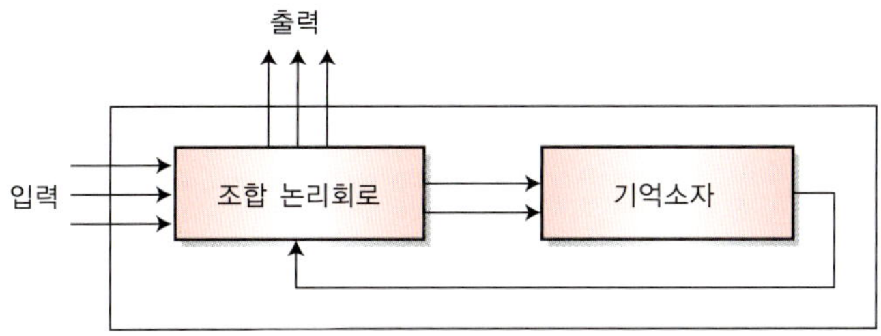

그림 4-2 순차 논리회로의 블록도

순차 논리회로는 신호의 타이밍에 따라 동기식synchronous과 비동기식asynchronous으로 구분할 수 있다. 논리회로에서는 항상 지연이 발생하므로, 논리 소자에 0 또는 1이 입력되면 즉시 출력이 나오는 것이 아니라 잠깐 시간이 경과한 후 출력된다. 그런데 논리 소자를 여러 개 경유하기 때문에 지연 시간이 누적되어 지연이 커진다. 이러한 지연 문제를 해결하기 위한 방법으로 동기식 회로와 비동기식 회로의 개념이 도입되었으며, 일반적으로 조합 논리회로는 비동기식 회로에 해당한다.

동기식 순차 논리회로는 클록 펄스가 들어오는 시점에 상태가 변화하는데, 이때 사용되는 클록 펄스는 클록 생성기clock generator를 통해 주기적 또는 비주기적으로 생성할 수 있다. 이에 반해 클록 펄스의 영향을 받지 않고 현재 입력되는 입력값이 변화하는 순서에 따라 동작하는 비동기식 순차 논리회로는 입력값이 변화하는 경우에만 상태 전이가 발생하기 때문에 클록이 없는 기억 소자unclocked memory device를 사용한다. 결과적으로 정확한 동작이 입력 타이밍에 좌우되므로 마지막 입력 변화에서 회로가 안정되도록 설계해야 하며, 그렇지 않으면 회로가 정확하게 동작하지 않는다.

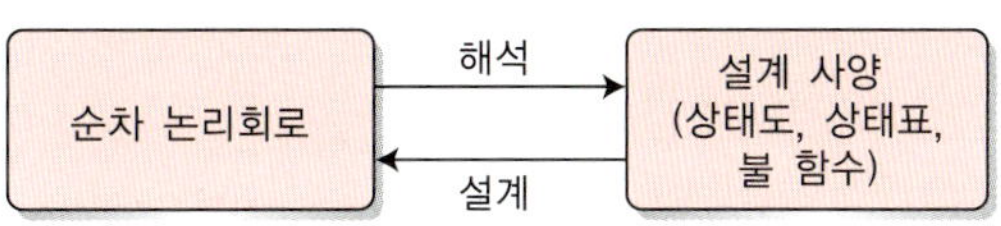

그림 4-3 순차 논리회로의 해석과 설계 관계

순차 논리회로의 해석 과정은 이미 구현된 논리회로에서 상태표나 상태도를 유도하는 절차이고, 설계 과정은 주어진 사양(상태도, 상태표, 불 함수)으로 논리회로를 구현하는 절차이다.

02 조합 논리회로

조합 논리회로는 입력과 출력이 있는 논리 게이트의 집합으로 출력이 현재 입력에 의해 결정된다. 순차 논리회로와 비교하면 기억 능력이 없는 것이 특징이다.

1 가산기

가산기adder는 2개 이상의 입력을 이용하여 그 합을 출력하는 조합 논리회로이다. 가산기의 종류에는 반가산기와 전가산기가 있다.

반가산기

반가산기half adder에서는 1비트인 입력 2개와 출력 2개의 합(S)과 자리 올림수(C)가 사용된다. [그림 4-4]는 반가산기에서 수행되는 계산의 모든 경우를 보여준다. C는 입력 A와 B의 값이 모두 1일 때, S는 A와 B의 값이 서로 다를 때만 발생한다. [표 4-1]은 반가산기의 계산 과정을 적용하여 작성한 진리표이다.

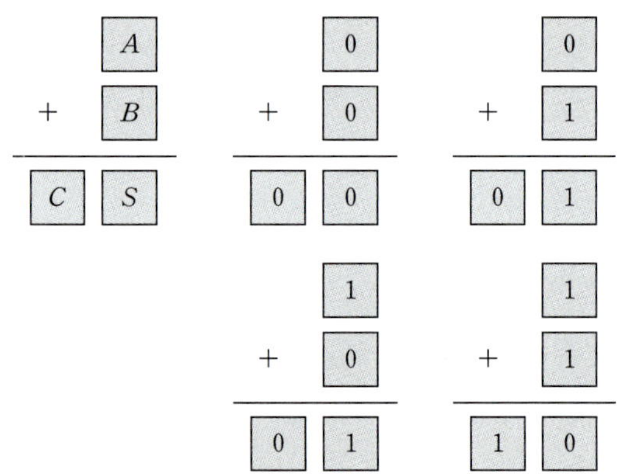

그림 4-4 반가산기의 계산

표 4-1 반가산기의 진리표

A	B	올림수(C)	합(S)
0	0	0	0
0	1	0	1
1	0	0	1
1	1	1	0

반가산기의 진리표와 카르노맵을 이용하여 올림수와 합에 대해 최적으로 간략화된 불 대수식을 얻을 수 있다.

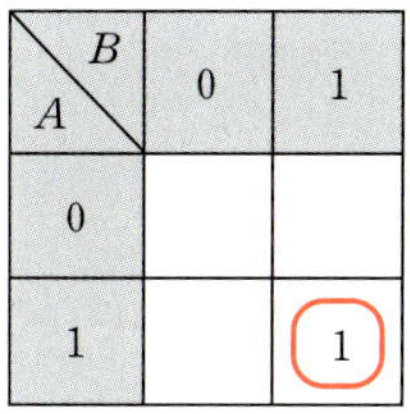

(a) 자리 올림

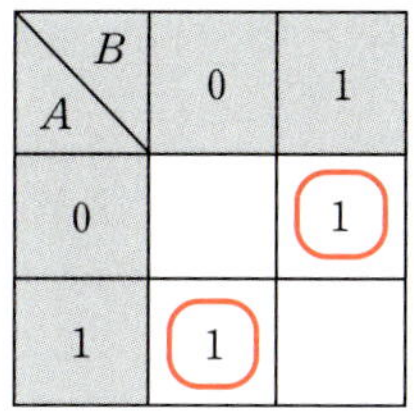

(b) 합

$$C = AB \qquad S = A\overline{B} + \overline{A}B = A \oplus B$$

[그림 4-5]는 이렇게 얻은 불 대수식을 이용하여 설계한 반가산기의 논리회로이고, [그림 4-6]은 간략하게 표현한 논리 기호이다.

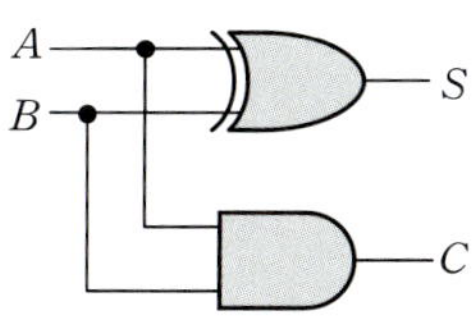

그림 4-5 반가산기의 논리회로

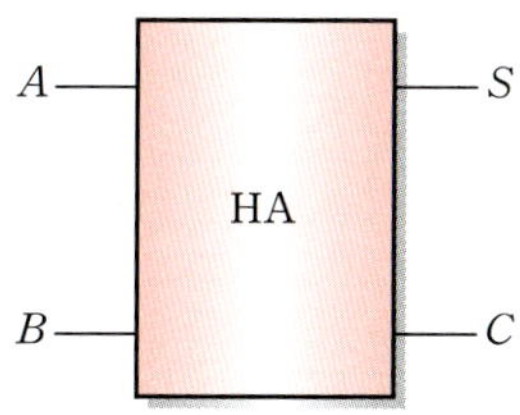

그림 4-6 반가산기의 논리 기호

전가산기

반가산기는 1비트의 2진수만을 덧셈 연산하기 때문에 하위 비트에서 발생하는 자리 올림을 고려하지 않는다. 따라서 반가산기는 2비트 이상 2진수의 덧셈 연산을 수행할 수 없다. 반면 전가산기full adder는 2진수 3개, 즉 입력 A, B와 하위 비트에서 발생한 자리 올림수를 덧셈 연산하는 조합 논리회로이다. 전가산기는 [그림 4-7]과 같이 여덟 가지 계산을 수행한다.

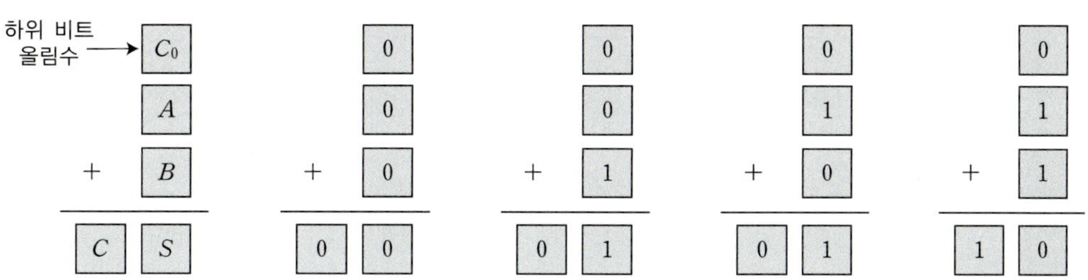

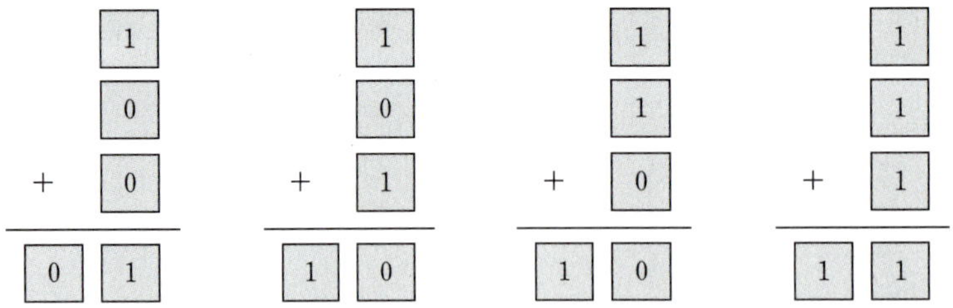

그림 4-7 전가산기의 계산

[표 4-2]는 전가산기의 여덟 가지 계산을 적용하여 작성한 진리표이다.

표 4-2 전가산기의 진리표

A	B	C_0	올림수(C)	합(S)
0	0	0	0	0
0	0	1	0	1
0	1	0	0	1
0	1	1	1	0
1	0	0	0	1
1	0	1	1	0
1	1	0	1	0
1	1	1	1	1

전가산기의 진리표와 카르노맵을 이용하여 올림수와 합에 대해 간략화된 불 대수식으로 나타낸다.

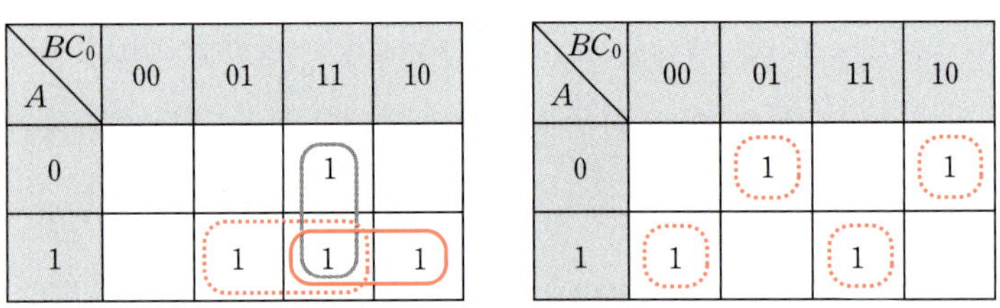

(a) 자리 올림 (b) 합

$C = AC_0 + AB + BC_0$　　$S = A\overline{B}\overline{C_0} + \overline{A}\overline{B}C_0 + ABC_0 + \overline{A}B\overline{C_0}$

간략화된 불 대수식을 XOR 게이트로 설계하려면 다음과 같이 불 대수식을 변경한다.

$$
\begin{aligned}
Carry &= AB+AC_0+BC_0 \\
&= AB+C_0(A+B)(A+\overline{A}) \\
&= AB+C_0(AA+A\overline{A}+AB+\overline{A}B) \\
&= AB+AAC_0+A\overline{A}C_0+ABC_0+\overline{A}BC_0 \\
&= AB+AAC_0+ABC_0+\overline{A}BC_0 \\
&= AB(1+C_0)+C_0(AA+\overline{A}B) \\
&= AB+C_0(A+\overline{A}B) \\
&= AB+C_0(A(B+\overline{B})+\overline{A}B) \\
&= AB+C_0(AB+A\overline{B}+\overline{A}B) \\
&= AB+ABC_0+A\overline{B}C_0+\overline{A}BC_0 \\
&= AB(1+C_0)+C_0(A\overline{B}+\overline{A}B) \\
&= AB+C_0(A\oplus B)
\end{aligned}
$$

$$
\begin{aligned}
Sum &= A\overline{B}\overline{C}_0+\overline{A}\overline{B}C_0+ABC_0+\overline{A}B\overline{C}_0 \\
&= (\overline{A}\overline{B}+AB)C_0+(A\overline{B}+\overline{A}B)\overline{C}_0 \\
&= (\overline{A}\overline{B}+AB)C_0+(A\oplus B)\overline{C}_0 \\
&= \overline{\overline{(\overline{A}\overline{B}+AB)}}C_0+(A\oplus B)\overline{C}_0 \\
&= \overline{(\overline{\overline{A}\overline{B}}\cdot\overline{AB})}C_0+(A\oplus B)\overline{C}_0 \\
&= \overline{((\overline{\overline{A}}+\overline{\overline{B}})(\overline{A}+\overline{B}))}C_0+(A\oplus B)\overline{C}_0 \\
&= \overline{((A+B)(\overline{A}+\overline{B}))}C_0+(A\oplus B)\overline{C}_0 \\
&= \overline{(A\overline{A}+A\overline{B}+B\overline{A}+B\overline{B})}C_0+(A\oplus B)\overline{C}_0 \\
&= \overline{(A\overline{B}+B\overline{A})}C_0+(A\oplus B)\overline{C}_0 \\
&= \overline{(A\oplus B)}C_0+(A\oplus B)\overline{C}_0 \\
&= A\oplus B\oplus C_0
\end{aligned}
$$

[그림 4-8]은 이렇게 얻은 불 대수식을 이용하여 설계한 전가산기의 논리회로이고, [그림 4-9]는 간략하게 표현한 논리 기호이다.

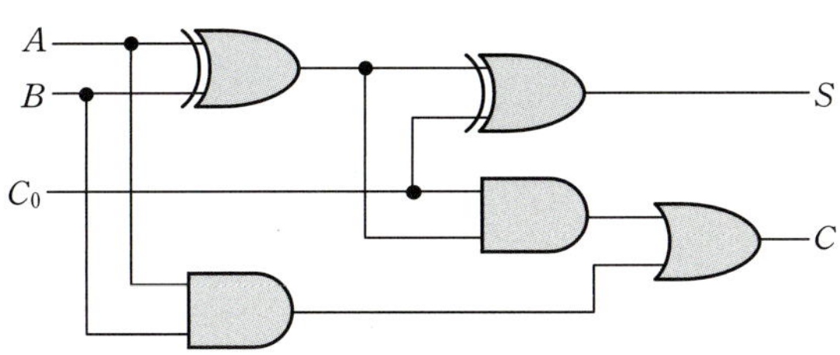

그림 4-8 전가산기의 논리회로

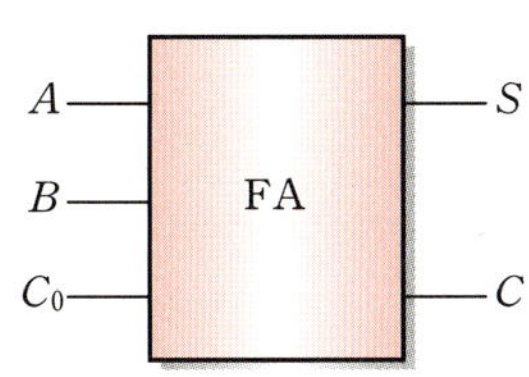

그림 4-9 전가산기의 논리 기호

[그림 4-8]의 논리회로는 반가산기 2개와 OR 게이트 1개로 구성되어 있는데, 이를 [그림 4-10]과 같이 반가산기를 이용한 논리회로로 나타낼 수도 있다.

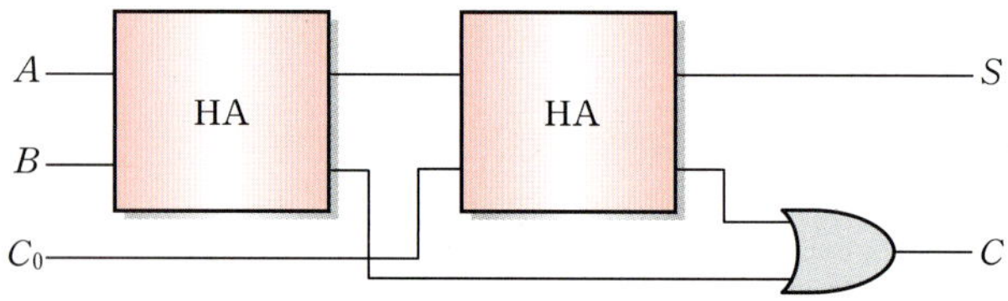

그림 4-10 반가산기를 이용한 전가산기의 논리회로

병렬 가산기

전가산기를 병렬로 연결하면 여러 비트로 이루어진 2진수의 덧셈 연산을 수행할 수 있다. [그림 4-11]은 전가산기 4개를 병렬로 연결하여 4비트 2진수의 덧셈을 수행하는 병렬 가산기를 나타낸 것이다. 즉 $A=A_3A_2A_1A_0$과 $B=B_4B_3B_2B_1B_0$의 덧셈을 수행하는 것이다. 최하위 비트의 덧셈에서 발생하는 자리 올림수는 C_1, 그다음 비트의 덧셈에서 발생하는 자리 올림수는 C_2이고 상위 비트에서의 자리 올림수는 C_3과 C_4이다.

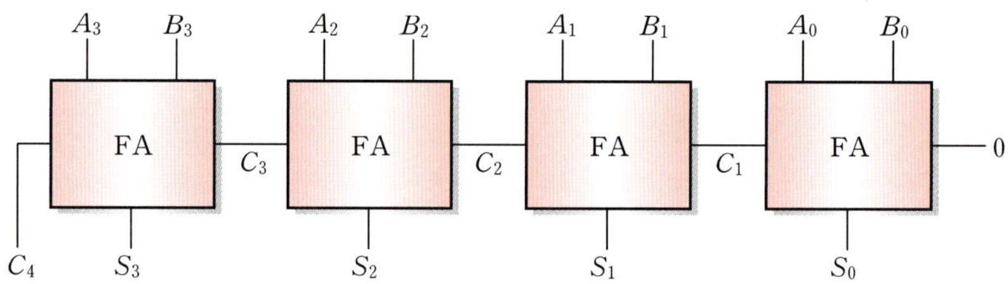

그림 4-11 4비트의 병렬 가산기

2 감산기

감산기subtractor는 입력이 2개 이상일 때 입력 하나에서 나머지 입력을 뺄셈 연산하여 그 차이를 출력하는 조합 논리회로이다. 감산기는 가산기를 응용한 것으로, 가산기에서의 합(S)은 감산기에서 차(D)가 되며, 가산기에서는 올림수(C)가 발생했지만 감산기에서는 빌림수(Br)가 발생한다. 감산기의 종류에는 반감산기와 전감산기가 있다.

반감산기

반감산기half subtractor에서는 1비트인 입력 2개와 출력 2개의 차(D)와 빌림수(Br)가 사용된다. 두 입력 간의 뺄셈으로 얻은 결과가 출력에서 차가 되고, 이 차가 음의 값이면 출력에서 빌림수가 활성화된다. [그림 4-12]는 입력 변수가 A, B일 때의 네 가지 뺄셈 계산을 보여주는데, 0−1의 경우 뺄셈을 위한 빌림수가 필요하다.

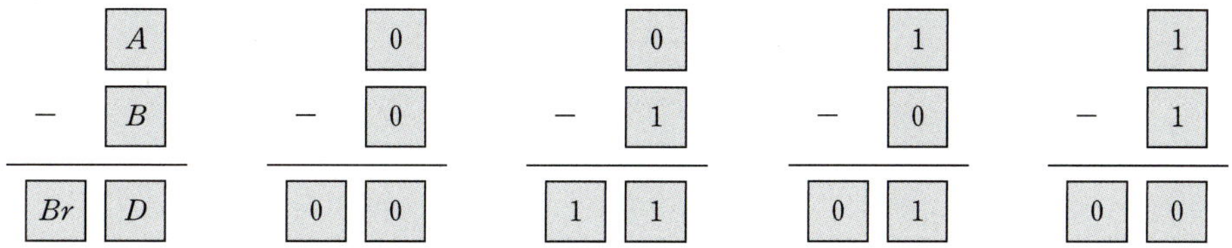

그림 4-12 반감산기의 계산

[표 4-3]은 반감산기의 네 가지 계산을 적용하여 작성한 진리표이다.

표 4-3 반감산기의 진리표

A	B	빌림수(Br)	차(D)
0	0	0	0
0	1	1	1
1	0	0	1
1	1	0	0

반감산기의 진리표와 카르노맵을 이용하여 빌림수와 차에 대해 간략화된 불 대수식으로 나타낸다.

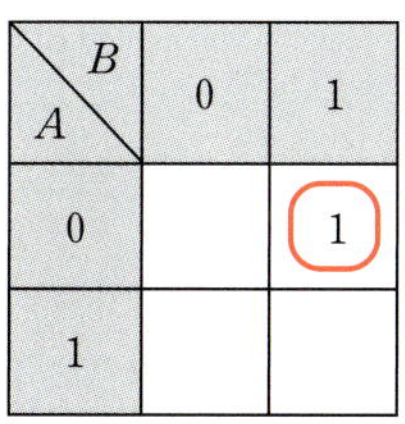

(a) 빌림수

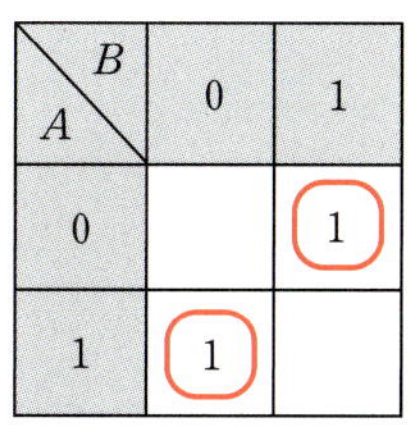

(b) 차

$$Br=\overline{A}B \qquad D=\overline{A}B+A\overline{B}=A\oplus B$$

[그림 4-13]은 이렇게 얻은 불 대수식을 이용하여 설계한 반감산기의 논리회로이고, [그림 4-14]는 이를 간략하게 표현한 논리 기호이다.

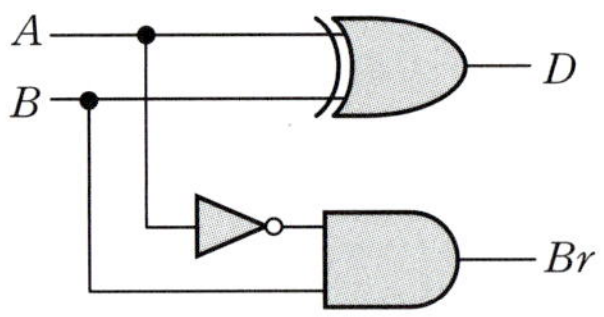

그림 4-13 반감산기의 논리회로

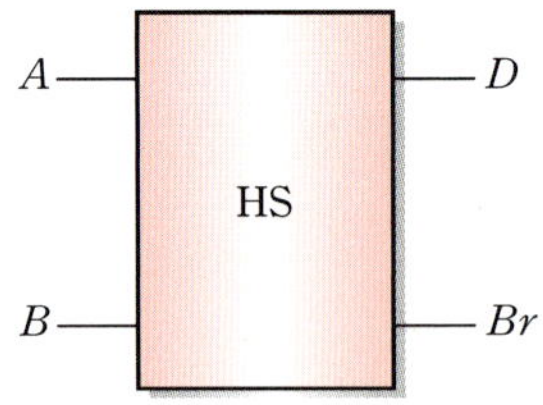

그림 4-14 반감산기의 논리 기호

전감산기

반감산기가 두 입력의 차를 구하는 논리회로라면, 전감산기full subtractor는 추가로 하위 비트에서 필요한 빌림수에 의한 뺄셈까지도 수행할 수 있도록 설계된 논리회로이다. [그림 4-15]는 전감산기에서 수행되는 여덟 가지 계산을 보여준다. 입력 A는 뺄셈을 당하는 수, B와 Br_0은 빼는 수이며, $A-B-Br_0$의 계산을 수행한다.

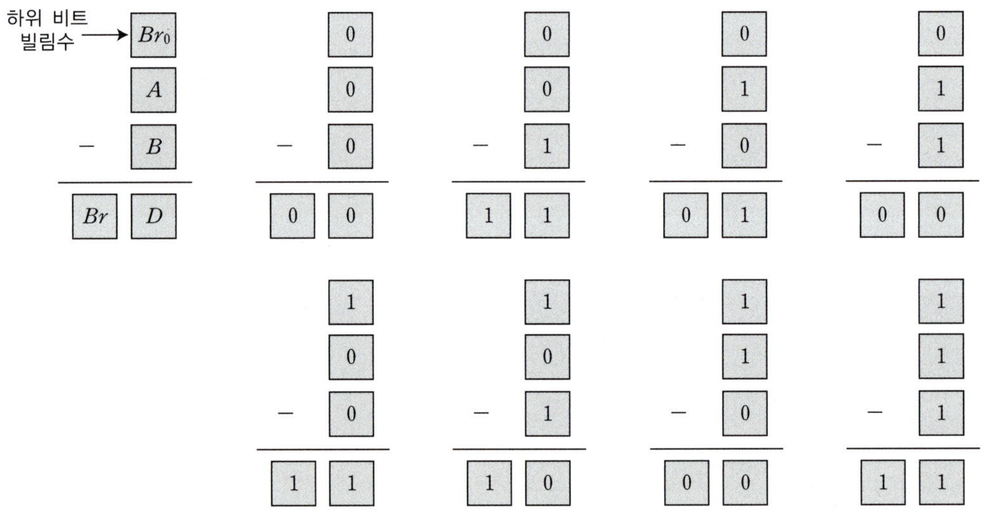

그림 4-15 전감산기의 계산

[표 4-4]는 전감산기의 여덟 가지 계산을 적용하여 작성한 진리표이다.

표 4-4 전감산기의 진리표

A	B	Br_0	Br	D
0	0	0	0	0
0	0	1	1	1
0	1	0	1	1
0	1	1	1	0
1	0	0	0	1
1	0	1	0	0
1	1	0	0	0
1	1	1	1	1

전감산기의 진리표와 카르노맵을 이용하여 빌림수와 차에 대해 간략화된 불 대수식으로 나타낸다.

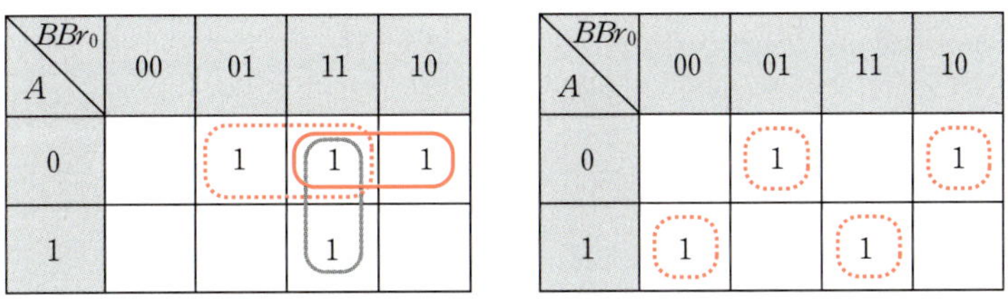

(a) 빌림수 (b) 차

$$Br=\overline{A}B+\overline{(A\oplus B)}Br_0 \qquad D=A\oplus B\oplus Br_0$$

[그림 4-16]은 이렇게 얻은 불 대수식을 이용하여 설계한 전감산기의 논리회로로, 반감산기 2개와 OR 게이트 1개로 구성되어 있다. [그림 4-17]은 이를 간략하게 표현한 논리 기호이다.

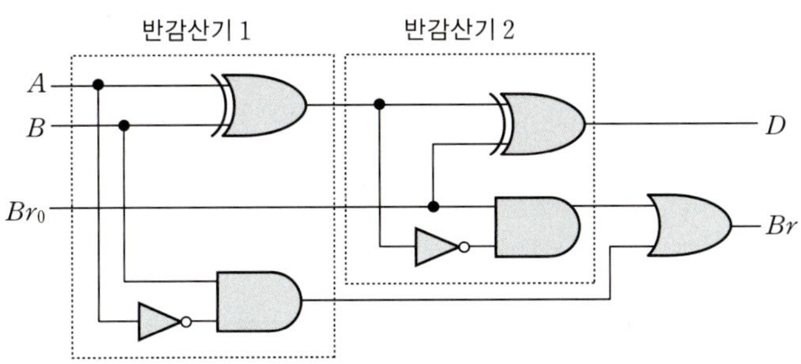

그림 4-16 전감산기의 논리회로

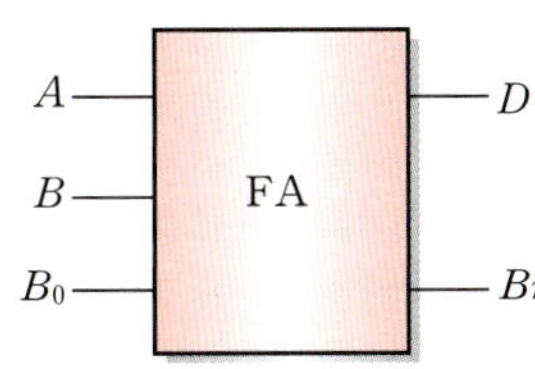

그림 4-17 전감산기의 논리 기호

병렬 가감산기

디지털 장치에서는 별도로 감산기를 사용하지 않고 가산기에 게이트를 추가하여 부호 선택 신호로 뺄셈 연산을 수행한다. [그림 4-18]은 4비트 병렬 가산기의 입력 B에 XOR 게이트를 추가하여 만든 병렬 가감산기이다. XOR 게이트에 입력되는 부호 선택 신호의 값이 0이면 덧셈 연산을 그대로 수행한다. 그러나 부호 선택 신호의 값이 1이면 XOR 게이트의 또 다른 입력 B의 부호를 변경하여 $A+(-B)$, 즉 뺄셈 연산을 수행한다.

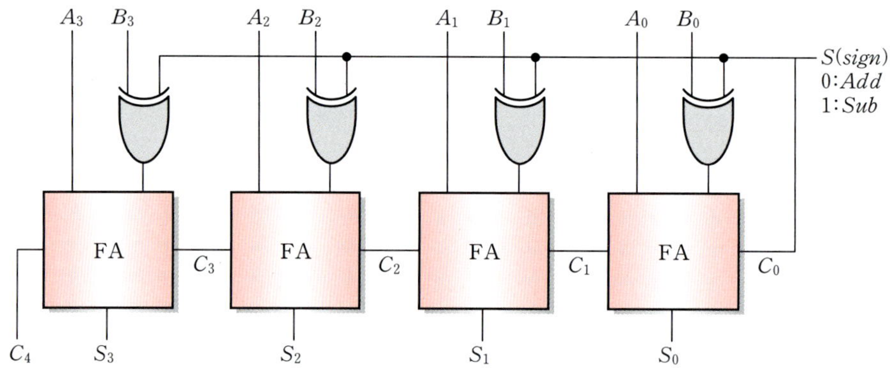

그림 4-18 4비트 병렬 가감산기

3 비교기

비교기comparator는 2진수 2개의 크기를 비교하는 논리회로이다. 비교를 통해 생성되는 결과는 $A<B$, $A>B$, $A=B$, $A\neq B$이며, 이 네 가지에 대한 불 대수식을 구하여 논리회로를 설계하면 비교기가 된다.

1비트 비교기

[표 4-5]는 1비트를 비교하는 경우의 진리표로 비교 결과의 출력은 F이다.

표 4-5 1비트 비교기의 진리표

A	B	F_1 $(A=B)$	F_2 $(A\neq B)$	F_3 $(A>B)$	F_4 $(A<B)$
0	0	1	0	0	0
0	1	0	1	0	1
1	0	0	1	1	0
1	1	1	0	0	0

진리표를 바탕으로 각 출력에 대한 불 대수식을 구한다.

$$F_1=\overline{A\oplus B}$$
$$F_2=A\oplus B$$
$$F_3=A\overline{B}$$
$$F_4=\overline{A}B$$

이러한 불 대수식에 따라 설계한 논리회로는 [그림 4-19]와 같다.

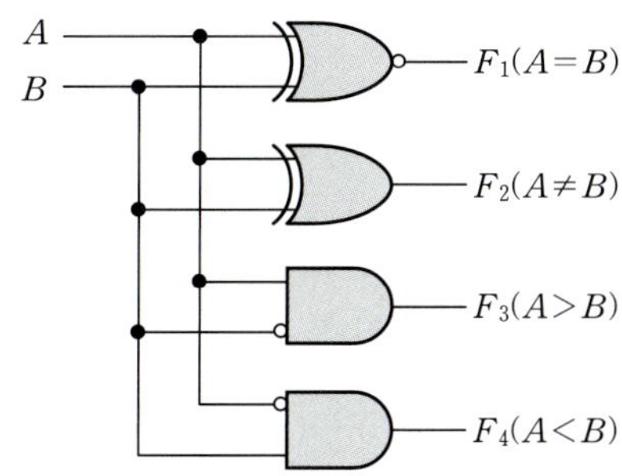

그림 4-19 1비트 비교기의 논리회로

2비트 비교기

[표 4-6]은 2비트를 비교하는 경우의 진리표이다. 즉 $A=A_1A_2$와 $B=B_1B_2$를 비교하는 것이다.

표 4-6 2비트 비교기의 진리표

$A=A_1A_2$	$B=B_1B_2$	F_1 $(A=B)$	F_2 $(A\neq B)$	F_3 $(A>B)$	F_4 $(A<B)$
00	00	1	0	0	0
	01	0	1	0	1
	10	0	1	0	1
	11	0	1	0	1
01	00	0	1	1	0
	01	1	0	0	0
	10	0	1	0	1
	11	0	1	0	1

$A=A_1A_2$	$B=B_1B_2$	$F_1\ (A=B)$	$F_2\ (A\neq B)$	$F_3\ (A>B)$	$F_4\ (A<B)$
10	00	0	1	1	0
	01	0	1	1	0
	10	1	0	0	0
	11	0	1	0	1
11	00	0	1	1	0
	01	0	1	1	0
	10	0	1	1	0
	11	1	0	0	0

진리표와 카르노맵을 이용하여 각 출력에 대한 불 대수식을 구한다.

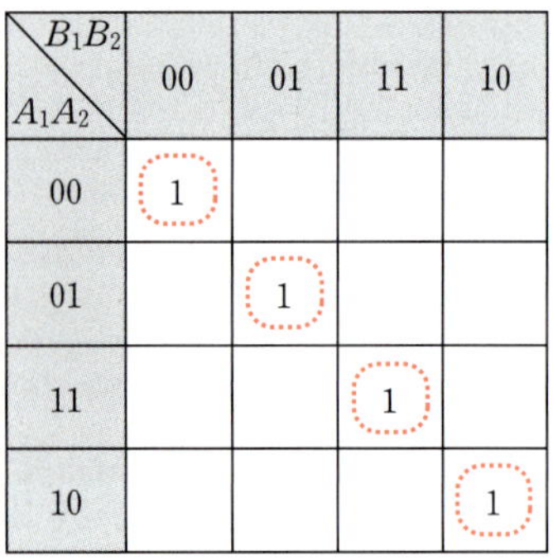

$F_1=(\overline{A_1\oplus B_1})(\overline{A_2\oplus B_2})$

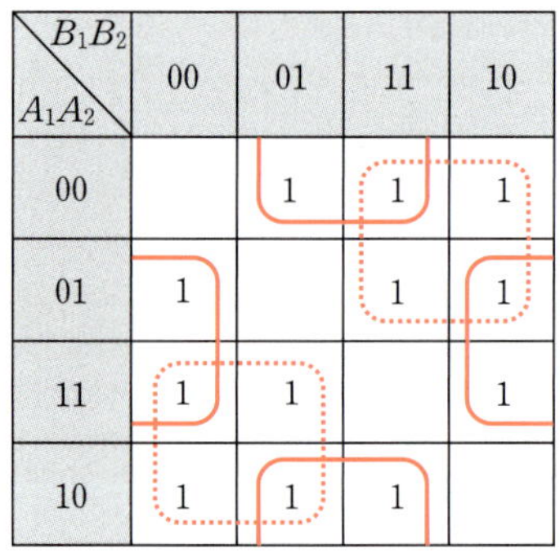

$F_2=(A_1\oplus B_1)(A_2\oplus B_2)$

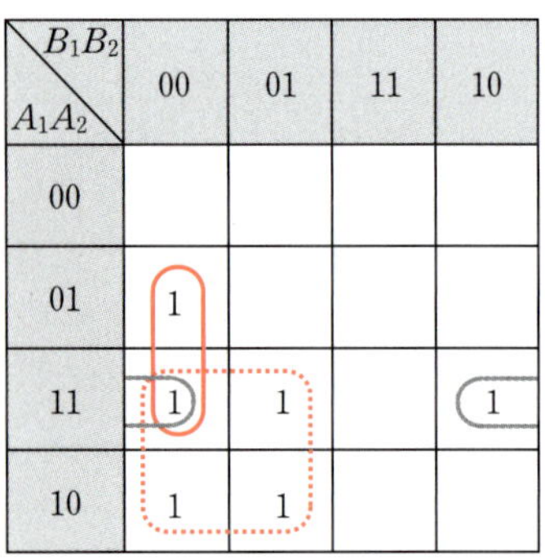

$F_3=A_1\overline{B_1}+A_2\overline{B_1}\,\overline{B_2}+A_1A_2\overline{B_2}$

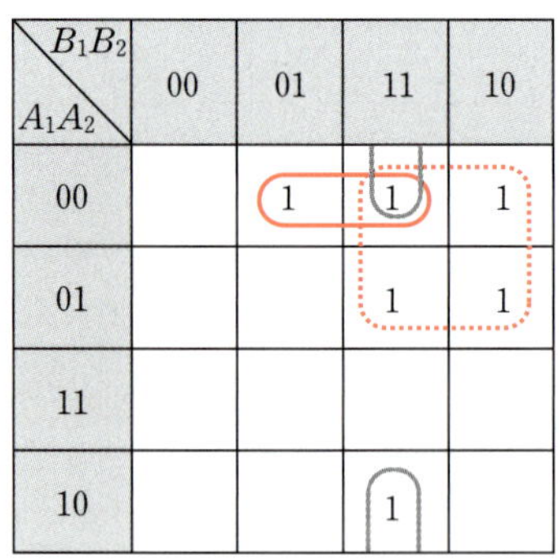

$F_4=\overline{A_1}B_1+\overline{A_1}\,\overline{A_2}B_2+\overline{A_2}B_1B_2$

이러한 불 대수식에 따라 설계한 논리회로는 [그림 4-20]과 같다.

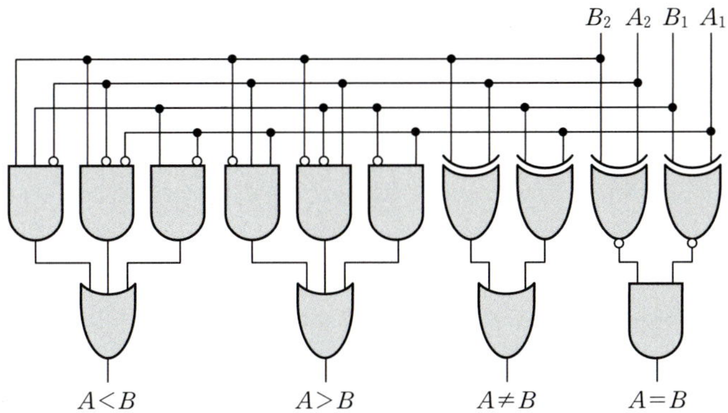

그림 4-20 2비트 비교기의 논리회로

4 인코더와 디코더

인코딩encoding 은 정보의 형태와 형식의 표준화, 보안, 처리 속도 향상, 저장 공간 절약 등을 목적으로 다른 형태나 형식으로 변환하는 처리 또는 처리 방식으로 부호화라고도 한다. 즉 인코더는 디지털 전자회로에서 어떤 부호 계열의 신호를 다른 부호 계열의 신호로 바꾸는 변환 장치이다.

이와 반대로 디코딩decoding 은 인코딩된 정보를 인코딩되기 전으로 되돌리는 처리 또는 처리 방식으로 복호화라고도 한다. 보통은 인코딩 절차를 역으로 수행하면 디코딩이 된다. 복호화를 수행하는 장치나 회로는 복호기 또는 디코더라고 한다.

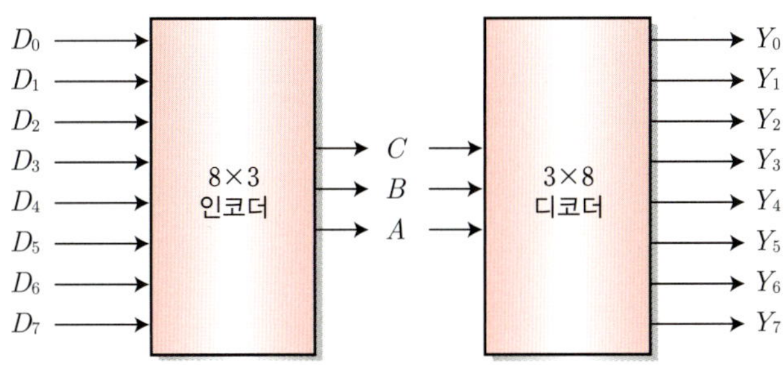

그림 4-21 디코더와 인코더의 관계

인코더

인코더encoder 는 외부에서 들어오는 임의의 신호를 부호화된 신호로 변환하여 컴퓨터 내부로 들여보내는 조합 논리회로로, 2^n개의 입력 신호를 n개의 출력 신호로 만든다. 즉 2^n개의 비트 중에서 1비트만이 활성화된 값 1이고 나머지 $2^n - 1$개의 비트는 0이 되는 입력 신호가 생성된다. 또한 활성화된 값 1이 몇 번째 위치의 비트인지 파악하여 2진 정보로 출력한다.

8×3 인코더는 8비트의 입력 D 중에서 활성화된 값 1의 위치에 따라 3비트의 출력을 얻는 장치이며, [표 4-7]은 8×3 인코더의 진리표이다. 이 진리표는 입력 D 중에서 1의 위치에 따라 출력이 몇 번째 비트에 있는지를 보여준다.

표 4-7 8×3 인코더의 진리표

D_7	D_6	D_5	D_4	D_3	D_2	D_1	D_0	C	B	A
0	0	0	0	0	0	0	1	0	0	0
0	0	0	0	0	0	1	0	0	0	1
0	0	0	0	0	1	0	0	0	1	0
0	0	0	0	1	0	0	0	0	1	1
0	0	0	1	0	0	0	0	1	0	0
0	0	1	0	0	0	0	0	1	0	1
0	1	0	0	0	0	0	0	1	1	0
1	0	0	0	0	0	0	0	1	1	1

진리표를 바탕으로 각 출력에 대한 불 대수식을 구한다.

$$C = D_4 + D_5 + D_6 + D_7$$
$$B = D_2 + D_3 + D_6 + D_7$$
$$A = D_1 + D_3 + D_5 + D_7$$

이러한 불 대수식에 따라 설계한 논리회로는 [그림 4-22]와 같다.

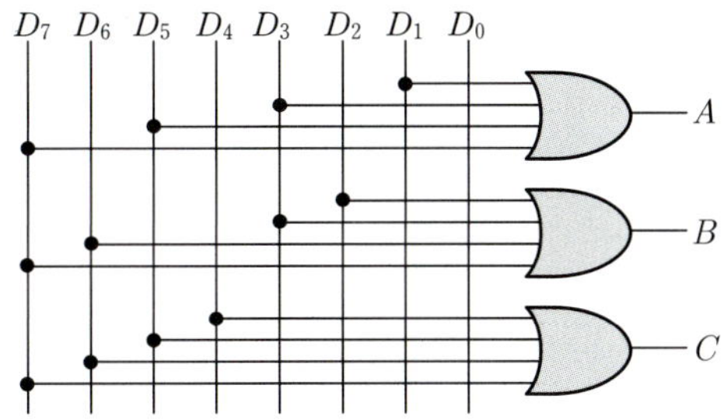

그림 4-22 8×3 인코더의 논리회로

디코더

디코더decoder는 n비트의 2진 코드를 최대 2^n가지의 정보로 바꿔주는 조합 논리회로이다. 즉 인코더의 동작을 반대로 수행하는 디코더는 다수의 입력 신호를 1개의 출력 신호로 만든다. 3×8 디코더는 3비트의 입력 C, B, A와 8비트의 출력 Y로 이루어지며, 세 입력의 조합으로 여덟 가지 출력 중 하나가 선택된다.

표 4-8 3×8 디코더의 진리표

C	B	A	Y_7	Y_6	Y_5	Y_4	Y_3	Y_2	Y_1	Y_0
0	0	0	0	0	0	0	0	0	0	1
0	0	1	0	0	0	0	0	0	1	0
0	1	0	0	0	0	0	0	1	0	0
0	1	1	0	0	0	0	1	0	0	0
1	0	0	0	0	0	1	0	0	0	0
1	0	1	0	0	1	0	0	0	0	0
1	1	0	0	1	0	0	0	0	0	0
1	1	1	1	0	0	0	0	0	0	0

진리표를 바탕으로 불 대수식을 구한다.

$$Y_0=\overline{C}\overline{B}\overline{A},\ Y_1=\overline{C}\overline{B}A,\ Y_2=\overline{C}B\overline{A},\ Y_3=\overline{C}BA$$
$$Y_4=C\overline{B}\overline{A},\ Y_5=C\overline{B}A,\ Y_6=CB\overline{A},\ Y_7=CBA$$

이러한 불 대수식에 따라 설계한 논리회로는 [그림 4-23]과 같다.

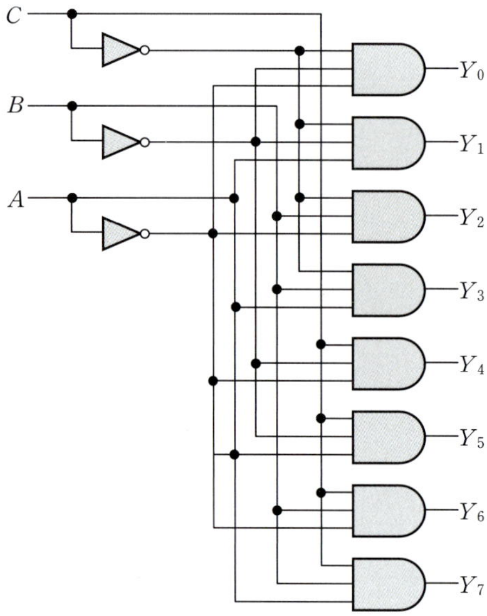

그림 4-23 3×8 디코더의 논리회로

5 멀티플렉서와 디멀티플렉서

멀티플렉서multiplexer는 여러 개의 입력 중 하나만 출력에 전달하는 조합 논리회로이다. 즉 선택 신호에 의해 여러 개의 입력 중 하나만 선택된다. 반면 디멀티플렉서demultiplexer는 한꺼번에 들어온 여러 신호 중 하나를 골라 출력한다.

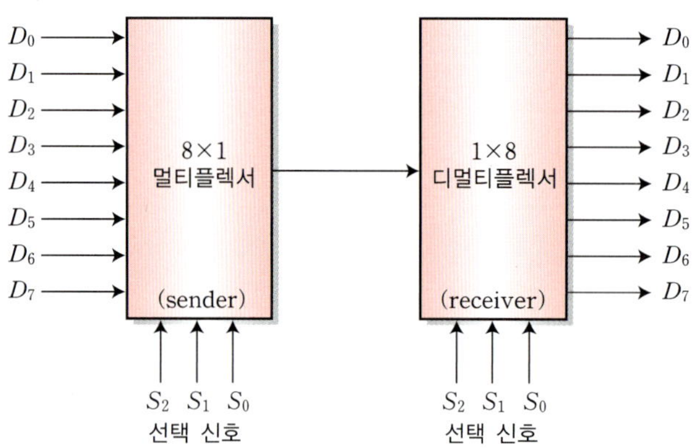

그림 4-24 멀티플렉서와 디멀티플렉서의 관계

멀티플렉서

다중 입력 데이터를 단일 출력하므로 데이터 선택기data selector 라고도 불리는 멀티플렉서는 입력이 N개일 때 $\log_2 N$개만큼의 선택 신호가 필요하다. [표 4-9]는 입력이 4개인 4×1 멀티플렉서의 진리표이다. 두 선택 신호의 조합으로 4개의 입력 중 하나가 선택된다.

표 4-9 4×1 멀티플렉서의 진리표

S_0	S_1	출력
0	0	입력 0
0	1	입력 1
1	0	입력 2
1	1	입력 3

[그림 4-25]는 진리표를 이용하여 설계한 4×1 멀티플렉서의 논리회로로, 선택 선(S_0, S_1)에 의해 4개의 입력(입력 0~3) 중 하나만 출력에 전달된다. [그림 4-26]은 이를 간략하게 표현한 논리 기호이다.

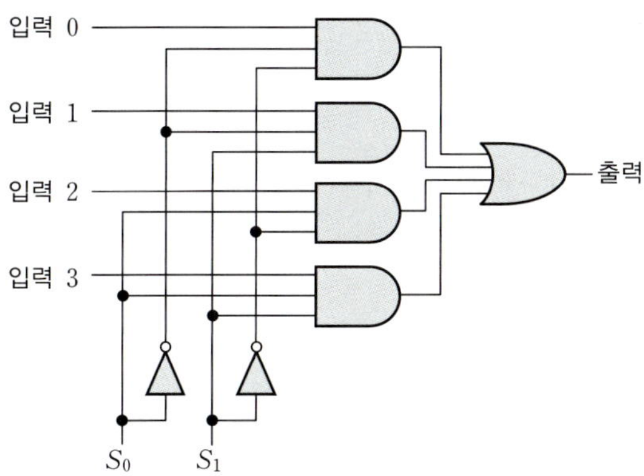

그림 4-25 4×1 멀티플렉서의 논리회로

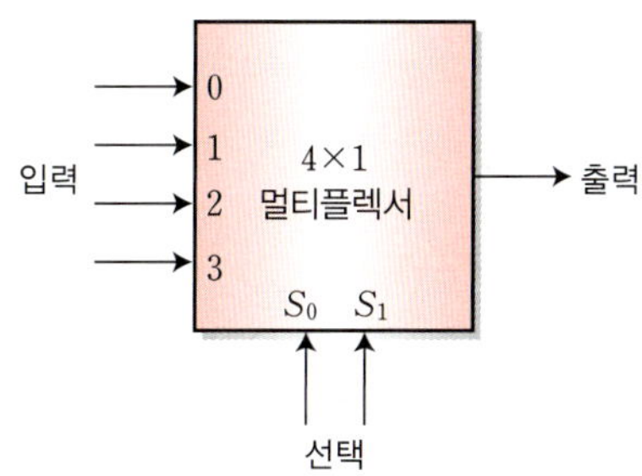

그림 4-26 4×1 멀티플렉서의 논리 기호

디멀티플렉서

디멀티플렉서는 멀티플렉서의 반대 기능을 수행하는 조합 논리회로이다. 멀티플렉서와 마찬가지로 선택 선을 통해 여러 개의 출력 중 하나만 출력에 전달된다. [표 4-10]은 1×4 디멀티플렉서의 진리표이며, 두 선택 신호의 조합으로 입력 신호가 출력될 곳이 결정된다.

표 4-10 1×4 멀티플렉서의 진리표

S_0	S_1	출력
0	0	출력 0
0	1	출력 1
1	0	출력 2
1	1	출력 3

[그림 4-27]은 진리표를 이용하여 설계한 1×4 디멀티플렉서의 논리회로로, 하나의 입력이 선택 선(S_0, S_1)에 의해 하나의 출력에 전달된다. [그림 4-28]은 이를 간략하게 표현한 논리 기호로, 멀티플렉서의 입력과 출력이 뒤바뀐 형태이다.

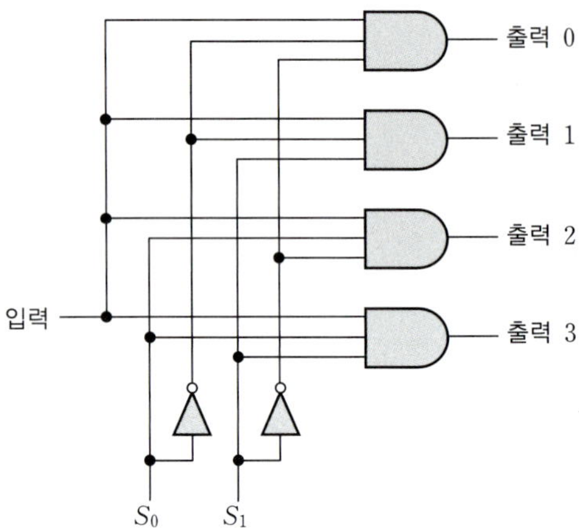

그림 4-27 1×4 디멀티플렉서의 논리회로

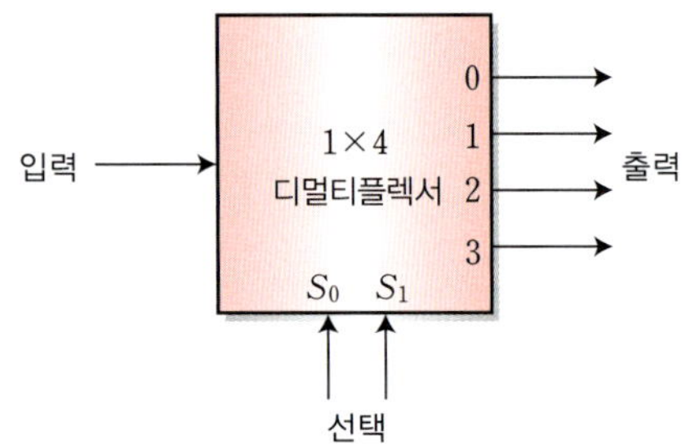

그림 4-28 1×4 디멀티플렉서의 논리 기호

6 패리티 검사기

패리티 비트는 데이터 전송 과정에서 오류를 검사하기 위해 추가된 비트로, 1의 유효 개수가 홀수가 되도록 만드는 홀수odd 패리티 비트와 1의 유효 개수가 짝수가 되도록 만드는 짝수even 패리티 비트가 있다. 즉 짝수 패리티 비트는 데이터에서 1을 짝수 개로 맞추기 위해 사용하는 비트이고, 홀수 패리티 비트는 1을 홀수 개로 맞추기 위해 사용하는 비트이다.

예를 들어 주어진 데이터가 1100001이라면 1이 3개로 홀수이므로 짝수 패리티 비트에서 패리티 비트의 값은 1이 된다. 그리고 데이터의 최하위 비트에 패리티 비트를 추가하여 오류 검출 코드 11000011을 생성하고 전송 채널로 전송한다. 오류 검출 코드를 받은 수신 측에서는 1의 개수를 파악하여 짝수이면 오류가 없다고 판단하고, 홀수이면 오류가 발생한 것으로 판단하여 재전송을 요구한다.

[표 4-11]은 3비트의 2진수에 대한 홀수 패리티 비트와 짝수 패리티 비트를 보여준다.

표 4-11 패리티 비트 발생기의 진리표

3비트 입력			홀수 패리티 비트	짝수 패리티 비트
A	B	C	P_O	P_E
0	0	0	1	0
0	0	1	0	1
0	1	0	0	1
0	1	1	1	0
1	0	0	0	1
1	0	1	1	0
1	1	0	1	0
1	1	1	0	1

짝수 패리티 발생기

패리티 비트 발생기의 진리표에서 짝수 패리티 비트를 참고하여 불 대수식으로 나타내면 세 입력의 XOR이며, [그림 4-29]는 이를 바탕으로 설계한 짝수 패리티 발생기의 논리회로이다.

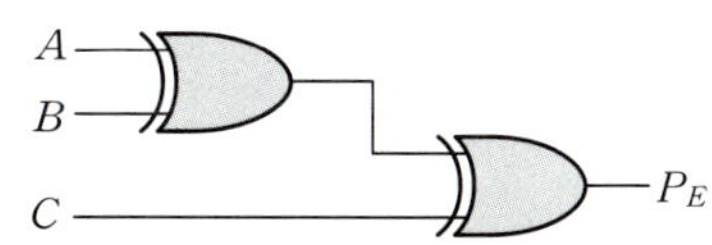

그림 4-29 짝수 패리티 발생기

$$P_E = A \oplus B \oplus C$$

홀수 패리티 발생기

패리티 비트 발생기의 진리표에서 홀수 패리티 비트를 참고하여 불 대수식으로 나타내면 짝수 패리티 발생기의 보수이며, [그림 4-30]은 이를 바탕으로 설계한 홀수 패리티 발생기의 논리회로이다.

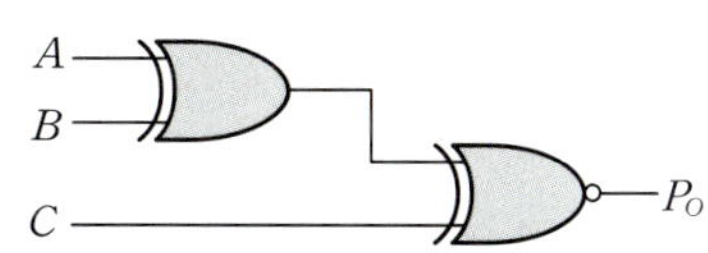

그림 4-30 홀수 패리티 발생기

$$P_O = \overline{A \oplus B \oplus C}$$

03 순차 논리회로

순차 논리회로는 조합 논리회로와 기억 소자(플립플롭)로 구성된다. 조합 논리회로의 입력과 기억 소자에 저장된 정보는 회로의 동작에 사용된다. 또한 기억 소자 부분은 조합 논리회로 부분으로 궤환되어 2진 정보를 저장하고, 저장된 정보는 새로운 출력 상태를 결정짓는다.

1 레지스터

플립플롭으로 만들어진 레지스터는 플립플롭 여러 개를 일렬로 배열하고 적당히 연결하여 여러 비트로 구성된 2진수를 일시적으로 저장하거나, 저장된 비트를 왼쪽 또는 오른쪽으로 하나씩 이동할 때 사용한다. 특히 데이터를 좌우로 이동하는 레지스터를 이동 레지스터shift register라고 한다. 이동 레지스터는 직렬 입력–병렬 출력, 병렬 입력–직렬 출력 형태가 포함된 직렬과 병렬의 입출력 조합을 가지고 있다. 또한 이동 레지스터의 방향을 다양하게 할 수 있는 양방향 이동 레지스터도 있고, 이동이 연속적으로 순환되는 순환 레지스터도 있다.

[그림 4–31]은 동작 유형에 따른 이동 레지스터의 종류를 보여준다. (a)는 데이터가 직렬로 입력되고 제어 신호에 의해 n비트의 병렬 데이터가 출력되는 직렬 입력–병렬 출력Serial In Parallel Out, SIPO 이동 레지스터이다. (b)는 데이터가 병렬로 입력되고 제어 신호에 의해 순차적으로 데이터가 이동하여 병렬로 출력되는 병렬 입력–병렬 출력Parallel In Parallel Out, PIPO 이동 레지스터이다. (c)는 데이터가 병렬로 입력되고 제어 신호에 의해 순차적으로 1비트씩 직렬로 출력되는 병렬 입력–직렬 출력Parallel In Serial Out, PISO 이동 레지스터이다. (d)는 가장 간단한 형태로, 직렬로 입력된 데이터가 제어 신호에 의해 직렬로 출력되는 직렬 입력–직렬 출력Serial In Serial Out, SISO 이동 레지스터이다. (e)는 이동 레지스터의 출력이 다시 처음으로 입력되어 순환되는 순환 레지스터이다.

병렬 방식은 모든 비트의 데이터를 한 번에 전송하고, 직렬 방식은 레지스터에 직렬 입력과 직렬 출력을 연결하여 한 번에 1비트씩 전송한다. 따라서 직렬 방식은 데이터 전송 속도가 느리지만 병렬 방식은 하나의 클록 펄스 시간 동안 데이터가 전송되므로 전송 속도가 빠르다.

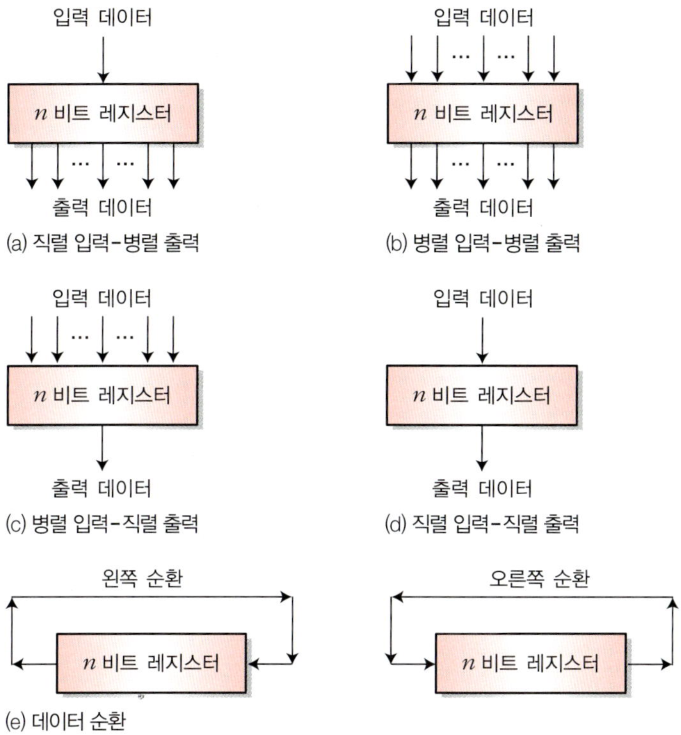

그림 4-31 이동 레지스터의 동작 유형에 따른 분류

즉 직렬 방식은 하드웨어의 규모가 간단하고, 병렬 방식은 레지스터의 비트 수만큼 데이터 전송 경로가 있어야 하므로 직렬 방식보다 복잡하다.

직렬 입력-직렬 출력 이동 레지스터

가장 간단한 유형인 직렬 입력-직렬 출력 이동 레지스터는 직렬로, 즉 단일 선으로 한 번에 1비트씩 데이터를 받아서 저장한 정보를 직렬로 출력한다. 데이터를 이동하는 제어 신호인 클록 펄스CP가 이동 레지스터에 입력될 때마다 이동 레지스터에 저장되어 있는 데이터가 출력된다. 그리고 출력된 데이터는 옆에 연결된 이동 레지스터에 입력되어 저장되며, 이때 이동 레지스터의 출력은 다시 옆의 이동 레지스터로 입력된다. 이 과정을 직렬 연결된 이동 레지스터의 수만큼 진행하고 결과적으로 마지막의 이동 레지스터가 출력된다.

[그림 4-32]는 4비트 직렬 입력-직렬 출력 이동 레지스터로, 각 플립플롭에 기억된 데이터가 왼쪽에서 오른쪽으로 이동하고 가장 오른쪽의 비트가 바깥으로 밀려난다.

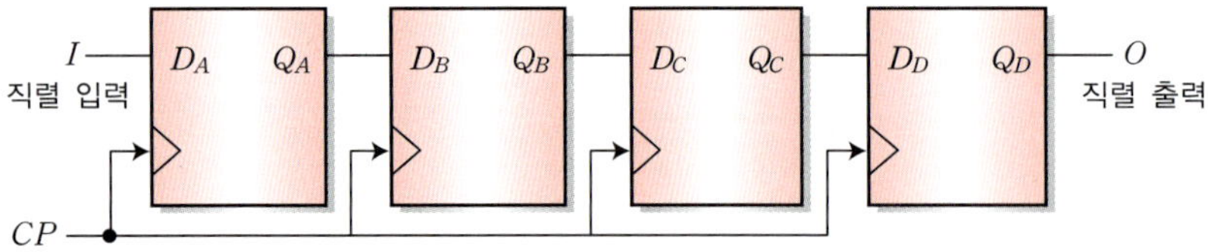

그림 4-32 4비트 직렬 입력-직렬 출력 이동 레지스터

[그림 4-33]은 플립플롭의 현재 상태가 0이고 입력 데이터 1010이 1비트씩 순차적으로 입력될 때 데이터의 이동 과정을 클록 펄스와 함께 나타낸 것이다. [그림 4-34]는 플립플롭의 입력과 출력 과정을 타이밍에 따라 나타낸 것으로, 각 클록 펄스 시간 t에 따라서 각 플립플롭의 출력이 [그림 4-33]과 동일하다는 것을 알 수 있다.

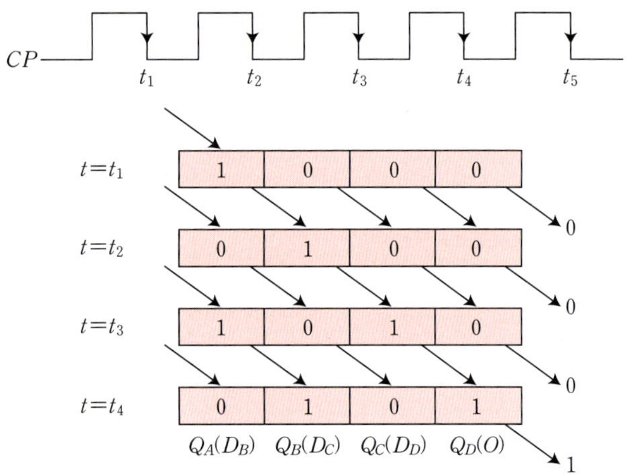

그림 4-33 직렬 입력-직렬 출력 이동 레지스터에서 데이터 비트의 이동 과정

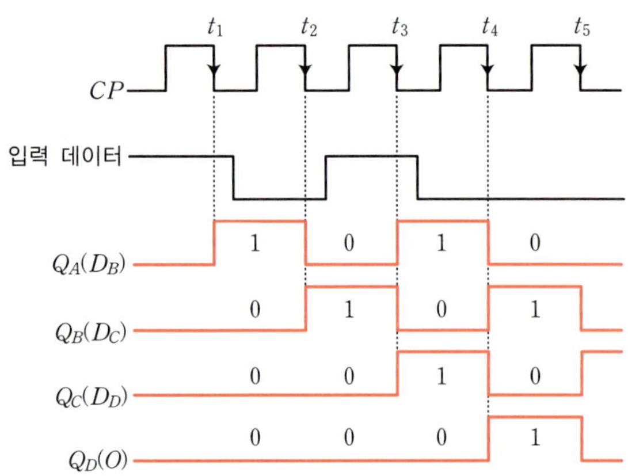

그림 4-34 직렬 입력-직렬 출력 이동 레지스터의 타이밍

직렬 입력–병렬 출력 이동 레지스터

직렬 입력–병렬 출력 이동 레지스터에서는 입력 데이터 비트가 직렬로 레지스터에 들어가고, 출력 비트는 레지스터의 각 단에서 출력되어 병렬 형태가 된다. 그래서 데이터가 플립플롭에 저장되면 직렬 출력처럼 1비트씩 출력되지 않고 모든 비트가 동시에 각각의 플립플롭 출력 선을 타고 출력된다. [그림 4–35]는 4비트를 병렬로 출력하는 직렬 입력–병렬 출력 이동 레지스터를 보여준다.

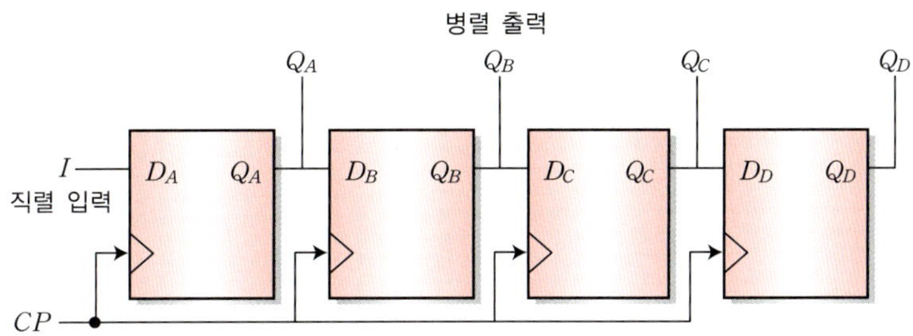

그림 4–35 4비트 직렬 입력–병렬 출력 이동 레지스터

[그림 4–36]은 플립플롭의 현재 상태가 0이고 입력 데이터 1010이 1비트씩 순차적으로 입력될 때 데이터의 이동 과정을 클록 펄스와 함께 나타낸 것이다.

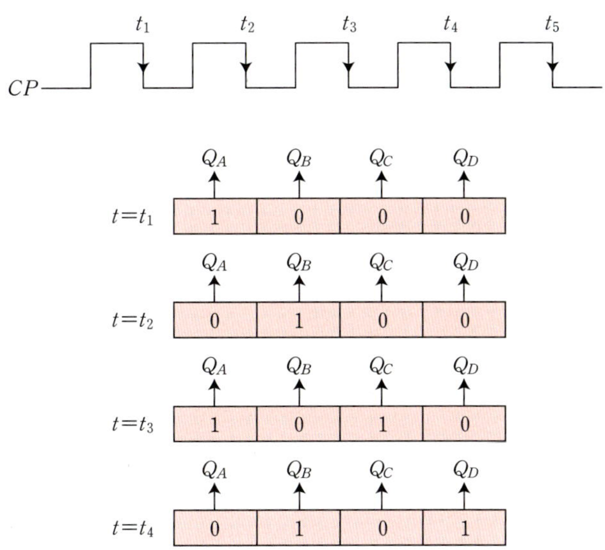

그림 4–36 직렬 입력–병렬 출력 이동 레지스터에서 데이터 비트의 이동 과정

직렬 입력–병렬 출력 이동 레지스터의 타이밍을 나타낸 [그림 4–37]은 [그림 4–34]와 동일하다. 그렇지만 병렬 출력이므로 t_1에서 이동 레지스터 $Q_DQ_CQ_BQ_A$의 출력은 0001이 되고, t_2에서 이동 레지스터 $Q_DQ_CQ_BQ_A$의 출력은 0010이 된다. 또한 t_3에서 이동 레지스터 $Q_DQ_CQ_BQ_A$의 출력은 0101이 되고, t_4에서 이동 레지스터 $Q_DQ_CQ_BQ_A$의 출력은 1010이 된다.

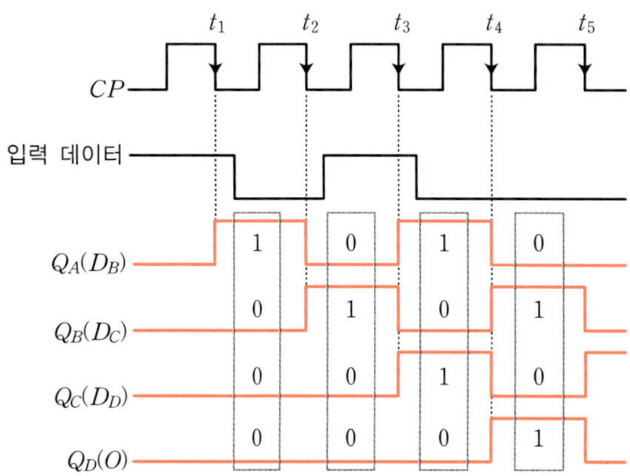

그림 4–37 직렬 입력–병렬 출력 이동 레지스터의 타이밍

병렬 입력–직렬 출력 이동 레지스터

병렬로 입력되는 이동 레지스터는 직렬처럼 데이터가 1비트씩 들어가는 것이 아니라 각 플립플롭의 단에 병렬로 동시에 입력된다. 첫 번째 플립플롭에는 입력 하나만 있지만 두 번째 이후의 플립플롭에는 이동을 위한 이전 플립플롭의 출력과 새로운 입력을 위한 플립플롭의 개별 입력이 있다. 레지스터는 이 두 종류의 입력 중에서 선택하기 위해 판단을 해야 하는데, 이때 필요한 조합 논리회로는 [그림 4–38]과 같은 2×1 멀티플렉서이다.

2×1 멀티플렉서는 선택 선 S에 의해 입력이 결정된다. [표 4–12]에서 보듯이 S가 0이면 입력 I가 선택되고 S가 1이면 입력 Q가 선택되어 선택된 입력에 따라 Y 단자를 통해 출력된다. [그림 4–39]는 2×1 멀티플렉서를 간략하게 표현한 논리 기호이다.

표 4–12 2×1 멀티플렉서의 진리표

선택 선(S)	출력(Y)
0	I
1	Q

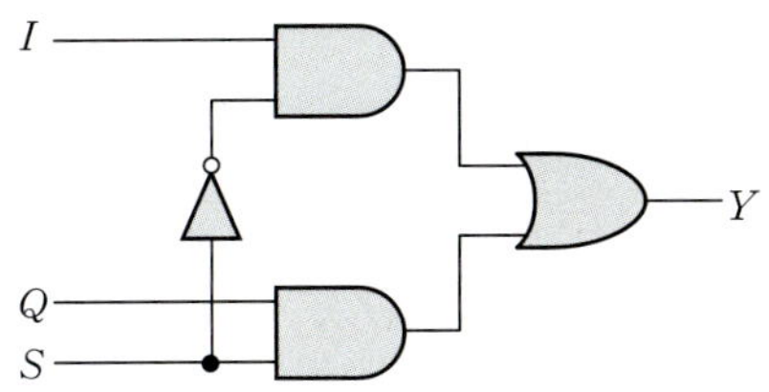

그림 4-38 2×1 멀티플렉서의 논리회로

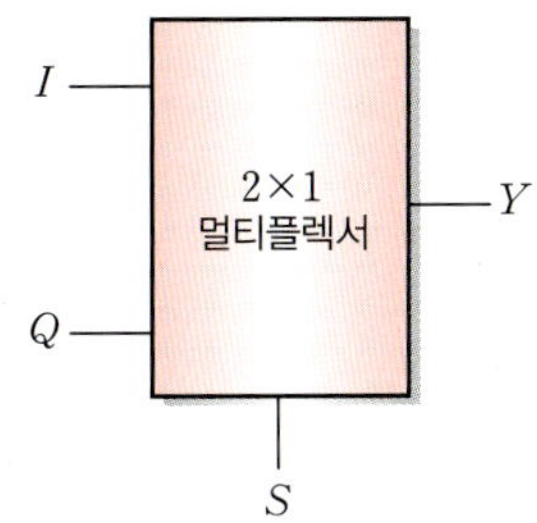

그림 4-39 2×1 멀티플렉서의 논리 기호

[그림 4-40]은 병렬 입력-직렬 출력 이동 레지스터의 논리회로로, 각 플립플롭에 입력되는 데이터 입력 선 I 4개, 데이터가 이동 레지스터 안에 병렬로 들어가게 하는 $SHIFT/\overline{LOAD}$ 입력이 있다. $SHIFT/\overline{LOAD}$ 입력이 0이면 AND 게이트 G_1~G_3에 입력되는 I가 각 플립플롭의 새로운 입력으로 가해지고, 클록 펄스가 발생하면 각 단의 플립플롭에서 출력된다. 이 경우 마지막 플립플롭에서의 출력 Q_D가 이 레지스터의 직렬 출력이 된다. $SHIFT/\overline{LOAD}$가 1일 때는 AND 게이트 G_4~G_6의 입력 Q가 각 플립플롭에 입력되어 데이터가 1비트씩 오른쪽으로 이동한다. 즉 기존의 데이터가 이동하고 마지막 플립플롭에서 1비트를 출력한다. 결과적으로 $SHIFT/\overline{LOAD}$가 0일 때는 새로운 데이터가 레지스터에 입력되고 클록 펄스에 의해 마지막 플립플롭에서 1비트가 출력된다. 계속 이동하여 출력을 얻으려면 $SHIFT/\overline{LOAD}$가 1이 되어 클록 펄스에 의해 1비트씩 오른쪽으로 이동해야 한다.

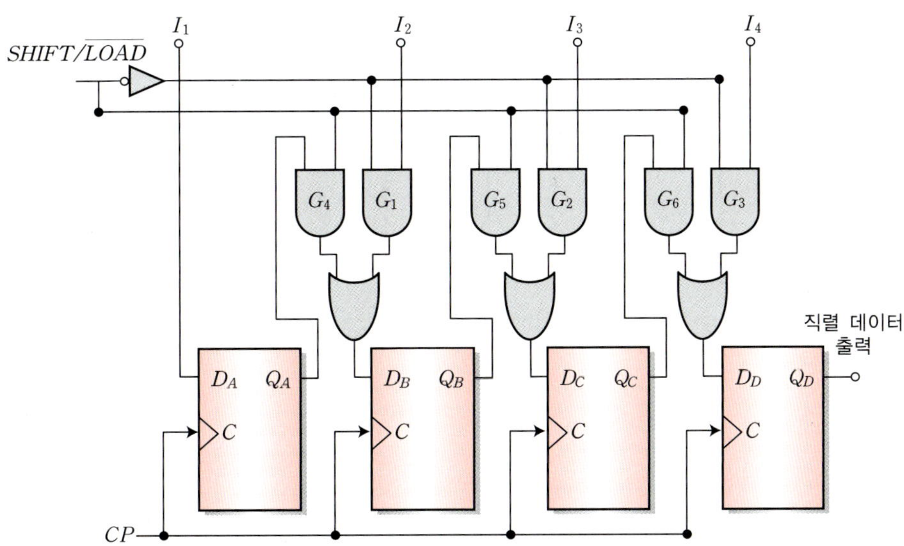

그림 4-40 병렬 입력-직렬 출력 이동 레지스터의 논리회로

[그림 4-41]은 4비트 병렬 입력-직렬 출력 이동 레지스터의 병렬 데이터가 $I_AI_BI_CI_D = 0101$일 때 클록 펄스와 $SHIFT/\overline{LOAD}$에 따른 입력에 대한 출력의 상태 파형을 보여준다. 단, 플립플롭에 전파 지연이 없다고 가정했다.

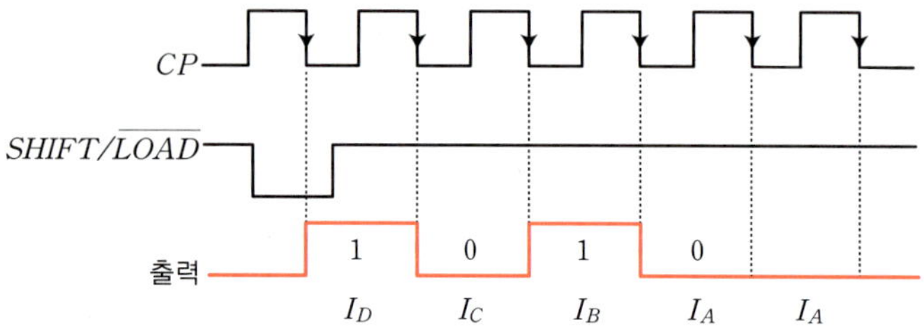

그림 4-41 4비트 병렬 입력-직렬 출력 이동 레지스터의 출력 파형

병렬 입력-병렬 출력 이동 레지스터

병렬 입력-병렬 출력 이동 레지스터는 데이터의 병렬 입력과 병렬 출력을 결합한 이동 레지스터이므로 데이터 비트가 동시에 입력되면 클록 펄스에 의해 바로 병렬 출력이 일어난다. 병렬 입력-병렬 출력 이동 레지스터는 다중 비트를 저장하는 기억 장치로도 사용할 수 있다.

[그림 4-42]는 4비트 병렬 입력-병렬 출력 이동 레지스터의 논리회로로, 4비트의 입력 $D_AD_BD_CD_D$가 각 플립플롭에 입력되고 클록 펄스가 들어오면 즉시 각 플립플롭의 $Q_AQ_BQ_CQ_D$가 출력된다.

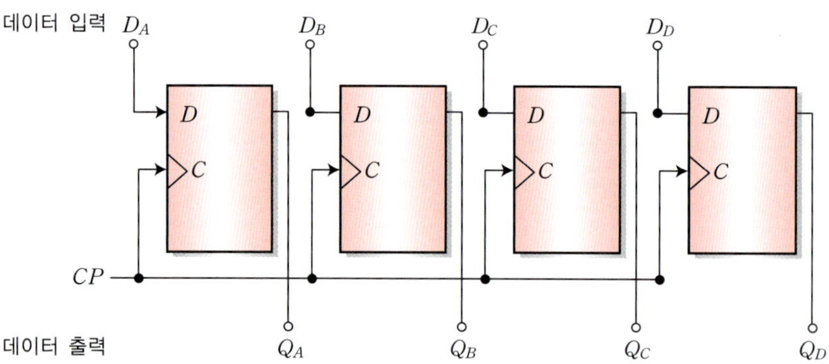

그림 4-42 4비트 병렬 입력-병렬 출력 이동 레지스터의 논리회로

재순환 이동 레지스터

일반 이동 레지스터에서는 데이터가 자리 이동을 하면서 마지막에 출력되는 데이터가 지워지는데, 이러한 현상을 없앤 재순환 이동 레지스터recirculating shift register에서는 링 카운터와 같이 출력되는 데이터가 다시 처음으로 입력된다. [그림 4-43]은 4비트 재순환 이동 레지스터의 논리회로로, 데이터 제어 단자에 1이 입력되면 직렬 데이터가 입력되고, 0이 입력되면 이동 동작을 통해 재순환 데이터가 입력된다.

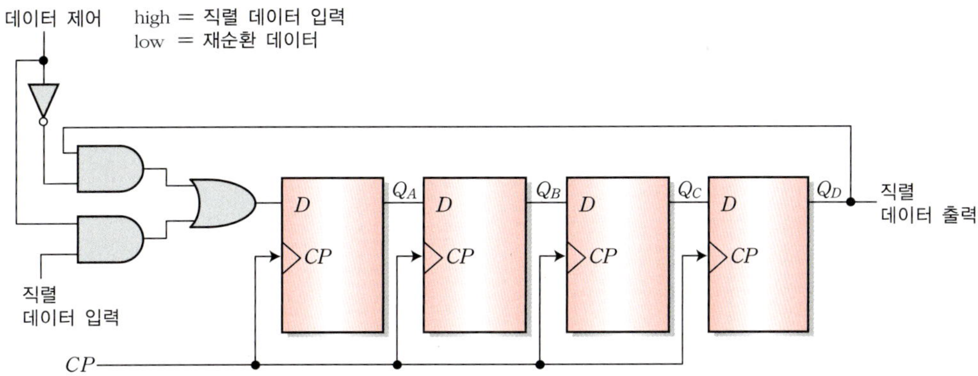

그림 4-43 4비트 재순환 이동 레지스터의 논리회로

[그림 4-44]는 4비트 재순환 이동 레지스터에 데이터 1101이 입력되어 순환되는 과정을 클록 펄스와 상태 파형으로 나타낸 것이다. 데이터 제어 신호는 $SHIFT/\overline{LOAD}$가 된다.

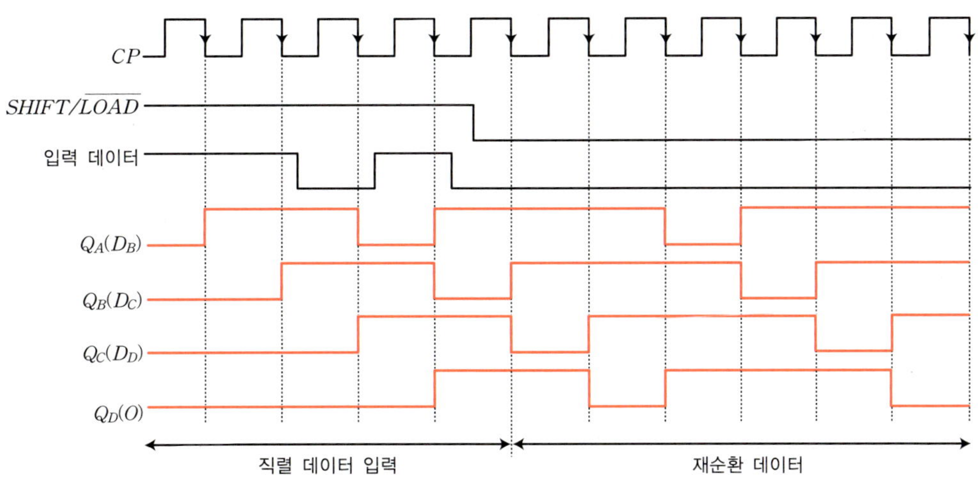

그림 4-44 4비트 재순환 이동 레지스터의 동작

양방향 이동 레지스터

이동 레지스터는 일반적으로 데이터를 한쪽 방향으로만 이동할 수 있으나 양방향 이동 레지스터는 데이터를 왼쪽, 오른쪽 방향으로 이동할 수 있다. 양방향 이동 레지스터에는 이동 방향을 결정하는 $RIGHT/\overline{LEFT}$ 제어 입력이 있으며, 제어 회로는 [그림 4-45]와 같은 2×1 멀티플렉서이다. $RIGHT/\overline{LEFT}$가 1이면 데이터가 오른쪽으로 이동하고, 0이면 데이터가 왼쪽으로 이동한다. [그림 4-46]은 2×1 멀티플렉서의 논리 기호로, 이는 양방향 이동 레지스터의 제어 이동 신호에 사용된다.

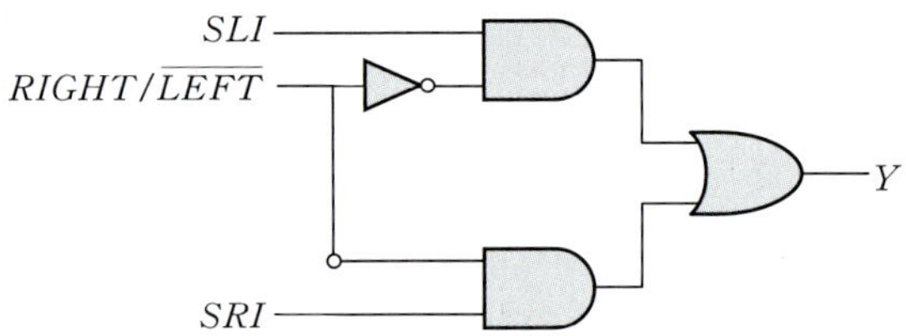

그림 4-45 2×1 멀티플렉서의 논리회로

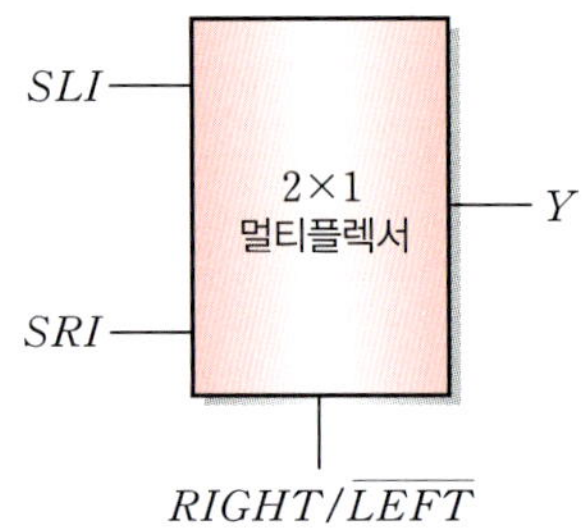

그림 4-46 2×1 멀티플렉서의 논리 기호

[그림 4-47]은 양방향 이동 레지스터의 입력 단자를 확인하기 위해 논리 기호로 표현한 것이다. $RIGHT/\overline{LEFT}$가 1이면 데이터가 SRI[Serial Right Input]를 통해 입력되고 오른쪽으로 이동하여 SRO[Serial Right Out]에서 출력되며, $RIGHT/\overline{LEFT}$이 0이면 데이터가 SLI[Serial Left Input]를 통해 입력되고 왼쪽으로 이동하여 SLO[Serial Left Out]에서 출력된다.

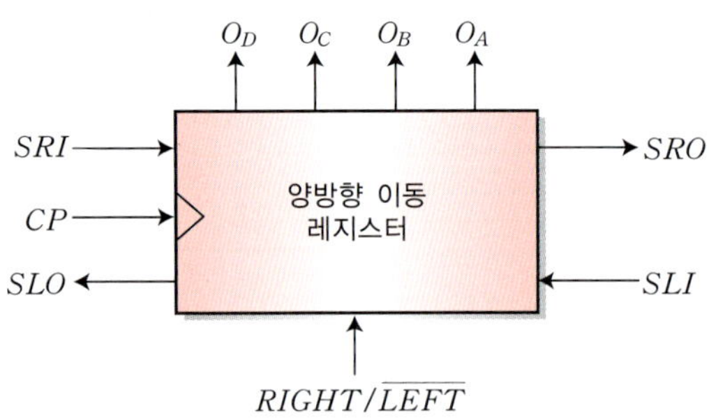

그림 4-47 양방향 이동 레지스터의 논리 기호

[그림 4-48]은 4비트 양방향 이동 레지스터의 논리회로로, 4개의 플립플롭 입력에 2×1 멀티플렉서가 연결되고 이를 통해 이동 방향이 결정된다. 오른쪽으로 이동하는 경우에는 출력 단자가 O_D이고 왼쪽으로 이동하는 경우에는 O_A이다. 2진수 연산에서 비트의 이동은 2의 곱셈

또는 나눗셈 연산을 수행한다. 왼쪽으로 이동하면 2를 곱한 결과가 되고 오른쪽으로 이동하면 2를 나눈 결과가 되므로 양방향 이동 레지스터는 2진수의 곱셈과 나눗셈 연산기로 사용할 수 있다.

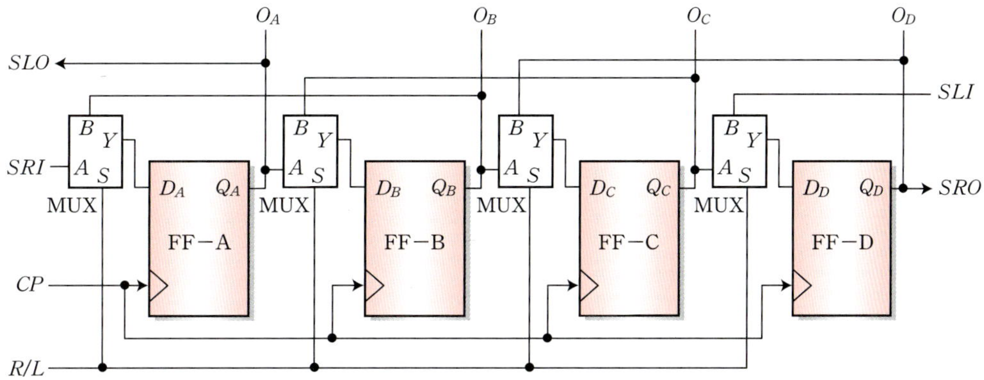

그림 4-48 4비트 양방향 이동 레지스터의 논리회로

[그림 4-49]는 양방향 이동 레지스터에서 우측 이동과 좌측 이동을 수행할 때의 플립플롭 동작을 보여준다.

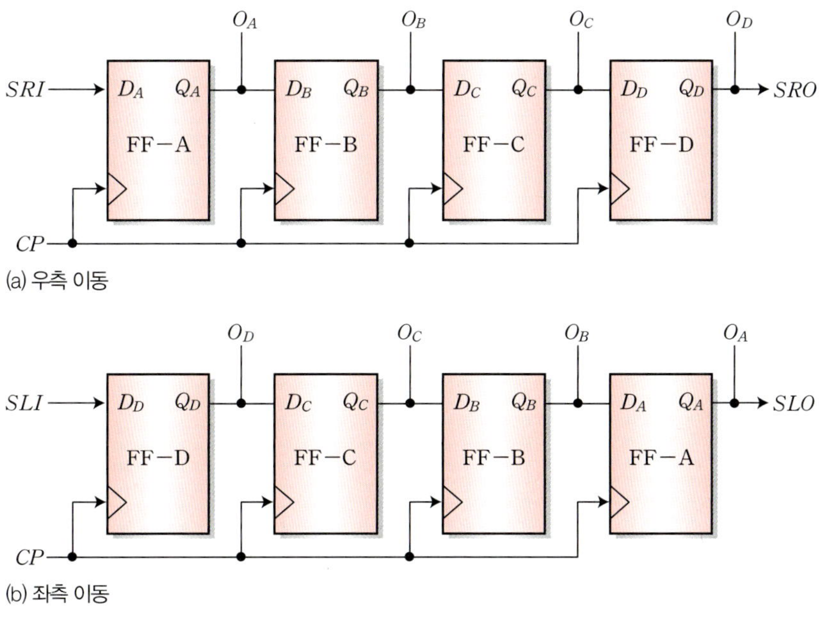

그림 4-49 양방향 이동 레지스터의 우측 이동과 좌측 이동

2 카운터

디지털 시스템에서 카운터(계수기)counter는 클록 펄스에 따라 수를 세는 계수 능력을 가진 논리회로이다. 데이터를 일시에 저장하거나 전송하는 기능이 있는 플립플롭으로 구성된 카운터는 입력에 들어오는 펄스의 수를 계수하여 컴퓨터가 다양한 동작을 수행하는 데 필요한 타이밍 신호timing signal를 제공한다.

카운터는 동기식과 비동기식으로 구분된다. 동기식 카운터는 입력 펄스의 입력 시간에 동기화되어 각 플립플롭이 동시에 동작하기 때문에 모든 플립플롭의 단에서 상태 변화가 일어난다. 반면에 비동기식 카운터는 모든 단의 플립플롭이 클록 펄스에 동기화되지 않고 앞단의 출력을 받아서 각 플립플롭이 차례로 동작하기 때문에 첫 단에만 클록 펄스가 필요하다. 따라서 비동기식 카운터를 직렬cascade 카운터 또는 리플ripple 카운터라고도 한다.

카운터는 비트 수에 따라 최대 카운트가 결정된다. 4비트 카운터의 최대 카운트 범위는 2^4 = 0~15(0000~1111)이고, 8비트 카운터의 최대 카운트 범위는 2^8 = 0~255(00000000~11111111)이다. 카운트를 시작해서 한 바퀴를 돌아 처음 상태로 돌아오기 전까지의 상태 수를 카운터 계수modulus of a count라고 한다. 예를 들어 10진 카운터의 경우 0부터 9까지 10개의 상태가 있으므로 카운터 계수가 10이고, 4비트와 8비트 카운터 계수는 각각 16, 256이다. 일반화하여 표현하자면 카운터에서 구별되는 상태의 수가 m일 때 modulo-m(간단히 mod-m 또는 m진)의 카운터라고 한다.

상향 비동기식 카운터

mod-16 카운터라고도 불리는 4비트 상향 카운터를 생각해보자. 4비트 2진 상향 카운터는 0부터 클록의 수가 증가하면 계수의 값이 증가하여 15까지 되고 클록에 의해 0으로 되돌아간다. 즉 상태가 16개이고 2진수 0000부터 1111까지 카운트한 후 0000으로 되돌아간다.

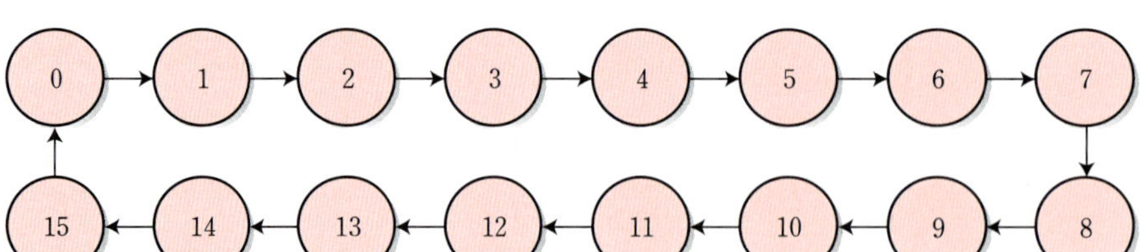

그림 4-50 4비트 상향 비동기식 카운터의 상태도

[표 4-13]은 클록 펄스에 따른 4비트 상향 비동기식 카운터의 비트별(Q_A, Q_B, Q_C, Q_D) 상태 값과 10진수 값을 보여준다.

표 4-13 4비트 상향 비동기식 카운터의 비트별 상태 값과 계수 값

클록 펄스	Q_D	Q_C	Q_B	Q_A	10진수
1	0	0	0	0	0
2	0	0	0	1	1
3	0	0	1	0	2
4	0	0	1	1	3
5	0	1	0	0	4
6	0	1	0	1	5
7	0	1	1	0	6
8	0	1	1	1	7
9	1	0	0	0	8
10	1	0	0	1	9
11	1	0	1	0	10
12	1	0	1	1	11
13	1	1	0	0	12
14	1	1	0	1	13
15	1	1	1	0	14
16	1	1	1	1	15

[그림 4-51]은 4비트 상향 비동기식 카운터의 논리회로로, 비트별 출력이 각 플립플롭의 출력이므로 플립플롭 4개로 구성된다. 우선 각 플립플롭의 입력 J, K가 모두 1이므로 플립플롭의 출력 Q는 이전 상태의 값이 반전된 값 $\overline{Q}$가 된다. 그리고 첫 번째 J-K 플립플롭에만 별도의 클록 펄스가 입력되면 플립플롭의 출력 Q_A는 최하위 비트가 된다. 또한 출력 Q_A는 두 번째 J-K 플립플롭에 클록 펄스로 입력되고 세 번째, 네 번째 플립플롭도 이와 마찬가지이다. 결국 네 번째 플립플롭의 출력 Q_D는 최상위 비트가 된다.

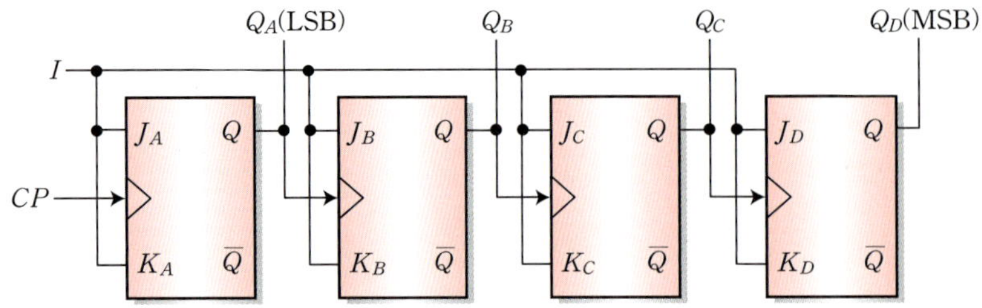

그림 4-51 4비트 상향 비동기식 카운터의 논리회로

상향 카운터의 동작을 정확하게 이해하기 위해 클록 펄스에 따른 각 플립플롭 출력을 한눈에 확인할 수 있는 [그림 4-52]를 살펴보면 각 플립플롭이 클록 펄스의 하강 에지에서 변화한다.

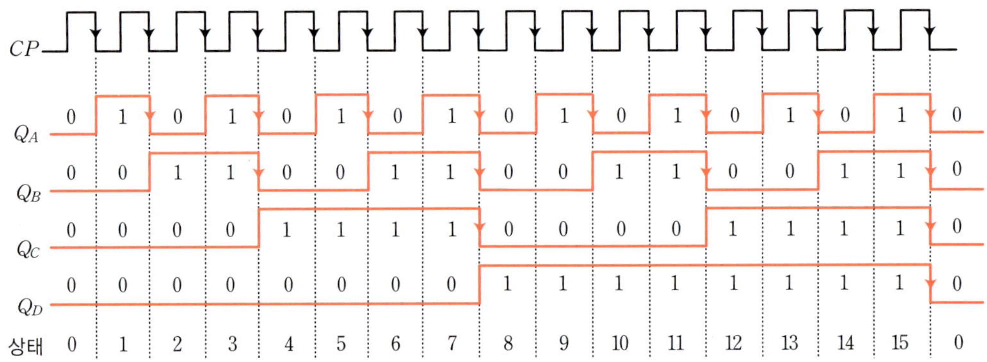

그림 4-52 4비트 상향 비동기식 카운터의 타이밍

하향 비동기식 카운터

하향 비동기식 카운터는 클록 펄스의 수가 증가함에 따라 카운터의 수가 감소한다. [그림 4-53]에서 보듯이 최댓값 15부터 시작해서 클록 펄스의 수가 증가함에 따라 값이 1씩 감소하며, 카운터의 값이 0이 되면 15부터 다시 시작한다.

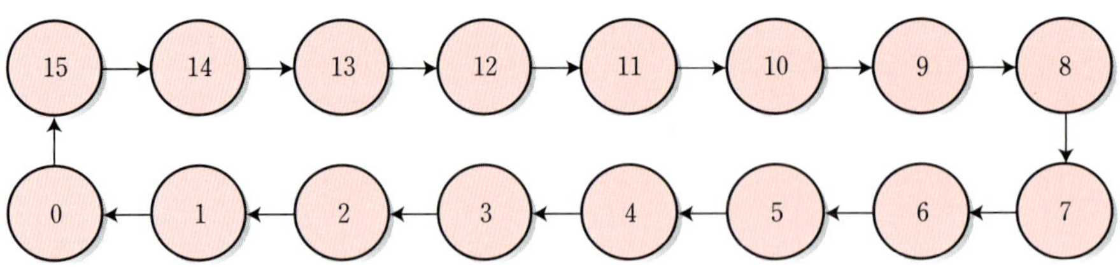

그림 4-53 4비트 하향 비동기식 카운터의 상태도

[표 4-14]는 클록 펄스에 따른 4비트 하향 비동기식 카운터의 비트별(Q_A, Q_B, Q_C, Q_D) 상태 값과 10진수 값을 보여준다.

표 4-14 4비트 하향 비동기식 카운터의 비트별 상태 값과 계수 값

클록 펄스	Q_D	Q_C	Q_B	Q_A	10진수
1	1	1	1	1	15
2	1	1	1	0	14
3	1	1	0	1	13
4	1	1	0	0	12
5	1	0	1	1	11
6	1	0	1	0	10
7	1	0	0	1	9
8	1	0	0	0	8
9	0	1	1	1	7
10	0	1	1	0	6
11	0	1	0	1	5
12	0	1	0	0	4
13	0	0	1	1	3
14	0	0	1	0	2
15	0	0	0	1	1
16	0	0	0	0	0

4비트 하향 비동기식 카운터도 J-K 플립플롭 4개로 구성된다. [그림 4-54]는 4비트 하향 비동기식 카운터의 논리회로로, 상향 비동기식 카운터와 연결 관계가 동일하다. 하향 비동기식 카운터의 경우 하강 에지에서 동작하지 않고 상승 에지에서 동작하여 하향으로 계수한다.

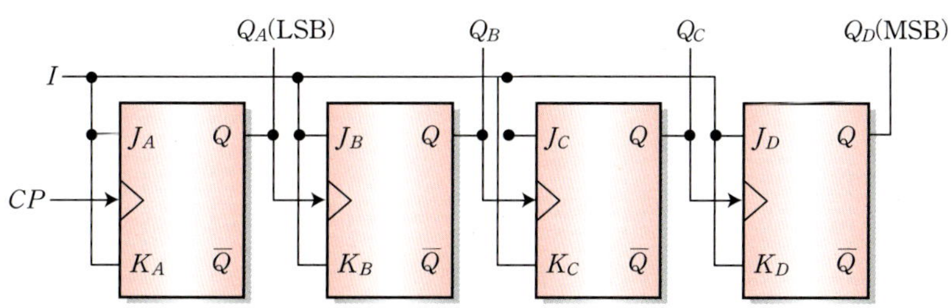

그림 4-54 4비트 하향 비동기식 카운터의 논리회로

하향 비동기식 카운터의 순차적인 동작을 확인하기 위해 [그림 4-55]를 살펴보면 각 플립플롭이 클록 펄스의 상승 에지에서 변화한다.

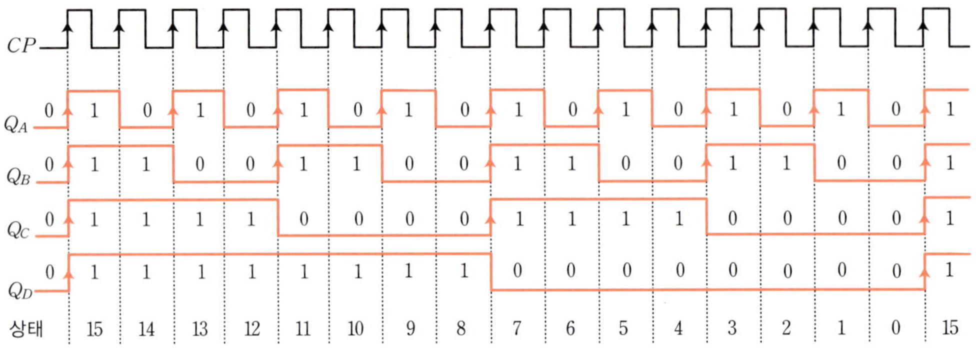

그림 4-55 4비트 하향 비동기식 카운터의 타이밍

3비트 동기식 2진 카운터

3비트 카운터는 8개의 순차적인 상태(000, 001, 010, 011, 100, 101, 110, 111)를 가진다. [그림 4-56]은 3비트 동기식 2진 카운터의 상태도로, 각 플립플롭의 입력 J와 K에 대한 정보는 제시하지 않았다.

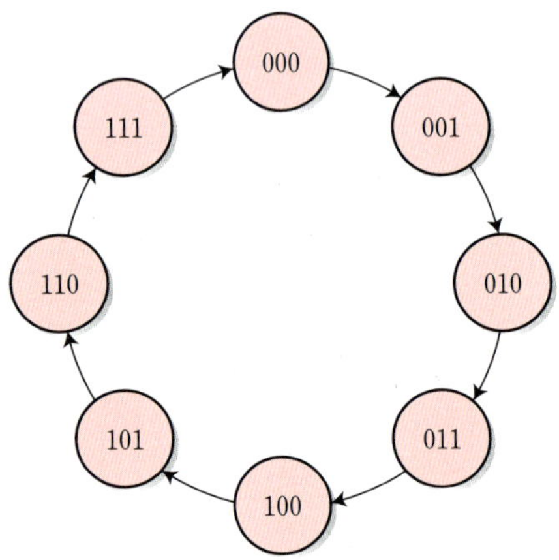

그림 4-56 3비트 동기식 2진 카운터의 상태도

[표 4-15]는 플립플롭의 입력을 파악하기 위해 작성한 상태 여기표이다.

표 4-15 3비트 동기식 2진 카운터의 상태 여기표

현재 상태			다음 상태			플립플롭 입력					
Q_C	Q_B	Q_A	Q_C	Q_B	Q_A	J_C	K_C	J_B	K_B	J_A	K_A
0	0	0	0	0	1	0	×	0	×	1	×
0	0	1	0	1	0	0	×	1	×	×	1
0	1	0	0	1	1	0	×	×	0	1	×
0	1	1	1	0	0	1	×	×	1	×	1
1	0	0	1	0	1	×	0	0	×	1	×
1	0	1	1	1	0	×	0	1	×	×	1
1	1	0	1	1	1	×	0	×	0	1	×
1	1	1	0	0	0	×	1	×	1	×	1

상태 여기표에서 얻은 입력과 출력 정보를 바탕으로 다음과 같이 카르노맵을 작성하여 간략화된 논리식을 구한다.

Q_C \ Q_BQ_A	00	01	11	10
0			1	
1	X	X	X	X

$J_C=Q_BQ_A$

Q_C \ Q_BQ_A	00	01	11	10
0	X	X	X	X
1			1	

$K_C=Q_BQ_A$

Q_C \ Q_BQ_A	00	01	11	10
0		1	X	X
1		1	X	X

$J_B=Q_A$

Q_C \ Q_BQ_A	00	01	11	10
0	X	X	1	
1	X	X	1	

$K_B=Q_A$

Q_C \ Q_BQ_A	00	01	11	10
0	1	X	X	1
1	1	X	X	1

$J_A=1$

Q_C \ Q_BQ_A	00	01	11	10
0	X	1	1	X
1	X	1	1	X

$K_A=1$

[그림 4-57]은 이렇게 얻은 논리식으로 설계한 논리회로이다. 첫 번째 플립플롭의 입력은 모두 1, 두 번째 플립플롭의 입력은 모두 Q_A이고 세 번째 플립플롭의 입력은 Q_BQ_A이므로 AND 게이트를 이용하여 입력한다.

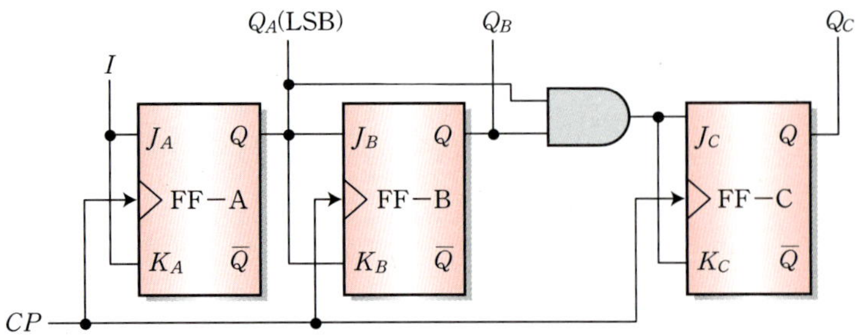

그림 4-57 3비트 동기식 2진 카운터의 논리회로

3비트 동기식 2진 카운터의 동작을 이해하기 위해 [그림 4-58]을 살펴보면 클록 펄스에 의해 순차적으로 8개의 상태가 진행되는 것을 확인할 수 있다.

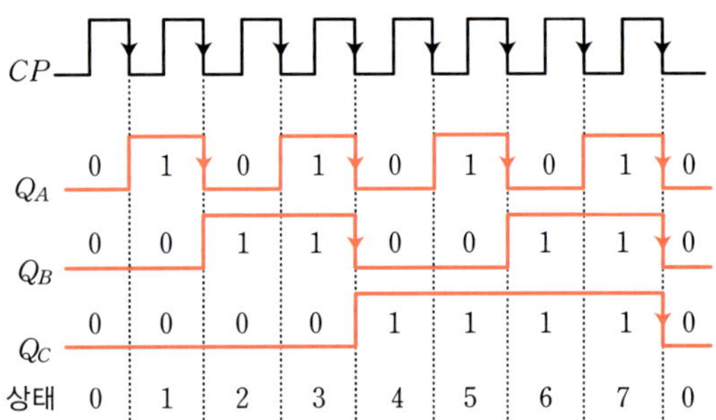

그림 4-58 3비트 동기식 2진 카운터의 타이밍

링 카운터

링 카운터ring counter는 첫 번째 플립플롭의 출력이 두 번째 플립플롭으로, 두 번째 플립플롭의 출력이 세 번째 플립플롭으로 연결되고, 최종 플립플롭의 출력이 첫 번째 플립플롭으로 되돌아가도록 연결된다. 그래서 플립플롭이 고리 모양으로 연결되기 때문에 링 카운터라는 이름이 붙었다. [그림 4-59]에서 보듯이 상태 논리 1의 값이 왼쪽으로 이동하면서 순환한다.

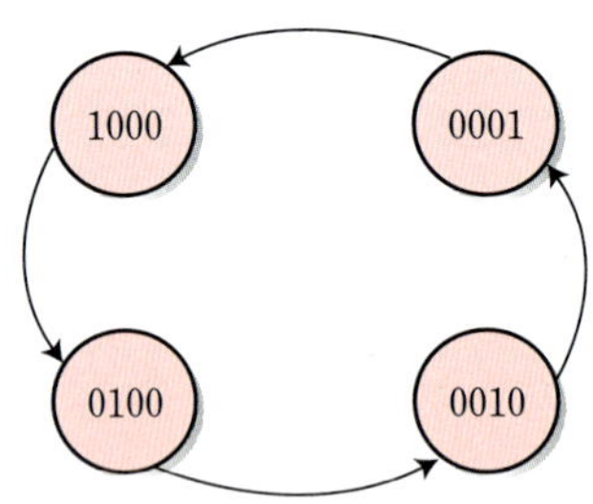

그림 4-59 4비트 링 카운터의 상태

4비트 링 카운터는 플립플롭 4개로 구성된다. [표 4-16]은 각 플립플롭의 입력에 대한 출력을 알아보기 위해 작성한 상태 여기표이다. 다음 상태에서 1의 위치에 따라 플립플롭에서 1을 입력할 위치가 결정되고 나머지 입력은 0이 된다.

표 4-16 4비트 링 카운터의 상태 여기표

현재 상태				다음 상태				플립플롭 입력			
Q_A	Q_B	Q_C	Q_D	Q_A	Q_B	Q_C	Q_D	D_A	D_B	D_C	D_D
1	0	0	0	0	1	0	0	0	1	0	0
0	1	0	0	0	0	1	0	0	0	1	0
0	0	1	0	0	0	0	1	0	0	0	1
0	0	0	1	1	0	0	0	1	0	0	0

카르노맵을 작성하고 간략화하면 다음과 같은 논리식을 얻을 수 있다.

$Q_AQ_B \backslash Q_CQ_D$	00	01	11	10
00	X	1	X	
01		X	X	X
11	X	X	X	X
10		X	X	X

$D_A = Q_D$

$Q_AQ_B \backslash Q_CQ_D$	00	01	11	10
00	X		X	
01		X	X	X
11	X	X	X	X
10	1	X	X	X

$D_B = Q_A$

$Q_AQ_B \backslash Q_CQ_D$	00	01	11	10
00	X		X	
01	1	X	X	X
11	X	X	X	X
10		X	X	X

$D_C = Q_B$

$Q_AQ_B \backslash Q_CQ_D$	00	01	11	10
00	X		X	1
01		X	X	X
11	X	X	X	X
10		X	X	X

$D_D = Q_C$

링 카운터는 동기식 카운터와 마찬가지로 각 플립플롭에 외부의 클록 펄스가 직접적으로 입력된다. 즉 클록 펄스가 각 플립플롭에 공급되도록 병렬로 연결된다.

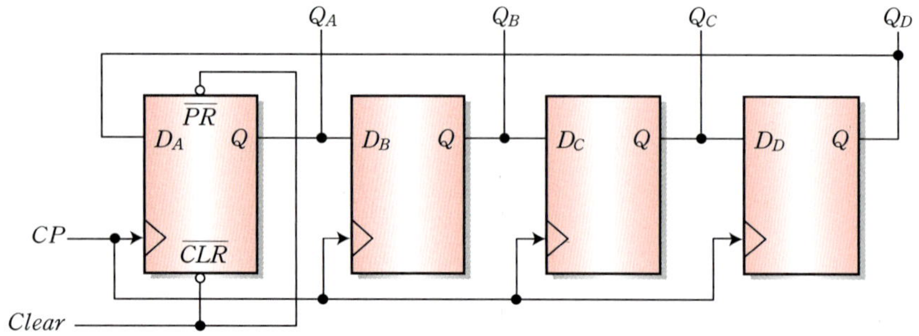

그림 4-60 4비트 링 카운터의 논리회로

[그림 4-61]은 4비트 링 카운터의 타이밍을 나타낸 것으로, 클록 펄스가 입력되면 1이 오른쪽으로 이동하는 것을 확인할 수 있다.

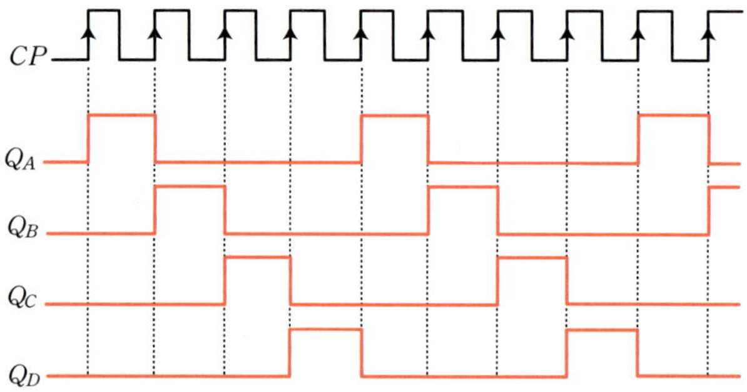

그림 4-61 4비트 링 카운터의 타이밍

요약

01 조합 논리회로

출력 신호가 입력 신호에 의해서만 결정되는 조합 논리회로는 논리곱(AND), 논리합(OR), 논리부정(NOT) 등 기본 논리 소자의 조합으로 만들어지고, 플립플롭과 같은 기억 소자를 포함하지 않는다.

02 가산기

반가산기에서는 1비트인 입력 2개와 출력 2개의 합과 자리 올림수가 사용되고, 전가산기에서는 2진수 3개, 즉 입력 A, B와 하위 비트에서 발생한 자리 올림수를 덧셈 연산한다.

03 감산기

반감산기에서는 1비트인 입력 2개와 출력 2개의 차와 빌림수가 사용되고, 전감산기는 추가로 하위 비트에서 필요한 빌림수에 의한 뺄셈까지도 수행할 수 있다.

04 비교기

비교기는 2진수 2개의 크기를 비교하는 논리회로이다.

05 인코더와 디코더

인코더는 외부에서 들어오는 임의의 신호를 부호화된 신호로 변환하여 컴퓨터 내부로 들여보내는 조합 논리회로로, 2^n개의 입력 신호를 n개의 출력 신호로 만든다. 인코더의 동작을 반대로 수행하는 디코더는 다수의 입력 신호를 1개의 출력 신호로 만든다.

06 멀티플렉서와 디멀티플렉서

멀티플렉서는 여러 개의 입력 중 하나만 출력에 전달하는 조합 논리회로이고, 디멀티플렉서는 한꺼번에 들어온 여러 신호 중 하나를 골라 출력한다.

07 패리티 검사기

패리티 검사기는 1의 유효 개수가 홀수가 되도록 만드는 홀수 패리티 비트와 1의 유효 개수가 짝수가 되도록 만드는 짝수 패리티 비트에 대한 검사를 한다.

08 순차 논리회로

순차 논리회로는 조합 논리회로와 기억 소자(플립플롭)로 구성되고, 기억 소자가 궤환을 형성하며 연결되어 있다.

09 레지스터

레지스터는 플립플롭 여러 개를 일렬로 배열하고 적당히 연결하여 여러 비트로 구성된 2진수를 일시적으로 저장하거나, 저장된 비트를 왼쪽 또는 오른쪽으로 하나씩 이동할 때 사용한다. 특히 데이터를 좌우로 이동하는 레지스터를 이동 레지스터라고 한다.

10 카운터

카운터(계수기)는 클록 펄스에 따라 수를 세는 계수 능력을 가진 논리회로이다.

01 조합 논리회로에 대한 설명으로 옳지 않은 것은?

① 입력과 출력이 있는 논리 게이트의 집합을 말한다.
② 출력이 현재의 입력에 의해 결정된다.
③ 기억 능력이 있어 컴퓨터의 기억 장치로 사용된다.
④ 멀티플렉서, 디멀티플렉서는 대표적인 조합 논리회로이다.

02 조합 논리회로에 대한 설명으로 옳은 것은?

① 기억 소자를 포함하여 논리회로를 구성한다.
② 동기식과 비동기식으로 구분된다.
③ 이전 상태의 논리 값이 관여한다.
④ 출력 신호가 입력 신호에 의해서만 결정된다.

03 다음 반가산기의 자리 올림(C)과 합(S)의 함수식을 구하라.

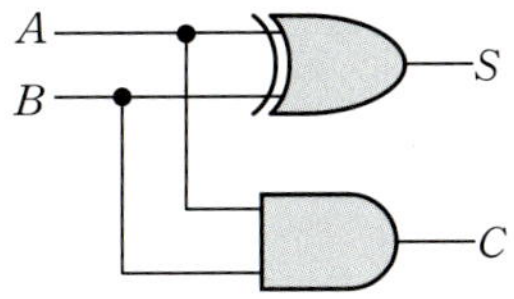

04 입력 A와 B에 대한 전가산기의 진리표를 작성하라.

05 다음 불 대수식을 바탕으로 전가산기를 설계하라.

$$C=AB+C_0(A\oplus B),\quad S=A\oplus B\oplus C_0$$

06 입력 A와 B에 대한 반감산기의 진리표를 작성하라.

07 다음 전감산기의 진리표를 참고하여 빌림수와 차의 불 대수식을 구하라.

A \ BBr_0	00	01	11	10
0		1	1	1
1			1	

(a) 빌림수

A \ BBr_0	00	01	11	10
0		1		1
1	1		1	

(b) 차

08 다음 불 대수식을 바탕으로 조합 논리회로를 설계하라.

$$Br=\overline{X}Y,\quad D=\overline{X}Y+X\overline{Y}=X\oplus Y$$

09 기본적으로 가산기와 감산기는 (①) 논리회로로 구성된다. 가산기와 감산기가 여러 비트를 한 번에 처리하기 위해서는 (②) 연결이 필요하다.

10 조합 논리회로에서 두 입력과 하나의 올림수를 사용하여 덧셈을 수행하는 장치를 (①)라고 한다. 또한 여러 개의 입력 선 중 하나의 입력 선만을 출력에 전달하는 조합 논리회로를 (②)라고 한다. 그리고 입력 신호와 논리회로의 현재 상태에 의해 출력이 결정되는 논리회로를 (③) 라고 한다.

11 다음 1비트 비교기에서 입력에 대한 출력 F_1, F_2, F_3, F_4를 예상하라.

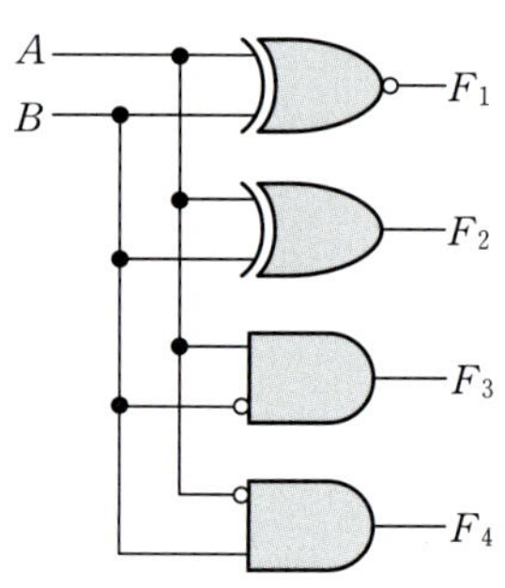

12 정보의 형태와 형식의 표준화, 보안, 처리 속도 향상, 저장 공간 절약 등의 목적으로 다른 형태나 형식으로 변환하는 처리 또는 처리 방식을 (①)이라고 한다. 그리고 비트의 2진 코드를 최대 2^n가지의 정보로 바꿔주는 조합 논리회로는 (②)이다.

13 멀티플렉서는 입력이 (①)개일 때 $\log_2 M$개만큼의 선택 신호가 필요하고, 디멀티플렉서에서는 선택 선이 N개일 때 (②)개로 이루어진다.

14 다음 보기는 짝수 패리티 비트 방식에 의해 1비트가 추가되어 생성된 데이터이다. 오류가 발생하더라도 1비트 미만으로 발생한다고 가정할 때 이 데이터에 오류가 있는지 확인하라.

① 0011 ② 1011 ③ 1100 ④ 1110

15 다음 중 조합 논리회로가 아닌 것은?

① 비교기 ② 인코더 ③ 멀티플렉서 ④ 카운터

16 조합 논리회로에 대한 설명으로 옳지 않은 것은?

① 전감산기는 두 입력의 차와 아랫자리 빌림수에 의한 뺄셈을 수행한다.
② 디멀티플렉서는 선택 신호에 의해 여러 개의 입력 중 하나만 선택된다.
③ 인코더는 외부에서 들어오는 임의의 신호를 부호화된 신호로 변환한다.
④ 전가산기는 두 입력과 하위 비트에서 발생한 자리 올림수를 덧셈 연산한다.

17 순차 논리회로에 대한 설명으로 옳지 않은 것은?

① 조합 논리회로가 순차적으로 연결된다.
② 입력 신호와 이전 상태 값에 의해 출력 신호가 결정된다.
③ 동기식 순차 논리회로는 클록 펄스가 들어오는 시점에 상태가 변화한다.
④ 구성되는 기억 소자가 궤환을 형성한다.

18 링 카운터와 같이 출력되는 데이터가 다시 처음으로 입력되는 레지스터를 (①)라고 한다. 4비트 상향 카운터는 0부터 클록의 수가 증가하면 계수의 값이 증가하여 (②)까지 된다.

19 디지털 시스템에서 (①)는 클록 펄스에 따라 수를 세는 계수 능력을 가진 논리회로이다. (①)은 (②)에 따라 최대 카운트가 결정된다.

20 레지스터에 대한 설명으로 옳지 않은 것은?

① 플립플롭으로 구성된다.

② 데이터를 좌우로 이동한다.

③ 여러 비트를 영구적으로 저장할 수 있다.

Chapter

05

컴퓨터 시스템의 구성과 기능

학습목표

- 컴퓨터의 구성 요소와 그 기능을 파악한다.
- 시스템 버스의 개념을 이해한다.
- 컴퓨터의 수행 동작을 이해한다.

01 컴퓨터의 구성 요소

컴퓨터를 구성하는 장치인 하드웨어는 실제의 물체로서 컴퓨터에서 사용되는 정보를 처리·전송·저장하고 전송 통로를 제공한다. 소프트웨어 없이 하드웨어만으로 구성된 시스템은 다양한 디지털 장치와 부품이 서로 연결되어 필요한 기능을 수행한다. 특정 목적으로만 사용되는 이러한 방식은 하드와이어드 프로그램hardwired program이라고 한다. 만약 다른 목적으로 사용하려면 장치와 부품을 추가하거나 삭제하고 연결도 새롭게 바꿔야 한다. 따라서 하드웨어만으로 구성된 컴퓨터 시스템은 융통성과 호환성이 없어 비효율적이며, 이를 극복하기 위해서는 소프트웨어가 반드시 필요하다.

이러한 이유로 컴퓨터의 구성 요소를 가장 큰 범주로 분류한 것이 하드웨어와 소프트웨어이다. 다목적으로 활용할 수 있는 범용 하드웨어는 장치와 부품을 교체하거나 연결 상태를 변경할 필요 없이, 소프트웨어가 새로운 제어 신호를 제공하면 이 제어 신호에 따라 다양한 작업이 가능하다. 이렇게 하드웨어가 특정 작업을 수행하도록 제어 신호를 제공하는 일련의 부호code 또는 명령어instruction의 집합을 소프트웨어라고 한다. 한편 펌웨어firmware는 소프트웨어를 하드웨어화한 것으로, 하드웨어와 소프트웨어의 중간 위치에 해당하므로 미들웨어middleware라고도 한다. [그림 5-1]은 이러한 컴퓨터의 구성 요소를 개념적으로 나타낸 것이다.

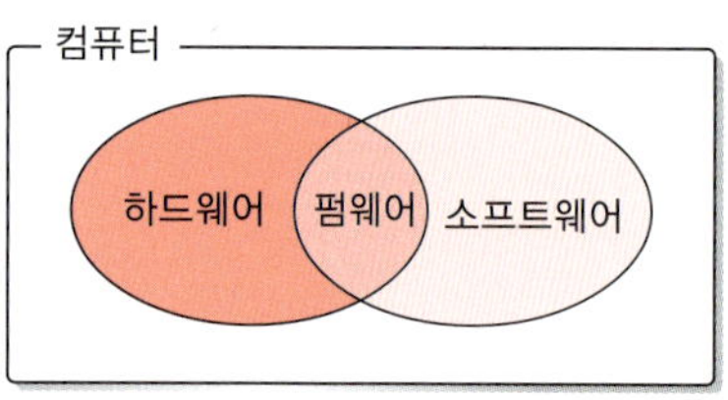

그림 5-1 컴퓨터의 개념적 구성

1 하드웨어

컴퓨터를 분해하여 분석하면 [표 5-1]과 같은 하드웨어를 확인할 수 있다.

표 5-1 컴퓨터 하드웨어의 분류

하드웨어	설명
중앙 처리 장치(CPU)	컴퓨터의 두뇌로 프로그램을 읽고 해석하여 실행한다. 산술논리 연산 장치, 제어 장치, 레지스터로 구성된다.
기억 장치	컴퓨터에 필요한 정보를 저장한다. CPU가 사용하는 주기억 장치와 영구적 저장을 위한 보조 기억 장치로 구성된다.
입력 장치	컴퓨터 시스템 외부에서 정보를 입력받는다. 마우스, 키보드, 터치패드, 광학 스캐너 등이 있다.
출력 장치	컴퓨터 시스템에서 처리한 결과를 외부로 출력한다. 프린터, 스피커, 모니터 등이 있다.

중앙 처리 장치를 구성하는 하드웨어

중앙 처리 장치CPU를 구성하는 산술논리 연산 장치, 레지스터, 제어 장치는 논리회로 소자의 집합이다.

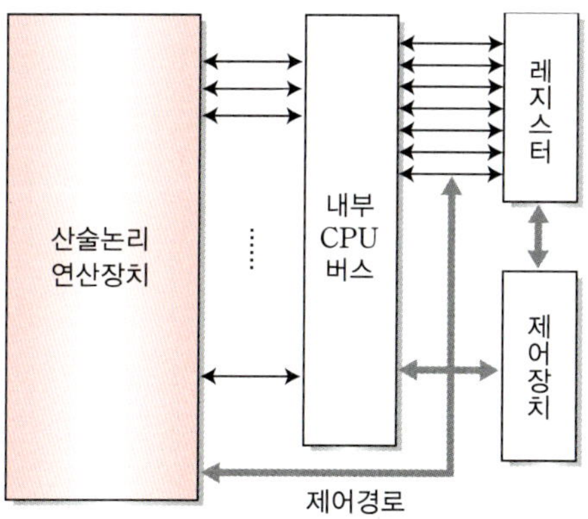

그림 5-2 중앙 처리 장치의 구성

■ 산술논리 연산 장치

산술논리 연산 장치ALU는 컴퓨터에서 산술 연산과 논리 연산을 수행하는 장치로, 이를 어떻게 설계하느냐에 따라 연산의 개수가 결정된다. [그림 5-3]의 (a)는 간단하게 설계된 ALU의 내부 구조로 산술 연산을 위한 처리기, 논리 연산을 위한 처리기, 이동 처리를 위한 이동 처리기가 있다. 그리고 (b)는 이러한 처리기가 4×1 멀티플렉서를 통해 연산 결과를 출력하는 (a)의 우측 부분을 확대한 것이다.

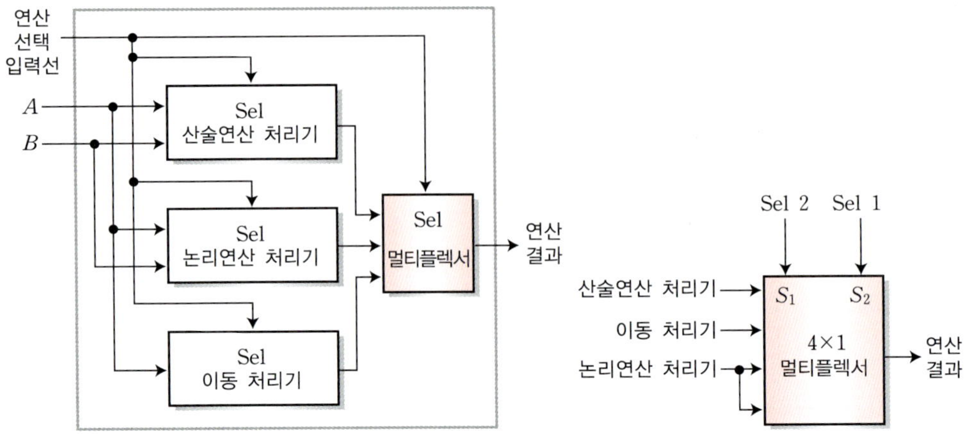

(a) ALU의 내부 구조 (b) 멀티플렉서의 연결

그림 5-3 간단하게 설계된 ALU의 내부 구조

예를 들어 4비트의 덧셈과 뺄셈 연산을 수행하도록 산술 연산 처리기를 설계한다면 [그림 5-4]와 같이 전가산기 4개로 조합 논리회로를 구성할 수 있다. 또한 논리 연산 처리기가 AND, OR, XOR, 보수의 연산을 수행하도록 설계한다면 [그림 5-5]와 같은 조합 논리회로를 구성하고, 각 산술 연산의 논리 게이트를 4×1 멀티플렉서에 연결한다.

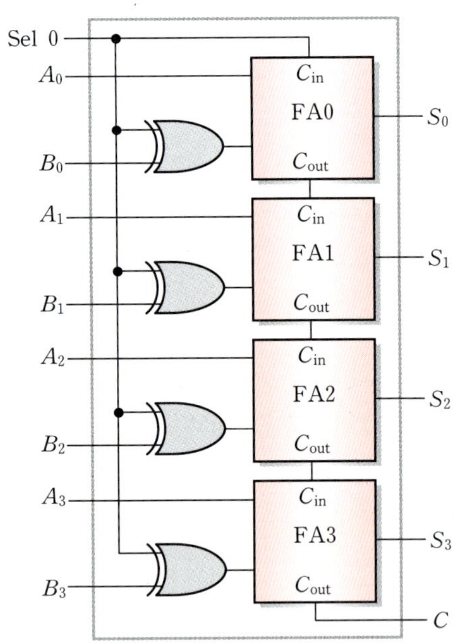

그림 5-4 산술 연산 처리기

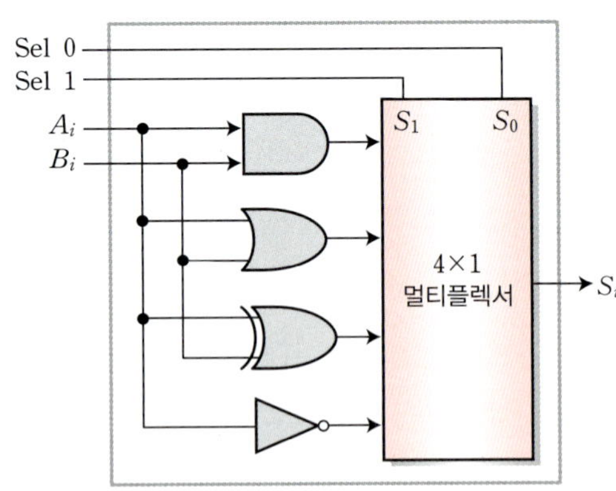

그림 5-5 논리 연산 처리기

한편 이동 처리기는 [그림 5-6]과 같이 양쪽으로 이동하는 레지스터로, 입력이 2개인 곱셈과 나눗셈 연산을 수행할 수 있다.

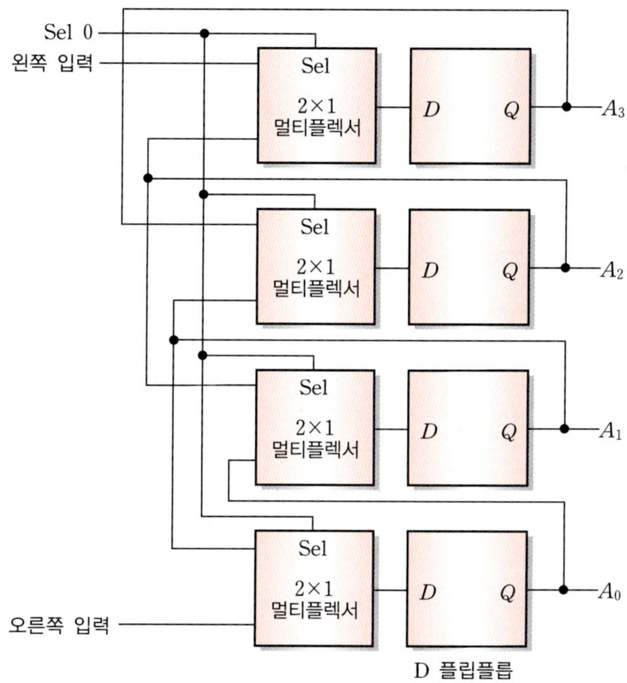

그림 5-6 이동 처리기

■ 레지스터

레지스터는 CPU에서 사용되는 데이터를 임시로 저장하는 저장 장치로, 플립플롭으로 구성된 순차 논리회로이다. [그림 5-7]은 4비트 데이터를 병렬로 읽기/쓰기할 수 있는 레지스터를 보여준다.

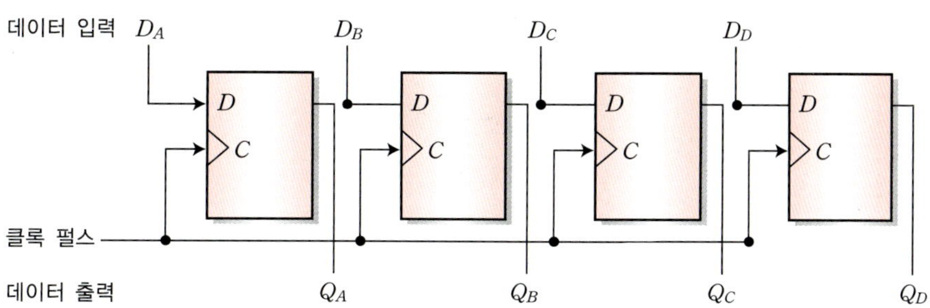

그림 5-7 4비트 병렬 입력-병렬 출력 이동 레지스터의 논리회로

CPU에 기본적으로 존재하는 레지스터의 종류와 그 기능을 살펴보자.

- **프로그램 카운터**Program Counter, PC: 다음에 실행할 명령어의 주소를 저장한다. 명령어의 집합인 프로그램을 수행한다는 것은 명령어가 순차적으로 실행되는 것을 의미하는데, 프로그램 카운터는 다음에 수행할 명령어 순서를 나타낸다.
- **명령어 레지스터**Instruction Register, IR: 메모리에서 읽은 명령어를 수행하기 위해 일시적으로 저장한다.
- **기억 장치 주소 레지스터**Memory Address Register, MAR: 다음에 읽기/쓰기 동작을 수행할 기억 장소의 주소를 저장하는 주소 저장용 레지스터이다.
- **기억 장치 버퍼 레지스터**Memory Buffer Register, MBR: 기억 장치에 저장할 데이터나 기억 장치에서 읽은 데이터를 임시로 저장하며, 모든 데이터가 거치게 되는 데이터 출입용 레지스터이다.
- **입출력 주소 레지스터**I/O Address Register, I/O AR: 입출력 장치의 주소를 저장한다.
- **입출력 버퍼 레지스터**I/O Buffer Register, I/O BR: 입출력 모듈과 CPU 사이에 교환되는 데이터를 일시적으로 저장한다.

■ 제어 장치

제어 장치는 CPU에서 사용하는 명령어의 실행 과정을 관리하고 제어한다. 제어 장치는 순서 제어 논리 장치sequencing logic, 제어 장치 레지스터control unit register, 명령어 해독기decoder, 제어 기억 장치control memory로 구성되며, 제어 장치 레지스터에는 제어 주소 레지스터control address register, 제어 버퍼 레지스터control buffer register, 서브루틴 레지스터SuBroutine Register, SBR 등이 있다.

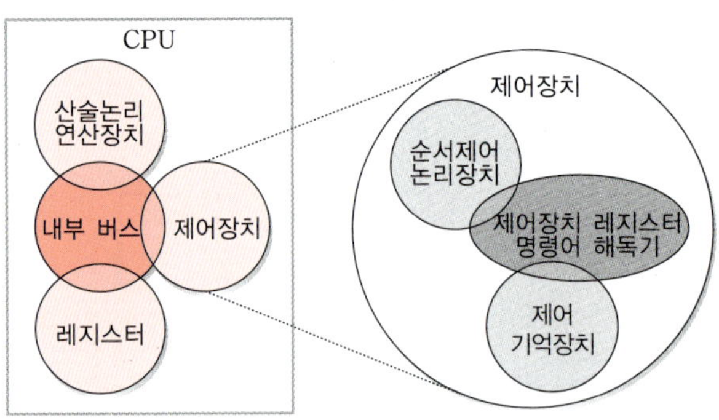

그림 5-8 제어 장치의 구성

제어 장치는 다양한 형태로 설계할 수 있다. [그림 5-9]는 제어 장치의 가장 기본적인 구조로, 레지스터와 기억 장치, 해독기, 순서 제어 모듈로 이루어져 있다.

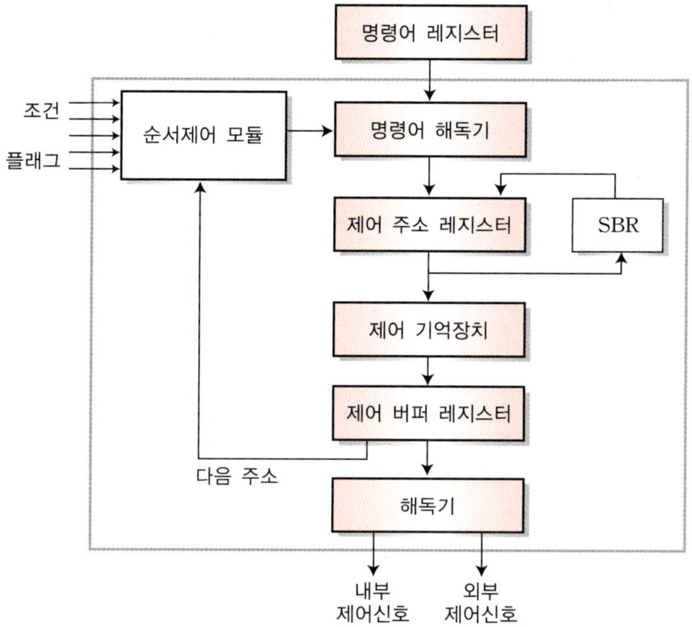

그림 5-9 제어 장치의 마이크로 구조

명령어 해독기는 디코더를 사용하여 구현한다.

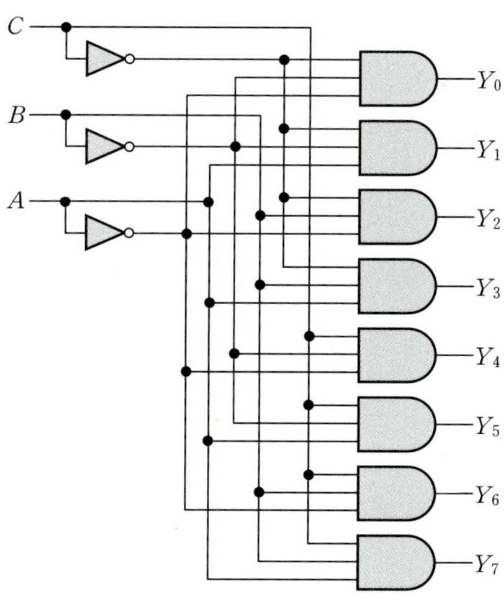

그림 5-10 3×8 디코더의 논리회로

순서 제어 모듈은 멀티플렉서와 주소 선택 회로로 구성된다.

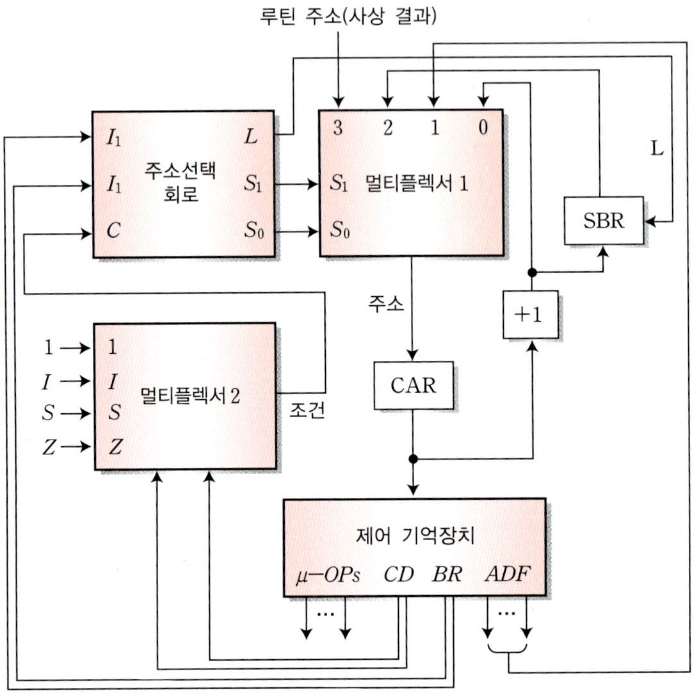

그림 5-11 제어 장치의 순서 제어 모듈

기억 장치를 구성하는 논리회로

반도체 기억 장치 가운데 논리회로를 이용하는 기억 장치로 RAM의 한 종류인 SRAM(정적 RAM)이 있다. SRAM은 1비트를 저장하는 기억 소자인 플립플롭으로 구성된다. [그림 5-12]는 SRAM 기억 소자의 논리회로와 논리 기호를 보여주는데, RS 플립플롭과 AND 게이트가 조합된 순차 논리회로로 구성했다.

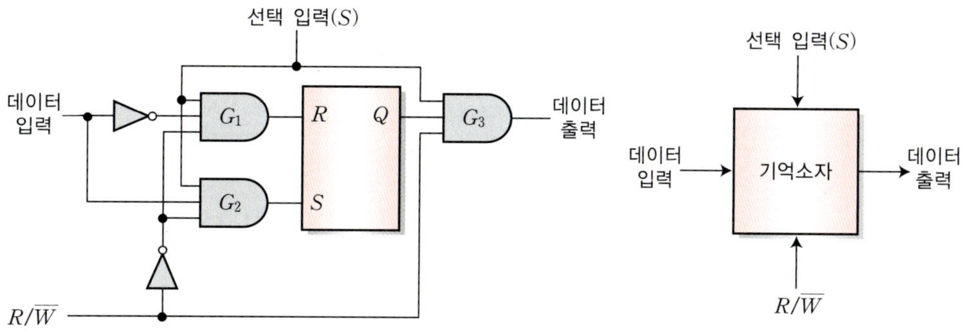

그림 5-12 SRAM 기억 소자의 논리회로와 논리 기호

[그림 5-13]은 기억 소자의 조합으로 여러 비트를 저장하는 기억 장치를 나타낸 것이다. 주소를 입력하기 위해 2×4 디코더를 이용하고 출력단에서는 OR 게이트를 사용했다.

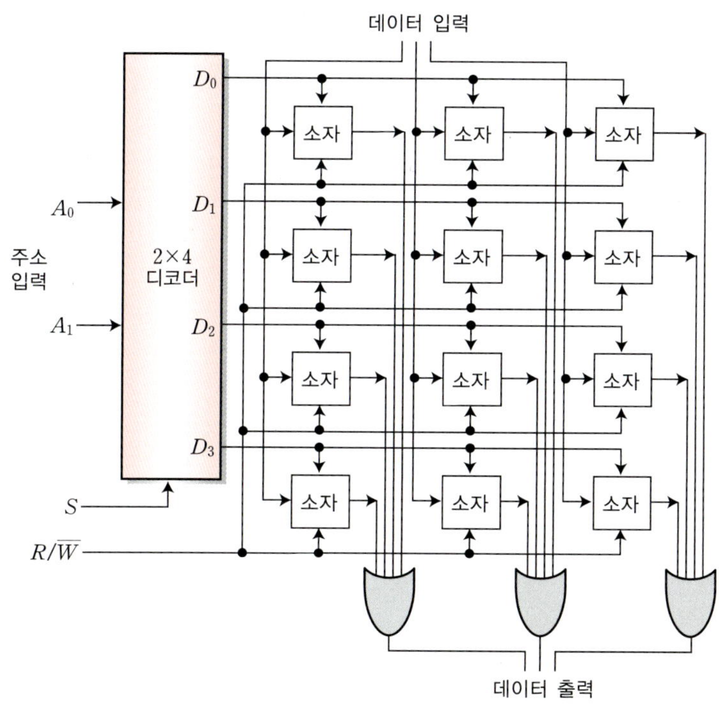

그림 5-13 4×3 SRAM의 기본 구조

입출력 제어기를 구성하는 논리회로

입출력 장치와 CPU의 처리 속도는 차이가 너무 커서 직접 데이터를 주고받는 것은 상당히 비효율적이다. 따라서 속도 차이를 극복하기 위해 입출력 제어기를 사용하는데, 입출력 제어기는 처리 속도 및 동작 특성이 유사한 입출력 장치를 제어·관리한다. 입출력 제어기에서 레지스터, 제어회로, 주소 디코더는 일반적인 조합 논리회로와 순차 논리회로를 이용하여 구현할 수 있다.

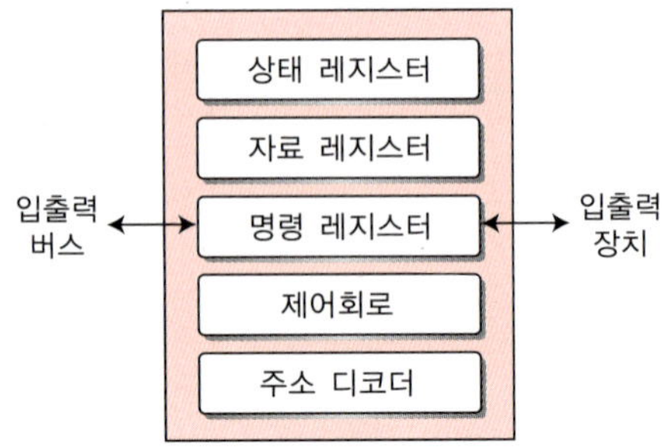

그림 5-14 입출력 제어기

버스를 통한 하드웨어의 연결

컴퓨터를 구성하는 하드웨어는 버스로 연결되고 버스를 통해 데이터와 각종 제어 신호가 전달된다. [그림 5-15]는 버스로 연결된 컴퓨터의 구성 요소와 데이터 신호, 명령 신호의 흐름을 보여준다.

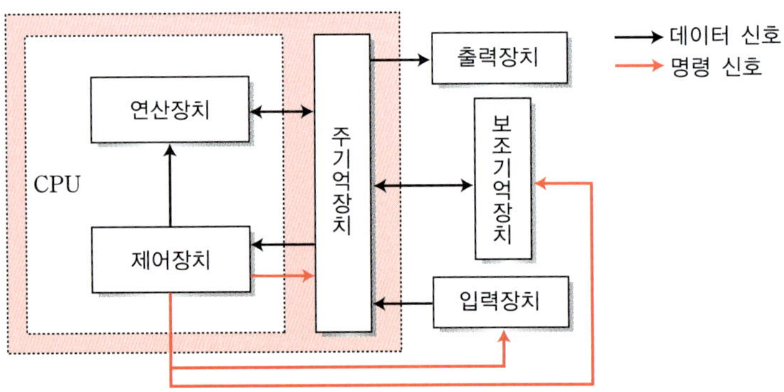

그림 5-15 컴퓨터의 내부 구조 및 데이터 신호와 명령 신호의 흐름

2 소프트웨어

컴퓨터는 다양한 명령을 통해 정보를 원하는 형태로 처리하고, 원하는 방향으로 이동하며, 저장 장치에 저장한다. 이러한 명령을 모으면 하나의 프로그램이 되며, 프로그램이 모여서 이루

어진 집합이 바로 소프트웨어이다. 다시 말해 소프트웨어는 컴퓨터 시스템이나 주변 장치 등의 하드웨어를 작동하여 원하는 작업 결과를 얻기 위한 프로그램 또는 명령어의 거대 집합이다. 이러한 소프트웨어는 시스템 소프트웨어와 응용 소프트웨어로 구분된다.

시스템 소프트웨어

시스템 소프트웨어system software는 컴퓨터 시스템을 운영하기 위한 프로그램으로, 컴퓨터 시스템의 개별 하드웨어 요소를 직접 제어·통합·관리하는 가장 중요한 기능을 수행한다. 따라서 사용자가 필요로 하는 작업을 수행하는 응용 소프트웨어와는 반대 개념이라고 볼 수 있다.

시스템 소프트웨어는 기억 장치에서 하드디스크로 데이터를 전송하고, 문자열을 모니터와 같은 디스플레이 장치로 출력하는 작업 등을 한다. 시스템 소프트웨어에는 운영체제, 장치 드라이버, 프로그래밍 도구, 컴파일러, 어셈블러, 유틸리티 등이 포함되는데, 이를 계층적으로 분류하면 [그림 5-16]과 같다. 운영체제는 하드웨어 바로 위에 있는 낮은 계층이고 유틸리티, 컴파일러, 데이터베이스 관리 시스템DataBase Management System, DBMS은 상위 계층이며, 그 위에 응용 소프트웨어가 있다.

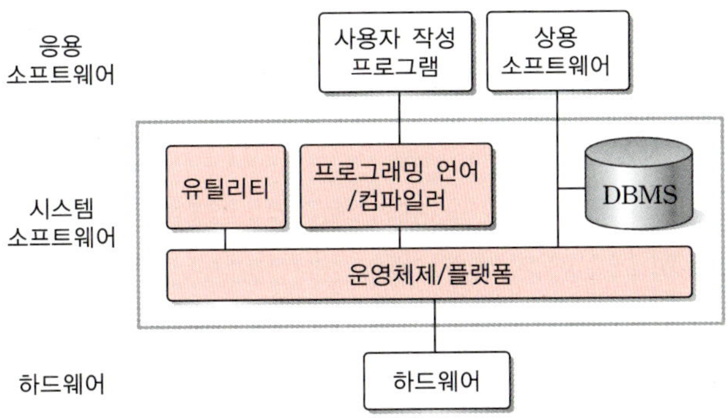

그림 5-16 시스템 소프트웨어의 계층적 분류

■ 운영체제

운영체제의 기능은 크게 두 가지로 구분된다. 첫 번째로 물리적 장치와 논리적 자원인 파일을 관리하고 제어한다. 따라서 하드웨어를 직접 제어하고 자원을 관리하여 컴퓨터의 부팅, 메모리나 파일 관리, 주변 장치 관리, 네트워크 연결 등의 작업을 수행한다. 운영체제는 응용 프로그램의 실행 환경을 제공하는데, 응용 프로그램의 실행 기반이라는 의미에서 플랫

폼이라고 하기도 한다. 운영체제의 두 번째 기능은 컴퓨터와 사용자 사이에서 중재적 역할을 하기 위해 인터페이스를 제공하는 것이다. 운영체제의 기능은 다음과 같이 정리할 수 있다.

- **컴퓨터의 부팅**: 사용자가 컴퓨터의 전원을 켰을 때 운영체제를 동작시키기 위한 초기 과정을 부팅이라고 하며, 운영체제는 컴퓨터의 시작과 재시작을 지원한다.
- **사용자 인터페이스 제공**: 사용자가 명령을 쉽게 입력할 수 있도록 도와주고, 컴퓨터가 이해할 수 있는 형태로 입력을 변환한다. 또한 컴퓨터에서 처리한 결과와 정보를 사용자가 확인할 수 있도록 화면에 출력한다.
- **프로그램 실행 관리**: 컴퓨터 시스템의 자원을 프로그램이나 주변 장치에 적절히 할당하고 실행을 제어한다. 여러 프로그램을 동시에 또는 하나의 프로그램을 더 빠르게 실행하고자 할 때 적용한다.
- **메모리 관리**: 레지스터와 캐시 기억 장치, RAM, 디스크 등의 메모리 사용을 최적화하도록 관리한다. 현재 수행 중인 작업의 프로그램과 데이터를 적절한 메모리 영역에 할당하고 프로그램의 실행이 완료되면 제거한다.
- **파일 관리**: 파일을 하드디스크에 있는 계층적 구조의 폴더에 저장하여 관리한다.
- **기타 기능**: 보안, 암호화와 압축, 인터넷 연결, 네트워크 제어, 성능 모니터링 등의 기능을 지원한다.

■ 프로그래밍 언어와 컴파일러

프로그래밍 언어는 컴퓨터가 읽고 사용하는 명령어나 코드의 집합으로, 프로그래머가 의도한 대로 동작하는 프로그램을 개발하는 데 쓰인다. 프로그래밍 언어로 만들어진 응용 프로그램은 컴퓨터가 이해할 수 있는 언어로 번역해야 하는데, 이렇게 번역을 해주는 프로그램이 바로 컴파일러이다.

- **고급 언어**high-level language: 명령어가 일상적인 문장에 가까워 다른 언어에 비해 코딩 작업이 훨씬 간단하다. 또한 컴퓨터 하드웨어에 독립적이므로 프로그래밍 과정이 더욱 간결하다. 그러나 컴퓨터가 사용하는 기계어machine language와 차이가 크기 때문에 고급 언어를 기계어로 번역하려면 복잡한 과정을 거쳐야 한다.
- **저수준 언어**low-level language: 컴퓨터가 사용하는 언어로 기계어라고도 하며, 데이터를 표현할 때 기본 단위인 비트의 값 0과 1을 그대로 표기하는 언어이다. 저수준 언어는 CPU의 종류에 따라 각기 고유한 명령어로 구성되므로 컴퓨터 실행에 효율적이지만 사람이 기계어를

작성하기는 매우 어렵다.

- **어셈블리 언어**assembly language: 컴퓨터의 기계어 명령을 사람이 어느 정도 해독할 수 있도록 문자화하거나 기호화한 형태의 중간 수준 언어이다. 기계어와 일대일로 대응되므로 기계어로 번역되는 과정이 고급 언어보다 간단하다는 것이 장점이다. 기계어와 마찬가지로 CPU의 종류에 따라 어셈블리 언어의 명령어가 다르다.
- **컴파일러**compiler: 모든 프로그램은 컴퓨터가 사용할 수 있는 기계어로 번역되어야 실행이 가능하다. 컴파일러는 소스 프로그램source program을 기계어로 번역하여 오브젝트 코드object code라 불리는 실행 가능한 프로그램으로 만들어준다. 우리가 사용하는 응용 프로그램은 컴파일되어 실행 파일 형태로 제공되므로 프로그램 실행 시 번역 없이 빠르게 실행된다. 번역된 기계어는 직관적으로 확인하기 어려워 보안에도 좋다.

■ 데이터베이스 관리 시스템

데이터베이스 관리 시스템DBMS은 응용 소프트웨어와 운영체제 사이에서 대용량 데이터를 효율적으로 관리하는 시스템 소프트웨어로, 데이터베이스 추가·수정·검색 등의 작업을 하기 위한 시스템 인터페이스를 제공한다. 데이터베이스 관리 시스템은 단순히 사용자가 데이터베이스를 관리할 때나 응용 소프트웨어가 데이터베이스에 접속하여 시스템과 연결된 인터페이스가 많은 경우에 유용하다. 데이터베이스 관리 시스템의 특징은 다음과 같다.

- 효율적인 데이터 관리
- 데이터 접근에 대한 관리
- 효율적인 데이터 검색
- 원하는 형태의 보고서 즉시 작성
- 백업 및 복구 기능 보유
- 다양한 인터페이스 제공

■ 범용 유틸리티 소프트웨어

범용 유틸리티 소프트웨어는 사용자가 컴퓨터를 효율적으로 관리하는 데 필요한 다양한 기능을 독립적으로 수행하는 프로그램으로 다음과 같은 작업을 한다.

- **파일 관리**: 파일 목록을 보여주고 파일을 복사·삭제·저장하며 이름을 바꾼다.
- **디스크 관리**: 디스크 상태 보기 기능을 활용하여 불필요한 파일을 삭제하거나 문제를 해결한

다. 포매팅 기능이 있으며, 디스크 조각 모으기를 통해 파일 공간으로 사용하게 해준다.

- **시스템 상태 관리**: 컴퓨터 하드웨어, 주변 장치나 시스템 소프트웨어의 상태 보기를 통해 시스템의 문제를 진단하고 오류를 수정한다.

■ 장치 드라이버

컴퓨터에 연결된 주변 장치를 제어할 수 있도록 지원하는 소프트웨어이다. 컴퓨터는 장치 드라이버를 통해 주변 장치를 인식하고 제어한다.

응용 소프트웨어

컴퓨터가 특정 목적의 작업을 수행하게 하고 그 결과를 얻기 위한 프로그램을 응용 소프트웨어application software라고 한다. 쉽게 말해 컴퓨터가 다양한 작업을 수행할 수 있도록 하는 소프트웨어이다. [그림 5-17]에서 보듯이 응용 소프트웨어는 사용자가 직접 사용하는 최상위 계층에 해당하고 사무용, 과학 계산, 정보 시스템, 멀티미디어, 교육 등의 종류가 있다.

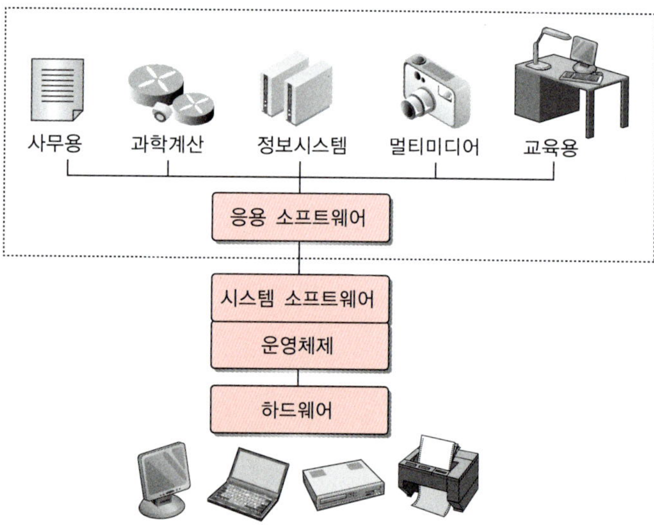

그림 5-17 응용 소프트웨어에 대한 계층적 개념과 분류

응용 소프트웨어는 사용 방법에 따라 문서 작성, 그래픽, 프레젠테이션, 수치 분석, 정보 및 참조, 데이터 관리, 연결, 교육 및 훈련, 게임, 회계 및 재무, 기업 등으로 분류된다.

3 펌웨어

시스템 소프트웨어는 전원이 꺼져도 저장된 데이터가 삭제되지 않고 비휘발성 기억 장치에 기억되는 경우가 있는데 이를 펌웨어라고 한다. 펌웨어는 시스템의 효율을 높이기 위해 ROM에 저장된 하드웨어를 제어하는 마이크로프로그램이다. ROM은 쓰기write 과정에 의해 프로그램이 한 번 입력되면 그다음부터는 읽기read 만 가능하고 프로그램을 수정하거나 갱신할 수 없다. ROM은 프로그램이 고정되어 있기 때문에 하드웨어의 특성을 지니고 있지만 실제로는 소프트웨어에 더 가깝다. 즉 소프트웨어를 하드웨어화한 것으로 소프트웨어와 하드웨어의 중간이라고 할 수 있다. 펌웨어는 특수한 영역에서 사용되며, 그 특징으로 전형적인 처리 루틴, 비휘발성, 변경 불가 등을 꼽을 수 있다.

소프트웨어의 기능을 펌웨어로 변경할 수 있으면 속도가 현저히 빨라지는데, 이 때문에 고속 처리가 필요한 프로그램은 펌웨어로 만들기도 한다. 또한 하드웨어의 기능을 펌웨어로 변경하면 속도는 느려지지만 그 기능을 위한 논리회로를 설계하여 사용하는 것보다 저렴하고 편리하게 구현할 수 있다.

02 버스와 상호 연결

버스bus는 컴퓨터에서 2개나 그 이상의 장치를 연결하는 공유 전송 매체이다. 버스를 통해 전송되는 데이터의 유형은 다양한데 크게 네 가지로 분류할 수 있다. 첫 번째는 프로세서가 기억 장치로부터 명령어와 데이터를 읽는 경우이다. 두 번째는 반대로 프로세서가 기억 장치에 데이터를 저장하는 경우이다. 세 번째는 입출력 장치와 관련된 것으로, 프로세서가 입출력 모듈을 통해 입출력 장치로부터 데이터를 읽고, 입출력 장치로 데이터를 전송한다. 네 번째는 입출력 모듈이 직접 기억 장치 액세스Direct Memory Access, DMA를 통해 기억 장치와 직접 데이터를 교환하는 경우이다. 이처럼 프로세서, 기억 장치, 입출력 장치 간의 통신을 위한 상호 연결을 시스템 버스system bus라고 한다.

1 시스템 버스의 종류

시스템 버스는 전송되는 데이터가 의미하는 내용에 따라 다음과 같이 구분된다.

■ 주소 버스

주소 버스address bus는 데이터를 읽거나 쓸 기억 장소의 주소를 전송하는 통로이다. 즉 CPU가 발생시키는 주소 정보를 외부로 전송하는 신호 선의 집합이다. 주소 버스는 주소 선의 수(주소 버스 폭)에 따라 CPU와 접속할 수 있는 최대 기억 장치 용량이 결정된다. 만약 주소 버스의 비트 수가 16비트라면 최대 2^{16}=64K개의 기억 장소 주소를 지정할 수 있어 최대 기억 장치 용량이 64K가 된다.

■ 데이터 버스

데이터 버스data bus는 모듈 사이로 데이터를 전송하는 통로이다. 즉 CPU가 기억 장치와 입출력 장치 사이에 데이터를 전송하기 위한 신호 선의 집합이다. 데이터 선의 수를 고속도로 차선에 비유한다면 32비트는 32차선 고속도로라고 할 수 있다. 즉 데이터 버스 폭이 32비트이면 CPU와 기억 장치 간에 한 번에 32비트씩 전송이 가능하다. 결과적으로 데이터 선의 수는 CPU가 한 번에 전송할 수 있는 데이터의 비트 수를 결정한다.

예 데이터 전송 폭이 32비트(4바이트)이고 버스 클록이 33메가헤르츠일 때의 전송 속도
4바이트 × 33,000,000헤르츠 = 132,000,000바이트/초

■ 제어 버스

제어 버스control bus는 제어 신호를 전송하는 통로, 즉 CPU가 컴퓨터 시스템 내 각종 장치 요소의 동작을 제어하기 위한 신호 선의 집합이라고 할 수 있다. 컴퓨터에서 일반적으로 사용되는 제어 신호는 다음과 같다.

- 기억 장치 읽기/쓰기memory read/write
- 입출력 장치 읽기/쓰기I/O unit read/write
- 전송 확인transfer acknowledge
- 버스 요구bus request
- 버스 승인bus grant
- 인터럽트 요구interrupt request
- 인터럽트 확인interrupt acknowledge
- 클록clock
- 리셋reset

이러한 제어 신호는 제어 버스를 통해 전송된다. [그림 5-18]은 주소, 데이터, 제어 버스로 구성되어 CPU와 연결된 시스템 버스를 보여준다.

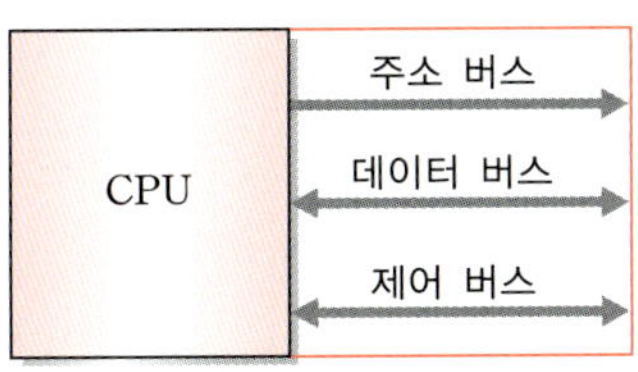

그림 5-18 시스템 버스의 구성

2 시스템 버스의 방향성과 기억 장치 읽기/쓰기 시간

시스템 버스에서 데이터가 전달되는 방향이 모두 양방향인 것은 아니다. 데이터 버스는 읽기/쓰기 동작을 모두 수행해야 하므로 양방향성bi-directional이며, 제어 버스 또한 데이터를 요구하는 제어 신호와 올바른 전송을 확인하는 제어 신호를 사용하므로 양방향성이다. 그러나 주소 버스는, 주소를 표현하는 신호가 CPU로부터 기억 장치나 입출력 장치로 전송되고 반대로의 전송은 없기 때문에 단방향성uni-directional이다.

CPU와 기억 장치 간의 데이터 이동에서 CPU가 기억 장치에 데이터를 전송하여 저장하는 것을 기억 장치 쓰기 동작이라고 한다. 반대로 CPU가 기억 장치에 저장된 데이터를 가져와 자신의 레지스터에 싣는 것을 기억 장치 읽기 동작이라고 한다.

[그림 5-19]는 CPU와 기억 장치 간의 버스 연결을 나타낸 것으로, 주소 버스는 단방향성이고 데이터 버스와 제어 버스는 양방향성이다. 특히 제어 버스는 읽기/쓰기 동작을 위한 제어 신호를 기억 장치로 전송한다.

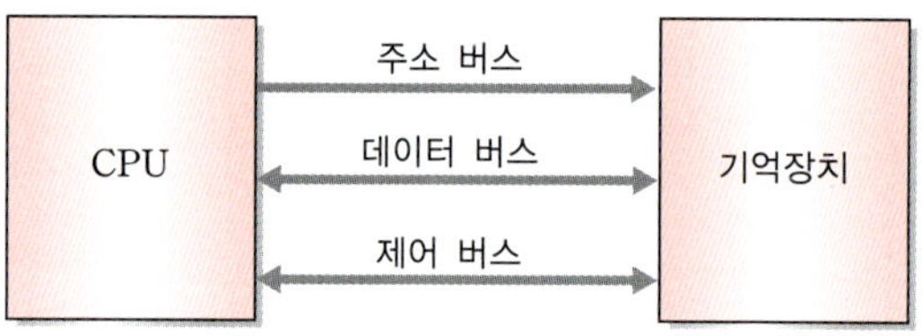

그림 5-19 CPU와 기억 장치 간의 버스 연결

CPU가 데이터를 기억 장치에 저장하는 기억 장치 쓰기 동작에서는 저장할 기억 장소의 주소와 데이터를 각각 주소 버스와 데이터 버스를 통해 기억 장치로 보내고, 동시에 제어 버스에서는 쓰기 신호를 활성화한다. 이때 CPU가 주소와 데이터를 보낸 순간부터 저장이 완료될 때까지의 시간을 기억 장치 쓰기 시간memory write time이라고 한다.

한편 기억 장치 읽기 동작에서는 CPU가 기억 장치 주소를 주소 버스를 통해 보내면서 읽기 신호를 활성화한다. 일정 지연 시간이 경과한 후 기억 장치에서 읽은 데이터가 데이터 버스에 실리고, CPU는 그 데이터를 버스 인터페이스 회로를 통해 읽을 수 있다. 따라서 기억 장치 읽기 시간memory read time은 주소를 해독하는 데 걸리는 시간과 선택된 기억 소자로부터 데이터를 읽는 데 걸리는 시간을 합한 시간이 된다.

(a) 쓰기 동작의 신호 흐름　　(b) 읽기 동작의 신호 흐름

그림 5-20 기억 장치 액세스 동작의 시간 흐름

3 CPU와 주변 장치의 데이터 전송

CPU는 기억 장치뿐만 아니라 외부 장치와도 데이터를 송수신한다. 먼저 입출력 장치로의 데이터 이동을 살펴보자. 이때 버스의 동작은 기억 장치와 동일하지만 입출력 장치는 버스와 직접적으로 연결되어 데이터를 송신하거나 수신하지 않는다. CPU와 입출력 장치 간의 처리 속도 차이가 커서, 처리 속도가 느린 입출력 장치가 빠르게 전송받은 데이터를 제대로 처리하지 못하기 때문이다. 그래서 시스템 버스와 입출력 장치를 연결하는 입출력 장치 제어기I/O device controller가 존재한다. CPU와 입출력 장치 간의 데이터 흐름은 [그림 5-21]과 같다.

CPU ↔ 시스템 버스 ↔ 입출력장치 제어기 ↔ 입출력장치

그림 5-21 CPU와 입출력 장치 간의 데이터 흐름

입출력 장치 제어기는 CPU에서 입출력 명령을 받아 해당 입출력 장치를 제어하고 데이터를 이동하는 명령을 수행하는 전자회로 장치로 상태 레지스터, 데이터 레지스터가 있다. 상태 레지스터는 입출력 장치의 현재 상태를 나타내는 비트를 저장하는 레지스터이다. 준비 상태(RDY) 비트, 데이터 전송 확인(ACK) 비트가 해당 상태를 표시한다. 준비 상태 비트가 1로 세트되면 입출력 장치가 데이터를 CPU로 송수신할 준비가 되었음을 알려주고, 입출력 장치가 CPU에 데이터 송수신을 완료하면 데이터 전송 확인 비트가 1로 세트된다.

데이터 레지스터는 CPU에서 입출력 장치 간에 이동하는 데이터를 일시적으로 저장하는 레지스터이다. [그림 5-22]는 CPU와 입출력 장치 간의 버스 연결을 나타낸 것으로, 입출력 장치 제어기에 해당하는 키보드 제어기와 출력 장치 제어기에 해당하는 프린터 제어기가 있고 상태 레지스터와 데이터 레지스터도 확인할 수 있다.

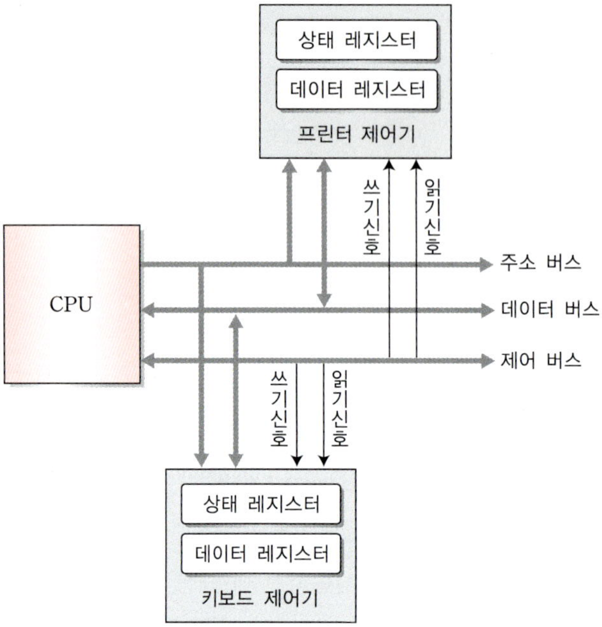

그림 5-22 CPU와 입출력 장치 간의 버스 연결

CPU는 외부 장치 중 보조 기억 장치와도 데이터를 송수신한다. 입출력 장치와 마찬가지로 각 장치에 해당하는 제어기를 이용하여 데이터를 이동할 수 있다. 보조 기억 장치는 기억 장치와 달리 많은 양의 데이터를 저장할 수 있는 저속 장치이다. 하드디스크와 플로피디스크, CD-ROM, DVD 등이 보조 기억 장치에 속한다.

CPU는 보조 기억 장치를 이용하여 한 번에 많은 데이터를 읽거나 쓰는 동작을 수행한다. 따라서 입출력 장치는 데이터 버스를 통해 8비트 단위로 전송하지만 보조 기억 장치는 블록 단위로 전송하며, 블록의 크기는 512바이트, 1024바이트, 4096바이트 등이다. 보조 기억 장치 제어기에서도 한 블록 이상을 임시로 저장할 수 있는 데이터 버퍼가 필요하다. [그림 5-23]은 컴퓨터에서 시스템 버스를 통한 데이터의 전체 흐름을 보여준다.

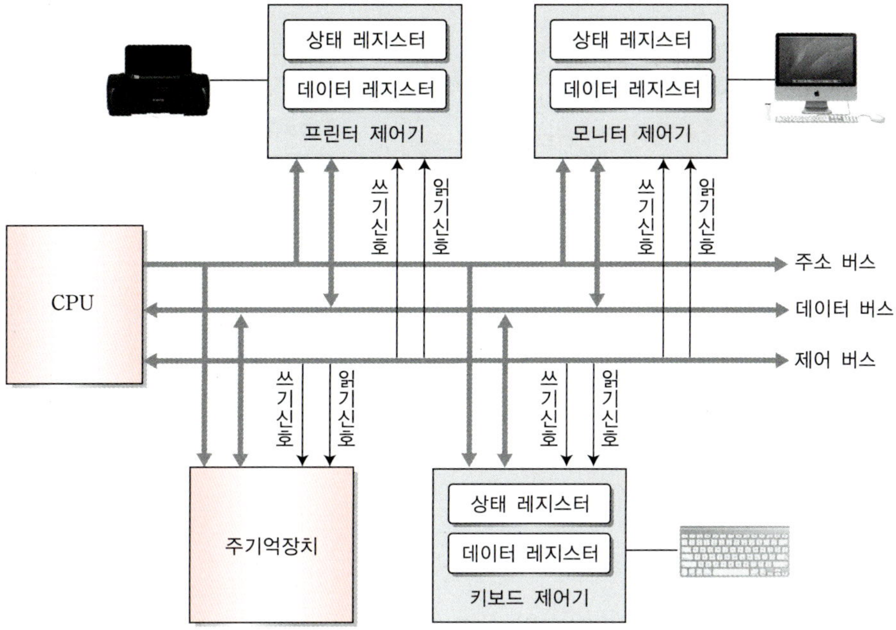

그림 5-23 시스템 버스를 통한 구성 장치의 연결

03 컴퓨터의 기능과 동작

컴퓨터는 단순한 수치 계산을 목적으로 하는 계산 장치에서 유래했으나 오늘날에는 다기능화되었으며, 대용량 멀티미디어 데이터를 처리할 수 있을 정도로 발전했다. 이제 컴퓨터는 사람이 했던 기억과 계산 등의 작업을 빠르고 정확하게 할 수 있고, 사람의 지시에 따라 다양한 일을 자동으로 처리한다.

1 컴퓨터의 특징과 기능

컴퓨터를 이해하기 위해 단순 계산기와 비교하여 차이점을 살펴보자. 일반적으로 계산기는 산술 연산만 가능하지만 컴퓨터는 복잡한 산술 연산은 물론이고 논리 연산도 가능하다. 그리고 계산기는 수치 데이터만 처리하지만 컴퓨터는 수치뿐 아니라 문자, 소리, 그래픽, 영상, 동영상 등의 멀티미디어 데이터도 처리할 수 있다. 또한 계산기는 사람이 조작해야 계산이 처리되지만 컴퓨터는 데이터 처리 절차와 방법을 프로그램으로 구현하여 결과를 얻을 수 있다. 그러므로 컴퓨터는 프로그램을 이용하여 원하는 결과를 얻기 위한 장치의 모임이라고 할 수 있다.

컴퓨터의 특징

컴퓨터의 기본적인 특징은 다음과 같다.

- **신속성**: 컴퓨터는 처리 속도가 매우 빨라 1초에 수억 번의 작업을 수행한다.
- **신뢰성**: 컴퓨터에 입력된 자료를 오류 없이 정확하게 처리하므로 그 결과를 믿을 수 있다.
- **정확성**: 컴퓨터에 입력된 자료가 정확하고 사용법이 맞다면 처리 결과가 정확하다.
- **대용량성**: 기억 장치가 지속적으로 발전하여 작은 기억 장치 하나에 방대한 자료를 저장할 수 있다.
- **공유성**: 인터넷에 연결된 컴퓨터는 전 세계의 정보를 많은 사람이 공유하게 해준다.

컴퓨터의 기능

컴퓨터는 앞서 설명한 시스템 구성을 기반으로 다음과 같은 기능을 수행한다.

- **입력 기능**: 처리 대상이 되는 데이터나 처리 방법과 절차를 지시하는 프로그램을 컴퓨터 내부로 읽어온다.
- **기억 기능**: 입력된 데이터나 프로그램, 중간 결과와 처리 결과를 기억한다.
- **처리 기능**: 기억된 프로그램이나 데이터를 꺼내어 산술 연산이나 논리 연산을 수행한다. 또한 프로그램의 명령을 하나씩 읽고 해석하여 입력, 기억, 연산, 출력 기능을 수행하도록 각 장치에 필요한 지시를 내린다.
- **출력 기능**: 처리 결과를 기호, 문자, 그림, 음성 등의 형태로 외부로 내보낸다.
- **통신 기능**: 다른 컴퓨터와 연결하여 자료를 입력하거나 처리하고 출력한다.

이것은 가장 기본적인 기능이며 이 밖에도 다양한 기능을 수행할 수 있다.

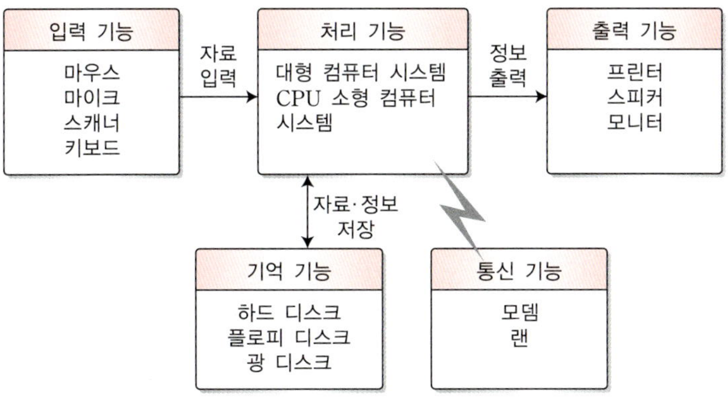

그림 5-24 컴퓨터의 기능

2 컴퓨터 시스템의 동작

컴퓨터 시스템의 전원 버튼을 누르면 부팅이 되면서 펌웨어가 하드웨어를 초기화하고, 운영체제 프로그램이 주기억 장치에 적재되어 컴퓨터 시스템을 제어한다. 그리고 응용 프로그램을 실행하면 응용 프로그램이 운영체제 위에서 동작하면서 사용자의 목적에 맞는 프로그램을 동작시킨다. [그림 5-25]는 컴퓨터 시스템의 시작 동작 과정을 보여준다. 부팅을 위한 펌웨어는 ROM에 저장되어 있고 운영체제는 하드디스크에 저장되어 있다.

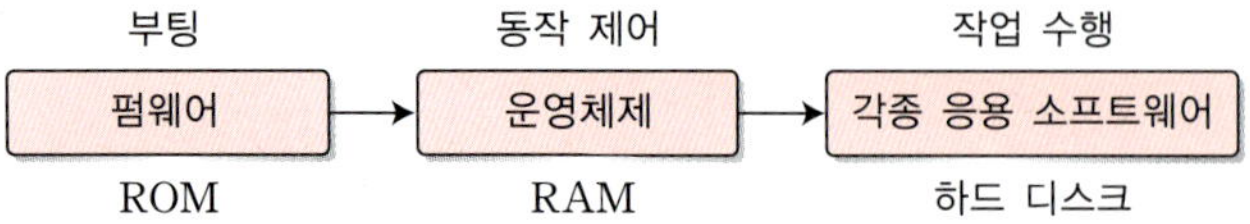

그림 5-25 컴퓨터 시스템의 시작 동작 과정

컴퓨터에서 프로그램을 실행할 때 구성 장치가 수행하는 동작은 다음과 같다.

- **실행**: CPU가 주기억 장치로부터 프로그램 코드를 읽어서 실행한다.
- **데이터 저장**: 프로그램 실행 결과로 얻은 데이터를 주기억 장치에 저장한다.
- **데이터 이동**: 보조 기억 장치인 디스크나 CD-ROM에 저장되어 있는 프로그램과 데이터 블록을 주기억 장치로 이동한다.
- **데이터 입력**: 사용자가 키보드로 입력하는 명령이나 데이터를 읽어들인다.
- **데이터 출력**: CPU가 처리한 결과 값이나 기억 장치의 내용을 프린터나 모니터로 출력한다.
- **제어**: 프로그램이 순서대로 실행되도록 또는 필요에 따라 실행 순서를 변경하도록 조정하며, 각종 제어 신호를 발생시킨다.

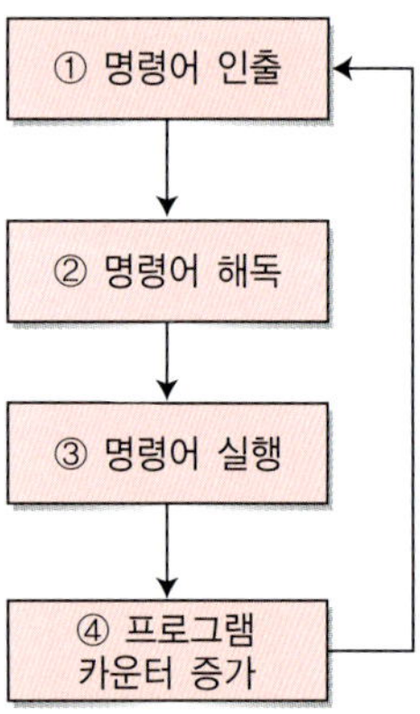

그림 5-26 프로그램의 명령어 수행 단계

컴퓨터에서 사용하는 프로그램은 정보 처리 절차와 방법을 구현해놓은 것이다. 컴퓨터는 프로그램의 명령어를 읽고 처리하고 저장하는 과정을 통해 정해진 순서대로 프로그램을 실행한다. [그림 5-26]은 프로그램의 명령어가 수행되는 과정을 보여준다. 명령어 인출instruction fetch은 명령어를 읽어오는 단계이고, 명령어 해독instruction decode은 명령어의 내용을 결정하는 단계이며, 명령어 실행instruction execution은 해독 명령어의 내용을 수행하는 단계로 처리 결과가 저장된다. 마지막으로 프로그램 카운터 증가는 다음 명령어를 수행하기 위한 단계이다.

3 명령어 사이클

프로그램은 명령어의 집합으로, 순서대로 실행된 명령어를 원하는 형태로 처리하여 결과를 얻을 수 있다. 명령어 사이클instruction cycle은 CPU가 하나의 명령어를 실행하는 데 필요한 전체 처리 과정을 말한다. 명령어 사이클은 기본적으로 부사이클sub-cycle인 인출 사이클fetch cycle과 실행 사이클execution cycle로 구성된다. 명령어가 연속적으로 수행되므로 2개의 부사이클이 연속적으로 반복된다.

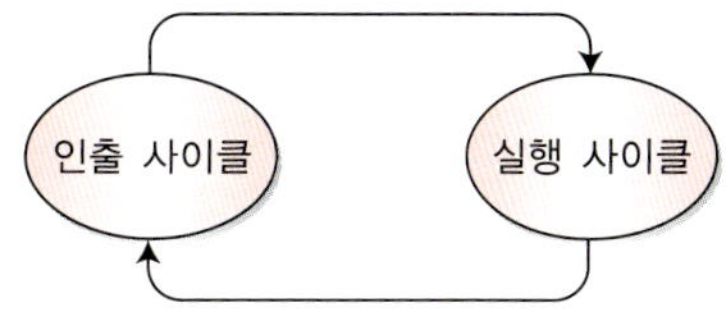

그림 5-27 명령어 부사이클의 동작

인출 사이클은 CPU가 주기억 장치로부터 명령어를 읽어오는 단계이고, 실행 사이클은 명령어를 실행하는 단계이다. 수행되는 동작은 다음과 같으며 하나 혹은 그 이상이 동시에 이루어진다.

- 프로세서와 기억 장치 간에 데이터가 전송된다.
- 프로세서와 입출력 모듈 간에 데이터가 전송된다.
- 데이터에 대해 지정된 산술 연산 또는 논리 연산이 수행된다.
- 점프jump 등 실행 명령어의 순서가 변경될 때 제어 동작을 사용한다.

기본 명령어 사이클은 [그림 5-28]과 같다. 명령어 사이클은 하나의 명령어가 실행되는 시간으로, 명령어 인출 시간과 명령어 실행 시간이 합쳐진 것이다.

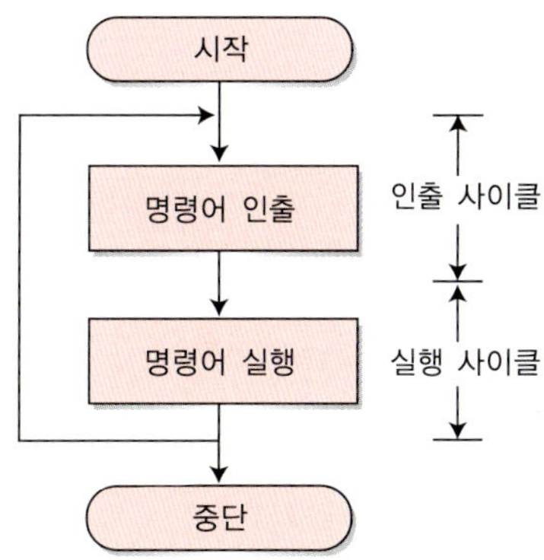

그림 5-28 기본 명령어 사이클

명령어 인출 사이클을 시간 단계별로 살펴보자.

- **1단계**: 다음에 인출할 명령어의 주소를 가진 프로그램 카운터를 기억 장치 주소 레지스터에 저장한다.
- **2단계**: 프로그램 카운터가 지정하는 기억 장소에서 명령어를 인출하고 프로그램 카운터의 내용을 증가시킨다.
- **3단계**: 인출된 명령어가 명령어 레지스터에 적재된다. 프로세서는 명령어를 해석하고 지정된 동작을 수행한다.

[그림 5-29]는 인출 사이클 동안 주소와 명령어의 흐름을 보여준다. 1단계에서는 주소가 기억 장치로 전달되고 2, 3단계에서는 기억 장치에서 인출된 명령어가 기억 장치 버퍼 레지스터를 통해 명령어 레지스터로 전달된다.

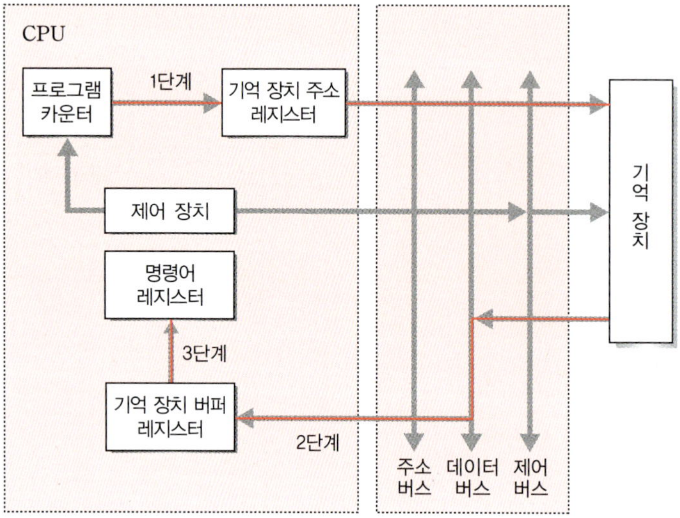

그림 5-29 인출 사이클 동안 주소와 명령어의 흐름

CPU는 실행 사이클 동안 명령어 코드를 해독하고 그 결과에 따라 필요한 연산을 수행한다. ADD 명령어는 기억 장치에 저장된 데이터와 누산기accumulator의 내용을 더하고 그 결과를 누산기에 저장한다. 산술논리 연산 장치에 있는 누산기는 연산을 위한 데이터를 일시적으로 저장하는 저장 장치이다.

ADD 명령어 실행 사이클을 시간 단계별로 살펴보자.

- **1단계**: 기억 장치 버퍼 레지스터에 저장될 데이터의 기억 장치 주소를 기억 장치 주소 레지스터로 전송한다.
- **2단계**: 저장할 데이터를 버퍼 레지스터인 기억 장치 버퍼 레지스터로 이동한다.
- **3단계**: 기억 장치 버퍼 레지스터의 데이터와 누산기의 내용을 더하고 결과 값을 누산기에 저장한다.

[그림 5-30]은 ADD 명령어 실행 사이클 동안 정보의 흐름을 보여준다. 1단계에서는 주소가 기억 장치로 전달되고 2, 3단계에서는 명령어와 데이터의 흐름이다.

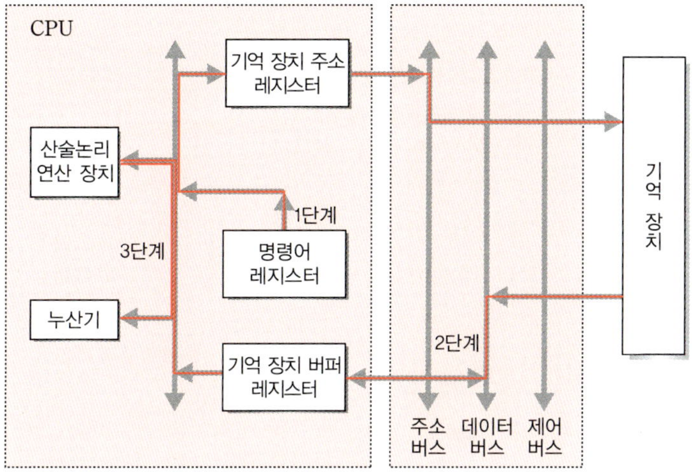

그림 5-30 ADD 명령어 실행 사이클 동안 정보의 흐름

4 컴퓨터 언어를 이용한 프로그램 작성

어셈블리 언어assembly language는 어셈블리 코드의 집합으로, 고급 언어와 기계어 사이의 중간 언어이다. 저급 언어인 기계어와 일대일 대응 관계이며 기계어로의 변환 과정이 쉽다. 또한 어셈블러assembler는 어셈블리 프로그램을 2진수의 기계어로 번역하는 소프트웨어이다.

어셈블리 명령어가 지정하는 동작을 개략적으로 짐작하는 데 사용되는 기호를 니모닉스mnemonics라고 한다. 대표적인 니모닉스는 LOAD, ADD, STOR 등이다.

- **LOAD**: 기억 장치에 저장된 데이터나 명령어를 명령어 레지스터로 읽어오는 명령어이다.
- **ADD**: 두 레지스터에 저장된 데이터를 산술적으로 더하고 그 결과를 레지스터에 저장하는 명령어이다.
- **STOR**: 처리되거나 계산된 데이터를 기억 장치에 저장하는 명령어이다.

고급 언어로 작성된 코드를 어셈블리 언어와 기계어로 표현해보자. 다음은 고급 언어로 두 수의 덧셈을 수행하는 코드이다.

$$X = Y + Z$$

이 코드를 어셈블리 언어로 변환하려면 다음과 같이 세 단계를 거친다.

- **1단계**: LOAD Y

- **2단계**: ADD Z
- **3단계**: STOR X

1단계는 기억 장치 Y번지의 내용을 읽어 레지스터에 적재하는 명령어, 2단계는 기억 장치 Z번지의 내용을 읽어 레지스터에 적재되어 있는 값과 더한 결과를 레지스터에 적재하는 명령어, 3단계는 레지스터에 저장된 값을 기억 장치 X번지에 저장하는 명령어이다. 이처럼 어셈블리 언어로 작성된 명령어는 다시 기계어로 일대일 변환된다.

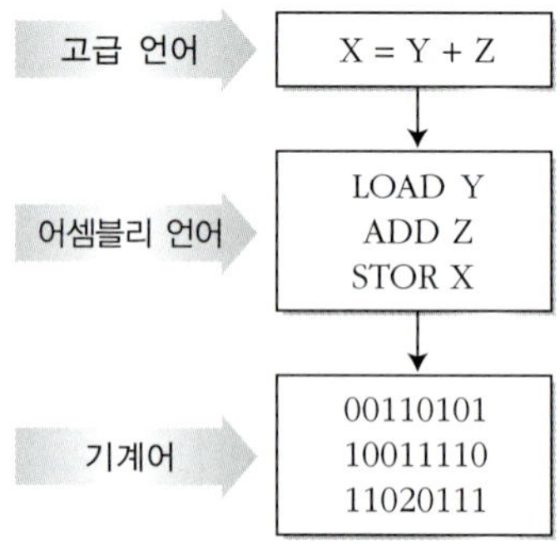

그림 5-31 기계어로의 번역 과정

번역 과정에서 생성된 기계어는 2개의 필드로 구분된 일정한 형식을 띤다. 8비트 기계어 명령어의 형식은 [그림 5-32]와 같다. 연산 코드operation code 필드는 CPU가 수행할 각종 연산을 지정하는 비트이고, 오퍼랜드operand 필드는 적재될 데이터가 저장되어 있는 기억 장치 주소 또는 연산에 바로 사용될 데이터 비트이다. 연산 코드가 2비트이면 지정할 수 있는 연산의 최대수는 4(=2^2)이고, 오퍼랜드가 6비트이면 지정할 수 있는 기억 장소의 최대수는 64(=2^6)이다.

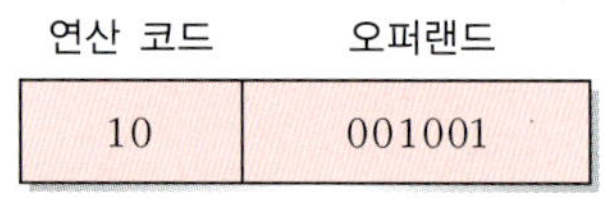

그림 5-32 기계어의 형식

프로그램과 데이터가 기억 장치에 저장되는 단위인 워드word는 CPU가 한 번에 처리할 수 있는 비트의 묶음이다. [그림 5-33]은 기억 장치에 저장된 워드 단위의 기계어를 나타낸 것이다.

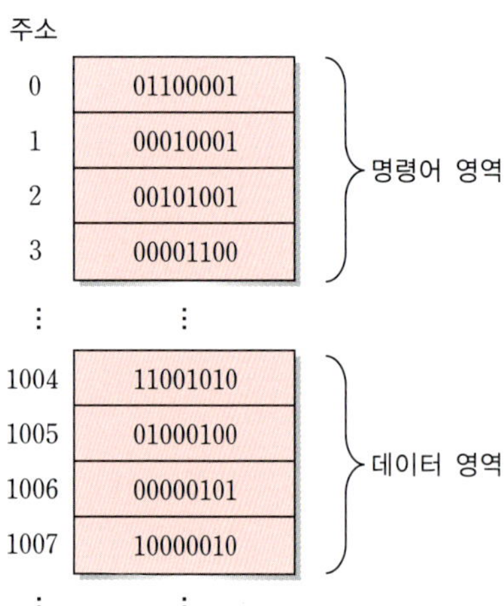

그림 5-33 기억 장치에 저장된 기계어

요약

01 컴퓨터 구성 요소의 분류

하드웨어는 실제의 물체로서 컴퓨터에서 사용되는 정보를 처리·전송·저장하고 전송 통로를 제공한다. 하드웨어가 특정 작업을 수행하도록 제어 신호를 제공하는 일련의 부호 또는 명령어의 집합을 소프트웨어라고 한다.

02 하드웨어의 분류

컴퓨터 하드웨어는 CPU, 기억 장치, 입력 장치, 출력 장치로 구분되며, 이 중에서 CPU는 산술 논리 연산 장치, 레지스터, 제어 장치로 구성된다.

03 소프트웨어의 분류

소프트웨어는 컴퓨터 시스템을 운영하기 위한 시스템 소프트웨어와 특정 목적의 작업을 수행하기 위한 응용 소프트웨어로 구분된다.

04 시스템 버스

프로세서, 기억 장치, 입출력 장치 간의 통신을 위한 상호 연결을 시스템 버스라고 한다.

05 주소 버스, 데이터 버스, 제어 버스

주소 버스는 주소 선의 수에 따라 CPU와 접속할 수 있는 최대 기억 장치 용량이 결정된다. 데이터 버스에서 데이터 선의 수는 CPU가 한 번에 전송할 수 있는 데이터의 비트 수를 결정한다.

06 시스템 버스의 방향성

데이터 버스는 읽기/쓰기 동작을 모두 수행해야 하므로 양방향성이며, 제어 버스는 데이터를 요구하는 제어 신호와 올바른 전송을 확인하는 제어 신호를 사용하므로 양방향성이다. 주소 버스는, 주소를 표현하는 신호가 CPU로부터 기억 장치나 입출력 장치로 전송되고 반대로의 전송은 없기 때문에 단방향성이다.

07 기억 장치 쓰기/읽기

CPU가 기억 장치에 데이터를 전송하여 저장하는 것을 기억 장치 쓰기 동작이라고 한다. 반대로 CPU가 기억 장치에 저장된 데이터를 가져와 자신의 레지스터에 싣는 것을 기억 장치 읽기 동작이라고 한다.

08 CPU와 입출력 장치 간의 데이터 흐름

CPU ↔ 시스템 버스 ↔ 입출력장치 제어기 ↔ 입출력장치

09 컴퓨터의 기본적인 특징 및 기능

컴퓨터의 기본적인 특징은 신속성, 신뢰성, 정확성, 대용량성, 공유성이고 컴퓨터는 입력, 기억, 처리, 출력, 통신 등의 기능을 수행한다.

10 명령어 수행 과정

컴퓨터 프로그램에서의 명령어 수행은 명령어 인출, 명령어 해독, 명령어 실행, 프로그램 카운터 증가 단계를 거친다.

11 명령어 사이클

CPU가 하나의 명령어를 실행하는 데 필요한 전체 처리 과정인 명령어 사이클은 기본적으로 부사이클인 인출 사이클과 실행 사이클로 구성된다.

12 어셈블리 언어

고급 언어와 기계어 사이의 중간 언어인 어셈블리 언어는 저급 언어인 기계어와 일대일 대응 관계이며 기계어로의 변환 과정이 쉽다. 어셈블러는 어셈블리 프로그램을 2진수의 기계어로 번역하는 소프트웨어이다.

13 기계어 형식

연산 코드 필드는 CPU가 수행할 각종 연산을 지정하는 비트이고, 오퍼랜드 필드는 적재될 데이터가 저장되어 있는 기억 장치 주소 또는 연산에 바로 사용될 데이터 비트이다.

연습문제

01 다음 중 CPU의 구성 요소에 속하지 않는 것은?

① 산술논리 연산 장치　　② 제어 장치

③ 비디오 카드　　④ 레지스터

02 CPU의 구성 요소에 대한 설명으로 옳지 않은 것은?

① ALU는 연산을 수행하는 장치이다.

② 제어 장치는 순서 제어 논리 장치, 제어 장치 레지스터, 명령어 해독기, 제어 메모리로 구성된다.

③ 레지스터는 조합 논리회로로 생성된다.

④ 내부 CPU 버스는 ALU와 레지스터 집합, 제어 장치를 연결한다.

03 다음 중 CPU의 제어 장치에 속하지 않는 것은?

① 제어 기억 장치　　② 프로그램 카운터

③ 명령어 해독기　　④ 순서 제어 논리 장치

04 CPU의 레지스터에 대한 설명으로 옳은 것은?

① 프로그램 카운터PC는 다음에 실행할 명령어의 주소를 저장하는 레지스터이다.

② 명령어 레지스터IR는 기억 장치에 저장될 데이터 또는 기억 장치로부터 읽은 데이터를 임시로 저장하는 버퍼이다.

③ 기억 장치 버퍼 레지스터MBR는 다음에 읽기나 쓰기 동작을 수행할 기억 장소의 주소를 저장하는 주소 저장용 레지스터이다.

④ 입출력 주소 레지스터I/O AR는 입출력 모듈과 CPU 사이에 교환되는 데이터를 일시적으로 저장하는 레지스터이다.

05 레지스터에 대한 설명으로 옳지 않은 것은?

① 플립플롭으로 구성된다.

② 데이터를 좌우로 이동한다.

③ 여러 비트를 영구적으로 저장할 수 있다.

④ 직렬 처리의 경우 하드웨어의 규모가 간단하다.

06 다음 중 컴퓨터에서 사용되는 레지스터가 아닌 것은?

① 기억 장치 주소 레지스터 ② 명령어 주소 레지스터

③ 입출력 버퍼 레지스터 ④ 프로그램 카운터

07 레지스터에 대한 설명으로 옳지 않은 것은?

① CPU에서 데이터를 임시로 저장하는 장치이다.

② PC와 MAR은 일반 데이터를 저장하는 레지스터이다.

③ 플립플롭의 연결을 기본으로 하는 순차 논리회로이다.

④ IR은 명령어를 저장하는 레지스터이다.

08 기억 장치에 대한 설명으로 옳지 않은 것은?

① 주기억 장치는 수행 프로그램과 수행에 필요한 데이터를 기억하고 있는 장치이다.

② 주기억 장치는 CPU에 접근하는 속도가 비교적 빠르며 많은 용량을 기억한다.

③ 외부 기억 장치는 반영구적으로 데이터를 저장 및 보존한다.

④ 외부 기억 장치는 주기억 장치보다 가격이 비싸지만 속도가 빠르다.

09 펌웨어에 대한 설명으로 옳은 것은?

① 소프트웨어를 하드웨어화한 것이다.

② 특정 목적에만 사용할 수 있고 다른 목적을 위해서는 부품을 다시 연결해야 한다.

③ 부품을 연결하여 필요한 기능을 수행하게 하는 프로그래밍의 한 형식이다.

④ 컴퓨터 하드웨어에서 중추적인 기능인 프로그램 실행과 데이터 처리를 한다.

10 하드웨어 부품을 연결하여 필요한 기능을 수행하게 하는 프로그래밍의 한 형식을 (①) 프로그램이라고 한다. 이 방법의 컴퓨터 시스템은 융통성이 없다는 것이 단점이다. 그리고 (②)는 소프트웨어를 하드웨어화한 것으로, 하드웨어와 소프트웨어의 중간 위치에 해당한다.

11 프로그램과 데이터가 기억 장치에 저장되는 단위는 (①)이다. 그리고 프로세서, 기억 장치, 입출력 장치 간의 통신을 위한 상호 연결 공유 전송 매체를 (②)라고 한다.

12 버스에 대한 설명으로 옳지 않은 것은?

① 버스는 2개 또는 그 이상의 장치를 연결하는 공유 전송 매체이다.

② 프로세서, 기억 장치, 입출력 장치 간에 상호 연결한 것은 로컬 버스이다.

③ 계층적인 버스는 컴퓨터에서 더 효율적으로 사용된다.

④ 시스템 버스는 주소 버스, 데이터 버스, 제어 버스로 구분된다.

13 버스를 통해 전송되는 데이터의 유형으로 옳지 않은 것은?

① I/O 모듈이 DMA를 통해 기억 장치와 직접 데이터를 교환하는 전송 유형

② 프로세서가 기억 장치에 데이터를 저장하는 유형

③ 프로세서가 CPU로부터 명령어와 데이터를 읽는 유형

④ 프로세서가 I/O 장치로 데이터를 전송하는 유형

14 주소 버스에 대한 설명으로 옳지 않은 것은?

① 데이터가 읽히거나 쓰일 기억 장소의 주소를 전송하는 통로이다.

② 주소 정보를 전송하는 신호 선의 집합이다.

③ 주소 선의 수에 따라 CPU와 접속할 수 있는 최대 기억 장치 용량이 결정된다.

④ 주소 버스의 비트 수가 8비트이면 최대 64K개의 기억 장소 주소를 지정할 수 있다.

15 다음 중 제어 버스의 신호가 아닌 것은?

① 버스 변경 신호

② 읽기 신호

③ 전송 확인 신호

④ 인터럽트 확인 신호

16 입출력 장치 제어기에 대한 설명으로 옳은 것은?

① 양방향성 명령어를 사용한다.

② CPU와 입출력 장치의 속도 차이를 극복하기 위한 장치이다.

③ 로컬 캐시 버스와 입출력 장치 사이에 존재한다.

④ 자체적으로 입출력 명령을 생성한다.

17 다음 중 컴퓨터의 기능에 해당하지 않는 것은?

① 입력 기능 ② 기억 기능

③ 보안 기능 ④ 처리 기능

18 컴퓨터에서 프로그램의 처리 과정은 (①)과 명령어 실행이 반복된다. 인간이 작성하기 쉬운 고급 언어 프로그램을 하드웨어가 이해할 수 있는 기계어 프로그램으로 번역하는 소프트웨어를 (②)라고 한다.

19 프로그램의 명령어가 수행되는 과정을 순서대로 나열한 것은?

① 명령어 인출 – 명령어 해독 – 명령어 실행 – 프로그램 카운터 증가

② 명령어 해독 – 명령어 인출 – 명령어 실행 – 프로그램 카운터 증가

③ 명령어 인출 – 명령어 실행 – 명령어 해독 – 프로그램 카운터 증가

④ 명령어 실행 – 명령어 인출 – 명령어 해독 – 프로그램 카운터 증가

20 명령어 형식에서 CPU가 수행할 연산을 지정하는 비트는 (①)이고, 적재될 데이터가 저장된 기억 장치 주소 또는 연산에 사용될 데이터 비트는 (②)이다.

21 주소 버스의 비트 수가 8비트이면 최대 기억 장치 용량은 얼마인가?

22 시스템 버스에 직접 연결되어 데이터를 전송하는 하드웨어는?

① 주기억 장치 ② 키보드

③ CD-ROM ④ 프린터

Chapter

06

중앙 처리 장치의 구성과 기능

학습목표

- 중앙 처리 장치의 구성 요소를 파악한다.
- 중앙 처리 장치의 산술논리 연산 장치와 제어 장치의 설계 구조를 이해한다.
- 중앙 처리 장치의 기본적인 기능을 이해한다.
- 중앙 처리 장치의 성능을 향상하는 요인을 알아본다.

01 CPU와 마이크로프로세서

마이크로프로세서microprocessor는 컴퓨터에서 명령을 수행하고 데이터를 처리하는 CPU를 칩 형태로 만든 집적회로이다. CPU는 하나 이상의 마이크로프로세서로 만들 수 있으며, 고성능 컴퓨터의 경우 여러 개의 마이크로프로세서를 병렬로 연결하여 CPU를 만들기도 한다. [그림 6-1]은 주 회로기판main board의 CPU와 주기억 장치를 보여준다.

그림 6-1 주 회로기판의 CPU와 주기억 장치

기본적으로 CPU는 입력된 데이터와 명령어를 프로그램에서 지정한 순서에 따라 수행한다. 이러한 방식을 프로그램 내장 방식이라고 하며, 이를 처음 제안한 학자의 이름을 따서 폰노이만Von Neumann 컴퓨터 구조라고도 일컫는다. 데이터와 명령어가 주기억 장치인 RAM에 저장되어 있다가 데이터 버스를 통해 CPU로 전달되면 CPU는 전달된 명령어를 이용하여 데이터를 사용자가 원하는 형태로 처리하고, 그 결과는 다시 데이터 버스를 통해 RAM으로 전달된다.

1 머신 사이클

컴퓨터 시스템은 프로그램에 따라 동작을 수행하는데, 이때 프로그램을 구성하는 명령어는 4단계를 거치게 된다. [그림 6-2]와 같은 단계별 명령어 수행 과정은 CPU에서 이루어지므로 머신 사이클machine cycle이라고 한다.

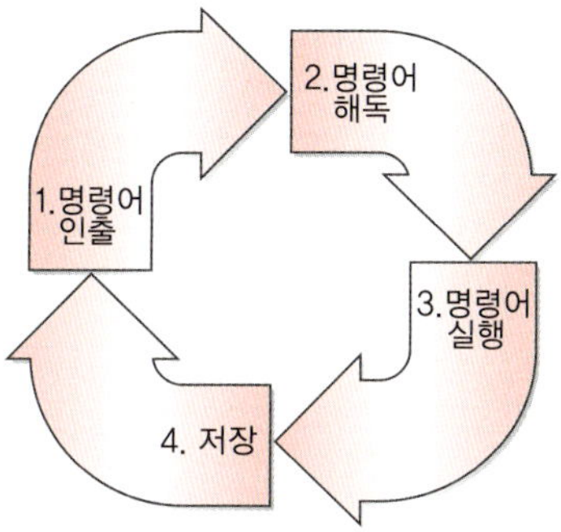

그림 6-2 머신 사이클

각 단계별 사이클의 역할은 다음과 같다.

- **인출 사이클**fetch cycle: 필요한 명령어를 주기억 장치에서 불러오는 사이클
- **해독 사이클**decode cycle: 호출된 명령어를 해석하는 사이클
- **실행 사이클**execute cycle: 해석된 명령어를 산술논리 연산 장치를 이용하여 실행하는 사이클
- **저장 사이클**store cycle: 실행 결과를 주기억 장치에 저장하는 사이클

[그림 6-3]은 머신 사이클을 기반으로 명령어를 수행하는 과정을 보여준다.

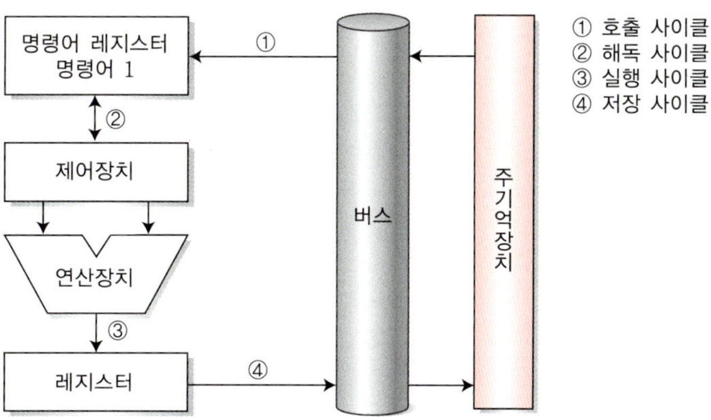

그림 6-3 명령어 수행 과정

2 클록 속도와 명령어 처리 속도

컴퓨터의 CPU나 디지털 논리회로가 일정한 속도로 작동하려면 일정한 간격으로 전기적 진동pulse을 공급받아야 한다. CPU를 비롯한 컴퓨터의 모든 부품은 특정 신호에 맞추어 동작하는데, 이러한 신호를 클록clock이라고 한다. 보통 한 신호 뒤에 다음 신호가 올 때까지의 간격을 주기라고 하며, 클록 속도는 주기의 역수인 클록 주파수이다. 즉 클록 주파수는 1초에 클록이 몇 번 발생하는지를 의미한다. 클록 주파수의 단위는 Hz(헤르츠)이고, 1Hz는 1초에 한 번 클록이 발생하는 것이다. 또한 1초에 클록이 10^6번 발생하면 클록 주파수의 단위를 MHz(메가헤르츠)로 표시하고, 1초에 클록이 10^9번 발생하면 GHz(기가헤르츠)로 표시한다. 예를 들어 75MHz는 초당 7,500만 번의 사이클로 디지털 신호 0과 1이 발생한다.

클록은 주 회로기판에 장착되어 있는 클록 발생기가 만들며, 클록 수가 클수록 컴퓨터의 처리 속도가 빠르다. 하지만 클록 속도만이 컴퓨터의 속도를 좌우하는 것은 아니다. 물론 CPU의 클록 속도가 중요하지만 다른 하드웨어와 소프트웨어의 구성에 따라서도 큰 영향을 받는다. 즉 컴퓨터의 속도는 버스의 속도, RAM의 클록, CPU 버스, L1/L2/L3 캐시양의 영향을 받는다.

CPU의 성능을 측정하는 또 다른 요소로 명령어 처리 속도가 있다. 명령어 처리 속도는 초당 처리하는 명령어의 수를 의미하며, 단위는 1초에 100만 개의 명령어 실행을 나타내는 MIPSMillion Instruction Per Second이다. 예를 들어 18.5MIPS는 1초 동안 1,850만 개의 명령어를 실행할 수 있다. 최근 출시되는 마이크로프로세서는 100,000MIPS 이상의 성능을 갖추고 있다.

02 CPU의 내부 구조

일반적으로 CPU의 내부 구조는 연산 장치, 레지스터, 제어 장치의 집합이 내부 CPU 버스로 연결되어 있으며, 버스를 통해 데이터가 전송된다. CPU의 구성 요소는 다음과 같은 기능을 수행한다.

- 연산 장치에서 각종 연산 기능을 수행한다.
- 레지스터에서 데이터를 보관하는 기억 기능을 수행한다.
- 제어 장치는 명령을 해독하고 제어 신호를 발생시켜 제어 기능을 수행한다.
- 버스를 통해 데이터의 전달 기능을 수행한다.

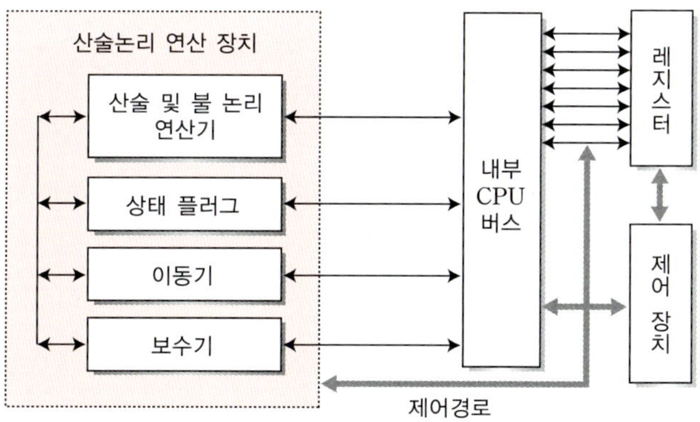

그림 6-4 CPU의 내부 구조

1 연산 장치

CPU 내의 연산 장치인 산술논리 연산 장치ALU는 덧셈, 뺄셈 등의 산술 연산과 AND, OR 등의 논리 연산을 하는 CPU의 기본 설계 블록이다. 오늘날의 컴퓨터가 대량 데이터를 처리할 수 있는 것은 마이크로프로세서가 강력하고 복잡한 다중의 산술논리 연산 장치를 가지고 있기 때문이다. 이러한 산술논리 연산 장치의 구성 요소는 다음과 같다.

- **산술 및 불 논리 연산기**ALU: 실제적인 산술 연산(덧셈, 뺄셈, 곱셈, 나눗셈)과 논리 연산(AND, OR, NOT, XOR)을 수행하는 회로이다.
- **상태 플래그**status flag: 연산 장치의 데이터에 대해 음수, 0, 오버플로 등의 상태를 표시한다.
- **이동기**shifter: 데이터 비트를 좌우로 비트 단위로 이동한다. 비트의 이동은 2의 곱셈 또는 나눗셈으로 해석된다.
- **보수기**complementer: 산술논리 연산 장치의 데이터에 대해 보수 연산을 수행한다. 2의 보수를 통해 덧셈과 뺄셈 연산 장치를 쉽게 제작할 수 있다.

2 프로세서 레지스터와 스택

CPU 내부의 대표적인 저장 장치는 레지스터이다. 레지스터는 CPU의 설계에 따라 또는 용도와 사용 목적에 따라 종류가 다양하다. 또한 스택stack이라는 저장 장치도 있는데, 이는 일반적인 저장 장치와 달리 주소를 지정하는 방법과 읽고 쓰는 방법이 간편하다는 것이 특징이다.

프로세서 레지스터

CPU(프로세서) 내에서 데이터를 저장하는 장치를 프로세서 레지스터 또는 간략하게 레지스터라고 하며, 레지스터의 집합을 레지스터 세트라고 한다. 레지스터는 컴퓨터의 기억 장치 중에서 속도가 가장 빨라 일반적으로 CPU에서 고속으로 계산하는 값을 저장하는 데 사용된다. 즉 산술논리 연산 장치에서 처리된 결과 데이터를 임시로 보관하고, 주기억 장치에서 읽어온 명령어와 데이터를 임시로 보관하기도 한다.

CPU에서 사용되는 레지스터의 수와 용도는 프로세서의 설계에 따라 달라진다. 특히 레지스터는 속도가 가장 빠른 만큼 가장 고가이기 때문에 그 수를 제한하여 사용한다. 한편 레지스터는 용도에 따라 다음과 같은 종류가 있다.

- **데이터 레지스터**: 정수 데이터 값을 저장한다.
- **주소 레지스터**: 기억 장치 주소를 저장하며 기억 장치 액세스에 사용된다.
- **범용 레지스터**: 데이터와 주소를 모두 저장할 수 있다.
- **부동 소수점 레지스터**: 부동 소수점 데이터 값을 저장한다.
- **상수 레지스터**: 0이나 1 등 고정된 데이터 값을 저장한다.

- **특수 레지스터**: 실행 중인 프로그램의 상태를 저장한다. 프로그램 카운터, 상태 레지스터 등이 있다.
- **명령어 레지스터**: 실행 중인 명령어를 저장한다.
- **인덱스 레지스터**: 실행 중인 피연산자의 주소를 계산하는 데 사용된다.

CPU에 있는 레지스터는 사용자에게 보이는 레지스터와 제어 및 상태 레지스터로 구분된다.

사용자에게 보이는 레지스터

사용자에게 보이는 레지스터user-visible register는 어셈블리 프로그래밍을 하기 위해 명칭과 용도를 알아야 하는 레지스터이다. 여기서 어셈블리 프로그램은 사용자 프로그램을 컴퓨터에서 사용하는 기계어로 변경해주는 저급 언어이다. 따라서 어셈블리 프로그래머는 프로그램에서 사용되는 변수 데이터 등을 저장하기 위해 해당 레지스터를 알고 있어야 한다. 이때 프로그래머가 이용하는 레지스터를 사용자에게 보이는 레지스터라고 하며, 이는 사용 목적에 따라 다음과 같이 구분된다.

■ 일반 목적용 레지스터

일반 목적용 레지스터general purpose register는 프로그래머가 여러 용도로 사용할 수 있으며, 연산을 위한 모든 종류의 피연산자operand를 저장할 수 있다.

■ 데이터 레지스터

데이터 레지스터data register는 데이터 저장에만 사용할 수 있으며, 대표적인 예로 누산기를 들 수 있다.

■ 주소 레지스터

주소 레지스터address register는 특정 주소 지정 방식에 사용하는 레지스터이다. 주소 지정 방식 중에서 레지스터 간접 주소 지정 방식은 특정 레지스터의 내용이 유효 주소를 표시하기 때문에 유효 주소를 저장하기 위한 레지스터가 필요한데, 이것이 바로 주소 레지스터이다.

- **세그먼트 포인터**segment pointer: 세그먼트의 시작 주소를 저장한다.
- **인덱스 레지스터**index register: 변위 주소 지정 방식에 해당하는 인덱스 주소 지정에 사용된다.
- **스택 포인터**stack pointer: 스택 저장 장치의 최상위top of stack 주소를 저장한다.

■ **조건 코드**

조건 코드condition code는 사용자에게 보이는 레지스터에 저장된 데이터의 상태를 나타내는 데 사용되는 것으로, 연산 결과에 따라 세트되는 비트를 말한다.

- **부호 비트**: 양수인지 음수인지를 나타낸다.
- **영 비트**: 해당 데이터가 0이라는 것을 나타낸다.
- **오버플로 비트**: 연산 결과 등에 오버플로가 발생했다는 것을 나타낸다.

[그림 6-5]는 마이크로프로세서 8086과 펜티엄2의 레지스터 조직을 나타낸 것으로, 사용자에게 보이는 레지스터이므로 프로그래머는 이 레지스터를 이용할 수 있다.

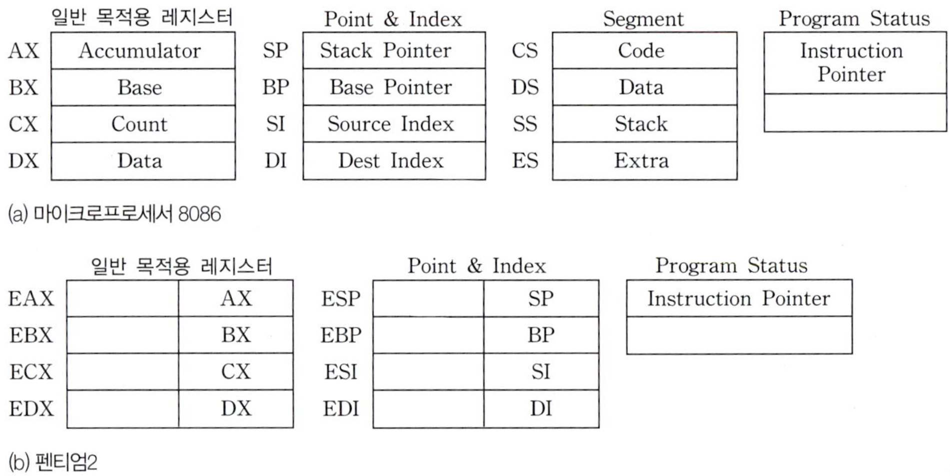

그림 6-5 마이크로프로세서 8086과 펜티엄2의 레지스터 조직

제어 및 상태 레지스터

제어 및 상태 레지스터control and status register는 프로그램 실행 과정에서 CPU 내부에서 사용되는 대표 레지스터이다.

■ **프로그램 카운터**

프로그램 카운터PC는 주기억 장치에 저장된 다음에 인출할 명령어의 주소를 가지고 있다.

■ **명령어 레지스터**

명령어 레지스터IR에는 가장 최근에 주기억 장치인 RAM에서 인출한 명령어가 저장된다.

■ **기억 장치 주소 레지스터**

기억 장치 주소 레지스터MAR에는 액세스할 기억 장치의 주소가 저장된다. 이 레지스터는 주소 버스와 직접 연결된다.

■ **기억 장치 버퍼 레지스터**

기억 장치 버퍼 레지스터MBR에는 기억 장치에 쓰일 데이터나 가장 최근에 읽은 데이터가 저장된다. 이 레지스터는 데이터 버스와 직접 연결된다.

■ **입출력 주소 레지스터**

입출력 주소 레지스터I/O AR에는 입출력 장치의 주소가 저장된다.

■ **입출력 버퍼 레지스터**

입출력 버퍼 레지스터I/O BR에는 입출력 모듈과 CPU 사이에 교환되는 데이터가 일시적으로 저장된다.

■ **프로그램 상태 워드**

프로그램 상태 워드program status word는 조건 코드와 마찬가지로 제어 및 상태 레지스터에서 저장된 데이터의 상태와 조건을 나타내기 위해 추가된 조건 코드 비트이다.

- **부호 비트**: 해당 레지스터 내에서 데이터의 부호를 나타낸다.
- **영 비트**: 레지스터가 0이라는 것을 나타낸다.
- **올림수 비트**: 해당 레지스터에서 자리 올림이 발생했다는 것을 나타낸다.
- **동등 비트**: 비교 대상과 해당 레지스터가 동일한 상태임을 나타낸다.
- **오버플로 비트**: 해당 레지스터의 오버플로 상태를 나타낸다.
- **인터럽트 가능/불가능 비트**: 인터럽트 가능 여부를 나타낸다.
- **디렉션 비트**: 문자열 조작에서 참일 때 주소 레지스터 값이 자동으로 감소하고, 거짓일 때 자동으로 증가한다.
- **트랩 비트**: 참일 경우 한 명령을 실행할 때마다 인터럽트가 발생한다. 디버깅에 사용된다.
- **보조 올림수 비트**: 연산 결과 하위 니블(4비트)에서 비트 범위를 넘었을 때 참이 된다. 2진화 10진법(BCD) 연산에 사용되는 비트이다.

- **패리티 비트**: 연산 결과에서 1의 값을 가진 비트의 수가 짝수일 때 참이 된다.
- **슈퍼바이저 비트**: CPU가 슈퍼바이저 모드나 사용자 모드에서 실행 중인지를 나타내는 비트이다. 특권 명령어privileged instruction의 실행 및 기억 장치 특정 부분의 액세스가 이 모드에서만 가능하다는 것을 나타낸다.

[그림 6-6]은 마이크로프로세서 8086의 상태 레지스터를 나타낸 것이다. 총길이가 16비트이며 오버플로 플래그OF, 디렉션 플래그DF, 인터럽트 플래그IF, 트랩 플래그TF, 부호 플래그SF, 제로 플래그ZF, 보조 플래그AF, 패리티 플래그PF, 올림수 플래그CF 등이 있다.

				OF	DF	IF	TF	SF	ZF		AF		PF		CF
15															0

그림 6-6 마이크로프로세서 8086의 상태 레지스터

스택 저장 장치

CPU 내부의 레지스터 집합에 있는 저장 장치인 스택은 레지스터와 달리 데이터가 순차적으로 저장되고, 요소의 개수와 스택의 길이가 가변적이다. 그리고 한 번에 하나의 요소에만 액세스가 가능하여 결과적으로 데이터 접근 방법이 후입력 선출력Last-In First-Out, LIFO이다.

스택의 동작에서 데이터가 입력되고 출력되는 액세스 부분을 스택의 Top이라고 한다. 또한 스택의 Top에 새로운 요소를 추가 저장하는 동작을 PUSH, 스택의 Top에서 하나의 요소를 꺼내는 동작을 POP이라고 한다. 연산 과정에서 Top에 위치한 요소는 POP 동작으로 스택에서 인출되어 연산을 수행하고, 연산 결과가 다시 스택에 저장되도록 PUSH한다. 결과 데이터가 저장되었으므로 Top은 위쪽으로 이동한다. 스택 포인터는 Top의 위치를 표시하는 장치로, 특수 레지스터를 이용하여 자동으로 위치 표시를 처리한다.

[그림 6-7]은 스택의 Top과 PUSH, POP 동작을 보여준다. (a)에서는 데이터 J가 마지막으로 PUSH되어 입력되었고, 스택의 특성상 가장 먼저 출력될 수 있다(LIFO). 그리고 이러한 사실을 나타내기 위해 스택 포인터에는 Top의 위치가 표시된다. 따라서 Top의 위치를 보고 입출력되는 부분임을 알 수 있는 것이다. (b)에서는 데이터가 입력되는 PUS H 동작으로 데이터 I가 입력되고 Top이 위쪽으로 이동했으며, (c)에서는 POP 동작으로 데이터 I가 인출되고 Top이 아래쪽으로 이동했다. (d)에서는 POP 동작이 한 번 더 일어나 데이터 J가 인출된 후, 인출된 데이터 I와 J의 곱셈 연산을 수행하고 그 결과를 다시 PUSH했다. 이 과정 동안 스택

포인터가 계속 이동하면서 Top의 위치를 알려준다.

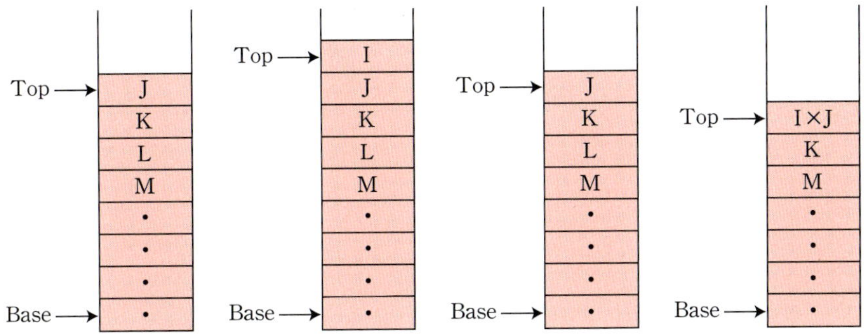

(a) 시작　(b) I를 PUSH　(c) I를 POP　(d) J와 K를 곱셈

그림 6-7 스택의 기본 동작

3 제어 장치

제어 장치는 주기억 장치에 저장된 명령어를 지정된 순서에 맞게 하나씩 가져와 해독하고 그 명령어가 지시하는 연산이 실행되도록 해당 장치에 제어 신호를 보낸다. 즉 제어 장치는 명령어를 해독하는 기능과 제어 신호를 해당 장치에 전달하는 역할을 한다.

주기억 장치에 저장되어 있는 명령어는 일반적으로 연산 코드 필드와 기억 장치 주소 필드로 구성된다. 연산 코드 필드는 수행되어야 할 연산이 지정되어 있는 필드이고, 기억 장치 주소 필드는 해당 연산을 수행하는 데 필요한 데이터가 저장되어 있는 주소를 나타낸다.

연산 코드	기억장치 주소

그림 6-8 명령어의 형식

제어 장치에는 주기억 장치에 저장된 명령어를 차례대로 하나씩 꺼내기 위한 레지스터와 명령 코드, 주소 번지 해독기가 필요하며, 정해진 순서대로 프로그램이 진행되도록 프로그램 카운터도 있어야 한다. 제어 장치의 구성 요소와 역할은 다음과 같다.

- **기억 장치 버퍼 레지스터**: 주기억 장치에서 읽어온 명령어를 임시로 저장한다.
- **기억 장치 주소 레지스터**: 명령어 레지스터에 저장된 명령어의 주소 번지를 저장한다. 저장된 주소 번지를 바탕으로 주기억 장치에서 데이터를 읽어와 연산 장치에 전달하고 그 데이터를 사용하여 연산을 한다.

- **명령어 레지스터**: 명령어를 저장한다.
- **명령어 해독기**: 명령어 레지스터에 저장된 명령어의 연산 코드 필드를 전달받아 명령어를 해독하여 수행할 연산을 결정한다. 수행할 연산이 연산 장치에서 실행되게 한다.
- **프로그램 카운터**: 다음에 수행할 명령어의 주소 번지를 저장한다. 현재 명령어의 실행이 종료되면 다음 명령어의 번지를 프로그램 카운터에서 확인하고 해당 번지에서 명령어를 읽어와 기억 장치 버퍼 레지스터에 저장한다.

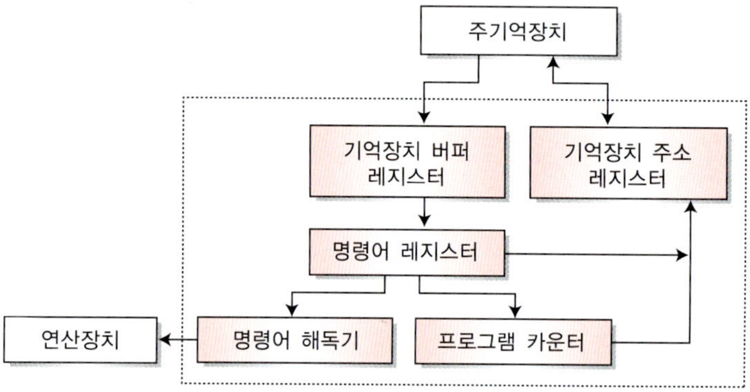

그림 6-9 제어 장치의 구성

4 내부 CPU 버스

내부 CPU 버스internal CPU bus는 CPU 내에서 산술논리 연산 장치와 레지스터 간의 데이터 이동, 산술논리 연산 장치와 제어 장치 간의 데이터 이동, 제어 장치와 레지스터 간의 데이터 이동을 위한 통로를 말한다. 내부 CPU 버스는 실제 데이터를 전달하는 데이터 버스와 제어 장치에서 발생되는 제어 신호를 전달하는 제어 버스로 구성된다. 주기억 장치는 CPU에 있는 것이 아니므로 당연히 주소 버스가 존재하지 않는다.

내부 CPU 버스는 CPU 밖의 시스템 버스와 직접 연결되지 않으며, 반드시 버퍼 레지스터나 시스템 버스 인터페이스 회로를 통해 시스템 버스와 접속한다. [그림 6-9]에서 기억 장치 버퍼 레지스터와 기억 장치 주소 레지스터는 외부의 주기억 장치와 연결되는 시스템 버스와 연결되는데, 이는 직접적으로 CPU 내부와 연결되지 않는다는 것을 의미한다. 또한 기억 장치 버퍼 레지스터와 기억 장치 주소 레지스터는 CPU 내부와 외부 장치 간의 속도 차이를 극복하기 위한 버퍼 역할을 수행한다.

03 CPU의 논리회로 설계

집적회로IC는 논리회로를 비롯한 전자회로 소자가 하나의 기판 위 또는 기판 자체에 분리될 수 없는 상태로 결합되어 있는 초소형 복합 전자소자 또는 시스템을 말한다. 마이크로프로세서는 논리회로로 설계된 CPU를 하나의 집적회로 칩으로 만든 것이다. 논리회로로 설계된 CPU의 구성 요소를 공부하는 것은 마이크로프로세서를 이해하는 데 많은 도움이 될 것이다.

1 레지스터

레지스터는 임의의 데이터에 대한 처리 결과를 일시적으로 저장하거나 내용을 이동할 때 잠시 보관하는 장소이다. 레지스터는 고속으로 동작할 수 있도록 플립플롭으로 구성되며, N비트 레지스터는 N개의 플립플롭으로 이루어져 있다. 예를 들어 4비트 레지스터는 4개의 플립플롭으로 구성된다.

레지스터의 설계

일반적으로 D 플립플롭은 레지스터를 제작하는 데 사용된다. D 플립플롭은 S-R 플립플롭에서 원치 않는 상태($S=R=1$)를 제거하기 위해 고안된 것으로, 데이터 전달 및 지연이라는 기능 때문에 'D'라는 명칭이 붙게 되었다. 입력 신호 D가 클록 펄스에 동기화되어 그대로 출력에 전달되는 특성이 있다.

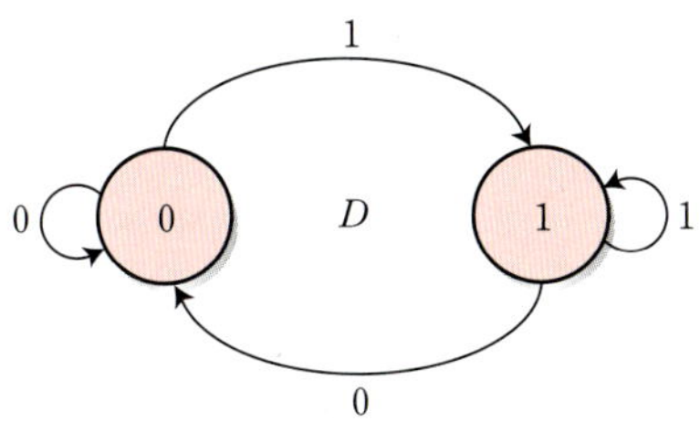

그림 6-10 D 플립플롭의 상태

[그림 6-10]은 D 플립플롭의 상태를 보여준다. 원 안의 값(0, 1)은 클록 펄스 이후 출력되는 값을 나타내며, 이는 다음 상태가 된다. 그 밖의 값은 현재의 입력 값을 나타내므로 현재의 입력이 클록 펄스 이후 동일하게 출력된다.

[표 6-1]은 D 플립플롭의 진리표로, 현재 상태에서 클록이 입력되면 다음 상태에서는 동일한

값을 출력한다. 클록 시간만큼의 지연이 생겼다고 할 수 있다. [그림 6-11]은 D 플립플롭의 회로도로, 단일 입력이라는 것을 확인할 수 있다.

표 6-1 D 플립플롭의 진리표

클록	D	$Q(t+1)$
1	0	0
1	1	1

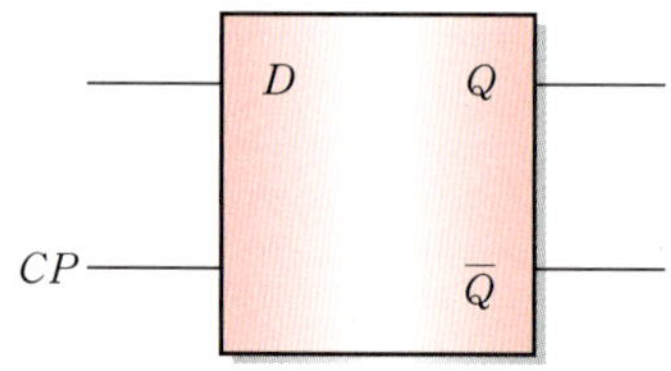

그림 6-11 D 플립플롭의 회로도

4비트 레지스터의 구성을 나타낸 [그림 6-12]에서 각 플립플롭은 공통의 클록을 가지고 있다. 클록이 플립플롭에 입력될 때마다 4비트의 입력 $I_0 \sim I_3$이 저장되고, 출력 측 $A_0 \sim A_3$에서는 언제나 저장된 값을 참조할 수 있다.

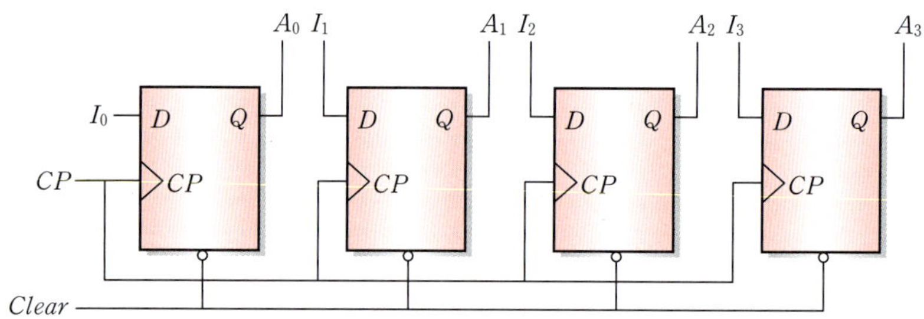

그림 6-12 4비트 레지스터의 구성

레지스터의 전송

레지스터는 여러 장치와 데이터를 주고받는다. 다른 레지스터에서 읽기/쓰기 동작을 수행할 수 있으며, 버스를 통해 데이터를 전송하거나 버스로부터 데이터를 수신하기도 한다. 또한 레지스터는 기억 장치와 데이터를 주고받는다.

■ 레지스터 간 전송

레지스터가 다른 레지스터에 데이터를 쓰거나 저장된 데이터를 읽는 동작은 직렬 전송과 병렬 전송으로 구분된다.

직렬 전송 방식

이웃한 플립플롭 회로로 1비트씩 이동하고 맨 끝의 플립플롭이 또 다른 레지스터의 플립플롭으로 전송되는 방식이다. 이러한 동작을 수행하는 레지스터를 이동 레지스터라고 한다.

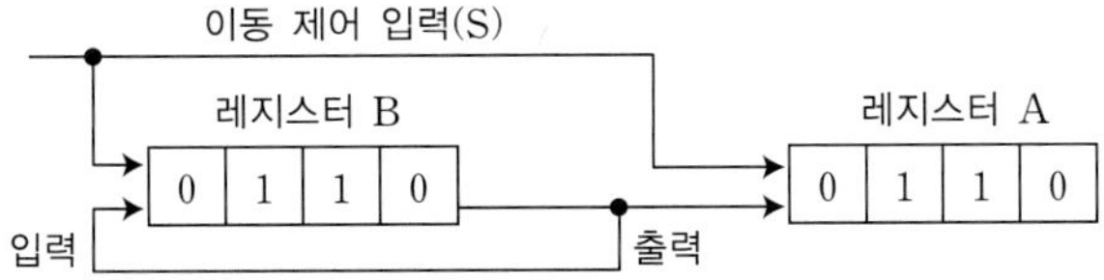

그림 6-13 직렬 전송 방식

전송하는 레지스터의 내용을 보존하려면 자신의 직렬 출력을 다시 직렬로 입력하여 모든 비트가 원래의 위치에 있게 해야 한다. [그림 6-14]는 레지스터 B에서 레지스터 A로 직렬 전송하기 위한 회로로, 레지스터 B의 내용이 이동 지시에 의해 오른쪽으로 이동하고, 여기서 출력되는 비트는 이동 지시에 의해 레지스터 A에 직렬로 입력된다.

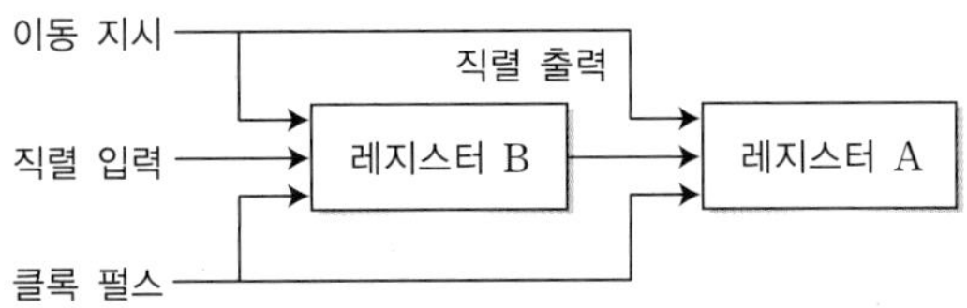

그림 6-14 레지스터 B에서 레지스터 A로의 직렬 전송

[그림 6-15]는 레지스터 A의 내용을 잃어버리지 않도록 게이트를 추가한 회로이다. 이동 신호는 레지스터 A의 내용만 이동하고 레지스터 B에는 영향을 주지 않는 단자이고, 전송 신호는 레지스터 A를 회전시키고 레지스터 B만 이동하는 단자이다. 또한 회전 신호는 레지스터 A의 내용이 직렬로 출력된 후 다시 직렬로 입력되어 회전되지만 레지스터 B에는 아무런 영향을 미치지 않도록 설계된 단자이다.

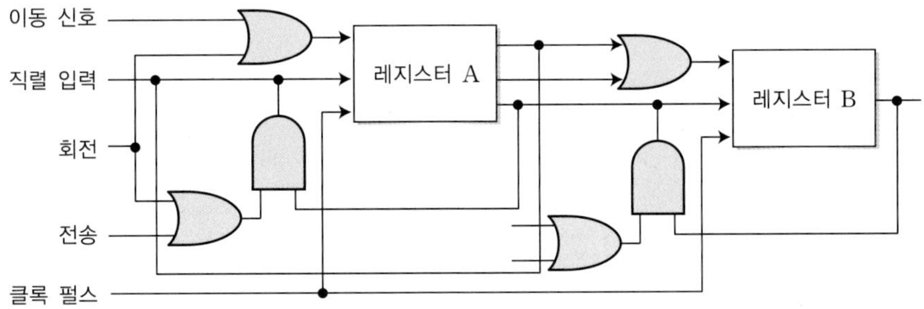

그림 6-15 게이트가 추가된 레지스터 B에서 레지스터 A로의 직렬 전송

병렬 전송 방식

레지스터에 기억된 전체 내용을 하나의 제어 신호로 다른 레지스터에 동시에 전송하는 방식이다.

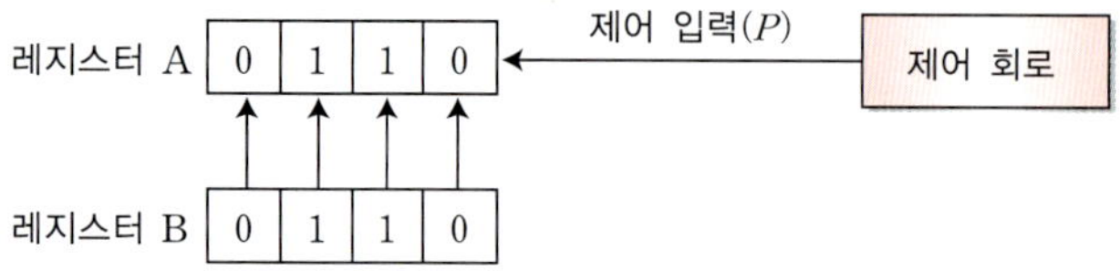

그림 6-16 병렬 전송 방식

[그림 6-17]은 4비트 레지스터가 병렬 전송을 수행할 수 있도록 논리회로를 추가한 것이다. 로드가 1일 경우 4비트의 입력 $I_0 \sim I_3$이 4개의 플립플롭에 각각 저장되며, 로드가 0일 경우 입력 $I_0 \sim I_3$이 차단되고 플립플롭의 결과가 다시 플립플롭으로 입력된다.

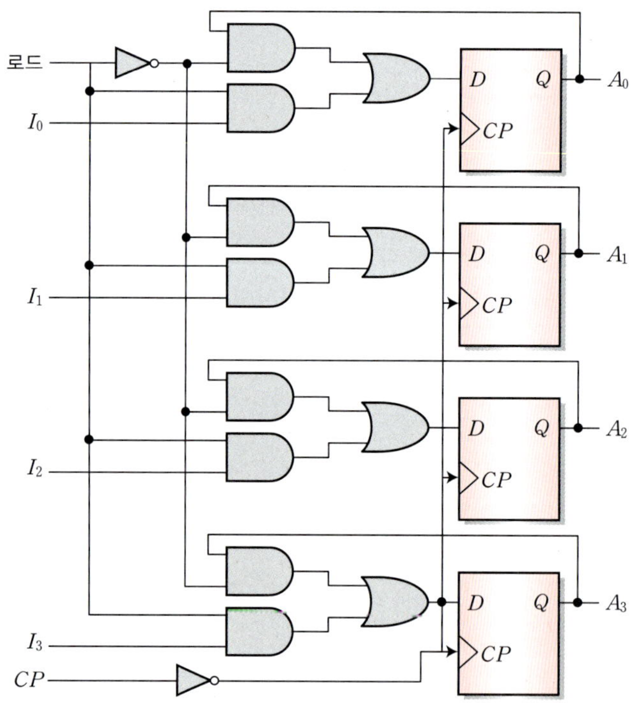

그림 6-17 병렬 로드가 있는 4비트 레지스터

■ 버스 전송 방식

레지스터의 연결은 단일 버스로 연결된 경우와 병렬 버스로 연결된 경우로 구분할 수 있다. 병렬 버스로 전송하는 경우에는 버스 내 선의 개수와 레지스터를 구성하는 플립플롭의 개수가 일치해야 하고, 단일 버스로 전송하는 경우에는 버스로 사용되는 회선이 하나이므로 1비트 신호인 제어 신호를 전송하거나 직렬 전송을 하는 것만 가능하다. 여러 개의 레지스터가 단일 버스에 연결되어 데이터를 송수신하려면 디코더 또는 멀티플렉서와 디멀티플렉서의 연결을 추가하여 선택적으로 처리하도록 할 수 있다.

디코더를 이용한 단일 버스 연결

레지스터 4개에서 단일 버스를 통해 데이터를 공동으로 전송하려는 경우에는 레지스터를 선택하기 위해 2비트가 입력되는 디코더를 사용한다. [그림 6-18]에서는 레지스터 $R_1 \sim R_4$가 디코더에 연결되어 있고 입력과 출력이 단일 버스에 연결되어 있다. 선택 신호 x와 y가 디코더에서 $D_0 \sim D_3$의 출력 중 하나를 선택하여 그것에 연결된 레지스터를 활성화하면 버스를 통해 전달된 데이터를 레지스터가 수신할 수 있고, 버스를 통해 다른 곳으로 전송할 수도 있다.

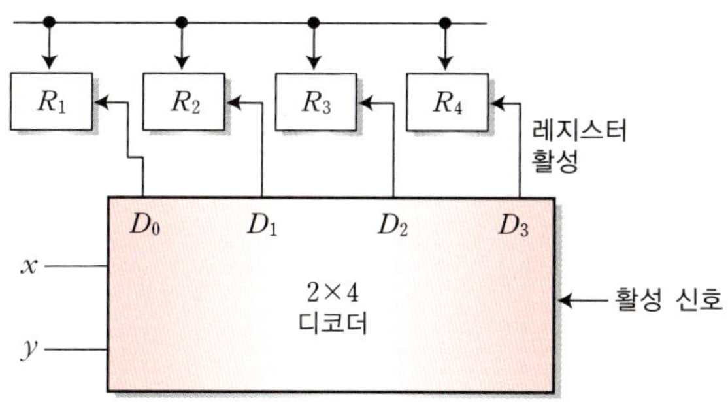

그림 6-18 디코더를 이용한 단일 버스 연결

멀티플렉서와 디멀티플렉서의 단일 버스 연결

여러 개의 레지스터 중 선택된 하나의 레지스터에 단일 버스를 통해 수신되는 방식으로, 디멀티플렉서 회로를 사용한다. [그림 6-19]는 디멀티플렉서 회로를 연결한 경우로, 선택 신호에 의해 디멀티플렉서 회로의 출력 $D_0 \sim D_3$이 생성되므로 이를 직접 레지스터에 연결하여 수신하게 한다. 따라서 버스의 입력 데이터를 지정한 레지스터에만 정확히 전달할 수 있다. 만약 여러 비트로 된 레지스터이면 이동 동작이 병행되어야 한다.

반대로 레지스터에 저장된 데이터를 단일 버스로 송신할 때는 멀티플렉서를 사용한다. [그림 6-20]은 레지스터 4개가 멀티플렉서를 통해 단일 회선인 버스에 연결된 경우로, x와 y가 지정하는 회로에 의해 R_1~R_4 중 하나가 선택되고 선택된 레지스터는 버스를 통해 데이터를 출력한다. 만약 여러 비트로 된 레지스터이면 이동 기능을 사용하여 1비트씩 직렬 이동이 되게 해야 한다.

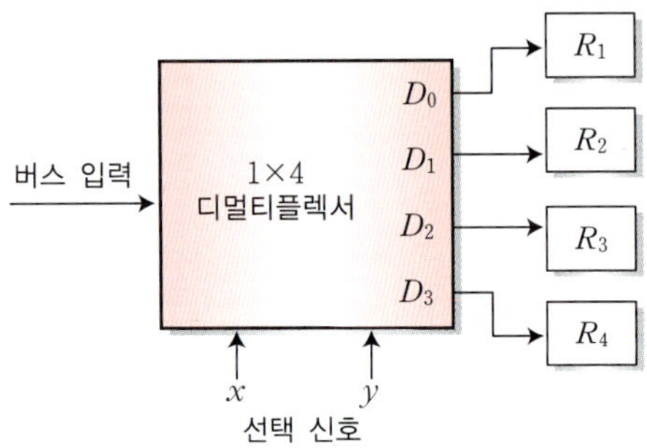

그림 6-19 디멀티플렉서 회로를 통한 단일 버스 연결

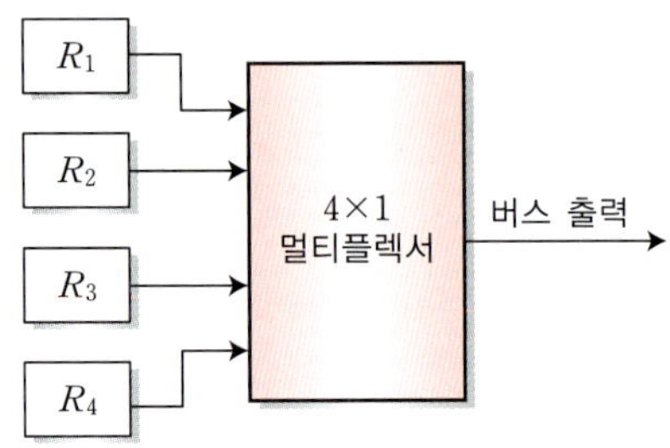

그림 6-20 멀티플렉서 회로를 통한 단일 버스 연결

■ 기억 장치 전송 방식

주기억 장치에서 데이터 쓰기/읽기 동작을 수행하려면 해당 위치를 알려주는 주소 번지가 필요하다. 따라서 주소 번지를 저장하는 기억 장치 주소 레지스터, 주기억 장치에서 읽거나 기록할 때 임시로 저장하는 기억 장치 버퍼 레지스터가 있어야 한다. [그림 6-21]은 기억 장치에 접근하는 데 필요한 레지스터를 나타낸 것으로, 읽기와 쓰기 동작 모드가 있다.

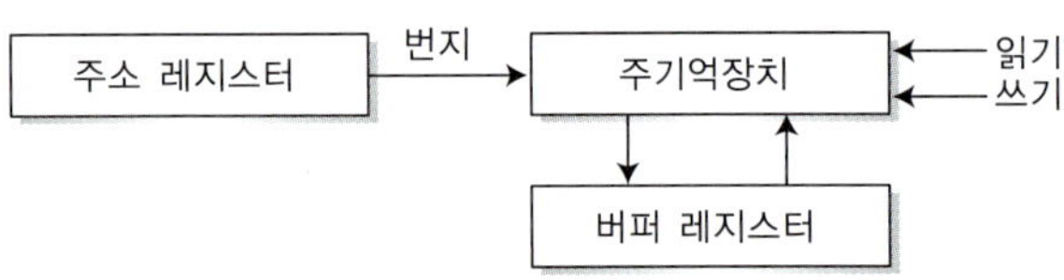

그림 6-21 기억 장치에 접근하는 데 필요한 레지스터

데이터의 주소 번지가 여러 레지스터에 저장된 경우에는 멀티플렉서를 사용하여 필요한 데이터가 기억된 레지스터를 선택할 수 있다. [그림 6-22]는 레지스터 4개에 주소 번지가 저장되어 있을 때 멀티플렉서가 하나를 선택하여 기억 장치 주소 레지스터로 전달하는 것을 보여주는데, 주소 번지가 주소 버스를 통해 주소 레지스터로 전달된다.

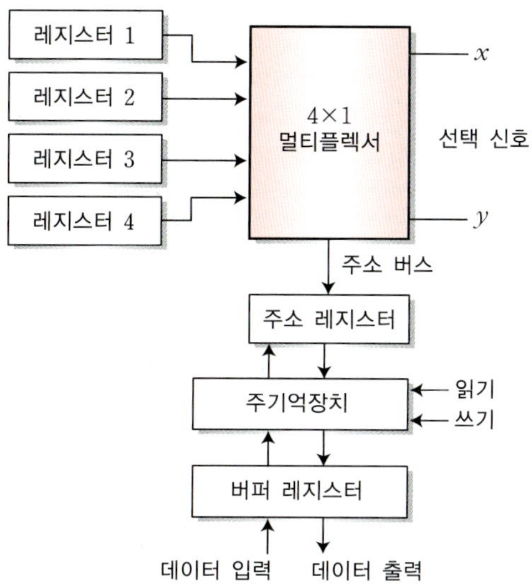

그림 6-22 멀티플렉서를 이용한 주소 선택

2 연산 장치

연산 장치에는 우선 연산될 데이터와 연산 결과를 저장하는 레지스터가 있어야 하고, 연산의 상태를 나타내기 위한 상태 레지스터의 연결도 필요하다. 또한 연산 장치의 산술논리 연산 장치에는 덧셈을 하기 위한 가산기, 연산에 이용되는 데이터나 연산 결과 등을 일시적으로 보관하는 누산기, 데이터를 보관하는 기억 장치 버퍼 레지스터 등이 필요하다. 연산 장치는 이 밖에도 보수를 만들기 위한 보수기, 계산 결과의 상태를 점검하기 위한 상태 레지스터 등으로 구성된다.

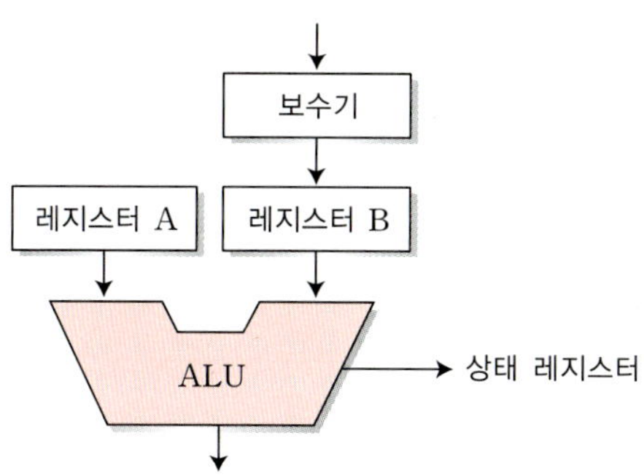

그림 6-23 연산 장치의 구성

산술논리 연산 장치의 연산 회로

■ 산술 연산 회로

산술논리 연산 장치에서 수행되는 산술 연산은 병렬의 가산기로 구성한다. 예를 들어 4비트 병렬 가산기는 4개의 전가산기로 이루어져 있다.

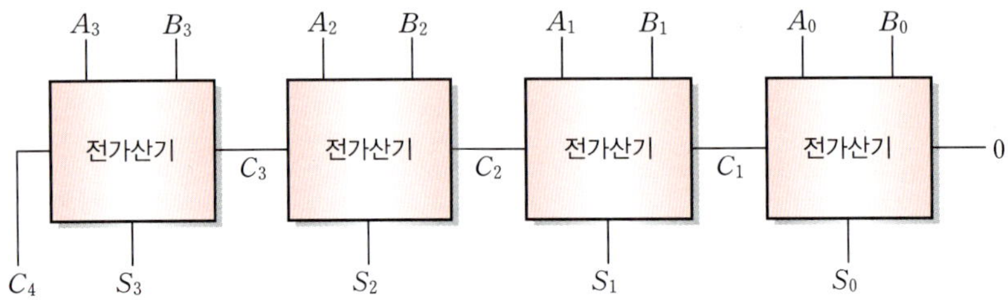

그림 6-24 4비트 병렬 가산기

병렬 가산기가 단순한 덧셈뿐만 아니라 여러 가지 연산을 수행하려면 구성 요소인 전가산기의 한쪽 입력 단자에 논리회로를 추가해야 한다. [그림 6-25]는 전가산기의 한 입력에 논리회로를 추가하여 선택 신호 S_1과 S_0, 자리 올림 C_i에 의해 8개의 연산을 수행할 수 있는 전가산기 회로로, S_1과 S_0에 따라 입력 B_i의 값이 결정된다.

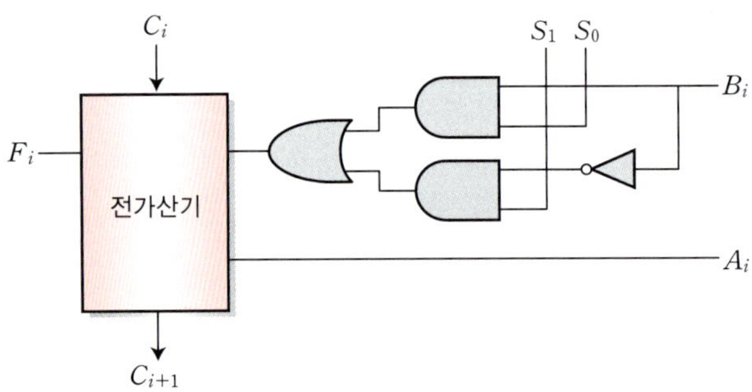

그림 6-25 8개의 연산을 수행하는 산술 연산 회로

선택 신호 S_1과 S_0, 자리 올림 C_i에 의해 수행되는 8개의 연산을 살펴보자.

$S_1=0,\ S_0=0,\ C_i=0$

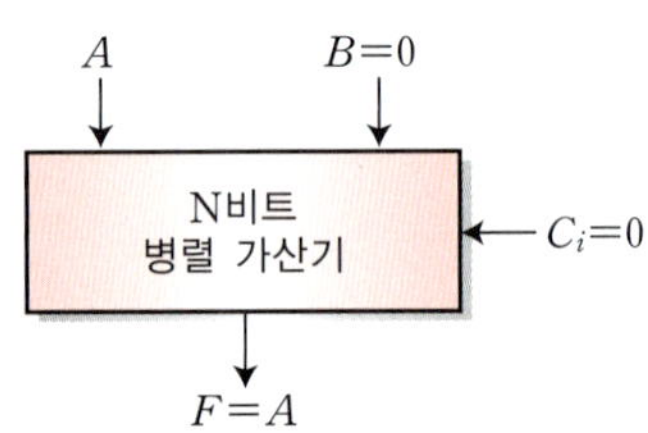

- $S_1=0,\ S_0=0$이면 입력 $B=0$이 된다.
- 출력은 $F=A+B+C_i=A$이다.

$S_1=0$, $S_0=0$, $C_i=1$

- $S_1=0$, $S_0=0$이면 입력 $B=0$이 된다.
- 출력은 $F=A+B+C_i=A+1$이다.

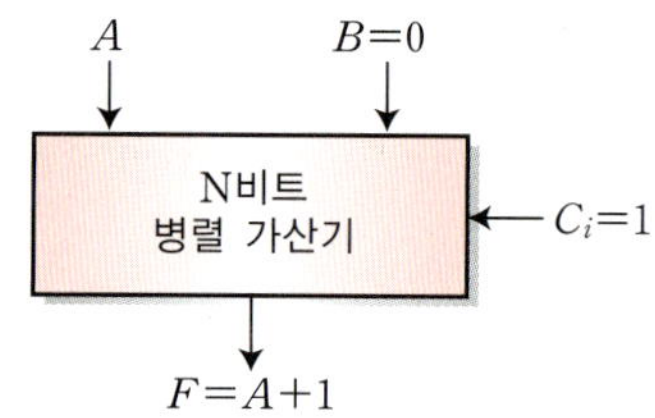

$S_1=0$, $S_0=1$, $C_i=0$

- $S_1=0$, $S_0=1$이면 입력 B가 된다.
- 출력은 $F=A+B+C_i=A+B$이다.

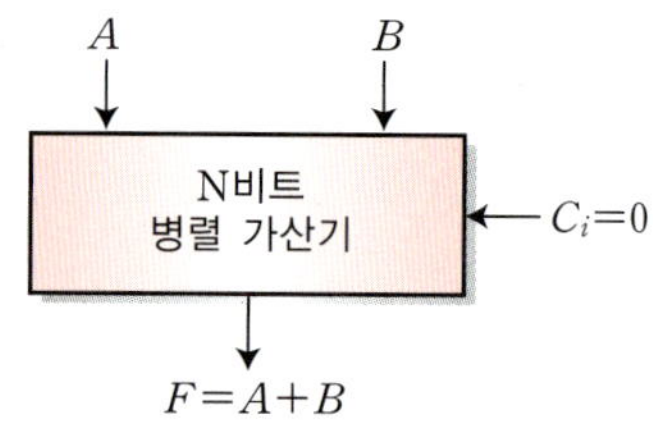

$S_1=0$, $S_0=1$, $C_i=1$

- $S_1=0$, $S_0=1$이면 입력 B가 된다.
- 출력은 $F=A+B+C_i=A+B+1$이다.

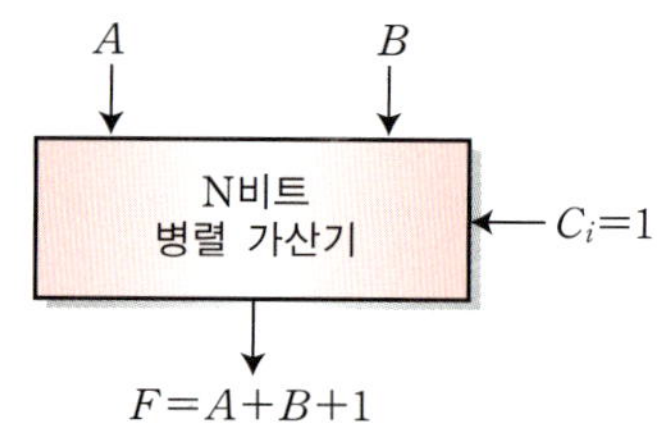

$S_1=1$, $S_0=0$, $C_i=0$

- $S_1=1$, $S_0=0$이면 입력 $\overline{B}$가 된다.
- 출력은 $F=A+B+C_i=A+\overline{B}$이다.

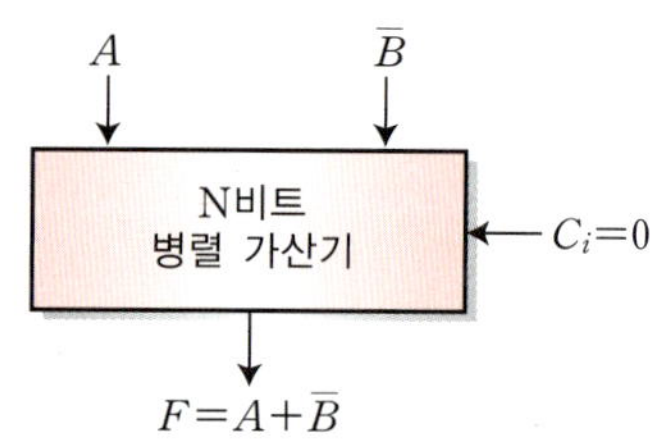

$S_1=1$, $S_0=0$, $C_i=1$

- $S_1=1$, $S_0=0$이면 입력 $\overline{B}$가 된다.
- 출력은 $F=A+B+C_i=A+\overline{B}+1$이다.

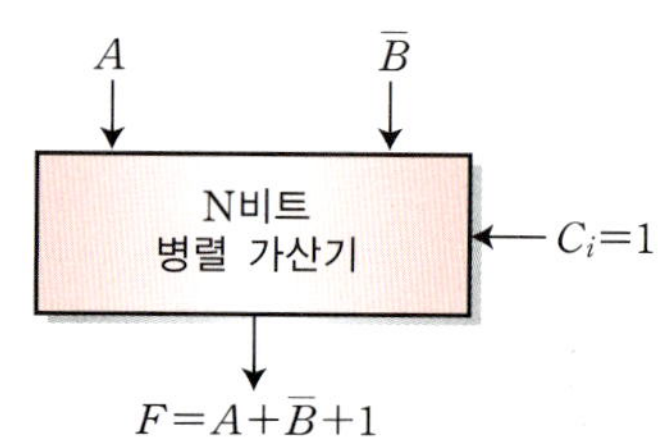

$S_1=1$, $S_0=1$, $C_i=0$

- $S_1=1$, $S_0=1$이면 입력은 모든 비트가 1로 구성되어 $B=111\cdots$이 된다.
- $B=111\cdots$의 2의 보수는 $000\cdots01$이다.
- 출력은 $F=A+B+C_i=A+111\cdots=A-1$이다.

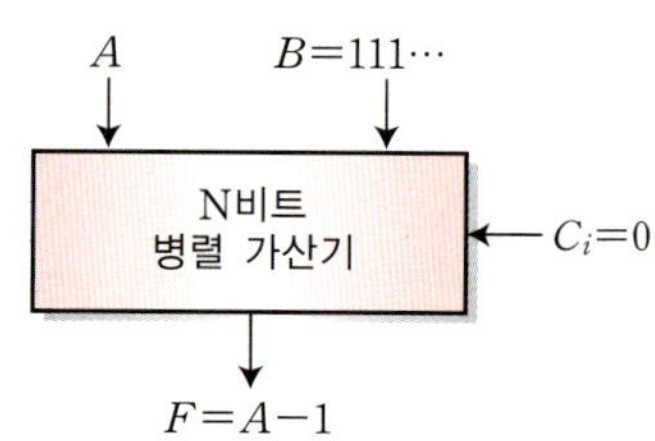

$S_1=1,\ S_0=1,\ C_i=1$

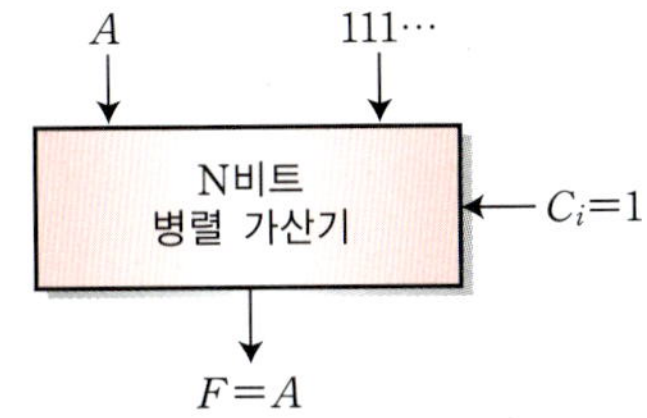

- $S_1=1,\ S_0=1$이면 입력은 모든 비트가 1로 구성되어 $B=111\cdots$이 된다.
- 출력은 $F=A+B+C_i=A+111\cdots+1=A-1+1=A$이다.

[표 6-2]에 산술 연산 회로의 함수를 정리했으며, 표에서 첫 번째와 마지막 연산은 동일한 것이다.

표 6-2 산술 연산 회로의 함수

선택 신호와 자리 올림			출력	연산 동작
S_1	S_0	C_i		
0	0	0	$F=A$	A를 전송
0	0	1	$F=A+1$	A의 증가 캐리를 포함한 덧셈
0	1	0	$F=A+B$	A와 B의 가산
0	1	1	$F=A+B+1$	A와 B의 캐리 가진 가산
1	0	0	$F=A+\overline{B}$	A와 B의 1의 보수 가산
1	0	1	$F=A+\overline{B}+1$	감산(A와 B의 2의 보수 덧셈)
1	1	0	$F=A-1$	A를 1 감소
1	1	1	$F=A$	A를 전송

■ 논리 연산 회로

논리 게이트를 이용하여 조합 논리회로를 구성하면 다양한 논리 연산을 수행할 수 있다. 이 논리 연산 회로에는 데이터 A와 B를 입력하는 회선과 연산의 종류를 선택하는 회선이 있어 입력되는 데이터 A와 B를 가지고 연산 지시에 따라 AND, OR, XOR, NOT 연산을 수행한다. 연산 지시 신호는 논리 연산뿐만 아니라 결과가 기억될 장소를 0으로 지우는 지움 선, NOT 연산으로 1의 보수가 되게 하는 보수 회선에 의해 선택될 수도 있다.

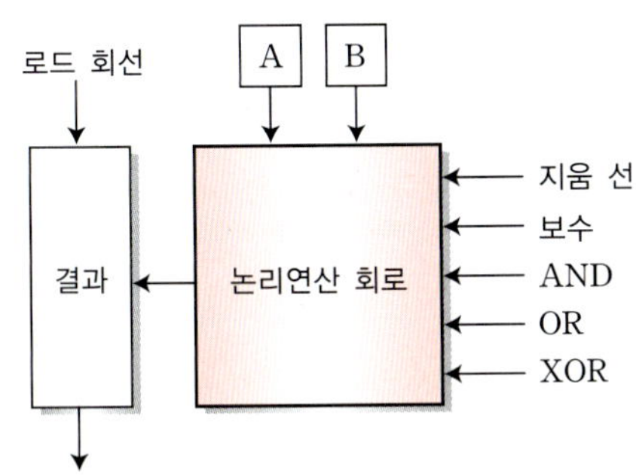

그림 6-26 논리 연산 회로의 구성

[그림 6–27]과 같이 논리 연산 회로의 내부는 논리 게이트의 조합 논리회로와 이를 선택할 수 있는 멀티플렉서로 이루어져 있다. 4×1 멀티플렉서는 선택 선 S_1과 S_0에 의해 4개의 논리 연산 중 하나가 선택되어 출력되게 한다. 이에 대한 함수를 [표 6–3]에 정리했다.

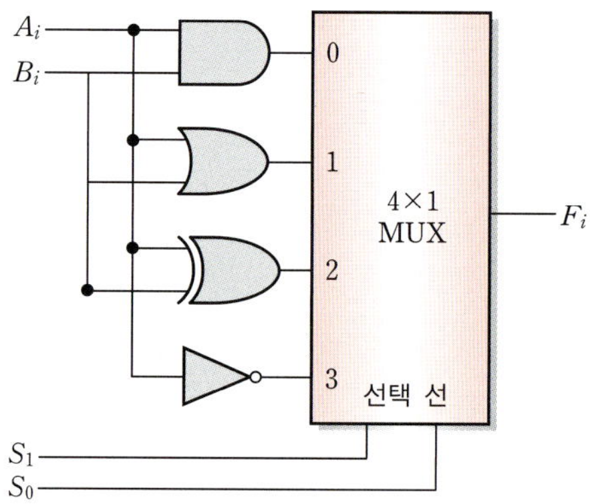

그림 6–27 논리 연산 회로의 내부 구성

표 6–3 논리 연산의 함수

S_1	S_0	출력	연산 동작
0	0	$F = A \wedge B$	AND
0	1	$F = A \vee B$	OR
1	0	$F = A \oplus B$	XOR
1	1	$F = A'$	NOT

■ 산술논리 연산 장치

설계된 산술 연산 회로와 논리 연산 회로를 조합하면 [그림 6–28]과 같은 산술논리 연산 장치가 완성된다. 선택 선 S_1과 S_0은 산술 연산 회로와 논리 연산 회로가 공통으로 사용하고, 또 하나의 선택 선 S_2는 두 회로 중 하나를 선택하는 데 사용한다. S_2가 0이면 산술 연산을 수행하고, S_2가 1이면 논리 연산을 수행한다.

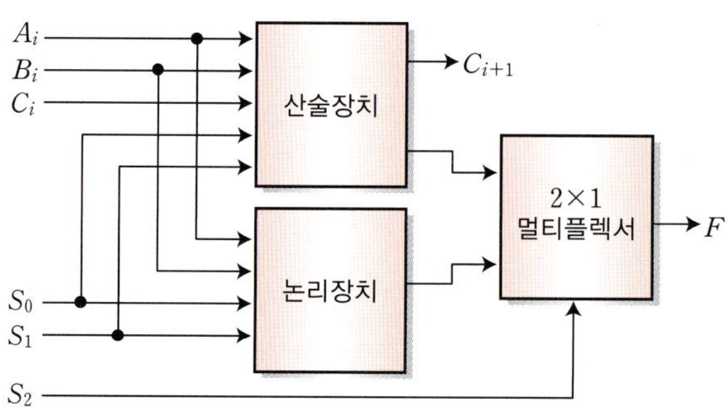

그림 6–28 완성된 산술논리 연산 장치

상태 비트

상태 비트는 플래그나 조건 코드라고 불린다. CPU를 설계하는 과정에서 여러 종류의 상태 비트가 존재할 수 있으나 기본적으로 자리 올림(C: Carry), 부호(S: Sign), 영(Z: Zero), 오버플로(V: Overflow)는 필수적이다. 이러한 상태 비트는 산술논리 연산 장치에서 수행된 결과에 따라 0 또는 1로 표현되며, 프로그램을 제어하는 데 사용된다.

- **C**: 자리 올림 비트가 1이면 자리 올림수가 발생한 것이고, 0이면 자리 올림수가 발생하지 않은 것이다.
- **S**: 부호 비트가 1이면 음수, 0이면 양수 상태를 나타낸다.
- **Z**: 산술논리 연산 장치의 연산 결과 모든 비트의 출력이 0이면 영 비트는 1이 되고, 그렇지 않으면 0이 된다.
- **V**: 산술논리 연산 장치의 자리 올림수 C_8과 C_9를 XOR 연산한 결과가 1이면 오버플로가 발생한 것이고, 결과가 0이면 오버플로가 발생하지 않은 것이다.

[그림 6-29]는 8비트 산술논리 연산 장치의 상태 레지스터와 이를 표현하는 데 필요한 논리 회로의 구조를 보여준다. 오버플로 비트를 동작하게 하려면 XOR 게이트가 필요하고, 영 비트를 동작하게 하려면 NOR 게이트가 필요하다.

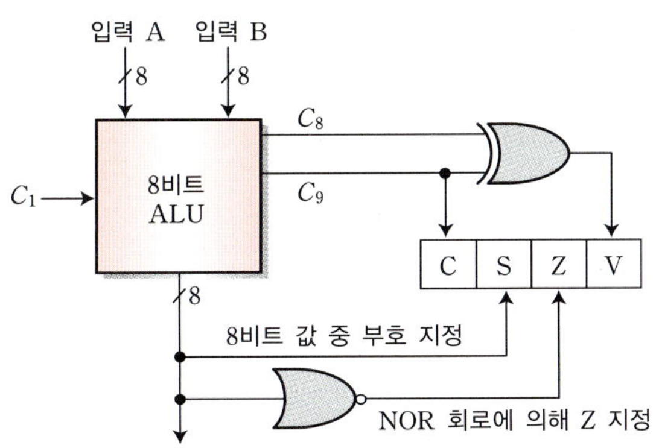

그림 6-29 8비트 산술논리 연산 장치의 상태 레지스터

이동 회로

이동 레지스터라고도 불리는 이동기에서의 이동 방향은 좌측과 우측이다. 이동할 때 이동 방향의 마지막 비트 값은 바깥으로 밀려나고, 반대편의 첫 비트는 상대적으로 공백이 생기는데 여기에 0이나 1이 채워진다.

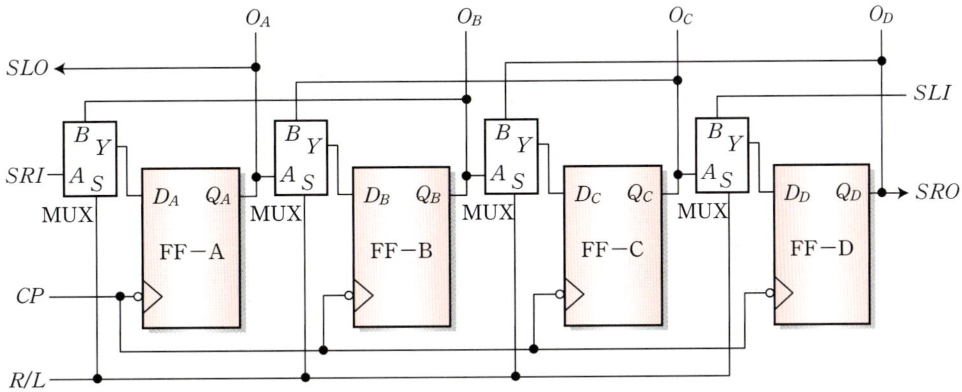

그림 6-30 4비트 양방향 이동 레지스터

[그림 6-31]은 양방향 이동 레지스터의 우측 이동과 좌측 이동이 수행될 때 플립플롭의 동작을 보여준다. 우측 이동의 경우 왼쪽에서 새로운 비트 값이 입력되고 오른쪽에서 마지막 비트가 배출되며, 좌측 이동의 경우 오른쪽에서 새로운 비트 값이 입력되고 왼쪽에서 마지막 비트가 배출된다.

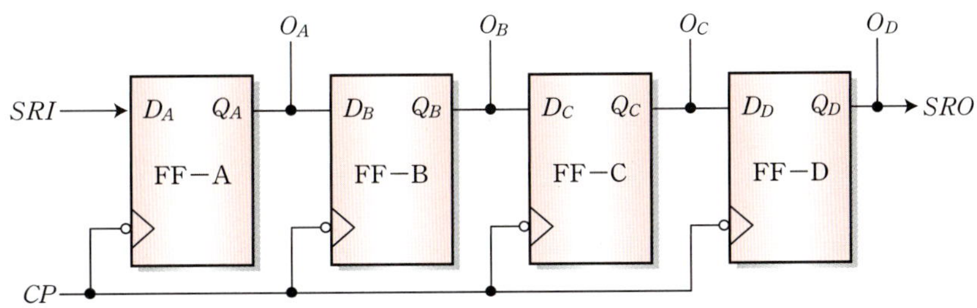

(a) 우측 이동

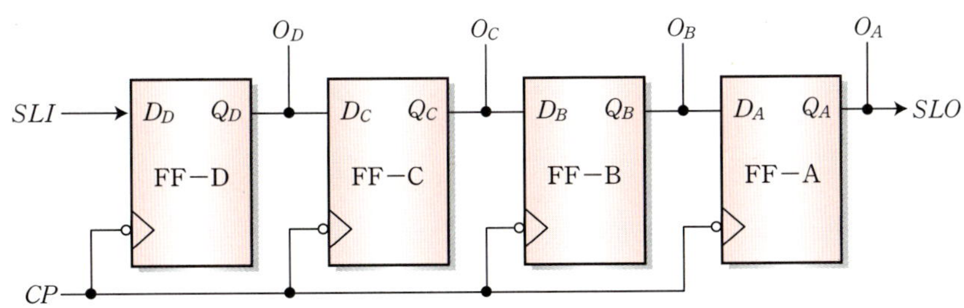

(b) 좌측 이동

그림 6-31 양방향 이동 레지스터의 우측 이동과 좌측 이동

2진수의 산술 연산에서 비트의 이동은 2의 곱셈 또는 나눗셈 연산을 수행하는데, 좌측으로 이동하면 2를 곱한 결과가 되고 우측으로 이동하면 2를 나눈 결과가 된다. 결과적으로 양방향 이동 레지스터는 2진수의 곱셈과 나눗셈 연산기로 사용될 수 있다.

3 하드와이어드 제어 장치

제어 장치의 유형에는 하드웨어만으로 설계된 하드와이어드 제어 장치hardwired control unit와 소프트웨어가 포함된 마이크로프로그래밍 제어 장치microprogrammed control unit 등이 있다. [그림 6-32]는 논리회로에 의해 제어 신호가 생성되는 하드와이어드 제어 장치로, 논리회로로 구성된 제어 신호 생성기에서 제어 신호를 만들 수 있다.

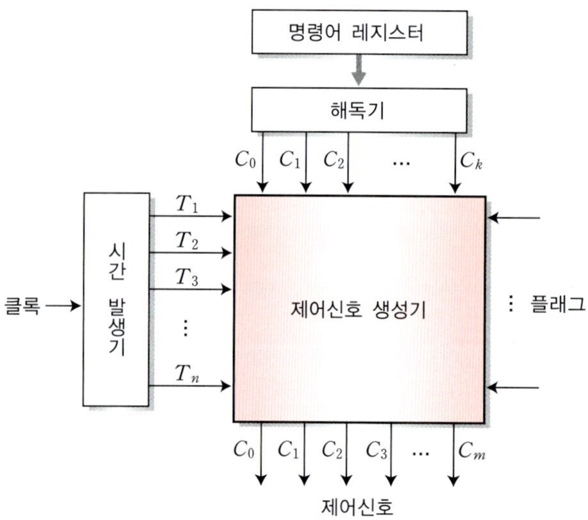

그림 6-32 하드와이어드 제어 장치의 기본 구조

하드와이어드 제어 장치는 제어 신호 생성 과정에서 지연이 매우 작다는 것이 장점이다. 그러나 구현 논리회로가 명령 코드 및 주소 지정 방식 등에 따라 매우 복잡하다는 단점도 있다.

04 CPU의 기능, 동작, 성능

CPU는 소프트웨어의 명령을 실행하는 컴퓨터의 핵심 부분이다. CPU는 기계어로 된 프로그램의 명령어를 해석하여 실행하고, 프로그램에 따라 외부로부터 정보를 입력받아 저장하고 연산하여 외부로 출력한다. CPU는 컴퓨터 부품과 정보를 교환하면서 컴퓨터 전체의 동작을 제어한다.

1 CPU의 기능과 동작

CPU가 모든 명령어에 대해 공통적으로 수행하는 기능은 명령어 인출과 해독이다. 명령어 인출 기능은 주기억 장치에 저장되어 있는 명령어를 읽어오는 것이고, 명령어 해독 기능은 읽은 명령어로 수행할 동작을 결정하기 위해 인출된 명령어를 해독하는 것이다. 이러한 기본 기능 외에도 [표 6-3]과 같이 명령을 수행하기 위한 추가 기능이 있다.

표 6-4 명령어의 기능

기능	설명
데이터 인출(data fetch) 기능	명령어를 실행하는 데 데이터가 필요한 경우 기억 장치나 입출력 장치에서 그 데이터를 읽어오는 것이다. 연산 과정에서 사용되는 데이터를 불러오는 것이라고 할 수 있다.
데이터 처리(data process) 기능	읽어온 데이터를 가지고 산술 연산이나 논리 연산을 수행한다.
데이터 쓰기(data store) 기능	데이터 처리 과정에서의 수행 결과를 저장한다.

[그림 6-33]은 CPU와 주기억 장치 간의 데이터 읽기/쓰기 동작을 보여준다. 여기서 CPU는 기본 기능은 물론이고 추가 기능을 수행한다.

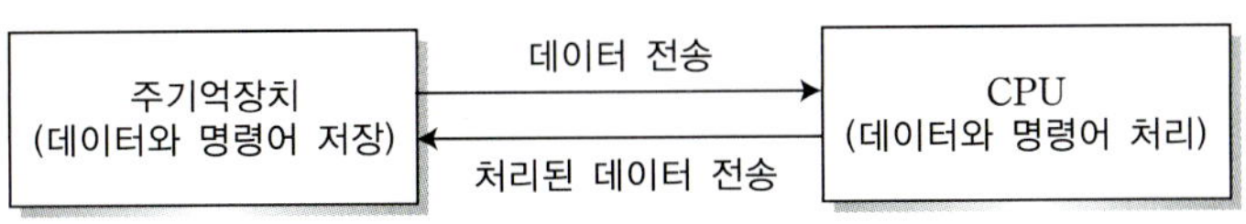

그림 6-33 CPU와 주기억 장치 간의 데이터 전송

CPU의 기본 동작

CPU의 기본 동작은 다음과 같이 4단계로 구성된다. 여기서 누산기는 데이터 레지스터로 처리 결과를 임시로 저장하는 역할을 한다.

① 처리해야 할 데이터가 주기억 장치인 RAM에서 인출되고 외부 시스템 버스를 통해 레지스터 1로 전달된다.

② 제어 장치가 새롭게 저장된 레지스터 1의 데이터와 이미 저장되어 있던 레지스터 2의 데이터를 덧셈하라는 제어 신호를 산술논리 연산 장치로 전달한다.

③ 제어 신호에 따라 산술논리 연산 장치가 덧셈을 수행하고 그 결과를 누산기에 저장한다.

④ 덧셈 계산 결과가 외부 시스템 버스를 통해 주기억 장치로 전달된다.

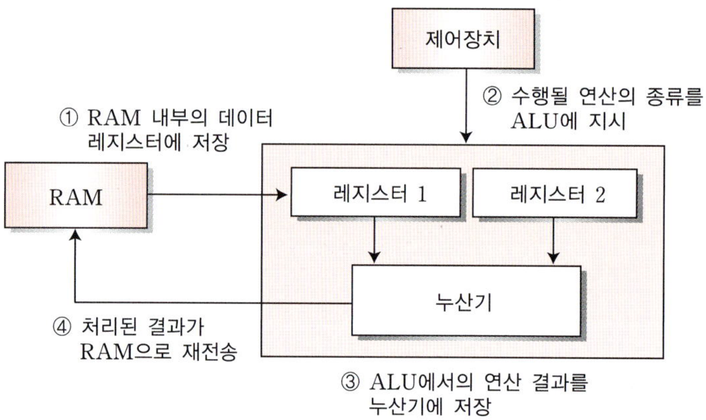

그림 6-34 CPU의 기본 동작

제어 장치의 기본 동작

컴퓨터에 있는 모든 데이터는 CPU의 제어 장치로부터 지시를 받아 산술논리 연산 장치에서 처리된다. 즉 컴퓨터의 모든 장치는 제어 장치의 신호에 따라 작동하며, 이러한 신호는 제어 버스를 통해 전달된다. 일반적으로 제어 장치는 저장 장치에서 적절한 순서로 명령어를 인출하고 각 명령어를 해석하여 그 해석에 따라 산술논리 연산 장치나 다른 부분으로 적절한 제어 신호를 보낸다.

CPU는 프로그램의 명령어를 해석하고, CPU의 제어 장치는 프로그램에 의해 주어진 연산의 순서를 차례대로 실행하기 위해 기억 장치, 연산 장치, 입출력 장치에 제어 신호를 발생시킨다. 또한 제어 장치는 이러한 장치에서 신호를 받아 다음에 처리할 작업을 제어한다. 제어 장치의 기본 동작은 다음과 같이 4단계로 구성된다.

① 주기억 장치에서 명령어를 인출하여 제어 장치의 명령어 레지스터에 저장한다.

② 다음에 실행될 명령어의 주소를 프로그램 카운터에 저장한다.

③ 제어 장치가 명령어 레지스터의 명령어를 해석한다.

④ 해석된 명령어가 해당 제어 신호를 발생시킨다.

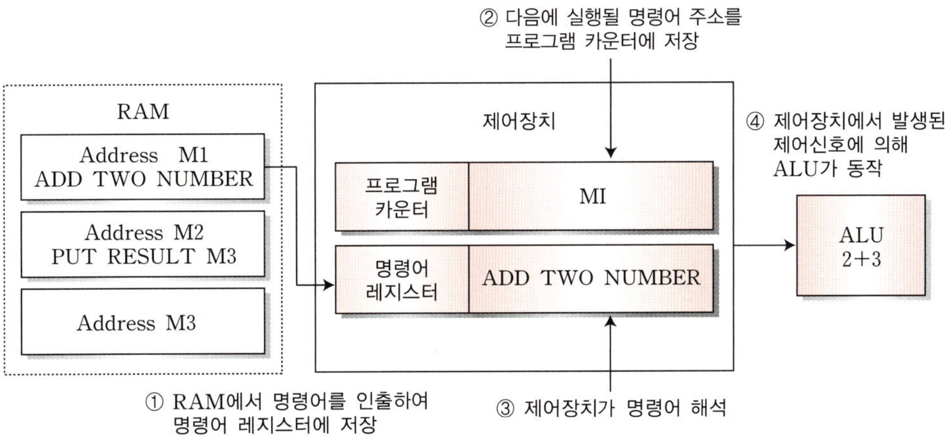

그림 6-35 제어 장치의 기본 동작

프로그램의 명령어는 앞에서부터 차례대로 실행되지만 조건부 분기(예: 점프)와 같이 그 순서를 바꾸어야 하는 경우도 있다. 이때는 프로그램 카운터를 사용하여 그 내용을 바꿈으로써 분기된 이후부터의 명령어가 새로운 순서에 따라 실행된다. [그림 6-36]은 다음으로 실행될 명령어의 주소가 프로그램 카운터에 저장되는 과정을 보여준다. 명령어 레지스터는 기억 장치 버퍼 레지스터에서 명령어 코드를 가져와서 저장하고, 명령어 해독기는 명령어 코드를 해독한다. 주소는 기억 장치 주소 레지스터에 저장되고 이를 주소 해독기가 해독한다.

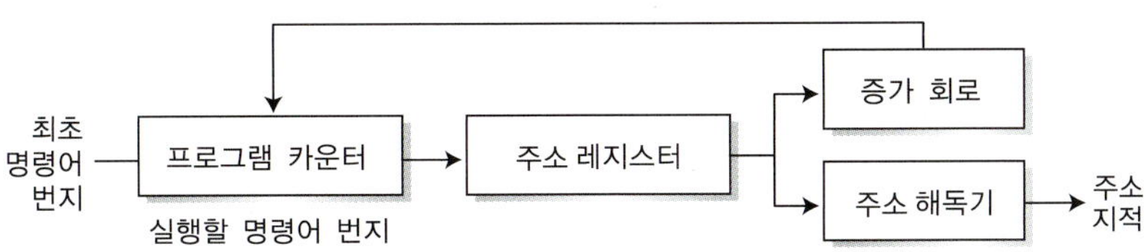

그림 6-36 프로그램 카운터의 동작

제어 장치의 동작을 포함한 CPU의 동작은 [그림 6-37]과 같다.

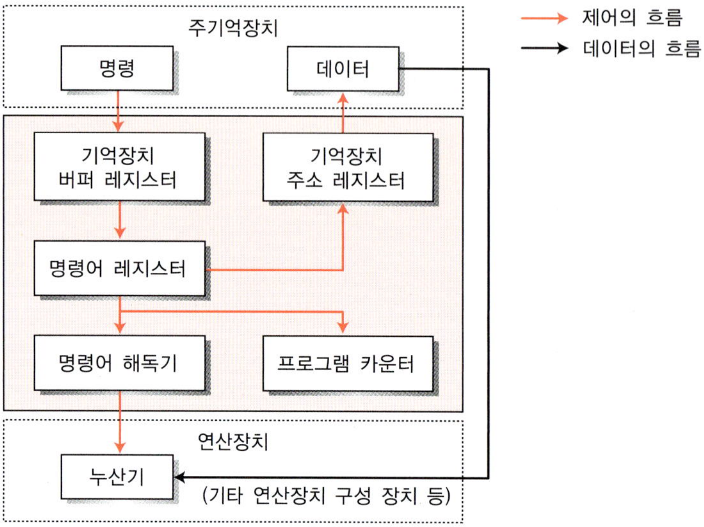

그림 6-37 제어 장치의 동작을 포함한 CPU의 동작

2 CPU의 성능 요소

일반적으로 컴퓨터의 속도는 CPU의 속도를 말한다. CPU가 데이터를 처리하는 속도는 다음과 같은 요소에 좌우된다.

클록 주파수

컴퓨터에서 수행되는 모든 연산의 타이밍을 맞추기 위해 방출되는 펄스를 시스템 클록system clock이라고 한다. 클록 주파수는 컴퓨터가 명령어를 수행하는 속도를 결정하며 단위는 MHz이다. 한 클록 동안 명령어 부사이클이 수행되는데, 클록의 주기가 길어지면 그만큼 처리되는 명령어 부사이클의 시간이 지연된다. 클록의 주기는 클록 주파수와 반비례하므로 짧은 주기는 높은 클록 주파수를 의미한다. 결과적으로 클록 주파수는 특정 시간 동안 완수할 수 있는 명령어의 수를 제한한다.

워드 크기

워드 크기는 CPU가 한 번에 읽고 쓸 수 있는 비트 수를 말한다. 1바이트는 8비트이지만 워드 크기는 시스템에 따라 다르다. 즉 레지스터의 크기와 버스의 데이터 선 개수에 좌우된다. 워드 크기가 큰 컴퓨터는 워드 크기가 작은 컴퓨터보다 하나의 명령어로 더 많은 데이터를 처리할 수 있다. 8비트 또는 16비트 프로세서라는 말을 사용하던 때가 있었는데, 이것은 바로 CPU가 처리하는 워드 크기를 가리킨다.

캐시 기억 장치

CPU의 속도로 컴퓨터의 속도가 결정될 정도로 CPU에 비해 주변 장치의 속도는 매우 느리다. 또한 프로그램을 실행할 때마다 하드디스크에서 프로그램을 읽어야 하므로 하드디스크의 속도 역시 주기억 장치보다 훨씬 느리다. 따라서 주기억 장치와 하드디스크 사이에 캐시 기억 장치라는 임시 저장 장치를 만들고, 프로그램을 실행할 때 주기억 장치로 들어오는 내용을 임시로 보관한다. 나중에 프로그램을 다시 실행하면 하드디스크가 아닌 캐시 기억 장치에서 읽어오기 때문에 시간이 매우 절약된다.

캐시 기억 장치는 CPU가 데이터에 빠르게 접근할 수 있게 하는 고속 기억 장치이다. 컴퓨터는 다음에 어떤 데이터가 필요한지 예측하여 미리 캐시 기억 장치에 가져다놓을 수 있다. CPU는 필요한 데이터를 찾을 때 주기억 장치를 확인하기 전에 먼저 캐시 기억 장치를 확인하므로 읽기/쓰기 동작의 속도가 향상되어 전체적으로 CPU의 속도에 영향을 미친다.

캐시 기억 장치를 내부에 장착한 마이크로프로세서도 있다. 펜티엄 컴퓨터는 CPU 내부의 캐시가 2개인데 이는 각각 명령 처리를 위한 캐시와 데이터 처리를 위한 캐시이며, 덕분에 CPU의 속도가 훨씬 빨라졌다.

명령어 집합의 복잡성

CPU에서 사용하는 명령어는 구성 방식에 따라 복잡 명령어 집합 컴퓨터Complex Instruction Set Computer, CISC와 축소 명령어 집합 컴퓨터Reduced Instruction Set Computer, RISC로 구분된다. CISC는 CPU에 복잡한 명령어가 많이 내재된 컴퓨터로, 하나의 명령어가 기억 장치에서 많은 바이트를 차지하여 CPU가 수행하려면 몇 클록이 소요되므로 저속으로 동작한다. CISC는 범용 컴퓨터의 CPU에 대부분 사용된다.

RISC는 연산 속도를 향상하기 위해 제어 논리를 단순화하여 CISC보다 명령어 구조가 간단하다. 즉 CPU에 빠르게 수행되는 제한된 수의 간단한 명령어만이 내재된 컴퓨터로, 특별한 설계 방법을 통해 속도를 최대한 높일 수 있다.

파이프라이닝

파이프라이닝pipelining 기법은 파이프가 연이어 연결된 개념으로, CPU 또는 프로세서가 이전 명령어의 수행이 완전히 종료되기 전에 다음 명령어의 수행을 시작한다. 파이프라이닝의 동작 원리를 나타낸 [그림 6-38]에서 제어 장치가 ③번 명령어를 해독하는 동안 ②번 명령어에 필요한 데이터는 레지스터로 가고, ①번 명령어는 누산기에서 수행을 마친다. 따라서 명령어의 부사이클이 동시에 처리되므로 CPU의 처리 속도가 향상된다.

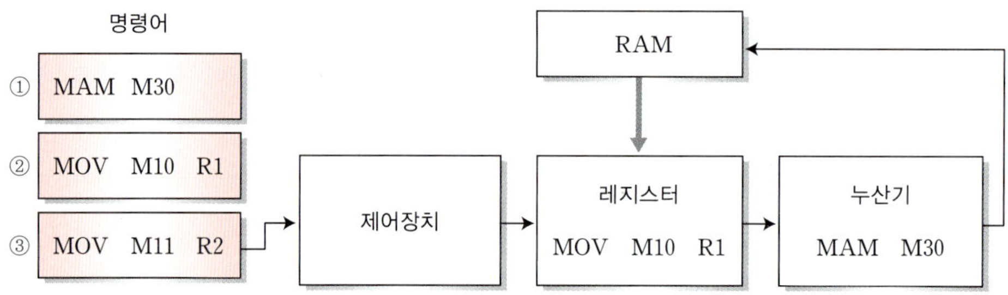

그림 6-38 파이프라이닝의 동작 원리

병렬 처리

하나 이상의 CPU로 구성된 컴퓨터에서 한 번에 여러 개의 명령어를 동시에 수행할 수 있는 방법을 병렬 처리라고 한다. 병렬 처리의 동작 원리를 나타낸 [그림 6-39]에서는 3개의 CPU를 볼 수 있다. 명령어가 제어 장치에 입력되면 제어 장치는 이 명령어를 수행할 수 있는 CPU로 보낸다. CPU가 하나뿐일 때는 CPU가 다른 명령어를 처리하는 동안 입력된 명령어가 대기해야 하지만, 병렬 처리의 경우 여분의 CPU가 있어 입력된 명령어를 바로 수행하기 때문에 컴퓨터의 처리 속도가 빠르다. 그러나 CPU가 여러 개인 만큼 비용이 상승한다.

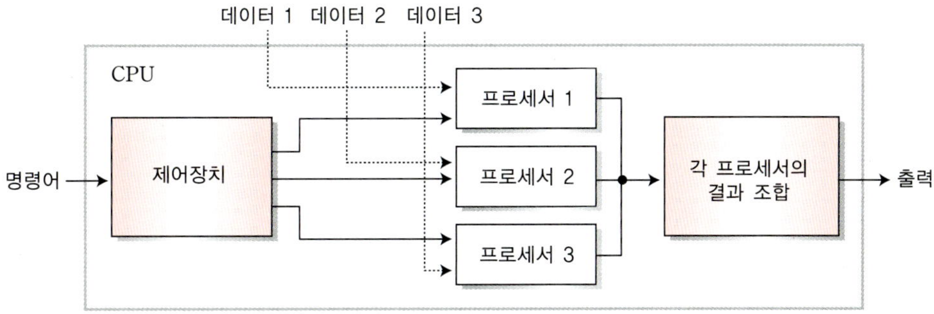

그림 6-39 병렬 처리의 동작 원리

요약

01 마이크로프로세서

마이크로프로세서는 컴퓨터에서 명령을 수행하고 데이터를 처리하는 CPU를 칩 형태로 만든 집적회로이다.

02 머신 사이클

단계별 명령어 수행 과정인 머신 사이클은 인출 사이클, 해독 사이클, 실행 사이클, 저장 사이클로 구성된다.

03 클록 속도

클록 수가 클수록 컴퓨터의 처리 속도가 빠르지만 클록 속도만이 컴퓨터의 속도를 좌우하는 것은 아니다. 컴퓨터의 속도는 버스의 속도, RAM의 클록, CPU 버스, L1/L2/L3 캐시양의 영향을 받는다.

04 명령어 처리 속도

CPU가 초당 처리하는 명령어의 수를 명령어 처리 속도라고 한다. 명령어 처리 속도의 단위는 1초에 100만 개의 명령어 실행을 나타내는 MIPS이다.

05 연산 장치

CPU 내의 연산 장치인 산술논리 연산 장치는 산술 및 불 논리 연산기, 상태 플래그, 이동기, 보수기 등으로 구성된다.

06 프로세서 레지스터

CPU(프로세서) 내에서 데이터를 저장하는 장치를 프로세서 레지스터 또는 간략하게 레지스터라고 하며, 레지스터의 집합을 레지스터 세트라고 한다.

07 스택 저장 장치

CPU 내부의 레지스터 집합에 있는 저장 장치인 스택은 레지스터와 달리 데이터가 순차적으로 저장되고, 요소의 개수와 스택의 길이가 가변적이며, 데이터 접근 방법이 후입력 선출력LIFO이다.

08 제어 장치

제어 장치는 주기억 장치에 저장된 명령어를 지정된 순서에 맞게 하나씩 가져와 해독하고 그 명령어가 지시하는 연산이 실행되도록 해당 장치에 제어 신호를 보낸다.

09 제어 장치의 기본 동작 단계

① 주기억 장치에서 명령어를 인출하여 제어 장치의 명령어 레지스터에 저장한다.

② 다음에 실행될 명령어의 주소를 프로그램 카운터에 저장한다.

③ 제어 장치가 명령어 레지스터의 명령어를 해석한다.

④ 해석된 명령어가 해당 제어 신호를 발생시킨다.

10 CPU의 성능 요소

CPU가 데이터를 처리하는 속도는 클록 주파수, 워드 크기, 캐시 기억 장치, 명령어 집합의 복합성, 파이프라이닝, 병렬 처리 등의 요소에 좌우된다.

01 다음 중 CPU의 구성 요소에 속하는 것은?

① 주기억 장치 ② 레지스터
③ 캐시 기억 장치 ④ 플래시 기억 장치

02 CPU의 내부 구조에 대한 설명으로 옳지 않은 것은?

① 산술논리 연산 장치는 산술 및 불 논리 연산기, 상태 플래그, 이동기, 보수기 등으로 구성된다.
② 프로세서 레지스터는 산술논리 연산 장치에서 처리된 결과를 임시로 보관하는 역할을 한다.
③ 제어 장치는 명령어를 해독하는 기능과 제어 신호를 해당 장치에 전달하는 기능을 수행한다.
④ 내부 CPU 버스는 데이터 버스, 제어 버스, 주소 버스로 구성된다.

03 다음 중 CPU의 기능이 아닌 것은?

① 명령어 해독 ② 데이터 처리
② 데이터 쓰기 ④ 명령어 인쇄

04 CPU에 대한 설명으로 옳지 않은 것은?

① 머신 사이클은 명령어 인출, 해독, 실행, 저장 단계를 거친다.
② CPU는 연산 장치, 제어 장치, 레지스터의 집합으로 구성된다.
③ CPU 클록 주파수는 초당 처리하는 명령어의 수를 의미한다.
④ 마이크로프로세서는 CPU를 칩 형태로 만든 집적회로이다.

05 CPU의 내부 구조에는 컴퓨터 기억 장치 중 액세스 속도가 가장 빠른 (①) 세트가 있다. 그리고 (②)는 프로그램에 의해 주어진 연산의 순서대로 실행하게 한다.

06 CPU의 내부 구조에 대한 설명으로 옳은 것은?

① 연산 장치: 데이터의 좌우 이동을 통해 입력이 2개인 곱셈과 나눗셈을 수행할 수 있다.
② 레지스터 세트: CPU와 주기억 장치 간의 속도 차이를 극복하는 데 사용된다.
③ 해석 장치: 프로그램 카운터에 저장된 명령어를 해독하고 실행하여 제어 신호를 생성한다.
④ 내부 버스: 외부 시스템 버스와 연결된다.

07 머신 사이클에 대한 설명으로 옳지 않은 것은?

① 출력 사이클: 필요한 명령어를 주기억 장치에서 불러오는 사이클
② 해독 사이클: 호출된 명령어를 해석하는 사이클
③ 실행 사이클: 해석된 명령어를 산술논리 연산 장치를 통해 실행하는 사이클
④ 저장 사이클: 실행 결과를 주기억 장치에 저장하는 사이클

08 클록에 대한 설명으로 옳은 것은?

① CPU를 비롯한 부품이 특정한 신호에 맞추어 동작하는데 이 신호를 제어라고 한다.
② 클록 주파수는 1초에 클록이 몇 번 발생하는지를 의미하고 단위는 Hz이다.
③ 클록의 주기가 길수록 컴퓨터의 처리 속도가 빠르다는 것을 의미한다.
④ 초당 처리하는 명령어의 수를 말한다.

09 다음 중 산술논리 연산 장치의 구성 요소가 아닌 것은?

① 상태 플래그　② 이동기
③ 다중화기　④ 보수기

10 산술논리 연산 장치의 구성에 대한 설명으로 옳지 않은 것은?

① 상태 플래그는 음수, 0, 오버플로 등을 표시한다.
② 이동기는 데이터 비트를 좌우로 비트 단위로 이동한다.
③ 보수기는 산술논리 연산 장치 내의 오류가 발생한 회로를 보수한다.
④ 산술 및 불 논리 연산기는 산술 연산과 논리 연산을 수행한다.

11 내부 CPU 버스에 대한 설명으로 옳지 않은 것은?

① 데이터 버스와 주소 버스로 구성된다.
② 산술논리 연산 장치와 제어 장치 간의 데이터 이동 경로를 제공한다.
③ 시스템 버스와 연결하려면 버퍼 레지스터를 경유해야 한다.
④ 제어 장치와 레지스터 간의 데이터 이동 경로를 제공한다.

12 데이터와 주소를 모두 저장할 수 있는 레지스터는 (①)이고, 0이나 1 등 고정된 데이터 값을 저장하기 위한 레지스터는 (②)이다.

13 사용자에게 보이는 레지스터에 대한 설명으로 옳지 않은 것은?

① 일반 목적용 레지스터: 연산을 위한 모든 종류의 연산자를 저장할 수 있는 레지스터이다.
② 데이터 레지스터: 데이터 저장에만 사용할 수 있는 레지스터이다.
③ 주소 레지스터: 특정 주소 지정 방식을 위해 사용하는 레지스터이다.
④ 조건 코드: 사용자에게 보이는 레지스터에 저장된 데이터의 상태를 표시하는 데 사용된다.

14 다음 중 제어 및 상태 레지스터에 해당되지 않는 것은?

① 프로그램 카운터 ② 스택 포인터
③ 명령어 레지스터 ④ 프로그램 상태 워드

15 사용자에게 보이는 레지스터 중에서 프로그래머가 여러 용도로 사용할 수 있는 레지스터는 (①)이고, 누산기와 같은 레지스터는 (②)이다. 그리고 간접 주소 지정 방식을 위해 사용되는 것은 (③)이다.

16 스택 저장 장치에 대한 설명으로 옳지 않은 것은?

① CPU 내부의 레지스터 집합에 있는 저장 장치이며, 레지스터와 다른 특징을 가지고 있다.
② 데이터 접근 방법은 선입력 후출력이다.
③ 스택의 동작에서 데이터가 입력되고 출력되는 액세스 부분을 스택의 Top이라고 한다.
④ 스택에서 하나의 요소를 꺼내는 동작을 POP이라고 한다.

17 스택 저장 장치에 대한 설명으로 옳은 것은?

① 길이가 고정적이다.
② 데이터 접근 방법이 후입력 선출력이다.
③ POP은 스택의 Top에 새로운 요소를 추가로 저장하는 동작이다.
④ 한 번에 여러 요소를 액세스하는 다중 액세스 기능이 있다.

18 스택 저장 장치에 문자 데이터가 M, L, K, J의 순서로 저장되었다. L을 인출하려면 POP를 몇 번 해야 하는가?

① 한 번 ② 세 번
③ 다섯 번 ④ 일곱 번

19 다음 중 제어 장치의 구성 요소가 아닌 것은?

① 기억 장치 버퍼 레지스터
② 명령어 레지스터
③ 명령어 주소 레지스터
④ 기억 장치 주소 레지스터

20 다음 중 CPU의 기능에 해당하지 않는 것은?

① 명령어 인출
② 데이터 인출
③ 명령어 해독
④ 데이터 해독

21 CPU의 내부 구조에 대한 설명으로 옳지 않은 것은?

① ALU는 연산기, 상태 플래그, 이동기, 보수기 등으로 구성된다.
② 제어 및 상태 레지스터에는 PC, IR, MAR, MBR, I/O MAR, I/O MBR 등이 있다.
③ 내부 CPU 버스는 제어 신호를 전달하는 제어 전용 버스이다.
④ 제어 장치는 명령어를 해독하는 기능과 제어 신호를 해당 장치에 전달하는 기능을 수행한다.

22 CPU의 성능을 측정하는 요소 중에서 (①)는 수행되는 연산의 타이밍을 맞추기 위한 펄스로서 컴퓨터의 명령어 수행 속도를 결정한다. 그리고 CPU의 내부 구조는 연산 장치, 레지스터, (②), 내부 CPU 버스로 구성된다.

23 CPU의 기능과 동작에 대한 설명으로 옳지 않은 것은?

① 제어 장치는 기본적으로 명령어를 제어 레지스터에 저장한다.
② CPU가 모든 명령어에 대해 공통적으로 수행하는 기능은 명령어 인출과 해독이다.
③ 데이터 레지스터인 누산기는 처리 결과를 임시로 저장한다.
④ 프로그램 카운터는 항상 명령어가 앞에서부터 하나씩 차례대로 실행되게 한다.

24 다음 중 CPU의 성능 요소에 해당하지 않는 것은?

① 클록 주파수
② 캐시 기억 장치
③ 주기억 장치의 용량
④ 워드 크기

25 명령어 처리 속도가 0.5MIPS일 때 초당 처리되는 명령어의 수는?

① 0.5개 ② 50만 개
③ 5개 ④ 5,000만 개

26 CPU의 데이터 처리 속도를 좌우하는 요소로 거리가 먼 것은?

① 클록 주파수 ② 캐시 기억 장치
③ 병렬 처리 ④ 운영체제

27 CPU의 성능 요소에 대한 설명으로 옳은 것은?

① 캐시 기억 장치의 용량이 크면 처리 속도가 향상된다.
② 명령어 집합의 복잡성이 높으면 처리 속도가 향상된다.
③ 파이프라이닝에서 명령어 부사이클의 단계가 적을수록 처리 속도가 향상된다.
④ 클록 주파수가 클수록 처리 속도가 향상된다.

Chapter

07

주기억 장치

학습목표

- 기억 장치의 성능과 구조를 이해한다.
- RAM을 분류하고 동작 원리를 이해한다.
- ROM의 종류를 파악한다.
- 기억 장치를 확장하는 설계 기법을 알아본다.

01 기억 장치의 개요

컴퓨터 시스템의 동작은 프로그램을 실행함으로써 이루어진다. 컴퓨터는 프로그램을 실행하는 데 필요한 명령이나 데이터를 저장하고 데이터를 유지하기 위해 기억 장치를 사용한다.

[그림 7-1]은 컴퓨터에서 사용되는 기억 장치의 개념을 보여준다. 기억 장치는 주기억 장치와 보조 기억 장치로 구분된다. CPU와 접근 통신이 가능한 기억 장치를 주기억 장치라고 하며, 현재는 필요하지 않은 프로그램이나 데이터를 저장하고 있다가 필요할 때 주기억 장치로 전송하는 장치를 보조 기억 장치라고 한다.

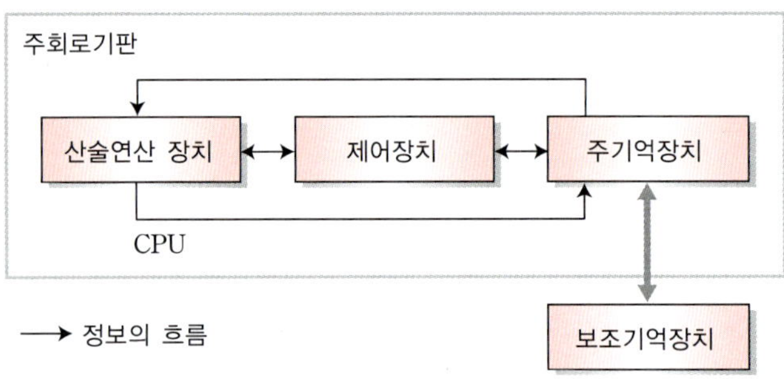

그림 7-1 컴퓨터의 기억 장치

[그림 7-2]는 컴퓨터 주 회로기판에 놓인 기억 장치의 위치와 종류를 보여준다. 주기억 장치인 RAM은 확장 슬롯에 장착되며, 주 회로기판의 종류에 따라 2~4개의 확장 슬롯이 있다. 캐시 기억 장치는 CPU 내부에 존재하고, 보조 기억 장치인 하드디스크, 플로피디스크, CD-ROM, DVD는 주 회로기판의 특정 포트에 연결 케이블로 연결되어 있다.

그림 7-2 주 회로기판의 기억 장치

1 기억 장치의 성능과 계층 구조

기억 장치의 성능은 저장할 수 있는 데이터의 용량에 좌우된다. 하지만 많은 데이터에서 원하는 정보를 신속하게 검색하여 접근할 수 있는지도 기억 장치의 성능을 평가하는 요소가 된다. 또한 검색된 정보를 빠르게 원하는 곳으로 전달하는 것 등 다양한 성능 평가 요소가 있다. 이러한 성능 평가 요소에 근거하여 기억 장치를 계층 구조로 분류할 수 있으므로 컴퓨터 시스템은 이를 바탕으로 기억 장치를 효율적으로 구성할 수 있다.

기억 장치의 성능 평가 요소

■ 기억 용량

기억 용량capacity은 기억 장치에 저장할 수 있는 데이터의 총량으로 단위는 비트, 바이트(1바이트=8비트), 워드이다. 워드는 기억 장치 조직의 기본 단위이며, 정보 또는 수치를 표현하는 데 사용되는 비트의 수, 명령어와 길이가 같다. 워드 하나의 길이는 컴퓨터 시스템의 설계에 따라 8비트, 16비트, 32비트, 64비트가 될 수 있다.

■ 접근 시간

접근 시간access time은 기억 장치에 저장된 데이터를 읽거나 새로운 데이터를 기록하는 데 걸리는 시간을 말한다. 즉 RAM과 ROM의 임의의 주소 번지에 대해 데이터 읽기/쓰기 명령을 내린 다음 실제로 데이터가 출력될 때까지 걸리는 시간이다. 보조 기억 장치인 자기 디스크 기억 장치에서는 트랙을 찾아가는 탐색 시간seek time, 해당 트랙에서 섹터를 찾는 검색 시간search time, 명령어 처리 부담 시간overhead time을 합하여 접근 시간이라고 한다.

■ 사이클 시간

사이클 시간cycle time은 기억 장치의 기본 단위 정보를 읽고 기록하는 데 걸리는 시간으로, 기억 장치에 두 번 연속 접근하는 데 걸리는 최소 시간으로도 정의할 수 있다. 사이클 시간은 기억 장치 접근 방식에 따라 달라질 수 있다. 정보를 읽은 후에도 기억 장치에 정보가 그대로 남아 있는 비파괴non-destructive 기억 장치는 사이클 시간과 접근 시간이 동일하다. 따라서 대표적인 비파괴 기억 장치인 반도체 기억 장치는 사이클 시간과 접근 시간을 구분할 필요가 없다. 그러나 자기 코어magnetic core 기억 장치와 같은 파괴 기억 장치는 정보를 읽으면 기억 장치에 저장된 정보가 삭제되므로 읽기 위한 접근 시간과 정보를 다시 저장하기 위한 복원 시간을 합한 시간이 사이클 시간이 된다.

■ 기억 장치의 대역폭

기억 장치의 대역폭bandwidth은 기억 장치가 한 번에 전송할 수 있는 비트 수 또는 저장할 수 있는 비트 수를 말한다.

■ 데이터 전송률

데이터 전송률data transportation은 기억 장치에서 초당 몇 비트의 데이터가 전송되어 읽히는가를 의미한다.

■ 가격

일반적으로 기억 장치의 가격은 기억 장치의 처리 속도와 비례한다. CPU의 처리 속도와 보조를 맞추기 위해 고가의 기억 장치를 사용하나 비용의 한계로 인해 대용량 기억 장치를 구비하기는 어렵다.

기억 장치의 계층 구조

기억 장치의 성능을 평가하는 요소는 서로 상관관계가 있기 때문에 데이터를 읽고 쓰는 속도를 향상하려면 고가의 고속 기억 장치가 필요하다. 한편 많은 양의 데이터를 저장하려면 기억 장치의 용량이 커야 하지만 적정 비용을 맞추려면 저가의 기억 장치가 필요하다. 물론 저가의 기억 장치를 사용하면 그만큼 기억 장치의 접근 속도가 느려진다. 따라서 기억 장치를 설계할 때 성능 평가 요소를 적절히 조정해야 하며, 이를 위해 [그림 7-3]과 같은 기억 장치의 계층 구조가 이용된다. 데이터 접근 속도가 느리지만 대용량인 보조 기억 장치는 가장 낮은 계층이고, 그다음 계층은 비교적 속도가 빠른 주기억 장치이며, 최상위 계층은 기억 용량은 작지만 고속으로 CPU에 접근할 수 있는 레지스터 기억 장치이다.

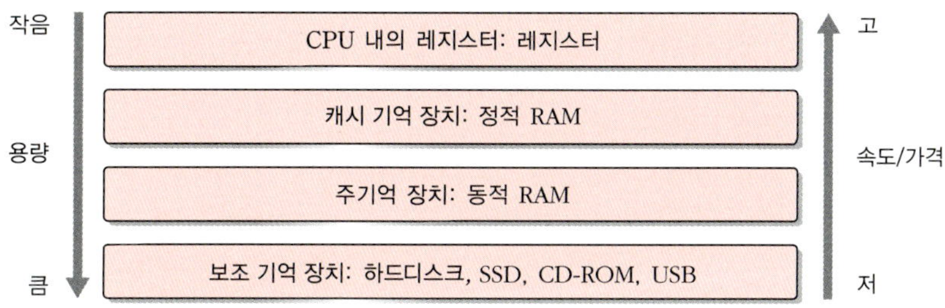

그림 7-3 기억 장치의 계층 구조

2 기억 장치의 분류

기억 장치를 분류하는 방법은 매우 다양한데 대표적인 분류 방법은 다음과 같다.

■ 제조 재료에 따른 기억 장치의 유형

- **반도체 기억 장치**semiconductor memory: 반도체 물질인 실리콘 칩을 사용하여 기억 장치를 설계한다.
- **자기 표면 기억 장치**magnetic surface memory: 자화(자석 같은 특성을 지님) 물질로 코팅된 표면에 정보를 저장한다.

■ 데이터를 저장하는 성질에 따른 기억 장치의 유형

- **휘발성 기억 장치**volatile memory: 일정한 시간이 지나거나 전원 공급이 중단되면 기억 장치에 기록된 모든 데이터가 지워진다. 대표적인 예로 RAM을 들 수 있다.

- **비휘발성 기억 장치**nonvolatile memory: 전원 공급이 중단되더라도 기억 장치에 기록된 데이터가 지워지지 않는다. 대표적인 예로 ROM, CD-ROM을 들 수 있다.

■ 접근 방법에 따른 기억 장치의 유형

- **순차적 접근**sequential access: 데이터가 저장되는 순서에 따라 기억 장치에 순차적으로 접근하며, 필요한 데이터가 저장된 위치에 따라 접근 시간이 결정된다. 순차적 접근을 하는 대표적인 장치로 자기 테이프가 있다.
- **직접 접근**direct access: 기억 장소 근처로 이동한 다음 순차적으로 검색하여 최종적으로 원하는 데이터에 접근하며, 필요한 데이터의 위치와 이전 접근 위치에 따라 접근 시간이 결정된다. 직접 접근을 하는 대표적인 기억 장치로 디스크가 있다.
- **임의 접근**random access: 저장된 모든 데이터에 접근하는 데 소요되는 시간이 이전의 접근 순서와 무관하게 항상 일정하다. 임의 접근을 하는 대표적인 기억 장치로 반도체 기억 장치(RAM, ROM)가 있다.

02 주기억 장치

주기억 장치는 실행할 프로그램과 데이터를 저장하고, CPU는 주기억 장치에 저장된 프로그램에서 명령을 제어 장치로 하나씩 꺼내어 해독하며, 제어 장치는 해독된 결과로 제어 신호를 만들고 각 장치에 전달하여 동작하게 한다. [그림 7-4]는 CPU와 주기억 장치의 관계를 보여준다. 프로그램은 반드시 주기억 장치에 저장되어야 실행될 수 있으므로 입력 장치나 보조 기억 장치에서 주기억 장치로 저장된 후 제어 장치로 전달된다.

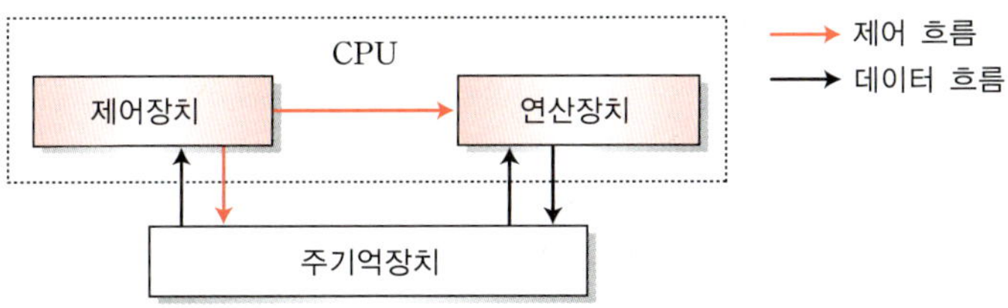

그림 7-4 CPU와 주기억 장치의 관계

1 주기억 장치의 구조와 동작

주기억 장치는 전원이 켜진 상태에서만 데이터를 읽거나 쓸 수 있고, 전원이 꺼지면 기억된 내용이 모두 지워진다(휘발성). 일반적으로 기억 장치는 정보의 장기적인 저장을 목적으로 하지만, 주기억 장치는 프로그램의 명령을 저장하고 있다가 빠르게 실행하도록 하는 것이 목적이다. 그러므로 실행이 완료된 명령이 다른 명령으로 교체되어 신속하게 실행된다. 또한 전원이 꺼지면 빠르게 실행할 일이 없기 때문에 기억된 모든 명령이 주기억 장치에서 삭제된다.

[그림 7-5]에서 보듯이 주기억 장치가 저장하기 위한 기억 소자로만 구성되는 것은 아니다. 우선 주기억 장치는 CPU에 있는 제어 장치에서 데이터 읽기/쓰기 동작을 수행하도록 제어 신호를 수신한다. 쓰기 동작 모드에서는 입력 장치나 보조 기억 장치에서 주기억 장치로 입력 정보가 전달된다. 버퍼 기능을 수행하는 기록 회로는 입력된 프로그램과 데이터를 임시로 저장했다가 프로그램 명령과 프로그램에서 사용될 데이터를 실제로 기억하는 기억 소자로 구성

된 기억 매체에 전달한다. 또한 제어 장치는 데이터가 저장될 기억 소자의 주소를 번지 선택 회로에 전달하여 데이터가 저장될 기억 소자를 선택하게 한다. 한편 읽기 동작 모드에서는 제어 장치 읽기 제어 신호를 발생시키고 인출될 정보가 저장된 기억 소자의 번지를 지정한다. 해당 번지에 저장된 내용은 판독 회로에서 판독되어 외부로 출력된다.

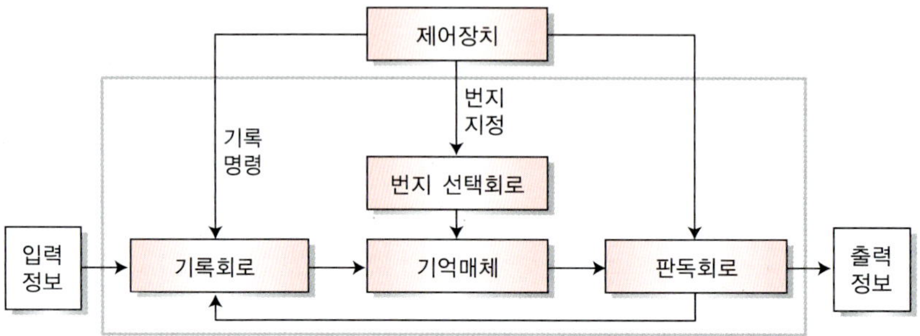

그림 7-5 주기억 장치의 구조와 동작

명령어 처리 과정에서 주기억 장치가 하는 역할을 살펴보자. 명령어는 머신 사이클이라는 4단계 사이클(인출-해독-실행-저장)을 통해 수행된다. 이 모든 과정은 시스템 클록에 의해 동기화되어 있다. 특히 첫 번째 인출 단계는 필요한 명령어를 주기억 장치에서 불러오고, 마지막 저장 단계는 수행 결과를 주기억 장치에 저장한다. 즉 머신 사이클 중에서 두 단계를 거쳐 주기억 장치에 읽기/쓰기 동작을 수행한다는 것을 알 수 있다. 두 단계에서 주기억 장치의 주소 번지는 기억 장치 주소 레지스터를 통해 전달되고, 주기억 장치와 버스 간의 데이터는 기억 장치 버퍼 레지스터를 통해 전달된다.

[그림 7-6]은 주기억 장치와 레지스터의 관계를 보여준다. 인출 과정에서는 기억 장치 주소 레지스터가 지시하는 주기억 장치의 주소 번지에서 데이터를 읽어와 기억 장치 버퍼 레지스터에 저장하고, 저장 과정에서는 기억 장치 주소 레지스터에 저장되어 있는 주소 번지에 해당하는 주기억 장치 위치에 기억 장치 버퍼 레지스터에 저장되어 있는 데이터를 저장한다.

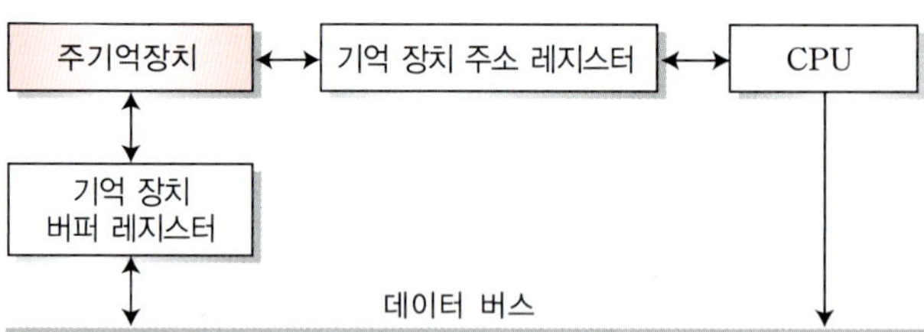

그림 7-6 주기억 장치와 레지스터의 관계

2 주기억 장치의 분할

주기억 장치에 저장되는 프로그램은 시스템 프로그램과 사용자가 작성한 응용 프로그램이다. 일반 사용자 응용 프로그램은 실행될 때만 주기억 장치에 저장되었다가 수행이 종료되면 다른 프로그램으로 대체되거나 삭제되고, 전원이 꺼지면 삭제된다. 반면에 시스템 프로그램은 컴퓨터가 구동을 시작해서 종료될 때까지 주기억 장치에 유지되므로 시스템 프로그램과 사용자 응용 프로그램 저장 영역을 분리해야 한다. [그림 7-7]은 주기억 장치의 분할 구조를 나타낸 것으로, 시스템 프로그램 영역과 사용자 응용 프로그램 영역으로 구분되어 있다.

<table>
<tr><td>(운영체제
상주 구역)</td><td rowspan="2">시스템 프로그램
영역</td></tr>
<tr><td>비상주 구역</td></tr>
<tr><td>사용자 응용프로그램 1</td><td rowspan="4">사용자 응용프로그램
영역</td></tr>
<tr><td>사용자 응용프로그램 2</td></tr>
<tr><td>사용자 응용프로그램 3</td></tr>
<tr><td>사용자 응용프로그램 4</td></tr>
</table>

그림 7-7 주기억 장치의 분할 구조

시스템 프로그램 영역

시스템 프로그램 영역은 운영체제가 저장되는 곳으로 상주 구역과 비상주 구역으로 구분된다.

- **상주 구역**resident area: 언제라도 바로 실행될 수 있는 운영체제의 기본적인 기능과 자주 사용되는 프로그램이 기억되는 곳이다.
- **비상주 구역**transient area: 자주 사용되지 않는 프로그램을 필요할 때만 보조 기억 장치에서 인출하여 저장했다가 처리가 끝나면 다른 프로그램이 다시 사용할 수 있는 구역이다.

사용자 응용 프로그램 영역

사용자 응용 프로그램 영역은 일반 프로그램이 기억되는 곳으로 시스템 프로그램의 제어에 의해 동작한다. 여러 부분으로 분할하고 독립된 프로그램을 기억시켜 다중 프로그래밍 방식으로 동작하게 할 수 있으며, 운영체제가 사용자 응용 프로그램 각각의 독립된 영역을 보호하는 기억 보호storage protection를 수행한다.

주기억 장치는 고가라 용량에 제한이 있으므로 사용자 응용 프로그램 영역을 효율적으로 사용하기 위해 다음과 같은 사항을 고려해야 한다.

- 주기억 장치에 한 번에 몇 개의 프로그램을 적재할 것인가
- 여러 프로그램을 함께 적재할 때 각 프로그램에 할당되는 공간의 크기를 동일하게 할 것인가, 다르게 할 것인가
- 일정한 크기의 공간이 할당되면 프로그램의 수행이 끝날 때까지 해당 크기를 유지할 것인가, 상황에 따라 변경할 것인가
- 일정한 크기의 공간을 할당할 때 연속되는 작은 공간을 할당할 것인가, 한 덩어리의 큰 공간을 할당할 것인가

이러한 사항을 고려하여 주기억 장치를 할당하는 방법으로는 단일 사용자 할당 기법, 고정 분할 할당 기법, 가변 분할 할당 기법이 있다.

단일 사용자 할당 기법

운영체제가 차지하는 부분을 제외한 나머지 기억 공간을 한 사용자 응용 프로그램이 독점 사용하게 하는 방식이다.

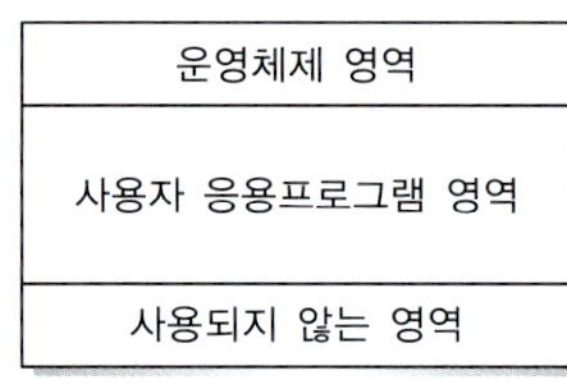

그림 7-8 단일 사용자 기억 장치의 구조

■ **장점**

- 사용자에게 최대한 융통성을 제공한다.
- 최대의 단순성과 최소의 비용을 만족한다.
- 특별한 하드웨어가 없어도 되고 운영체제 소프트웨어도 필요 없다.

■ **단점**

- 사용자가 사용하는 부분 이외는 낭비가 될 수 있다.
- 입력과 출력을 수행하는 동안 주기억 장치 내의 프로그램이 CPU를 계속 쓸 수 없어 유휴 상태가 되므로 활용도가 매우 낮다.
- 프로그램이 주기억 장치의 용량보다 크면 실행하기 어렵다.

고정 분할 할당 기법

각 응용 프로그램에 동일한 크기의 분할된 구역을 고정 할당하는 방식이다.

■ **장점**

- 한 프로그램을 적재하고 남은 공간에 다른 프로그램을 적재하여 실행하므로 프로세서와 기억 장치 같은 자원의 활용도가 크게 향상된다.
- 동시에 여러 프로그램을 주기억 장치에 적재하여 실행하는 다중 프로그래밍 기법이 가능하다.

■ **단점**

- 할당되는 저장 공간이 작고 저장될 프로그램이 큰 경우에는 프로그램이 작은 단위로 쪼개지는 단편화fragmentation 문제가 발생한다.
- 프로그램과 할당된 분할 구역의 크기가 일치하지 않으면 남는 공간이 생긴다.

가변 분할 할당 기법

단편화를 해결하기 위해 각 작업에 필요한 만큼의 공간만을 할당하는 방식이다. 구역을 미리 일정한 크기로 분할하는 것이 아니라, 주기억 장치에 들어오는 새로운 프로그램의 크기에 맞게 기억 공간을 가변적으로 분할하여 프로그램에 맞는 공간을 할당한다.

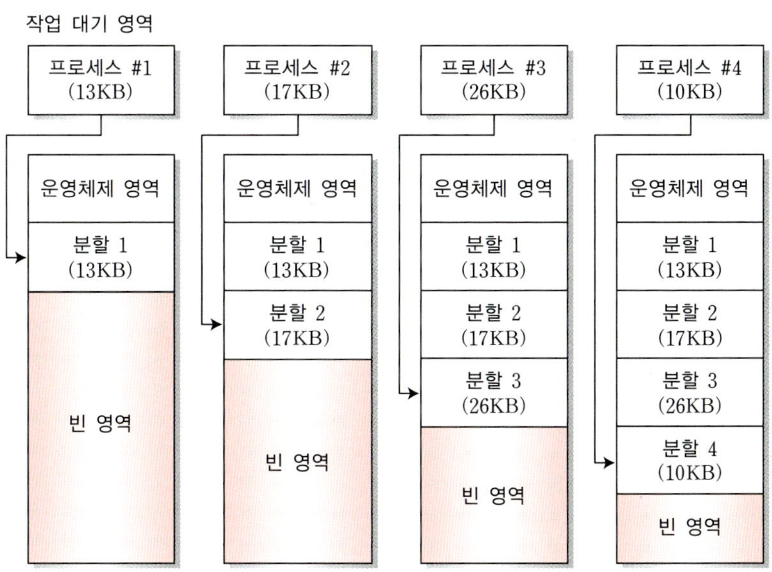

그림 7-9 가변 분할 기억 장치의 할당

■ 기억 장소의 집약

기억 장소의 집약memory compaction은 주기억 장치를 검사하여 공백인 빈 영역을 하나의 커다란 빈 영역으로 만드는 것이다. 운영체제는 사용 중인 블록을 한곳에 모으고, 비어 있는 기억 장소를 하나의 커다란 공백으로 만든다. 기억 장소의 집약 과정은 [그림 7-10]과 같으며, 사용 영역은 사용 영역끼리, 빈 영역은 빈 영역끼지 모은다.

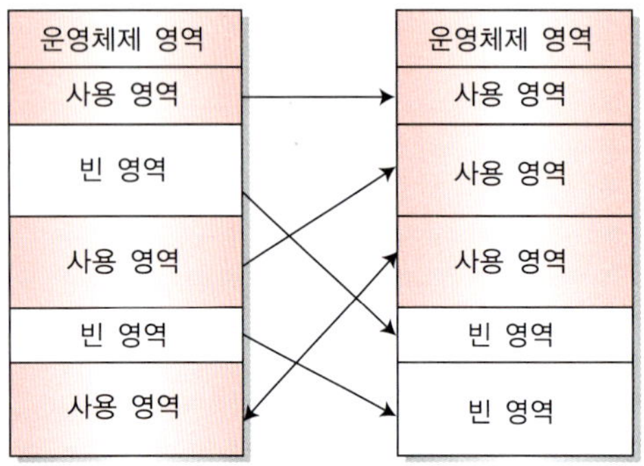

그림 7-10 가변 분할 할당 기법에서 기억 장소의 집약

장점

- 기억 장소에 분산된 공간을 한곳에 모아 사용 가능한 큰 영역을 만듦으로써 낭비를 줄일 수 있다.

단점

- 기억 장소를 집약하는 동안 전체 시스템은 수행 중이던 작업을 일단 중지해야 하며, 집약하는 데 많은 시간이 소모된다.
- 수행 중이던 프로그램과 데이터를 주기억 장치 내의 다른 장소로 이동하기 때문에 각각의 위치 및 이와 관련된 내용을 수정해야 한다.

■ 공백 영역을 찾는 알고리즘

- **최초 적합 방법**: 여러 공백을 차례로 검색하다가 새로운 프로그램을 저장할 수 있는 크기의 공간을 처음으로 찾으면 그곳에 할당하는 것이다.
- **최적 적합 방법**: 여러 공백 중 새로운 프로그램이 요구하는 크기보다 크면서 크기가 가장 비슷한 공간에 할당하는 것이다. 매우 작은 공백만 생긴다는 장점이 있다.

- **최악 적합 방법**: 여러 공백 중 가장 큰 부분을 찾아 할당하는 것이다. 프로그램이 할당되고 남은 공간이 비교적 크다면 다른 프로그램에 할당할 수 있다.

예를 들어 [그림 7-11]에서 17킬로바이트의 기억 장소를 필요로 하는 프로그램이 주기억 장치로 들어오면 최초 적합 방법의 경우는 ①에, 최적 적합 방법의 경우는 ④에, 최악 적합 방법의 경우는 ③에 프로그램이 적재된다.

그림 7-11 공백 영역을 찾는 알고리즘

3 주기억 장치의 종류

초기에는 주기억 장치에 자기 매체를 주로 사용했으나 반도체와 집적회로 기술이 비약적으로 발전하면서 지금은 반도체 기억 장치를 주기억 장치에 사용하고 있다.

자기 코어 기억 장치

초기에 많이 사용되었던 임의 접근 컴퓨터 기억 장치이다. 비휘발성이므로 전원 공급에 문제가 있거나 소프트웨어가 충돌해도 기억 장치의 내용이 손실되지 않는다. 작은 자기 세라믹 링에 전류를 흘려보낼 때 발생하는 자기장으로 데이터를 저장하는 방식이다.

[그림 7-12]에서 보듯이 자기 코어는 링 모양이며, 페라이트ferrite라는 자성 물질로 만들어져 자화가 쉽고, 한 번 자화되면 외부 영향이 없는 한 그 상태를 계속 유지하는 매우 우수한 기억 장치이다. 링의 안쪽 지름이 0.3~0.5mm 정도이고, 링 중앙을 관통하는 여러 개의 선으로 코어의 자화 상태를 제어한다. (b)와 (c)는 데이터 1과 0이 저장되는 원리를 나타낸 것으로 암페어의 오른 나사 법칙을 따른다. 전류가 흐르는 방향에 따라 발생하는 자기장의 방향이 결정되고, 자기장의 방향에 따라 1과 0이 결정된다. 이때 자기 코어 1개가 데이터 1비트를 기억하므로 기억 소자가 된다.

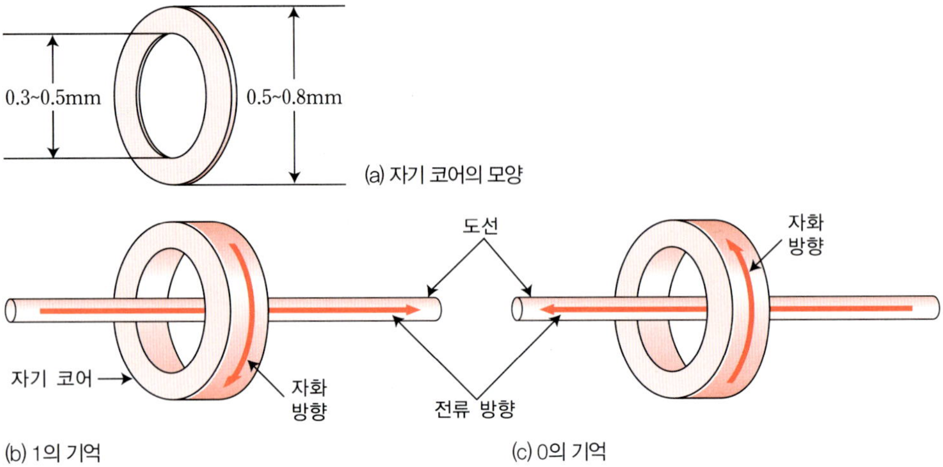

그림 7-12 자기 코어의 구조

[그림 7-13]과 같이 자기 코어 중앙에는 선 X, Y, Z, S가 관통한다. 구동선driving wire X와 Y는 0.5볼트의 전류를 흘려보내 교차점이 자화되게 한다. 감지선sense wire S는 자기 코어의 상태를 검출하는 역할을 하고, 금지선inhibit wire Z는 코어가 불필요하게 자화되었을 때 −0.5볼트의 금지 전류를 이용하여 코어의 자화를 소거하는 역할을 한다.

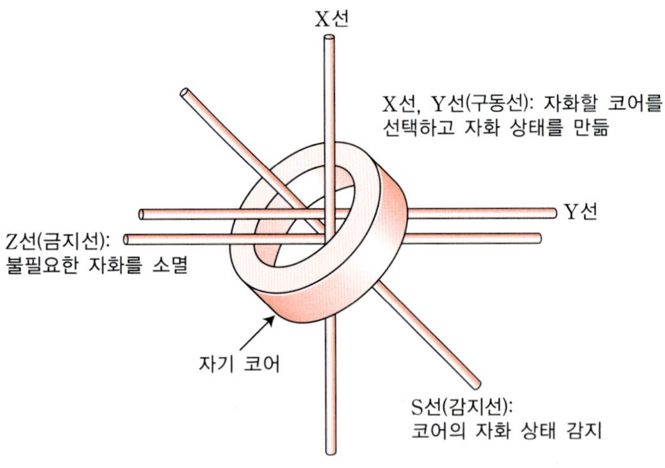

그림 7-13 자기 코어의 내부 구조

자기 코어로 실제적인 기억 장치를 구성하기 위해 행렬 구조로 배치한 것을 자기 코어 행렬magnetic core matrix이라고 한다. 평면으로 된 기판에 자기 코어를 가로세로로 4096(=64×64)개 또는 16384(=128×128)개 배치한다. [그림 7-14]는 자기 코어 행렬의 구성을 나타낸 것으로, 하나의 자기 코어 행렬 면을 코어 플레인core plane 이라고 한다. 또한 코어 플레인을 필요한 매수만큼 겹쳐서 한 단위의 기억 장치로 만든 것을 코어 스택core stack 이라고 한다.

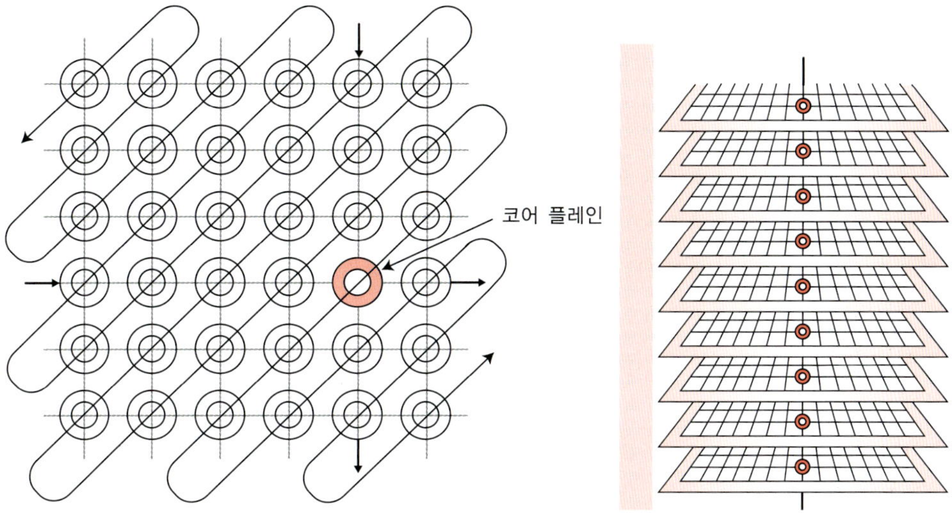

(a) 자기 코어 행렬 (b) 코어 스택

그림 7-14 자기 코어 행렬의 구성

반도체 기억 장치

반도체 기억 장치는 디지털 시스템의 프로그램이나 데이터를 저장하는 주기억 장치에 널리 사용되고 있다. 대부분의 반도체 기억 장치는 저장 위치에 상관없이 같은 시간에 접근이 가능한 RAM 형태이며, 휘발성인 RAM과 비휘발성인 ROM으로 구분된다.

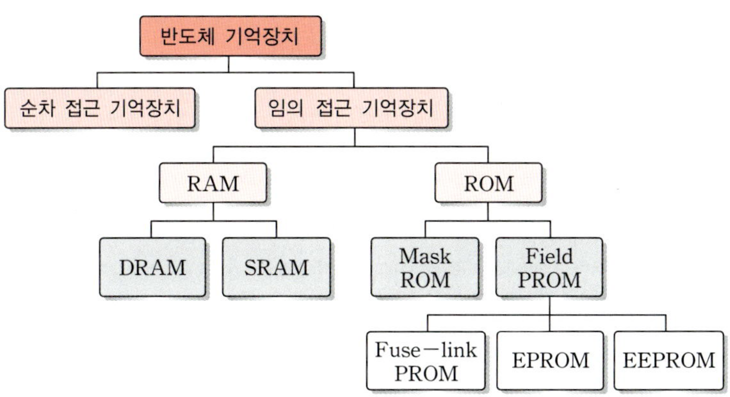

그림 7-15 반도체 기억 장치의 분류

반도체 기억 장치의 구조

반도체 기억 장치 칩에는 기본적으로 데이터를 읽고 쓸 수 있는 제어 신호 단자가 있다. 그리고 읽은 데이터나 기억 장치에 기록하는 데 사용할 데이터를 임시로 저장하는 레지스터가 존재한다. 또한 저장한 데이터에 대한 주소를 저장하는 별도의 주소 레지스터도 있다.

[그림 7-16]은 반도체 기억 장치의 구조를 보여준다. 먼저 기억 장치의 용량을 살펴보면, 기억 장치의 가로 길이에 해당하는 것이 워드이고 길이는 m비트이며, 기억 장치의 세로 길이에 해당하는 것이 워드의 개수로 2^n개이다. 기억 장치 주소 레지스터는 기억 장치에 접근할 때 필요한 워드의 주소를 임시로 저장하며, 워드 2^n개의 주소를 표현하려면 n비트가 필요하다. 기억 장치 버퍼 레지스터는 기억 장치와 CPU 등의 외부 장치 사이에서 전송되는 데이터를 임시로 저장하며, 워드 단위로 데이터를 입출력하므로 m비트가 필요하다.

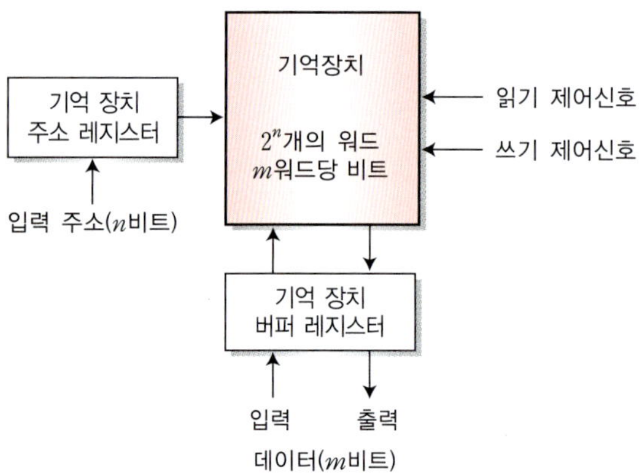

그림 7-16 반도체 기억 장치의 구조

[그림 7-17]은 반도체 기억 장치의 실제적인 집적회로 칩을 나타낸 것이다. (a)에서 $A_0 \sim A_4$는 주소를 지정하기 위한 단자이고 $I_0 \sim I_3$은 입력 포트, $O_0 \sim O_3$은 출력 포트이다. $R/\overline{W}$는 읽기와 쓰기를 결정하는 제어 단자이고, $M \cdot E$Memory Enable는 기억 장치의 사용 가능 여부를 결정한다. 주소의 길이가 5비트이므로 워드가 $32(=2^5)$개이며, 워드의 길이가 4비트이므로 기억 장치 용량은 $128(=32 \times 4)$비트이다. (b)에서는 (a)의 기호가 동일하게 사용된다. 따라서 주소의 길이가 12비트이므로 워드가 2^{12}개이며, 워드의 길이가 8비트이므로 기억 장치 용량은 $2^{12}(4K) \times 8 = 4069$바이트이다.

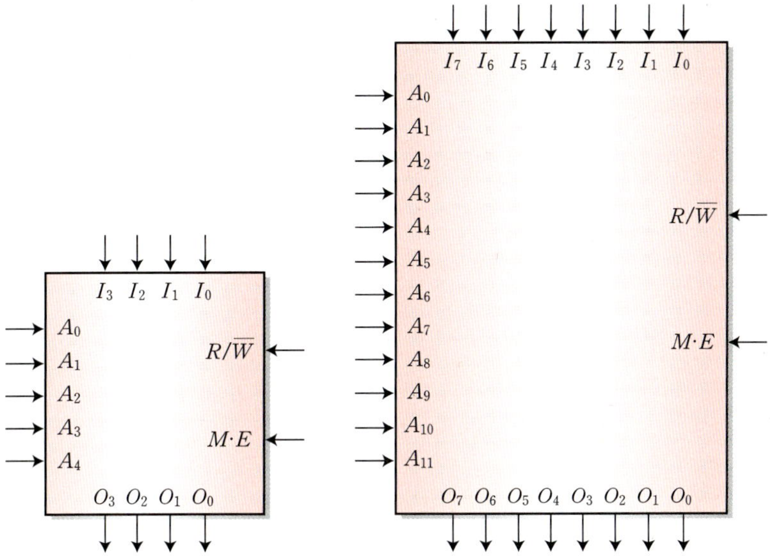

(a) 32×4 기억 장치 (b) 4K 기억 장치

그림 7-17 반도체 기억 장치의 집적회로 칩

반도체 기억 장치의 동작

기억 장치는 데이터를 저장하고 필요에 따라 이를 인출해야 하므로 쓰기, 읽기, 주소 지정 동작이 실행되고, 데이터 버스를 따라 데이터가 이동한다. [그림 7-18]은 이러한 과정을 보여준다.

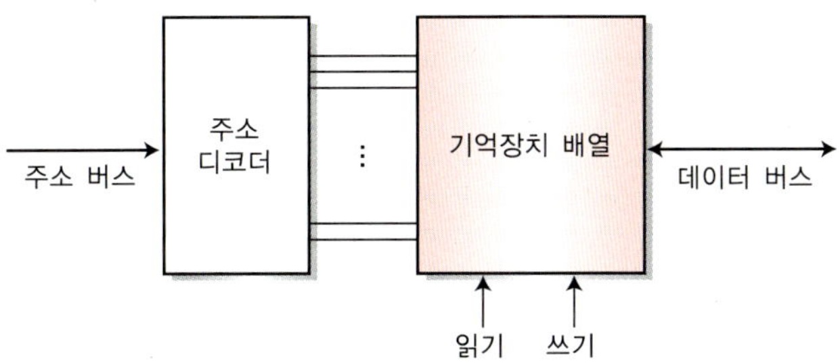

그림 7-18 기억 장치에서의 읽기/쓰기 동작

■ 쓰기 동작

쓰기 동작은 기억 장치에 데이터를 저장하는 것으로, [그림 7-19]는 1바이트의 데이터를 기억 장치에 저장하는 쓰기 과정을 보여준다.

① 주소 레지스터에 있는 주소 코드(101)를 주소 버스에 싣는다. 주소 디코더는 주소 코드를 해

석하여 기억 장치의 위치(5)를 선택한다.

② 기억 장치는 쓰기 명령을 받아 데이터 레지스터에 있는 데이터(10001101)를 데이터 버스에 싣는다.

③ 주소에 따라 선택된 기억 장치 위치에 데이터를 저장하여 쓰기 동작을 완료한다.

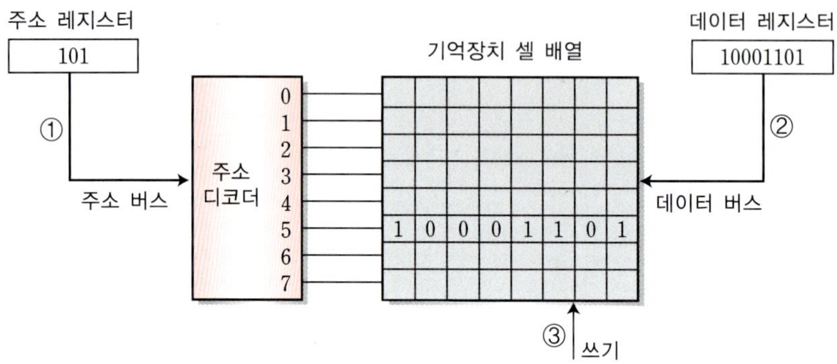

그림 7-19 쓰기 동작 과정

■ 읽기 동작

읽기 동작은 기억 장치에 저장되어 있는 데이터를 인출하여 이를 요구한 장치로 전달하는 것으로, [그림 7-20]은 1바이트의 데이터를 지정된 주소 위치에서 읽는 과정을 보여준다.

① 주소 레지스터에 있는 주소 코드(011)를 주소 버스에 싣는다. 주소 디코더는 주소 코드를 해석하여 기억 장치 위치(3)를 선택한다.

② 기억 장치는 읽기 명령을 받아 선택된 기억 장치 주소에 저장되어 있던 데이터(10001101)를 데이터 버스에 싣는다.

③ 기억 장치에서 읽은 데이터를 데이터 레지스터에 적재하여 읽기 동작을 완료한다.

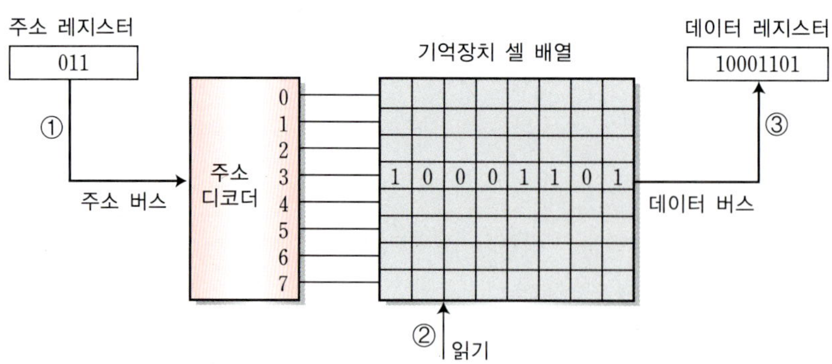

그림 7-20 읽기 동작 과정

03 RAM과 ROM

주기억 장치로 사용되는 대표적인 반도체 기억 장치는 임의 접근 기억 장치RAM와 읽기 전용 기억 장치ROM이다. 특히 임의 접근 기억 장치 중에서 DRAM은 주로 주기억 장치로 사용되고 SRAM은 캐시 기억 장치로 사용된다.

1 임의 접근 기억 장치

반도체 기억 장치 중 가장 일반적인 유형인 임의 접근 기억 장치는 보통 RAM이라고 일컫는다. RAM은 크기가 작고, 신뢰성이 높으며, 성능이 우수하고, 소비 전력이 적기 때문에 대부분의 컴퓨터에서 주기억 장치로 사용되고 있다. [그림 7-21]은 컴퓨터의 주기억 장치인 RAM으로, 주 회로기판의 소켓에 장착된다.

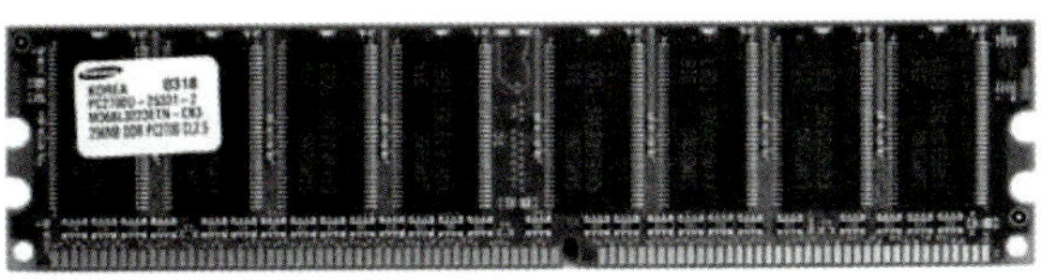

그림 7-21 RAM

RAM의 특징과 용도

RAM의 특징은 선택된 주소의 데이터를 언제나 쉽게 읽고 쓸 수 있다는 것이다. RAM에 데이터를 기록하면 이전에 저장되어 있던 데이터가 지워지고 새로운 데이터가 저장된다. 읽기만 가능한 CD-ROM과 비교하면 수정이 언제든 가능하다는 것이 장점이다. 그러나 휘발성 기억 장치인 RAM은 전원 공급이 끊기면 저장된 데이터가 모두 삭제되기 때문에 데이터를 짧은 시간 동안 저장하는 장소로 사용된다. 또한 언제 어디서나 기억 장치의 특정 장소에 접근할 수 있다. 즉 RAM이라는 이름처럼 저장된 모든 데이터에 접근하는 데 소요되는 시간이 이전의 접근 순서와 무관하게 항상 일정하다.

컴퓨터의 주기억 장치로 RAM을 사용하는 것은, CPU의 처리 속도는 빠르지만 보조 기억 장치(하드디스크)의 처리 속도는 느리기 때문이다. 따라서 보조 기억 장치에서 데이터 또는 명령을 읽어 처리하려 할 때 CPU와 보조 기억 장치의 속도 차이를 극복하기 위해 보조 기억 장치보다 속도가 빠른 RAM을 중간에 놓는다. [그림 7-22]에서 보듯이 RAM은 주요 데이터를 보조 기억 장치인 하드디스크에서 가져와 저장했다가, CPU에 필요한 데이터를 빠르게 제공하고, CPU에서 출력된 데이터를 빠르게 저장하고 있다가 최종적으로 하드디스크에 전달한다.

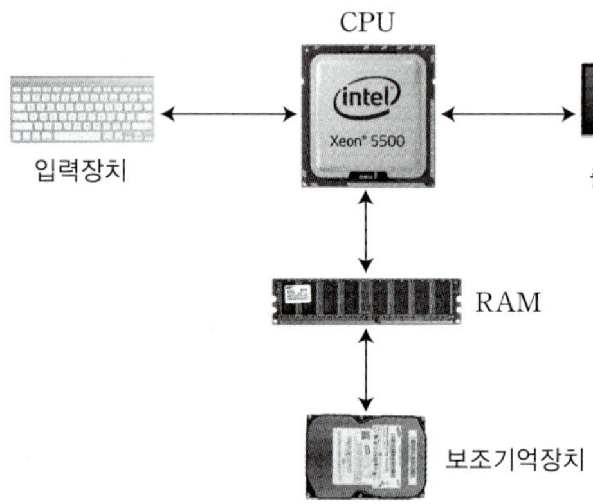

그림 7-22 컴퓨터 내부 장치의 상관관계

RAM의 종류

RAM은 기억 방식에 따라 DRAM(동적 RAM)과 SRAM(정적 RAM)으로 나누어진다. DRAM은 저장하려는 2진 데이터를 충전기에 공급되는 전하의 형태로 보관한다. 이 방법은 전력 소비가 적고 단일 메모리 칩에 더 많은 정보를 저장할 수 있으나 충전기의 방전 현상으로 인한 정보의 손실을 막기 위해 재충전refresh 회로가 필요하다. SRAM은 주로 2진 데이터를 저장하는 내부 회로가 플립플롭으로 구성되고, 저장된 정보는 전원이 공급되는 동안 그대로 보존되며, 사용하기 쉽고, 읽기/쓰기 동작 사이클이 DRAM보다 짧다.

반도체 기억 장치를 만드는 데 사용되는 소자에 따라 RAM을 트랜지스터-트랜지스터 논리Transistor-Transistor Logic, TTL의 바이폴라bipolar RAM과 금속 산화막 반도체Metal Oxide Semiconductor, MOS RAM으로 구분할 수 있다. 바이폴라와 MOS를 조합하여 만든 BiMOS RAM도 있다. 제조상 RAM의 분류는 [그림 7-23]과 같다. 바이폴라 RAM은 SRAM 방식으로 기억하고 MOS RAM은 기억 방식이 SRAM과 DRAM이다.

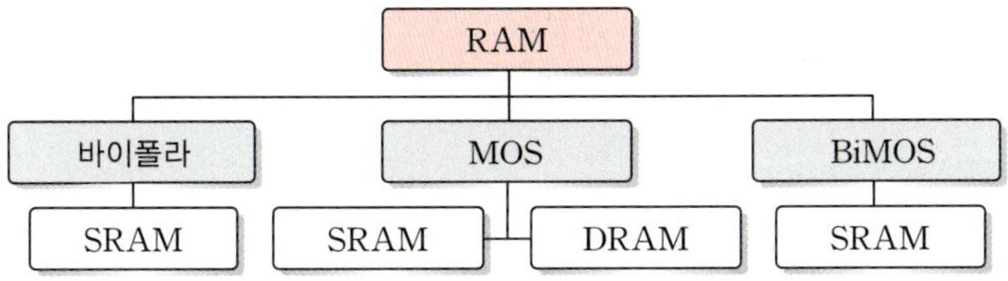

그림 7-23 제조상 RAM의 분류

■ DRAM(동적 RAM)

DRAM은 충전기 커패시터capacitor에 전하를 저장하는 방식으로 2진 데이터를 저장한다. 충전기에 전하가 존재하는지에 따라 2진수의 1과 0을 구분하여 저장한다. 커패시터에 충전된 전하는 시간이 지남에 따라 조금씩 방전되므로 결국 기억된 정보를 잃게 된다. 이를 방지하려면 기억 장치의 내용을 주기적으로 재생시키기 위해 주기적으로 충전해야 하므로 재충전을 위한 제어 회로를 탑재해야 한다. 동적으로 저장 정보를 재생시키므로 'dynamic(동적)'이란 명칭이 붙었는데, 이는 SRAM의 'static(정적)'과 대조된다.

DRAM은 SRAM보다 구조가 간단하다. 1비트를 구성하는 데 SRAM은 트랜지스터 6개가 필요하지만 DRAM은 트랜지스터 1개와 커패시터 1개가 필요하므로 고밀도 집적에 유리하다. 또한 전력 소모가 적고 가격이 낮아 대용량 기억 장치에 많이 사용된다.

[그림 7-24]는 DRAM 기억 소자의 구조를 보여준다. 실질적인 2진 데이터가 저장되는 충전기는 커패시터이고 입력 단자로 행row 입력과 열column 입력이 있다. 커패시터가 여러 개인 경우 행 입력과 열 입력의 조합으로 정확한 저장 위치를 지정할 수 있다. $R/\overline{W}$ 단자는 읽기 동작과 쓰기 동작을 결정한다. 이 밖에도 재충전 입력과 재충전 버퍼, 데이터 입력(D_{in})과 입력 버퍼, 데이터 출력 (D_{out})과 출력 버퍼가 있다.

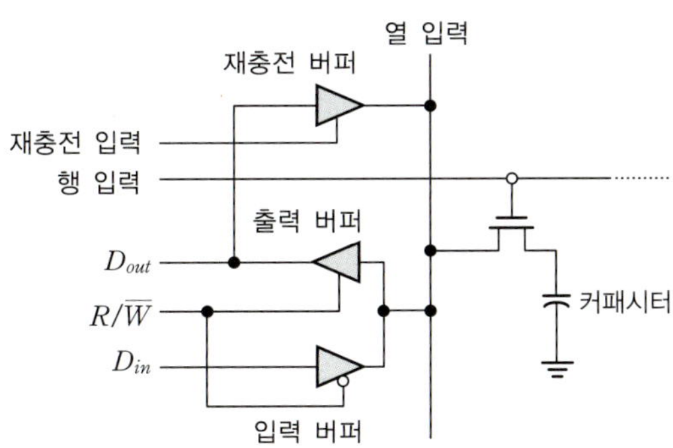

그림 7-24 DRAM 기억 소자의 구조

DRAM에서는 쓰기 동작, 읽기 동작, 재충전 동작이 이루어지는데 각각의 동작 과정을 단계별로 살펴보자.

쓰기 동작

- **1단계**: $R/\overline{W}$의 단자가 0이 되면 쓰기 동작이 설정되어 입력 버퍼는 동작 상태(enable)가 되고 출력 버퍼는 동작 불가능 상태(disable)가 된다.
- **2단계**: 논리 0을 저장하기 위해 $D_{in} = 0$ 커패시터가 충전되지 않는다. 만약 커패시터에 논리 1이 저장되어 있다면 커패시터가 방전된다.
- **3단계**: 기억 소자에 논리 1을 저장하려면 $D_{in} = 1$로 하고, 저장 위치를 지정하는 행 입력이 논리 1이면 커패시터에는 양(+)의 전압이 충전된다.

읽기 동작

- **1단계**: $R/\overline{W}$의 단자가 1이 되면 읽기 동작이 설정되어 출력 버퍼는 동작 상태(enable)가 되고 입력 버퍼는 동작 불가능 상태(disable)가 된다.
- **2단계**: 출력하려는 데이터의 위치를 지정하는 행 입력이 논리 1이면 커패시터가 비트 선bit line을 통해 출력 버퍼에 연결된다.
- **3단계**: 저장된 데이터가 출력(D_{out})을 통해 외부로 출력된다.

재충전 동작

- **1단계**: $R/\overline{W}=1$, 행 입력 = 1, 재충전 입력 = 1이면 커패시터가 데이터 비트 선에 연결된다.
- **2단계**: 출력 버퍼가 Enable 되고 저장된 데이터 비트를 저장한다. 재충전 입력이 논리 1이므로 출력 버퍼의 데이터가 재충전 버퍼에 입력되고 다시 커패시터에 저장된다.

■ SRAM(정적 RAM)

SRAM은 플립플롭 방식의 기억 소자를 가진 RAM으로, 전원이 공급되는 한 저장된 내용을 계속 기억하며 DRAM과 달리 복잡한 재생 클록refresh clock이 필요 없다. MOS FET 4~6개로 된 플립플롭 기억 소자로 구성되므로 집적 밀도가 높아서 가격이 비싸며, 소용량 저장 장치에 사용된다. DRAM보다 처리 속도가 5배 정도 빨라 캐시 기억 장치에 주로 사용된다.

[그림 7-25]는 SRAM 기억 소자의 구조를 보여준다. 선택 입력 S는 기억 소자가 여러 개인 경우 해당 위치의 기억 소자를 선택할 때 사용되고, 제어 신호 $R/\overline{W}$는 읽기 동작과 쓰기 동작을 결정한다. 이 밖에도 쓰기 동작을 위한 데이터의 입력 단자와 읽기 동작을 위한

데이터 출력 단자가 있다.

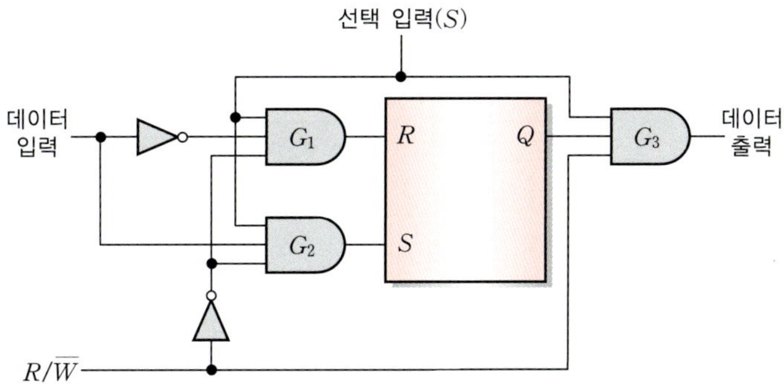

그림 7-25 SRAM 기억 소자의 구조

칩 조직

RAM과 같은 반도체 기억 장치는 하나의 집적회로 칩으로 제공되며, 이 칩에는 기억 소자의 배열array of memory cells이 포함되어 있다. 반도체 기억 장치를 설계할 때 한 번에 읽고 쓸 수 있는 데이터의 비트 수는 중요한 고려 사항이다. 만약 기억 소자의 배열 조직이 B개의 비트로 이루어진 W개의 워드로 구성되었다면 $W \times B$ 비트로 나타낸다. 몇 가지 칩 조직chip logic을 살펴보자.

■ 칩 조직

- **1M×16비트**: 16비트로 이루어진 1M개의 워드로 구성된다.
- **16M×1비트**: 1비트로 이루어진 16M개의 워드로 구성된다. 칩 1개당 1비트로 조직되어 있다one-bit-per-chip.
- **4M×4비트**: 4비트로 이루어진 4M개의 워드로 구성된다.

■ RAM의 내부 조직

8×8 조직, 64비트

A_0, A_1, A_2, 즉 3개의 주소 입력이 필요하다($2^3 = 8$).

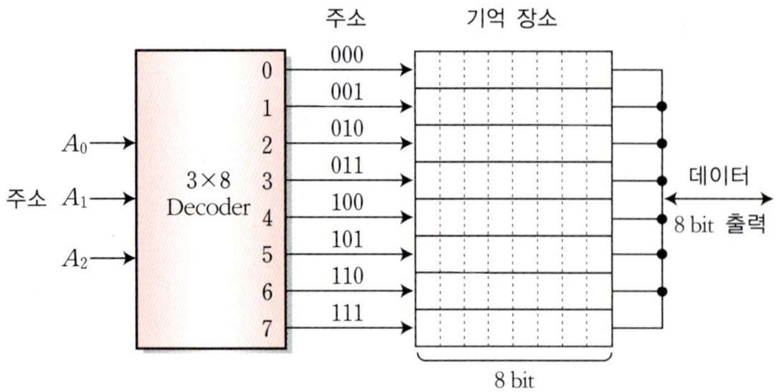

그림 7-26 8×8비트 RAM의 내부 조직

16×4 조직, 64비트

A_0, A_1, A_2, A_3, 즉 4개의 주소 입력이 필요하다($2^4 = 16$).

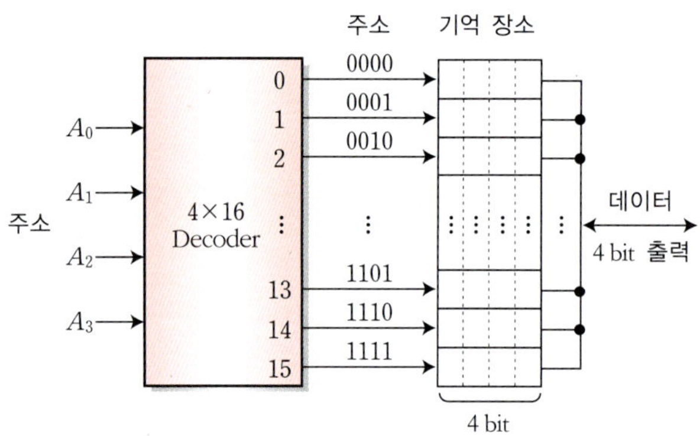

그림 7-27 16×4비트 RAM의 내부 조직

64×1 조직, 64비트

1비트로 이루어진 64개의 기억 장소로 구성된다. 행을 가진 주소 선 3개와 열의 주소를 가진 주소 선 3개가 필요하므로 총 6개의 주소 선을 사용한다. 주소의 값이 6개일 때 상위 3비트는 행의 배열 위치를, 하위 3비트는 열의 배열 위치를 의미한다. 3비트인 행과 열로 구분되는 주소 선이므로 3×8 디코더는 행과 열에 각각 하나씩 총 2개가 필요하다.

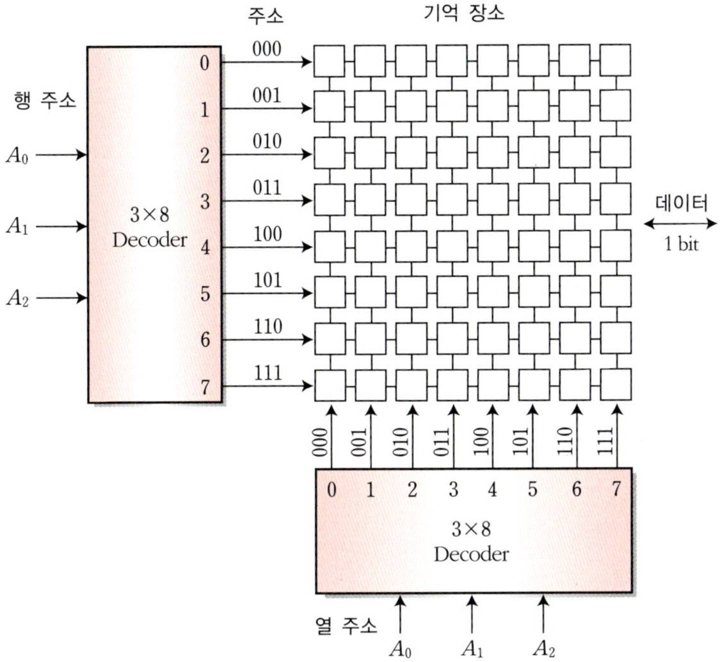

그림 7-28 64×1비트 RAM의 내부 조직

4M×4 **조직**, 2048×2048×4**비트**

2M×2M(2048×2048) 정방형 배열을 이용하고 각 워드의 길이는 4비트이다. 따라서 사용되는 전체 비트의 수는 2048×2048×4비트(16,777,216비트=16메가비트)이다.

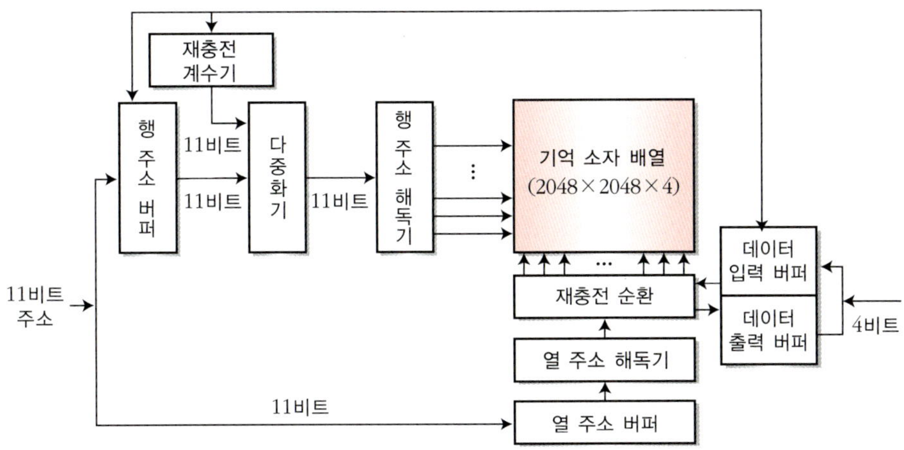

그림 7-29 4M×4비트 DRAM의 내부 조직

칩 패키징

칩 패키징chip packaging에는 신호의 입력과 출력을 위한 연결 핀이 포함되어 있다. 기억 장치 칩 패키징 내에 W개의 워드가 있다면 주소 핀의 수는 $\log_2 W$개로 정의된다. 여기에 데이터 핀, 전원 공급 핀(V_{CC}), 접지 핀(V_{SS}), 칩 선택 핀(CE) 등이 포함된다.

■ 4M×4비트 DRAM의 패키징

- 주소 핀이 11개이다.
- 데이터 핀이 4개이다.
- V_{CC}, V_{SS}, RAS, CAS, WE, OE

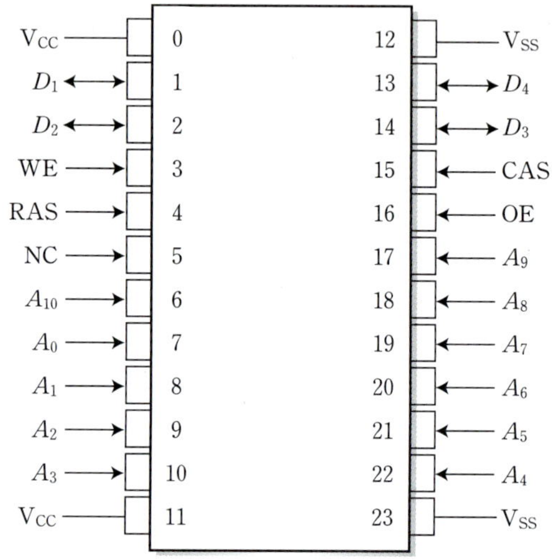

그림 7-30 4M×4비트 DRAM의 칩 패키징

2 읽기 전용 기억 장치

RAM과 대조되는 ROM은 저장된 명령이나 데이터를 읽기만 할 수 있는 기억 장치로, 데이터를 추가하거나 재기록하는 쓰기 동작을 하기 어렵거나 아예 불가능하다. 그러나 전원 공급이 끊겨도 저장된 데이터를 유지할 수 있어 비휘발성 기억 장치로 분류된다. 컴퓨터 시스템은 전원을 켜면 내장 메모리를 체크하거나 주변 장치를 초기화하는데, 이와 같은 일을 수행하려면 전원을 끄더라도 내용이 지워지지 않는 기억 장치가 필요하기 때문에 ROM을 사용한다. 또한 ROM은 시스템 동작에 쓰이는 표, 변환, 명령어 프로그램 등 반복적으로 사용하는 데이터를 저장하는 데 주로 이용된다.

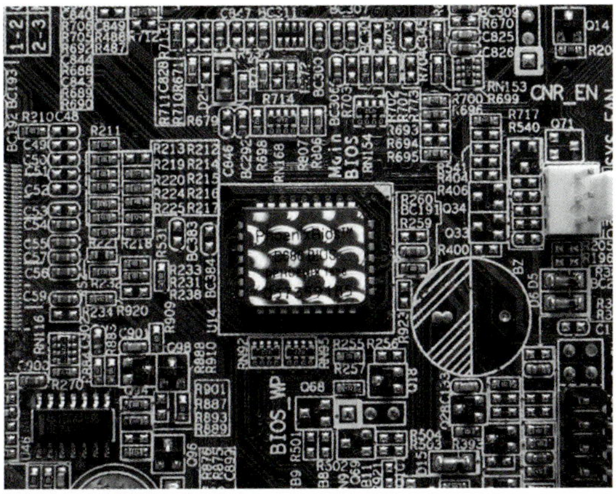

그림 7-31 ROM의 단면도

ROM의 구성

ROM의 구성은 RAM과 비슷한 형태이지만 쓰기 동작을 하지 않기 때문에 더 간단하다. 주소를 입력하여 데이터를 읽을 위치를 결정하는 주소 디코더가 있고, 이것이 기억 장치의 배열과 연결되어 있다. ROM의 구성을 나타낸 [그림 7-32]에서 N개의 입력은 디코더에 의해 2^N개의 주소가 존재하며, 이는 2^N 개의 워드가 존재한다는 것과 같은 의미이다. 기억 장치의 배열에서 워드의 길이는 M비트이고 이것이 출력 비트가 된다.

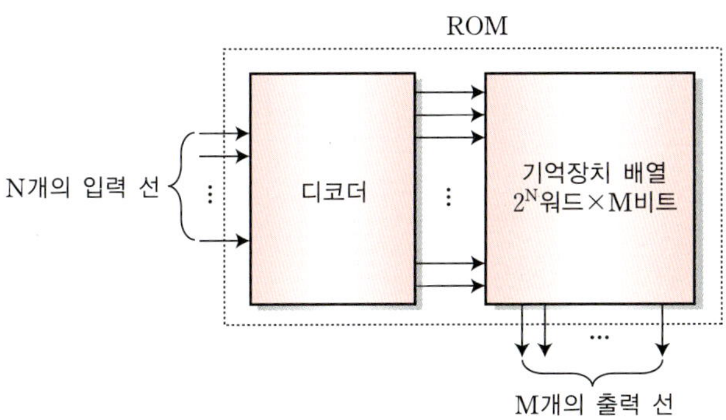

그림 7-32 ROM의 구성

RAM의 경우 D 플립플롭으로 구성된 기억 소자의 배열을 형성하여 기억 장치를 만들지만, ROM의 경우 플립플롭 대신 OR 게이트의 연결 관계를 통해 기억 장치의 배열을 형성한다. ROM에 저장된 데이터는 OR 게이트의 고정된 연결로 표현되고 이것은 변경이 불가능하여 항상 동일하게 출력되므로, 결과적으로 읽기만 가능하고 비휘발성인 ROM의 특성을 충족한다. 여기서 OR 게이트의 수는 ROM의 출력 선 수와 동일하다.

ROM의 회로를 나타낸 [그림 7-33]에서는 5비트의 주소 입력 선이 있으므로 $32(=2^5)$개의 워드가 존재하고, 4비트의 2진 데이터를 출력한다. 이때 출력 값 F_1, F_2, F_3, F_4는 OR 게이트 입력과 각 워드 간의 연결에 따라 결정된다. RAM과 달리 ROM에서는 쓰기 동작이 없으므로 입력 단자가 존재하지 않는다(RAM의 $R/\overline{W}$ 단자가 없다).

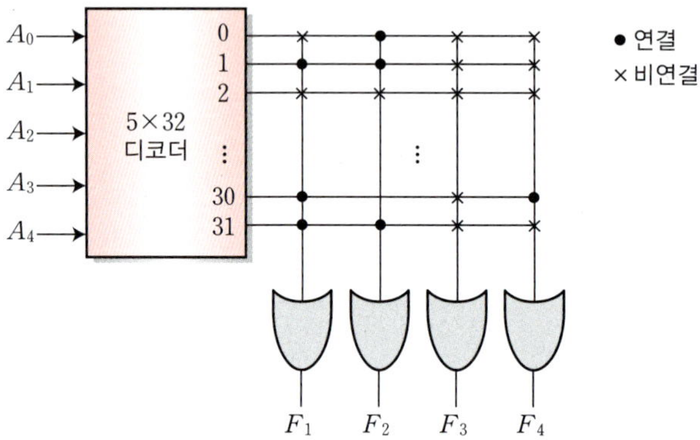

그림 7-33 ROM의 회로

[그림 7-34]는 2×4 ROM의 내부 조직을 보여준다. 워드의 길이가 3비트이고 4개의 워드가 존재하며, 출력은 3비트이다. $A_0A_1 = 00$이면 D_0이 선택되고 출력 $F_0F_1F_2$는 101이 된다. $A_0A_1 = 01$이면 D_1이 선택되고 출력 $F_0F_1F_2$는 011이 된다. $A_0A_1 = 10$이면 D_2가 선택되고 출력 $F_0F_1F_2$는 100이 된다. $A_0A_1 = 11$이면 D_3이 선택되고 출력 $F_0F_1F_2$는 111이 된다.

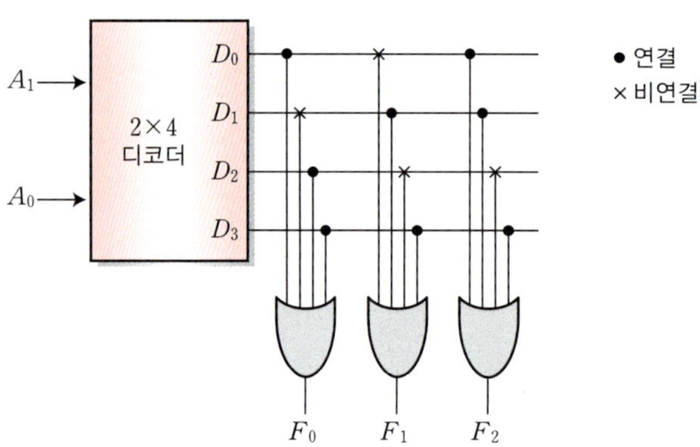

그림 7-34 2×4 ROM의 내부 조직

[표 7-1]은 [그림 7-34]의 진리표이다.

표 7-1 2×4 ROM의 진리표

입력		출력		
A_0	A_1	F_0	F_1	F_2
0	0	1	0	1
0	1	0	1	1
1	0	1	0	0
1	1	1	1	1

ROM의 종류

ROM은 반도체 기억 장치를 만드는 데 사용되는 소자에 따라 트랜지스터-트랜지스터 논리TTL의 바이폴라 ROM과 금속 산화막 반도체MOS ROM으로 구분할 수 있다. 제조상 ROM의 분류는 [그림 7-35]와 같다. Mask ROM과 PROM은 바이폴라형도 있고 MOS형도 있다.

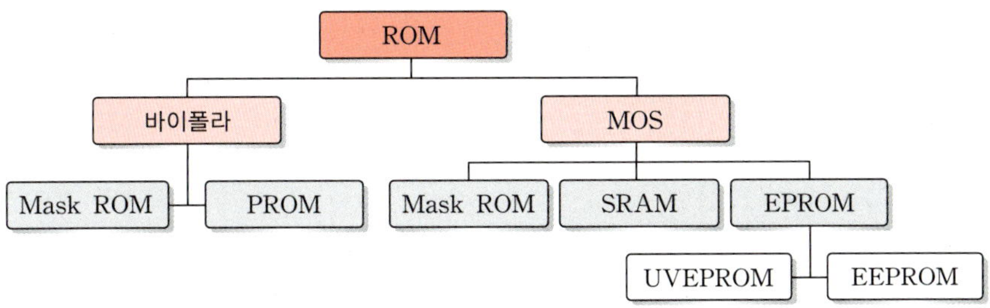

그림 7-35 ROM의 제조상 분류

■ Mask ROM

Mask ROM은 제작사가 저장 데이터에 맞게 회로를 구성하여 내용 변경이 불가능하다. 이러한 형태로 제작하면 동일한 정보의 ROM을 아주 많이 생산할 수 있어 경제적이다. 그러나 사용자가 데이터의 내용을 변경하고자 할 때는 Mask ROM을 다시 제작해야 하므로 비용 상승을 유발할 수 있다. 데이터를 변경할 수 없다는 특징과 이로 인한 비용 문제 때문에 최근에는 Mask ROM을 사용하지 않는다.

비디오 카드의 경우 화면의 입출력을 위해 소프트웨어적 방법과 하드웨어적 방법을 사용한다. 소프트웨어적 방법은 입출력 속도가 하드웨어보다 느리다는 단점을 보완하기 위해 비디오 카드에서 사용하는 문자의 형태를 ROM에 저장하고 필요할 때마다 화면에 불러오는 방식이다.

Mask ROM에 데이터를 집어넣으려면 반도체 회사에 특별히 주문해야 한다. Mask ROM은 한 번 기록하면 더 이상 데이터를 변경할 수 없어 보통은 주기억 장치로 사용하지 않는다.

■ PROM

1970년대 후반에 텍사스인스트루먼트Texas Instrument에서 개발한 PROMProgrammable ROM은 기본 개념이 ROM과 같지만 사용자가 PROM 라이터 장비로 필요한 논리 기능을 직접 기록할 수 있다. 최초의 PROM은 1회에 한하여 새로운 내용으로 변경할 수 있었으나 한 번 기록한 내용을 변경하거나 삭제할 수 없었다. ROM을 구성하는 모듈의 각 비트가 퓨즈이기 때문에 한 번 썼다가 다시 쓰면 퓨즈가 끊어져서 데이터가 지워진다.

그림 7-36 PROM

■ EPROM

EPROMErasable PROM은 필요할 때마다 기억된 내용을 지우고 새로운 내용을 기록할 수 있는 ROM이다. 즉 레이저를 이용한 ROM 라이터로 ROM 내부의 데이터를 지우고 새로운 데이터를 쓸 수 있다. EPROM은 데이터가 비어 있는 상태로 제조되고 칩 가운데에 동그란 유리창이 있다. 데이터를 입력하는 쓰기 동작은 PROM과 동일한데, 유리창에 자외선을 쏘이면 데이터가 삭제되므로 데이터를 다시 쓸 수 있다.

EPROM은 저장된 데이터를 삭제하는 방법에 따라 UVEPROMUltra Violate Erasable PROM과 EEPROMElectrically Erasable PROM으로 구분된다. UVEPROM은 가장 흔히 볼 수 있는 형태의 ROM으로, 칩 가운데에 있는 동그란 유리창에 일정 시간 자외선을 쏘이면 내부에 기록된 데이터가 지워지고 새로운 데이터를 기록할 수 있는 상태가 된다. 반면에 EEPROM은 칩의 한 핀에 전기 신호를 가하여 데이터를 지운다. 전기 신호를 사용하므로 UVEPROM보다 편리한 점이 많지만 가격이 훨씬 비싸며, 쓰고 지우는 속도가 느리다.

그림 7-37 EPROM

그림 7-38 UVEPROM

그림 7-39 EEPROM

■ **플래시 기억 장치**

플래시 기억 장치flash memory는 EEPROM의 한 종류이지만 EEPROM과 달리 데이터를 블록 단위로 입력할 수 있다. 그리고 읽기와 쓰기 동작이 자유로운 편이라 RAM과 ROM의 중간에 위치한다. 플래시 기억 장치는 하드디스크 대용으로 사용하기도 한다. 플래시 기억 장치를 작은 카드 크기의 보조 기억 장치로 만들어서 하드디스크 대신 사용하면 접근 속도가 하드디스크보다 훨씬 빠를 뿐만 아니라 반도체 기억 장치이므로 외부 충격에 매우 강하다. 하드디스크는 원판의 회전이나 헤드 이동 등의 기계적인 동작을 수행하지만 플래시 기억 장치는 기계적인 동작이 없기 때문에 전력 소모가 매우 적어 노트북 컴퓨터의 저장 장치로 많이 사용된다. 플래시 기억 장치는 가격이 비싸지만 현재 많은 곳에 활용되고 있으며, 관련 기술의 급속한 발전으로 합리적인 가격을 갖추면서 차세대 저장 장치로 각광받고 있다.

플래시 기억 장치는 읽고 쓸 수 있으나 RAM 대용으로는 사용할 수 없다. 데이터를 읽는 과정은 일반 RAM과 비슷하게 설계할 수 있지만 데이터를 써서 넣으려면 시간이 상당히 오래 걸려 RAM처럼 쉽게 설계할 수 없기 때문이다. 또한 RAM은 데이터를 읽고 쓰는 횟수에 거의 제한이 없어 칩의 수명이 다할 때까지 사용할 수 있지만 플래시 기억 장치는 10만~100만 번 이상 쓰기를 한 후에는 더 이상 사용할 수 없다.

그림 7-40 플래시 기억 장치

칩 패키징

칩 패키징에는 신호의 입력과 출력을 위한 연결 핀이 포함되어 있다. 기억 장치 칩 패키징 내에 W개의 워드가 있다면 주소 핀의 수는 $\log_2 W$개로 정의된다. 여기에 데이터 핀, 전원 공급 핀(V_{CC}), 접지 핀(V_{SS}), 칩 선택 핀(CE) 등이 포함된다.

■ 1M×8비트 EPROM

- 주소 핀이 20개이다.
- 데이터 핀이 8개이다.
- V_{CC}, V_{SS}, V_{PP}, CE

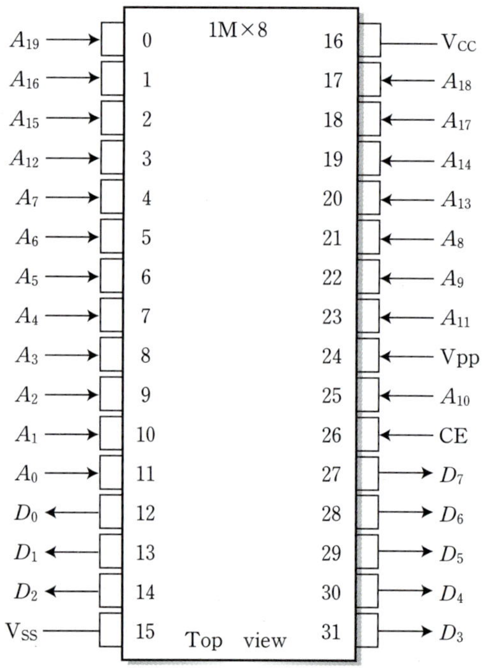

그림 7-41 1M×8비트 EPROM의 칩 패키징

04 기억 장치의 확장

여러 개의 기억 장치 칩으로 더 큰 용량의 기억 장치를 설계할 수 있다. 기억 장치를 확장하는 방법에는 워드의 수는 그대로 유지하고 길이를 확장하는 방법과 워드의 길이는 그대로 유지하고 수를 증가시켜서 확장하는 방법이 있다. 기억 장치의 워드 길이를 확장하는 경우에 우선적으로 고려해야 할 것은 늘어난 길이만큼 데이터 버스의 비트 수를 늘려야 한다는 것이다. 원하는 워드의 용량 및 길이를 얻기 위해 몇 개의 기억 장치 칩을 조합할 때 기억 장치 주소 레지스터, 기억 장치 데이터 레지스터Memory Data Register, MDR, 제어 장치 등의 주변 장치가 기억 장치를 적절하게 활용할 수 있다.

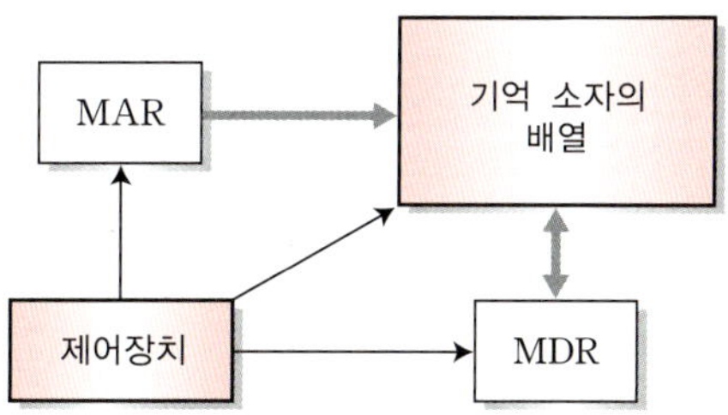

그림 7-42 기억 장치의 주변 장치

1 워드 길이의 확장

기억 장치 칩의 주소 버스와 제어 버스에 공통 신호를 사용하고 여러 워드를 순차적으로 연결하면 워드 용량을 유지하면서 워드 길이를 확장할 수 있다. [그림 7-43]은 256×4비트 ROM 2개를 이용하여 256×8비트 기억 장치를 만드는 과정을 보여준다. 두 기억 장치의 주소 버스와 제어 버스는 공통 병렬 신호로 사용되고 4비트의 각 워드가 연결되어 워드 길이가 8비트가 된다.

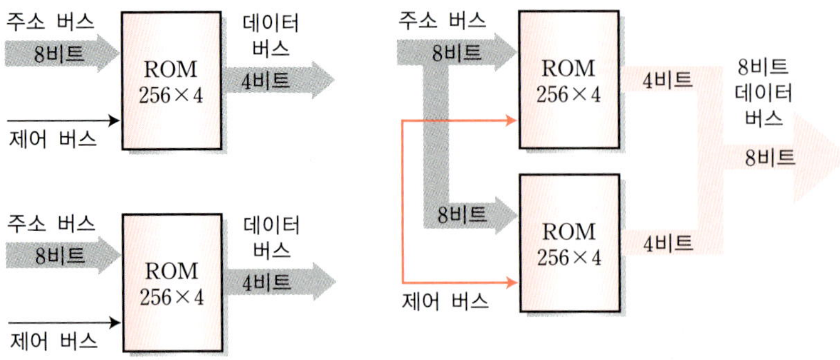

그림 7-43 워드 길이의 확장

■ 1K×8비트 RAM 칩을 이용한 1K×32비트 기억 장치 모듈 설계

1K×8비트 RAM 칩 4개를 적절히 설계하면 워드 길이가 확장된(1K×8비트)×4=1K×32비트 기억 장치 모듈을 만들 수 있다. 각각의 1K×8비트 RAM은 10개의 주소 선 A_0~A_9를 입력 선으로 가지며(2^{10} =1024=1K), 주소 영역은 $000_{(16)}$~$3FF_{(16)}$의 주소를 가진다. 데이터를 저장할 때는 동일한 기억 장치의 주소에 대해 32비트 중에서 칩당 8비트씩 분산 저장한다.

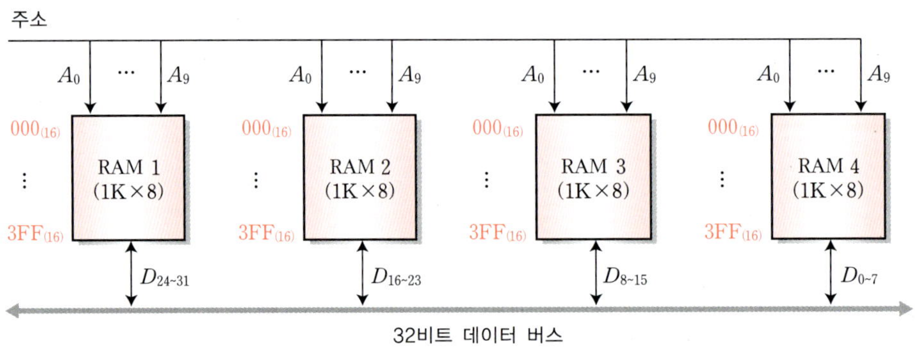

그림 7-44 1K×8비트 RAM 칩을 이용한 1K×32비트 기억 장치 모듈 설계

2 워드 용량의 확장

기억 장치의 칩 선택 신호는 제어 버스를 통해 공통으로 연결되고, 각 기억 장치 칩의 선택으로 주소를 확장하고 워드 용량을 확장할 수 있다. [그림 7-45]는 256×4비트 ROM 2개를 이용하여 512×4비트 기억 장치를 만드는 과정을 보여준다. 공통 제어 버스의 칩 선택 신호가

첫 번째 ROM을 선택하면 주소 0~255번지에 저장된 데이터에 접근하고, 두 번째 ROM을 선택하면 주소 256~511번지에 저장된 데이터에 접근할 수 있다.

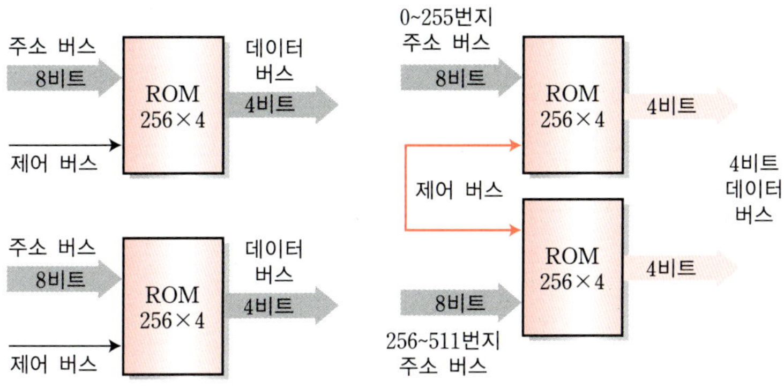

그림 7-45 워드 용량의 확장

■ 1K×8비트 RAM 칩을 이용한 4K×8비트 기억 장치 모듈 설계

1K×8비트 RAM 칩 4개를 적절히 설계하면 용량이 (1K×8비트)×4=4K×8비트인 기억 장치 모듈을 만들 수 있다. 각각의 RAM은 10개의 주소 선 A_0 ~A_9를 입력 선으로 가지며 (2^{10} =1024=1K), RAM의 주소 값이 연결되기 때문에 RAM 1은 $(000)_{16}$~$(3FF)_{16}$, RAM 2는 $(400)_{16}$~$(7FF)_{16}$, RAM 3은 $(800)_{16}$ ~$(BFF)_{16}$, RAM 4는 $(C00)_{16}$ ~$(FFF)_{16}$ 을 할당받게 된다.

주소로 접속할 때는 상위 10비트 A_0~A_9가 각 RAM에 공통으로 할당되고, 하위 2비트 A_{10}, A_{11}은 2×4 디코더의 출력으로 4개의 칩 선택 신호를 발생시켜 각 RAM을 선택한다. [그림 7-46]은 설계된 4K×8비트 기억 장치 모듈로, 2×4 디코더의 입력 비트는 4개의 RAM 중에서 하나를 선택하고 선택된 RAM의 주소 범위를 알맞게 설정한다.

[표 7-2]는 설계된 4K×8비트 기억 장치 모듈에서 각 RAM에 지정되는 주소 영역을 정리한 것이다. 2×4 디코더의 입력 비트 값이 주소 비트의 상위 2비트(A_{11}, A_{10})가 되는 것을 확인할 수 있다.

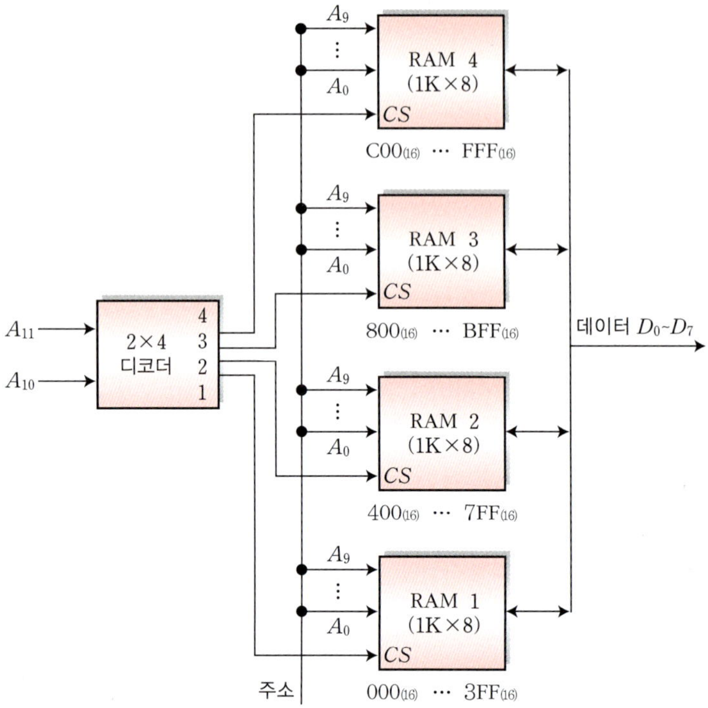

그림 7-46 1K×8비트 RAM 칩을 이용한 4K×8비트 기억 장치 모듈 설계

표 7-2 각 RAM에 지정되는 주소 영역

칩 번호	주소 비트												주소 영역
	A_{11}	A_{10}	A_9	A_8	A_7	A_6	A_5	A_4	A_3	A_2	A_1	A_0	
RAM 1	0	0	0	0	0	0	0	0	0	0	0	0	$(000)_{16}$번지부터
	0	0	1	1	1	1	1	1	1	1	1	1	$(3FF)_{16}$번지까지
RAM 2	0	1	0	0	0	0	0	0	0	0	0	0	$(400)_{16}$번지부터
	0	1	1	1	1	1	1	1	1	1	1	1	$(7FF)_{16}$번지까지
RAM 3	1	0	0	0	0	0	0	0	0	0	0	0	$(800)_{16}$번지부터
	1	0	1	1	1	1	1	1	1	1	1	1	$(BFF)_{16}$번지까지
RAM 4	1	1	0	0	0	0	0	0	0	0	0	0	$(C00)_{16}$번지부터
	1	1	1	1	1	1	1	1	1	1	1	1	$(FFF)_{16}$번지까지

기억 장치 모듈을 설계할 때는 먼저 컴퓨터 시스템에 필요한 기억 장치 용량을 결정해야 한다. 기억 장치 용량이 결정되면 사용할 칩을 정하고 주소표address table, address map를 작성한 뒤 이를 바탕으로 세부 회로를 설계한다.

요약

01 기억 장치의 성능 평가 요소

기억 장치의 성능은 기억 용량, 접근 시간, 사이클 시간, 기억 장치의 대역폭, 데이터 전송률, 가격 등의 요소로 평가할 수 있다.

02 데이터를 저장하는 성질에 따른 기억 장치의 유형

- 휘발성 기억 장치: 일정한 시간이 지나거나 전원 공급이 중단되면 기억 장치에 기록된 모든 데이터가 지워진다.
- 비휘발성 기억 장치: 전원 공급이 중단되더라도 기억 장치에 기록된 데이터가 지워지지 않는다.

03 접근 방법에 따른 기억 장치의 유형

- 순차적 접근: 데이터가 저장되는 순서에 따라 기억 장치에 순차적으로 접근한다.
- 직접 접근: 기억 장소 근처로 이동한 다음 순차적으로 검색하여 최종적으로 원하는 데이터에 접근한다.
- 임의 접근: 저장된 모든 데이터에 접근하는 데 소요되는 시간이 이전의 접근 순서와 무관하게 항상 일정하다.

04 주기억 장치

주기억 장치는 프로그램의 명령을 저장하고 있다가 빠르게 실행할 수 있게 하므로 실행이 완료된 명령이 다른 명령으로 교체되어 신속하게 실행된다.

05 주기억 장치의 분할

주기억 장치는 시스템 프로그램 영역과 사용자 응용 프로그램 영역으로 구분되고, 시스템 프로그램 영역은 다시 상주 구역과 비상주 구역으로 구분된다.

06 RAM의 종류

- DRAM(동적 RAM): 충전기 커패시터에 전하를 저장하는 방식으로 2진 데이터를 저장한다.
- SRAM(정적 RAM): 플립플롭 방식의 기억 소자를 가진 RAM으로, 전원이 공급되는 한 저장된 내용을 계속 기억한다.

07 ROM의 종류

- Mask ROM: 제작사가 저장 데이터에 맞게 회로를 구성하여 내용 변경이 불가능하다.
- PROM: 최초의 PROM은 1회에 한하여 새로운 내용으로 변경할 수 있었으나 한 번 기록한 내용을 변경하거나 삭제할 수 없었다.
- EPROM: 필요할 때마다 기억된 내용을 지우고 새로운 내용을 기록할 수 있는 ROM이다.
- 플래시 기억 장치: EEPROM의 한 종류이지만 EEPROM과 달리 데이터를 블록 단위로 입력할 수 있다.

연습문제

01 기억 장치 시스템의 특성에 대한 설명으로 옳지 않은 것은?

① 기억 장치의 용량: 바이트
② 워드: CPU에서 한 번에 처리하는 단위
③ 주소 지정 단위: 주소 비트
④ 전송 단위: 주기억 장치에서 한 번에 읽고 쓸 수 있는 비트의 수

02 다음 중 기억 장치 성능 평가 요소만으로 묶인 것은?

① 기억 용량, 접근 시간, 사이클률
② 기억 장치 대역폭, 가격, 접근 시간
③ 대역 효율, 데이터 용량, 가격
④ 접근 용량, 데이터 시간, 기억 장치 대역폭

03 기억 장치의 분류에 대한 설명으로 옳지 않은 것은?

① 임의 접근 방식은 데이터 접근에 소요되는 시간이 이전 접근 위치에 따라 결정된다.
② 자기 표면 기억 장치는 자화 물질로 코팅된 표면에 정보를 저장한다.
③ 휘발성 기억 장치는 전원 공급이 중단되면 모든 데이터가 지워진다.
④ 순차적 접근 방식은 데이터가 저장되는 순서에 따라 순차적으로 접근한다.

04 접근 방법에 따른 기억 장치의 유형에 대한 설명으로 옳은 것은?

① 자기 테이프는 직접 접근을 한다.
② 접근 시간이 항상 일정한 것은 임의 접근 방식이다.
③ 반도체 기억 장치는 순차적 접근을 한다.
④ 하드디스크는 복합형 접근을 한다.

05 기억 장치에 접근하는 데 소요되는 시간이 항상 일정한 방식은?

① 임의 접근 ② 직접 접근
③ 간접 접근 ④ 순차적 접근

06 기억 장치의 용량, 접근 속도, 가격의 상관관계에 대한 설명으로 옳지 않은 것은?

① 데이터의 읽기와 쓰기 속도를 향상하려면 고가의 고속 기억 장치가 필요하다.
② 많은 데이터를 처리하기 위해서는 용량이 커야 하지만 적정 비용을 맞추려면 저가의 기억 장치가 필요하다.
③ 저가의 기억 장치를 사용하려면 기억 장치의 접근 속도가 빨라야 한다.
④ 고가의 고속 기억 장치를 사용하려면 기억 장치의 저장 용량이 대용량이어야 한다.

07 기억 장치의 계층 구조에서 CPU 내부에 위치하고 가격과 속도가 가장 높은 것은 (①)이다. 그리고 속도가 캐시 기억 장치보다 느리고 하드디스크보다는 빠른 기억 장치는 (②)이다.

08 기억 장치의 계층 구조에 대한 설명으로 옳지 않은 것은?

① 접근 속도를 향상하려면 고속 기억 장치가 필요하다.
② 데이터를 많이 저장하려면 대용량이어야 하므로 저가의 기억 장치가 필요하다.
③ 레지스터는 데이터를 읽고 쓰는 속도가 느리다.
④ 하드디스크는 대용량 기억 장치이며 가격이 저렴하다.

09 접근 방법에 따른 기억 장치의 유형 중에서 필요한 데이터의 위치와 이전 접근 위치에 따라 접근 시간이 결정되는 것은 (①)이고, 어떤 위치에 접근하는 데 걸리는 시간이 이전의 접근 순서와 무관하게 항상 일정한 것은 (②)이다.

10 기억 장치의 유형에 대한 설명으로 옳지 않은 것은?

① 반도체 기억 장치는 실리콘 칩을 사용하여 설계한다.
② 플로피디스크는 자기 표면 기억 장치의 일종이다.
③ 휘발성 기억 장치는 전원 공급이 중단되면 모든 데이터가 지워진다.
④ RAM은 비휘발성 기억 장치이다.

11 주기억 장치에 대한 설명으로 옳지 않은 것은?

① 실행할 프로그램과 데이터를 저장한다.
② 대부분의 디지털 장치에서는 광 기억 장치가 주기억 장치로 사용된다.
③ 전원이 꺼지면 해당 프로그램과 데이터가 삭제된다.
④ 저장 위치에 관계없이 동일 시간에 데이터 접근이 가능하다.

12 주기억 장치의 분할에서 언제라도 바로 실행될 수 있는 운영체제의 기본적인 기능과 자주 사용되는 프로그램이 기억되는 곳은 (①)이다. 그리고 여러 부분으로 분할하고 독립된 프로그램을 기억시켜 다중 프로그래밍 방식으로 동작하게 할 수 있는 영역은 (②)이다.

13 주기억 장치에 대한 설명으로 옳지 않은 것은?

① 실행할 프로그램과 데이터를 저장한다.
② 주기억 장치의 읽기 동작 모드에서는 기록 회로와 번지 선택 회로가 필요하다.
③ 시스템 프로그램은 컴퓨터가 종료될 때까지 주기억 장치에 유지된다.
④ 주기억 장치의 사용자 응용 프로그램 영역은 다중 프로그래밍 방식을 지원할 수 있다.

14 주기억 장치의 분할 구조에 대한 설명으로 옳지 않은 것은?

① 사용자 프로그램 영역은 운영체제의 영향을 받지 않고 독립적으로 동작한다.
② 시스템 프로그램은 컴퓨터가 종료될 때까지 주기억 장치에 유지된다.
③ 시스템 프로그램의 상주 구역에는 운영체제의 기본적 기능과 자주 사용되는 프로그램이 기억된다.
④ 사용자 프로그램 영역은 여러 부분으로 분할되어 다중 프로그래밍이 가능하다.

15 주기억 장치의 동작에 대한 설명으로 옳지 않은 것은?

① CPU의 빠른 처리 속도를 위해 주기억 장치에는 프로그램과 데이터가 저장되어 있다.
② 쓰기 동작 모드에서는 제어 장치가 인출될 정보가 저장된 기억 장소 위치를 지정한다.
③ 인출 단계에서는 필요한 명령어를 주기억 장치에서 불러온다.
④ 주기억 장치는 시스템 프로그램 영역과 사용자 응용 프로그램 영역으로 구분된다.

16 반도체 기억 장치에 대한 설명으로 옳은 것은?

① 플래시 기억 장치는 ROM의 한 종류이다.
② DROM은 커패시터 소자를 이용한다.
③ RAM은 비휘발성 기억 장치이다.
④ SRAM은 100만 번 이상 쓰기 동작을 하고 나면 더 이상 사용하기 어렵다.

17 RAM에 대한 설명으로 옳은 것은?

① 비휘발성 기억 장치이다.
② 일반적으로 바이어스에 많이 사용된다.
③ 읽기만 가능하고 재기록이 불가능하다.
④ 재충전 과정이 필요하다.

18 ROM에 대한 설명으로 옳지 않은 것은?

① EPROM은 한 번 기록하면 더 이상 데이터를 변경할 수 없다.
② PROM은 1회에 한하여 새로운 내용으로 변경할 수 있다.
③ UVEPROM은 칩 가운데에 동그란 유리창이 있다.
④ EEPROM은 칩의 한 핀에 전기 신호를 가하여 내부 데이터를 지운다.

19 RAM과 ROM에 대한 설명으로 옳지 않은 것은?

① RAM은 반도체 기억 장치이다.
② RAM은 동적 RAM과 정적 RAM으로 구분된다.
③ ROM은 컴퓨터에서 주기억 장치로 사용된다.
④ ROM은 읽고 쓰기가 가능할 수 있도록 발전했다.

20 RAM과 ROM에 대한 설명으로 옳지 않은 것은?

① DRAM은 커패시터에 전하를 충전하는 방식으로 데이터를 저장한다.

② SRAM은 플립플롭을 이용하여 데이터를 저장하므로 전하의 누전이 없다.

③ 플래시 기억 장치는 삭제가 빠르지만 바이트 단위로 삭제가 불가능한 것이 단점이다.

④ CD-ROM은 전기적으로 삭제할 수 있는 ROM이다.

21 RAM과 ROM에 대한 설명으로 옳지 않은 것은?

① RAM은 선택된 주소의 데이터를 언제나 쉽게 읽고 쓸 수 있다.

② ROM은 비휘발성 기억 장치이다.

③ 동적 RAM은 재충전 회로가 필요하다.

④ EEPROM은 전기적으로 읽고 광학적으로 지울 수 있다.

22 기억 장치에 대한 설명으로 옳지 않은 것은?

① DRAM은 재충전 회로가 필요하다.

② SRAM은 내부 회로가 플립플롭으로 구성된다.

③ EPROM은 내용을 한 번만 변경할 수 있다.

④ 플래시 기억 장치는 블록 단위로 데이터를 입력한다.

23 RAM과 ROM에 대한 설명으로 옳지 않은 것은?

① EPROM은 필요할 때마다 기억된 내용을 지우고 새로운 내용을 기록할 수 있다.

② DRAM은 전력 소비가 적고 단일 메모리 칩 내에 더 많은 정보를 저장할 수 있다.

③ SRAM은 방전 현상으로 인한 정보 손실을 막기 위해 재충전 회로가 필요하다.

④ PROM은 처음 1회에 한하여 새로운 내용으로 변경할 수 있다.

24 기억 장치에 대한 설명으로 옳은 것은?

① 셀은 반도체 기억 장치의 기본 요소로 1바이트를 저장한다.

② 칩 패키징은 기억 소자의 배열 조직을 구성하는 방법이다.

③ 칩 논리에는 신호의 입출력과 연결되는 핀이 포함된다.

④ 1M×16비트의 표현은 워드 길이가 16비트인 1M개의 워드를 말한다.

Chapter

08

캐시 기억 장치

학습목표

- 기억 장치 간의 상호 연관성을 이해한다.
- 캐시 기억 장치의 원리를 이해한다.
- 캐시 기억 장치와 주기억 장치 간의 정보 교환 방법을 알아본다.
- 캐시 기억 장치의 교환 알고리즘을 이해한다.

01 캐시 기억 장치의 개념

캐시 기억 장치는 주기억 장치에 저장되어 있는 명령어와 데이터 중의 일부를 임시로 복사하여 저장하는 장치로, 데이터를 저장하고 인출하는 속도가 주기억 장치보다 빠르다. 따라서 CPU가 캐시 기억 장치에 저장된 명령어와 데이터를 처리하는 경우 주기억 장치보다 더 빨리 처리할 수 있다. 결과적으로 캐시 기억 장치는 느리게 동작하는 주기억 장치와 빠르게 동작하는 CPU 사이에서 속도 차이를 줄여주어 CPU에서의 명령어와 데이터 처리 속도를 향상한다. 그래서 캐시 기억 장치를 고속 완충 기억 장치라고도 한다.

1 기억 장치의 구성

컴퓨터의 기억 장치는 [그림 8-1]과 같이 계층적으로 분류할 수 있다. 각 기억 장치를 원통에 빗대어 살펴보면 쉽게 이해할 수 있을 것이다.

- **원통의 넓이**: 저장 용량에 비유할 수 있다. 최하위 계층인 보조 기억 장치의 저장 용량은 크고, 최상위 계층인 레지스터의 용량은 아주 작다.
- **원통의 둘레**: 기억 장치가 데이터를 저장하거나 인출하는 데 걸리는 시간에 비유할 수 있다. 즉 원통의 둘레는 처리 속도를 나타낸다. 원통의 둘레가 큰 보조 기억 장치는 저장하거나 인출하는 데 시간이 오래 걸리고, 원통의 둘레가 작은 레지스터는 처리 시간이 짧기 때문에 고속이다.
- **원통의 높이**: 기억 장치의 가격에 비유할 수 있다. 레지스터는 저장 용량에 비해 고가이고, 보조 기억 장치는 저장 용량에 비해 저가이다.

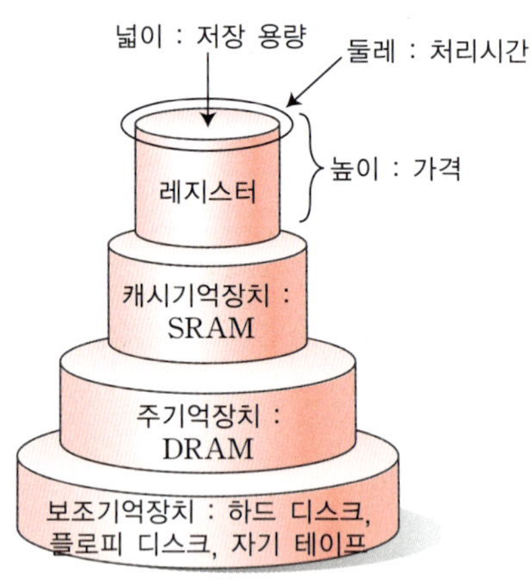

그림 8-1 기억 장치의 계층적 분류

기억 장치의 계층 구조를 따르는 기억 장치의 구성은 [그림 8-2]와 같다. CPU 내부에는 CPU의 처리 속도와 비슷한 접근 속도의 레지스터나 플래그 등의 저장 장치가 있어 데이터를 읽거나 기억할 수 있다. 하지만 이러한 기억 장치는 가격이 높아 대용량으로 구성하기 어렵다. 한편 캐시 기억 장치는 주기억 장치보다 접근 속도가 5~10배 빠른 고속 기억 장치로, 주기억 장치에서 자주 사용되는 명령을 저장하고 있다가 CPU에 빠르게 제공한다. 캐시 기억 장치의 용량에 따라 CPU의 가격이 결정되며, 캐시 기억 장치의 용량이 클수록 처리 속도가 빠르다.

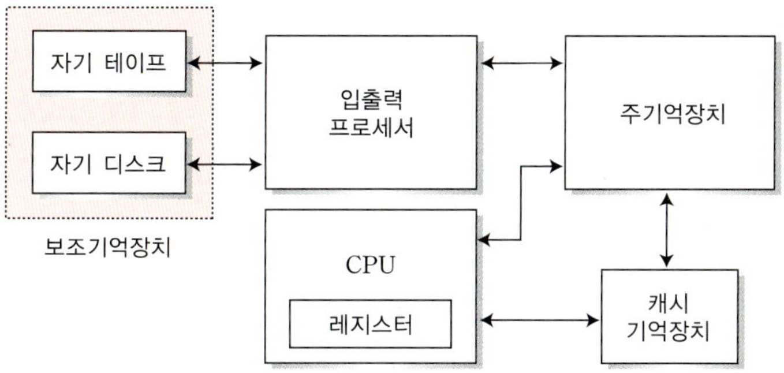

그림 8-2 기억 장치의 구성

계층적으로 구성된 기억 장치는 기억 장치 참조의 특성을 이용하여 동작한다. CPU가 프로그램을 실행할 때, 실행되는 프로그램의 90%가 해당 프로그램의 10% 부분만을 반복 실행한다. 따라서 기억 장치를 참조할 때도 10%에 해당하는 특정 영역만 참조하는데, 이것을 참조의 지역성locality of reference이라고 한다. 계층 구조에서는 상위 계층에 반복되는 특정 영역을 저장하여 CPU가 빠르게 참조할 수 있게 한다. 만약 원하는 프로그램이 상위 계층에 없다면 더 많이 저장되어 있는 하위 계층을 조사하여 참조한다.

여기서 잠깐! | 참조의 지역성

주어진 시간 동안 CPU의 주기억 장치 참조가 제한된 영역에서만 이루어지는 현상을 말한다. 물론 장시간 동안에는 주기억 장치의 접근 위치가 크게 변하지만, 짧은 시간 동안 CPU가 접근하는 범위는 지역적으로 제한된다는 것을 의미한다.

2 SRAM

기억 소자가 플립플롭으로 구성된 SRAM(정적 RAM)은 집적 밀도가 높아 소용량 기억 장치에 사용된다. DRAM보다 처리 속도가 5배 정도 빨라 캐시 기억 장치에 주로 사용되는 SRAM은 기억 소자의 구조가 [그림 8-3]과 같다.

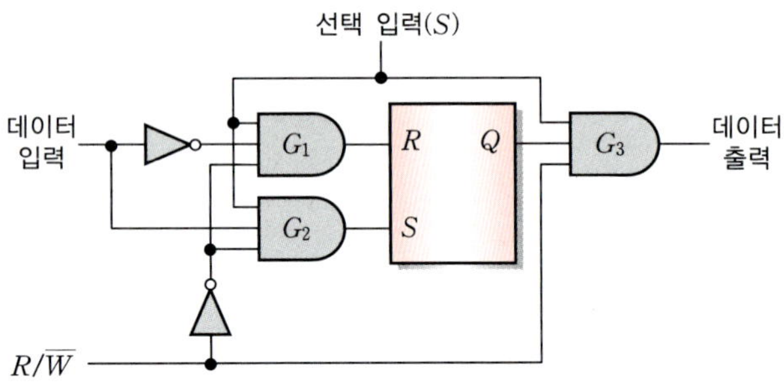

그림 8-3 SRAM 기억 소자의 구조

SRAM의 동작 과정

SRAM의 동작 과정을 살펴보자. [그림 8-3]에서 선택 입력 S가 0이면 기억 소자가 선택되지 않은 것이므로 읽기와 쓰기 동작이 일어나지 않으며, S가 1일 때 본격적인 동작을 할 수 있다. S=1이고 $R/\overline{W}$=0이면 쓰기 동작을 수행하여 입력 단자에 입력된 데이터가 플립플롭에 저장된다. 이때 데이터의 출력은 없다. S=1이고 $R/\overline{W}$=1이면 읽기 동작을 수행하여 플립플롭에 저장된 데이터 비트를 데이터 출력 단자를 통해 출력한다. 이러한 SRAM 기억 소자의 동작을 [표 8-1]에 정리했다. S=1인 경우이며 I는 데이터 입력을 나타낸다.

표 8-1 SRAM 기억 소자의 동작

구분	$S \cdot I \cdot R/\overline{W}=1\cdot0\cdot0$	$S \cdot I \cdot R/\overline{W}=1\cdot0\cdot1$	$S \cdot I \cdot R/\overline{W}=1\cdot1\cdot0$	$S \cdot I \cdot R/\overline{W}=1\cdot1\cdot1$
플립플롭 R 입력(G_1의 출력)	1×1×1=1	1×1×0=0	1×0×1=0	1×0×0=0
플립플롭 S 입력(G_2의 출력)	1×1×0=0	1×1×1=1	1×0×0=0	1×0×1=0
플립플롭 출력 Q	0	1	Q	Q
데이터 출력(G_3의 출력)	0×0=0	1×0=0	Q×1=Q	Q×1=Q
동작 결과	쓰기 동작 모드: 입력 I가 플립플롭 출력 Q로 저장되고 데이터 출력이 없다.		읽기 동작 모드: 데이터 출력이 변함없이 과거 상태 Q를 출력한다.	

SRAM 기억 소자의 구조

SRAM의 기억 소자를 격자 구조로 배열하면 많은 비트를 저장할 수 있는 진정한 SRAM이 된다. SRAM을 회로도로 나타내려면 SRAM의 기억 소자를 간략하게 표현해야 하는데, [그림 8-4]는 그렇게 나타낸 블록도이다.

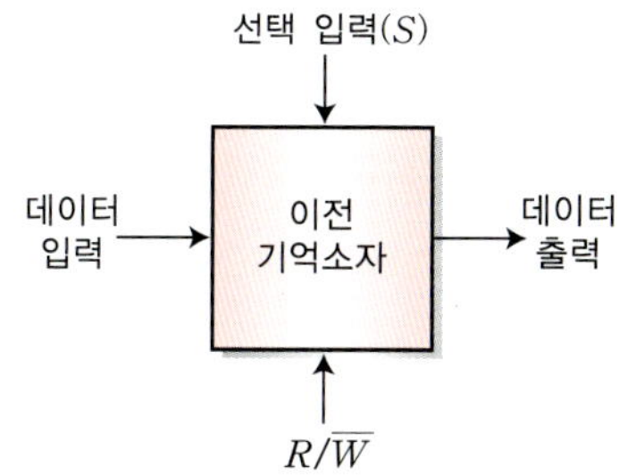

그림 8-4 SRAM 기억 소자의 블록도

[그림 8-5]는 격자 배열로 이루어진 SRAM의 기본 구조이다. 기억 소자가 4×3 배열이므로 12비트를 저장할 수 있으며, 워드 길이는 3비트가 된다. 또한 4개의 워드가 존재하므로 주소 0, 1, 2, 3이 필요하다. 2×4 디코더는 2비트를 가지고 4개 중에서 하나를 선택한다. 즉 4개의 주소 중 하나를 선택하여 하나의 워드를 선택한다.

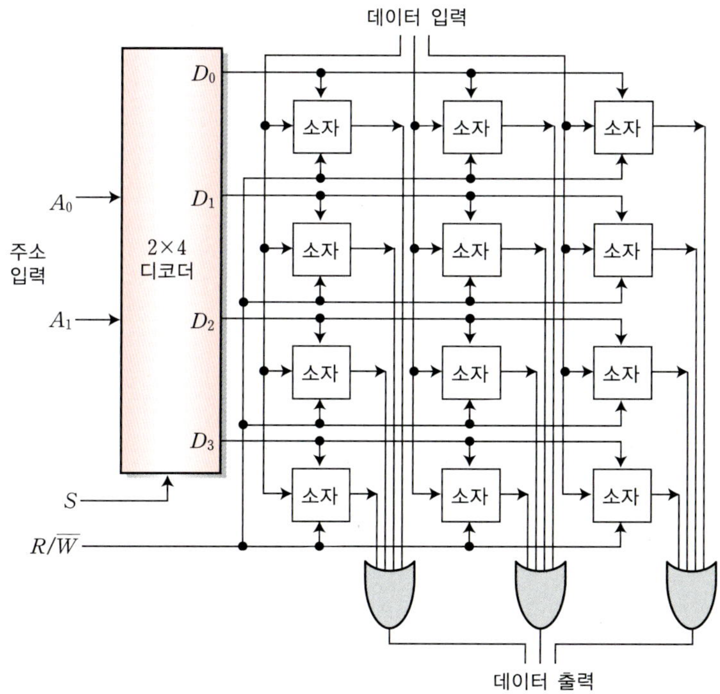

그림 8-5 4×3 SRAM의 기본 구조

[그림 8-6]은 SRAM의 쓰기 동작 원리를 보여준다. 주소 선택 선을 통해 입력 신호 $A_0A_1 = 01$이 입력되면 디코더에서 주소 D_1이 선택된다. 이때 제어단은 $R/\overline{W} = 0$이 되어 쓰기 동작을 수행한다. 따라서 주소 D_1의 기억 소자 3개에 입력 데이터 101이 저장된다. 여기서 모든 기억 소자에 입력 값이 전달되지만, D_1을 제외한 다른 주소는 쓰기 제어 입력을 받지 못하므로 어떤 값도 저장되지 않는다.

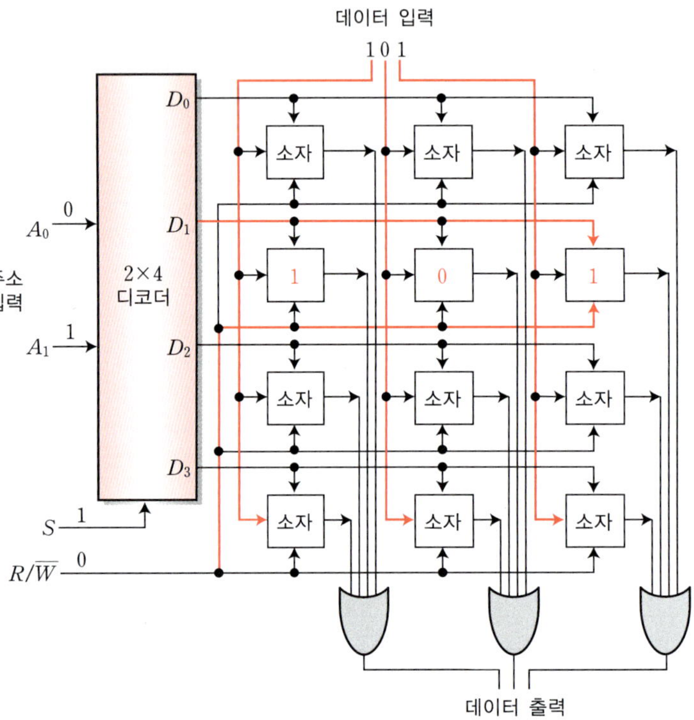

그림 8-6 SRAM의 쓰기 동작 원리

SRAM에서 읽기 동작을 실행할 때 주소 선택 선을 통해 입력 신호 $A_0A_1 = 01$이 입력되면 디코더에서 주소 D_1이 선택된다. 이때 제어단은 $R/\overline{W} = 1$이 되어 선택된 각각의 기억 소자가 출력 단자를 통해 출력을 내보낸다. 이러한 과정을 [그림 8-7]에 나타냈다.

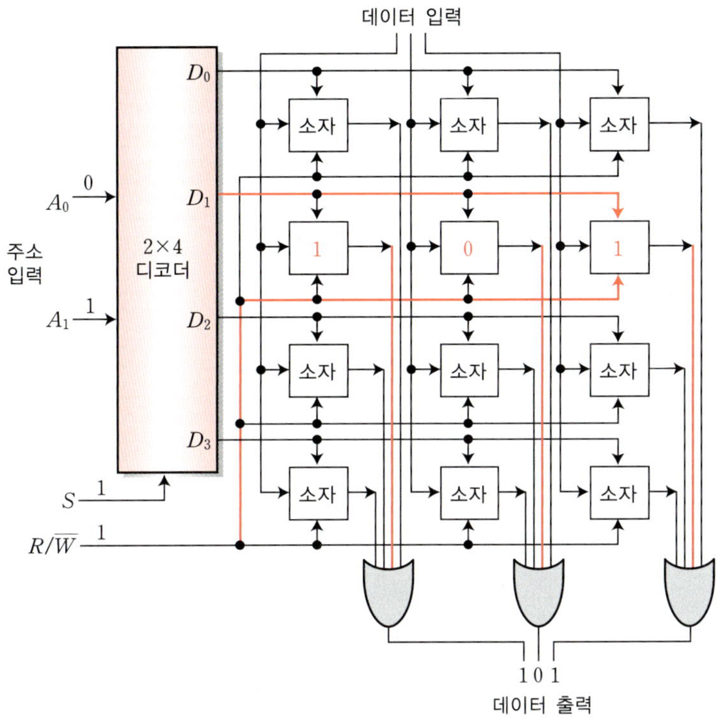

그림 8-7 SRAM의 읽기 동작 원리

02 캐시 기억 장치의 원리

CPU가 데이터를 처리할 때 저장 장치는 필요한 데이터를 인출하여 제공하거나 처리된 데이터를 저장한다. 그러나 CPU는 저장 장치에 비해 고속이라 저장 장치가 읽기/쓰기 동작을 하는 동안 기다려야 한다. 이러한 문제를 극복하려면 CPU의 처리 속도만큼 빠른 저장 장치가 필요하므로 고속 저장 장치인 레지스터를 CPU 내의 저장 장치로 사용하여 각종 처리 결과를 저장한다. 주기억 장치는 외부의 보조 기억 장치에 저장된 프로그램을 저장하는 장치로, CPU와 보조 기억 장치 간의 속도 차이를 극복하기 위해 사용한다. 주기억 장치는 보조 기억 장치보다 빠르지만 CPU에 비하면 매우 느리다. 이에 주기억 장치보다 빠른 저장 장치로 캐시 기억 장치가 등장하게 되었다.

캐시 기억 장치는 5~100나노초 정도로 접근 시간이 빠른 기억 장치로, 수행할 명령어나 피연산자를 주기억 장치에서 가져와 저장하고 있다가 빠른 속도로 CPU에 제공한다. [그림 8-8]과 같이 캐시 기억 장치는 CPU와 주기억 장치 사이에 위치한다.

그림 8-8 캐시 기억 장치

1 캐시 기억 장치의 동작

캐시 기억 장치가 없는 컴퓨터 시스템의 CPU는 프로그램의 명령어를 실행할 때마다 주기억 장치에 직접 접근하여 명령어와 필요한 정보를 인출해야 한다. [그림 8-9]는 CPU가 주기억 장치에 접근하여 데이터를 얻는 과정을 보여준다.

① CPU가 명령어와 데이터를 인출하기 위해 주기억 장치에 접근한다.

② 주기억 장치에서 명령어나 필요한 정보를 얻어 CPU 내의 명령어 레지스터 등에 저장한다.

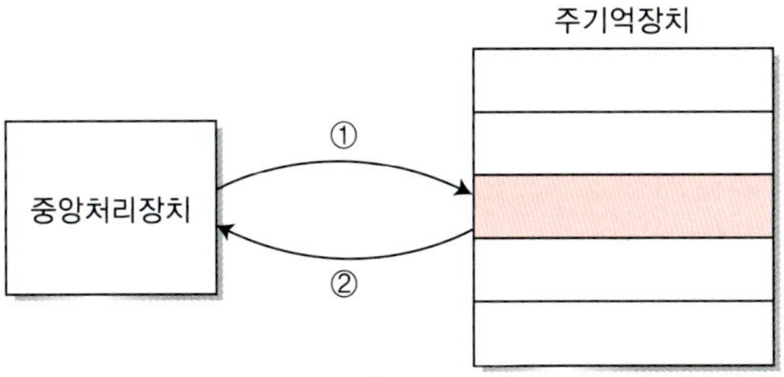

그림 8-9 캐시 기억 장치가 없는 컴퓨터 시스템의 기억 장치 접근

캐시 기억 장치가 포함된 컴퓨터 시스템의 경우 CPU가 명령어 또는 데이터를 인출하기 위해 주기억 장치보다 캐시 기억 장치를 먼저 조사한다. CPU가 명령어를 인출하기 위해 캐시 기억 장치에 접근하여 그 명령어를 찾았을 때를 적중hit, 명령어가 없어서 찾지 못했을 때를 실패miss 라고 한다.

캐시 기억 장치의 실패

[그림 8-10]과 [그림 8-11]은 CPU가 1000번지의 워드를 필요로 한다고 가정했을 때 캐시 기억 장치의 실패 과정을 단계적으로 나타낸 것이다. [그림 8-10]에서는 CPU가 명령어 또는 데이터를 인출하려고 캐시 기억 장치를 검색하는 것을 보여준다. 1단계에서는 캐시 기억 장치가 1000번지의 워드를 저장하고 있는지를 검사하고, 1000번지의 워드가 캐시 기억 장치에 없다면 실패 상태가 된다.

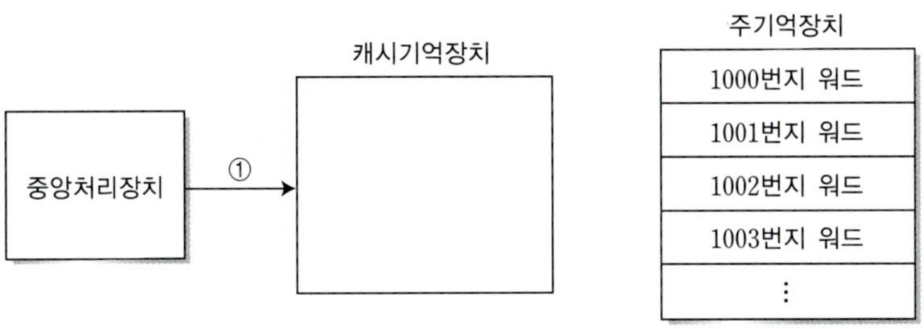

그림 8-10 캐시 기억 장치의 동작 원리 1

[그림 8-11]은 CPU가 요구하는 정보가 캐시 기억 장치에 없을 때, 즉 실패했을 때 원하는 정보를 찾아 CPU로 전달하는 과정을 보여준다. 단, 주기억 장치에서 캐시 기억 장치로는 블록 단위로 전송되고 캐시 기억 장치에서 CPU로는 워드 단위로 전송된다.

① 주기억 장치에서 필요한 정보를 얻어 캐시 기억 장치에 전송한다.

② 캐시 기억 장치는 얻은 정보를 다시 CPU에 전송한다.

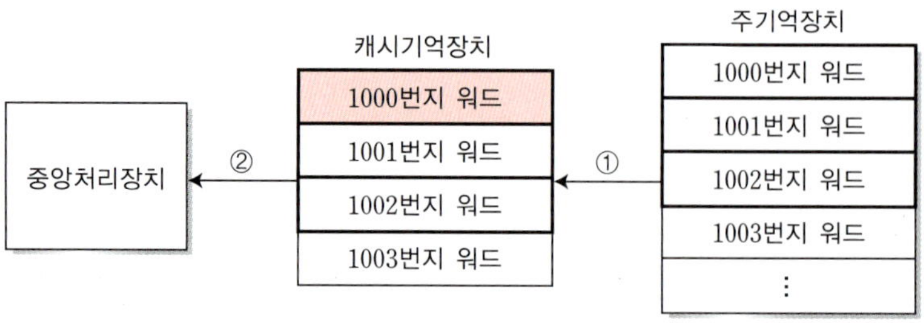

그림 8-11 캐시 기억 장치의 동작 원리 2

캐시 기억 장치의 적중

캐시 기억 장치에 CPU가 요구하는 명령어 또는 데이터가 존재하는 경우를 살펴보자. [그림 8-12]는 CPU가 1002번지의 워드를 필요로 하고, 이것이 캐시 기억 장치에 존재하는 것을 보여준다.

① 캐시 기억 장치가 1002번지의 워드를 저장하고 있는지를 검사한다. 1002번지의 워드가 캐시 기억 장치에 있다면 적중이다.

② 얻은 정보를 캐시 기억 장치에서 CPU로 직접 전송한다. 주기억 장치를 거치는 것보다 훨씬 빠른 속도로 원하는 정보를 얻을 수 있다.

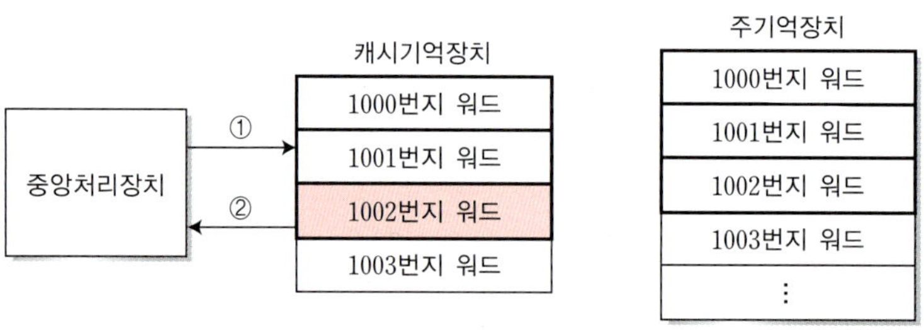

그림 8-12 캐시 기억 장치의 동작 원리 3

캐시 기억 장치는 CPU가 수행할 명령어와 필요한 정보를 저장하고 있다가 필요시 즉시 제공하여 신속하게 처리되도록 하는데, 이러한 동작은 프로그램 내장형 컴퓨터의 특성인 기억 장치 참조의 지역성에 의해 가능하다.

캐시 기억 장치의 동작 순서는 [그림 8-13]과 같다. 먼저 CPU는 인출할 정보가 저장된 주기억 장치의 주소를 캐시 기억 장치에 전달한다. 캐시 기억 장치에서는 해당 명령어가 있는지를 확인하여, 명령어가 있다면 캐시 적중이 되어 명령어를 바로 획득하고 CPU에 전달한다. 그러나 해당 명령어가 존재하지 않는 실패 상태가 되면 주어진 주소를 바탕으로 주기억 장치에 접근하여 명령어를 얻는다. 그런 다음 이 명령어가 포함된 블록을 캐시 기억 장치에 저장하고 명령어를 CPU에 전달한다.

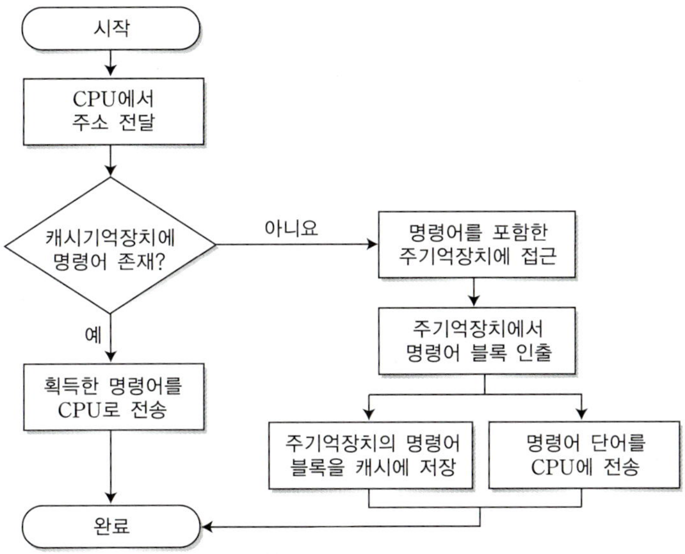

그림 8-13 캐시 기억 장치의 동작 순서

2 적중률

적중률hit ratio 은 캐시 기억 장치가 있는 컴퓨터의 성능을 나타내는 척도이다. 따라서 적중률이 높을수록 캐시 기억 장치의 속도가 빠르다. 적중률이 0.95~0.99 정도이면 컴퓨터의 처리 속도가 우수하다고 할 수 있다. 적중률은 프로그램 수행 중 기억 장치에 액세스하는 횟수, 즉 적중 횟수와 실패 횟수의 합으로 적중 횟수를 나눈 것이다.

$$\text{적중률} = \frac{\text{적중 횟수}}{\text{전체 메모리 참조 횟수}}$$

주기억 장치와 캐시 기억 장치에서 데이터를 인출하는 데 소요되는 평균 기억 장치 접근 시간을 분석하여 정량적 성능을 확인해보자. 평균 기억 장치 접근 시간은 다음과 같다.

$$T_{average} = H_{hit\_ratio} \times T_{cache} + (1 - H_{hit\_ratio}) \times T_{main}$$

$T_{average}$: 평균 기억 장치 접근 시간　　H_{hit_ratio}: 적중률

T_{cache}: 캐시 기억 장치 접근 시간　　T_{main}: 주기억 장치 접근 시간

즉 캐시 기억 장치 접근 시간의 평균과 주기억 장치 접근 시간의 평균을 합한 것이 평균 기억 장치 접근 시간이다. 이때 평균 캐시 기억 장치 접근 시간은 캐시 기억 장치 접근 시간과 적중률의 곱으로 얻고, 평균 주기억 장치 접근 시간은 주기억 장치 접근 시간과 실패율($1-H_{hit\_ratio}$)의 곱으로 얻는다. 여기서 실패율은 주기억 장치에 접근하는 비율을 나타낸다. 기억 장치 접근 시간을 감소시키려면 접근 시간이 빠른 캐시 기억 장치의 적중률이 높고, 접근 시간이 많이 느린 주기억 장치의 실패율이 낮아야 한다. 예를 들어 캐시 기억 장치 접근 시간이 50ns, 주기억 장치 접근 시간이 400ns일 때 적중률을 높이면서 기억 장치 접근 시간을 계산해보자.

적중률이 70%인 경우: $T_{average} = 0.7 \times 50ns + 0.3 \times 400ns = 155ns$

적중률이 80%인 경우: $T_{average} = 0.8 \times 50ns + 0.2 \times 400ns = 120ns$

적중률이 90%인 경우: $T_{average} = 0.9 \times 50ns + 0.1 \times 400ns = 85ns$

적중률이 95%인 경우: $T_{average} = 0.95 \times 50ns + 0.05 \times 400ns = 67.5ns$

적중률이 99%인 경우: $T_{average} = 0.99 \times 50ns + 0.01 \times 400ns = 53.5ns$

평균 기억 장치 접근 시간은 캐시 기억 장치의 적중률이 높을수록 캐시 기억 장치 접근 시간에 근접함으로써 컴퓨터의 처리 속도가 빨라진다.

03 캐시 기억 장치의 설계

캐시 기억 장치는 CPU가 빠르게 명령과 데이터를 입력받을 수 있도록 하기 위해 사용한다. 캐시 기억 장치의 목표는 명령이나 데이터가 캐시 기억 장치에 있을 확률을 높여 캐시 기억 장치의 적중률을 극대화하는 것으로, 이를 통해 주기억 장치에서 데이터를 읽어오는 시간을 줄일 수 있다. [그림 8-14]는 주기억 장치에 저장된 데이터의 일부가 블록 단위로 캐시 기억 장치에 복사되고, CPU가 적중된 데이터를 워드 단위로 캐시 기억 장치에서 읽어오는 과정을 보여준다.

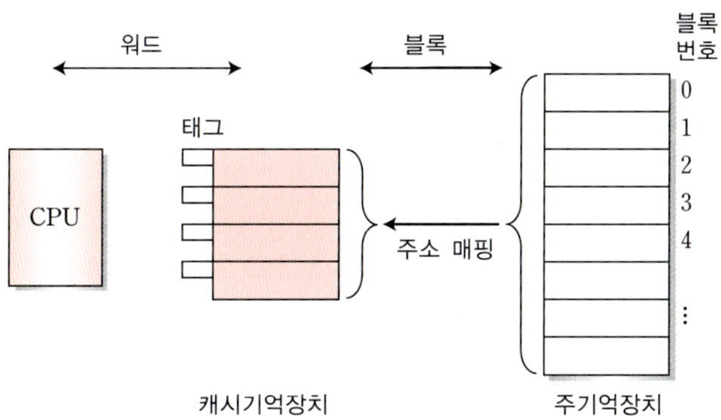

그림 8-14 주기억 장치와 캐시 기억 장치의 정보 공유

주기억 장치와 캐시 기억 장치에는 동시에 동일한 명령이나 데이터가 저장되어 있으므로, 하나의 기억 장치에 변경이 일어나면 다른 기억 장치에 이를 반영해야 통일성을 가지게 된다. 결과적으로 주기억 장치와 캐시 기억 장치 간 데이터의 일관성을 유지하고 그에 따른 오버헤드를 최소화하는 것도 중요한 목표 중 하나이다. 이러한 목표를 만족하는 캐시 기억 장치를 설계하려면 캐시 기억 장치의 크기, 인출 방식fetch algorithm, 사상 함수mapping function, 교체 알고리즘replacement algorithm, 쓰기 정책write policy, 블록 크기, 캐시 기억 장치의 수 등의 요소를 고려해야 한다.

1 캐시 기억 장치의 크기

캐시 기억 장치의 용량이 크면 [그림 8-14]와 같이 주기억 장치의 많은 블록을 복사하여 저장할 수 있으므로 적중률이 높아진다. 그러나 용량이 커질수록 주소 해독과 정보 인출에 사용하는 주변 회로가 더 복잡해지기 때문에 접근 시간이 더 길어진다. 즉 용량이 증가한 만큼 속도가 향상되지는 않는다. 게다가 캐시 기억 장치는 주기억 장치보다 고가이므로 용량 증가가 비용 상승으로 이어진다. 따라서 캐시 기억 장치의 용량과 주변 회로 간의 복잡도 관계를 최적화하여 적중률을 향상하고 접근 시간이 저하되는 것을 막는 정도의 용량을 결정해야 한다. 또한 캐시 기억 장치의 크기와 예산을 고려하여 적절한 용량과 비용을 결정해야 한다. 연구 결과에 따르면 1~128K 워드가 최적이라고 알려져 있다.

2 인출 방식

주기억 장치에서 캐시 기억 장치로 명령이나 데이터 블록을 인출해오는 방식에 따라 캐시 기억 장치의 적중률이 많이 달라진다. 인출하는 방법은 다음과 같이 두 가지가 있다.

- **요구 인출 방식**

  요구 인출demand fetch 방식은 CPU가 현재 필요한 정보만을 블록 단위로 주기억 장치에서 인출해오는 방식이다. 경우에 따라서는 매번 주기억 장치에서 인출을 수행하므로 실패율이 높아져서 캐시 기억 장치의 효과를 보지 못할 때도 있다.

- **선인출 방식**

  선인출prefetch 방식은 CPU가 현재 필요한 정보 외에도 앞으로 필요할 것으로 예측되는 정보를 미리 인출하여 캐시 기억 장치에 저장하는 것이다. 즉 주기억 장치에서 명령이나 데이터를 인출할 때 필요한 정보와 이웃한 위치에 있는 정보를 함께 인출하여 캐시 기억 장치에 적재한다. 이 방식은 CPU가 요구하는 명령이나 데이터가 일정 프로그램 구간에 집중되는 경우(지역성이 높은 경우)에 효과가 좋다. 그러나 CPU가 요구하는 명령이나 데이터가 넓은 구간에 분산된 경우(지역성이 낮은 경우)에는 인출 시간이 길어지므로 오히려 효율이 더 떨어진다.

  동시에 인출되는 정보의 블록이 커지면 한꺼번에 많은 정보를 읽어올 수 있지만 블록 인출 시간이 길어진다. 블록이 커질수록 캐시 기억 장치에 적재할 수 있는 블록의 수가 감소하기 때문에 블록이 더 빈번히 교체되며, 멀리 떨어진 워드도 같이 읽어오기 때문에 가까운 미래에 사용될 가능성이 낮아진다. 일반적으로 블록의 크기는 4~8개 워드가 적당하다.

3 사상 함수

사상mapping의 개념을 이해하려면 주기억 장치와 캐시 기억 장치의 구조를 알아야 한다. [그림 8-15]는 두 기억 장치의 구조를 비교하여 보여준다. 주기억 장치에서 한 번지에 저장되는 데이터의 단위는 워드이며, 워드의 길이는 컴퓨터에 따라 다르다. 이러한 워드가 여러 개 모여서 이루어진 블록은 캐시 기억 장치로 인출되는 정보의 그룹이다. 만약 주기억 장치의 용량이 $2n$개의 워드이고 블록이 K개의 워드로 구성된다면 블록의 수는 다음과 같이 계산된다.

$$블록의\ 수 = 2^n/K개$$

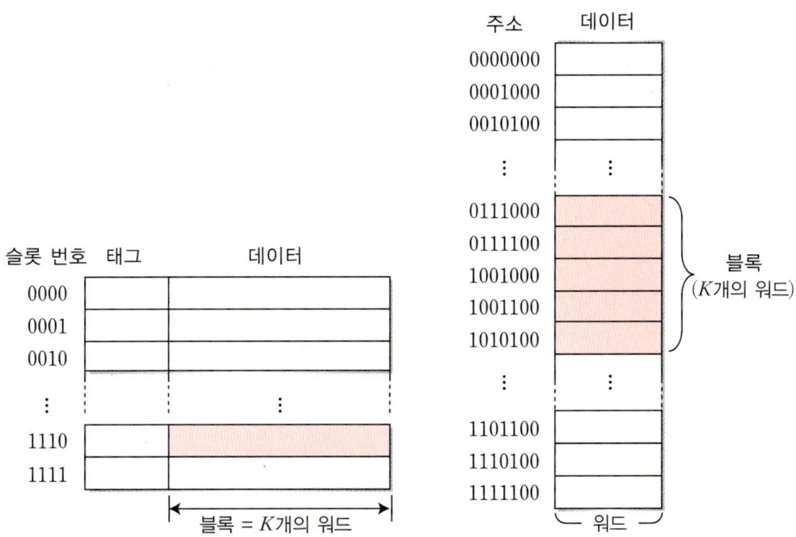

(a) 캐시 기억 장치 (b) 주기억 장치

그림 8-15 주기억 장치와 캐시 기억 장치의 구조

캐시 기억 장치에서 슬롯slot은 한 블록이 저장되는 장소이다. 따라서 블록은 캐시 기억 장치의 각 슬롯에 저장되는 데이터의 길이이다. 즉 캐시 기억 장치만의 워드가 되므로 K개의 워드이다. 또한 태그tag는 슬롯에 적재된 블록을 구분해주는 정보를 말한다.

CPU가 프로그램을 실행할 때, 캐시 기억 장치에 저장된 명령어의 인출이 모두 끝났거나 분기 명령어에 의해 캐시 기억 장치에 저장되어 있지 않은 명령어를 인출하고자 하는 경우 캐시 기억 장치에서의 인출이 실패한다. 캐시 기억 장치에서의 인출이 실패하면 캐시 기억 장치의 일부분을 주기억 장치로 옮기고 주기억 장치에서 필요로 하는 정보를 캐시 기억 장치에 기억시키는 정보 교환이 이루어진다. 이렇게 주기억 장치와 캐시 기억 장치 사이에 정보를 옮기는 것을 사상이라고 한다. [그림 8-16]은 사상의 개념을 나타낸 것으로, 주기억 장치에서 캐시 기억 장치로 새로운 워드가 전달되는 과정을 보여준다.

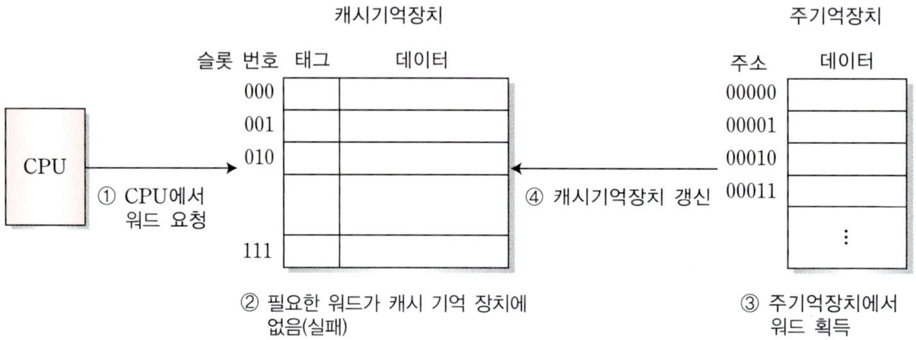

그림 8-16 사상의 개념

캐시 기억 장치의 대표적인 사상 방법인 직접 사상, 연관 사상, 집합 연관 사상을 자세히 살펴보자.

직접 사상

직접 사상direct mapping은 주기억 장치의 블록이 캐시 기억 장치의 특정 라인에만 적재될 수 있어 캐시 기억 장치의 적중 여부를 판단하기 위해 그 블록이 적재될 수 있는 라인만 검사하는 방식이다. 이 방식은 사상 과정이 간단하고 작은 용량의 RAM을 캐시 기억 장치로 사용하기 때문에 비용이 저렴하다. 그러나 주기억 장치의 블록이 적재될 수 있는 라인이 하나뿐이라 프로그램이 동일한 라인에 적재되는 두 블록에 반복적으로 접근하는 경우 계속 캐시 실패가 발생하여 실패율이 현저히 높아질 수 있다.

직접 사상에서는 주기억 장치의 주소 형식이 3개의 필드로 구성된다. 태그 필드는 태그 번호를 나타내고, 슬롯 필드는 캐시 기억 장치에서 슬롯의 총수 $m=2^S$개 중에서 하나를 지정하는 번호이며, 워드 필드는 블록 내의 워드 2^W개 중 하나를 지정한다.

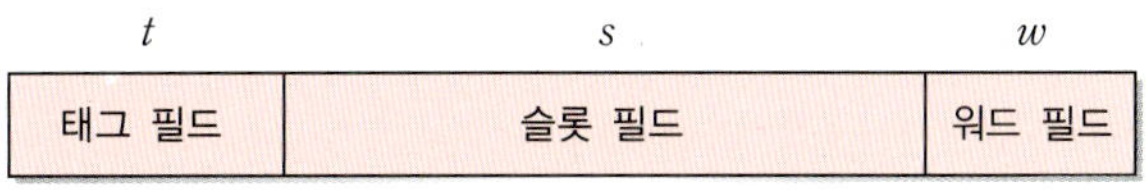

그림 8-17 직접 사상에서 주기억 장치의 주소 형식

직접 사상에서 주기억 장치의 블록 j가 적재될 수 있는 캐시 슬롯의 번호 i는 다음과 같이 모듈로modulo 연산에 의해 결정된다. 여기서 m은 캐시 슬롯의 전체 수이다.

$$i = j \bmod m$$

모듈로 연산은 다음과 같이 나머지를 구하는 연산으로 설명할 수 있다. 여기서 Q는 몫이고 R은 나머지이다.

$$J/m = Q + R$$
$$R = i$$

다음은 모듈로 연산의 예이다.

$$5 \bmod 3 = 2$$
$$3 \bmod 7 = 3$$
$$2 \bmod 7 = 2$$
$$8 \bmod 2 = 0$$

캐시 슬롯은 주기억 장치의 블록을 공유하여 저장한다. 이때 같은 슬롯을 공유하는 주기억 장치의 블록은 서로 다른 태그를 가진다.

표 8-2 캐시 슬롯의 주기억 장치 블록 공유

캐시 슬롯	주기억 장치의 블록 번호
0	$0, m, \cdots, 2^{t+s}-m$
1	$1, m+1, \cdots, 2^{t+s}-m+1$
⋮	⋮
$m-1$	$m-1, 2m-1, \cdots, 2^{t+s}-1$

직접 사상에서는 CPU가 요구하는 주기억 장치의 주소 중 태그 필드, 슬롯 필드가 캐시 영역의 슬롯 필드, 태그 필드와 동일하면 적중이 된다. 그러나 동일하지 않으면 실패가 되며, 이때는 원하는 워드를 주기억 장치에서 읽어 새로운 태그로 캐시 기억 장치에 저장한다. 앞에서

설명했듯이 동일한 슬롯 번호(캐시 기억 장치의 주소)를 가지고 있지만 태그가 다른 2개 이상의 워드가 반복 접근하면 적중률이 상당히 떨어지는 것이 단점이다.

[그림 8-18]은 직접 사상의 수행 과정을 보여준다. 쉽게 이해할 수 있도록 블록에 포함되는 워드의 수를 1개로 가정하고 CPU가 00001번지의 워드를 필요로 한다고 하자.

① CPU는 2비트인 태그 정보 00과 3비트인 캐시 기억 장치의 주소(슬롯 번호) 001을 동시에 나타내는 00001을 캐시 기억 장치에 전달한다. 그러면 캐시 기억 장치의 001번지 주소만을 참조하며, 해당 번지가 비어 있으므로 실패 상태가 된다.

② 캐시 실패를 확인하고 주기억 장치의 00001번지를 참조하여 워드를 획득한다.

③ 캐시 기억 장치의 해당 주소에 워드 데이터 1234와 태그 00을 저장한다.

④ 워드 데이터 1234를 CPU에 전달한다.

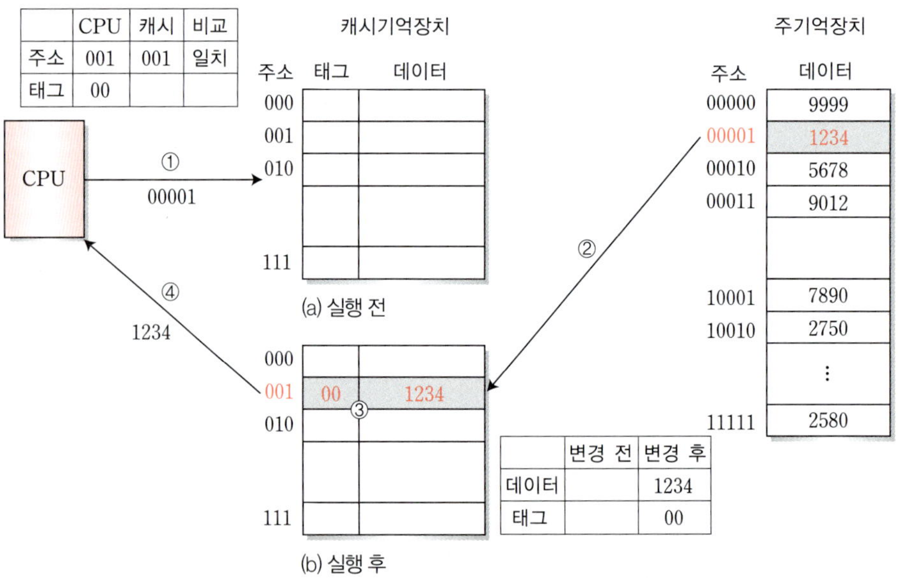

그림 8-18 직접 사상의 동작 1

이어서 [그림 8-19]는 두 번째로 CPU가 00010번지의 워드를 필요로 하는 경우이다.

① 처음의 2비트 00은 태그를 나타내고 그다음 3비트 010은 캐시 기억 장치의 주소를 나타낸다. 따라서 캐시 기억 장치의 010번지 주소만을 참조하며, 해당 번지가 비어 있으므로 실패로 판단하고 주기억 장치를 참조한다.

② 주기억 장치의 00010번지에서 워드를 획득한다.

③ 캐시 기억 장치의 해당 주소에 워드 데이터 5678과 태그 00을 저장한다.

④ 워드 데이터 5678을 CPU에 전달한다.

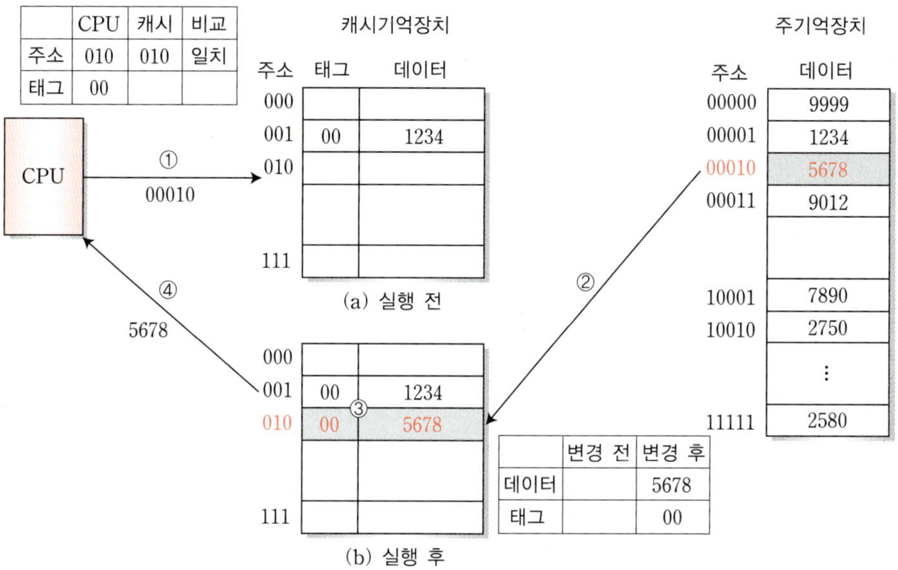

그림 8-19 직접 사상의 동작 2

세 번째로 [그림 8-20]은 CPU가 10001번지의 워드를 필요로 하는 경우이다.

① 처음의 2비트 10은 태그를 나타내고 그다음 3비트 001은 캐시 기억 장치의 주소를 나타낸다. 따라서 캐시 기억 장치의 001번지 주소만을 참조하며, 태그가 00으로 불일치하여 실패로 판단한다.

② 주기억 장치의 10001번지에서 워드를 획득한다.

③ 캐시 기억 장치의 해당 주소에 워드 데이터 7890과 태그 10을 저장한다. 따라서 태그를 포함하여 00 1234가 10 7890으로 변경된다.

④ 워드 데이터 7890을 CPU에 전달한다.

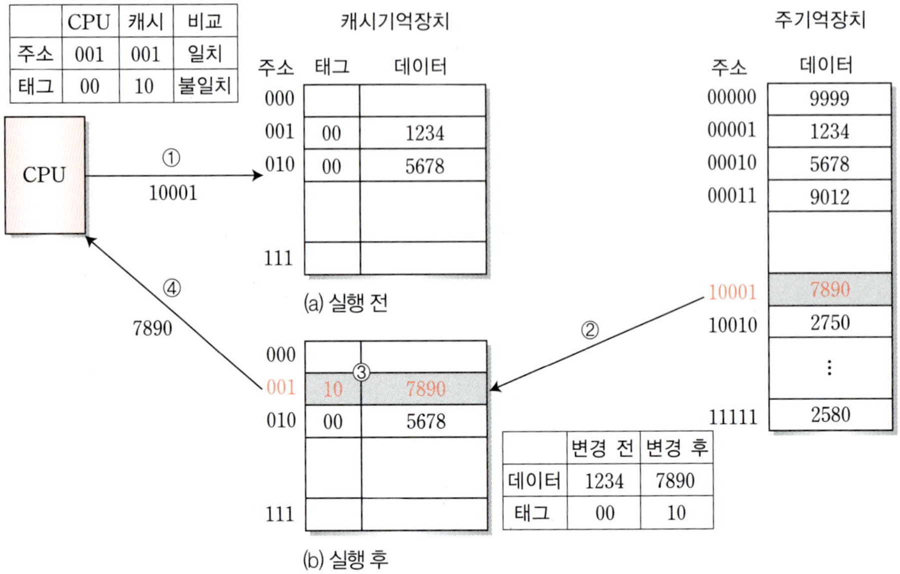

그림 8-20 직접 사상의 동작 3

네 번째로 [그림 8-21]은 CPU가 00010번지의 워드를 필요로 하는 경우이다.

① 처음의 2비트 00은 태그를 나타내고 그다음 3비트 010은 캐시 기억 장치의 주소를 나타낸다. 따라서 캐시 기억 장치의 010번지 주소만을 참조하며, 태그가 00으로 일치하여 적중으로 판단한다.

② 캐시 기억 장치의 010번지에서 CPU가 요구하는 워드를 획득한다.

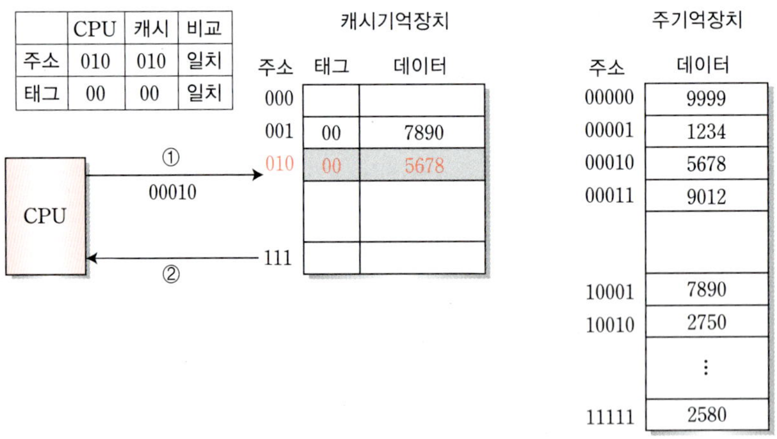

그림 8-21 직접 사상의 동작 4

[그림 8-22]는 주기억 장치의 용량이 128바이트, 블록의 크기가 4바이트이고 캐시 기억 장치의 크기가 32바이트, 캐시 슬롯의 크기가 4바이트일 때 직접 사상에 의해 데이터가 캐시 기억 장치에 저장되는 과정을 보여준다. 전체 캐시 슬롯의 수는 캐시 기억 장치의 크기 32바이트를 캐시 슬롯의 크기 4바이트로 나누어 8개로 결정된다. 그리고 블록 내의 워드 수는 1개이므로 워드 필드는 항상 00이다.

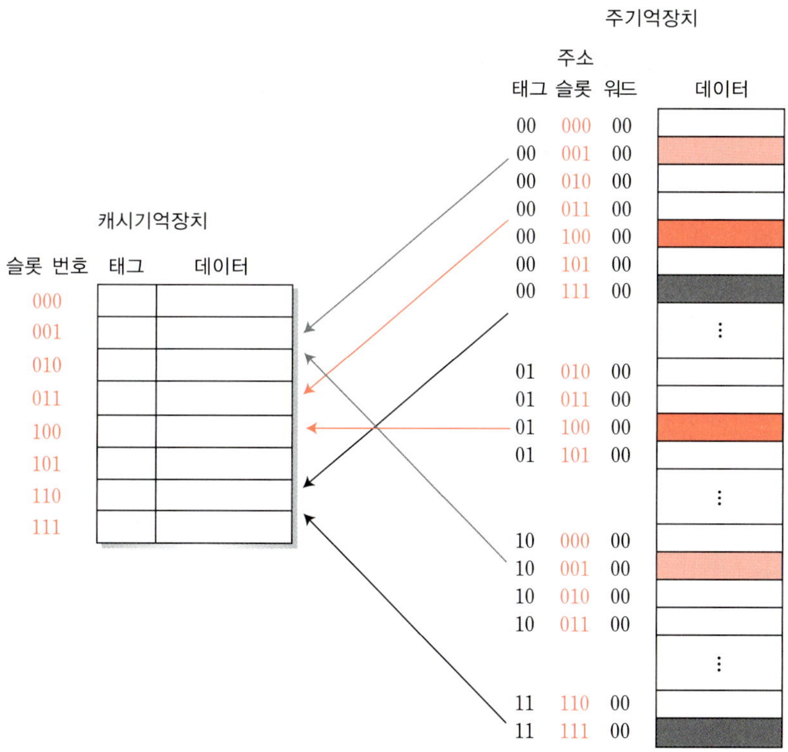

그림 8-22 주기억 장치에서 캐시 기억 장치로의 직접 사상

연관 사상

연관 사상associative mapping 방식은 직접 사상의 단점을 보완한 것으로, 주기억 장치의 블록을 캐시 기억 장치의 어느 슬롯에나 적재할 수 있어 가장 빠르고 융통성 있는 캐시 기억 장치 구조이다. 그러나 적중 검사가 모든 라인에 대해 이루어지므로 검사 시간이 길어지고, 모든 캐시 슬롯의 태그 번호를 고속으로 검색하려면 복잡한 회로가 필요하다는 것이 단점이다.

연관 사상의 경우 주기억 장치의 주소 형식에 2개의 필드만 존재한다. 태그 필드가 주기억 장치의 블록 번호를 나타내고, 캐시 기억 장치의 정해진 슬롯 번호에 저장되는 것이 아니라 임의로 저장될 수 있다. 따라서 슬롯 번호를 위한 필드가 없으며, 워드 필드는 블록 내에 있는 워드를 선택하는 데 사용된다. 만약 블록 내에 워드가 하나만 있다면 워드 필드의 모든 비트는 0이 된다. 그 이상의 워드 번호가 필요 없기 때문이다.

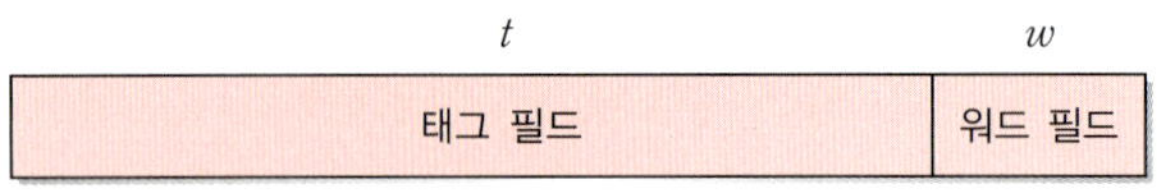

그림 8-23 연관 사상에서 주기억 장치의 주소 형식

실제적인 연관 사상은 [그림 8-24]와 같다. 주기억 장치에 저장된 워드는 캐시 기억 장치에서 임의의 위치에 저장된다. 태그 필드는 4비트이고 워드 필드는 2비트이지만 블록 내에 1개의 워드만 있으므로 모두 00이다. 캐시 기억 장치에는 태그와 데이터가 저장되어 있다. CPU가 주기억 장치에 저장된 워드를 인출하려면 우선 캐시 기억 장치에 대해 일일이 검색을 수행하고 캐시 적중이 발생해야 한다. 모든 지역을 검색했지만 원하는 데이터가 없을 때는 캐시 실패가 되며, 이 경우 주기억 장치에서 원하는 데이터를 얻을 수 있다.

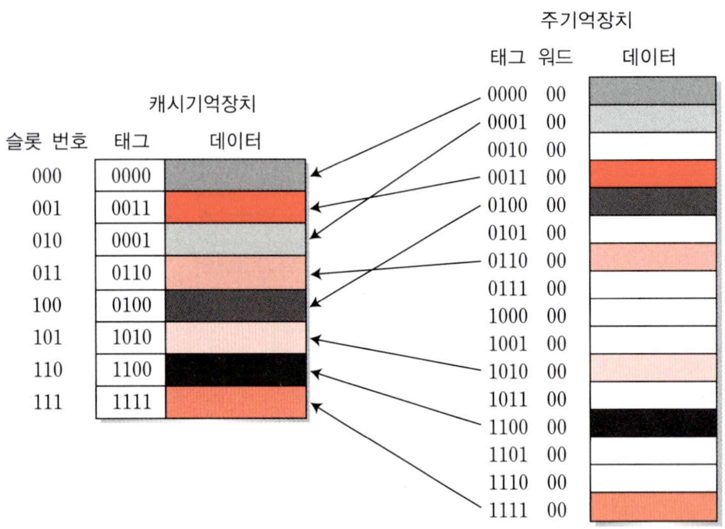

그림 8-24 연관 사상의 동작

연관 사상에서는 주기억 장치의 주소 태그와 워드 데이터가 캐시 기억 장치에 저장되므로 캐시 워드의 크기가 주기억 장치의 주소 태그와 워드당 데이터 비트 수의 합이다. CPU에서 나온 주기억 장치의 주소는 레지스터에서 태그 부분만 비교하여 캐시가 적중이면 해당 주소 번지의 데이터를 읽어 CPU로 전송한다. 만약 실패라면 주기억 장치를 검사하여 원하는 데이터를 읽어 CPU로 전송하고 캐시 기억 장치에 저장한다. [그림 8-25]는 태그 필드와 워드 필드로 구성된 캐시 기억 장치와 주기억 장치의 주소, 즉 태그 필드와 워드 필드가 저장되어 있는 인수 레지스터를 통해 태그 부분만을 비교하여 원하는 번지의 데이터를 찾는 과정을 보여준다.

그림 8-25 연관 사상으로 동작하는 캐시 기억 장치

만약 캐시 기억 장치가 꽉 차 있다면 현재 필요 없는 부분을 캐시 기억 장치에서 제거하고 방금 읽어들인 데이터와 주소를 캐시 기억 장치에 저장하거나 라운드로빈round-robin 방식을 이용한다.

> **여기서 잠깐! | 라운드로빈**
>
> 각 프로세서가 순서대로 일정 시간 동안 처리기를 차지하게 함으로써 우선순위를 결정하는 방법이다. 일반적으로 하나의 프로세서 단위로 처리기를 차지하게 한다.

집합 연관 사상

직접 사상의 경우 주기억 장치의 슬롯 번호와 캐시 기억 장치의 슬롯 번호가 일치하는 영역에만 데이터와 태그가 저장되므로 하나의 슬롯 번호에 다른 2개의 블록을 공유할 수 없다. 집합 연관 사상set-associative mapping은 이러한 단점을 보완한 방식으로, 집합 번호는 같고 태그가 다른 2개 이상의 워드를 저장할 수 있는 구조이다. 즉 주기억 장치의 블록 그룹이 하나의 캐시 집합을 공유하며, 그 집합에 2개 이상의 슬롯을 적재할 수 있다. 따라서 집합 연관 사상은 직접 사상과 연관 사상을 조합한 방식이라고 할 수 있다.

집합 연관 사상에서 캐시는 v개의 집합으로 나누어지고 각 집합은 k개의 슬롯으로 구성된다. 캐시 슬롯의 총수 m과 주기억 장치의 블록이 적재되는 캐시 집합 번호 i는 다음과 같이 구할 수 있다. 여기서 j는 주기억 장치의 블록 번호이다.

$$m = v \times k$$

$$i = j \bmod v$$

집합 연관 사상에서는 주기억 장치의 주소 형식이 3개의 필드로 구성된다. 태그 필드와 집합 필드를 합한 $(t+d)$ 비트가 주기억 장치의 $2^{(t+d)}$ 블록 중의 하나를 지정한다.

t	d	w
태그 필드	집합 필드	워드 필드

그림 8-26 집합 연관 사상에서 주기억 장치의 주소 형식

[그림 8-27]에서는 집합 연관 캐시 기억 장치가 집합 1과 집합 2로 구분되며, 집합 번호 000에 서로 다른 태그 00, 01로 구분되는 2개의 데이터가 동시에 저장되어 있다. 따라서 동일 집합 번호와 다른 태그 번호로 캐시 기억 장치에 접근하는 경우 직접 사상 방식(동일 슬롯, 다른 태그)에서는 실패가 되지만 집합 연관 사상 방식에서는 적중이 된다. 각 집합 내의 슬롯에 저장되는 데이터는 직접 사상이 아닌 연관 사상이 적용되어 블록의 위치를 자유롭게 선택할 수 있다. 결과적으로 집합의 위치를 선택하는 것은 직접 사상을 따르고 집합 내의 슬롯을 선택하는 것은 연관 사상을 따른다.

집합	필드	데이터	필드	데이터
000	00	1220	01	5678
001	01	2340	00	7213
110	00	6512	01	2187
111	01	4580	00	1234
	슬롯 1		슬롯 2	

그림 8-27 집합이 2개인 집합 연관 캐시 기억 장치의 구조

[그림 8-28]은 주기억 장치의 용량이 128바이트, 블록의 크기가 4바이트이고 캐시 기억 장치의 크기가 32바이트, 캐시 슬롯의 크기가 약 8바이트일 때 집합 연관 사상의 예를 보여준다. 캐시 기억 장치는 동일한 집합에 태그 값이 다른 두 종류의 데이터를 저장한다. 데이터를 인출하려면 기억 장치 주소의 집합 비트를 이용하여 캐시 집합 중에서 하나를 선택한다. 주소의 태그 필드와 그 집합 내의 태그를 비교하여 일치하는 것이 있으면 캐시 적중이고, 일치하는 것이 없으면 캐시 실패가 된다. 캐시 실패의 경우 주기억 장치에 접근하여 블록을 인출하

고, 캐시 기억 장치의 정해진 집합의 슬롯 중에서 하나를 선택하여 기존 블록을 제거하고 새로운 블록을 저장한다. 이 과정에서 기존의 슬롯 중 어느 것을 선택하는지에 대한 교체 알고리즘replacement algorithm이 필요하다.

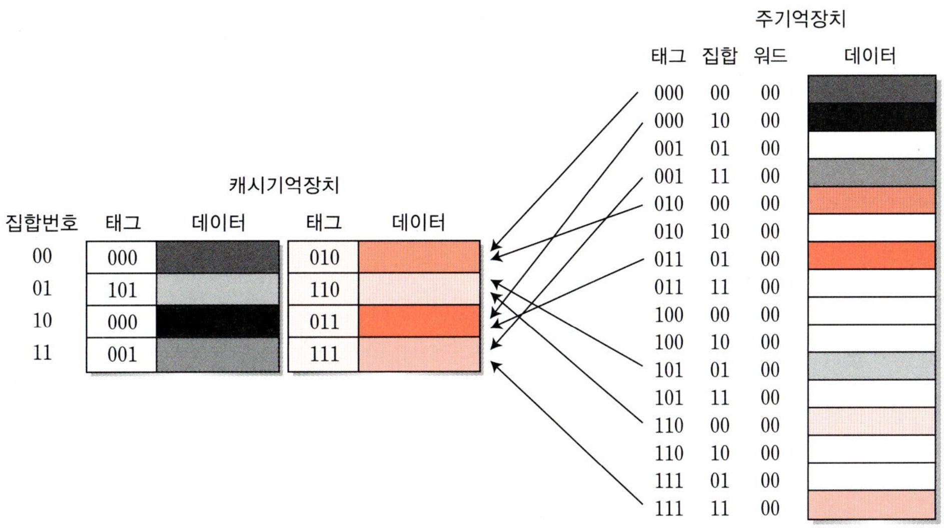

그림 8-28 집합 연관 캐시 기억 장치의 동작

4 교체 알고리즘

캐시 기억 장치의 모든 슬롯이 데이터로 채워져 있는 상태에서 CPU가 캐시 기억 장치에 접근하여 원하는 데이터를 찾을 수 없는 실패일 때, 캐시 기억 장치의 특정 슬롯에서 데이터를 제거하고 주기억 장치에서 새로운 데이터 블록을 가져와야 한다. 이러한 경우 캐시 기억 장치의 어떤 슬롯 데이터를 제거할지를 결정하는 방식을 교체 알고리즘이라고 한다. 직접 사상에서는 주기억 장치의 데이터가 캐시 기억 장치의 동일 슬롯에 저장되기 때문에 교체 알고리즘을 사용할 필요가 없으나 연관 사상과 집합 연관 사상에서는 교체 알고리즘이 필요하다. 대표적인 교체 알고리즘은 최소 최근 사용 알고리즘, 최소 사용 빈도 알고리즘, 선입력 선출력 알고리즘, 랜덤 등이다.

■ 최소 최근 사용 알고리즘

최소 최근 사용Least Recently Used, LRU 알고리즘은 지금까지 알려진 교체 알고리즘 중에서 가장 효과적인 것으로, 집합 연관 사상에 사용되는 방식이다. 캐시 기억 장치 내에서 CPU

로의 인출이 없는 가장 오래 저장된 블록을 삭제하고 새로운 블록으로 교체한다.

■ 최소 사용 빈도 알고리즘

최소 사용 빈도Least Frequently Used, LFU 알고리즘은 캐시 기억 장치에 적재된 블록 중에서 인출 횟수가 가장 적은 블록을 교체하는 방식이다. 최소 최근 사용 알고리즘은 오랫동안 사용되지 않은 블록을 교체하지만, 최소 사용 빈도 알고리즘은 사용된 횟수가 적은 블록을 교체한다.

■ 선입력 선출력 알고리즘

선입력 선출력First-In First-Out, FIFO 알고리즘은 캐시 기억 장치에 가장 먼저 적재된 블록을 우선적으로 삭제하는 방식이다. 즉 캐시 기억 장치에 가장 오랫동안 적재된 블록을 삭제하고 새로운 블록을 적재한다. 구현이 용이하지만 캐시 기억 장치에서 단순히 시간상 오래된 블록을 선택하여 교체하는 방식이므로 효율성을 보장하지 못한다.

■ 랜덤

랜덤random은 캐시 기억 장치에서 임의의 블록을 선택하여 삭제하고 새로운 블록으로 교체하는 방식이다. 선입력 선출력과 마찬가지로 효율성을 보장하기 어렵다.

5 쓰기 정책

CPU가 프로그램을 실행하는 동안 연산 결과를 캐시 기억 장치에 기록하는 경우도 있다. 이때 캐시 기억 장치와 주기억 장치에 저장된 데이터가 상이하게 존재하므로 주기억 장치의 데이터를 갱신하는 절차가 필요하다. 이를 쓰기 정책write policy이라고 하며, 주기억 장치의 데이터를 갱신하는 시점에 따라 즉시 쓰기 방식과 나중 쓰기 방식으로 구분된다.

■ 즉시 쓰기 방식

즉시 쓰기write-though 방식은 CPU의 연산 결과를 기억 장치에 저장할 때 캐시 기억 장치뿐만 아니라 주기억 장치에서도 동시에 쓰기 동작이 발생한다. 따라서 캐시 기억 장치에 적재된 블록의 내용과 주기억 장치에 있는 블록의 내용이 항상 동일하다. 즉 데이터의 일관성이 보장된다. 그러나 쓰기 동작이 발생할 때마다 캐시 기억 장치와 주기억 장치 간 접근이 빈번하게 일어나고 쓰기 시간이 길어진다.

■ 나중 쓰기 방식

나중 쓰기write-back 방식은 새롭게 생성된 CPU의 데이터를 캐시 기억 장치에만 기록하고 주기억 장치에는 나중에 기록하는 방식이다. 1비트의 태그를 이용하여 갱신된 캐시 기억 장치의 블록을 표시하고, 이 블록이 캐시 기억 장치에서 삭제되기 전에 주기억 장치로 복사된다. 따라서 주기억 장치와 캐시 기억 장치의 데이터가 일치하지 않는 경우가 발생할 수도 있다. 즉 주기억 장치가 무효 상태로 존재할 수도 있다. 이때는 다른 입출력 장치에서 주기억 장치로의 접근이 금지되고 캐시 기억 장치에만 접근하게 된다. 그러나 즉시 쓰기 방식과 달리 주기억 장치에 기록하는 동작을 최소화할 수 있다.

[그림 8-29]에서 보듯이 즉시 쓰기 방식은 CPU에서 생성되는 데이터를 캐시 기억 장치와 주기억 장치에 동시에 기록한다. 반면에 나중 쓰기 방식은 캐시 기억 장치에 기록한 후 기록된 블록이 교체될 때 주기억 장치에 기록한다.

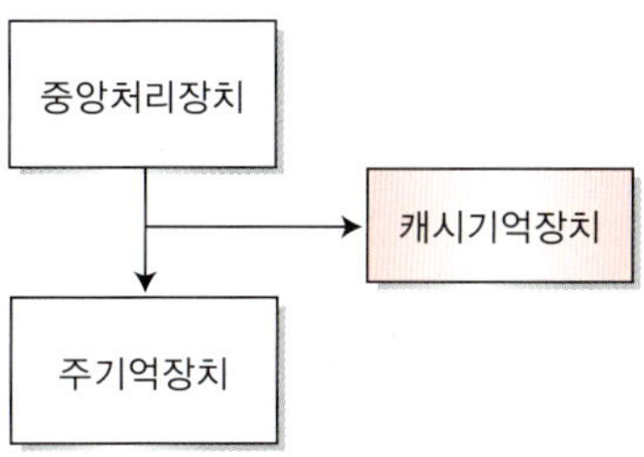

(a) 즉시 쓰기 방식

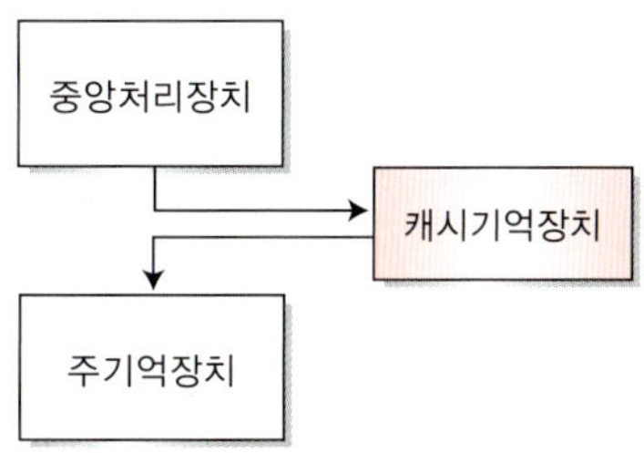

(b) 나중 쓰기 방식

그림 8-29 쓰기 정책

6 캐시 기억 장치의 수

캐시 기억 장치가 처음 소개되었을 때 일반적인 시스템에는 오직 하나의 캐시 기억 장치가 있었다. 그러나 최근에는 캐시 기억 장치를 계층 구조로 설계하거나 기능별로 분리된 다수의 캐시 기억 장치를 사용하는 것이 보편화되었다. 따라서 캐시 기억 장치를 설계할 때는 몇 계층으로 할 것인지, 그리고 통합 형태와 분리 형태 중에서 구성할 형태를 결정해야 하는데, 이 과정에서 사용할 캐시 기억 장치의 수가 결정된다.

[그림 8-30]은 다양한 캐시 기억 장치의 구조를 보여준다. (a)는 캐시 기억 장치 1개를 사용한 가장 일반적인 구조이다. (b)는 캐시 기억 장치 2개를 사용하여 계층 구조로 설계한 것으로, 캐시 1이 CPU에 내장되어 있는 경우가 일반적이다. (c)는 캐시 기억 장치 3개를 사용하여

계층 구조로 설계한 것으로, (b)와 비교해보면 캐시 1에 해당하는 부분이 기능에 따라 명령어 캐시와 자료 캐시로 분리되었다. 그러나 (b)와 마찬가지로 명령어 캐시와 자료 캐시가 CPU에 내장되어 있다.

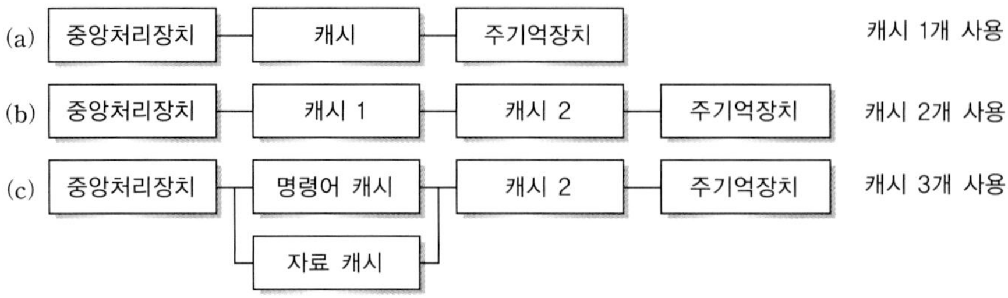

그림 8-30 다양한 캐시 기억 장치의 구조

04 캐시 기억 장치의 구조

집적회로의 기술 발달로 캐시 기억 장치를 CPU의 내부에 포함할 수 있게 된 것이 온칩on-chip 캐시 기억 장치이다. 일반적으로 캐시 기억 장치가 CPU 외부에 있으면 오프칩off-chip 캐시 기억 장치 또는 외부 캐시 기억 장치라고 한다. 오프칩 캐시 기억 장치는 외부 버스로 CPU에 접근하지만, 온칩 캐시 기억 장치는 내부 동작으로만 CPU에 접근하여 CPU의 외부 활동을 줄이고 실행 시간을 가속함으로써 전체 시스템의 성능이 향상된다.

1 단일 프로세서의 캐시 기억 장치 구조

최근의 컴퓨터는 온칩 캐시 기억 장치와 외부 기억 장치를 동시에 포함하고 있는데, 이러한 구조를 계층적 캐시 기억 장치hierarchical cache라고 한다. 캐시 기억 장치는 기능별 또는 용도별로 구분되어 각각 사용된다.

계층적 캐시 기억 장치

계층적 캐시 기억 장치는 온칩 캐시 기억 장치를 1차 캐시 기억 장치(L1)로 사용하고 칩 외부에 더 큰 용량의 오프칩 캐시 기억 장치를 2차 캐시 기억 장치(L2)로 설치하는 방식이다. CPU의 한정된 공간에 수많은 부품이 포함되므로 L1의 크기가 제한될 수밖에 없다. 그러나 CPU 외부에 있는 L2는 L1보다 더 많은 용량을 가질 수 있다. L2에는 주기억 장치의 내용 일부가 저장되고 L1에는 L2의 내용 일부가 저장된다. 따라서 L2는 L1의 모든 정보를 포함하고 있는

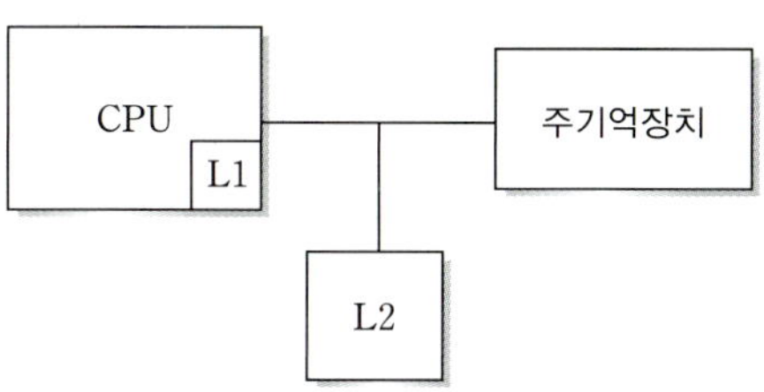

그림 8-31 계층적 캐시 기억 장치의 구조

데, 이러한 관계를 슈퍼세트super-set라고 한다.

계층적 캐시 기억 장치에서는 먼저 L1을 검사하여 원하는 정보가 없으면 L2를 검사하고, L2에도 원하는 정보가 없으면 주기억 장치를 검사한다. L1의 속도는 빠르지만 용량이 작기 때문에 적중률이 L2보다 낮다. 계층적 캐시 기억 장치의 평균 기억 장치 접근 시간은 다음과 같이 계산한다.

$$T_{\text{average}} = H_{\text{L1}} \times T_{\text{L1}} + (H_{\text{L2}} - H_{\text{L1}}) \times T_{\text{L2}} + (1 - H_{\text{L2}}) \times T_{\text{main}}$$

T_{average}: 평균 기억 장치 접근 시간 H_{L1}: L1 캐시 적중률
T_{L1}: L1 캐시 기억 장치 접근 시간 H_{L2}: L2 캐시 적중률
T_{L2}: L2 캐시 기억 장치 접근 시간 T_{main}: 주기억 장치 접근 시간

캐시 기억 장치의 통합과 분리

초기의 온칩 캐시 기억 장치는 데이터와 명령어를 모두 저장하는 통합 캐시 기억 장치 형태였다. 통합 캐시 기억 장치는 명령어와 데이터 간의 균형을 자동으로 유지하기 때문에 분리 캐시 기억 장치보다 적중률이 더 높다. 하지만 오늘날에는 용도별 또는 기능별 분리 캐시 기억 장치를 추구하고 있다. 분리 캐시 기억 장치는 명령어만 저장하는 명령어 캐시 기억 장치와 데이터만 저장하는 데이터 캐시 기억 장치로 분리하여 2개의 온칩 캐시 기억 장치를 두는 형태이다. 특히 여러 명령어가 동시에 실행되는 고성능 프로세서에서는 이러한 경향이 뚜렷하다. 분리 캐시 기억 장치의 장점은 명령어 인출과 명령어 실행 간 캐시 기억 장치의 충돌이 발생하지 않는다는 것이다.

2 멀티프로세서의 캐시 기억 장치 구조

최신 컴퓨터 시스템은 여러 개의 CPU를 장착하여 처리 성능을 향상하는데 이를 멀티프로세서 시스템이라고 한다. [그림 8-32]는 시스템 버스에 온칩 캐시 기억 장치가 장착된 CPU 3개가 연결된 멀티프로세서 시스템을 보여준다.

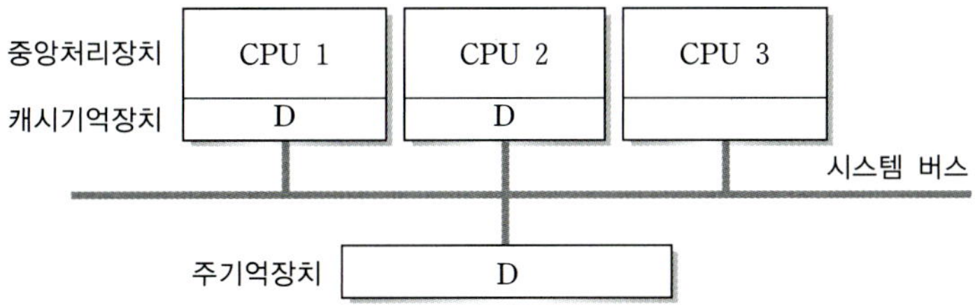

그림 8-32 멀티프로세서 시스템

멀티프로세서 시스템에서는 주기억 장치와 각 CPU의 캐시 기억 장치 사이에서 데이터 불일치 현상이 발생하며, 이는 프로그램이 올바르게 동작하지 않는 원인이 된다.

즉시 쓰기 방식의 데이터 불일치

[그림 8-32]의 멀티프로세서 시스템에 즉시 쓰기 방식을 적용하는 경우 CPU 1과 CPU 2가 주기억 장치에서 데이터 D를 읽어와 CPU 1, CPU 2, 주기억 장치는 D라는 동일한 데이터를 갖게 된다. 이때 CPU 1이 프로그램을 실행하여 데이터 D를 X로 수정하면 CPU 1에 속한 캐시 기억 장치는 데이터를 X로 변경하고, 즉시 쓰기 정책에 따라 주기억 장치에도 수정된 데이터인 X가 저장된다. 이 경우 CPU 1에 속한 캐시 기억 장치와 주기억 장치의 데이터는 X로 변경되었지만 CPU 2에 속한 캐시 기억 장치의 데이터 D는 그대로이기 때문에 데이터 불일치가 발생한다.

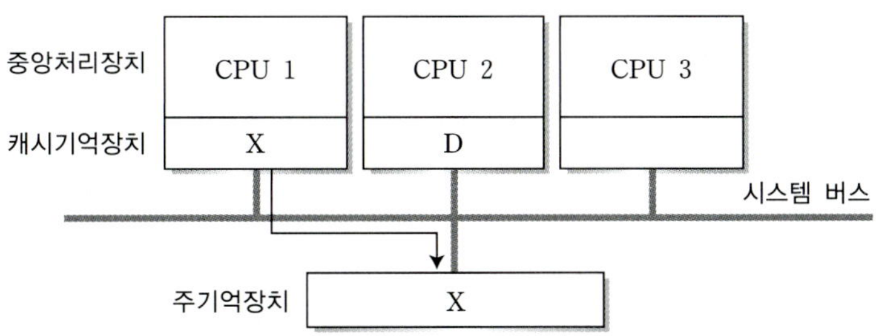

그림 8-33 즉시 쓰기 방식의 데이터 불일치

나중 쓰기 방식의 데이터 불일치

[그림 8-32]의 멀티프로세서 시스템에 나중 쓰기 방식을 적용하는 경우 CPU 1과 CPU 2가 주기억 장치에서 데이터 D를 읽어와 CPU 1, CPU 2, 주기억 장치는 D라는 동일한 데이터를 갖게 된다. 이때 CPU 1이 프로그램을 실행하여 데이터 D를 X로 수정하면 나중 쓰기 정책에

의해 CPU 1에 속한 캐시 기억 장치에는 수정된 데이터 X가 저장되지만 주기억 장치와 CPU 2에 속한 캐시 기억 장치의 데이터 D는 그대로이기 때문에 데이터 불일치가 발생한다.

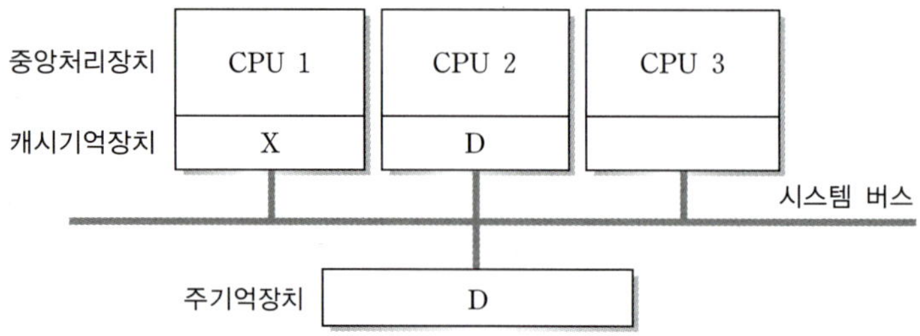

그림 8-34 나중 쓰기 방식의 데이터 불일치

캐시 기억 장치의 데이터 일관성 유지 방법

■ 공유 캐시 기억 장치를 사용하는 방법

시스템 설계 시 가장 간단한 방법으로, 시스템에 있는 다수의 프로세서가 하나의 캐시 기억 장치를 공유하게 하는 것이다. 이 방법은 캐시 기억 장치의 데이터가 항상 일관성 있게 유지되지만 다중 프로세서가 동시에 캐시 기억 장치에 접근하면 프로세서 간의 충돌이 발생할 수 있다. 또한 온칩 캐시 기억 장치의 경우 CPU의 외부 활동을 줄여 실행 시간을 가속하고 전체 시스템의 성능을 향상하는 원칙에 위배된다.

■ 공유 변수를 캐시 기억 장치에 저장하지 않는 방법

데이터 불일치 문제를 해결하는 또 다른 방법은 수정 가능한 데이터를 캐시 기억 장치에 저장하지 않는 것이다. 이 방법을 적용하면 주기억 장치에서 데이터를 읽어와 수정할 경우 캐시 기억 장치에는 저장하지 않고 바로 주기억 장치에 수정된 데이터를 저장한다. 이때 캐시 기억 장치에 저장 가능한지를 사용자가 선택하여 선언해야 하는 단점이 있다.

■ 버스 감시 시스템을 사용하는 방법

데이터의 일관성을 유지하기 위해 감시 기능을 가진 장비를 시스템 버스에 추가로 설치하는 방법이다. 모든 데이터를 캐시 기억 장치에 저장할 수 있으며, 어떤 캐시 기억 장치가 데이터를 수정했다면 그 정보를 다른 캐시 기억 장치와 주기억 장치에 알려준다. 그러나 이 방법은 시스템 버스에 통신량이 증가하는 것이 단점이다.

요약

01 캐시 기억 장치

캐시 기억 장치는 느리게 동작하는 주기억 장치와 빠르게 동작하는 CPU 사이에서 속도 차이를 줄여주어 CPU에서의 명령어와 데이터 처리 속도를 향상한다.

02 SRAM

기억 소자가 플립플롭으로 구성된 SRAM(정적 RAM)은 집적 밀도가 높아 소용량 기억 장치에 사용된다. SRAM은 DRAM보다 처리 속도가 5배 정도 빨라 캐시 기억 장치에 주로 사용된다.

03 캐시 기억 장치의 동작

캐시 기억 장치가 포함된 컴퓨터 시스템의 경우 CPU가 명령어 또는 데이터를 인출하기 위해 주기억 장치보다 캐시 기억 장치를 먼저 조사한다. 필요한 정보가 캐시 기억 장치에 없으면 주기억 장치에 접근하여 정보를 인출한다.

04 캐시 기억 장치 설계 시 고려 요소

캐시 기억 장치를 설계할 때는 캐시 기억 장치의 크기, 인출 방식, 사상 함수, 교체 알고리즘, 쓰기 정책, 블록 크기, 캐시 기억 장치의 수 등의 요소를 고려해야 한다.

05 계층적 캐시 기억 장치

온칩 캐시 기억 장치를 1차 캐시 기억 장치(L1)로 사용하고 칩 외부에 더 큰 용량의 오프칩 캐시 기억 장치를 2차 캐시 기억 장치(L2)로 설치하는 방식을 계층적 캐시 기억 장치라고 한다.

06 계층적 캐시 기억 장치의 평균 기억 장치 접근 시간

$$T_{\text{average}} = H_{\text{L1}} \times T_{\text{L1}} + (H_{\text{L2}} - H_{\text{L1}}) \times T_{\text{L2}} + (1 - H_{\text{L2}}) \times T_{\text{main}}$$

T_{average} = 평균 기억 장치 접근 시간　　H_{L1} = L1 캐시 적중률
T_{L1} = L1 캐시 기억 장치 접근 시간　　H_{L2} = L2 캐시 적중률
T_{L2} = L2 캐시 기억 장치 접근 시간　　T_{main} = 주기억 장치 접근 시간

L1의 캐시 적중률보다 L2의 캐시 적중률이 더 높다.

01 컴퓨터의 기억 장치를 구성하는 요소에 해당하지 않는 것은?

① 주기억 장치 ② 범용 직렬 버스 기억 장치
③ 캐시 기억 장치 ④ 보조 기억 장치

02 SRAM에 대한 설명으로 옳지 않은 것은?

① 플립플롭으로 기억 소자를 구성한다.
② 데이터 입력, 선택 입력, $R/\overline{W}$, 데이터 출력 단자가 존재한다.
③ 디코더를 사용해야 한다.
④ 재충전 회로가 필요하다.

03 캐시 기억 장치에 대한 설명으로 옳은 것은?

① 빠른 접근 시간을 제공하는 기억 장치이다.
② CPU에 블록 단위로 데이터를 전송한다.
③ 캐시 적중이면 주기억 장치에서 데이터를 읽어올 수 있다.
④ 빠르게 접근하기 위해 DRAM을 사용한다.

04 기억 장치 참조의 지역성에 대한 설명으로 옳은 것은?

① 일반적으로 CPU가 주기억 장치의 참조를 광범위하게 진행하는 원리이다.
② CPU가 빠른 데이터 검색을 위해 제한된 범위에서만 검색을 수행하는 원리이다.
③ 캐시 기억 장치의 용량을 확장하면 기억 장치의 접근이 많아지는 원리이다.
④ 제한된 범위의 데이터를 캐시에 저장하여 적중률을 높이는 원리이다.

05 캐시 기억 장치에 대한 설명으로 옳지 않은 것은?

① 블록 단위로 데이터를 저장한다.
② 주기억 장치의 데이터와 불일치가 존재할 수 있다.
③ 레지스터보다 빠른 SRAM을 사용한다.
④ 기억 장치 참조의 지역성을 이용한 기술이다.

06 캐시 기억 장치에 대한 설명으로 옳지 않은 것은?

① 주기억 장치보다 빠른 기억 장치이다.

② CPU는 주기억 장치에 접근하기 전에 캐시 기억 장치에 먼저 접근한다.

③ 캐시 기억 장치는 참조의 지역성에 의해 동작한다.

④ 적중률은 주기억 장치에 접근하는 비율을 말한다.

07 접근 시간이 다음과 같이 주어졌을 때 캐시 적중률을 구하라.

$T_{average}$ (평균 기억 장치 접근 시간): 2.8ms
T_{main} (주기억 장치 접근 시간): 10ms
T_{cache} (캐시 기억 장치 접근 시간): 1ms

08 캐시 적중률이 100%이면 평균 기억 장치 접근 시간은 (①) 접근 시간과 동일하고, 캐시 적중률이 0%이면 평균 기억 장치 접근 시간은 (②) 접근 시간과 동일하다.

09 동일한 환경이라고 가정할 때 평균 기억 장치 접근 시간이 가장 작은 경우는?

① 메모리 참조가 캐시에만 존재하는 경우

② 캐시 실패율이 50%인 경우

③ 캐시가 존재하지 않는 경우

④ 캐시 적중률이 70%인 경우

10 평균 기억 장치 접근 시간에 대한 설명으로 옳지 않은 것은?

① 적중률이 높으면 평균 기억 장치 접근 시간이 줄어든다.

② 실패율이 낮으면 평균 기억 장치 접근 시간이 커진다.

③ 주기억 장치 접근 시간이 크면 평균 기억 장치 접근 시간이 커진다.

④ 캐시 기억 장치에서 많은 인출이 일어나면 평균 기억 장치 접근 시간이 줄어든다.

11 동일한 환경이라고 가정할 때 평균 기억 장치 접근 시간이 가장 작은 경우는?

① 캐시 적중률이 80%인 경우

② 캐시 실패율이 80%인 경우

③ 캐시 실패율이 70%인 경우

④ 캐시 적중률이 70%인 경우

12 캐시 기억 장치가 주기억 장치에 데이터를 전송하는 단위는 (①)이고, CPU에 데이터를 전송하는 단위는 (②)이다.

13 캐시 기억 장치를 설계할 때 고려할 요소가 아닌 것은?

① 인출 방식 ② 블록 크기
③ 읽기 정책 ④ 사상 함수

14 캐시 기억 장치 설계 시 고려 요소에 대한 설명으로 옳은 것은?

① 블록 크기가 크면 인출 시간이 길어진다.
② 캐시 기억 장치의 크기가 클수록 유리하다.
③ 직접 사상 방식에서는 교체 알고리즘이 필수적이다.
④ 나중 쓰기 방식에서는 주기억 장치로의 접근이 빈번하게 일어난다.

15 캐시 기억 장치를 설계할 때 고려할 요소가 아닌 것은?

① 캐시 기억 장치의 크기 ② 블록 크기
③ 캐시 기억 장치의 수 ④ 액세스 시간

16 캐시 기억 장치 설계 시의 공통적인 목표에 해당하는 것은?

① 적중 시 캐시 기억 장치로부터 데이터를 읽어오는 시간을 짧게 한다.
② 실패 시 주기억 장치에서 캐시 기억 장치로 데이터를 읽어오는 시간을 최대화한다.
③ 주기억 장치와 보조 기억 장치 사이에 데이터의 일관성을 유지한다.
④ 캐시 기억 장치가 해당 보조 기억 장치를 선택하는 시간을 최소화한다.

17 캐시 기억 장치의 데이터 일관성 유지 방법에 해당하지 않는 것은?

① 공유 캐시 기억 장치를 사용하는 방법
② 버스 감시 시스템을 사용하는 방법
③ 완전 독립 캐시 기억 장치를 사용하는 방법
④ 공유 변수를 캐시 기억 장치에 저장하지 않는 방법

18 (①)은 주기억 장치의 블록이 캐시 기억 장치의 어디에든 적재될 수 있어 직접 사상의 단점을 보완한 방식이다. (②)은 하나의 주소 영역이 다른 태그를 가진 여러 개의 집합으로 이루어지는 방식이다.

19 CPU가 기억 장치의 데이터를 인출하는 경우, 캐시 기억 장치를 먼저 조사하여 해당 데이터를 찾았을 때를 (①)이라고 한다. 그리고 캐시의 쓰기 정책에서 쓰기 동작이 캐시 기억 장치와 주기억 장치에서 동시에 발생하는 것을 (②) 방식이라고 한다.

Chapter

09

보조 기억 장치

학습목표

- 보조 기억 장치의 특징을 이해한다.
- 자기 기억 장치의 원리와 특징을 이해한다.
- RAID 기억 장치의 특징을 이해하고 종류를 파악한다.
- 광디스크 기억 장치의 특징을 이해하고 종류를 파악한다.

01 보조 기억 장치의 개념

보조 기억 장치는 저속으로 동작하지만 대용량 데이터를 저장할 수 있다. 따라서 주기억 장치의 저장 용량 부족을 보완하고, 비휘발성 특성을 이용하여 데이터를 반영구적으로 저장한다. 대표적인 보조 기억 장치인 자기 디스크에는 하드디스크, 플로피디스크와 광학 신호를 이용하는 CD, DVD 등이 있다. 현재는 기술의 발달로 플래시 기억 장치를 비롯한 다양한 보조 기억 장치가 사용되고 있다.

1 기억 장치 시스템의 보조 기억 장치

기억 장치의 계층 구조에서 최하단에 위치하는 보조 기억 장치는 동작 속도가 느리고 가격이 저렴하지만 많은 양의 데이터를 저장할 수 있다. [그림 9-1]은 기억 장치 시스템의 계층 구조를 개념적으로 나타낸 것이다. 주기억 장치는 주 회로기판에 있고, 레지스터는 주 회로기판에 장착되는 CPU 내에 위치한다. 최신 캐시 기억 장치는 계층적 형태로 설계되는데, 1차 온칩 캐시 기억 장치(SRAM)도 CPU 내에 있고 나머지 2차 캐시 기억 장치(SRAM)와 일반 주기억 장치(DRAM)는 주 회로기판의 소켓에 장착된다. 보조 기억 장치는 별도의 버스 케이블이나

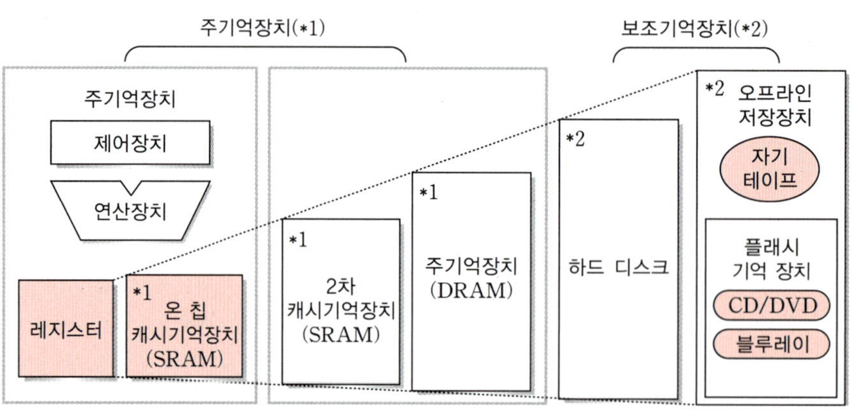

그림 9-1 기억 장치 시스템의 계층 구조

입출력 장치를 통해 주 회로기판에 연결된다.

[그림 9-2]는 케이블을 통한 보조 기억 장치와 주 회로기판의 연결을 보여준다. (a)는 병렬 케이블을 이용하여 IDE[Integrated Drive Electronics] 병렬 인터페이스에 연결된 것이고, (b)는 최근에 많이 사용되고 있는 SATA[Serial Advanced Technology Attachment] 방식으로, SATA 어댑터와 장치는 비교적 속도가 빠른 직렬 연결을 이용한다.

(a) IDE 방식의 연결 (b) SATA 방식의 연결

그림 9-2 보조 기억 장치의 연결 단자

보조 기억 장치의 역할을 이해하려면 CPU와 주기억 장치인 ROM, RAM의 관계를 살펴볼 필요가 있다. [그림 9-3]은 이러한 기억 장치의 관계를 보여준다. ① 컴퓨터의 전원을 켜면 CPU는 자동으로 ROM에 저장된 프로그램을 실행하고, 완전히 부팅되면 ② 사용자는 보조 기억 장치에 저장된 응용 프로그램을 실행하여 주기억 장치의 RAM에 프로그램 명령을 적재한다. 다음 단계로 ③ CPU는 RAM에서 실행할 명령어 데이터를 가져와서 처리하고, ④ 그

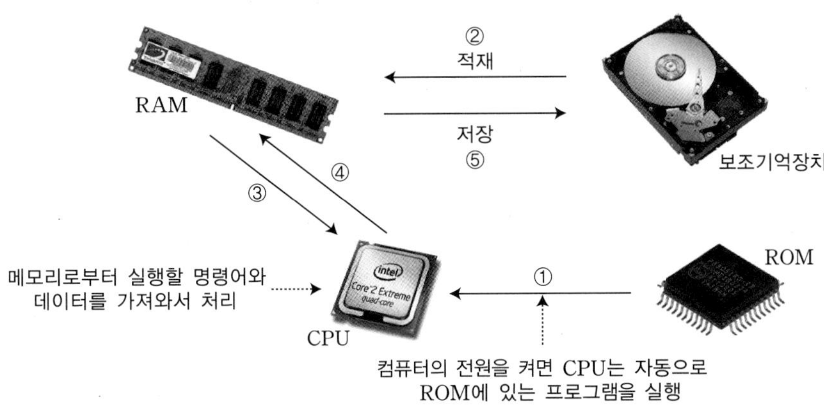

그림 9-3 CPU, ROM, RAM, 보조 기억 장치의 관계

결과를 RAM으로 보낸다. ⑤ 모든 처리가 완료되면 RAM에 저장된 결과가 보조 기억 장치에 저장된다.

2 보조 기억 장치의 분류

보조 기억 장치를 다양한 방법으로 분류할 수 있는데 가장 대표적인 분류 방법은 다음과 같다.

표 9-1 보조 기억 장치의 분류 방법

분류 방법	분류 기준
접근 방법	순차적 접근
	직접 접근
컴퓨터 규모	중대형 컴퓨터 보조 기억 장치
	개인용 컴퓨터 보조 기억 장치

접근 방법에 따른 분류

기억 장치의 접근 유형에는 순차적 접근, 직접 접근, 임의 접근이 있다. 이 중 임의 접근은 저장된 모든 데이터에 접근하는 데 소요되는 시간이 이전의 접근 순서와 무관하게 항상 일정하고, 주로 반도체를 기반으로 하는 주기억 장치에 사용되며, 보조 기억 장치의 경우 이 방법을 거의 사용하지 않는다.

■ 순차적 접근

- 데이터가 저장되는 순서에 따라 접근 순서가 결정되고, 접근 시간은 데이터의 저장 위치에 따라 다르다.
- 대표적인 보조 기억 장치로 자기 테이프와 카세트테이프가 있다.

■ 직접 접근

- 필요한 데이터가 저장된 기억 장소 근처로 이동한 다음 순차적 검색을 통해 그 데이터에 접근하는 방법이다. 접근 시간은 필요한 데이터의 위치와 이전의 접근 위치에 따라 결정된다.
- 하드디스크, 플로피디스크, CD-ROM, DVD 등이 있다.

컴퓨터 규모에 따른 분류

■ 중대형 컴퓨터 보조 기억 장치

- **자기 테이프**: 투명 플라스틱 테이프의 표면에 자성 재료인 산화철 분말을 바른 것이다. 전원의 변화와 전자석의 작용으로 자성 분말에 자장을 만들어 반영구적 상태로 저장한다.
- **자기 디스크**: 동일 축에 고정된 금속 원판 여러 장의 원주를 따라 동심원 트랙이 있고 각 트랙이 섹터로 구분되는 구조이다.
- **자기 드럼**: 원통형 알루미늄 합금체의 표면에 자성 자료를 바른 기억 장치로, 트랙이 각각 자신의 헤드를 가지고 있다.
- **자기 카드**: 용량이 큰 기억 장치로 테이프의 주행 장치와 제어 회로로 구성된다. 순차적으로만 자료를 읽고 쓸 수 있다.

■ 개인용 컴퓨터 보조 기억 장치

- **플로피디스크**: 이동성이 있는 보조 기억 장치로 디스켓diskette 이라고도 한다. 플로피디스크 드라이버를 이용하여 데이터를 저장하고 읽을 수 있다.
- **하드디스크**: 가장 많이 쓰이는 기억 장치로 컴퓨터에 내장되어 있다. 급속한 기술 발전으로 가격 대비 성능이 가장 우수하다.
- **CD-ROM**: 멀티미디어 데이터를 저장할 수 있는 기억 장치로 용량 대비 가격이 가장 저렴하다. 읽기 동작만 가능하며 1, 2, 4, …, 24배속 등의 속도로 발전하고 있다.
- **CD-RW**: 읽기만 가능한 CD-ROM의 단점을 해결하여 쓰기 동작이 가능하다.
- **DVD**: 고품질 멀티미디어 데이터를 저장할 수 있는 대용량 저장 장치로 CD-ROM보다 7배 이상 더 저장할 수 있다. 소음과 변형이 적어 안정성이 뛰어나다.
- **SSD**: 'Solid State Drive'의 약자로, 반도체를 이용하여 정보를 저장하므로 전력 소모와 발열이 적고 소음이 작다. 임의 접근 방식으로 고속의 데이터 입출력이 가능하고, 충격에 강하여 데이터가 쉽게 손상되지 않으며, 소형화·경량화할 수 있다. 대용량 SSD가 개발되어 노트북이나 데스크톱에도 활용되고 있다.

3 보조 기억 장치의 평가 기준

■ **저장 용량**

보조 기억 장치의 가장 중요한 성능 평가 요소는 저장 용량이다. 고용량 저장 장치는 복잡한 프로그램과 거대한 데이터베이스를 저장할 수 있지만 용량이 커지면 가격이 상승한다.

■ **접근 속도**

보조 기억 장치의 성능 평가 요소에서 두 번째로 중요한 것은 기억 장치에서 데이터를 판독/기록하는 데 걸리는 시간, 즉 접근 시간이다. 접근 속도는 밀리초(ms)로 측정되며, 기억 장치의 계층 구조와 마찬가지로 하드디스크는 플로피디스크보다 빠르고 자기 디스크는 자기 테이프보다 빠르다.

■ **전송률**

보조 기억 장치에 저장된 데이터를 인출하여 주기억 장치로 전송하는 데 걸리는 시간을 말한다. 초당 메가바이트(MB)로 측정되며, 빈번한 인출이 발생하면 전송률에 따라 성능의 차이가 커진다.

■ **크기**

최근에는 다양한 휴대용 디지털 기기가 개발되어 작은 크기의 휴대용 보조 기억 장치가 필요한 경우가 있다. 그러나 크기는 저장 용량에 영향을 주기 때문에 너무 작은 크기에는 많은 데이터를 저장할 수 없다.

■ **분리 여부**

탈착이 가능한 하드디스크는 경우에 따라 여러 컴퓨터에 쉽게 장착하여 효율적으로 사용할 수 있다.

■ **비용**

보조 기억 장치는 저장 용량에 비해 비용이 저렴한 편이다. 그러나 접근 속도가 빠를수록 가격이 높아진다.

02 자기 기억 장치

자기성을 유지하여 자속의 방향에 따라 2진 정보를 기억하는 장치를 자기 기억 장치magnetic memory라고 한다. 비휘발성 기억 장치인 자기 기억 장치는 자기 코어와 같은 주기억 장치와 자기 디스크, 자기 테이프 등의 보조 기억 장치로 사용된다.

1 자기 테이프

자기 테이프는 산화 물질로 코팅된 강성 폴리에스테르 테이프로 만들어진다. 일반 자기 녹음 테이프가 아날로그 신호의 음악이나 소리를 기록하는 것과 달리 자기 테이프는 디지털 정보를 기록하고 출력한다. 또한 연속적으로 재생되는 녹음테이프와 달리 저장 및 출력할 때만 자기 테이프를 빠르게 회전시키거나 정지한다. 따라서 자기 테이프의 구동 방식은 매우 복잡하다. 하지만 간편하고 용량이 커서 데이터나 프로그램을 장기간 보관하는 데 많이 사용되며, 입력과 동시에 입력 신호의 정확도를 확인할 수 있도록 항상 입력 헤드와 출력 헤드가 쌍을 이루고 있어 높은 신뢰도가 유지된다. 그러나 사람이 자기 테이프를 설치하거나 해체해야 하므로 번거롭고, 순차적 접근 방식을 사용하기 때문에 속도가 느리다. 또한 데이터의 양이 증가함에 따라 장치 자체가 커진다는 단점이 있다.

자기 테이프의 구조

자기 테이프는 병렬 트랙으로 구성되는데, 일반적으로 가로 폭이 12.7mm인 병렬 트랙이 9개 있다. 자기 테이프의 형식은 [그림 9-4]와 같다. 테이프에 데이터를 기록할 때는 테이프 폭을 세로 방향으로 하여 지정된 각 트랙에 정보 코드를 기록하며, 맨 위쪽 트랙은 기계적 오류를 알아내기 위한 검사 비트로 사용된다. 따라서 1~8개의 트랙에는 정보 코드 데이터를 저장하고 나머지 1개 트랙에는 패리티 정보를 저장한다. 데이터를 기록하는 밀도는 1600~6250BPIBit Per Inch인데, 이는 하나의 트랙을 기준으로 한 것이므로 1인치에 1600~6250개 문자를 기억하는 것과 같은 밀도이다.

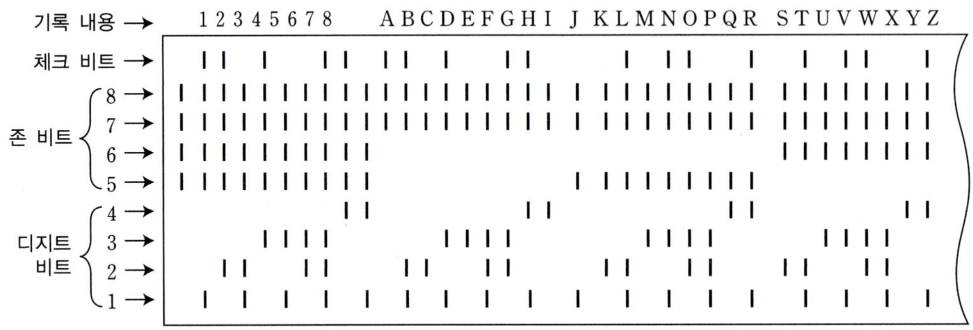

그림 9-4 자기 테이프의 형식

자기 테이프는 저장된 레코드 데이터를 몇 개씩 하나로 묶어 블록을 형성하며, 컴퓨터가 자기 테이프에서 데이터를 읽고 기록할 때 블록 단위로 수행된다. 그리고 블록과 블록 사이에는 구분을 위해 데이터가 기록되지 않는 공간gap 이 있다. [그림 9-5]는 블록과 블록 사이의 공백으로 블록을 구별하는 IBGInter Block Gap 를 보여준다.

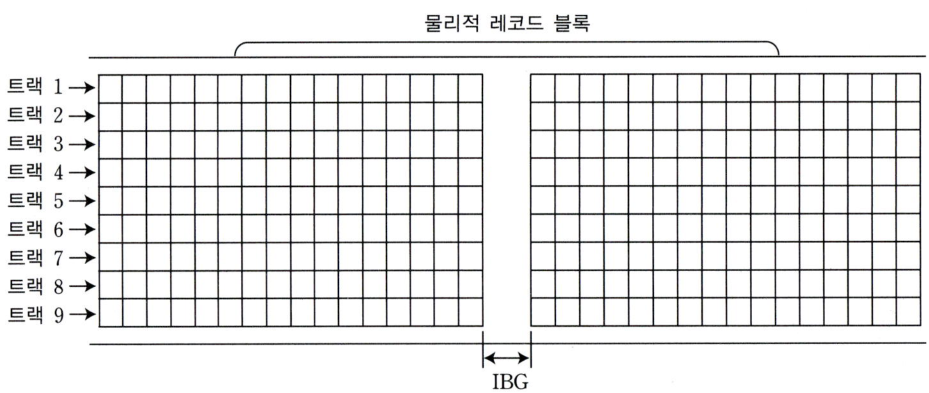

그림 9-5 레코드 블록과 IBG

자기 테이프의 기록 형식

자기 테이프에 데이터를 기록하는 방법은 다음과 같다.

- **고정 길이**fixed length **블록 형식**: 블록의 길이가 고정되므로 블록의 총수는 레코드의 총수이다. [그림 9-6]의 (a)는 고정 길이 블록 형식으로, 고정된 레코드 3개가 모여서 하나의 블록을 이루고 있다.
- **가변 길이**variable length **블록 형식**: 각 레코드의 길이가 동일하지 않지만 각 레코드에 자신의 길

이를 표시하는 필드가 있어 길이를 쉽게 파악할 수 있다. 또한 레코더의 묶음인 블록의 길이가 얼마나 되는지 알기 위해서도 블록 길이 필드가 존재한다. [그림 9-6]의 (b)를 보면 각 레코드 앞에는 자신의 길이를 나타내는 R 필드가, 각 블록의 앞에는 블록의 길이를 나타내는 B 필드가 있다.

- **부정 형식**undefined format: 레코드의 길이가 각각 다른 것은 가변 길이 블록 형식과 동일하지만 자신의 길이를 표시하지 않는다. 기억 용량이 매우 크지만 순차적 처리 방식이기 때문에 정보의 기억 위치에 따라 찾아내는 시간이 다르다는 단점이 있다.

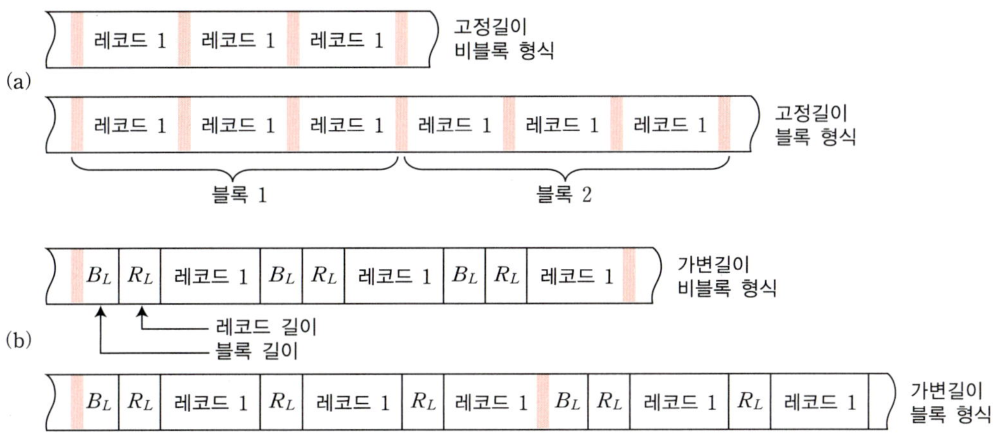

그림 9-6 자기 테이프의 기록 형식

2 자기 디스크

자기 디스크는 양면이 자성 재료로 피복되어 있는 원판 형태의 기억 장치이다. 필요한 기억 용량에 따라 원형 평판을 1장 또는 6~12장까지 겹쳐서 사용한다. 원형 평판의 각 면에는 몇 개의 트랙이 있으며, 헤드가 트랙에서 데이터를 읽거나 트랙에 기록한다. 헤드는 원형 평판의 지름 방향으로 이동함으로써 트랙을 자유롭게 선택할 수 있어 주기억 장치와 비슷한 기능을 하므로 매우 편리하다. 자기 디스크는 프로그램이나 데이터에 순차적 또는 직접 액세스가 가능하며 속도가 빠르고 기억 용량도 크기 때문에 주기억 장치의 용량을 보조하는 보조 기억 장치로 널리 사용된다.

자기 디스크의 구조

자기 디스크를 구성하는 요소의 위치와 형태는 [그림 9-7]과 같다.

- **원형 평판**: 정보가 저장되는 곳으로 다수의 트랙으로 이루어져 있다. 자성 원형 평판은 두께가 약 2mm, 지름이 36cm인 알루미늄 판을 기판으로 많이 사용했으나 최근에는 고밀도 기록 기술의 발달로 지름이 20cm, 13cm 등으로 작아지고 용량이 커졌다.
- **헤드**: 전도성 코일을 통해 원형 평판의 표면을 자화함으로써 데이터를 저장하거나 검색한다.

그림 9-7 자기 디스크의 구조

- **디스크 팔과 구동 장치**: 디스크 팔은 헤드를 이동하는 장치이고 구동 장치는 디스크 팔을 움직이는 모터이다. 쓰기 동작의 경우 데이터(1 또는 0)에 따라 헤드에 감긴 코일에 양전류나 음전류가 가해지고 그에 따른 자성 패턴이 디스크 표면에 기록된다. 또한 읽기 동작의 경우 자장 내에 헤드(코일)가 이동할 때 코일에 전류가 발생하고 그 전류의 극성에 의해 데이터가 검색된다.

자기 디스크의 데이터 조직과 동작

[그림 9-8]과 같이 자기 디스크의 원형 평판은 동심원 형태의 여러 트랙으로 구성되며, 이 트랙의 폭이 헤드의 폭과 동일하게 설계되어 헤드가 이동하면서 트랙에 데이터를 기록하거나 읽는다. 트랙 사이에는 일정한 공간inter-track gab을 두어 트랙을 구분하는데, 이는 트랙 간에 일어날 수 있는 자기장의 간섭이나 헤드를 잘못 정렬함으로써 발생하는 오류를 줄이기 위함이다. 전자 장치를 단순화하기 위해 모든 트랙에는 동일한 수의 비트가 저장된다. 따라서 디스크의 안쪽 트랙 부분은 밀도가 더 높아 동일한 트랙 길이에 더 많은 비트를 저장할 수 있는데, 이를 등각 속도Constant Angular Velocity, CAV 방식이라고 한다.

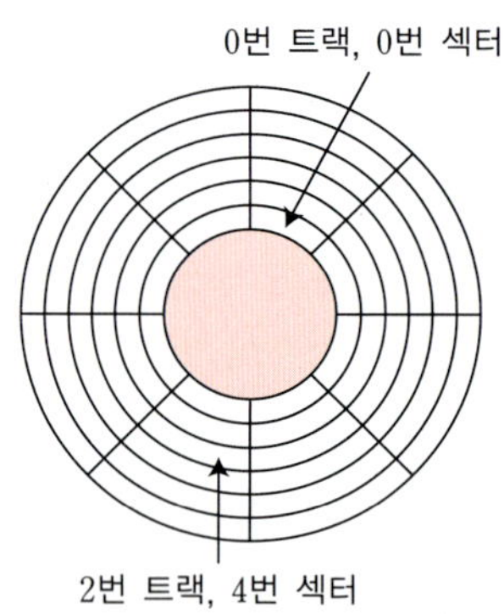

그림 9-8 등각 속도 방식의 자기 디스크

등각 속도 방식의 경우 일정한 속도로 회전하는 상태에서 트랙의 위치에 관계없이 데이터를 동일한 비율로 액세스한다. 등각 속도 방식의 장점은 디스크를 읽고 쓰는 장치가 간단하다는 것이다. 반면 트랙의 바깥쪽이 안쪽보다 길지만 동일한 비트의 데이터를 저장하기 때문에 저장 공간이 낭비되는 단점이 있다. 각각의 트랙은 다수의 섹터로 구성되며 각 섹터도 일정한 공간을 두어 구분한다. 각 트랙과 섹터는 시작과 끝을 정의해야 하는데, 이는 디스크에 제어 데이터를 기록하면 된다. 제어 데이터는 디스크를 포맷할 때 디스크 드라이브만 사용할 수 있는 특수한 데이터로, 사용자는 이 데이터에 접근할 수 없다. [그림 9-9]는 섹터와 트랙으로 구분된 자기 디스크의 데이터 배치를 보여준다.

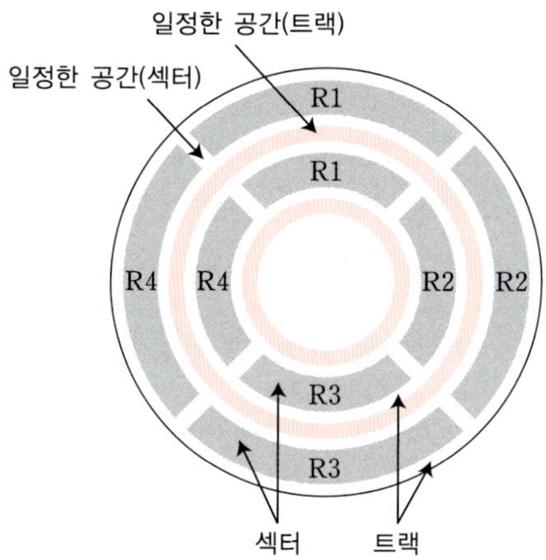

그림 9-9 자기 디스크의 데이터 배치

■ 디스크 포매팅

디스크 포매팅formatting 은 디스크의 구성을 검사하고 구성에 관한 정보와 트랙의 시작점, 섹터의 시작과 끝을 구분하기 위한 제어 정보 등을 디스크상의 특정 위치에 저장하는 과정을 말한다. 디스크 포매팅에 의해 생성된 자기 디스크 트랙의 형식은 [그림 9-10]과 같다. 트랙의 용량은 데이터를 저장하는 용량과 제어 정보를 저장하는 용량을 합한 크기이며, 데이터 영역과 제어 정보 영역 사이에 일정한 간격gap 을 두어 구분한다. 제어 정보(ID 필드)는 섹터를 구분하는 데 필요한 식별자 또는 주소를 말하며 SYNCH 바이트, 트랙 번호, 헤드 번호, 섹터 번호, 오류 검출 코드 등으로 구성된다. SYNCH 바이트는 트랙의 시작을 구분하는 특수한 비트 패턴이다. 여기서 사용된 오류 검출 코드는 CRCCyclic Redundancy Check이다.

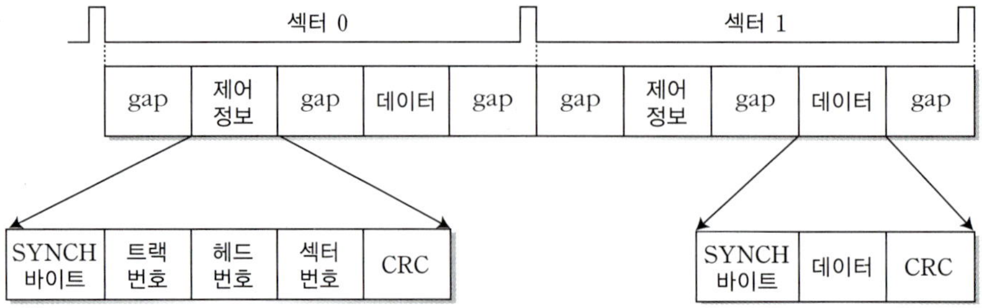

그림 9-10 자기 디스크 트랙의 형식

■ 자기 디스크의 물리적 특징과 동작

자기 디스크에서 사용하는 헤드는 고정되어 있는 고정 헤드와 원형 평판 위를 이동하면서 쓰기/읽기를 할 수 있는 이동 가능 헤드로 구분된다. 고정 헤드는 트랙 수만큼의 헤드가 있어 헤드가 이동할 필요가 없지만, 이동 가능 헤드는 하나의 헤드로 여러 개의 트랙에 읽기/쓰기를 한다. [그림 9-11]은 고정 헤드와 이동 가능 헤드의 동작을 보여준다.

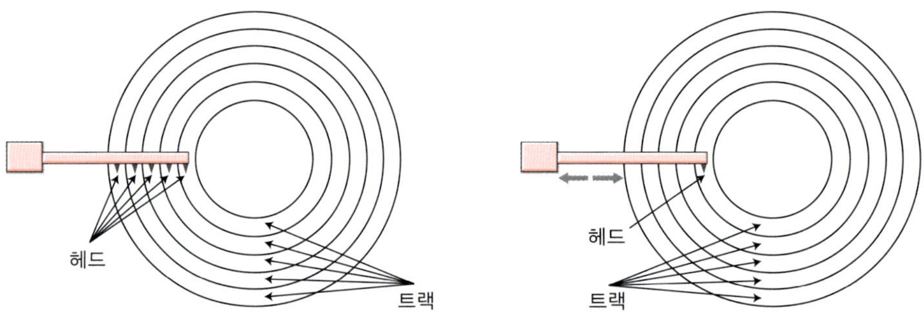

(a) 고정 헤드　　(b) 이동 가능 헤드

그림 9-11 고정 헤드와 이동 가능 헤드

디스크의 성능과 파라미터

자기 디스크를 읽고 쓰는 동작은 [그림 9-12]와 같이 세 단계를 거친다.

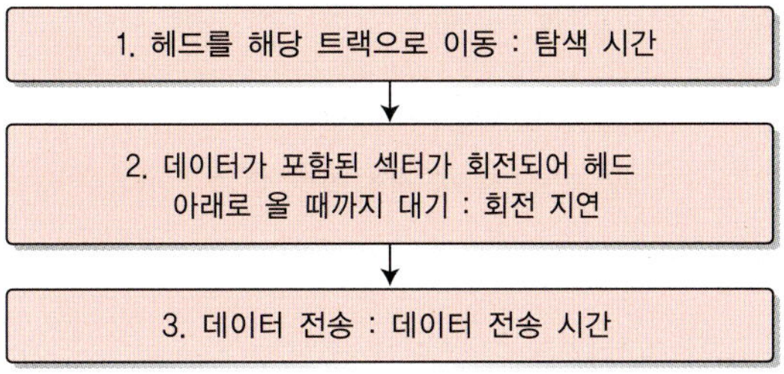

그림 9-12 자기 디스크의 읽기/쓰기 동작 과정

이 과정 동안 소요되는 시간을 디스크 접근 시간이라고 하며 다음과 같이 정의된다.

디스크 접근 시간 = 탐색 시간 + 회전 지연 + 데이터 전송 시간

■ 탐색 시간

탐색 시간seek time은 디스크 팔이 원하는 트랙으로 이동하는 데 걸리는 시간으로 다음과 같이 계산한다.

$$TS = s + m \times n$$

TS: 추적 탐색 시간	s: 시작 시간
m: 디스크 드라이브에 따른 상수	n: 통과한 트랙 수

■ 8.35밀리초

8.35밀리초는 원하는 데이터가 저장되어 있는 섹터가 회전하여 헤드 아래로 올 때까지 대기하는 시간을 말한다. 예를 들어 일반 디스크의 회전 속도가 3600rpm revolutions per minute 이라면 한 바퀴 회전에 걸리는 시간은 16.7밀리초이고, 이때 평균 회전 지연은 8.35밀리초가 된다. 플로피디스크의 경우 회전 속도가 300~600rpm 정도라면 평균 회전 지연이 100~200밀리초이다. 플로피디스크는 일반 디스크보다 회전 속도가 느리기 때문에 회전 지연 또한 크다.

■ 데이터 전송 시간

데이터 전송 시간은 데이터를 전송하는 데 걸리는 시간으로 다음과 같이 계산한다.

$$T = b/(rN) = (tr \times b)/N$$

T: 전송 시간　　　　　　　　b: 전송될 바이트 수

r: 회전 속도(초당 회전 수)　　　N: 트랙의 전체 바이트 수

tr: 한 바퀴 회전하는 데 소요되는 시간($1/r$)

따라서 전체 평균 접근 시간(Ta)은 다음과 같이 계산된다.

$$\begin{aligned} Ta &= TS + \frac{1}{2}r + b/rN \\ &= TS + \frac{1}{2}r + (tr \times b)/N \end{aligned}$$

디스크 접근 시간은 데이터의 저장 패턴에 따라 달라진다. 다음 예를 통해 섹터가 디스크에서 읽히는 순서에 따라 입출력 성능에 어떠한 영향을 미치는지 살펴보자.

예 평균 탐색 시간이 15밀리초, 전송률이 1메가바이트/초, 섹터 크기가 512바이트, 트랙당 섹터가 32개인 디스크에 전체 128킬로바이트 크기의 파일이 256개의 섹터에 걸쳐 저장되어 있다고 가정하자. 전체 파일을 읽는 데 걸리는 시간은 얼마인가? (단, 디스크의 한 바퀴 회전에 걸리는 시간은 16.7밀리초)

① 순차적 조직의 경우

- 파일의 모든 내용이 인접한 8개의 트랙에 저장된 경우: 8트랙×32섹터 = 256섹터
- 첫 번째 트랙을 읽는 데 걸리는 시간: 평균 탐색 시간(15.0ms) + 회전 지연(8.35ms) + 32섹터 읽기(16.7ms) = 40.05ms
- 다른 트랙에 저장된 섹터의 읽기 시간: 탐색 시간(0) + 회전 지연(8.35ms) + 32섹터 읽기(16.7ms) = 25.05ms
- 전체 읽기 시간: 40.05ms + 25.05ms×7트랙 = 215.4ms

② 접근할 섹터가 전체 디스크에 분산되어 있는 경우

- 각 섹터 접근 시간: 평균 탐색(15ms) + 회전 지연(8.35ms) + 1섹터 읽기(16.7×(1/32)) = 23.87ms
- 전체 접근 시간: 23.87ms × 256섹터 = 6110.72ms

①과 ②를 살펴보면 섹터가 디스크에서 읽히는 순서가 입출력 성능에 큰 영향을 준다는 것

을 확인할 수 있다. 많은 섹터를 읽고 쓰는 파일 접근의 경우에는 데이터를 저장하는 방법을 조정함으로써 입출력 속도를 향상할 수 있다.

3 플로피디스크와 하드디스크

자기 디스크는 이동성에 따라 제거 불가능 디스크non-removable disk와 제거 가능 디스크removable disk로 구분할 수 있다. 제거 불가능 디스크는 디스크 드라이브를 컴퓨터 내부에 고정한 것으로, 하드디스크가 이에 해당한다. 반면에 제거 가능 디스크는 드라이브에서 분리되므로 다른 드라이브에 삽입하여 데이터를 읽거나 쓸 수 있으며, 플로피디스크가 이에 해당한다.

플로피디스크

플로피 자기 디스크 기억 장치는 자기 디스크의 알루미늄 원판 대신에 폴리에틸렌테레프탈레이트 등 얇은 플라스틱 원판을 사용하여 만든 것으로, 간단히 플로피디스크라고 한다. 플라스틱 원판 위에는 자성체가 발라져 있고, 이 원판이 저속으로 회전하면서 헤드와 접촉하여 데이터를 읽고 저장한다. 플로피디스크는 저장 용량이 작지만 부피가 작고 다루기 쉬우며 가격이 저렴하여 개인용 컴퓨터의 대표적인 보조 기억 장치 중 하나이다. 크기는 대표적으로 5.25인치와 3.5인치가 있으며 최대 용량은 1.44메가바이트이다. 오늘날 플로피디스크는 멀티미디어 파일을 저장하기에 용량이 부족하여 점차 사라지는 추세이다.

(a) 5.25인치 플로피디스크

(b) 3.5인치 플로피디스크

그림 9-13 플로피디스크의 종류

플로피디스크는 속도가 느리며, 디스크 면의 일부가 노출되어 있으므로 자성체, 먼지, 열 등에 의해 데이터가 손상되기 쉬워 주의해서 다루어야 한다. [표 9-2]에 플로피디스크의 특성을 정리했다.

표 9-2 플로피디스크의 특성

디스크 크기	3.5인치		5.25인치	
표시 방법	2HD	D	2HD	D
용량	1.44메가바이트	720킬로바이트	1.2메가바이트	360킬로바이트
면당 섹터 수	18	9	15	9
면당 트랙 수	80	80	80	40

하드디스크

하드디스크는 자기 디스크를 소형으로 정교하게 만들어 헤드와 함께 밀봉된 형태이다. 하드디스크 내부에는 드라이브 주축 위에 디스크 평판이 있으며, 앞뒤로 움직이는 작동 장치 위에 헤드가 위치하고 전원 접속 회로가 있다. 하드디스크는 플로피디스크에 비해 회전하는 속도가 빨라서 플로피디스크보다 빠른 속도로 데이터에 접근할 수 있으며, 가격이 싸고 기억 용량이 커서 개인용 컴퓨터와 같은 소형 컴퓨터에서 많이 사용된다. 그러나 플로피디스크와 달리 필요에 따라 다른 것과 교환하여 사용할 수 없다는 것이 단점이다. 하드디스크의 성능을 좌우하는 요인은 자기 디스크와 마찬가지로 디스크의 회전 수, 데이터 접근 속도, 단위 면적당 밀도 등이다.

그림 9-14 하드디스크의 외형과 내부

최근에는 이동식 하드디스크와 초소형 하드디스크가 등장했다. 이동식 하드디스크는 컴퓨터 본체에서 분리되는 착탈식 하드디스크로, 플로피디스크처럼 이동성이 있다. 따라서 데이터의 백업용으로 주로 사용되며, 동영상 같은 멀티미디어 파일을 저장하여 다양한 디지털 기기에서 감상할 수 있다. 초소형 하드디스크는 크기가 작은 MP3 디지털 기기에서 유용하게 사용된다.

03 광디스크 기억 장치

저장할 정보량이 증가함에 따라 정보를 저장하는 곳에 넣고 꺼내는 방식이 전기적인 방식에서 광학적인 방식으로 옮겨가고 있다. 전기적인 방식의 경우 정보를 저장하는 곳의 전기 용량, 전기 저항 등을 변화시켜 정보를 넣고, 이 변화를 전기적으로 읽어 정보를 알아낸다. 한편 광학적인 방식의 광디스크optical disk 기억 장치는 알루미늄 원판의 표면에 레이저 광선을 이용하여 정보를 기록하는 장치로, 음성이나 영상 등의 멀티미디어 데이터가 디지털 부호로 변환되어 저장된다. 또한 약한 레이저 광선을 쏘아 그 반사광의 강약을 인지하여 읽는 대용량 저장 매체이다. 광디스크는 레이저 기술의 발달과 함께 1980년대 초에 콤팩트디스크 디지털 음향 시스템으로 처음 실용화된 후 컴퓨터 데이터 저장 장치로 응용되었다.

광디스크에 디지털 데이터를 기록하는 방법과 재생하는 방법을 알아보자. 먼저 데이터를 기록하는 방법은, 유리나 플라스틱 원판에 얇은 금속막을 씌운 후 디스크 표면에 레이저 광선을 쏘아 태운 부분과 그렇지 않은 부분으로 나누어 정보를 기록한다. 그리고 광디스크에 기록된 정보를 읽으려면 강도가 약한 레이저 광선을 디스크 표면에 쏘아 반사시키고 이 반사된 빛을 광 다이오드에서 수신하여 전기 신호로 만든다.

광디스크는 많은 장점이 있다. 대용량 정보를 기록할 수 있어 멀티미디어 데이터를 저장하는 데 주로 사용되며, 자기 기억 장치와 달리 저장 기간이 거의 영구적이라고 할 수 있다. 또한 임의 접근 방식으로 동작하기 때문에 많은 정보를 저장하고 이를 신속하게 읽을 수 있다.

광디스크 미디어로는 CD와 DVD가 있으며, 최근에는 차세대 광디스크 저장 매체 규격으로 블루레이디스크blu-ray disk가 주목받고 있다. 광디스크는 정보를 기록할 수 있는지에 따라 판독형(읽기 전용), 판독/기록형(한 번 기록/읽기 전용), 재기록형으로 구분된다.

■ 읽기 전용 디스크

읽기 전용Read Only Memory, ROM 디스크는 이미 기록된 정보를 읽기만 하는 것으로, 음악 CD나 백과사전을 담아놓은 CD-ROM 등이 이에 해당한다.

■ 한 번 기록/읽기 전용 디스크

한 번 기록/읽기 전용Write Once/Read Memory, WORM 디스크는 사용자가 대용량 데이터나 백업 데이터를 단 한 번만 기록할 수 있으며, 기록한 후에는 정보를 수정하거나 기록할 수 없다. 한 번 기록된 정보는 읽기만 가능하고 필요할 때마다 접근하여 정보를 얻을 수 있다.

■ 재기록형 디스크

재기록형rewritable 디스크는 일반적인 플로피디스크처럼 기록된 정보를 지우고 새로운 정보를 기록하거나 정보를 수정할 수 있다. CD-RW, DVD-RAM 등이 이에 해당한다.

1 CD-ROM

CDCompact Disk는 디지털화된 음향 정보를 저장하는 디스크로, 데이터를 한 번 기록하면 다시 지우고 사용할 수 없으며, 오디오 데이터를 저장하는 CD-DADigital Audio 방식을 사용한다. CD의 표준은 12센티미터 디스크로, 플레이어를 사용하여 음향 정보를 재생하는 경우 약 60분 분량의 음향 데이터를 저장할 수 있다.

컴퓨터에서 사용하는 데이터를 저장하는 CD-ROMCompact Disk Read Only Memory은 오디오 CD와 마찬가지로 알루미늄에 단단한 특수 플라스틱을 씌워서 만든다. 그리고 레이저 광선으로 표면상에 미세한 구멍의 흠집을 만들어 디지털 데이터를 저장하는데, 이 흠집을 피트pit라고 한다. 피트는 아주 작아서 동일한 공간의 디스켓이나 하드디스크보다 훨씬 많은 데이터를 저장할 수 있다. 따라서 일반적인 문자 디지털 데이터는 물론이고 영상과 음성 등 대용량 디지털 데이터도 저장할 수 있다. 이렇게 저장된 정보를 검색할 때는 저전력 레이저를 이용하여 반사되는 빛의 강도에 따라 디지털 신호를 검출하는데, 홈이 있어서 반사되지 않는 지역은 0비트로 해독하고, 반사되는 평평한 지역은 1비트로 해독한다.

그림 9-15 CD-ROM의 앞면과 뒷면

자기 디스크 기억 장치와 CD-ROM을 비교해보면, CD-ROM은 상대적으로 대용량 데이터를 저장할 수 있고 저렴한 가격으로 대량 복제가 가능하지만, 읽기 동작만 가능하여 내용을 변경할 수 없고 접근 시간이 자기 디스크 기억 장치보다 훨씬 길다는 단점이 있다.

CD-ROM의 회전 구동에는 자기 디스크 기억 장치의 등각 속도CAV 방식과 등선 속도Constant Linear Velocity, CLV 방식을 이용한다. 등선 속도 방식은 접근할 트랙의 위치에 따라 디스크의 회전 속도가 달라지는 것으로, 회전 속도의 차이로 인해 외곽이나 내부 트랙에서 데이터를 읽는 속도가 동일하다. [그림 9-16]은 등각 속도 방식과 등선 속도 방식을 비교하여 보여준다.

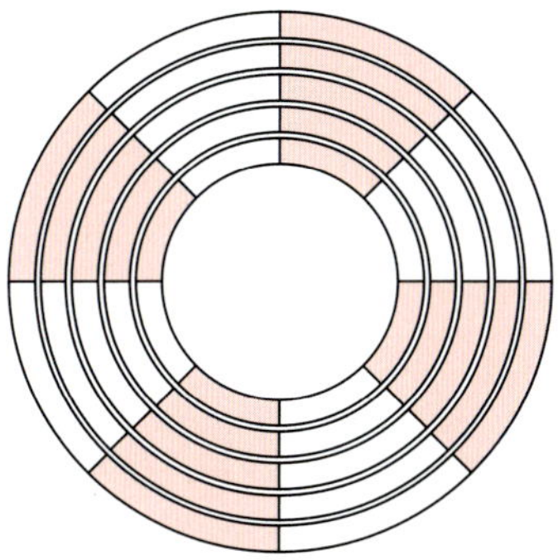

(a) 등각 속도 방식

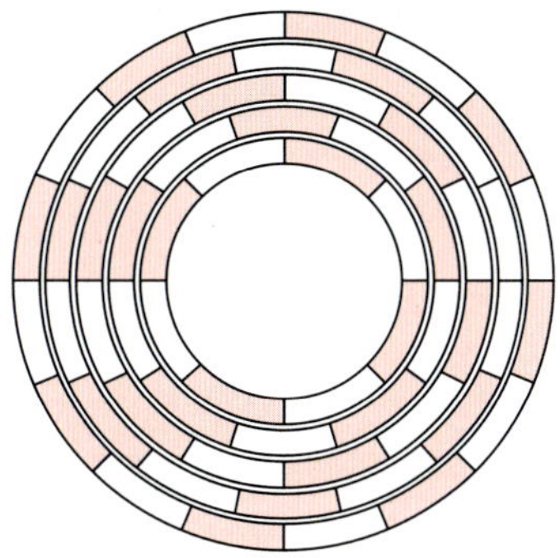

(b) 등선 속도 방식

그림 9-16 등각 속도 방식과 등선 속도 방식

등각 속도 방식의 경우 저장된 데이터를 읽는 속도가 원형 디스크의 회전 속도와 동일하므로 바깥쪽 트랙을 읽는 속도가 빠르고 안쪽 트랙을 읽는 속도가 느리다. 디스크의 회전 속도가 일정하여 안쪽과 바깥쪽 트랙이 이동하는 원주 길이가 다르기 때문이다. 즉 트랙의 안쪽은 이동하는 원주 길이가 짧기 때문에 헤드가 읽을 수 있는 데이터가 적어 읽기 속도가 느리지만, 트랙의 바깥쪽은 이동하는 원주 길이가 길기 때문에 헤드가 읽을 수 있는 데이터가 많아 읽기 속도가 빠르다. 전 섹터에서 동일한 데이터 읽기 속도를 얻으려면 저장 공간의 크기에 상관없이 각 섹터에 동일한 양의 데이터를 저장하면 되겠지만, 바깥쪽 트랙의 섹터는 저장 공간이 더 커서 일부분은 사용하지 않고 낭비하게 된다.

반면에 등선 속도 방식의 경우 낭비되는 저장 공간 없이 데이터가 균일하게 저장된다. 즉 트랙 전체의 저장 밀도가 균일하기 때문에 바깥쪽 트랙은 더 넓은 저장 공간에 더 많은 데이터가 저장된다. 그리고 트랙의 위치에 따라 디스크의 회전 속도를 변경하여 저장된 데이터의 읽기 속도를 동일하게 한다. 즉 저장된 데이터를 읽을 때 바깥쪽 트랙은 느리게, 안쪽 트랙은 빠르게 디스크를 회전함으로써 동일한 크기의 데이터가 읽혀 어디서나 트랙을 읽는 속도가 같다. 등선 속도 방식은 오디오나 비디오 데이터와 같이 트랙을 일정한 속도로 읽거나 써야 하는 광디스크 저장 장치에 주로 사용된다. 등선 속도 방식의 CD-ROM에서 데이터에 접근하는 과정은 [그림 9-17]과 같다.

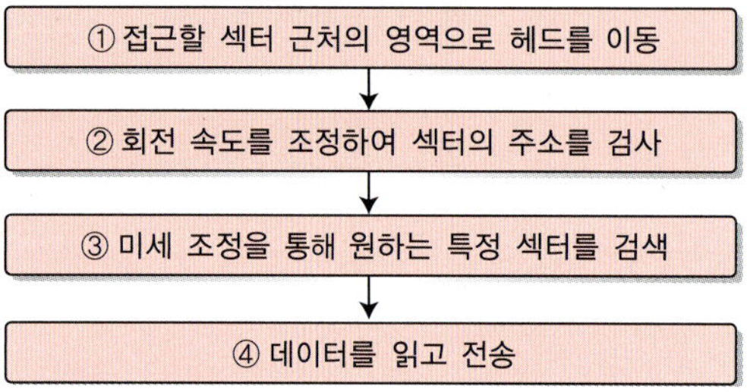

그림 9-17 등선 속도 방식 CD-ROM의 데이터 접근 과정

CD-R

비어 있는 디스크 판 상태로 제작되는 CD-R Compact Disk Recoderable 은 사용자가 데이터를 한 번만 기록할 수 있고 더 이상의 기록이나 수정이 불가능하다. 그러나 읽기 동작은 제한이 없기 때문에 WORM Write Once Read Many CD라고도 한다. CD-R 표면의 트랙에 해당하는 부분은 열을 가하면 타서 없어지는 성질의 유기 광 전도성 염료층 organic photoconductive dye layer 으로 덮여 있다. 이 염료층은 한 번 태우면 복구가 불가능하기 때문에 한 번만 기록할 수 있고 등각 속도 방식을 이용하여 속도를 향상한다.

[그림 9-18]은 염료층을 태워서 데이터를 쓰는 동작 과정을 보여준다. 저장될 데이터가 0이면 레이저로 발생시킨 열로 염료층을 태워 해당 피트 부분을 용해하고, 저장될 데이터가 1이면 피트를 만들지 않는다. 물론 데이터 0과 1을 반대로 저장할 수도 있다. CD-R의 데이터 읽기 동작은 강도가 낮은 레이저 광선을 이용하여 반사 명암에 따라 데이터를 검출하는 방식이다.

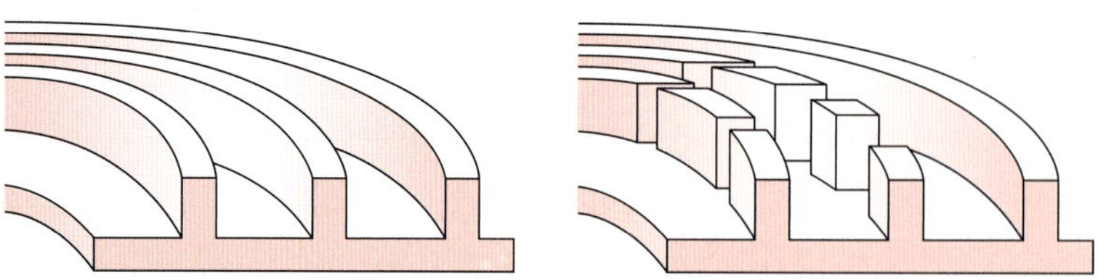

(a) 초기 상태 (b) 기록된 이후의 상태

그림 9-18 CD-R의 쓰기 동작

CD-RW

CD-RW Compact Disk Rewritable는 CD-ROM, CD-R과 달리 데이터를 반복적으로 기록하고 삭제할 수 있다. 기본적인 구조는 CD-R과 동일하지만 일반적으로 약 1,000번 정도 재기록이 가능하도록 설계되었다. 초기에는 기록된 내용을 지울 수 있다는 의미에서 CD-E Compact Disk Erasable라고 했다.

CD의 기록면은 상태 변화를 통해 정보를 반복해서 저장할 수 있는 물질로 이루어져 있다. 은, 인듐, 안티모니, 텔루륨을 혼합한 물질을 가열하면 액체 상태가 되는데, 이를 냉각하는 방식에 따라 0 또는 1에 해당하는 정보를 기록할 수 있다. 또한 CD-RW는 CD-ROM이나 CD-R보다 반사성이 더 낮다.

표 9-3 CD-RW의 기록면 상태 변화

결정 상태(crystal phase)	비정질 상태(amorphous phase)
입사되는 빛에 대해 일정한 각도로 반사된다.	입사되는 빛에 대해 불규칙 난반사가 된다.
디지털 정보 1이 기록된다.	디지털 정보 0이 기록된다.
가열 후 서서히 냉각된다.	가열 후 급속히 냉각된다.
원자가 규칙적으로 배열된다.	원자가 무질서하게 배열된다.

CD-RW는 주로 백업 매체로 사용되고 용량은 보통 650~700메가바이트이다. CD-ROM에 비해 더 많은 기술력이 요구되므로 가격이 비싸지만 CD의 사용이 줄어들면서 가격이 저렴해졌다.

2 DVD

DVD Digital Versatile Disk는 CD와 지름 길이가 같은 디스크에 레이저 광선을 이용하여 데이터를 기록한다. 광원으로는 CD용 적외선 반도체 레이저(파장 780나노미터 정도)보다 파장이 짧은 적색 반도체 레이저(파장 635~650나노미터)를 사용한다. [그림 9-19]에서 보듯이 DVD는 외관상으로 CD와 거의 비슷하다.

그림 9-19 DVD

CD와 DVD는 피트를 따라 데이터를 저장하는데, DVD의 피트가 CD보다 훨씬 작기 때문에 7배 더 많은 데이터를 저장할 수 있다. 따라서 DVD는 텔레비전 방송 수준의 고화질 영화를 담을 수 있으며, 덕분에 1996년 가을부터 DVD 플레이어와 영화 소프트웨어가 발매되기 시작했다. 그리고 영상 자료를 압축하기 위해 국제 표준 방식인 MPEG-2를 사용하는데, MPEG-2 이미지는 MPEG-1보다 해상도가 4배이다. 이러한 이유로 DVD는 디지털 비디오 디스크digital video disk를 가리키는 일반적인 용어로 사용되고 있다.

저장 용량이 큰 DVD는 더욱 현실감 있는 게임 및 교육용 소프트웨어 매체가 되었다. 또한 읽기 전용 기억 장치인 CD-ROM의 차세대 버전인 DVD-ROM은 개인용 컴퓨터나 서버에서 주로 이용되고 있다. 그래서 지금은 다매체로 활용할 수 있는 '디지털 다기능 디스크digital versatile disk'라는 의미로 통용된다.

DVD는 단면 구조 디스크일 때 4.7기가바이트, 단면 2층 레이어 구조 디스크일 때 8.5기가바이트, 양면 2층 레이어 구조 디스크일 때 17기가바이트까지 저장할 수 있다. 한 면당 135~142분 정도의 비디오/오디오 데이터 기록이 가능하므로 영화 한 편을 한 장에 담을 수 있다.

DVD도 쓰기가 한 번만 가능하고 횟수 제한 없이 읽을 수 있는 DVD-R과 여러 번 쓰고 지울 수 있는 DVD-RW(DVD-RAM)가 있다. 또한 CD는 기술 표준이 있으나 DVD는 제조사마다 다르게 개발하여 아직 표준화되지 않았다.

3 블루레이디스크

DVD는 고선명High Definition, HD 비디오 데이터를 저장하기에는 용량이 부족하여 DVD보다 5배 이상의 데이터를 저장할 수 있는 블루레이 디스크가 등장했다. HD 비디오를 저장할 수 있는 블루레이디스크는 차세대 광 기록 저장 매체로 불린다.

그림 9-20 블루레이디스크의 앞면과 뒷면

DVD는 저장된 데이터를 읽기 위해 적색 레이저(650나노미터)를 사용하지만 블루레이디스크는 훨씬 파장이 짧은(405나노미터) 청색 레이저를 사용한다. 그래서 DVD와 같은 크기여도 더 많은 데이터를 담을 수 있다. 비디오/오디오 데이터 포맷은 현재 DVD에서 사용되고 있는 영상 기록 방식인 MPEG-2, 음성 기록 방식인 AC3/MPEG-1 Layer2 등이 그대로 적용된다. 또한 단층(싱글 레이어) 기록면인 직경 12센티미터 블루레이디스크에 25기가바이트를 저장할 수 있고, 듀얼 레이어 디스크는 그 2배인 50기가바이트를 저장할 수 있다. 단층 디스크의 경우 일반 영화는 13시간 분량, 고화질(HDTV)은 2시간 분량을 저장할 수 있기 때문에 디지털 방송 시대에 적합한 매체로 꼽히고 있다.

블루레이디스크는 CD나 DVD와 마찬가지로 읽기 전용 블루레이디스크(BD-ROM), 기록 가능 블루레이디스크(BD-R), 재기록 가능 블루레이디스크(BD-RE) 등이 있다. 또한 블루레이디스크는 저작권 보호 및 인증 기능이 추가되었으며, 다양하고 강력한 복제 방지 기술로 비디오 데이터 무단 복제와 디스크 무단 제작을 막을 수 있다. 복제 방지 기술은 디스크별로 다르게 적용할 수 있어 한 디스크의 복제 방지 기술이 무력화되더라도 다른 디스크의 복제 방지 기술 때문에 접근하기 어렵다. 그리고 워터 마킹 기술이 적용되어 CD-ROM 제작사 등을 쉽게 확인할 수 있으므로 인증되지 않은 업체의 디스크 무단 제작을 막을 수도 있다.

04 기타 기억 장치

서버와 같은 대용량 시스템은 막대한 양의 데이터를 안전하게 저장할 수 있도록 오류 제어 장치와 백업 기능을 갖추는 것이 일반적이다. 최근에는 이동성이 있는 고속 소용량 기억 장치가 컴퓨터뿐만 아니라 다양한 디지털 장치에 호환되어 사용되고 있다.

1 RAID

컴퓨터에서 여러 개의 기억 장치를 병렬로 연결하여 사용하면 저장 용량을 늘리고 성능과 기능을 향상할 수 있는데, RAIDRedundant Array of Inexpensive Disks는 이러한 목적으로 만들어진 저장 장치이다. 가격이 저렴하고 크기가 작은 독립된 하드디스크를 여러 개 묶어 하나의 기억 장치처럼 사용하는 방식이라 이러한 이름이 붙었다. 그러나 디스크의 가격이 하락하면서 그 이름이 무색해져 최근의 RAID는 'Redundant Array of Independent Disks'라는 의미를 나타낸다. 따라서 RAID는 독립된 디스크 여러 개에 일부 중복된 데이터를 나누어 저장하여 성능을 향상하는 기술을 의미한다.

이때 데이터를 나누는 다양한 방법을 레벨이라고 하며, 레벨에 따라 저장 장치의 신뢰성을 높이거나 전체적인 성능을 향상하는 등 다양한 목적을 충족할 수 있다. 최초의 RAID는 레벨이 5개였으나 이후에 중첩 레벨을 비롯한 여러 가지 레벨이 추가되어 지금은 7개 레벨(레벨 0~6)이 존재한다. 레벨에 따라 신뢰성과 성능 향상이 다르며, 레벨에서 그룹화된 디스크는 하나의 볼륨처럼 사용되기 때문에 RAID 볼륨이라고 한다.

RAID는 여러 개의 디스크가 하나로 묶여 하나의 논리적 디스크로 작동하는데, 여기에는 하드웨어적인 방법과 소프트웨어적인 방법이 있다. 하드웨어적인 방법의 경우 RAID로 디스크를 구성하면 운영체제는 여러 개의 디스크를 하나의 디스크로 인식한다. 소프트웨어적인 방법은 주로 운영체제 안에서 구현되며, 사용자가 여러 개의 디스크를 하나의 디스크처럼 인식한다. 두 방법 모두 디스크에서 발생하는 근본적인 문제를 여러 디스크가 분산 처리함으로써 성능을 향상할 수 있다.

특히 RAID는 높은 입출력과 전송률을 얻기 위해 다수의 헤드와 구동 장치를 사용하는데, 이처럼 장치의 수가 늘어나면 오류가 발생할 확률도 커진다. 따라서 신뢰도 문제를 해결하기 위해 오류가 발생하면 데이터를 복구할 수 있도록 여분의 디스크에 패리티 정보를 저장한다.

RAID 레벨 0

RAID 레벨 0은 2개 이상의 디스크를 사용하여 2개 이상의 볼륨을 구성한 구조로, 여분의 디스크를 포함하지 않아 오류 검출 기능이 없다. 단순히 볼륨마다 디스크를 나열해놓았기 때문에 스트라이핑striping 모드라고 하며, 높은 신뢰성을 요구하기보다는 성능과 용량을 중요시하는 시스템에 사용된다.

RAID 레벨 0에서 특정 데이터를 기록할 때는 볼륨의 수만큼 나누어서 각 볼륨 내의 같은 디스크와 같은 섹터에 병렬로 분산 저장한다. 따라서 데이터 접근 요구가 하나의 디스크에 집중되지 않고 분산되며, 검색과 데이터 전송이 병렬로 이루어져 성능이 향상된다. 즉 데이터 읽기/쓰기 성능이 매우 뛰어나다. 컴퓨터 시스템에서 초당 수천 개의 입출력 요구가 발생하는 경우 RAID 레벨 0은 여러 디스크에 입출력 요구를 균등하게 분배하여 입출력 처리율을 높인다.

RAID 레벨 0의 구조는 [그림 9-21]과 같다. 4개의 볼륨으로 구성되고 각 볼륨에는 4개의 디스크가 있다. 그리고 각 디스크 스트립strip이 각 볼륨에 순차적으로 배당되어 있어 저장될 데이터가 라운드로빈 방식으로 분산 저장된다.

그림 9-21 RAID 레벨 0

그러나 RAID 레벨 0은 오류 검출 기능을 제공하지 않기 때문에 어떠한 오류도 복구하지 못한다. 또한 데이터가 분할되어 있어 볼륨을 구성하는 디스크 하나만 고장나도 데이터를 복구할 수 없다. 결과적으로 빠른 속도가 필요한 시스템에는 적절하지만 데이터의 안정성이 요구되는 시스템에는 바람직하지 않다.

RAID 레벨 1

RAID 레벨 1은 RAID 레벨 0과 마찬가지로 여분의 디스크가 포함되지 않지만 동일한 RAID 볼륨을 추가로 구성하며, 추가된 볼륨이 원래의 볼륨과 동일하기 때문에 미러링mirroring 모드라고 한다. 다른 RAID 레벨에서는 패리티 정보를 기록하는 여분의 디스크를 통해 오류를 검사하지만, RAID 레벨 1의 경우 단순히 모든 데이터를 반사 디스크에 복사하고 비교하여 오류를 검사하고 수정할 수 있다. 즉 RAID 레벨 1은 오류가 잘 발생하지 않도록 구성되어 신뢰성이 높다.

[그림 9-22]는 데이터 디스크가 복사되어 반사 디스크가 추가된 RAID 레벨 1을 보여준다. 데이터 디스크의 데이터를 읽고 기록할 때마다 동일한 작업이 반사 디스크에도 수행된다. 따라서 볼륨 내의 디스크가 고장나거나 오류가 발생하면 다른 볼륨의 디스크를 사용하여 정상적으로 읽기/쓰기 작업이 가능하다.

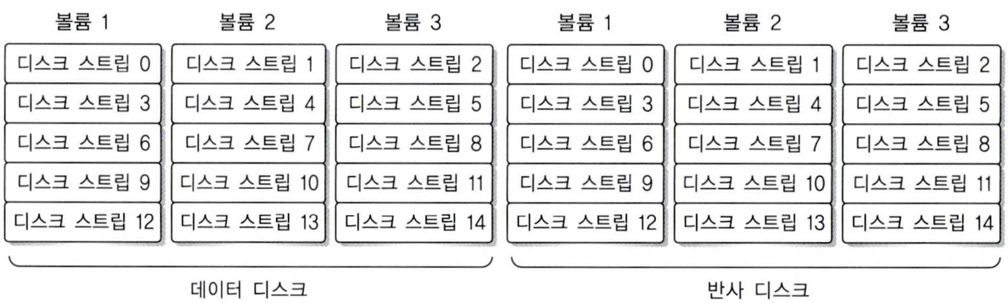

그림 9-22 RAID 레벨 1

RAID 레벨 2부터 RAID 레벨 6은 데이터가 갱신될 때마다 패리티 정보도 다시 계산되어야만 오류를 정확히 검사할 수 있다. 반면에 RAID 레벨 1은 실시간으로 모든 데이터의 복구가 가능하기 때문에 디스크에 오류가 발생하더라도 데이터를 사용할 수 있다는 것이 장점이다.

RAID 레벨 1은 2개의 디스크에 동일한 데이터가 들어 있기 때문에 읽기 동작의 경우 2개의 디스크 중 탐색 시간과 회전 시간이 빠른 디스크의 데이터에 접근할 수 있다. 그리고 쓰기 동작은 2개의 디스크에서 동시에 진행되어야 하지만 병렬로 처리가 가능하다. 따라서 쓰기 동작은 2개의 디스크 중 탐색 시간과 회전 지연이 더 긴 디스크의 영향을 받으므로 성능 저하가 발생한다. 또한 동일한 물리적 디스크 공간을 2배로 사용하기 때문에 시스템을 구성하는 비용이 많이 든다. 따라서 RAID 레벨 1은 시스템 소프트웨어와 데이터 및 중요한 파일을 저장하는 디스크로 사용된다.

결과적으로 시스템이 읽기 동작만 요구한다면 RAID 레벨 1은 RAID 레벨 0보다 성능이 2배 향상된다. 하지만 시스템이 쓰기 동작만 요구한다면 RAID 레벨 0에 비해 높은 성능을 기대하기 어렵다.

RAID 레벨 2

RAID 레벨 2는 RAID 레벨 0의 병렬 접속 기술을 이용하고 여분의 디스크를 추가하여 오류를 검사함으로써 신뢰성을 높인 것이다. [그림 9-23]은 4개의 볼륨 구성에 3개의 볼륨을 추가하여 오류 정정 부호인 패리티 정보를 저장한 RAID 레벨 2를 보여준다. 볼륨 3개가 추가된 것은 패리티 정보가 각 데이터 볼륨에 대응되는 비트에 대해 계산되기 때문이다. 즉 볼륨 0과 볼륨 1, 볼륨 1과 볼륨 2, 볼륨 2와 볼륨 3 간의 패리티를 계산하여 별도로 저장한다.

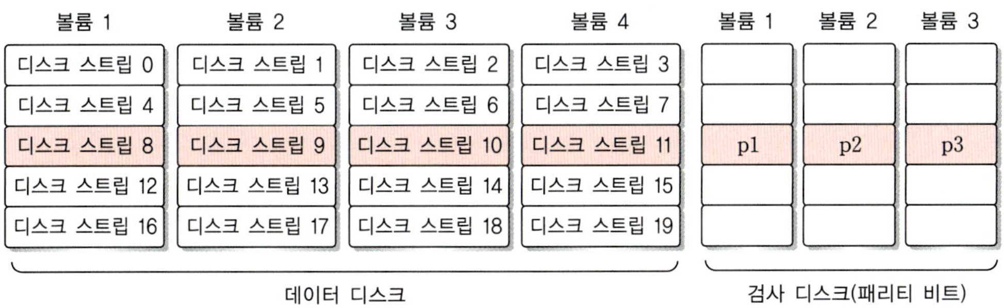

그림 9-23 RAID 레벨 2

RAID 레벨 2의 패리티 정보는 해밍 코드hamming code를 사용하기 때문에 단일 비트 오류에 대해 검출과 수정이 가능하고 두 비트의 오류에 대해서는 검출만 가능하다. 따라서 읽기 동작이 수행될 때 모든 볼륨에 동시 접근을 하여 얻은 데이터와 오류 정정 부호가 배열 제어기로 전송되고, 단일 비트 오류가 발생하면 제어기는 이것을 즉시 검출하여 수정한다. RAID 레벨 2는 RAID 레벨 1보다 적은 수의 볼륨을 사용하기는 하지만 여전히 볼륨 비용이 많이 든다. 추가로 필요한 볼륨의 수는 데이터가 저장되는 볼륨의 수보다 1만큼 적다.

RAID 레벨 3

RAID 레벨 2에서는 오류 검출에 사용할 패리티 정보를 저장하는 데 필요한 볼륨이 일반 데이터를 저장하는 볼륨보다 1개가 적다. 볼륨을 추가해야 하는 단점을 좀 더 개선한 RAID 레벨 3은 볼륨 하나만으로 패리티 정보를 저장할 수 있으므로 볼륨 추가 비용이 덜 든다. 만약 각 볼륨의 동일한 위치에서 동시에 오류가 발생하거나 고장날 경우 복구하기가 어렵다는 단점이 있지만, 최근 출시되는 디스크는 성능이 우수하여 동시에 오류가 발생하거나 고장나는 경우가 아주 드물다. 즉 RAID 레벨 3은 RAID 레벨 2를 개선한 것이라고 할 수 있다.

RAID 레벨 3에서도 병렬 접근을 사용하며, 저장하는 데이터가 디스크 스트립으로 분산된다. [그림 9-24]와 같이 RAID 레벨 3에서는 해밍 코드의 오류 정정 부호를 사용하는 것이 아니라 데이터 디스크와 같은 위치에 있는 바이트 레벨에서 패리티 정보를 생성한다. 그러므로 각 볼륨의 바이트에 대해 간단히 XOR 연산으로 패리티 계산이 가능하다.

그림 9-24 RAID 레벨 3

만약 한 디스크에서 오류가 발생하면 추가 볼륨에서 패리티 비트와 각 볼륨의 디스크 스트립에 남아 있는 데이터 정보를 이용하여 결함이 발생한 데이터를 복구한다. [그림 9-25]는 패리티 정보와 각 볼륨에 저장된 데이터를 나타낸 것으로, 볼륨 1~4는 데이터를 저장하고 검사 볼륨 1은 패리티를 저장한다.

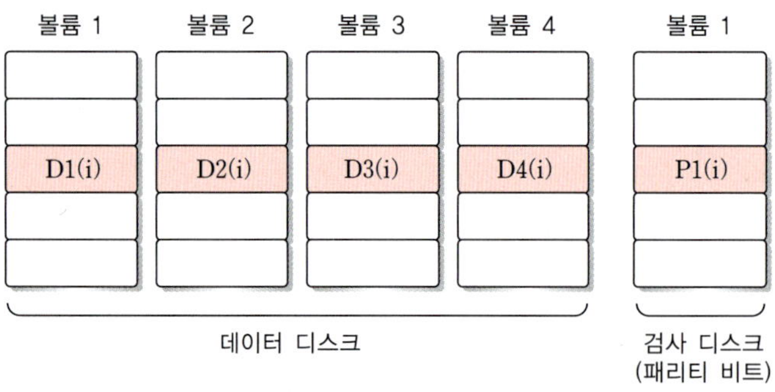

그림 9-25 RAID 레벨 3의 데이터 볼륨과 검사 볼륨

RAID 레벨 3의 경우 i번째 비트에 대한 패리티는 다음과 같이 계산된다.

$$P1(i) = D1(i) \oplus D2(i) \oplus D3(i) \oplus D4(i)$$

만약 데이터 볼륨 4의 D4(i)에서 오류가 발생한다면 다음 식을 이용하여 D4(i)를 재구성할 수 있다.

$$D4(i) = P1(i) \oplus D1(i) \oplus D2(i) \oplus D3(i)$$

이러한 데이터 오류 복구 방식은 RAID 레벨 3부터 RAID 레벨 6에 사용되고 있다. 한편 RAID 레벨 3은 저장된 데이터가 매우 작은 스트립으로 분산되어 있어 병렬 전송을 통해 높은 데이터 전송률을 얻을 수 있다.

RAID 레벨 4

[그림 9-26]에서 보듯이 RAID 레벨 4의 구조는 RAID 레벨 3과 거의 차이가 없다. 그러나 RAID 레벨 3은 바이트 단위로 데이터를 분할하고 패리티 정보를 계산하고, RAID 레벨 4는 미리 정해진 블록 단위로 데이터를 분할하고 패리티를 계산한다. 이처럼 블록 단위로 데이터를 처리하기 때문에 RAID 레벨 4는 RAID 레벨 3보다 성능이 좀 더 향상된다.

그림 9-26 RAID 레벨 4

RAID 레벨 4는 각 볼륨에 대한 접근 방식이 독립적이므로 독립적인 입출력 요구를 병렬로 처리할 수 있다. 따라서 독립적인 접근 방식은 입출력 요구율이 높은 응용 시스템에 적합하며, 이 접근 방식은 RAID 레벨 4부터 RAID 레벨 6에 적용된다. RAID 레벨 4는 데이터 볼륨에서만 독립적으로 접근이 가능하고 패리티 디스크에서는 병목 현상이 발생한다.

[그림 9-27]은 데이터 볼륨 1~4에 데이터를 저장하고 검사 볼륨 1에 패리티를 저장하는 RAID 레벨 4를 보여준다.

그림 9-27 RAID 레벨 4의 검사 디스크 수정

[그림 9-27]에서 패리티 정보를 구하는 관계식은 다음과 같다.

$$P(i) = D1(i) \oplus D2(i) \oplus D3(i) \oplus D4(i)$$

만약 볼륨 2에서 $D2(i)$가 갱신되어 $D2'(i)$가 된다면 갱신된 패리티 정보 $P'(i)$는 다음과 같이 계산된다.

$$P'(i) = D1(i) \oplus D2'(i) \oplus D3(i) \oplus D4(i)$$

이 과정에서 데이터 $D1(i)$, $D3(i)$, $D4(i)$에 대한 읽기 동작이 세 번 발생하고 $P'(i)$, $D2'(i)$에 대한 쓰기 동작이 두 번 발생하므로 성능 저하의 요인이 된다. 그러므로 디스크의 읽기와 쓰기를 최소화하는 관계식은 다음과 같다.

$$\begin{aligned} P'(i) &= D1(i) \oplus D2'(i) \oplus D3(i) \oplus D4(i) \oplus (D2(i) \oplus D2(i)) \\ &= D1(i) \oplus D2(i) \oplus D3(i) \oplus D4(i) \oplus (D2'(i) \oplus D2(i)) \\ &= P(i) \oplus (D2'(i) \oplus D2(i)) \end{aligned}$$

위의 경우 볼륨의 수에 상관없이 한 블록을 갱신하는 데 갱신 전의 데이터 읽기, 갱신 전의 패리티 읽기, 갱신된 데이터 쓰기, 갱신된 패리티 쓰기 등 네 번의 접근이 발생한다.

RAID 레벨 5

RAID 레벨 5는 RAID 레벨 4와 유사한 방식이지만 RAID 레벨 4의 단점을 개선한 것이다. RAID 레벨 4에서는 패리티 디스크가 동일 볼륨에 속해 있기 때문에 데이터의 변화가 빈번한 경우 패리티 디스크의 볼륨이 큰 부하를 받는다. 따라서 패리티 비트를 저장하는 볼륨을 별도로 설치하지 않고 데이터를 저장하는 볼륨에 패리티 비트를 분산하여 저장한다. RAID 레벨 5

에서도 패리티 정보가 필요하므로 RAID 레벨 4와 동일한 개수의 볼륨이 필요하다. 따라서 *N*개의 데이터 볼륨을 필요로 하는 경우 RAID 레벨 5는 *N*+1개의 볼륨이 있어야 한다. [그림 9-28]은 RIAD 레벨 5의 구조를 나타낸 것으로 p는 패리티 정보이다.

볼륨 1	볼륨 2	볼륨 3	볼륨 4	볼륨 5
디스크 스트립 0	디스크 스트립 1	디스크 스트립 2	디스크 스트립 3	p(0~3)
디스크 스트립 4	디스크 스트립 5	디스크 스트립 6	p(4~7)	디스크 스트립 7
디스크 스트립 8	디스크 스트립 9	p(8~11)	디스크 스트립 10	디스크 스트립 11
디스크 스트립 12	p(12~15)	디스크 스트립 13	디스크 스트립 14	디스크 스트립 15
p(16~19)	디스크 스트립 16	디스크 스트립 17	디스크 스트립 18	디스크 스트립 19

그림 9-28 RAID 레벨 5

RAID 레벨 5는 모든 패리티 비트를 볼륨에 라운드로빈 방식으로 분산 저장함으로써 패리티 볼륨에 대한 병목 현상을 방지한다. 반사 볼륨이나 검사 볼륨을 사용하지 않는 RAID 레벨 0은 읽기와 쓰기가 많은 환경에 적합하고, RAID 레벨 5는 용량과 비용을 중요시하는 응용 환경에 적합하다. 즉 RAID 레벨 5는 가격과 성능 측면에서 우수하다.

RAID 레벨 6

RAID 레벨 5는 2개의 볼륨에서 동시에 오류가 발생할 경우 복구하기 힘들지만 RAID 레벨 6은 패리티 정보를 하나 더 추가하여 동시에 오류가 발생해도 복구가 가능하므로 좀 더 신뢰성에 기반을 둔 방식이다. RAID 레벨 6에서는 가로 방향과 세로 방향의 패리티 정보가 생성되어 각각 저장된다. *N*개의 데이터 볼륨을 필요로 하는 경우 RAID 레벨 6은 *N*+2개의 볼륨이 있어야 한다. [그림 9-29]는 RAID 레벨 6의 구조를 나타낸 것으로 p와 q는 패리티 정보이다.

볼륨 1	볼륨 2	볼륨 3	볼륨 4	볼륨 5	볼륨 6
디스크 스트립 0	디스크 스트립 1	디스크 스트립 2	디스크 스트립 3	p(0~3)	q(0~3)
디스크 스트립 4	디스크 스트립 5	디스크 스트립 6	p(4~7)	q(4~7)	디스크 스트립 7
디스크 스트립 8	디스크 스트립 9	p(8~11)	q(8~11)	디스크 스트립 10	디스크 스트립 11
디스크 스트립 12	p(12~15)	q(12~15)	디스크 스트립 13	디스크 스트립 14	디스크 스트립 15
p(16~19)	q(16~19)	디스크 스트립 16	디스크 스트립 17	디스크 스트립 18	디스크 스트립 19

그림 9-29 RAID 레벨 6

RAID 레벨 6은 아주 높은 데이터 신뢰성을 제공하지만 쓰기 동작을 할 때마다 2개의 패리티를 갱신해야 하며, 두 종류의 패리티 정보를 저장할 수 있는 볼륨이 추가로 필요하다.

2 플래시 기억 장치

최근에 다양한 용도로 사용되고 있는 플래시 기억 장치는 자기 디스크와 하드디스크에 비하면 저장 용량이 작지만 휴대성이 좋고 튼튼하며 비교적 속도가 빠르다. 플래시 기억 장치는 EEPROM의 한 종류로 1984년에 처음 개발되었다. 그러나 일반적인 EEPROM과 달리 빠르게 동작하기 위해 블록 단위로 접근할 수 있으며, 카메라의 플래시 라이트가 연상되어 플래시 기억 장치라고 불린다.

플래시 기억 장치를 보조 기억 장치로 만들어 하드디스크 대신 사용하면 하드디스크보다 접근 속도가 빠를 뿐만 아니라 반도체 기억 장치이므로 충격에 매우 강하다. 또한 기계적인 운동 부분이 없어 하드디스크보다 전력 소모가 매우 적기 때문에 노트북 컴퓨터에 사용할 수 있다. 고가인 것이 단점이기는 하지만 지금은 가격이 떨어져서 차세대 저장 장치로 자리 잡았다.

플래시 기억 장치는 읽고 쓰는 동작을 수행할 수 있지만 주기억 장치의 RAM 대용으로는 사용할 수 없다. 데이터를 읽는 과정은 일반 RAM과 비슷하게 설계되었으나 데이터를 기록하는 과정은 RAM처럼 설계할 수 없어 시간이 상당히 오래 걸리기 때문이다. 또한 RAM은 데이터를 읽고 쓰는 횟수에 거의 제한이 없지만 플래시 기억 장치는 10만~100만 번 정도 쓰고 나면 더 이상 쓸 수 없다. 플래시 기억 장치는 디지털카메라와 같은 다양한 휴대 기기의 기억 장치로 사용되며, 대표적인 플래시 기억 장치로는 USB 기억 장치와 메모리 카드 등이 있다.

USB 기억 장치

플래시 기억 장치와 USB 포트가 결합된 휴대용 기억 장치로, 과거의 플로피디스크와 같은 역할을 한다. 초창기에는 저용량 데이터만 저장할 수 있었으나 지금은 비교적 용량이 큰 데이터도 저장할 수 있다. 또한 과거에는 고가였으나 지금은 가격이 매우 낮아졌다. USB 기억 장치는 단순 저장 기능에서 벗어나 MP3 플레이어 기능을 제공할 수 있는 음악 재생 칩이 내장된 기기로 발전했다. 그러나 최근에는 바이러스 등을 유포하는 매개체가 되어 보안 측면에서의 보완이 필요하다.

기억 장치 카드

카드 형태로 제작된 기억 장치로 흔히 메모리 카드라고 부른다. 디지털 장치에 탈부착하기 쉬워 디지털카메라, 캠코더 등에 사용되며 대표적으로 SD 기억 장치 카드, 메모리 스틱, 콤팩트 플래시 메모리 등이 있다.

■ SD 4.2.2 기억 장치 카드(SD 카드)

SD 카드Secure Digital card는 1999년에 마쓰시타, 샌디스크, 도시바 등이 휴대용 장치에 사용하기 위해 개발한 우표 크기의 플래시(비휘발성) 메모리 카드이다. 매우 안정적이고 저장 능력이 뛰어나 개인 휴대 정보 단말기PDA, 디지털카메라, 디지털 음악 플레이어, 휴대전화, 노트북 컴퓨터 등의 디지털 제품에 사용된다. 멀티미디어 카드MMC와 외관이 유사하나 핀의 수가 9개로 멀티미디어 카드보다 2개 더 많고 두께가 좀 더 두껍다. 그리고 동영상 등을 재생할 때 데이터 처리가 빠르고 데이터 보안을 위한 암호 설정이 가능하다는 것이 장점이다. SD 카드의 종류에는 SD 카드, 미니 SD 카드, 마이크로 SD 카드 등이 있다.

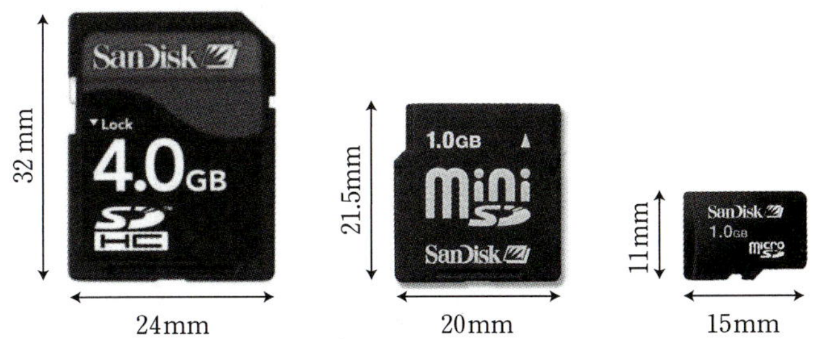

(a) SD 카드 (b) 미니 SD 카드 (c) 마이크로 SD 카드

그림 9-30 SD 카드의 종류

■ 메모리 스틱

1998년 10월 소니가 자사 제품에 적용하기 위해 개발한 소형 메모리 카드로, 막대 형태라 메모리 스틱memory stick으로 불리게 되었다. 디지털카메라, 디지털 오디오 플레이어, 휴대전화, 플레이스테이션, 휴대용 기기의 기록 매체로 주로 사용되며, 가로×세로×두께가 50×21.5×2.8밀리미터라 간편하게 휴대할 수 있다.

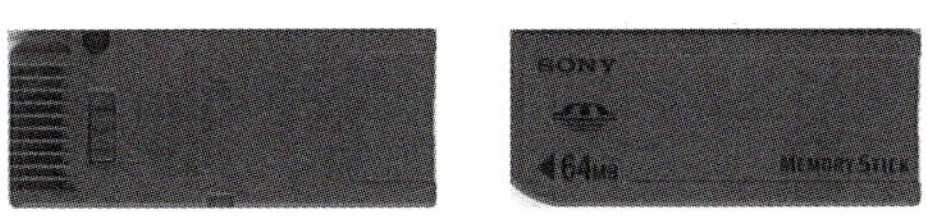

그림 9-31 메모리 스틱

■ **콤팩트 플래시 메모리**

콤팩트 플래시Compact Flash, CF 메모리는 작은 카드 모양의 물리 인터페이스 규격 또는 그 규격에 따라 만든 확장 카드를 말한다. 1994년에 미국의 샌디스크가 개발하여 'Compact Flash'라는 이름으로 상표를 등록했기 때문에 다른 제조사에서는 상표의 사용을 피하기 위해 CF 카드 또는 CF로 부르는 경우가 많다. 제품의 치수는 Type I이 42.8×36.4×3.3밀리미터, Type II가 42.8×36.4×5.5밀리미터이다.

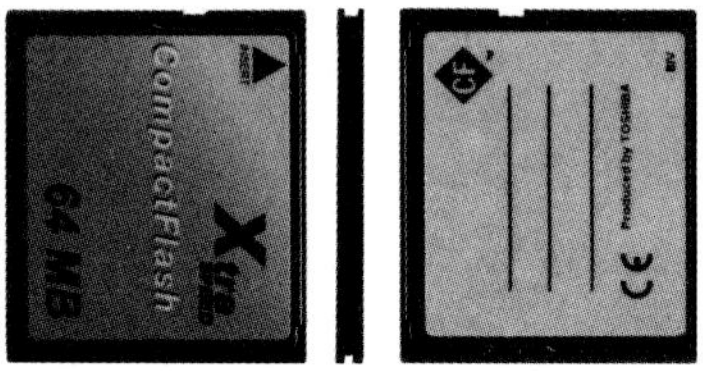

그림 9-32 콤팩트 플래시 메모리

요약

01 보조 기억 장치

보조 기억 장치는 주기억 장치의 저장 용량 부족을 보완하고, 비휘발성 특성을 이용하여 데이터를 반영구적으로 저장한다.

02 보조 기억 장치의 특징

보조 기억 장치는 동작 속도가 느리고 가격이 저렴하지만 많은 양의 데이터를 저장할 수 있으며, 별도의 버스 케이블이나 입출력 장치를 통해 주 회로기판에 연결된다.

03 보조 기억 장치의 분류

보조 기억 장치는 접근 방법에 따라 순차적 접근과 직접 접근으로 구분되고, 컴퓨터 규모에 따라 중대형 컴퓨터 보조 기억 장치와 개인용 컴퓨터 보조 기억 장치로 구분된다.

04 보조 기억 장치의 평가 기준

보조 기억 장치의 성능을 평가하는 요소는 저장 용량, 접근 속도, 전송률, 크기, 분리 여부, 비용 등이다.

05 자기 기억 장치

자기 기억 장치는 자기성을 유지하여 자속의 방향에 따라 2진 정보를 기억하는 장치이다. 비휘발성 기억 장치인 자기 기억 장치는 자기 코어와 같은 주기억 장치와 자기 디스크, 자기 테이프 등의 보조 기억 장치로 사용된다.

06 광디스크 기억 장치

광디스크 기억 장치는 알루미늄 원판의 표면에 레이저 광선을 이용하여 정보를 기록하는 장치로, 음성이나 영상 등의 멀티미디어 데이터가 디지털 부호로 변환되어 저장된다. 또한 약한 레이저 광선을 쏘아 그 반사광의 강약을 인지하여 읽는 대용량 저장 매체이다.

07 RAID

컴퓨터에서 여러 개의 기억 장치를 병렬로 연결하여 사용하면 저장 용량을 늘리고 성능과 기능을 향상할 수 있는데, RAID는 크기가 작은 독립된 하드디스크를 여러 개 묶어 하나의 기억 장치처럼 사용하는 방식이다.

08 플래시 기억 장치

플래시 기억 장치는 자기 디스크와 하드디스크에 비하면 저장 용량이 작지만 휴대성이 좋고 튼튼하며 비교적 속도가 빠르다. EEPROM의 한 종류로 개발되었으나 일반적인 EEPROM과 달리 빠르게 동작하기 위해 블록 단위로 접근할 수 있다.

09 USB 기억 장치

USB 기억 장치는 플래시 기억 장치와 USB 포트가 결합된 휴대용 기억 장치로 지금은 비교적 용량이 큰 데이터도 저장할 수 있다.

10 기억 장치 카드

기억 장치 카드는 카드 형태로 제작된 기억 장치로 흔히 메모리 카드라고 부른다. 디지털 장치에 탈부착하기 쉬워 디지털카메라, 캠코더 등에 사용된다.

연습문제

01 CPU, ROM, RAM, 보조 기억 장치 간의 동작에 대한 설명으로 옳지 않은 것은?

① 컴퓨터 부팅 시 CPU는 자동적으로 ROM에 저장된 프로그램을 실행한다.

② RAM은 보조 기억 장치에 저장된 응용 프로그램의 명령을 적재한다.

③ CPU는 RAM에 적재된 실행 명령어를 인출하여 처리한다.

④ CPU에서 처리된 결과는 보조 기억 장치에 저장된다.

02 보조 기억 장치에 대한 설명으로 옳지 않은 것은?

① 저속이지만 많은 양의 데이터를 저장할 수 있다.

② 최근에는 SATA 방식으로 컴퓨터와 연결된다.

③ 하드디스크는 대표적인 보조 기억 장치이다.

④ 주 회로기판에 있는 기억 장치이다.

03 보조 기억 장치에 대한 설명으로 옳지 않은 것은?

① 버스 케이블이나 입출력 장치를 통해 주 회로기판에 연결된다.

② 일반적으로 순차 접근과 직접 접근이 사용된다.

③ 휘발성의 특성을 이용하여 데이터를 임시로 저장한다.

④ 성능 평가 기준에 저장 용량, 액세스 속도, 전송률 등이 포함된다.

04 다음 중 중대형 컴퓨터 보조 기억 장치에 해당하지 않는 것은?

① 자기 디스크 ② 자기 테이프

③ 하드디스크 ④ 자기 드럼

05 보조 기억 장치의 액세스 속도에 대한 설명으로 옳은 것은?

① 보조 기억 장치에서 CPU로 한 번에 전송할 수 있는 데이터 전송 시간이다.

② CPU에서 내부 보조 기억 장치에 데이터를 전송하는 데 걸리는 시간이다.

③ 보조 기억 장치에서 데이터를 판독하고 기록하는 데 걸리는 시간이다.

④ 보조 기억 장치에서 데이터가 인출되어 주기억 장치로 전송되는 데 걸리는 시간이다.

06 다음 중 보조 기억 장치의 평가 기준에 해당하지 않는 것은?

① 저장 용량 ② 쓰기 횟수

③ 액세스 속도 ④ 전송률

07 보조 기억 장치의 평가 기준에 대한 설명으로 옳지 않은 것은?

① 보조 기억 장치는 크기가 클수록 유리하다.

② 보조 기억 장치의 전송률은 초당 메가바이트로 측정된다.

③ 탈착이 가능한 보조 기억 장치가 효율적이다.

④ 접근 속도는 데이터를 판독 및 기록하는 데 걸리는 시간이다.

08 다음 중 자기 테이프의 기록 형식에 해당하지 않는 것은?

① 고정 길이 블록 형식

② 긍정 형식

③ 가변 길이 블록 형식

④ 부정 형식

09 하드디스크의 주요 구성 요소에 대한 설명으로 옳지 않은 것은?

① 자기 테이프: 실제 정보가 저장되는 장소로 다수의 트랙으로 이루어져 있다.

② 헤드: 전도성 코일을 통해 원형 평판의 표면을 자화함으로써 데이터를 저장하거나 검색한다.

③ 디스크 팔: 헤드를 이동한다.

④ 구동 장치: 디스크 팔을 움직이는 모터이다.

10 자기 디스크의 물리적 특징에 대한 설명으로 옳은 것은?

① 고정 헤드는 하나의 헤드로 여러 개의 트랙에 읽기/쓰기를 수행한다.

② 플로피디스크는 드라이브에서 분리할 수 있다.

③ 하드디스크는 제거 가능 디스크에 해당된다.

④ 원형 평판의 종류에는 단면 디스크와 평면 디스크가 있다.

11 자기 디스크에 대한 설명으로 옳지 않은 것은?

① 디스크 포매팅은 디스크의 구성을 검사하고 제어 정보 등을 디스크상의 특정 위치에 저장하는 과정이다.

② 디스크의 평균 접근 시간은 탐색 시간, 평균 회전 지연, 전송 시간의 합으로 계산된다.

③ 하드디스크는 디스크의 회전 수, 데이터 접근 속도, 단위 면적당 밀도 등에 의해 성능이 좌우된다.

④ 모든 트랙의 데이터 밀도가 동일한 등선속도 방식을 사용한다.

12 하드디스크에 대한 설명으로 옳지 않은 것은?

① 데이터를 저장하고 검색하는 데 헤드가 사용된다.
② 원형 평판은 트랙으로 구성된다.
③ 읽기 동작에서는 흐르는 전류의 극성에 따라 데이터가 검색된다.
④ 트랙 사이의 일정 공간은 데이터의 저장 밀도를 높인다.

13 자기 기억 장치에 대한 설명으로 옳지 않은 것은?

① 주요 구성 요소는 원형 평판, 헤드, 디스크 팔이다.
② 일반적으로 등각속도 방식으로 동작한다.
③ 강자성체를 유지하여 자속의 방향에 따라 2진 정보를 기억한다.
④ 모든 데이터를 삭제하는 데 디스크 포매팅이 사용된다.

14 등각속도 방식에 대한 설명으로 옳지 않은 것은?

① 트랙의 위치에 관계없이 데이터를 동일한 비율로 액세스한다.
② 디스크를 읽고 쓰는 장치가 간단하다.
③ 트랙에 동일한 비트의 데이터를 저장할 수 있어 공간이 절약된다.
④ 각각의 트랙이 다수의 섹터로 구성된다.

15 디스크 포매팅에 대한 설명으로 옳지 않은 것은?

① 디스크의 구성을 검사하고 구성에 관한 정보를 디스크상의 특정 위치에 저장한다.
② 트랙의 시작점, 섹터의 시작과 끝을 구분하기 위한 제어 정보를 디스크상의 특정 위치에 저장하는 과정이다.
③ 트랙의 용량은 제어 정보를 제외한 데이터의 저장 용량을 말한다.
④ 제어 정보는 섹터를 구분하는 데 필요한 식별자 또는 주소이다.

16 디스크 접근 시간에 대한 설명으로 옳지 않은 것은?

① 탐색 시간은 헤드를 해당 트랙으로 이동하는 데 걸리는 시간이다.
② 회전 지연은 데이터가 포함된 섹터가 헤드 아래로 올 때까지의 대기 시간이다.
③ 데이터 전송 시간은 읽거나 쓸 데이터를 전송하는 시간이다.
④ 포매팅 시간은 디스크의 트랙과 섹터를 형성하는 시간이다.

17 자기 기억 장치의 디스크 접근 시간을 올바르게 나타낸 것은?

① 탐색 시간 + 헤드 이동 시간 + 데이터 전송 시간

② 탐색 시간 + 회전 지연 + 데이터 전송 시간

③ 트랙 이동 시간 + 회전 지연 + 데이터 전송 시간

④ 탐색 시간 + 회전 지연 + 포맷 시간

18 디스크 접근 시간에 대한 설명으로 옳은 것은?

① 탐색 시간은 통과한 트랙 수에 반비례한다.

② 회전 지연은 회전 속도에 반비례한다.

③ 전송 시간은 전송될 바이트 수에 비례한다.

④ 전체 평균 접근 시간은 트랙의 전체 바이트 수에 비례한다.

19 디스크 접근 시간에 대한 설명으로 옳은 것은?

① 디스크 접근 시간은 탐색 시간, 회전 지연, 데이터 전송 시간의 합으로 얻을 수 있다.

② 탐색 시간은 데이터를 전송하는 데 걸리는 시간이다.

③ 전송 시간은 필요한 데이터가 저장되어 있는 섹터가 헤드 아래로 올 때까지의 시간이다.

④ 회전 지연은 디스크 팔이 원하는 트랙으로 이동하는 데 걸리는 시간이다.

20 다음 중 광디스크 기억 장치가 아닌 것은?

① DVD ② 플래시 기억 장치

③ 블루레이디스크 ④ CD

21 광디스크 기억 장치에 대한 설명으로 옳지 않은 것은?

① 디스크 표면에 레이저 광선을 쏘아 태운 부분과 그렇지 않은 부분으로 나누어 정보를 기록한다.

② DVD는 파장이 긴 레이저를 사용하여 CD보다 작은 피트를 생성한다.

③ 초창기에는 읽기 전용이었지만 오늘날에는 재기록형 디스크도 있다.

④ 블루레이디스크에는 저작권 보호 및 인증 기능이 포함되어 있다.

Chapter
10

입력과 출력

학습목표

- 입출력 장치의 종류를 파악하고 그 기능을 이해한다.
- 입출력 동작의 처리 기법을 알아본다.
- 프로세서, 주기억 장치, 입출력 모듈 간 동작의 특성을 이해한다.

01 입력 장치와 출력 장치

컴퓨터의 CPU가 외부로부터 정보를 받아들이는 과정을 입력이라고 하며, 정보를 받아들이는 장치를 입력 장치라고 한다. 반대로 CPU가 외부로 정보를 내보내는 과정을 출력이라고 하며, 정보를 내보내는 장치를 출력 장치라고 한다. 또한 CPU가 입출력 장치와 정보를 주고받는 과정을 입출력 처리라고 한다.

1 입력 장치와 출력 장치의 종류

컴퓨터가 멀티미디어 정보를 처리할 수 있게 됨에 따라 다양한 종류의 입력 장치와 출력 장치가 등장했다. 대표적인 입출력 장치와 오늘날 많이 사용되는 입출력 장치를 살펴보자.

입력 장치의 종류

입력 장치는 문자나 기호, 소리, 동영상 데이터를 컴퓨터가 이해할 수 있는 2진 코드로 변환하여 주기억 장치에 저장하거나 CPU에 전달한다. 입력 장치의 종류는 [그림 10-1]과 같이 구분할 수 있다. 가장 대표적인 입력 장치는 키보드이며, 마우스와 같은 지시 장치, 각종 멀티미디어의 원시 데이터를 입력받아 가공하는 원시 데이터 입력 장치가 있다.

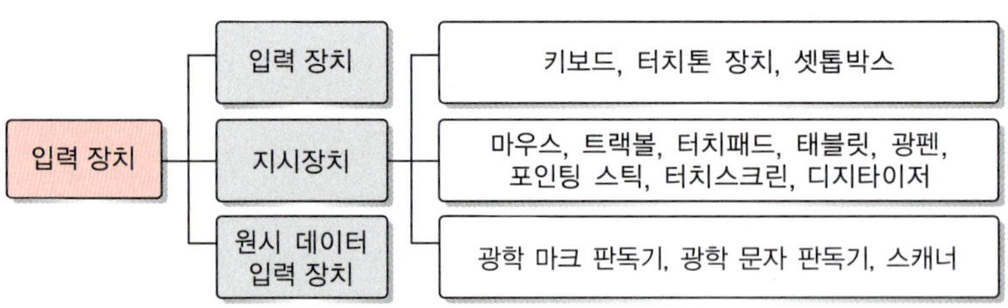

그림 10-1 입력 장치의 종류

■ 입력 장치

- **키보드**keyboard: 타자기와 비슷하게 문자, 숫자, 특수 문자, 방향키, 기능키가 배열되어 있다.

문자, 숫자, 특수 문자 키로 입력하고 방향키와 기능키로 쉽게 수정 및 편집을 할 수 있다. 가장 널리 사용되지만 데이터를 입력하는 속도가 느리다는 것이 단점이다.

■ 지시 장치

- **마우스**mouse: 컴퓨터 소프트웨어의 환경이 그래픽 사용자 인터페이스Graphic User Interface, GUI로 전환되면서 가장 기본적인 입력 장치로 사용되고 있다. 커서를 이동하거나 영역을 지정할 수 있으며 아이콘을 선택하고 메뉴를 실행할 수도 있다.
- **트랙볼**track ball: 마우스를 거꾸로 배치한 것과 같은 모양이다. 고정된 판 위에서 손이나 손바닥으로 회전시킬 수 있는 볼을 이용하여 커서의 영역을 지정하고 버튼으로 클릭 동작을 수행한다. 주로 그래픽 정보를 입력하는 데 사용된다.
- **터치패드**touch pad: 패드에서 손가락을 움직여 화면의 포인터를 이동하는 장치이다. 주로 노트북 컴퓨터에서 마우스 대용으로 사용하며 아이콘을 선택하고 더블클릭 동작도 할 수 있다. 선택을 오래 지속하면 마우스 오른쪽 버튼을 클릭했을 때와 동일한 기능을 수행한다.
- **포인팅 스틱**pointing stick: 주로 노트북 컴퓨터에서 마우스 대용으로 사용하는 장치로, 키보드의 G, H, B 문자 키 사이에 튀어나온 연필 지우개 같은 모양이다.
- **조이스틱**joy stick: 게임 및 컴퓨터 시뮬레이션에서 캐릭터와 도구의 동작을 제어하는 데 주로 사용한다. 다양한 동작을 지원하기 위해 자동차 기어 변속 레버 모양의 수직 핸들과 버튼으로 이루어져 있다.
- **디지타이저**digitizer: 이미지를 스케치할 수 있는 스타일러스stylus 펜, 건축 도면과 같은 이미지를 복사하는 퍽puck을 이용하여 그림이나 도형의 위치 관계를 부호화하여 입력한다.

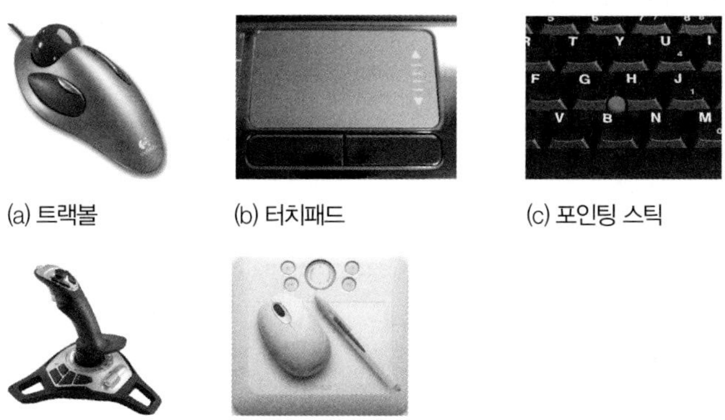

(a) 트랙볼 (b) 터치패드 (c) 포인팅 스틱

(d) 조이스틱 (e) 디지타이저

그림 10-2 다양한 입력 장치

■ 원시 데이터 입력 장치

- **광학 마크 판독기**Optical Mark Reader, OMR: 특별히 제작된 용지나 카드에 컴퓨터용 연필이나 사인펜으로 표시하고 광선을 비추어 반사 유무에 따라 기록 여부를 판독하는 장치로 각종 시험에 사용된다. 용지 및 카드 설계, 표시 방법이 간단하여 오래전부터 성적 처리, 설문 조사 등에 많이 활용하고 있다.

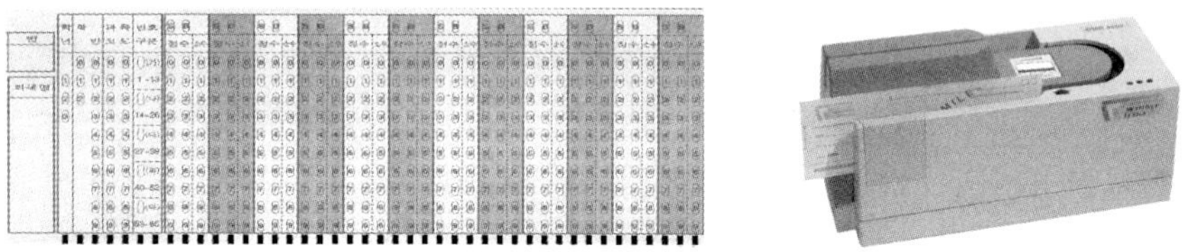

(a) OMR 카드　　(b) OMR 기기

그림 10-3 광학 마크 판독기

- **광학 문자 판독기**Optical Character Reader, OCR: 설계된 특수 문자만 사용할 수 있으며, 광학 문자를 판독기로 직접 읽기 때문에 입력이 간단하다.

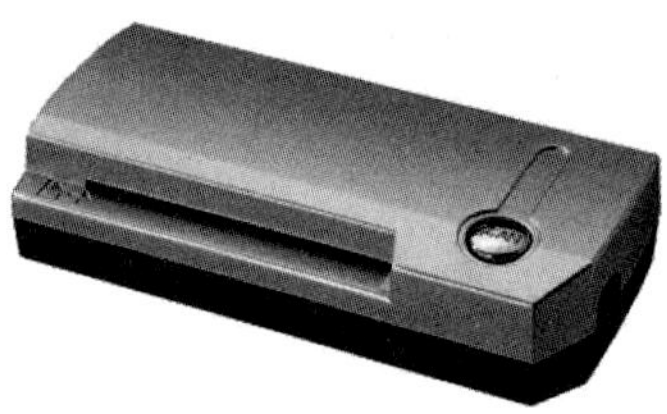

그림 10-4 광학 문자 판독기

- **스캐너**scanner: 빛을 이용하여 해당 미디어에서 반사되는 광 신호를 전기 신호로 만든 다음 디지털 데이터로 만드는 장치이다.
  - 문자 스캐너: 상표, 서류, 마크 등의 문자 정보를 광학적으로 인식한다.
  - 바코드 스캐너: 마트 등에서 판매하는 상품에 바코드를 부착하고 이를 읽어 상품의 정보를 얻는다.
  - 이미지 스캐너: 사진, 도면 등의 아날로그 영상을 컴퓨터에 직접 입력한다.

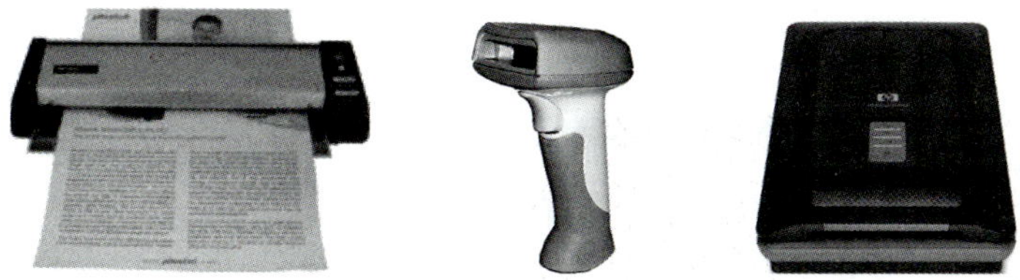

(a) 문자 스캐너　(b) 바코드 스캐너　(c) 이미지 스캐너

그림 10-5 스캐너

출력 장치의 종류

출력 장치는 컴퓨터 내부에서 처리된 결과나 저장된 내용을 사람이 알아볼 수 있는 형태로 보여주는 장치로, 소프트카피(모니터)와 하드카피(프린터)로 구분할 수 있다.

■ 소프트카피 출력 장치

- **LCD**[Liquid Crystal Display] **모니터**: 2개의 유리판 사이에 액체를 넣어 색 정보를 표현하기 때문에 과거의 CRT 모니터보다 가볍고 얇은 데다 선명하고 화면의 떨림이 적다.
- **OLED**[Organic Light Emitting Diodes] **모니터**: LCD 모니터보다 가볍고 얇으며 휘어지는 디스플레이를 구현할 수 있는 OLED 모니터는 야외에서도 또렷하게 볼 수 있으며, 검은 화면을 표현하는 명암비 재현이 상당히 뛰어나다.

■ 하드카피 출력 장치

- **도트 프린터**: 프린터 헤드가 이동하면서 잉크 리본을 두드려 글씨나 그림을 인쇄하는 프린터로, 속도가 느리고 소음이 커서 지금은 거의 사용되지 않는다.
- **잉크젯 프린터**: 프린터 노즐을 통해 잉크를 분사하여 인쇄하는 프린터로, 컬러 인쇄를 저렴하게 할 수 있고 인쇄 품질이 좋지만 속도가 느리다.
- **레이저 프린터**: 레이저 빔을 이용하여 토너를 종이에 묻혀 인쇄하기 때문에 짧은 시간에 많은 양의 문서를 인쇄할 수 있고 인쇄 품질도 우수하다.
- **3D 프린터**: 입체적인 결과물을 출력하는 장치이다. 일반적인 프린터는 텍스트나 이미지로 된 문서 데이터를 입력으로 이용하여 2차원 출력물을 얻지만, 3D 프린터는 3차원 도면 데이터를 입력으로 이용하여 3차원 물체를 생성한다.
- **플로터**: 문서와 그림, 복잡한 설계 도면 등 거의 모든 정보를 인쇄할 수 있는 출력 장치이다. 프린터는 행과 열 형태만을 출력할 수 있지만 플로터는 상하좌우로 움직이는 펜을 이용하여

X, Y 좌표평면에 임의로 점의 위치를 지정할 수 있다.

(a) LCD 모니터(소프트카피) (b) 프린터(하드카피)

그림 10-6 출력 장치

입출력 겸용 장치의 종류

최근에는 멀티미디어를 효과적으로 처리하기 위해 입력과 출력을 동시에 수행하는 장치가 많이 등장했다. 대표적으로 사운드 카드와 영상 카드를 꼽을 수 있으며, 잉크젯 프린터에 이미지 스캐너와 복사기가 결합된 복합기도 입출력 겸용 장치에 속한다. 또한 통신 접속 장치는 컴퓨터 외부에서 요구하는 데이터를 출력하고 응답 데이터를 입력받기도 한다.

■ 사운드 카드와 영상 카드

- **사운드 카드**: 외부에서 녹음되거나 마이크를 통해 입력된 음성과 소리 신호를 디지털 데이터로 변환하여 컴퓨터에 입력하는 장치이다. 또한 출력 기능도 있어 이미 저장된 소리 데이터나 CPU에서 처리된 소리 데이터를 아날로그 신호로 변환하여 출력할 수 있다.
- **영상 카드**: 촬영된 영상이나 캠코더로 입력된 영상 신호를 디지털 데이터로 변환하여 컴퓨터에 입력하는 장치로, 저장되거나 처리된 영상 디지털 데이터를 아날로그 신호로 변환하여 시각적으로 확인할 수 있도록 출력한다.

(a) 사운드 카드 (b) 영상 카드

그림 10-7 사운드 카드와 영상 카드

■ **통신 접속 장치**

인터넷에 접속하려면 통신 접속 장치가 필요하다. 전화선을 이용하여 인터넷에 접속하던 과거에는 통신 접속 장치로 모뎀을 주로 사용했으나 지금은 네트워크 인터페이스 카드와 무선 랜 카드를 통해 인터넷과 근거리 통신을 한다. 모뎀에서 송신 측은 전화망으로 컴퓨터의 디지털 데이터를 전송할 수 있도록 아날로그 신호로 변환하고, 반대로 수신 측은 전화망을 통해 전송된 아날로그 신호를 컴퓨터가 수신할 수 있도록 디지털 신호로 변환한다. 네트워크 인터페이스 카드는 컴퓨터와 근거리 통신망Local Area Network, LAN을 연결하는 장치로, 컴퓨터에 있는 데이터를 네트워크에 보내고 컴퓨터로 들어오는 데이터를 수집한다. 무선 통신의 발달로 무선 네트워크 인터페이스 카드(무선 랜 카드)가 컴퓨터에서 필수적으로 사용되고 있다.

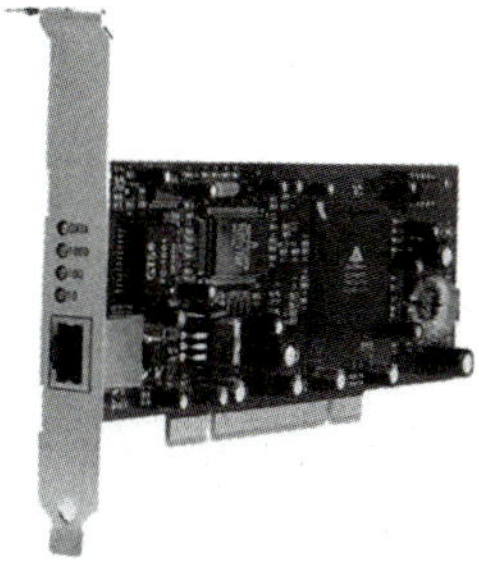

그림 10-8 네트워크 카드

■ **터치스크린**

노트북, PDA, 내비게이션의 터치패드에 많이 적용되는 터치스크린은 출력 장치인 모니터의 표면에 손가락이나 펜 등으로 데이터를 입력할 수 있는 입력 장치이다. 마우스를 이용하지 않고 컴퓨터를 대화식으로 조작할 수 있으며, 모니터의 유효한 영역만 터치하기 때문에 입력 오류가 적다.

터치스크린은 구현 원리와 동작 방식에 따라 구분할 수 있다. 오늘날의 스마트폰, 태블릿 PC 등의 터치스크린은 저항막(감압) 방식과 정전용량 방식으로 구분되는데, 저항막 방식은 스크린을 누르는 압력으로 동작시키고, 정전용량 방식은 우리 몸에 흐르는 정전기 전류를 이용하여 동작시킨다.

2 입력 장치와 출력 장치의 연결

컴퓨터의 후면부를 살펴보면 다양한 입력 장치와 출력 장치의 연결을 지원한다는 것을 알 수 있다. 일반적으로 사운드 입출력을 담당하는 사운드 카드와 그래픽 출력을 담당하는 그래픽 카드는 주 회로기판의 슬롯에 별도로 장착해야만 연결 단자를 확인할 수 있다. 경우에 따라 일체형 컴퓨터에서는 통합형 주 회로기판을 사용하는데, 사운드 카드와 그래픽 카드가 내장되어 그 단자도 주 회로기판에 포함되어 있다. 그러나 고품질의 사운드와 그래픽을 얻으려면 별도로 하드웨어를 설치하는 것이 더 좋다.

[그림 10-9]는 개인용 컴퓨터의 입출력 연결 단자로, 사운드 및 그래픽 연결 단자를 비롯해 가장 기본적인 키보드와 마우스 연결 단자가 있다. 또한 통신을 위한 네트워크 단자와 프린터, 직렬 통신을 위한 시리얼 포트도 있다. 최근에는 디지털 멀티미디어 장비를 컴퓨터와 연결하는 데 USB 단자를 주로 사용하기 때문에 주 회로기판의 USB 단자가 증가하고 있다.

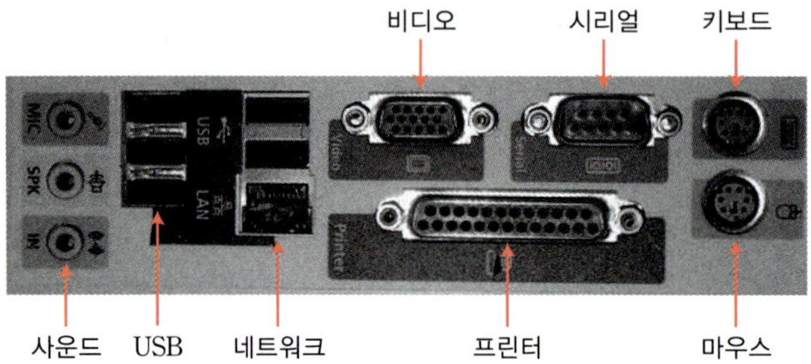

그림 10-9 주 회로기판의 입출력 연결 단자

3 입력 장치와 출력 장치의 동작

CPU 또는 주기억 장치와 외부의 입출력 매체 사이에 정보를 전송하는 입출력 장치는 CPU 또는 주기억 장치보다 동작 속도가 훨씬 느리고 정보를 처리하는 단위도 달라서 오류가 발생할 확률이 높다. 그러나 각각의 동작에 대해 자율성을 보장할 수 있다.

입력 장치에서 CPU까지 데이터가 전달되는 과정은 [그림 10-10]과 같다. 데이터가 어떤 장치에서 입력된 것인지 판단하고 적절한 방법을 사용하여 표준 신호로 변환한다. CPU에서는 데이터를 원하는 형태로 가공하여 주기억 장치에 저장한다. 각종 입력 장치를 통해 입력되는 데이터는 입력 장치 고유의 데이터이므로 컴퓨터에서 바로 처리할 수 없으며, 컴퓨터에서 처리 가능한 디지털 데이터의 표준 신호로 변환하는 과정이 필요하다.

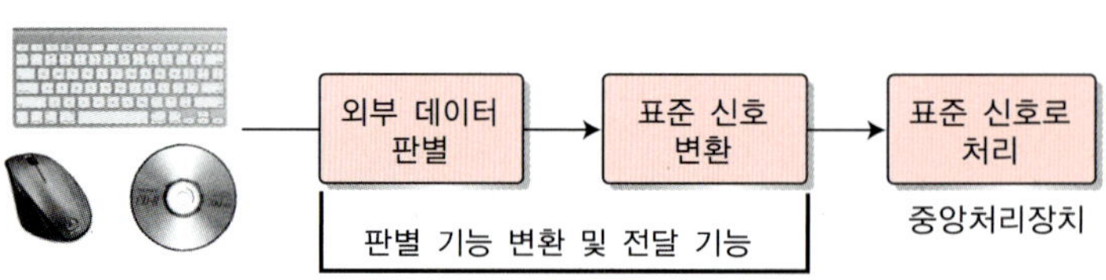

그림 10-10 입력 장치의 처리 과정

CPU에서 데이터가 출력되는 과정은 [그림 10-11]과 같다. 표준 신호를 CPU에서 처리한 결과 신호는 출력 장치에 표준 신호로 전달되고, 출력 장치는 수신된 신호를 특성에 맞게 변환하여 출력한다.

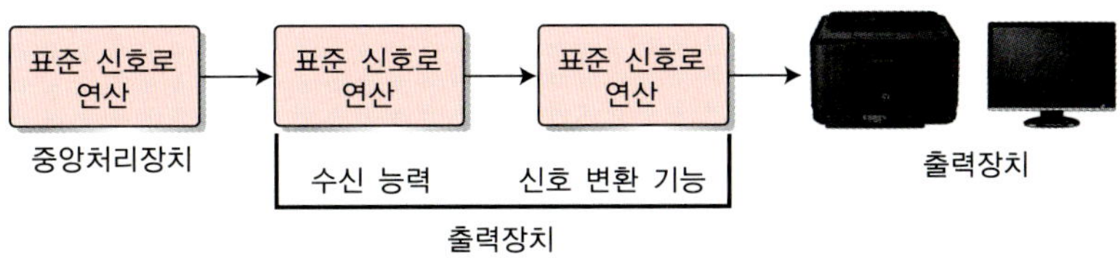

그림 10-11 출력 장치의 처리 과정

한편 입출력 장치는 CPU와 주기억 장치보다 동작 속도가 현저히 느리기 때문에 직접적으로 컴퓨터에 연결하지 않고 중간에 별도의 장치를 두는데 이를 입력과 출력의 인터페이스 모듈이라고 한다. 따라서 실제로 컴퓨터에서는 [그림 10-12]와 같이 인터페이스 모듈을 통해 상호 연결된다.

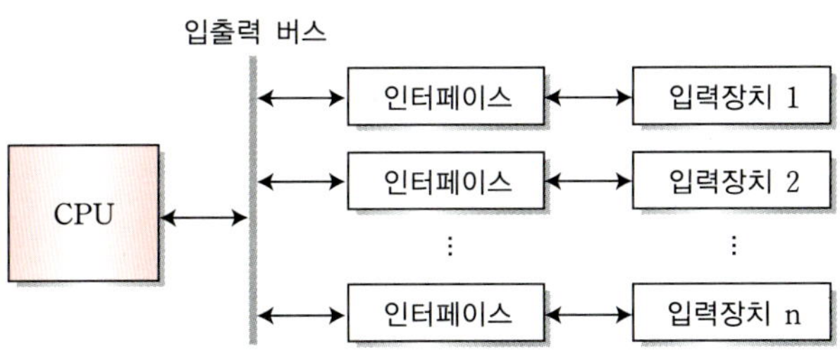

그림 10-12 입출력 장치와 인터페이스의 관계

02 입출력 모듈

컴퓨터가 주어진 정보를 이용하여 어떤 문제를 해결하거나 계산하고 그 결과를 외부로 표현하려면 입력 장치와 출력 장치가 필요하다. 입력 장치와 출력 장치는 CPU와 사용자 사이에 정보를 교환하는 장치로, 컴퓨터 외부에 존재하기 때문에 주변 장치라고 한다. 주변 장치는 종류가 매우 다양하여 전송되는 데이터 길이, 전송 속도, 전송 데이터의 형식 등이 다르다. 따라서 이를 제어할 수 있는 장치가 필요한데 이것이 바로 입출력 모듈이다.

주변 장치는 컴퓨터 내부의 CPU와 주기억 장치인 RAM보다 속도가 매우 느리기 때문에 CPU, 주기억 장치와의 직접적인 통신이 불가능하다. 이때 입출력 모듈이 중간 위치에서 제어하여 적절한 처리 속도로 통신을 가능하게 한다. 입출력 모듈은 입출력 인터페이스, 입출력 채널, 입출력 프로세서, 입출력 제어기, 장치 제어기 등으로 불린다.

1 입출력 모듈의 기능

입출력 모듈에서 다양한 입출력 장치를 지원하려면 다음과 같은 기능을 수행해야 한다.

입출력 장치의 제어와 타이밍 조정

CPU뿐만 아니라 주기억 장치, 시스템 버스와 같은 컴퓨터 내부의 장치는 외부의 여러 주변 장치로부터 데이터 입출력을 포함한 많은 시스템 요구를 수신한다. 따라서 입출력 모듈은 내부 장치와 외부 장치 사이의 데이터 흐름을 조정하는 기능을 한다. 외부 장치에서 CPU로의 데이터 전송을 제어하는 과정은 다음과 같다.

① CPU가 입출력 모듈에 입출력 장치의 상태를 검사하도록 요청한다.

② 입출력 모듈이 상태를 보고한다.

③ 만약 입출력 장치가 준비 상태라면 CPU가 데이터 전송을 요청한다.

④ 입출력 모듈이 입출력 장치로부터 데이터를 수신한다.

⑤ 입출력 모듈이 CPU로 데이터를 보낸다.

위의 과정에서 입출력 모듈은 입출력 장치에 대해 제어 기능을 수행하고 적절한 때에 데이터를 전송할 수 있도록 타이밍 조정 기능을 수행한다.

CPU와의 통신

CPU와 외부 장치 간의 통신을 수행하려면 입출력 모듈은 다음과 같은 기능을 필수적으로 수행해야 한다.

- **명령 해석**: 입출력 모듈은 CPU로부터 받은 명령을 해석하고, 제어 버스를 통해 제어 신호로 명령을 보낸다. 입출력 모듈이 CPU로부터 받는 명령은 입출력 장치를 제어하는 것이다. 하드디스크나 CD-ROM으로 전달되는 명령은 데이터의 저장이나 인출을 위한 것으로 READ SECTOR, WRITE SECTOR, SEEK track number, SCAN record ID 등이다.
- **데이터 교환**: 데이터 교환은 CPU와 입출력 모듈의 가장 근본적인 기능으로, 데이터 버스를 통해 이루어진다.
- **상태 보고**: 주변 장치가 저속으로 동작하기 때문에 입출력 모듈의 상태를 확인하는 것이 중요하다. CPU로부터 데이터에 대한 요구가 있을 때 입출력 모듈이 이미 프로세서의 명령을 수행하고 있어 현재의 명령을 처리하지 못할 수도 있다. 따라서 입출력 모듈은 상태를 확인하여 BUSY, READY, 결함 상태 등의 상태 보고status reporting를 수행한다.
- **주소 인식**: 여러 종류의 입출력 장치를 구별하려면 주소가 필요하다. 따라서 입출력 모듈은 제어하는 다양한 주변 장치의 주소를 인식해야 한다.

또한 입출력 모듈은 입출력 장치끼리 통신이 가능해야 하며, 입출력 장치 간 통신에서도 명령과 상태 정보, 데이터가 포함된다.

데이터 버퍼링

데이터 버퍼링data buffering은 입출력 모듈의 필수적인 기능이다. 주기억 장치나 CPU의 데이터 전송 속도는 입출력 장치보다 훨씬 빨라서 컴퓨터 내부에서 입출력 모듈로 전달되는 데이터의 전송 속도가 고속이다. 그리고 이렇게 전달된 데이터를 입출력 모듈의 버퍼에 일시적으로 저장했다가 적절한 속도로 주변 장치로 전송하는 버퍼링 기능을 수행한다. 반대로 입출력 장치에서 컴퓨터 내부로 전달되는 저속의 데이터는 주기억 장치나 CPU가 대기하지 않도록 버퍼에 저장되었다가 전송된다. 따라서 입출력 모듈은 전송률과 상관없이 항상 동작할 수 있어야 한다.

오류 검출

입출력 모듈은 입출력 장치의 오류를 검사하고, 오류가 발생하면 CPU로 보고할 수 있어야 한다. 입출력 장치에서 발생하는 오류는 프린터의 종이 걸림, 하드디스크의 불량 디스크 트랙과 같은 기계적·전기적 오류, 데이터 전송 중에 발생하는 비트 오류 등이다. 한편 전송 오류를 검출하는 데 사용되는 오류 검출 코드에는 일반적으로 패리티 비트를 사용한다.

2 입출력 모듈의 조직

[그림 10-13]은 일반적인 입출력 모듈의 내부 조직으로, 입출력 모듈은 데이터 선, 주소 선, 제어 선을 통해 컴퓨터 내부 장치와 연결된다. 입출력 모듈로 들어오거나 나가는 데이터는 버퍼링 기능을 위해 일시적으로 데이터 레지스터에 저장된다. 상태 레지스터는 현재의 상태와 오류를 저장하기 위한 레지스터로, CPU에서 보낸 제어 정보를 저장하기 위한 제어 레지스터로도 동작한다.

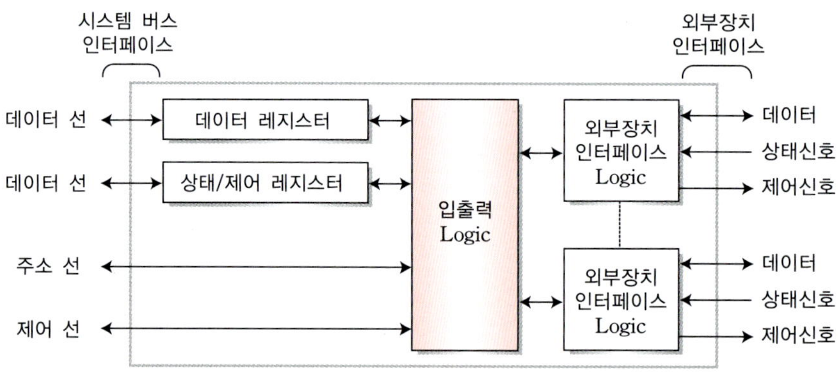

그림 10-13 입출력 모듈의 내부 조직

제어 선은 CPU가 입출력 모듈로 명령을 보내는 데 사용된다. 입출력 모듈은 주소 선을 통해 들어온 여러 입출력 모듈의 주소 중에서 자신만의 주소를 인식하고, 연결된 입출력 장치의 주소도 알아야 한다. 입출력 모듈은 연결된 입출력 장치를 제어하기 위한 데이터, 상태 신호, 제어 신호를 가지고 있다. 따라서 연결된 입출력 장치를 제어하는 데 필요한 세부적인 사항을 모두 처리함으로써 CPU의 부담을 덜어준다.

CPU는 자율적으로 동작하는 입출력 장치와 동작 시간이 다르기 때문에 현재 사용하려는 입출력 장치의 상태를 알아야 한다. 각 장치의 상태는 1비트로 상태 레지스터에 나타내며, 현재 해당 장치가 동작 중이면 1(BUSY), 그렇지 않으면 0(READY)으로 표시하여 CPU에 알려준다. 이 비트는 자율적인 동작과 시간차의 문제를 해결하는 역할을 할 수 있다. 또한 입출력 장치는 원시 데이터와 직접 접촉하며 복잡한 회로를 통해 CPU의 제어를 받으므로 CPU보다 오류가 더 많이 발생한다. 정확하게 데이터 입출력이 이루어져야 하기 때문에 입출력 모듈에서 오류 여부를 검사하는데, 전송 도중이나 기억 장치에서 발생한 오류를 검사하기 위해 상태 레지스터의 패리티 비트를 많이 사용한다.

[그림 10-14]는 CPU가 프린터에 데이터를 전송하는 과정을 보여주며, 이 과정은 단계별로 다음과 같다.

① CPU가 프린터 입출력 모듈에 프린터의 상태를 검사하도록 요청한다.

② 입출력 모듈이 상태/제어 레지스터를 통해 요청을 수신하고, 프린터 제어 회로를 통해 프린터의 상태를 검사한다.

③ 프린터가 데이터를 받아 출력할 준비가 되었는지, 다른 데이터를 출력하는 중인지를 상태 신호로 CPU에 전달한다.

④ 프린터가 데이터를 받을 준비가 된 상태라면 CPU가 입출력 모듈에 출력 명령과 데이터를 전송한다. 만약 다른 데이터를 출력하는 중이라면 CPU가 대기한다.

⑤ 입출력 모듈이 출력 동작을 수행하기 위한 제어 신호와 함께 출력할 데이터를 프린터로 전송한다.

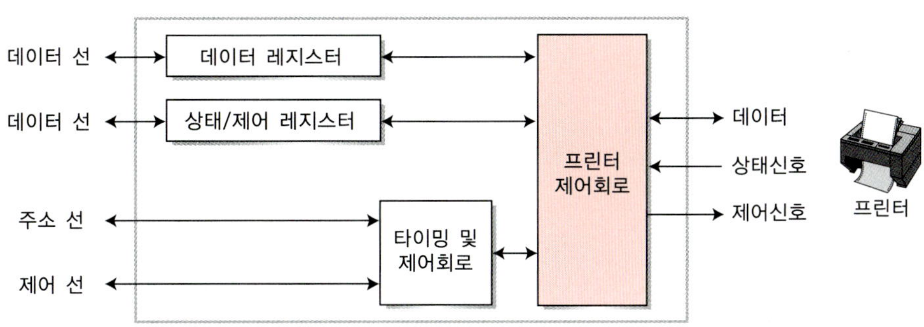

그림 10-14 프린터 모듈의 내부 구조

03 입출력 장치의 연결과 데이터 전송

컴퓨터와 입출력 장치가 연결되는 방법에 따라서 컴퓨터의 동작 특성이 달라질 수 있다. [그림 10-15]는 CPU, 주기억 장치(메모리), 입출력 장치의 연결 관계를 통해 컴퓨터 시스템의 구성 방법을 보여준다. 버스는 데이터 버스, 주소 버스, 제어 버스로 구성된다.

(a)는 중앙 버스에 CPU, 주기억 장치, 입출력 장치가 연결된 형태로, 입출력 장치가 직접적으로 연결된 것이 아니라 입출력 모듈을 통해 연결된다. 입출력 모듈로 연결되어 있으므로 제어 동작에 의해 독립적으로 원활한 데이터 전송이 가능하다. (b)는 CPU가 중앙에 위치하고 좌우에 주기억 장치와 입출력 장치가 연결된 형태로, 이러한 경우 CPU에 종속된 데이터 전송이 발생한다. 즉 주기억 장치에서 외부 입출력 장치로 직접 데이터를 전송할 수 없고 CPU의 동작에 따라 전송이 결정된다. (c)는 CPU, 주기억 장치, 입출력 장치 순의 직렬 연결 형태로, 입출력 장치가 직접 CPU에 데이터를 전송할 수 없고 주기억 장치를 경유해야만 한다.

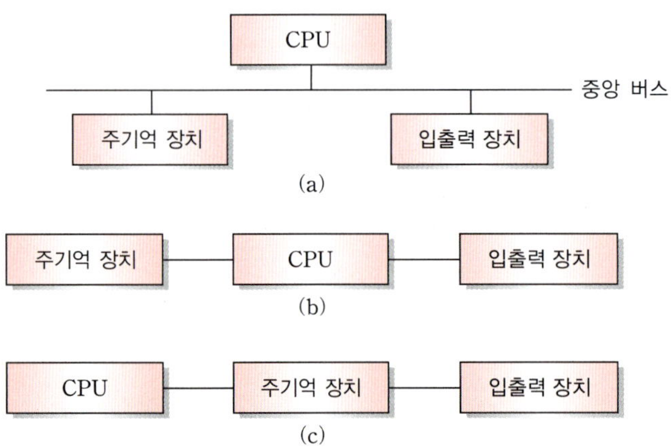

그림 10-15 컴퓨터 시스템의 구성 방법

1 입출력 모듈의 연결

컴퓨터에서 각 장치 간의 연결은 계층 구조를 이루고 있다. 입출력 장치의 경우도 별도의 입출력 버스가 있고 이것이 시스템 버스에 연결된다. [그림 10-16]은 계층적으로 연결된 입출력 모듈을 보여준다. 버스 어댑터는 입출력 버스와 시스템 버스를 연결하여 입출력 데이터의 입출력을 제어하며, 입출력 모듈은 속도 및 동작 특성이 유사한 입출력 장치를 제어하고 관리한다. 입출력 버스는 시스템 버스와 마찬가지로 데이터 버스, 주소 버스, 제어 버스로 구성된다.

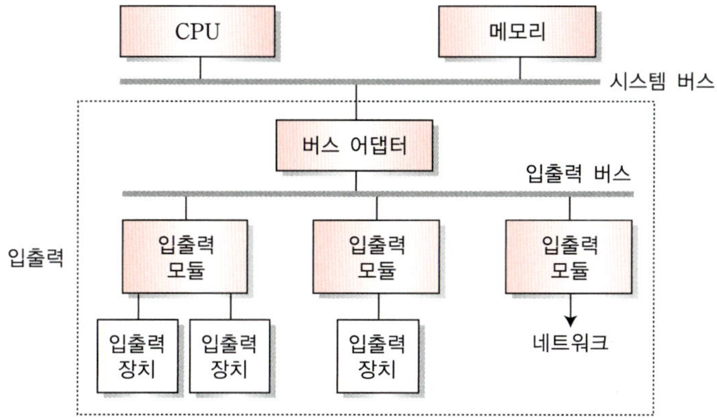

그림 10-16 입출력 모듈의 연결

입출력 장치의 주소 지정

입출력 모듈에는 여러 입출력 장치가 연결되어 있으므로 각 장치를 구분할 수 있도록 고유의 번호 또는 주소가 지정되어 있다. CPU가 보내는 입출력 명령에는 원하는 장치의 주소가 포함되어 있고, 각 입출력 모듈은 주소를 해석하여 그 명령이 자신에게 해당하는지를 판단한다. CPU, 주기억 장치, 입출력 모듈 간의 주소 지정 방식으로는 기억 장치 사상 방식과 분리형 입출력 방식이 있다.

■ **기억 장치 사상 방식**

기억 장치 사상memory-mapped 방식에서는 입출력 장치와 주기억 장치가 하나의 주소 공간을 공유한다. 즉 기억 장치 주소 영역의 일부분을 입출력 장치의 주소 영역으로 할당하는 방식이라 기억 장치의 읽기/쓰기 신호를 입출력 장치의 읽기/쓰기 신호로 사용할 수 있다. 또한 프로그램에서 기억 장치 관련 명령어를 입출력 장치 제어에도 사용할 수 있다. 결과적으로 기억 장치 사상 방식은 동일한 신호와 명령어를 기억 장치와 입출력 장치에 사용하므로 프로그래밍하기 용이하다는 것이 장점이다. 그러나 입출력 장치가 기억 장치 주소 영역을 사용하기 때문에 기억 장치만을 위한 주소 공간이 감소하는 단점도 있다.

[그림 10-17]은 기억 장치 사상 방식을 개념적으로 나타낸 것이다. 주소 영역으로 10비트를 사용하는 경우 0~511번지인 상위 512개 주소는 기억 장치의 주소 공간으로 할당하고, 나머지 512~1023번지인 하위 512개 주소는 입출력 장치의 주소 공간으로 할당한다.

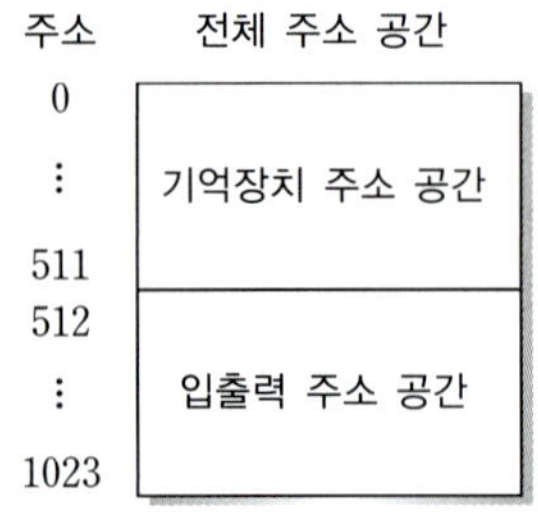

그림 10-17 기억 장치 사상 방식

■ **분리형 입출력 방식**

분리형 입출력isolated I/O 또는 I/O mapped 방식에서는 입출력 장치의 주소 공간을 기억 장치의 주소 공간과 별개인 기억 장치에 할당한다. 입출력 제어를 위한 별도의 입출력 명령어를 사용하기 때문에 별도의 입출력 장치에 대한 읽기/쓰기 신호가 필요하다. 입출력 장치의 주소 공간은 기억 장치의 주소 공간과 별도로 지정이 가능하지만, 입출력 제어를 위해 입출력 장치 명령어만 사용할 수 있기 때문에 프로그래밍이 복잡해진다.

[그림 10-18]은 분리형 입출력 방식을 개념적으로 나타낸 것이다. 주소 영역이 각각 10비트일 때 기억 장치 주소와 입출력 장치 주소를 각각 1,024개씩 할당할 수 있다.

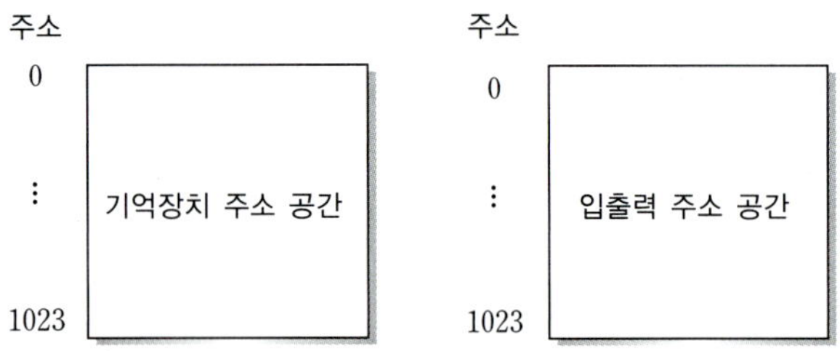

그림 10-18 분리형 입출력 방식

2 입출력 데이터 전송

저속으로 동작하는 입출력 장치는 고속으로 동작하는 CPU와 속도 차이가 크기 때문에 CPU와는 동기화하지 않고 자체적인 시간 펄스를 이용하여 독립적으로 동작한다. 그런데 2개 이상의 독립된 입출력 장치가 비동기적으로 데이터를 전송하는 경우에는 데이터 전송을 알리는 방법이 필요하다. 이처럼 데이터 전송을 알리는 방법에는 스트로브 신호를 이용하는 방법과 제어 신호를 이용하는 핸드셰이킹 방법이 있다.

스트로브 신호

송신 측에서 데이터를 전송할 때 전송된다는 것을 수신 측에 알려주기 위해 별도의 신호를 사용하는데 이것을 스트로브strobe 신호라고 한다. 이 신호를 전달하려면 별도의 회선이 필요하므로 데이터 버스 외에 추가 회선을 설치해야 한다. 스트로브 신호를 보내는 방법에는 송신 측에서 수신 측으로 보내는 방법과 수신 측에서 송신 측으로 보내는 방법이 있다.

송신 측에서 수신 측으로 스트로브 신호를 보내는 방법은 [그림 10-19]와 같다. 송신 측에 해당하는 CPU에서 데이터를 데이터 버스에 실어 (b)와 같이 데이터 펄스 신호를 안정적으로 활성화한 후 스트로브 신호를 수신 측에 해당하는 출력 장치로 보낸다. 출력 장치는 스트로브 신호와 데이터 버스에서 데이터를 수신한다.

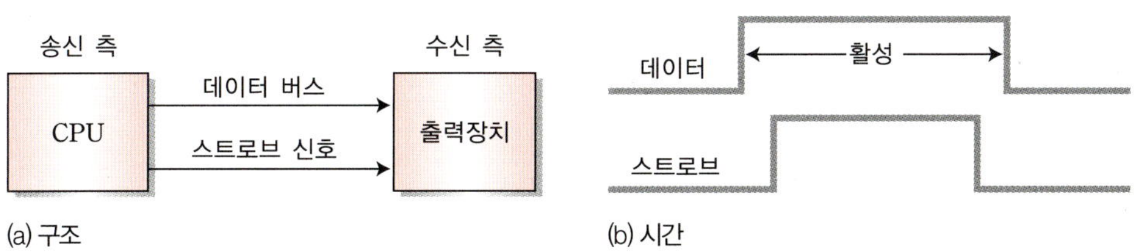

그림 10-19 송신 측에서 수신 측으로 스트로브 신호를 보내는 방법

수신 측에서 송신 측으로 스트로브 신호를 보내는 방법은 [그림 10-20]과 같다. 수신 측에서 스트로브 신호를 송신 측에 전달하여 데이터 전송을 요청하면 송신 측에서는 전송할 데이터를 데이터 버스에 보내고 수신 측에서는 이 데이터를 수신한다.

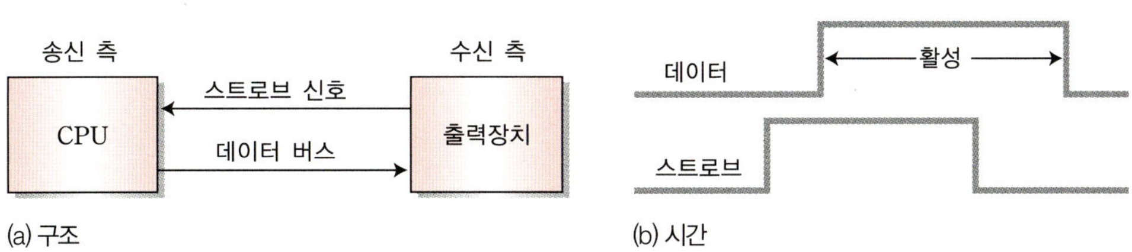

그림 10-20 수신 측에서 송신 측으로 스트로브 신호를 보내는 방법

핸드셰이킹

핸드셰이킹handshaking은 송신 측과 수신 측 모두 상대방에게 제어 신호를 보내어 데이터 전송을 알려주는 방법으로, 데이터 버스 외에 양쪽에 제어 신호를 보내는 별도의 회선이 각각 있어야 한다. [그림 10-21]의 (a)에서 보듯이 데이터 버스 외에 제어 버스를 통해 제어 신호를 송신한다. 그리고 (b)에서 보듯이 데이터 전송이 시작되면 주기억 장치가 송신 신호를 전송하고 출력 장치는 송신 신호를 확인하여 데이터를 수신한다. 수신이 완료되면 출력 장치는 주기억 장치에 수신 신호를 전송하여 송신 측에 수신이 완료되었음을 알려준다.

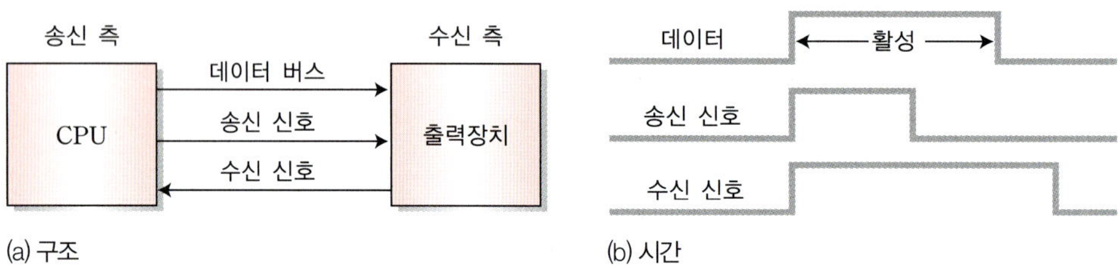

그림 10-21 핸드셰이킹

핸드셰이킹에서는 송신 측뿐만 아니라 수신 측이 데이터 전송을 먼저 요구하는 것도 가능한데 이를 목적지 개시 전송 방법이라고 한다. 이 경우에는 수신 측이 먼저 데이터 전송을 요구하는 준비 신호를 송신 측에 보내어 전송이 시작되게 한다. [그림 10-22]는 목적지 개시 전송 방법의 과정을 보여준다. 수신 측인 출력 장치는 준비 신호인 RDReady를 송신 측인 CPU에 전달한다. 그러면 CPU는 전달하려는 데이터를 데이터 버스에 싣고 송신 신호인 DVData Valid를 전달한다. DV를 수신하고 데이터를 수신한 출력 장치는 수신 신호에 해당하는 RD를

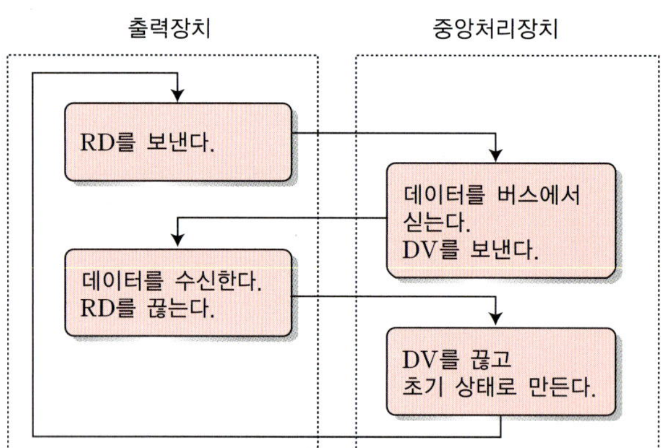

그림 10-22 목적지 개시 전송 방법

제거한다. 마지막에 CPU는 송신 신호인 DV를 제거하고 초기 상태가 된다.

핸드셰이킹은 송신 측과 수신 측이 동시에 동작하는 방식으로, 어느 한쪽의 장치가 잘못되면 데이터 전송이 이루어지지 않기 때문에 신뢰성이 높다. 또한 하나의 송신 장치에서 여러 수신 장치에 데이터를 전송할 수 있어, 모든 수신 장치가 데이터를 수신할 준비가 되었는지 송신 장치가 검사한 후 데이터를 전송하고, 모든 수신 장치가 데이터를 완전히 수신했는지 송신 장치가 다시 확인한다.

04 입출력 제어 기법

입출력 장치가 컴퓨터의 내부 장치와 원활하게 통신하려면 통신을 제어하는 방법이 필요하다. 이러한 제어 방법은 첫 번째로 CPU가 직접 입출력 장치를 제어하는 방식, 두 번째로 주기억 장치와 입출력 장치가 직접적으로 데이터를 교환하는 직접 기억 장치 액세스 방식, 세 번째로 별도의 입출력 프로세서가 입출력 장치를 제어하는 방식이 있다.

1 CPU가 직접 입출력 장치를 제어하는 방식

입력 장치와 출력 장치를 직접 제어하는 가장 기본적인 방법으로, 데이터 전송뿐만 아니라 데이터 상태 검사 등의 모든 명령을 CPU가 직접 수행한다. [그림 10-23]은 CPU가 제어하는 입력 장치와 출력 장치의 구조를 보여준다. 이 방식은 CPU 내에 존재하는 레지스터에 저장된 내용이 직접 출력 장치로 전송되거나 반대로 입력 장치에서 내부 레지스터로 전송되고 최종적으로 주기억 장치에 저장된다.

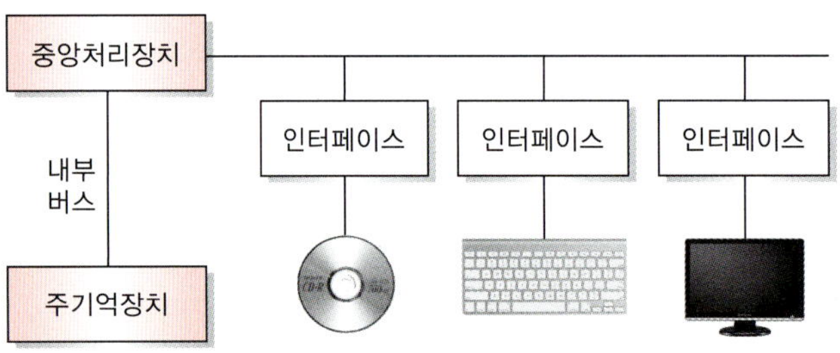

그림 10-23 CPU가 제어하는 입력 장치와 출력 장치의 구조

CPU가 제어하는 방식은 다음과 같이 두 가지가 있다.

- **프로그램 입출력**programmed I/O **방식**: CPU와 입출력 모듈 사이에 데이터가 교환된다.
- **인터럽트 구동 입출력**interrupt-driven I/O **방식**: CPU가 입출력 명령을 보낸 다음 입출력 모듈이 그 일을 완료하고 인터럽트를 보낼 때까지 다른 명령을 수행한다.

프로그램 입출력 방식

CPU가 프로그램을 수행하는 도중에 입출력과 관련된 명령을 만나면 해당 입출력 모듈에 명령을 보내어 그 명령을 실행하는 방식이다. 버스를 통해 내부 레지스터와 입출력 모듈 간의 데이터 이동이 이루어지므로 블록 단위가 아니라 바이트 단위를 사용하여 입출력 동작이 수행된다. 데이터 입력 동작에서 CPU는 어느 장치로 입력할 것인지를 결정하고 그 장치 번호를 입출력 모듈에 전송한다. 출력 동작에서도 마찬가지로 CPU는 어느 장치로 출력할 것인지를 결정하고 그 장치 번호를 입출력 모듈에 전송한다.

[그림 10-24]는 프로그램에 의해 데이터가 출력되는 예의 순서도이다. CPU가 입출력 모듈의 상태 레지스터를 검사하여 출력 장치의 상태(RDY 비트)를 판단한다. 만약 사용 가능한 상태이면 읽기/쓰기 명령 중에서 쓰기 명령을 전송하고 입출력 모듈의 데이터 레지스터에 데이터를 저장한다. 이 과정이 완료될 때까지 상태 검사를 반복하면서 기다리므로 CPU가 다른 작업을 수행할 수 없어 시간이 낭비된다. 마지막에 CPU는 출력 명령을 입출력 모듈의 레지스터에 기록하여 출력을 수행하도록 한다.

프로그램 입출력 방식에서 사용하는 입출력 명령은 [표 10-1]과 같이 네 가지 종류가 있다.

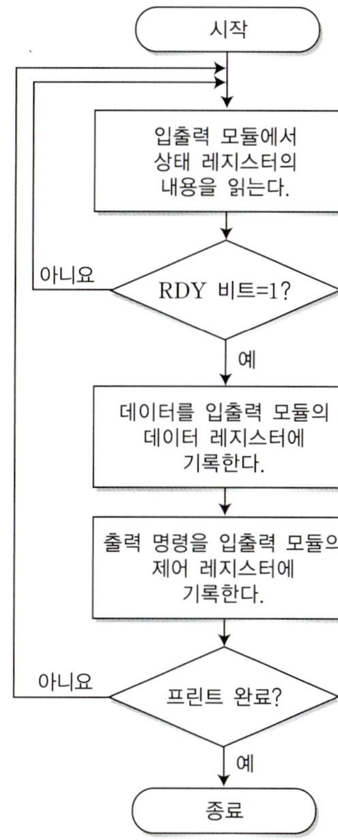

그림 10-24 프로그램을 통한 출력 순서도

표 10-1 입출력 명령

명령	설명
제어(control)	주변 장치를 활성화하고 무엇을 해야 하는지를 알려준다.
검사(test)	입출력 모듈과 주변 장치의 상태를 검사한다. 입출력 동작의 완료 여부와 오류 발생 여부를 검사하는 것이 그 예이다.
읽기(read)	입출력 모듈이 주변 장치에서 데이터를 읽고 내부 레지스터에 저장한다.
쓰기(write)	입출력 모듈이 데이터 버스에서 데이터를 받아 주변 장치로 보낸다.

인터럽트 구동 입출력 방식

프로그램 입출력 방식은 입출력 모듈이 데이터를 수신하거나 송신할 준비가 될 때까지 CPU가 기다려야 한다는 것이 단점이다. 이러한 단점을 개선하기 위해 CPU로부터 입출력 명령을 받은 입출력 모듈이 동작을 수행하는 동안 CPU가 다른 프로그램을 처리할 수 있도록 한 것이 인터럽트 구동 입출력 방식이다. 이 방식에서는 CPU가 프로그램 명령을 실행하는 중이라도 입출력 명령이 있으면 인터럽트를 발생시켜 입출력 동작의 개시를 지시하고 CPU는 계속해서 기존의 프로그램 명령을 실행한다. 결과적으로 CPU는 입출력이 진행되는 동안 다른 일을 할 수 있다.

> **여기서 잠깐! | 인터럽트**
>
> 인터럽트(interrupt)는 일시 중단이라는 의미로, CPU가 프로그램을 실행하는 도중에 다른 프로그램을 처리하기 위해 실행 중인 프로그램을 중단 상태로 만들고 다른 프로그램을 처리하는 것을 말한다.

인터럽트 구동 입출력 방식의 읽기 동작은 단계별로 다음과 같다.

① CPU가 입출력 모듈로 읽기 명령을 보낸다.

② 입출력 모듈이 주변 장치에서 데이터를 읽고 그동안 CPU는 다른 일을 수행한다.

③ 입출력 모듈이 CPU로 인터럽트 신호를 보낸다.

④ CPU가 입력된 데이터를 요구한다.

⑤ 입출력 모듈이 CPU로 데이터를 전송한다.

3단계에서 입출력 모듈이 인터럽트를 요구했을 때 인터럽트 처리 순서는 다음과 같다.

① CPU는 인터럽트에 응답하기 전에 현재 명령의 실행을 완료한다.

② CPU는 인터럽트를 검사하고 인터럽트 요구가 있다면 요구가 발생한 장치에 확인 신호를 보낸다.

③ 확인 신호를 받은 장치는 인터럽트 요구 신호를 제거한다.

④ CPU는 새로 시작될 프로그램에 제어를 넘겨줄 준비를 한다. 먼저 프로그램 상태 워드와 프로그램 카운터의 내용을 스택에 저장한다.

⑤ 새로운 프로그램의 시작 주소를 프로그램 카운터에 적재한다(인터럽트 서비스를 시작한다).

인터럽트 구동 입출력 방식을 구현하려면 인터럽트를 요구한 장치를 어떻게 찾을 것인지, 여러 장치가 인터럽트를 요구했을 때 무엇을 먼저 처리할 것인지를 동시에 해결해야 한다.

■ 인터럽트를 요구한 장치를 찾는 방법

다수 인터럽트 선 방식

각 입출력 모듈과 CPU 사이에 별도의 인터럽트 요구INterrupT Request, INTR 선과 인터럽트 확인INterrupT Acknowledge, INTA 선을 접속하는 방식이다. 다수 인터럽트 선multiple interrupt lines 방식은 CPU가 인터럽트를 요구한 장치를 쉽게 찾아낼 수 있다는 것이 장점이지만, 많은 선 때문에 하드웨어가 복잡해지고 접속 가능한 입출력 장치의 수가 CPU의 인터럽트 요구 선의 입력 핀 수에 의해 제한된다.

다수 인터럽트 선 방식을 나타낸 [그림 10-25]를 보면 4개의 입출력 모듈이 있고 이것이 CPU에 INTR과 INTA로 연결되어 있다. 예를 들어 입출력 모듈 2가 인터럽트를 요구하는 경우의 동작 순서는 다음과 같다.

① 입출력 모듈 2가 INTR 2 신호를 1로 세트한다.

② CPU가 INTA 2 신호를 세트함으로써 그 제어기에 인터럽트 요구를 인식했음을 알리고, 인터럽트를 위한 서비스를 시작한다.

③ 입출력 모듈 2가 INTR 2 신호를 해제(0으로 리셋)한다.

④ CPU가 INTA 2 신호를 해제한다.

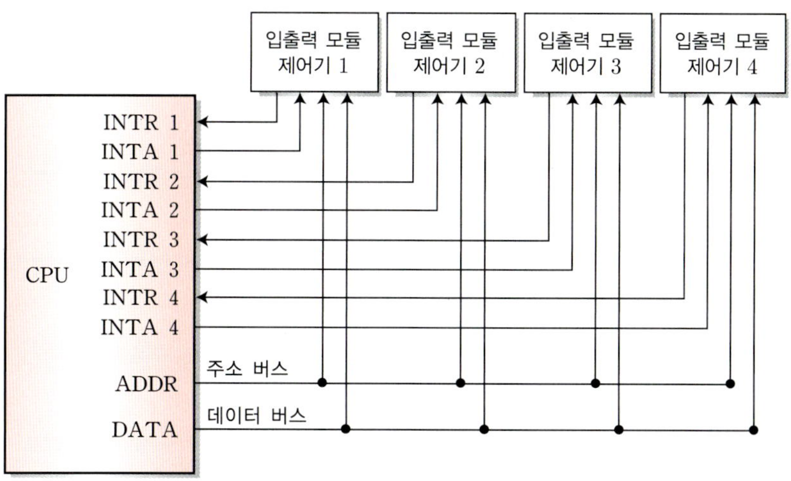

그림 10-25 다수 인터럽트 선 방식

소프트웨어 폴 방식

CPU가 모든 입출력 모듈에 접속된 TEST I/O 선을 이용하여 인터럽트를 요구한 장치를 검사하는 방식이다. [그림 10-26]은 소프트웨어 폴software poll 방식의 구조를 보여준다. 만약 임의의 입출력 모듈에서 인터럽트 요구가 INTR로 수신되면 CPU는 특정 명령 선 TEST I/O를 활성화하고 입출력 모듈의 주소를 순서대로 주소 선으로 내보내어 해당 입출력 모듈의 인터럽트 요청 여부를 파악한다. 정해진 순서대로 보낸 주소에 의해 검사하는 입출력 모듈의 우선순위가 결정된다. 즉 인터럽트 처리가 중요한 입출력 모듈의 주소는 앞의 순위로 하고, 그렇지 않은 입출력 모듈의 주소는 뒤의 순위로 하는 것이다. 소프트웨어 폴 방식은 우선순위의 변경이 용이하고 별도의 하드웨어가 필요하지 않지만 처리 시간이 오래 걸린다.

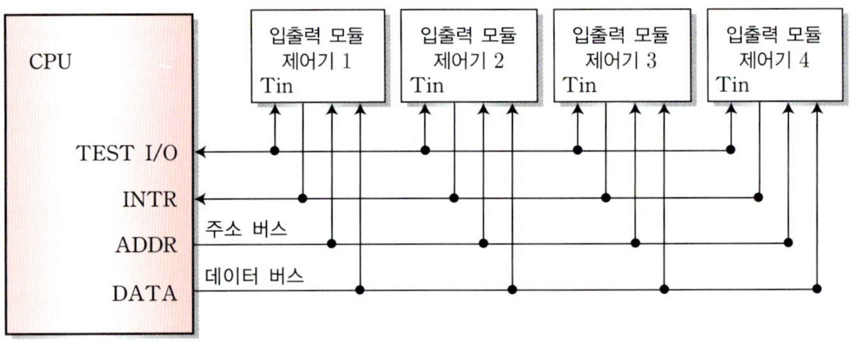

그림 10-26 소프트웨어 폴 방식

데이지 체인 방식

데이지 체인daisy chain 방식에서는 모든 입출력 모듈이 하나의 인터럽트 요구 선을 공유하고, 입출력 모듈의 인터럽트 확인 신호 선이 데이지 체인 형태로 연결된다. 따라서 CPU와 가까운 입출력 모듈의 우선순위가 높다.

데이지 체인 방식의 동작 원리는 다음과 같다.

① 하나 또는 그 이상의 입출력 모듈이 인터럽트를 요구한다.

② 인터럽트 요구를 수신한 CPU가 이에 대한 확인 신호를 보낸다.

③ 확인 신호를 수신한 입출력 모듈 중에서 인터럽트를 요구하지 않은 모듈이 다음 모듈로 확인

신호를 전달한다.

④ 확인 신호를 수신한 입출력 모듈 중에서 인터럽트를 요구한 모듈이 데이터 버스를 통해 인터럽트 벡터를 보낸다.

CPU는 ④에서 전달된 벡터를 이용하여 입출력 모듈을 구분한다. 데이지 체인 방식은 하드웨어가 간단하다는 것이 장점이지만, 우선순위가 낮은 장치가 서비스를 받지 못하거나 아주 오랫동안 기다리는 일이 발생할 수 있다.

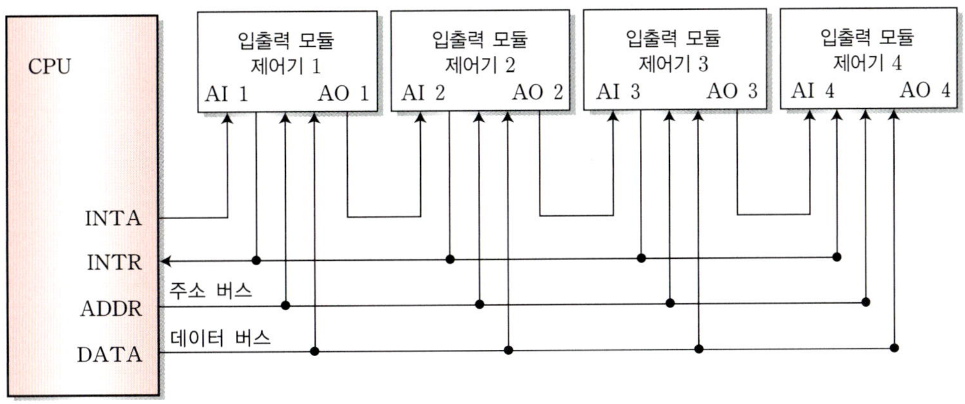

그림 10-27 데이지 체인 방식

버스 중재 방식

버스 중재bus arbitration 방식에서는 입출력 모듈이 인터럽트를 요구하기 전에 먼저 버스에 대한 사용권을 얻어야 한다. 따라서 매 순간 하나의 모듈만 인터럽트를 보낼 수 있다. 그리고 CPU는 버스 중재를 통해 전달된 인터럽트를 인지할 수 있으며, 인터럽트 확인 신호를 활성화하여 응답한다. 인터럽트 확인 신호가 활성화되면 입출력 모듈은 데이터 선을 통해 데이터를 전송할 수 있다.

■ 여러 장치가 인터럽트를 요구할 때 우선순위를 결정하는 방법

- **다수 인터럽트 선 방식**: CPU가 우선순위가 높은 인터럽트 선을 선택하면 된다.
- **소프트웨어 폴 방식**: 검사하는 순서가 곧 우선순위가 된다.
- **데이지 체인 방식**: 입출력 모듈이 연결된 순서가 우선순위가 된다.

2 직접 기억 장치 액세스를 이용한 입출력 제어 방식

프로그램 입출력 방식은 CPU가 입출력과 관련된 처리만 수행하기 때문에 빠른 전송 속도가 보장되지만 CPU가 다른 일을 처리하지 못한다. 한편 인터럽트 구동 입출력 방식은 입출력 모듈이 동작하는 동안 CPU가 다른 일을 처리할 수 있으므로 프로그램 입출력 방식보다 효율적이다. 그러나 주기억 장치와 입출력 모듈 간의 데이터 전송이 CPU를 경유하기 때문에 입출력 전송률이 제한되며, CPU가 입출력 전송에 많은 시간을 소모한다.

직접 기억 장치 액세스DMA는 대용량 데이터를 이동할 때 효과적인 기술로, 기억 장치와 입출력 모듈 간의 데이터 전송을 별도의 하드웨어인 DMA 제어기가 처리하고 CPU는 개입하지 않는 방식이다. [그림 10-28]과 같이 DMA 제어기는 주소 레지스터, 데이터 레지스터, 계수 레지스터, 제어 회로로 구성된다. 주소 레지스터는 주기억 장치의 위치를 지정하는 주기억 장치 주소를 저장하고, 데이터 레지스터는 전송될 데이터를 저장하며, 계수 레지스터는 전송되는 데이터의 수를 저장한다. 제어 회로에는 버스 요구 신호(BUS REQ)와 버스 승인 신호(BUS GRANT), 인터럽트(INTR), 읽기(RD)와 쓰기(WD)를 위한 연결 단자가 있다.

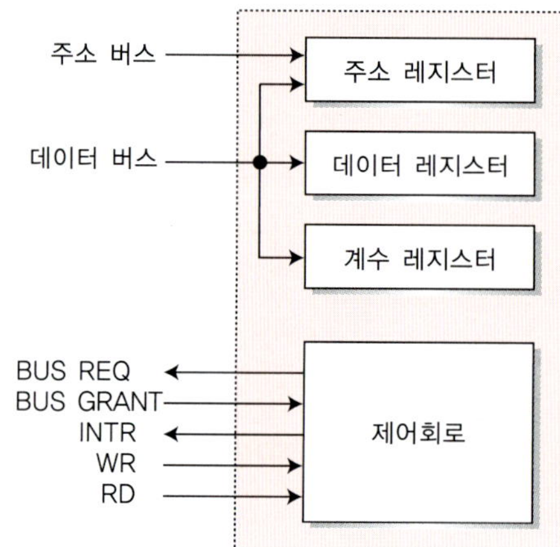

그림 10-28 DMA 제어기의 내부 구조

DMA의 처리 순서

DMA에 의한 데이터 입출력에서 CPU는 DMA 장치로 한 번 입출력 명령을 전달하고 나면 더 이상 관여하지 않지만, DMA 장치는 독자적으로 일련의 데이터를 기억 장치와 직접 입출력할 수 있다.

① CPU가 DMA 제어기로 다음 정보를 포함한 명령을 전송한다.

- 입출력 장치의 주소
- 연산(쓰기/읽기) 지정자
- 데이터가 읽히거나 쓰일 주기억 장치 영역의 시작 주소
- 전송될 데이터의 워드 수

② DMA 제어기가 CPU로 버스 요구 신호를 전송한다.

③ CPU가 DMA 제어기로 버스 승인 신호를 전송한다.

④ CPU의 개입 없이 DMA 제어기가 주기억 장치에 데이터를 읽거나 쓴다.

⑤ 전송할 데이터가 남아 있으면 ②~④를 반복한다.

⑥ 모든 데이터의 전송이 완료되면 CPU로 INTR 신호를 전송한다.

CPU는 DMA 제어기에 명령을 보낸 후 다른 일을 계속할 수 있으며, 모든 입출력 동작을 전담하는 DMA 제어기는 CPU를 거치지 않고 한 번에 한 워드씩 모든 데이터를 기억 장치로 전송한다. 전송이 완료되면 DMA 제어기는 인터럽트를 CPU에 보낸다. 따라서 CPU는 입출력 동작의 시작과 마지막에만 관여한다.

DMA 제어기의 버스 연결 방식

입출력 장치와 주기억 장치 사이에 위치하는 DMA 제어기는 버스에 연결되어 있는데, 버스 연결 방식에 따라 단일 버스 분리형, 단일 버스 통합형, 입출력 버스를 이용한 방식으로 구분된다.

■ 단일 버스 분리형

DMA 제어기가 CPU, 주기억 장치, 입출력 모듈과 함께 시스템 버스에 직접 연결된 형태이다. CPU로부터 명령을 수신한 DMA 제어기는 명령에 따라 주기억 장치에서 데이터를 읽거나 쓰는 동작을 수행한다. 따라서 데이터 전송에 시스템 버스를 두 번씩 사용하게 되므로 버스 사용량이 증가하여 시스템의 성능이 떨어진다.

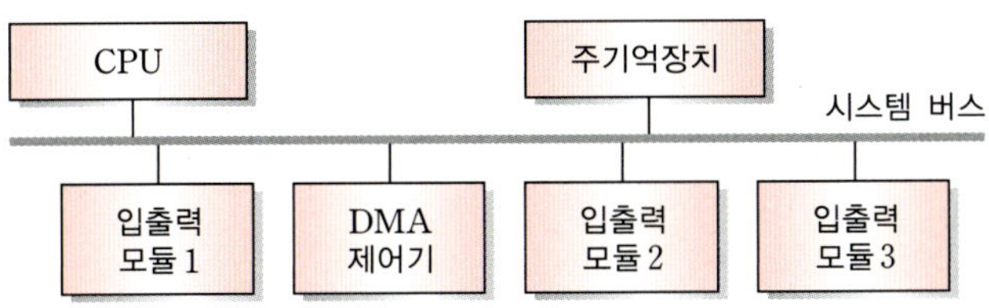

그림 10-29 단일 버스 분리형

■ 단일 버스 통합형

데이터 전송에 시스템 버스를 두 번씩 사용하는 단일 버스 분리형의 단점을 보완하여 버스 연결 방식을 개선한 단일 버스 통합형은 데이터를 전송하기 위해 시스템 버스를 한 번만 사용한다. [그림 10-30]과 같이 시스템 버스에 DMA 제어기가 연결되고 DMA 제어기 아래에 입출력 모듈이 연결된다. 따라서 CPU로부터 명령을 수신한 DMA 제어기는 입출력 모듈이 주기억 장치에서 데이터를 송수신하게 한다.

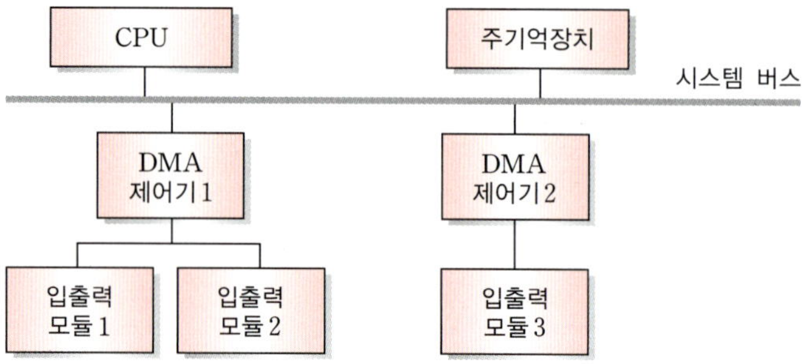

그림 10-30 단일 버스 통합형

■ **입출력 버스를 이용한 방식**

단일 버스 분리형의 단점을 극복하기 위해 입출력 버스를 이용하는 방식이다. [그림 10-31]과 같이 시스템 버스에 DMA 제어기가 연결되고 DMA 제어기 아래에 입출력 버스가 연결되며 입출력 버스에 여러 입출력 모듈이 접속된 형태로, 데이터 전송 과정에서 시스템 버스를 한 번만 사용한다.

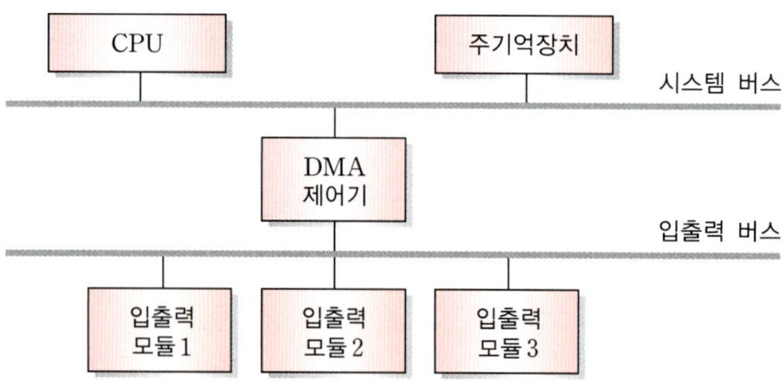

그림 10-31 입출력 버스를 이용한 방식

그러나 입출력 장치는 종류와 속도가 다양하고 제어 방법도 복잡하기 때문에 간단한 구조인 DMA 제어기로 데이터 전송을 지원하는 데에는 한계가 있다. 또한 입출력 장치 중 외부 기억 장치인 디스크에서 쓰기/읽기 동작을 수행하는 경우에는 데이터 블록의 크기가 512바이트 이상이라 데이터를 임시 저장할 내부 기억 장치가 필요한데, 이러한 문제의 해결책으로 등장한 것이 입출력 프로세서이다.

3 입출력 프로세서를 이용한 입출력 제어 방식

입출력 처리를 전담하는 별도의 입출력 프로세서I/O Processor, IOP를 두어 CPU의 효율을 높이는 입출력 제어 방식이다. 이때 사용되는 입출력 프로세서는 DMA 제어기의 기능을 향상한 것으로 입출력 명령을 실행할 수 있는 프로세서이며, 데이터 블록을 임시 저장할 수 있는 지역 기억 장치local memory를 포함하고 있다. 또한 시스템 버스에 대한 인터페이스 및 버스 마스터 회로와 입출력 버스 중재 회로도 있다. 따라서 CPU는 계산에 필요한 데이터만을 처리하고, 입출력 프로세서는 여러 주변 장치와 주기억 장치 사이의 데이터 전송을 위한 통로를 제공한다.

처음에는 CPU가 입출력 프로세서의 입출력 전송을 시작하게 하지만 그 이후에 입출력 프로세서는 CPU와 독립적으로 동작한다. 결과적으로 입출력 방식은 정도의 차이가 있으나 CPU의 간섭을 받는다. 입출력 프로세서를 사용하면 간섭을 최소화함으로써 CPU의 이용 효율이 높아지지만, 별도의 입출력 프로세서로 인한 하드웨어 비용이 증가하는 것이 단점이다.

[그림 10-32]는 입출력 프로세서가 포함된 시스템을 보여준다. 별도의 입출력 프로세서는 주변 장치의 입출력 모듈을 제어하여 독립적으로 데이터를 송신할 수 있다.

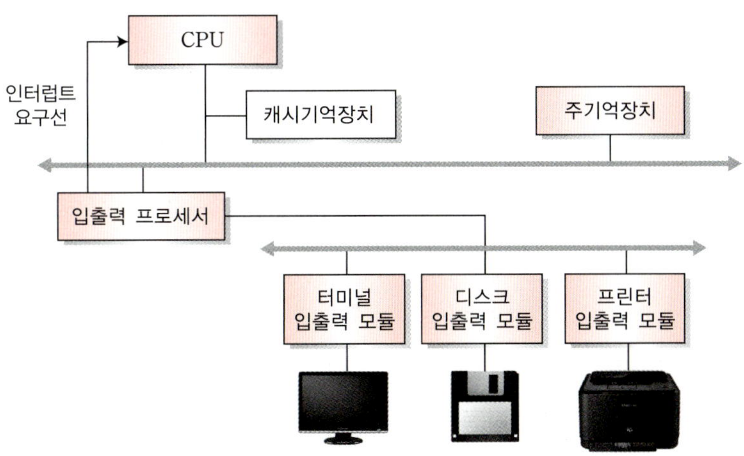

그림 10-32 입출력 프로세서가 포함된 시스템의 구성

입출력 채널

DMA의 개념을 확장한 입출력 전담 프로세서를 입출력 채널I/O channel이라고 한다. 입출력 채널과 DMA는 모두 주기억 장치에 접근하여 자율적인 입출력이 되게 하므로 역할만 보면 거의 같다고 할 수 있다. 하지만 DMA는 하나의 블록을 입출력할 수 있고 입출력 채널은 여러 블록을 입출력할 수 있다. [그림 10-33]은 입출력 채널을 이용하여 여러 블록을 입출력하는 것을 보여준다.

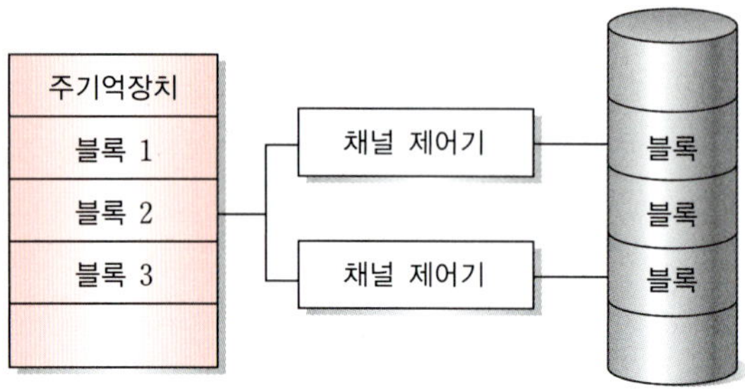

그림 10-33 입출력 채널을 이용한 입출력

입출력 채널은 여러 블록을 입출력할 수 있으므로 입출력되는 모든 정보를 알려주어야 하지만, 입출력 명령 하나로 여러 블록에 대한 정보를 알려주기는 어렵다. 따라서 이를 해결하기 위해 입출력 채널 제어기 내에 입출력되는 모든 정보를 기억할 수 있도록 장비를 갖추어야 하므로 하드웨어 비용이 증가한다.

■ 입출력 채널 명령어

입출력 채널의 하드웨어 비용을 감소시키는 방법 중 하나는 입출력될 여러 블록의 정보를 주기억 장치에 저장해두고 입출력 채널 제어기가 하나씩 가져가게 하는 것이다. 즉 입출력 채널 제어기가 하나의 블록에 대한 정보만 기억할 수 있도록 형태를 단순화하는 것이다. 이때 주기억 장치에 저장된 각 블록의 정보를 입출력 채널 명령어Channel Command Word, CCW라고 한다. 입출력 채널 명령어는 입출력 채널이 동작할 명령어와 같으며, n개의 블록을 입출력하려면 n개의 채널 명령어를 수행해야 한다.

입출력 채널을 사용하여 입출력을 하려면 입출력 채널 명령어에 다음과 같은 요소가 포함되어야 한다.

- 동작을 나타내는 명령으로 입력이나 출력 지시
- 주기억 장치에 접근할 블록의 위치 표시
- 블록의 크기 제시

• 다음 채널 명령어의 위치를 연결하는 표시 비트 이용

■ 채널 프로그램

입출력 채널이 여러 블록을 입출력할 때 각 블록에 대한 채널 명령어의 모임을 채널 프로그램이라고 한다. 채널 프로그램은 채널 명령어가 연속적으로 모여 있지 않아도 되기 때문에 연결된 형식으로 별도의 장소에 기억되는데 이를 체인이라고 한다. 체인은 연결 표시 비트를 이용하여 다음에 수행할 채널 명령어의 위치를 알려준다. 데이터 체인은 여러 블록을 입출력하거나 여러 곳에 나누어진 블록을 하나로 모으는 작업을 편리하게 한다.

입출력 채널의 종류

입출력 채널은 입출력 명령어를 실행할 수 있으므로 입출력 동작에 대한 완전한 제어권을 갖는다. 이러한 제어권을 실행하기 위한 채널은 다음과 같이 구분된다.

■ 채널 선택기

채널 선택기selector channel는 여러 소속 장치를 제어하고 접속된 장치 중에서 하나를 선택하여 데이터 전송을 지원하는 방식이다. 즉 어느 한 시점에서 볼 때 입출력 동작 하나가 전용 채널을 사용하는 것과 같은 개념이다. 그러므로 어떤 장치에서 데이터 입출력이 이루어지고 있으면 논리적인 정지가 있을 때까지는 다른 장치에서 사용할 수 없다.

■ 멀티플렉서 채널

멀티플렉서 채널multiplexer channel은 동시에 여러 장치의 입출력이 가능한 방식이다. 스위치 장치를 통해 각 서브채널이 순차적으로 연결되는 것이 멀티플렉서 채널의 원리이다. 속도가 느린 장치는 바이트 멀티플렉서가 여러 장치와의 문자 입출력을 가능하게 하고, 속도가 빠른 장치는 블록 멀티플렉서가 여러 장치에서 들어오는 데이터 블록을 동시에 전송한다.

[그림 10-34]에서 (a)의 채널 선택기는 여러 개의 입출력 모듈 중 하나를 선택하여 입출력을 수행하며, (b)의 멀티플렉서 채널은 멀티플렉서가 스위치로 동작하고 순차적으로 입출력 모듈에 연결되어 입출력을 수행한다.

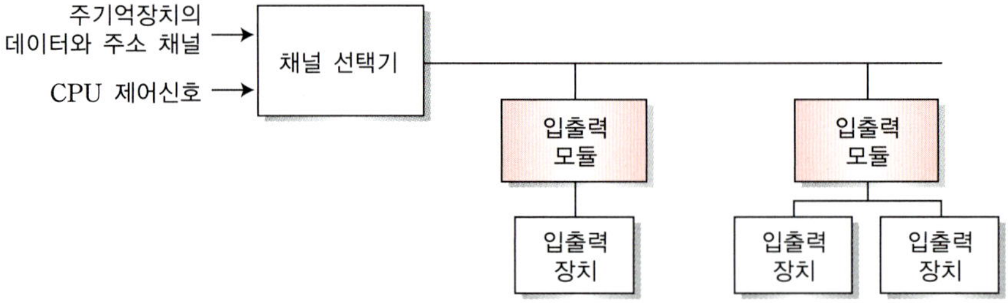

(a) 채널 선택기

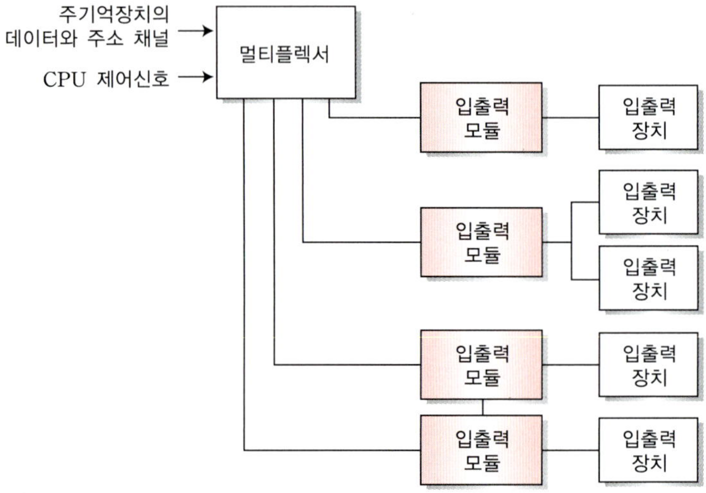

(b) 멀티플렉서 채널

그림 10-34 채널 선택기와 멀티플렉서 채널

요약

01 입력 장치

입력 장치는 문자나 기호, 소리, 동영상 데이터를 컴퓨터가 이해할 수 있는 2진 코드로 변환하여 주기억 장치에 저장하거나 CPU에 전달한다.

02 출력 장치

출력 장치는 컴퓨터 내부에서 처리된 결과나 저장된 내용을 사람이 알아볼 수 있는 형태로 보여준다.

03 입출력 겸용 장치

입출력 겸용 장치는 입력과 출력을 동시에 수행하는 장치이다. 사운드 카드와 영상 카드를 대표적으로 꼽을 수 있으며, 잉크젯 프린터에 이미지 스캐너와 복사기가 결합된 복합기도 이에 해당한다.

04 입출력 모듈

입출력 모듈은 처리 속도가 다른 CPU와 주기억 장치 사이에서 제어하여 적절한 처리 속도로 통신을 가능하게 한다.

05 입출력 모듈의 기능

입출력 모듈에서 다양한 입출력 장치를 지원하려면 입출력 장치의 제어와 타이밍 조정, CPU(프로세서)와의 통신, 입출력 장치와의 통신, 데이터 버퍼링, 오류 검출 등의 기능을 수행해야 한다.

06 입출력 모듈의 연결

입출력 장치에는 별도의 입출력 버스가 있고 이것이 시스템 버스에 연결된다. 버스 어댑터는 입출력 버스와 시스템 버스를 연결하여 입출력 데이터의 입출력을 제어하고, 입출력 모듈은 속도 및 동작 특성이 유사한 입출력 장치를 제어하고 관리한다.

07 입출력 장치의 주소 지정

입출력 모듈에는 여러 입출력 장치가 연결되어 있으므로 각 장치를 구분할 수 있도록 고유의 번호 또는 주소가 지정되어 있다. CPU가 보내는 입출력 명령에는 원하는 장치의 주소가 포함되어 있고, 각 입출력 모듈은 주소를 해석하여 그 명령이 자신에게 해당하는지를 판단한다.

08 입출력 데이터 전송

저속으로 동작하는 입출력 장치는 고속으로 동작하는 CPU와 속도 차이가 크기 때문에 CPU와는 동기화하지 않고 자체적인 시간 펄스를 이용하여 독립적으로 동작한다. 2개 이상의 독립된 입출력 장치가 비동기적으로 데이터를 전송하는 경우 데이터 전송을 알리는 방법에는 스트로브 신호를 이용하는 방법과 제어 신호를 이용하는 핸드셰이킹 방법이 있다.

09 입출력 제어 기법

입출력 장치가 컴퓨터 내부 장치와 원활하게 통신하도록 제어하는 방법에는 CPU가 직접 입출력 장치를 제어하는 방식, 주기억 장치와 입출력 장치가 직접적으로 데이터를 교환하는 직접 기억 장치 액세스 방식, 별도의 입출력 프로세서가 입출력 장치를 제어하는 방식이 있다.

01 다음 중 입출력 겸용 장치에 해당하지 않는 것은?

① 사운드 카드 ② 문자 판독 카드

③ 통신 접속 장치 ④ 비디오 카드

02 입출력 장치에 대한 설명으로 옳지 않은 것은?

① 지시 장치는 출력 장치로 하드카피 출력을 한다.

② 광학 문자 판독기는 원시 데이터 입력 장치이다.

③ 사운드 카드는 입출력 겸용 장치이다.

④ LCD 모니터는 대표적인 출력 장치이다.

03 CPU와 외부 장치 간의 통신을 수행하기 위한 입출력 모듈의 기능이 아닌 것은?

① 장치 제어 ② 데이터 교환

③ 명령어 해석 ④ 상태 보고

04 입력 장치의 처리 과정에 대한 설명으로 옳지 않은 것은?

① 입력된 데이터가 어느 장치에서 입력된 것인지 판단하는 과정이 필요하다.

② 표준 신호로의 변환이 필요하다.

③ CPU는 표준 신호를 처리하는 과정을 수행한다.

④ 입력된 데이터가 수신 능력을 갖도록 변환한다.

05 다음 중 입출력 모듈이 필요한 이유에 해당하지 않는 것은?

① 입력 장치와 출력 장치의 차이 ② 전송 데이터 길이의 차이

③ 전송 속도의 차이 ④ 데이터 형식의 차이

06 다음 중 입출력 모듈의 기능에 해당하지 않는 것은?

① 스트리밍 서비스 ② 오류 검출

③ 데이터 버퍼링 ④ CPU와의 통신

07 입출력 모듈을 사용하는 이유로 적절하지 않은 것은?

① 주변 장치 간의 전송 데이터 길이 차이를 극복하기 위해

② 주변 장치와 CPU 간의 전송 속도 차이를 극복하기 위해

③ CPU와 주기억 장치 간의 워드 길이 차이를 극복하기 위해

④ 주변 장치 간의 데이터 형식 차이를 극복하기 위해

08 다음 중 입출력 모듈의 기능에 해당하지 않는 것은?

① 전송 데이터의 단편화와 재조립

② 프로세서와의 통신

③ 입출력 장치와의 통신

④ 오류 검출

09 입출력 모듈의 기능에 대한 설명으로 옳지 않은 것은?

① 입출력 장치의 제어와 타이밍 조정 기능은 내부와 외부 장치 간의 데이터 흐름을 조절한다.

② CPU와의 통신 기능에는 명령 해석, 데이터 교환, 상태 보고, 주소 인식이 포함된다.

③ 데이터 버퍼링은 입출력 장치에서 컴퓨터 내부로 전달되는 고속 데이터를 저장한다.

④ 오류 검출에는 일반적으로 패리티 비트를 사용한다.

10 입출력 모듈의 조직에 대한 설명으로 옳지 않은 것은?

① 데이터 선, 주소 선, 제어 선을 통해 컴퓨터 내부 장치와 연결된다.

② 상태 레지스터가 제어 레지스터로도 동작한다.

③ 입출력 모듈은 제어 선을 통해 들어온 여러 입출력 모듈의 주소 중에서 자신만의 주소를 인식해야 한다.

④ 입출력 모듈은 연결된 입출력 장치를 제어하기 위한 데이터, 상태 신호, 제어 신호를 가지고 있다.

11 입출력 장치의 주소 지정 방식 중 분리형 입출력 방식에 대한 설명으로 옳은 것은?

① 기억 장치 관련 명령어를 입출력 장치 제어에도 사용할 수 있다.

② 별도의 입출력 장치에 대한 읽기/쓰기 신호가 필수적이다.

③ 입출력 장치에 사용하므로 프로그래밍이 용이하다.

④ 기억 장치만을 위한 주소 공간이 감소한다.

12 입출력 모듈에 대한 설명으로 옳지 않은 것은?

① 제어를 통해 CPU와의 통신이 가능하게 한다.

② 적절한 속도로 변경하기 위해 버퍼링 기능을 수행한다.

③ 패리티 비트를 사용하여 전송 오류를 검출한다.

④ 주소 지정 방식인 기억 장치 사상 방식에는 별도의 명령어가 필요하다.

13 인터럽트 구동 입출력 방식에서 인터럽트를 요구한 장치를 찾는 방법에 대한 설명으로 옳지 않은 것은?

① 다수 인터럽트 선 방식: 인터럽트 요구 선과 확인 선을 접속하는 방식이다.

② 소프트웨어 폴 방식: 우선순위의 변경이 용이하다.

③ 데이지 체인 방식: 입출력 장치와 가장 가까운 모듈의 우선순위가 높다.

④ 버스 중재 방식: 매 순간 하나의 모듈만 인터럽트를 전송할 수 있다.

14 다음 중 입출력 제어 기법에 해당하지 않는 것은?

① 병렬 장치 액세스를 이용한 제어 방식

② CPU가 직접 제어하는 방식

③ 직접 기억 장치 액세스를 이용한 제어 방식

④ 별도의 입출력 프로세서를 이용한 제어 방식

15 다음 중 입출력 제어 기법의 종류가 아닌 것은?

① 프로그램 입출력 방식

② 직접 제어 장치 액세스를 이용한 제어 방식

③ 입출력 프로세서를 이용한 제어 방식

④ 인터럽트 구동 입출력 방식

16 입출력 제어 기법에 대한 설명으로 옳은 것은?

① CPU가 직접 입출력 장치를 제어하는 방식에는 프로그램 입출력 방식이 있다.

② DMA 방식의 대표적인 예는 인터럽트 구동 입출력 방식이다.

③ 입출력 프로세서를 이용한 제어 방식은 중앙 프로세서가 입출력을 담당한다.

④ 직접 기억 장치 액세스 방식은 CPU와 기억 장치 간의 직접적인 데이터 전송이 가능하다.

17 입출력 제어 기법 중 CPU의 관여가 가장 적은 것은?

① 프로그램 입출력 방식

② 인터럽트 구동 입출력 방식

③ 주기억 장치와 출력 장치가 직접 데이터를 교환하는 방식

④ 입출력 프로세서를 이용한 제어 방식

Chapter

11

시스템 버스

학습목표

- 컴퓨터 버스를 이해하고 그 종류를 파악한다.
- 시스템 버스의 기능과 기억 장치 용량을 이해한다.
- 다중 버스 계층 구조를 이해하고 그 장점을 파악한다.
- 버스 중재의 개념을 이해하고 그 종류를 파악한다.

01 컴퓨터 버스의 개요

컴퓨터 내부의 회로에서 CPU와 주기억 장치, 외부의 입출력 장치 사이에 데이터를 전송하기 위해 공용으로 사용하는 전기적 통로를 버스라고 한다. 버스는 실질적인 정보 데이터를 전달하는 데이터 버스, 각 장치의 주소나 기억 장치의 위치를 나타내는 정보를 위한 주소 버스, 수행될 다양한 데이터 전송 동작을 구별하기 위한 제어 버스로 구성된다.

컴퓨터에서 사용되는 버스는 연결 장치에 따라 세 가지 형태가 있다. 첫 번째는 컴퓨터 시스템 내의 칩들 사이에 신호를 전달하는 전형적인 내부 버스이다. 두 번째는 주변 장치 사이에 신호를 전달하는 범용 인터페이스 버스인 기능 버스로, 이는 외부 버스에 해당하며 대부분 표준화되어 있다. 세 번째는 시스템 카드를 연결하는 버스로 기억 장치의 주소 버스, 공유된 데이터 버스, 제어 버스 등과 관련이 있으며, 표준화가 이루어지지 않아 문제가 많다.

1 버스의 분류

버스는 [표 11-1]과 같은 기준에 따라 분류할 수 있다.

표 11-1 버스의 분류

분류 기준	종류
버스 위치	내부 버스, 외부 버스
데이터 처리량	ISA 버스, EISA 버스, VESA 버스, PCI 버스

버스 위치에 따른 분류

■ **내부 버스**

내부 버스internal bus는 컴퓨터 시스템에서 시스템 내 또는 장치 내에 밀폐되어 있는 버스이다. 보통은 비공개로 되어 있으며 기억, 연산, 제어 기능을 실현하기 위한 CPU와 주기억 장치, 입출력 장치, 외부 기억 장치, 주변 장치, 통신 처리 장치 등의 제어부 사이를 연결한다. 외부 장치에 해당하는 입출력 장치, 외부 기억 장치, 주변 장치, 통신 처리 장치 등은 내부 버스를 경유하여 외부 버스와 연결된다.

■ **외부 버스**

외부 버스external bus는 내부 버스를 경유하여 CPU와 외부 장치를 연결하는 버스이다. 다중 판매자 환경에서 컴퓨터 시스템을 구축하는 경우가 많기 때문에 내부 버스와 달리 흔히 공개되어 있다. 따라서 외부 버스의 공개화 또는 표준화는 장치 설계상 필수 조건이며, 표준화되었거나 업계 표준이 된 버스는 GPIB, VME 버스, 멀티 버스, ISA 버스, EISA 버스, MCA 버스 등이다.

여기서 잠깐! | 다중 판매자 환경

컴퓨터 시스템의 구성 요소가 한 회사의 제품이 아니라 여러 회사의 제품이 섞여 있는 작업 환경을 말한다.

데이터 처리량에 따른 분류

■ **ISA 버스**

PC/AT 버스 또는 AT 버스라고도 하는 ISAIndustry Standard Architecture는 CPU와 각종 주변 장치를 연결하여 정보를 전달하는 버스 설계 규격으로, IBM PC와 호환 기종의 표준 확장 슬롯에 플러그인 카드 또는 보드를 삽입하는 데 사용한다. ISA 버스는 처음에 IBM PC/XT에서 8비트 버스로 사용되었고, IBM이 1984년 PC/AT를 발매할 때 16비트 폭으로 확장했다.

ISA 버스를 채용한 대부분의 개인용 컴퓨터에는 8비트 확장 카드를 삽입할 수 있는 8비트 슬롯과 16비트 확장 카드를 삽입할 수 있는 16비트 슬롯이 있다. IBM PC가 개인용 컴퓨터의 표준처럼 인식되면서 IBM PC/AT의 16비트 버스 구조는 PC/AT 호환기 업계의 표준 버스 구조가 되어 '업계 표준 구조'라고 불린다. 속도는 이론상 4MB/sec, 실제로는 2MB/sec 정도로 상당히 느린 편이지만 호환성이 뛰어나고 가격이 저렴하여 널리 사용되었다. ISA 버스는 아직까지 사용되고 있으나 현재는 PCI 버스로 대체되는 추세이다.

그림 11-1 ISA 버스

■ EISA 버스

EISA^Extended Industry Standard Architecture 버스는 16비트인 ISA 버스를 32비트로 확장하고 개선한 PC/AT 호환기의 버스 규격으로 '확장 ISA' 또는 '확장 업계 표준 구조'라고 불린다. 1988년 미국의 컴팩컴퓨터와 인텔을 중심으로 한 9개 PC/AT 호환기 제조사의 컨소시엄으로 개발되었다.

EISA 버스는 IBM의 PS/2에 탑재된 MCA 버스에 대항하여 개발된 것으로 성능이 MCA 버스에 필적한다. 16비트인 ISA 버스를 32비트로 확장했을 뿐만 아니라 MCA의 기능도 추가했다. EISA 버스는 ISA 확장 카드도 사용할 수 있어 MCA 버스와 달리 ISA와 호환성이 있다. 또한 ISA 버스보다 훨씬 높은 주파수로 동작할 수 있고 데이터 전송 속도도 더 고속이다. 그러나 하위 기종과 호환되지 않고 비교적 가격이 높아서 널리 보급되지 않았으며, PCI 버스의 등장으로 지금은 많이 사용되지 않는다.

■ VESA 로컬 버스

VESA^Video Electronics Standards Association 로컬 버스는 1992년 비디오일렉트로닉스표준협회인 VESA에서 표준화한 로컬 버스 규격으로, 간단히 VLB 또는 VL 버스라고도 한다. 로컬 버스는 그 밖의 버스 방식과 달리 버스 제어기를 통하지 않고 직접 CPU와 데이터를 송수신하는 방식을 채택하여 전송 속도를 높였다. VESA 로컬 버스는 CPU와 주변 장치를 직접 연결하여 고속으로 데이터를 전달하는 데이터 통로를 제공한다. 따라서 기존 PC/AT 호환기의 표준 버스인 ISA 버스나 EISA 버스보다 데이터 전송 속도가 매우 빠른 것이 특징이다.

CPU의 동작 주파수가 i836부터 수십 메가헤르츠로 고속화됨으로써 VESA 로컬 버스는 CPU의 속도로 동작하며, 확장 슬롯에 대용량 데이터 고속 전송이 요구되는 비디오 카드나 소형 컴퓨터 시스템 인터페이스(SCSI) 확장 보드를 삽입할 수 있다. VESA 로컬 버스는 32비트 또는 64비트 버스(펜티엄 CPU의 경우)이며, VESA 로컬 버스 확장 보드 또는 카드가

(a) 그래픽 카드

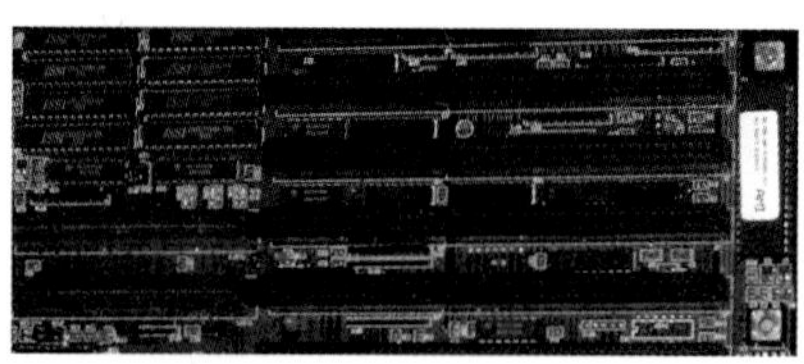

(b) 주 회로기판

그림 11-2 VESA 로컬 버스

CPU와 독립적으로 작업을 처리할 수 있게 하는 버스 마스터 링을 지원한다. [그림 11-2]는 VESA 로컬 버스가 사용된 그래픽 카드와 주 회로기판을 보여준다.

■ PCI 버스

PCI Peripheral Component Interconnect 버스는 개인용 컴퓨터의 CPU와 주변 장치를 연결하는 ISA, EISA, VESA의 후속으로 개발된 로컬 버스 규격으로, PCI 로컬 버스로 널리 알려져 있다. 오늘날 개인용 컴퓨터에서 가장 많이 볼 수 있는 버스이며, 이 규격의 PCI 슬롯이 대부분의 펜티엄 PC에 장착되어 있다.

PCI 버스는 주소를 전달하는 신호와 데이터를 전달하는 신호를 시분할 다중화 Time Division Multiplexing, TDM 하여 하나의 선으로 전송하기 때문에 신호 선의 수가 적다. 또한 32비트 또는 64비트 버스로 사용 가능하며, CPU와 버스 사이에 브리지 회로를 두어 CPU의 종류가 달라도 그에 대응하는 브리지 회로를 갖추기만 하면 어떤 CPU와도 연결할 수 있다. PCI 확장 카드는 버스 마스터 링을 지원하여 CPU와 독립적으로 작업을 처리할 수 있기 때문에, 전송 속도가 다른 여러 주변 장치를 접속해도 동영상 등의 멀티미디어 데이터를 우선적으로 처리할 수 있다. [그림 11-3]은 주 회로기판의 PCI 버스 슬롯을 보여준다.

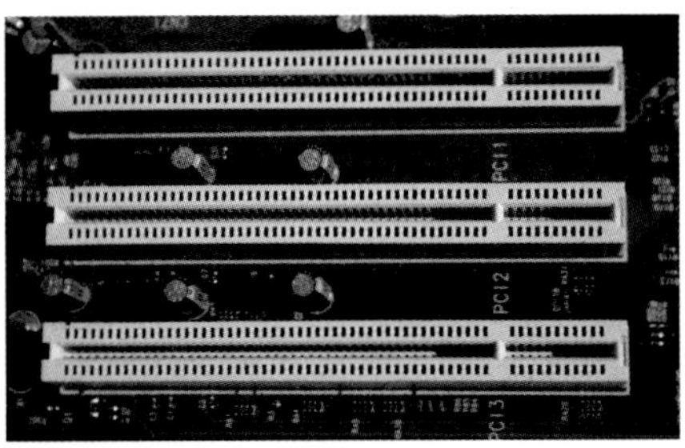

그림 11-3 PCI 버스 슬롯

■ PCI Express

PCI Express는 PCI 병렬 버스의 성능을 향상하고 소프트웨어 관련 호환성을 유지하는 방식이며, 책이나 문서에는 PCIe로 표기되어 있다. PCI Express는 스위치 패브릭 switched fabric 구조와 점대점 point-to-point 패킷 연결망 방식을 채택하여 성능과 확장성을 향상한 것으로, 개인용 컴퓨터의 고속 버스 규격이다. 인텔이 3 GIO The 3rd Generation I/O 라는 명칭으로 개발하여 2002년 PCI-SIG에서 규격화되었고, 오랫동안 3D 그래픽 카드로 군림했던

AGP를 대체했다. PCI Express는 2004년부터 본격적으로 쓰이기 시작했으며, 1초에 8기가바이트 정도의 데이터를 전송할 수 있다. 규격으로 PCIe 2.0과 PCIe 3.0이 잘 알려져 있다.

2 버스의 폭과 대역폭

버스 선의 수는 버스가 데이터를 전송할 수 있는 능력으로 버스 폭이라고도 한다. 따라서 버스 폭은 한 번에 전송할 수 있는 데이터의 비트 수를 나타내며, 버스 선의 수는 기억 장치 주소의 비트 수와 제어 신호의 수에 따라 결정된다. 따라서 소형 컴퓨터의 경우 50~100개의 버스 선을 사용하므로 20~100비트의 데이터를 전송할 수 있고, 중대형급 시스템의 경우 100개 이상의 버스 선을 사용하므로 100비트 이상의 데이터를 전송할 수 있다.

버스의 속도를 나타내는 척도인 버스의 대역폭bus bandwidth은 단위 시간당 전송할 수 있는 데이터의 양을 나타내며, 버스 클록 주기에 따라 결정된다. 예를 들어 버스 클록 주기가 50나노초(클록 주파수는 20메가헤르츠)이고 데이터 버스의 폭이 64비트(8바이트)이면 버스의 대역폭은 초당 전송되는 비트의 수이므로 다음과 같이 계산된다.

$$8B/(50 \times 10^{-9}sec) = 160MB/sec$$

따라서 주어진 버스를 이용하여 초당 1억 6,000바이트의 데이터를 전송할 수 있다.

02 시스템 버스의 개념

버스는 컴퓨터 시스템의 구성 장치를 연결하고, 교환할 각종 정보를 전송하는 공유 전송 매체이다. 여기서 컴퓨터 시스템을 구성하는 기본 장치인 CPU, 주기억 장치, 외부 기억 장치, 입출력 장치를 컴퓨터 기본 모듈이라고 한다. 필요에 따라 서로 데이터를 주고받는 통신 작업을 수행하는 컴퓨터 기본 모듈이 상호 전달하는 데이터의 전송 유형은 다음과 같이 구분된다.

- CPU가 주기억 장치에서 명령어와 데이터를 읽고 기억 장치에 데이터를 저장하는 유형
- CPU가 입출력 모듈을 통해 입출력 장치에서 데이터를 읽어오고 입출력 장치로 데이터를 내보내는 유형
- DMA 제어기의 동작으로 입출력 모듈이 직접 주기억 장치에 접근하여 주기억 장치와 데이터를 교환하는 유형

이러한 데이터 전송을 수행하려면 컴퓨터 기본 모듈이 버스로 연결되어야 한다. CPU를 중심으로 주기억 장치, 외부 기억 장치, 입출력 장치가 데이터를 교환하는 통로를 시스템 버스라고 한다. [그림 11-4]에서 보듯이 CPU가 주기억 장치와 직접 연결되고, 외부 기억 장치와 입

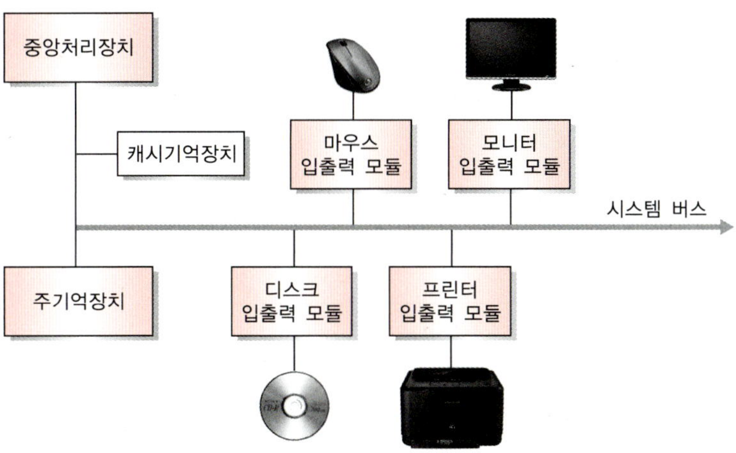

그림 11-4 시스템 버스의 개념

출력 장치는 입출력 모듈을 통해 연결된다.

1 시스템 버스의 유형별 분류

버스는 유형에 따라 다음과 같이 구분할 수 있다.

■ **전용 버스**

전용 버스dedicated bus는 지정된 신호만을 전송할 수 있는 버스이다. 데이터를 전달하는 전용 버스를 데이터 버스, 주소를 전달하는 전용 버스를 주소 버스, 제어 신호를 전달하는 전용 버스를 제어 버스라고 한다.

■ **다중화 버스**

다중화 버스multiplexed bus는 제어 신호에 의해 여러 용도의 신호를 전송할 수 있는 버스이다. 주소 및 데이터 버스는 주소 유효address valid 신호를 이용하여 주소 데이터 또는 일반 데이터를 전달할 수 있다. 다중화 버스는 버스로 사용되는 선의 수가 적기 때문에 공간과 비용을 절감할 수 있지만, 제어 회로가 복잡하고 시분할 다중화 방식으로 인해 성능이 저하되는 것이 단점이다.

2 시스템 버스의 기능별 분류

버스는 전달하는 정보의 기능에 따라 데이터 버스, 주소 버스, 제어 버스로 구분할 수 있다. [그림 11-5]는 기능별 시스템 버스에 컴퓨터 기본 모듈이 연결된 것을 보여준다. 데이터 버스, 주소 버스, 제어 버스가 각각 CPU, 기억 장치, 입출력 장치에 연결되어 그에 맞는 신호를 전달한다.

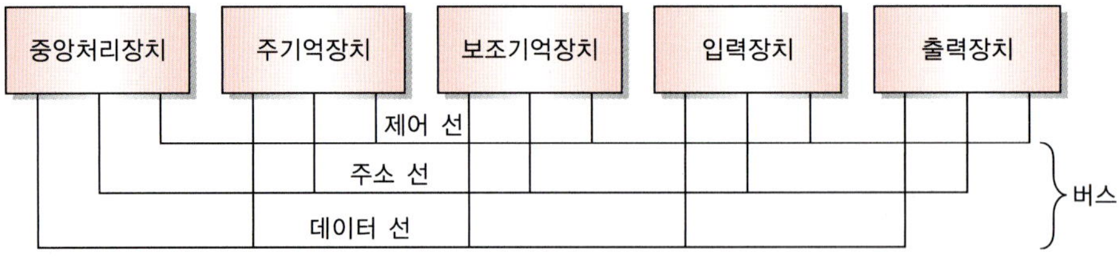

그림 11-5 기능별 시스템 버스에 연결된 컴퓨터 기본 모듈

데이터 버스

데이터 버스는 컴퓨터 시스템을 구성하는 장치 사이에 데이터를 전송하는 데 사용되는 선의 집합이다. 데이터 버스로 연결된 장치 간에는 양방향 전송이 가능하며, 데이터 버스의 폭(선의 수)은 CPU와 주기억 장치 사이에 한 번에 전송되는 비트 수로 결정된다.

주소 버스

주소 버스는 CPU가 주기억 장치로 데이터 쓰기 동작을, 주기억 장치에서 데이터 읽기 동작을 할 때 주기억 장치의 해당 주소를 전송하는 데 사용되는 선의 집합이다. 주소 버스는 CPU에서 주기억 장치와 입출력 모듈로 주소를 전송할 수 있지만, 반대로 주기억 장치와 입출력 모듈에서 CPU로 주소를 전송할 수는 없다. 즉 주소 버스는 단방향 전송이라는 특징이 있다. 주소 버스의 비트 수는 CPU가 액세스할 수 있는 기억 장치의 주소 수 또는 기억 장소의 수를 결정한다.

주소 버스의 비트에 따른 기억 장치 용량을 살펴보자. 1바이트 데이터 단위로 주소를 지정하고 저장하는 경우, 주소 버스의 폭이 16비트라면 지정할 수 있는 주소의 수는 $2^{16} = 65,536$개이고, 지정된 주소만큼의 최대 기억 장치 용량은 64킬로바이트이다. 또한 주소 버스의 폭이 32비트라면 지정할 수 있는 주소의 수는 $2^{32} = 4,294,967,296$개이고, 지정된 주소만큼의 최대 기억 장치 용량은 4기가바이트이다.

제어 버스

제어 버스는 CPU, 주기억 장치, 입출력 장치 사이에 제어 신호를 전송하는 데 사용되는 선의 집합이다. 컴퓨터에서의 주요 제어 신호는 다음과 같다.

- 기억 장치 읽기/쓰기 신호
- 입출력 장치 읽기/쓰기 신호
- 전송 확인 신호
- 버스 요구 신호
- 버스 승인 신호
- 인터럽트 요구 신호
- 인터럽트 확인 신호

- 버스 클록 신호
- 리셋 신호

제어 버스를 통해 전달되는 제어 신호는 관련 장치에 따라 다음과 같이 구분할 수 있다.

■ CPU, 주기억 장치와 관련된 제어 신호

- **기억 장치 쓰기 신호**: 버스에 적재된 데이터를 주소가 지정한 기억 장치의 장소에 저장한다.
- **기억 장치 읽기 신호**: 주소가 지정한 기억 장치의 장소에서 데이터를 읽어 버스에 적재한다.

■ CPU, 입출력 장치와 관련된 제어 신호

- **입출력 장치 쓰기 신호**: 버스에 적재된 데이터를 지정된 입출력 장치로 출력한다.
- **입출력 장치 읽기 신호**: 지정된 입출력 장치에서 데이터를 읽어 데이터 버스에 적재한다.
- **전송 확인 신호**: 데이터 전송 동작이 완료되었음을 알려준다.

■ 버스 중재에 사용되는 제어 신호

버스에 연결된 여러 장치가 동시에 버스를 사용하려면 각 장치가 순서대로 버스를 사용하도록 제어하는 기능이 필요한데, 이러한 제어 기능을 버스 중재라고 한다. 시스템 버스에 접속되는 장치 중에서 버스 사용의 주체가 되는 CPU, 입출력 모듈 등의 요소를 버스 마스터bus master라고 한다. 버스 중재는 시스템 버스에 접속된 2개 또는 그 이상의 버스 마스터가 동시에 버스를 사용하려 할 때 순서대로 버스를 사용할 수 있게 해준다. 버스 중재를 위한 제어 신호 선의 집합을 중재 버스arbitration bus라고 하며, 중재 버스에 사용되는 신호는 다음과 같다.

- **버스 요구 신호**: 버스 마스터가 버스 사용을 요청했음을 알려준다.
- **버스 승인 신호**: 버스 사용을 요청한 버스 마스터에 버스 사용을 허가한다.
- **버스 사용 중 신호**: 현재 다른 버스 마스터가 버스를 사용 중인 상태임을 나타낸다.

■ 인터럽트 버스에 사용되는 제어 신호

[그림 11-6]은 시스템 버스와 별도로 인터럽트 요구 선이 각 장치와 연결된 것을 보여준다. 인터럽트 요구 선은 인터럽트 동작을 위한 제어 신호 선의 집합으로, 인터럽트 버스interrupt bus라고 한다. 인터럽트 버스에 사용되는 신호는 다음과 같다.

- **인터럽트 요구 신호**: 입출력 장치가 CPU에 인터럽트를 요구하는 신호
- **인터럽트 확인 신호**: CPU 인터럽트 요구에 대한 확인 신호

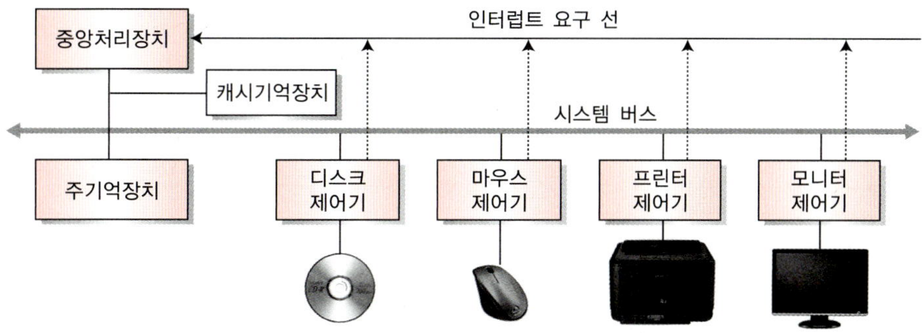

그림 11-6 인터럽트 버스의 개념

■ 기타 제어 신호

- **버스 클록 신호**: 동기식 버스에서 버스 동작의 시작 시간을 일치시킨다.
- **리셋 신호**: 컴퓨터 시스템에 속한 모든 요소의 동작을 초기화한다.

3 시스템 버스의 동작 및 동작 타이밍에 따른 분류

시스템 버스의 기본 동작을 이해하고 동작 타이밍에 따른 분류를 살펴보자.

시스템 버스의 기본 동작

- **쓰기 동작 과정**: 버스 마스터가 버스 사용권을 획득한 후 주소 버스를 통해 기억 장치의 주소를 전달한다. 이와 동시에 데이터 버스로 데이터를 전송하여 제어 버스로 쓰기 신호를 전송한다.
- **읽기 동작 과정**: 버스 마스터가 버스 사용권을 획득한 후 주소 버스를 통해 기억 장치의 주소를 전달한다. 이와 동시에 제어 버스로 읽기 신호를 전송하고 데이터 버스를 통해 원하는 데이터가 수신될 때까지 대기한다.

버스의 동작 타이밍에 따른 분류

- **동기식 버스**: 시스템 버스에서 모든 버스 동작이 공통의 버스 클록을 기준으로 발생한다.
- **비동기식 버스**: 관련된 다른 버스 동작의 발생 여부에 따라 버스 동작의 발생 시간이 결정된다.

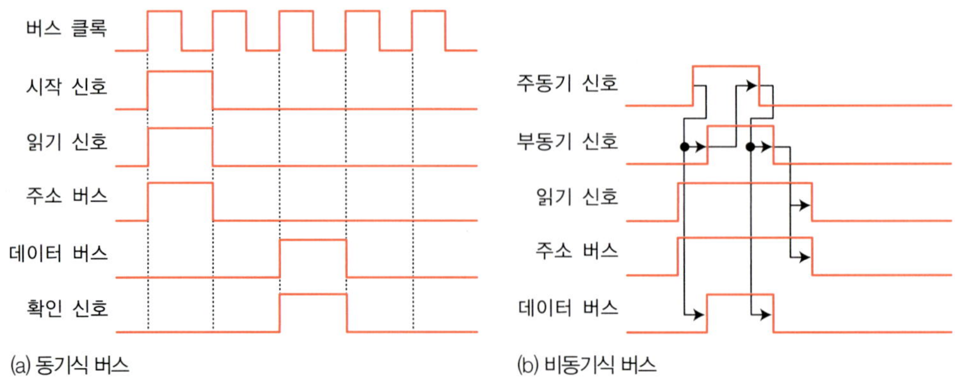

그림 11-7 동기식 버스와 비동기식 버스의 동작

■ 동기식 버스의 특징과 동작

동기식 버스는 인터페이스 회로가 간단하지만 가장 긴 클록 주기로 동작 시간이 결정되는 것이 단점이다. 즉 클록 주기보다 시간이 짧은 버스 동작은 완료된 후에도 다음 주기가 시작될 때까지 대기해야 한다.

[그림 11-7]의 (a)는 동기식 버스에서의 읽기 동작을 보여준다. 공통된 버스 클록을 기준으로 어느 시점부터 시작 신호, 읽기 신호, 주소 버스가 동기적으로 활성화된다. 그리고 기억장치의 접근 과정 동안 한 클록 주기를 대기한 후 데이터 버스에 데이터가 적재되고 전송 확인 신호도 활성화된다.

■ 비동기식 버스의 특징과 동작

비동기식 버스는 각 버스 동작이 완료되면 즉시 연관된 다음 동작이 발생하기 때문에 동기식 버스와 달리 낭비되는 시간이 없다. 그러나 연속 동작을 처리하기 위한 인터페이스 회로가 복잡하기 때문에 전체적으로 시스템의 복잡도가 작은 소규모 컴퓨터 시스템에서 사용된다. 시스템의 복잡도가 큰 중형급 이상의 시스템에서는 인터페이스 회로가 간단한 동기식 버스를 사용하는 것이 더 유리하다.

[그림 11-7]의 (b)는 비동기식 버스에서의 읽기 동작을 보여준다. 먼저 읽기 신호와 주소 버스가 활성화되고 이 상태가 얼마 동안 유지된 후 주동기 신호(MSYN)가 활성화된다. 주동기 신호가 활성화되기 위한 상승 시간에 부동기 신호(SSYN)가 활성화되어 데이터 버스에 데이터가 적재되며, 데이터 전송이 완료되면 주동기 신호와 데이터 버스가 비활성화된다. 그리고 부동기 신호가 비활성화된 후 읽기 신호와 주소 버스도 비활성화된다.

03 다중 버스 계층 구조

시스템 버스에 연결된 장치 중에서 CPU의 처리 속도가 가장 빠르고, 주기억 장치가 보조 기억 장치보다 빠르며, 입출력 장치는 주기억 장치보다 느리다. 따라서 시스템 버스에 연결된 각 장치의 속도를 고려하여 효율적으로 연결되도록 버스 구조를 설계해야 하는데, 이를 위해 제안된 것이 다중 버스 계층multiple-bus hierarchy이다.

1 단일 버스 구조

단일 버스는 [그림 11-4], [그림 11-6]과 같이 하나의 시스템 버스에 컴퓨터 구성 장치가 연결된 가장 간단한 구조이다. 단일 버스의 경우 버스에 연결된 장치가 많아질수록 버스의 사용을 조정하거나 중재하는 시간이 길어져서 전파 지연propagation delay이 증가한다. 또한 CPU가 다른 장치로 데이터를 요청하는 것이 버스의 주요 동작이므로 버스의 병목 현상이 발생한다. 즉 데이터 전송 요구량의 증가로 처리 가능한 버스 용량을 초과하여 병목 현상이 나타나는 것이다. 이러한 문제는 데이터 전송률을 증가시키거나 버스 폭을 확장하여 부분적으로 해결할 수는 있으나 단일 버스 구조의 한계로 근본적인 해결이 불가능하다.

2 2계층 다중 버스 구조

다중 버스 계층은 여러 버스를 사용하는 계층적 구조로, 단일 버스의 전파 지연과 병목 현상을 해결하기 위해 설계되었다. [그림 11-8]은 전통적으로 사용되는 2계층 다중 버스 구조로, 시스템 버스가 중심이 되고 여기에 주기억 장치, 캐시 기억 장치, 확장 버스 인터페이스가 연결된다. 접근이 가장 많이 일어나는 주기억 장치만 시스템 버스에 단독으로 연결되고, CPU는 내부의 지역 버스local bus를 이용하여 지역 입출력 제어기local I/O controller, 캐시 기억 장치와 연결된다. 또한 캐시 기억 장치는 시스템 버스를 통해 주기억 장치와 연결된다. 주변 장치가 연결되는 하위 계층에서는 확장 버스에 입출력 장치가 연결되고, 확장 버스 인터페이스를 통해 시스템 버스와 연결된다. 즉 액세스의 빈도가 적고 처리 속도가 느린 장치는 시스템 버스에 직접 연결하지 않고 확장 버스를 거쳐서 연결한다.

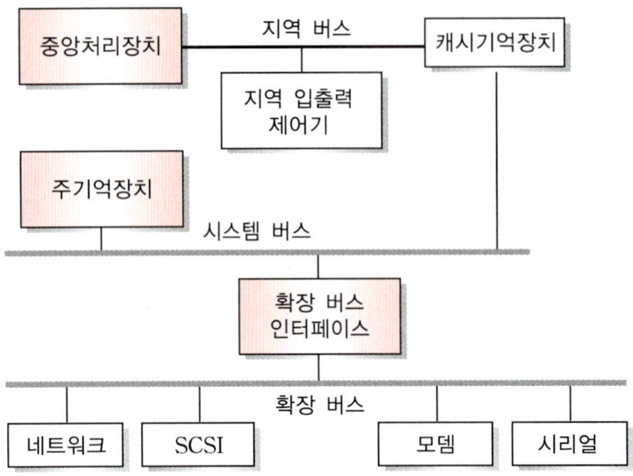

그림 11-8 2계층 다중 버스 구조

그러므로 2계층 다중 버스 구조에서 CPU와 주변 장치 간의 통신은 시스템 버스를 경유할 확률이 낮다. 또한 CPU의 주기억 장치 접근도 일부는 캐시 기억 장치에서 바로 처리되므로 지역 버스만 사용하고 시스템 버스를 경유하지 않는다. 결과적으로 CPU와 주기억 장치 사이에 데이터를 송신하는 경우, 주변 장치와 주기억 장치가 직접적으로 데이터를 송신하는 경우에만 시스템 버스를 이용하기 때문에 단일 버스 구조에서 발생하는 전파 지연과 병목 현상을 피할 수 있다.

3 3계층 다중 버스 구조

3계층 다중 버스는 연결된 주변 장치의 특징을 세분화하여 시스템 버스와 확장 버스 이외에 고속 버스를 추가한 고성능 계층 버스 구조이다. 따라서 3계층 다중 버스 구조는 외부 연결 장치에 요구되는 데이터 전송 속도에 따라 고속 버스와 확장 버스로 구분된다. [그림 11-9]에서 보듯이 CPU의 지역 버스와 시스템 버스, 그리고 새롭게 추가된 고속 버스가 브리지에 연결되어 있다. 고속 버스와 확장 버스에 연결되는 주변 장치는 데이터 처리 속도에 따라 결정된다. 고속 버스에는 고속으로 처리해야 하는 그래픽 장치, 비디오 장치, 고속의 통신 장치가 연결되고, 최하위 계층의 확장 버스에는 저속으로 처리하는 외부 장치가 연결된다.

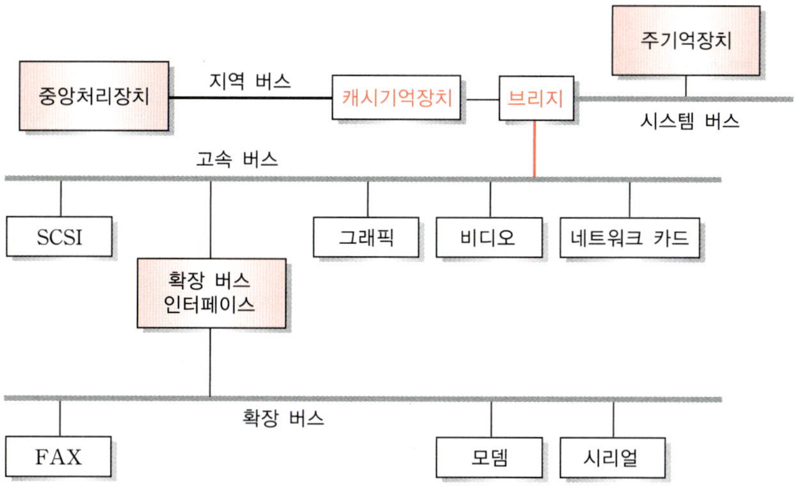

그림 11-9 3계층 다중 버스 구조

3계층 다중 버스 구조에서 확장 버스, 고속 버스, 시스템 버스는 CPU 간의 데이터 전달과 수신에 전혀 관여하지 않으며, 결과적으로 시스템 버스는 주기억 장치를 액세스하는 경우에만 사용된다. 3계층 다중 버스는 단일 버스의 전파 지연과 병목 현상을 피하는 구조로, 2계층 다중 버스 구조와 비교해보면 전파 지연의 개선 효과와 병목 현상의 제거 정도가 더 크다고 할 수 있다.

04 버스 중재

시스템 버스는 컴퓨터의 기본 장치에 연결되어 장치 사이에 데이터를 전달한다. 그러나 여러 버스 마스터가 동시에 버스 사용을 요구하는 경우 버스 경합bus contention이 발생한다. 이때 각 버스 마스터가 미리 정한 기준에 따라 순서대로 버스를 사용할 수 있게 하는 동작을 버스 중재라고 하며, 이러한 버스 중재를 수행하는 하드웨어 모듈을 버스 중재기bus arbiter라고 한다. 버스 중재 방법은 버스 사용의 효율성을 나타낸다.

1 버스 중재 방식의 분류

버스 중재 방식은 다음과 같이 크게 세 가지로 분류된다.

버스 중재기의 위치에 따른 분류

버스 중재기는 버스 요구 신호를 효율적으로 수신하고 버스 승인 신호를 적절히 전달할 수 있는 곳에 위치해야 한다. 즉 버스 중재기의 위치에 따라 제어 신호의 원활한 송수신이 가능하다. 버스 중재 방식은 버스 중재기의 위치에 따라 다음과 같이 구분된다.

- **중앙 집중식 중재 방식**centralized arbitration scheme: 컴퓨터 시스템 내에 버스 중재기가 하나뿐인 방식으로, 여러 버스 마스터가 생성하는 버스 사용 요구 신호를 버스 중재기가 단독으로 수신한다. 버스 중재기는 정해진 중재 원칙에 따라 선택된 버스 마스터에 버스를 사용할 수 있는 승인 신호를 전달한다.
- **분산식 중재 방식**decentralized arbitration scheme: 버스 중재기가 여러 개인 방식으로, 버스 마스터에 각각 별도의 버스 중재기가 있어 버스 중재 동작이 각 버스 마스터의 버스 중재기에 의해 이루어진다. 각 버스 마스터의 버스 중재 회로가 간단하여 동작 속도가 빠르며, 버스 중재기 하나가 고장 나더라도 해당 버스 마스터에만 영향을 미치므로 신뢰도가 높다. 그러나 고장 난 버스 중재기를 찾는 방법이 복잡하고 버스 중재기 하나가 고장 나면 전체 시스템에 영향을 줄 수 있다.

버스 중재에 사용되는 제어 신호의 연결 구조에 따른 분류

버스 중재 방식은 버스 중재 과정에서 사용되는 제어 신호의 연결 형태에 따라 다음과 같이 구분된다.

- **병렬 중재 방식**parallel arbitration scheme: 버스에 연결된 버스 마스터가 독립적으로 버스 요구 신호와 버스 승인 신호를 사용한다. 따라서 버스 마스터와 같은 수의 버스 요구 신호 선과 승인 신호 선이 필요하며, 각 버스 마스터가 독립적인 버스 요구 신호 선을 통해 각각의 버스 요구 신호를 버스 중재 회로에 입력한다. 또한 버스 중재기는 버스 승인 신호를 각 버스 마스터에 대응하여 별도로 발생시킨다.
- **직렬 중재 방식**serial arbitration scheme: 버스 요구 신호 선과 승인 신호 선이 각각 하나이고 각 신호 선이 버스 마스터에 직렬로 연결되는 방식이다. 연결되는 버스 마스터의 순서에 따라 우선순위가 결정되기도 한다.

우선순위 결정 방식에 따른 분류

각 버스 마스터의 특성에 따라 우선순위를 할당하여 버스 중재를 할 수 있는데, 이 경우 버스 경합이 발생하면 우선순위가 높은 버스 마스터가 버스를 먼저 사용한다. 우선순위 변경 여부에 따라 버스 중재 방식이 다음과 같이 구분된다.

- **고정 우선순위 방식**fixed priority scheme: 각 버스 마스터에 우선순위가 지정되면 고정됨으로써 변경할 수 없는 방식이다. 즉 정해진 우선순위가 하드웨어적으로 고정되어 변경이 불가능하다.
- **가변 우선순위 방식**dynamic priority scheme: 각 버스 마스터의 우선순위를 버스 마스터의 상태에 따라 수시로 변경할 수 있는 방식이다.

2 병렬 중재 방식과 우선순위 방식이 조합된 버스 중재

버스 마스터가 버스를 사용하기 위한 요구 신호, 버스 중재기가 버스를 사용하기 위해 만드는 승인 신호 등의 제어 신호가 병렬로 전달되는 것을 병렬 중재 방식이라고 한다. 버스 마스터의 수만큼 버스 요구 신호 선과 버스 승인 신호 선이 있는 병렬 중재 방식은 우선순위 방식과 조합되어 다음과 같이 구분된다.

중앙 집중식 고정 우선순위 중재 방식

버스 사용을 요구하는 모든 버스 마스터는 버스 중재기에 연결되는데, 버스 중재기에 가장 가까이 위치한 버스 마스터의 우선순위가 가장 높고 버스 중재기에서 멀어질수록 우선순위가 낮아진다. 즉 버스 중재기에서 가장 먼 곳에 위치한 버스 중재기는 우선순위가 가장 낮다. 우선순위는 하드웨어적으로 설계되어 있어 변경이 불가능한데, 이러한 구조를 중앙 집중식 고정 우선순위 방식centralized fixed priority arbitration scheme이라고 한다.

[그림 11-10]은 중앙 집중식 고정 우선순위 중재 방식의 구성을 보여준다. 버스 마스터 4개가 하나의 버스 중재기에 연결되어 있고, 버스 마스터에는 버스 요구 신호 BREQ를 전달하는 선과 버스 중재기에서 버스 승인 신호 BGNT를 전달하는 선이 각각 연결되어 있다. 고정된 우선순위 원칙에 따라 버스 마스터 1의 우선순위가 가장 높고 순차적으로 우선순위가 결정되어 마지막 버스 마스터 4의 우선순위가 가장 낮다.

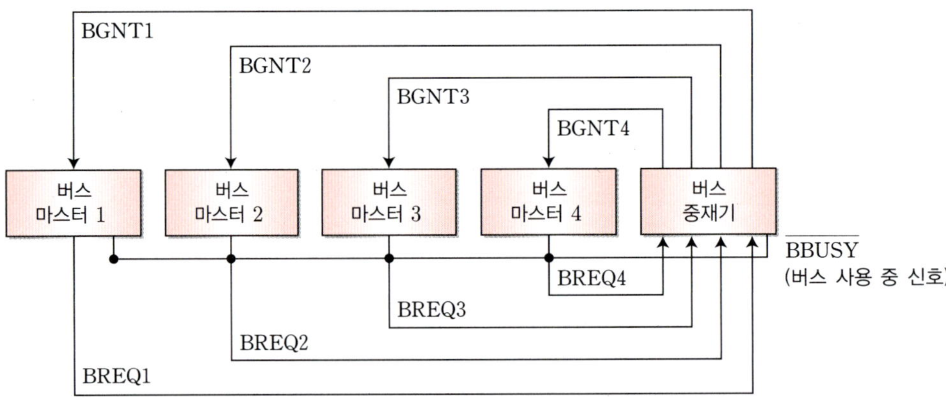

그림 11-10 중앙 집중식 고정 우선순위 중재 방식

병렬 버스 중재기의 내부 회로는 [그림 11-11]과 같다. 이는 버스 마스터 4개에 대한 우선순위를 결정하는 것으로, NOT 게이트와 AND 게이트를 각각 3개씩 이용하여 우선순위의 결정 회로를 설계했다. 따라서 고정적인 우선순위를 제공하며, 우선순위를 변경하려면 회로의 설계를 변경해야 한다.

우선순위가 가장 높은 버스 마스터 1의 버스 요구 신호 BREQ1이 곧바로 BGNT1의 버스 승인 신호가 되며, 이때 NOT 게이트 때문에 BREQ1의 반전 신호는 다른 버스 마스터의 버스 사용을 제한한다. 다음 우선순위인 버스 마스터 2가 버스를 사용하기 위해 BREQ2를 AND

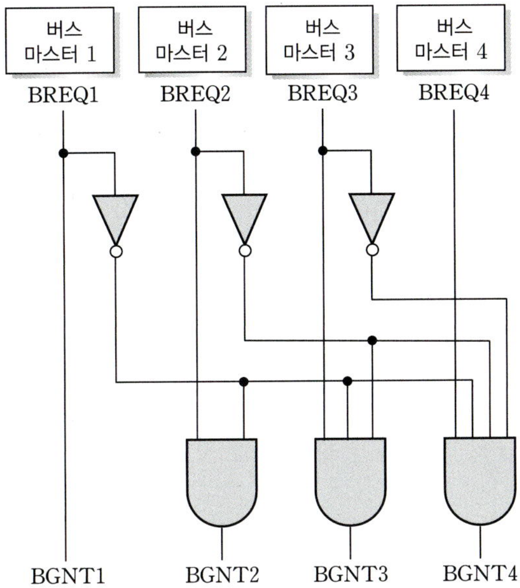

그림 11-11 우선순위 회로

게이트에 입력할 때, 버스 마스터 1의 버스 요구 신호 BREQ1과 AND 연산을 수행하여 버스 사용 여부를 확인한다. 우선순위가 높은 버스 마스터에서 버스 사용 요구가 없고 자신의 버스 사용 요구가 있는 것을 확인하면 AND 게이트는 활성화된 신호, 즉 버스 승인 신호 BGNT2를 출력한다. 마찬가지로 버스 마스터 3에서도 BREQ3이 AND 게이트에 입력되고, 중재기의 나머지 입력 BREQ1, BREQ2와 AND 연산을 통해 BGNT3이 출력된다. BGNT3이 출력된다면 버스 마스터 3보다 우선순위가 높은 버스 마스터가 버스 사용 요구를 하지 않은 것을 나타낸다. 우선순위가 가장 낮은 버스 마스터 4의 경우 우선순위가 높은 버스 마스터의 버스 요구 신호가 없음을 확인하는 과정으로 AND 연산이 수행되고 BGNT4가 출력된다.

분산식 고정 우선순위 중재 방식

분산식 고정 우선순위 중재 방식decentralized fixed priority arbitration scheme은 버스에 연결된 모든 버스 마스터가 독립적으로 버스 중재기를 보유하고 있는 구조이다. 이는 버스 경합 상태에서 버스 사용 요구가 발생하면 정해진 우선순위에 따라 버스를 사용하는 방식이다.

[그림 11-12]는 분산식 고정 우선순위 중재 방식의 구성을 보여준다. 각각의 버스 중재기는 자신보다 높은 우선순위를 가진 버스 마스터의 버스 요구 신호를 받아서 검사를 수행한다. 버스 중재기에 있는 AND 게이트의 NOT 입력이 우선순위가 높은 버스 마스터의 버스 요구 신

호이다. AND 연산의 결과 상위 우선순위의 버스 마스터가 버스 사용을 요구하지 않은 경우에만 자신의 버스 마스터로 버스 승인 신호가 발생한다. 가장 우선순위가 높은 버스 마스터의 중재기는 별도의 게이트가 필요치 않다. 승인 신호를 수신한 버스 마스터는 버스 사용 상태를 나타내는 BBUSY 신호를 검사하여 다른 버스 마스터가 버스를 사용하지 않는 상태일 때 버스를 사용하고, 버스를 사용 중이라면 대기했다가 사용한다.

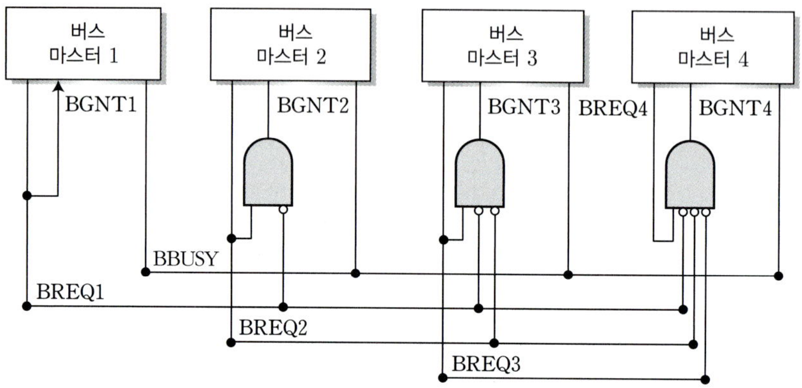

그림 11-12 분산식 고정 우선순위 중재 방식

분산식 고정 우선순위 중재 방식은 중앙 집중식 고정 우선순위 중재 방식에 비해 독립된 중재 회로가 간단하므로 버스를 사용할 경우 동작 속도가 빠르다. 그러나 버스 중재기 하나가 고장 나면 그것을 찾아내는 방법이 복잡하고 전체 시스템의 동작에 영향을 미칠 수 있다.

가변 우선순위 중재 방식

고정 우선순위 중재 방식에서는 버스 마스터 상태의 우선순위를 변경하려면 우선순위를 새로 설계해야 하지만, 이와 달리 시스템의 상태나 조건에 따라 각 버스 마스터의 우선순위를 계속 변화시킬 수 있는 것을 가변 우선순위 중재 방식이라고 한다. 이 방식을 활용하면 모든 버스 마스터가 공정하게 버스를 사용할 수 있지만, 우선순위의 계속적인 변화로 인해 중재 회로가 복잡해지는 것이 단점이다.

■ 회전 우선순위 중재 방식

버스 중재기에서 버스 사용 승인을 받은 버스 마스터는 최하위 우선순위가 되어 다음 버스 사용 승인을 기다리고, 바로 다음에 위치한 버스 마스터가 버스를 사용할 수 있는 최상위 우선순위가 된다. [그림 11-13]은 이러한 회전 우선순위 중재 방식rotating priority arbitration scheme의 동작을 보여준다. (a)에서는 현재 버스 사용 승인을 얻은 버스 마스터를 표시하는 포인터가 5를 가리키므로 버스 마스터 5가 최하위 우선순위로서 다음 버스 사용 승인을 기다린다. 그리고 다음에 위치한 버스 마스터 6이 버스 사용 승인을 얻기 위한 최상위 우선순위가 된다. (b)에서는 포인터가 8을 가리키므로 버스 마스터 8이 현재 버스 사용 승인을 얻어 버스를 사용한다. 또한 최하위 우선순위가 버스 마스터 8이고 바로 다음에 위치한 버스 마스터 1이 최상위 우선순위가 된다.

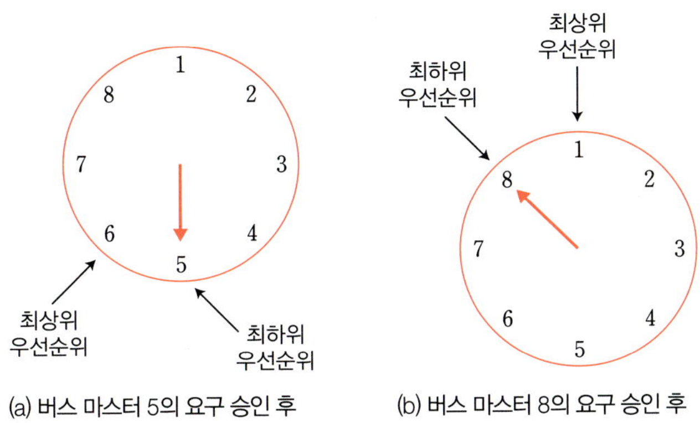

그림 11-13 회전 우선순위 중재 방식의 동작

■ 임의 우선순위 중재 방식

임의 우선순위 중재 방식은 버스 사용 승인을 얻을 버스 마스터가 정해진 원칙 없이 임의로 결정된다. 버스 마스터가 동일한 경우에 사용할 수 있기 때문에 다양한 특징을 지닌 버스 마스터가 존재할 때는 비효율적일 수 있다.

■ 동등 우선순위 중재 방식

버스 마스터의 우선순위가 동등하고, 가장 먼저 버스 사용을 요구한 버스 마스터가 먼저 버스 승인을 얻는 방식이다. 동등 우선순위 중재 방식은 선입력 선출력FIFO 알고리즘을 사용하며, 우선순위를 결정하는 회로의 설계가 간단하다.

■ 최소 최근 사용 방식

가장 오랫동안 버스 요구 신호를 보내지 않은 버스 마스터, 즉 버스를 최소로 사용한 버스 마스터에 최상위 우선순위를 할당하는 방식이다. 최소 최근 사용LRU 방식에서는 버스 마스터가 언제 버스를 사용했는지에 대한 정보가 필요하므로 회로가 매우 복잡하다.

3 직렬 중재 방식

직렬 중재 방식에서는 버스 요구 신호 선과 버스 승인 신호 선에 버스 마스터와 버스 중재기가 일렬로 연결된다. 버스 중재기가 하나인지 여러 개인지에 따라 중앙 집중식 직렬 중재 방식과 분산식 직렬 중재 방식으로 구분된다.

중앙 집중식 직렬 중재 방식

중앙 집중식 직렬 중재 방식은 버스 중재기에서 출력되는 버스 승인 신호 BGNT의 선에 모든 버스 마스터를 데이지 체인 형태로 직렬 연결한 구조이다. 우선순위는 버스 중재기에서 버스 승인 신호 선에 연결된 버스 마스터의 순서대로 결정된다.

중앙 집중식 직렬 중재 방식의 구조는 [그림 11-14]와 같다. 하나 또는 그 이상의 버스 마스터가 버스 사용을 요구하면 모든 버스 마스터가 공통으로 사용하는 하나의 신호 선을 통해 BREQ 신호가 활성화된다. 버스 중재기는 어떤 버스 마스터가 전달한 것인지 모르는 BREQ 신호를 수신하고, 첫 번째 접속된 버스 마스터로 승인 신호 BGNT를 전송한다. BGNT 신호를 받은 버스 마스터가 버스 사용을 요구한 상태라면 버스 사용권을 가지게 될 것이다. 그러나 버스 사용을 요구하지 않았다면 승인 신호 BGNT가 직렬로 연결된 후 버스 마스터를 통과한다. 승인 신호는 버스를 요구한 버스 마스터에 도달할 때까지 계속 전달되며, 버스 요구 신호를 보낸 버스 마스터 중재기에 가장 가까운 버스 마스터가 최우선순위가 된다.

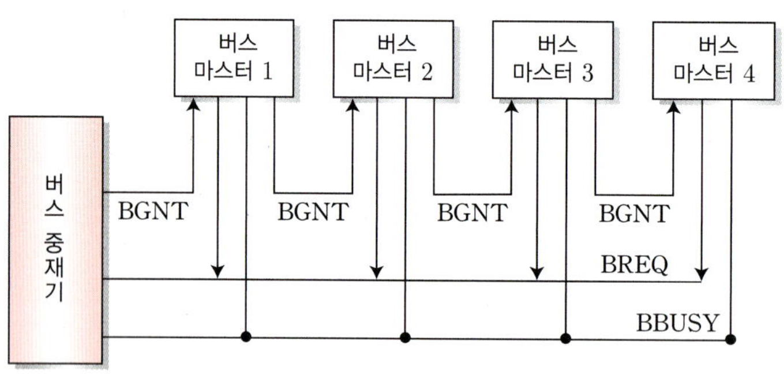

그림 11-14 중앙 집중식 직렬 중재 방식

분산식 직렬 중재 방식

분산식 직렬 중재 방식에서는 버스 마스터가 각각 독립적인 버스 중재기를 보유하고 이 버스 중재기가 순환형 구조를 이루고 있다. 그리고 이러한 버스 중재기를 데이지 체인 버스 승인 신호(DBGNT)가 순환하면서 버스 사용 승인을 허가하는 방식이다.

분산식 직렬 중재 방식의 구조는 [그림 11-15]와 같다. 우선 버스 사용권을 부여받은 버스 마스터가 버스 사용을 시작하는 동시에 버스 마스터의 중재기가 DBGNT 신호를 활성화하고, 우측에 연결된 다른 버스 마스터의 중재기로 이 신호를 전송한다. 만약 DBGNT 신호를 수신한 버스 마스터가 버스 사용을 요구하고 기다리던 중이었다면 버스 중재기는 즉시 DBGNT 신호를 받아들이고 BGNT 신호를 발생시켜 버스 마스터로 전송한다. 그러나 DBGNT 신호를 받은 버스 마스터가 버스 사용을 요구하지 않은 상태라면 그 신호를 우측의 다음 버스 중재기로 전달하며, 버스 사용을 요구한 버스 마스터에 도달할 때까지 이러한 과정이 반복된다.

분산식 직렬 중재 방식의 동작을 우선순위와 연관지어 살펴보자. DBGNT 신호가 루프를 이루어 전달되므로 버스 사용 승인을 받으면 다음 중재 동작에서는 최하위 우선순위가 된다. 그리고 현재 버스 사용 승인을 받아 데이터를 전송 중인 버스 마스터의 우측에 이웃한 버스 마스터는 최상위 우선순위가 된다. 따라서 DBGNT 신호가 전달되는 순서대로 우선순위가 하나씩 감소할 것이다. 결과적으로 각 버스 마스터의 우선순위가 계속 변화하여 버스를 균일하게 사용할 수 있다. 그러나 순환형 구조이므로 한 버스 중재기에 결함이 발생하면 전체 시스템의 동작이 중단되는 것이 단점이다.

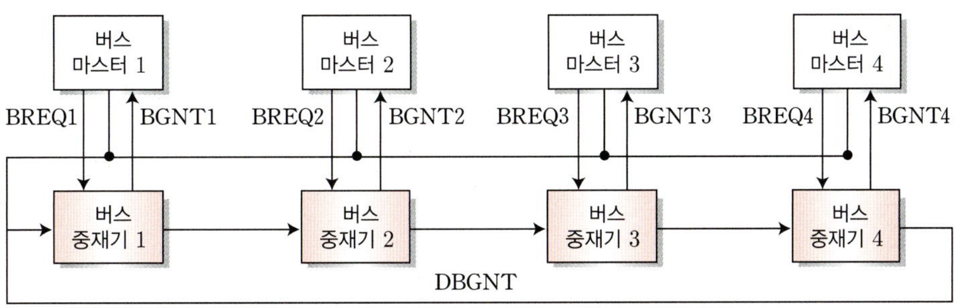

그림 11-15 분산식 직렬 중재 방식

4 폴링 방식

폴링polling 방식에서는 버스 마스터가 버스 사용을 요구하는지를 버스 중재기가 주기적으로 검사하여 버스 사용 여부를 결정하며, 버스 요구 신호 선 말고도 폴링을 위한 폴링 선이 필요하다. 폴링 방식은 하드웨어 폴링 방식과 소프트웨어 폴링 방식으로 구분된다.

하드웨어 폴링 방식

버스 중재기가 각 버스 마스터에 버스 사용 여부를 주기적으로 질의하기 위해 버스 중재기와 각 버스 마스터 사이에 폴링 선을 두는 것을 하드웨어 폴링 방식이라고 한다. [그림 11-16]에서 보듯이 직렬 방식과 마찬가지로 공통의 버스 요구 신호를 위한 BREQ 선과 버스 사용 여부를 알려주는 BBUSY 선이 각각 하나씩 있으며, 폴링 선의 수는 버스 마스터의 수에 따라 결정된다. 버스 중재기는 폴링 선을 통해 버스 사용 여부만 질의하므로 활성화된 신호만이 해당 버스 마스터에 전달된다. 만약 버스 마스터가 2^n개라면 폴링 선은 n개이다.

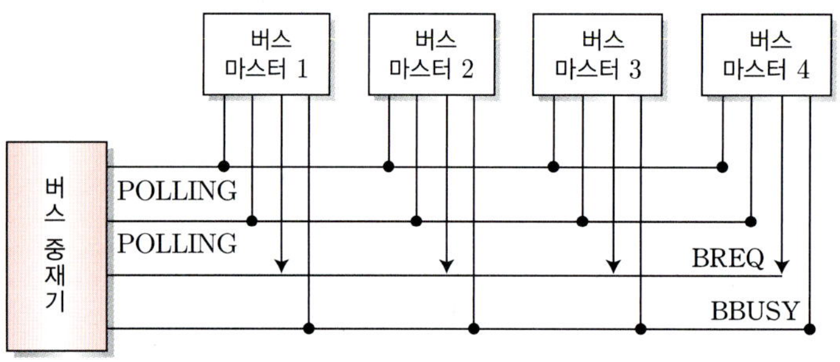

그림 11-16 하드웨어 폴링 방식

하드웨어 폴링 방식의 동작 과정을 살펴보면, 먼저 버스 중재기는 검사할 버스 마스터를 지정하고 그 버스 마스터가 버스 사용을 요구하는지를 묻는 활성화된 신호를 전달한다. 만약 지정된 버스 마스터가 버스 사용을 요구하는 BREQ 신호를 활성화하면 버스 중재기는 현재 검사 중인 버스 마스터의 버스 사용을 허가한다. 그러나 버스 마스터가 버스 사용을 요구하지 않았으면 다음 버스 마스터에 대한 검사를 순서대로 진행한다.

하드웨어 폴링 방식에서 우선순위는 버스 중재기가 버스 마스터를 검사하는 순서에 따라 정해진다. 검사할 버스 마스터의 번호는 [그림 11-17]과 같이 2진 카운터를 이용하여 결정한다.

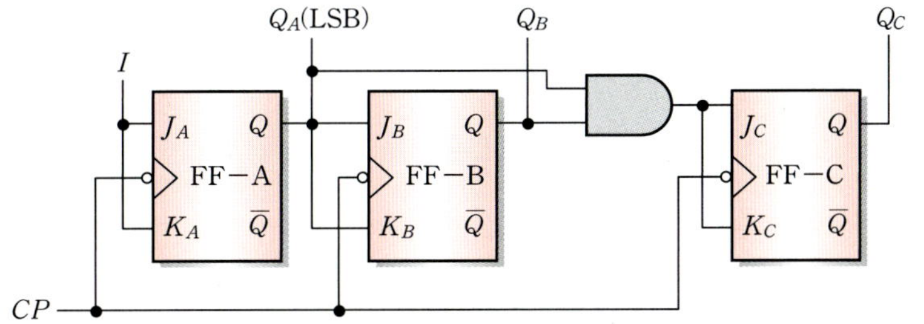

그림 11-17 3비트 동기식 2진 카운터의 논리회로

소프트웨어 폴링 방식

소프트웨어 폴링 방식은 하드웨어 폴링 방식과 구성이 동일하지만 폴링의 순서와 과정을 소프트웨어로 수행한다. 프로그램을 수행하기 위해 버스 중재기에는 프로세서가 포함되어야 한다. 이 프로세서는 폴링할 버스 마스터의 주소를 기억하고 순서에 맞게 과정을 진행하며 폴링의 순서를 변경하기도 한다. 소프트웨어 폴링 방식은 우선순위 또는 폴링 순서의 변경이 용이하지만, 프로그램을 실행해야 하므로 하드웨어 방식보다 속도가 느리다.

요약

01 버스

컴퓨터 내부의 회로에서 CPU와 주기억 장치, 외부의 입출력 장치 사이에 데이터를 전송하기 위해 공용으로 사용하는 전기적 통로를 버스라고 한다.

02 버스의 폭

버스의 폭은 한 번에 전송할 수 있는 데이터의 비트 수를 나타내며, 버스가 데이터를 전송할 수 있는 능력인 버스 선의 수에 따라 버스 폭이 결정된다.

03 버스의 대역폭

버스의 속도를 나타내는 척도인 버스의 대역폭은 단위 시간당 전송할 수 있는 데이터의 양을 나타내며, 버스의 클록 주기에 따라 결정된다.

04 전용 버스와 다중화 버스

전용 버스는 지정된 신호만을 전송할 수 있는 버스로 데이터 버스, 주소 버스, 제어 버스가 있다. 다중화 버스는 제어 신호에 의해 여러 용도의 신호를 전송할 수 있는 버스이다.

05 다중 버스 계층 구조

다중 버스 계층은 여러 버스를 사용하는 계층적 구조로, 단일 버스의 전파 지연과 병목 현상을 해결하기 위해 설계되었다.

06 버스 중재

여러 버스 마스터가 동시에 버스 사용을 요구하여 버스 경합이 발생할 때 각 버스 마스터가 미리 정한 기준에 따라 순서대로 버스를 사용할 수 있게 하는 동작을 버스 중재라고 한다.

07 병렬 중재 방식

병렬 중재 방식에서는 버스 마스터가 버스를 사용하기 위한 요구 신호, 버스 중재기가 버스를 사용하기 위해 만드는 승인 신호 등의 제어 신호가 병렬로 전달되며, 버스 마스터의 수만큼 버스 요구 신호 선과 버스 승인 신호 선이 있다.

08 직렬 중재 방식

직렬 중재 방식에서는 버스 요구 신호 선과 버스 승인 신호 선에 버스 마스터와 버스 중재기가 일렬로 연결된다. 버스 중재기가 하나인지 여러 개인지에 따라 중앙 집중식 직렬 중재 방식과 분산식 직렬 중재 방식으로 구분된다.

09 폴링 방식

폴링 방식에서는 버스 마스터가 버스 사용을 요구하는지를 버스 중재기가 주기적으로 검사하여 버스 사용 여부를 결정하며, 폴링을 위한 폴링 선이 필요하다. 폴링 방식은 하드웨어 폴링 방식과 소프트웨어 폴링 방식으로 구분된다.

연습문제

01 컴퓨터 기본 모듈 간의 전송 유형에 대한 설명으로 옳지 않은 것은?

① 프로세서가 기억 장치에서 명령어와 데이터를 읽는 유형이 있다.
② 프로세서가 기억 장치에 데이터를 저장하는 유형이 있다.
③ 입출력 모듈이 직접 캐시 액세스를 통해 캐시 기억 장치와 직접 데이터를 교환하는 유형이 있다.
④ 입출력 모듈이 직접 메모리 액세스를 통해 기억 장치와 직접 데이터를 교환하는 유형이 있다.

02 버스에 대한 설명으로 옳지 않은 것은?

① 컴퓨터의 구성 요소를 연결하는 공유 전송 매체이다.
② 버스의 폭은 버스 클록에 의해 결정된다.
③ 버스 선의 수는 기억 장치 주소 비트의 수와 제어 신호의 수에 의해 결정된다.
④ 중대형급 시스템에는 100개 이상의 신호 선이 사용된다.

03 버스의 대역폭에 대한 설명으로 옳은 것은?

① 데이터 버스의 폭을 버스의 대역폭이라고 한다.
② 초당 전송되는 비트 수이다.
③ 한 번에 전송할 수 있는 데이터의 비트 수이다.
④ 기억 장치 주소의 비트 수와 제어 신호의 수에 따라 결정된다.

04 주소 버스의 폭이 3비트일 때 지정할 수 있는 최대 기억 장소의 수는 얼마인가?

① 2개　　② 4개　　③ 8개　　④ 16개

05 버스의 대역폭에 대한 설명으로 옳은 것은?

① 버스의 속도를 나타낸다.
② 버스 경합 정도를 나타낸다.
③ 단위 시간당 전송할 수 있는 데이터의 양이다.
④ 버스 클록 주기에 의해 결정된다.

06 버스의 대역폭에 대한 설명으로 옳은 것은?

① 단위 시간당 전송할 수 있는 버스 클록 수에 따라 결정된다.
② 제어 버스의 처리 속도와 버스 클록 주기에 따라 결정된다.
③ 데이터 버스의 폭과 버스의 단위 면적당 길이에 따라 결정된다.
④ 데이터 버스의 폭과 버스 클록 주파수에 따라 결정된다.

07 바이트 단위로 주소를 지정하고 기억 장치 용량이 16바이트일 때 필요한 주소 버스의 폭은 얼마인가?

① 1비트 ② 2비트 ③ 3비트 ④ 4비트

08 다음 중 버스의 대역폭이 가장 큰 것은?

① 버스 폭 8바이트, 버스 클록 주기 100나노초
② 버스 폭 8바이트, 버스 클록 주기 50나노초
③ 버스 폭 4바이트, 버스 클록 주기 100나노초
④ 버스 폭 4바이트, 버스 클록 주기 50나노초

09 데이터 버스의 폭이 16바이트이고 버스 클록 주기가 8초일 때 버스의 대역폭은 얼마인가?

① 0.5B/sec ② 2B/sec ③ 1B/sec ④ 4B/sec

10 버스의 구조에 대한 설명으로 옳지 않은 것은?

① 단일 버스 구조에서는 하나의 시스템 버스에 여러 가지 모듈이 연결된다.
② 단일 버스 구조에서는 많은 장치가 연결될수록 전파 지연이 증가한다.
③ 다중 버스 계층 구조에서는 연결 장치의 특성에 따라 시스템 버스 또는 확장 버스에 연결된다.
④ 다중 버스 계층 구조에서는 시스템 버스에 주로 입출력 장치가 연결되어 고속 처리가 가능하다.

11 동기식 버스와 비동기식 버스에 대한 설명으로 옳은 것은?

① 비동기식 버스는 인터페이스 회로가 간단하다.

② 동기식 버스는 각 버스 동작이 완료된 즉시 연관된 다음 동작이 발생하기 때문에 비동기식 버스에서와 같이 낭비되는 시간이 없다.

③ 동기식 버스는 연속 동작을 처리하기 위한 인터페이스 회로가 복잡하다.

④ 비동기식 버스는 관련된 다른 버스 동작의 발생 여부에 따라 버스 동작의 발생 시간이 결정된다.

12 단일 버스 구조에 대한 설명으로 옳지 않은 것은?

① 많은 장치가 버스에 연결된다.

② 중재하는 시간이 오래 걸린다.

③ 입출력 제어기를 설치하면 전파 지연을 방지할 수 있다.

④ 버스 폭을 확장하여 병목 현상을 부분적으로 해결할 수 있다.

13 다음 중 3계층 다중 버스 구조의 구성 요소가 아닌 것은?

① 지역 버스 ② 시스템 버스

③ 상층 버스 ④ 확장 버스

14 다음 중 3계층 다중 버스 구조에만 유일하게 존재하는 장치는?

① 지역 입출력 제어기 ② 시스템 버스 제어기

③ 확장 버스 인터페이스 ④ 브리지

15 주요 제어 신호 중 CPU, 주기억 장치와 관련된 것은?

① 기억 장치 읽기 신호 ② 입출력 장치 쓰기 신호

③ 인터럽트 요구 신호 ④ 버스 요구 신호

16 다중 버스 계층 구조에 대한 설명으로 옳지 않은 것은?

① 브리지는 단일 버스 구조에서 필수적인 요소이다.

② 단일 버스 구조는 전파 지연과 병목 현상이 발생한다.

③ 2계층 다중 버스 구조는 시스템 버스와 확장 버스로 구성된다.

④ 3계층 다중 버스 구조에서는 확장 버스 인터페이스가 필요하다.

17 버스 중재에 대한 설명으로 옳지 않은 것은?

① 버스 경합이 발생할 때 버스를 사용할 수 있게 해주는 동작을 말한다.
② 분산식 중재 방식은 버스 중재 회로가 간단하고 동작 속도가 빠르다.
③ 병렬 중재 방식에서는 버스 요구 신호 선과 버스 승인 신호 선이 각각 하나씩 있다.
④ 가변 우선순위 방식에서는 각 버스 마스터의 우선순위를 수시로 변경할 수 있다.

18 버스 중재에 대한 설명으로 옳은 것은?

① 중앙 집중식 중재 방식에서는 버스 중재기가 버스 마스터의 수만큼 존재한다.
② 직렬 중재 방식에서는 버스 요구 신호 선과 버스 승인 신호 선이 여러 개 있다.
③ 가변 우선순위 방식에서는 버스 마스터의 우선순위가 하드웨어적으로 고정된다.
④ 버스 경합은 여러 버스 마스터가 동시에 버스 사용을 요구할 때 발생한다.

19 다음 중 다중 버스 계층 구조를 만드는 데 필요한 장치는?

① 캐시 기억 장치　② 시스템 버스
③ 버스 중재기　④ 확장 버스 인터페이스

20 분산식 고정 우선순위 중재 방식에 대한 설명으로 옳은 것은?

① 모든 버스 마스터가 하나의 중재기를 공유하고 우선순위를 결정한다.
② 중앙 집중식에 비해 중재 회로가 간단하므로 동작 속도가 빠르다.
③ 고장을 일으킨 버스 중재기를 찾아내는 방법이 아주 간단하다.
④ 버스 중재기의 고장이 시스템에 대해 독립적이다.

21 다음 중 병렬 중재 방식의 종류가 아닌 것은?

① 가변 우선순위 중재 방식　② 중앙 집중식 고정 우선순위 중재 방식
③ 폴링 방식　④ 분산식 고정 우선순위 중재 방식

Chapter

12

중앙 처리 장치의 명령어

학습목표

- 어셈블리 프로그램의 형식과 동작을 이해한다.
- 명령어 사이클을 이해한다.
- 명령어 집합을 이해한다.
- 오퍼랜드 형태에 따른 0~3-주소 명령어 프로그램을 알아본다.

01 어셈블리 프로그램

컴퓨터 프로그래밍 언어는 표현 방식에 따라 고급 프로그래밍 언어high level programming language와 저급 프로그래밍 언어low level programming language로 구분된다. 고급 프로그래밍 언어의 문법은 인간의 언어 체계와 유사하여 프로그래머가 프로그램을 쉽게 작성할 수 있으며, 컴파일러나 인터프리터에 의해 기계어로 번역되어 실행된다.

그림 12-1 컴파일러와 인터프리터를 통한 고급 프로그래밍 언어의 기계어 변환

저급 프로그래밍 언어는 컴퓨터 내부에서 바로 처리 가능한 프로그래밍 언어로, 일반적으로 기계어와 어셈블리 언어를 일컫는다. 기계어는 컴퓨터가 직접 해독할 수 있는 2진 숫자로 표현한 언어이다. 컴퓨터의 명령 형식은 기계어로 표현되고 컴퓨터는 기계어를 해독하여 수행한다. 컴퓨터에 따라 고유의 명령 형식이 존재하므로 기계어 구조도 컴퓨터에 따라 구성된다. 컴퓨터의 명령에는 입출력 명령, 산술 및 논리 연산 명령, 자료 이동 및 분기 명령 등이 있다. 기계어의 명령 단위는 어떤 동작을 지시하는 명령 코드부와 동작의 대상이 되는 데이터가 어디에 있는지를 지시하는 주소부로 나누어진다. 기계어는 컴퓨터 구조에 대한 충분한 지식이 없으면 연속적인 명령을 위한 프로그래밍을 하기 어렵고, 프로그램을 작성하는 데 많은 노력과 시간이 필요하다. 따라서 오늘날에는 기계어로 프로그램을 작성하는 일이 거의 없다.

변수 para에 데이터 3을 저장하는 고급 언어의 표현은 다음과 같다.

$$para = 3$$

컴파일러를 통해 이를 기계어로 변환하면 다음과 같은 비트 형태로 나타낼 수 있다.

11000111 00000110 00000000 00000000 00000011 00000000

위의 기계어에는 저장 명령, 데이터를 저장할 기억 장소의 주소, 저장할 데이터가 포함되어 있다. 이 기계어를 주기억 장치에서 CPU로 인출하여 해독한 후 제어 신호를 발생시켜 데이터를 지정된 기억 장소에 저장한다. 이처럼 기계어는 하드웨어가 직접 실행할 수 있는 형태로 구성되며, 컴퓨터의 모든 하드웨어를 제어하기 위한 다양한 비트 형식을 가지고 있다.

1 어셈블리 언어

어셈블리 언어는 기계어 프로그래밍의 비효율성을 극복하기 위해 기계어의 비트 형식을 연상 코드mnemonic code로 나타낸 것이다. 즉 기계어를 인간이 사용하는 언어에 가깝게 문자로 기호화한 것이다. 어셈블리 언어는 기계어와 마찬가지로 CPU의 형태에 따라 내용이 모두 다르므로 어셈블리 언어로 작성된 프로그램은 한 종류의 CPU에서만 동작하고 다른 종류의 CPU에서는 실행되지 않는다.

오늘날에는 대부분의 프로그램을 C 언어, 자바와 같은 고급 언어로 작성하지만, 처리 속도가 중요하거나 고급 언어에서 지원되지 않는 기능이 필요한 경우에는 어셈블리 언어를 사용하기도 한다. 어셈블리 언어를 번역하여 오브젝트 코드를 생성하는 프로그램을 어셈블러assembler라고 한다. 예를 들어 앞의 기계어를 어셈블리 언어로 나타내면 다음과 같다.

MOV para, 3

이는 3이라는 데이터를 para라는 기억 장소로 이동하라는 의미임을 쉽게 이해할 수 있다. [그림 12-2]는 어셈블리 프로그램이 어셈블러에 의해 기계어로 변환되는 과정을 보여준다. 어셈블리 언어 체계는 기계어 체계와 유사하기 때문에 어셈블리 과정이 컴파일 과정보다 빨리 수행된다.

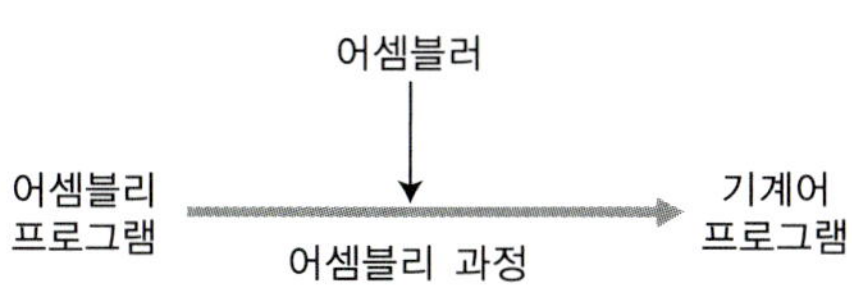

그림 12-2 어셈블리 과정

표 12-1 어셈블리 명령어

명령어	동작
ADD	덧셈
SUB	뺄셈
MUL	곱셈
DIV	나눗셈
MOV	데이터 이동
LOAD	기억 장치로부터 데이터 적재
STOR	기억 장치에 데이터 저장

8086 어셈블리 언어의 명령어 형식은 다음과 같이 4개의 필드로 이루어진다.

DOSTART:	ADD	X	;X와 가산기를 더하고 그 결과를 가산기에 저장
레이블부	연산부	오퍼랜드부	주석문부

■ 레이블부

레이블부는 JUMP, LOOP와 같은 순환이나 반복 명령어에서 프로그램 카운터를 해당 레이블로 이동할 때 사용한다. 따라서 일반적인 명령어에서는 생략된다. 레이블부에는 8자 이내의 영문자와 숫자를 사용하고 공백이 있으면 안 되며, 예약 명령어는 사용할 수 없다.

■ 연산부

연산부는 명령의 니모닉스와 어셈블러 디렉티브 등을 쓰는 곳이다. 니모닉스는 어셈블리 언어에서 예약되어 있는 명령어이고, 디렉티브는 프로그램 실행과 관계없이 어셈블러에 정보를 제공하는 지시어이다. 즉 연산부는 명령어나 지시어가 위치하는 곳이다.

■ 오퍼랜드부(피연산자부)

오퍼랜드부는 레지스터 이름, 정수, 레이블, 연산자, 주소 등을 쓰는 곳이다. 숫자의 진수를 표시할 때는 숫자 바로 뒤에 다음과 같은 문자를 넣는데, 이 문자를 생략하면 10진수로 자동 해석된다.

B: 2진수　　O: 8진수　　D: 10진수　　H: 16진수

16진수 값을 쓸 때 첫 번째 숫자가 영문자(A~F)로 시작되면 레이블부와 구분하기 위해 앞에 0을 붙인다. 어셈블리 언어에서 문자열은 큰따옴표 안에 넣어 나타낸다. 오퍼랜드부는 경우에 따라 생략할 수 있다.

■ **주석문부**

주석문부는 프로그램의 라인에 대해 설명하는 곳이며 세미콜론(;)으로 시작한다. 어셈블러는 주석문부를 모두 무시하기 때문에 어디에나 사용할 수 있으며 불필요한 경우 없어도 된다.

2 어셈블리 프로그램의 실행

어셈블리 프로그램의 실행 과정을 알면 컴퓨터의 명령어가 수행되는 과정을 이해할 수 있다. [표 12-2]는 어셈블리 프로그램의 예로, 레이블과 주석문이 사용되지 않았고 오퍼랜드는 모두 기억 장치의 주소를 나타낸다. 이해하기 쉽게 각 명령어의 주소와 기계어를 10진수로 나타냈다.

표 12-2 어셈블리 프로그램의 예

주소	명령어	기계 코드
101	LOAD 301	1301
102	ADD 302	5302
103	STOR 302	2302
104	JUMP 190	8190

어셈블리 프로그램이 실행되는 과정은, 먼저 기억 장치 301번지에 있는 데이터를 누산기에 적재하고, 기억 장치 302번지의 데이터와 더하여 다시 누산기에 저장한 다음 결과를 기억 장치 302번지에 저장한다. 그리고 프로그램의 주소 190번지로 점프한다.

어셈블리 프로그램이 실행될 때 컴퓨터 내부의 주기억 장치, CPU 레지스터, ALU의 동작 과정을 살펴보자. 먼저 첫 번째 명령어 LOAD 301이 기억 장치 101번지에서 인출되어 IR(명령어 레지스터)에 저장된다. 이 명령어가 해독되어 기억 장치 301번지의 데이터가 AC(누산기)로 이동하고, 다음 명령어를 수행하기 위해 PC(프로그램 카운터)가 하나 증가된다.

$$PC = PC + 1 = 102$$

[그림 12-3]은 첫 번째 명령어의 동작을 보여준다. 1단계는 명령어가 인출되는 과정이고, 2단계는 명령어가 실행되는 과정이다.

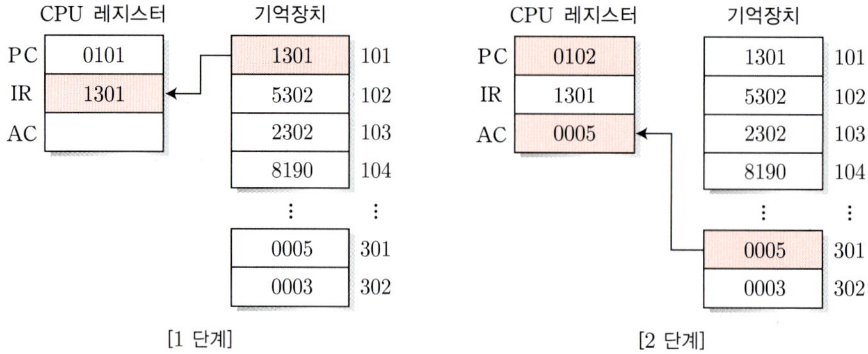

그림 12-3 LOAD 명령어의 동작

PC에 저장된 데이터 값 102에 의해 두 번째 명령어가 기억 장치 102번지에서 인출되어 IR에 저장된다. ADD 명령어가 해독되어 AC의 내용과 302번지의 내용을 더하여 다시 누산기에 저장한다. 그리고 다음 명령어를 위해 PC의 내용이 103으로 증가한다.

[그림 12-4]는 ADD 명령어의 동작을 보여준다. 첫 번째 명령어와 마찬가지로 3단계에서는 명령어 인출을 수행한다. 4단계는 ADD 명령어가 실행되는 과정으로, ALU에서 AC의 데이터와 기억 장치 302번지의 데이터를 덧셈 연산한 결과가 다시 AC에 저장된다.

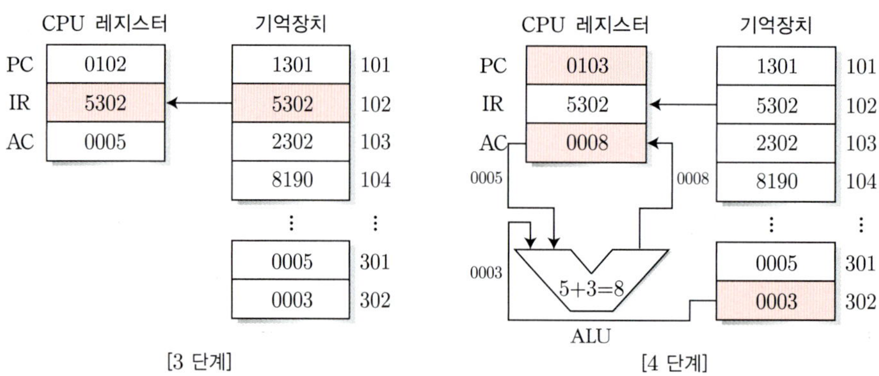

그림 12-4 ADD 명령어의 동작

PC에 의해 세 번째 명령어가 기억 장치 103번지에서 인출되어 IR에 저장된다. 그리고 명령어의 내용에 따라 AC의 내용이 기억 장치 302번지에 저장되고 PC의 내용이 104로 증가한다. [그림 12-5]는 이러한 과정을 나타낸 것으로, 5단계는 STOR 명령어를 기억 장치에서 인출하는 과정이고, 6단계는 명령어를 실행하여 덧셈 연산의 결과를 기억 장치 302번지에 저장하는 과정이다.

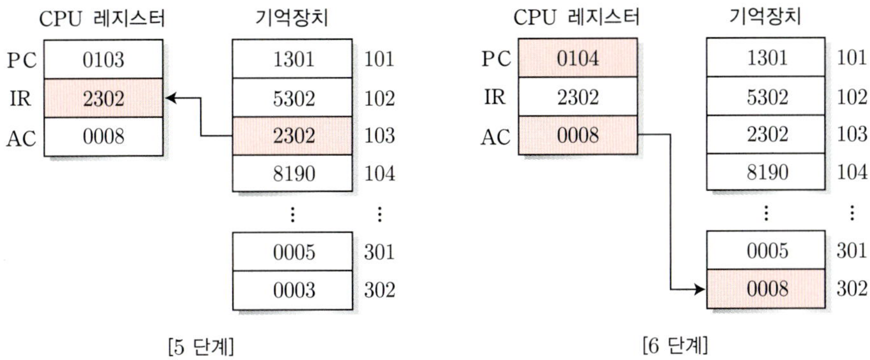

그림 12-5 STOR 명령어의 동작

104번지에서 인출된 네 번째 명령어는 IR에 저장되어 해독된다. 그리고 분기될 목적지 주소, 즉 IR의 하위 부분(190)이 PC에 적재된다. 따라서 다음 명령어 인출 사이클에서는 190번지의 명령어가 인출되어 실행될 것이다.

[그림 12-6]은 JUMP 명령어의 동작을 보여준다. 7단계는 JUMP 명령어가 기억 장치에서 인출되는 과정이고, 8단계는 JUMP 명령어가 실행되는 과정으로 IR에서 오퍼랜드부가 PC에 저장된다. 오퍼랜드부는 점프할 목적지 주소를 가지고 있다. JUMP는 분기 명령어이므로 원하는 주소로 분기하거나 레이블을 이용하여 프로그램 내의 원하는 명령어로 이동할 수 있다. 즉 오퍼랜드가 주소뿐만 아니라 레이블이 될 수 있다.

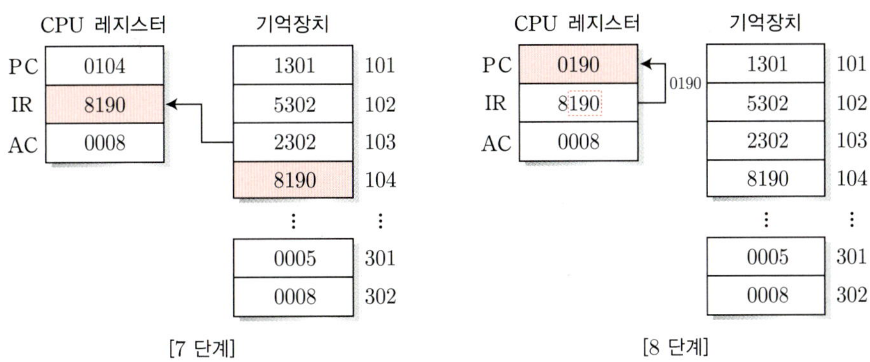

그림 12-6 JUMP 명령어의 동작

02 명령어 사이클

앞 절의 프로그램 실행 과정에서 LOAD 명령어는 1단계에서 명령어 인출을 수행하고 2단계에서 명령어를 실행했다. 마찬가지로 ADD, STOR, JUMP 명령어도 인출 단계와 실행 단계로 구분된다. 이처럼 명령어는 두 단계를 하나의 사이클로 수행하는데 이를 명령어 사이클이라고 한다. 명령어 사이클을 구성하는 명령어 인출 단계와 실행 단계는 명령어 사이클의 부사이클이 되며, 명령어 인출 단계는 인출 사이클, 명령어 실행 단계는 실행 사이클이라고 한다. 인출 사이클과 실행 사이클은 [그림 12-7]과 같이 연속적으로 반복된다.

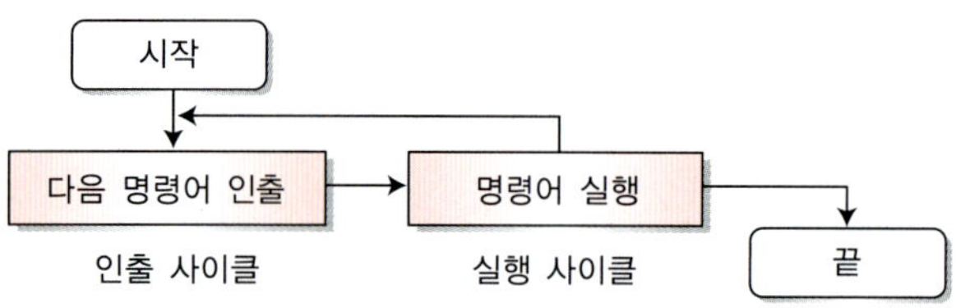

그림 12-7 명령어 사이클

인출 사이클과 실행 사이클의 동작을 더 깊이 살펴보면 여러 단계로 이루어져 있으며, 각 단계에서 실제로 수행되는 동작을 마이크로 연산micro-operation이라고 한다. 마이크로 연산은 명령어를 실행하기 위한 가장 기본 단위의 프로그램 수행이라고 할 수 있다.

프로그램이 실행되는 계층 구조를 나타낸 [그림 12-8]에서 보듯이 명령어는 명령어 사이클의 집합으로 구성된다. 명령어 사이클의 부사이클 중 인출 사이클은 명령어를 기억 장치에서 CPU로 읽어오는 과정이며, 실행 사이클은 명령어가 실행되는 사이클로 여러 종류의 명령어가 있어 해당 명령어에 맞게 동작한다.

각 부사이클의 수행도 여러 단계로 이루어져 있는데 이 단계의 구분이 바로 마이크로 연산이다. 즉 마이크로 연산은 프로그램 실행에서 가장 기본 단위이므로 마이크로 연산을 원자 연산atomic operation이라고도 한다.

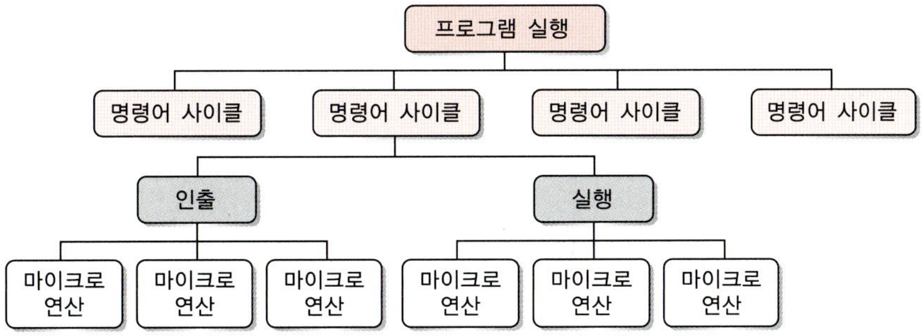

그림 12-8 프로그램 실행의 계층 구조

1 명령어 인출 사이클

명령어 인출 동작은 주기억 장치에 기억되어 있는 프로그램 명령어를 호출하는 과정이다. 따라서 인출 사이클은 CPU가 기억 장치에서 명령어를 읽어오는 단계이며 다음과 같이 진행된다.

① PC(프로그램 카운터)는 다음에 인출할 명령어의 주소를 가지고 있다.

② CPU는 PC가 가리키는 기억 장소에서 명령어를 인출하고 PC의 내용을 증가시킨다.

③ 인출된 명령어가 IR(명령어 레지스터)에 적재된다. CPU가 이 명령어를 해석하고 요구된 동작을 수행한다.

[표 12-3]은 명령어 인출 사이클의 마이크로 연산이 세 단계로 구현된 것을 보여준다.

표 12-3 명령어 인출 사이클의 마이크로 연산

CPU 클록	마이크로 연산	동작
t_0	MAR ← PC	PC의 내용을 MAR로 전송
t_1	MBR ← M(MAR) PC ← PC + 1	해당 주소 기억 장치의 명령어를 MBR에 적재 PC의 내용이 1 증가
t_2	IR ← MBR	MBR에 있는 명령어가 IR로 이동

명령어 인출 사이클에서는 CPU 클록 주기 t_0, t_1, t_2가 필요하다. 만약 CPU 클록이 100메가헤르츠(클록 주기는 10나노초)이면 인출 사이클의 시간은 다음과 같이 계산된다.

$$10\text{ns} \times 3 = 30\text{ns}$$

[그림 12-9]는 명령어 인출 사이클 동안 주소와 명령어의 흐름을 보여준다. t_0에서는 주소가 기억 장치로 전달되고 t_1, t_2에서는 기억 장치에서 인출된 명령어가 MBR을 통해 IR로 전달된다.

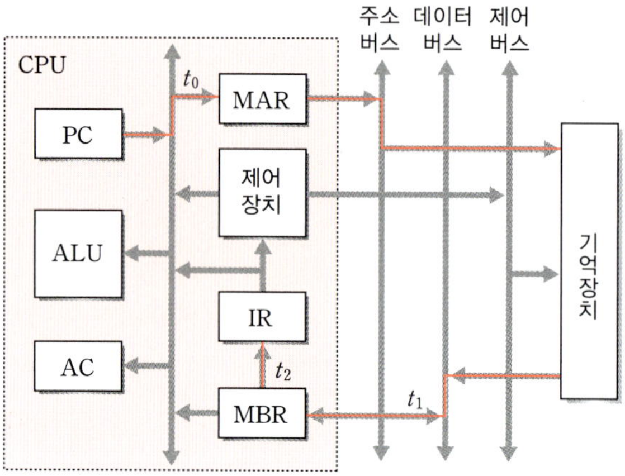

그림 12-9 명령어 인출 사이클의 주소와 명령어 흐름

2 명령어 실행 사이클

명령어 실행 사이클은 명령어를 실제로 실행하는 단계이며, 다음과 같은 동작이 하나 이상 동시에 수행된다.

- CPU와 기억 장치 간에 데이터가 전송된다.
- CPU와 입출력 모듈 간에 데이터가 전송된다.
- 데이터에 대해 지정된 산술 연산이나 논리 연산이 수행된다.
- JUMP 명령어처럼 명령어의 순서가 변경될 때 사용된다.

CPU는 명령어 실행 사이클 동안 명령어 코드를 해독하고 그 결과에 따라 필요한 연산을 수행한다. 연산에는 데이터 이동, 처리, 저장, 실행이 있는데, 이는 앞에서 정리한 컴퓨터의 기능이다. 즉 CPU가 수행하는 연산은 결국 컴퓨터의 기능이다. 명령어 실행 사이클에서 수행되는 마이크로 연산은 명령어에 따라 다르다. ADD 명령어를 예로 살펴보자. 이는 기억 장치에 저장된 데이터를 AC의 내용과 더하고 그 결과를 다시 AC에 저장하는 명령어이다.

표 12-4 ADD 명령어 실행 사이클의 마이크로 연산

CPU 클록	마이크로 연산	동작
t_0	MAR ← IR(addr)	MBR에 저장될 데이터의 기억 장치 주소를 MAR로 전송
t_1	MBR ← M(MAR)	저장할 데이터를 MBR로 이동
t_2	AC ← AC+MBR	MBR의 데이터와 AC의 내용을 더하여 그 결과를 AC에 저장

[그림 12-10]은 ADD 명령어 실행 사이클 동안 정보의 흐름을 보여준다.

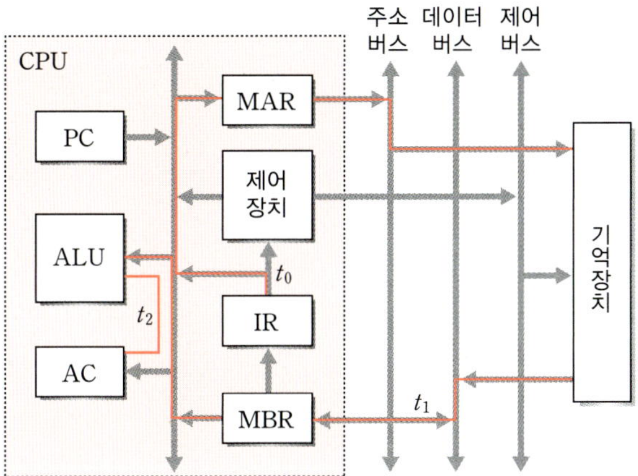

그림 12-10 ADD 명령어 실행 사이클의 정보 흐름

명령어 실행 사이클에서 소요되는 시간은 명령어 인출 시간과 명령어 실행 시간을 합한 것이다. 즉 하나의 명령어가 완전하게 실행되는 시간은 부사이클 2개가 수행되는 시간의 합이다.

03 명령어 집합

명령어 집합instruction set은 CPU가 수행할 동작을 정의하는 2진수 코드로 된 명령어의 집합으로 기계 명령어machine instruction라고도 한다. 일반적으로 명령어 집합은 어셈블리 코드 형태로 표현되고 CPU의 사용 목적과 특성에 따라 결정된다. 명령어 집합을 설계할 때 결정해야 할 사항은 다음과 같다.

- **연산 종류**: CP가 수행할 연산의 수와 종류, 복잡도 등을 결정해야 한다.
- **데이터 형태**: 연산을 수행할 데이터의 형태와 길이(비트 수), 수의 표현 방식 등을 고려하여 명령어를 만들어야 한다.
- **명령어 형식**: 명령어의 길이, 오퍼랜드 필드의 수와 길이 등을 고려해야 한다.
- **주소 지정 방식**: 오퍼랜드의 주소를 지정하는 방식을 고려해야 한다.

1 명령어 집합의 특성

명령어는 연산 코드와 오퍼랜드로 구성된다. 연산자라고도 하는 연산 코드에는 수행될 연산을 지정하며 함수 연산 기능, 전달 기능, 제어 기능, 입출력 기능으로 구분된다. 오퍼랜드는 연산을 수행하는 데 필요한 데이터 또는 데이터의 주소를 나타낸다. 따라서 오퍼랜드의 데이터는 CPU의 레지스터, 주기억 장치, 입출력 장치 등에 저장된 데이터 또는 주소가 된다. 오퍼랜드에는 다음 명령어 주소가 위치할 수 있으며, 이는 현재의 명령어 실행이 완료된 후 다음 명령어를 인출할 위치를 지정할 때 사용된다. 즉 분기나 호출 명령어와 같이 실행 순서를 변경하는 경우에 다음 명령어 주소가 오퍼랜드에 위치한다.

명령어는 여러 개의 필드로 나누어지고 각 필드는 일련의 비트 패턴으로 표현된다. 여기서 필드는 명령어의 각 구성 요소에 소요되는 비트의 그룹을 말한다. 프로그래머가 알기 쉽도록 기호 표현을 이용하여 명령어를 나타내며 이것이 어셈블리 언어가 된다. 명령어 내 필드의 수와 배치 방식, 각 필드의 비트 수로 명령어를 표현하는데, 이를 명령어 형식instruction format이라고 한다.

명령어 형식은 경우에 따라 2~3개의 필드로 구성된다. [그림 12-11]은 3개의 필드로 구성된 16비트 명령어를 보여준다. 연산 코드 1개와 오퍼랜드 2개가 있으며, 명령어 길이 16비트가 하나의 워드가 된다. 연산 코드의 필드 길이가 4비트이므로 16(=2^4)가지 연산 명령을 정의할 수 있다. 연산을 더 정의하고 싶은 경우 연산 코드의 필드 길이를 증가시키면 되겠지만, 그러면 오퍼랜드의 필드 길이가 감소한다.

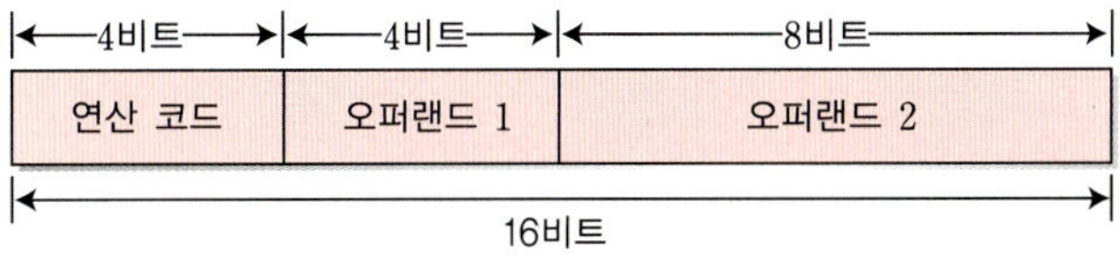

그림 12-11 명령어 형식

오퍼랜드 필드의 범위는 오퍼랜드의 종류에 따라 결정된다. 오퍼랜드가 데이터일 때는 표현 가능한 수의 크기가 결정된다. 오퍼랜드 1의 경우 4비트이므로 0~15(=2^4)를 표현할 수 있고, 오퍼랜드 2의 경우 8비트이므로 0~255(=2^8)를 표현할 수 있다.

두 오퍼랜드를 하나로 통합하여 수를 표현하는 경우를 생각해보자. 2의 보수로 표현되는 데이터라면 표현 범위가 −2048~+2047일 것이다. 오퍼랜드가 기억 장치 주소일 때는 기억 장치 영역의 범위가 결정되고, 오퍼랜드가 레지스터 번호일 때는 데이터 저장에 사용할 수 있는 레지스터의 수가 결정된다.

오퍼랜드 1이 레지스터 번호를 지정하고 오퍼랜드 2가 기억 장치 주소를 지정하는 경우를 생각해보자. 오퍼랜드 1은 4비트이므로 16개의 레지스터를 사용할 수 있으며, 오퍼랜드 2는 8비트이므로 기억 장치의 주소 범위는 0~255번지가 될 것이다. 따라서 두 오퍼랜드를 통합하여 기억 장치의 주소를 표현한다면 4,096(=2^{12})개를 지정할 수 있다.

2 명령어 집합의 연산 종류

명령어 집합의 연산 코드가 수행하는 연산에 따라 명령어의 특성이 결정된다. 명령어가 수행하는 연산의 기능은 다음과 같다.

함수 연산 기능

함수 연산 기능을 담당하는 명령어 집합에는 산술 연산 또는 논리 연산 명령 등이 있다. 산술 연산 명령은 덧셈, 뺄셈, 곱셈, 나눗셈과 같은 기본적인 산술 연산을 수행한다. 특히 단일 오퍼랜드 산술 연산 명령은 하나의 오퍼랜드만을 가지며 절댓값, 음수화, 증가, 감소 등의 간단한 연산을 수행한다. 한편 논리 연산 명령은 데이터의 각 비트에 대한 참과 거짓을 구별하는 AND, OR, NOT 등의 연산을 수행한다.

전달 기능

전달 기능을 하는 명령어 집합은 CPU와 주기억 장치 간 또는 CPU 내 레지스터 간의 정보 교환과 적재, 저장 기능을 수행한다. 이 명령어는 데이터를 정확하게 전송하기 위해 근원지 오퍼랜드source operand와 목적지 오퍼랜드destination operand의 위치가 명시되어야 한다.

입출력 기능

입출력 기능을 하는 명령어 집합은 CPU와 외부 장치 간의 데이터 이동을 수행한다. 분리형 입출력isolated I/O은 별도의 입출력 명령어를 사용하지만 기억 장치 사상 입출력memory-mapped I/O은 일반적인 데이터 이동 명령어를 동일하게 사용한다.

제어 기능

제어 기능을 하는 명령어 집합은 CPU의 구성 요소인 제어 장치에서 수행되며, 프로그래머가 프로그램의 수행 흐름을 제어하는 데 사용한다. 프로그램 내 명령어의 실행 순서를 변경하는 프로그램 루프의 반복 실행, 프로그램의 조건부 실행, 프로그램의 모듈화를 지원하며 분기, 서브루틴 호출 등의 명령어가 대표적이다.

■ 분기 명령어

분기 명령어는 오퍼랜드가 다음에 실행할 명령어 주소를 가지고 있으며, 명령어의 내용에 따라 무조건 오퍼랜드의 주소로 이동하거나 조건 만족 시에만 이동한다. 조건 분기는 조건 코드와의 부합 여부에 따라 분기가 결정된다. 조건 코드에는 영(0), 부호(+, −), 오버플로 플래그 등이 있다.

[그림 12-12]는 다양한 분기 형태를 보여준다. 104번지의 BR 121은 무조건 분기 명령어로, 조건 없이 121번지로 분기하라는 의미이다. 122번지의 BRZBRanch if Zero 103은 조건 코드가 0이면 103번지로 분기하라는 의미이며, 136번지의 BREBRanch if Equal X, Y, 123

은 3-주소 명령어로, 실행 중에 비교(검사)와 조건 분기 처리를 수행한다. 따라서 X와 Y의 내용이 같다면 123번지로 분기한다.

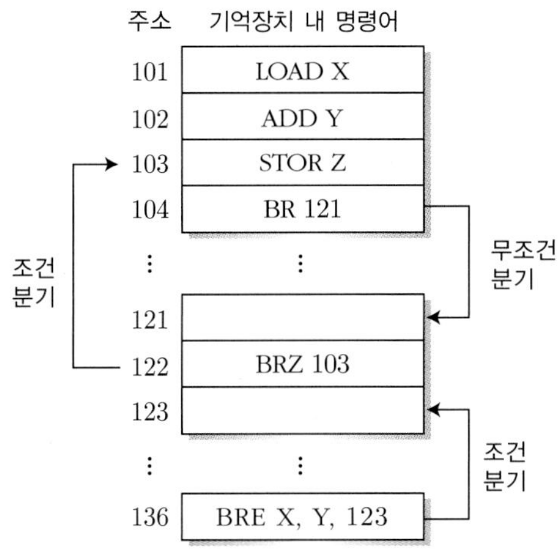

그림 12-12 다양한 분기 형태

■ 서브루틴 호출 명령어

서브루틴 호출을 위한 명령어에서 호출(CALL) 명령어는 현재 PC의 내용을 스택에 저장하고 서브루틴의 시작 주소로의 분기를 수행한다. 복귀(RET) 명령어는 CPU가 원래 실행하던 프로그램으로 되돌아가게 한다.

호출 명령어의 마이크로 연산을 살펴보자. CALL X 명령어는 3개의 사이클로 구성된다.

$$t_0\text{: MBR} \leftarrow \text{PC, SP} \leftarrow \text{SP}-1$$
$$t_1\text{: MAR} \leftarrow \text{SP, PC} \leftarrow \text{X}$$
$$t_2\text{: M[MAR]} \leftarrow \text{MBR}$$

t_0에서는 PC에 저장된 다음 명령어 주소가 MBR에 저장된다. 서브루틴 수행 완료 후에 복귀할 주소가 저장되는 것이다. t_1에서는 SP(스택 포인터)가 MAR에 저장되고, 실행될 서브루틴의 시작 주소가 PC에 저장된다. t_2에서는 MBR에 저장되어 있는 복귀 주소가 SP가 가리키는 스택의 위치에 저장되고, 스택의 Top이 변경되었으므로 값을 1만큼 감소시킨다. 이 과정이 완료된 다음부터는 서브루틴이 수행된다.

RET 명령어의 마이크로 연산도 살펴보자.

$$t_0 : \text{MAR} \leftarrow \text{SP}$$
$$t_1 : \text{MBR} \leftarrow \text{M[MAR]},\ \text{SP} \leftarrow \text{SP+1}$$
$$t_2 : \text{PC} \leftarrow \text{MBR}$$

t_0에서는 스택에 저장되어 있는 복귀 주소를 꺼내기 위해 SP를 하나 증가시키고, t_1에서는 SP를 MAR에 저장한다. t_2에서는 스택에 저장되어 있는 복귀 주소를 꺼내어 PC에 저장하고, 이 PC에 의해 원래의 프로그램으로 복귀하게 된다.

[그림 12-13]은 서브루틴이 호출되었다가 복귀하는 과정을 보여준다. (a)의 주 프로그램

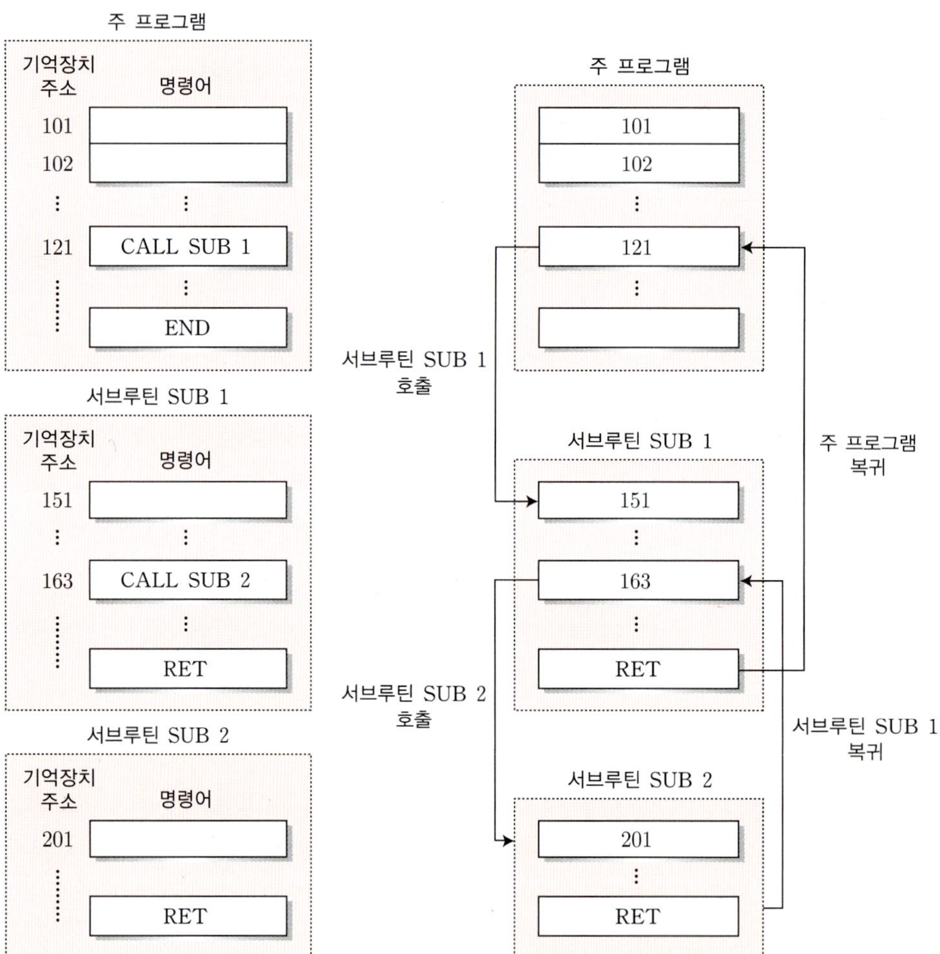

(a) 프로그램의 구성

(b) 프로그램 수행 과정

그림 12-13 서브루틴의 호출과 복귀 과정

121번지에서 SUB 1을 호출하는 명령어가 수행되면 PC의 내용 122가 스택에 저장되고 SUB 1의 시작 주소로 분기한다. 그리고 서브루틴 SUB 1이 진행되는 동안 다시 SUB 2를 호출하는 명령어가 163번지에서 실행된다. 이때 PC의 내용 164가 스택에 저장되고 SUB 2의 시작 주소로 분기한다. 201번지부터 SUB 2가 수행되다가 마지막으로 RET 명령어를 만나 SUB 1로 복귀한다. 즉 스택에 저장되어 있는 164번지로 복귀하여 서브루틴 SUB 1이 진행된다. SUB 1이 모두 수행되면 마지막으로 RET가 실행되어 주 프로그램으로 복귀하는데, 이때 스택에 저장되어 있는 122번지부터 프로그램이 실행된다. (b)는 이러한 과정의 흐름을 나타낸 것이다.

[그림 12-14]는 [그림 12-13]의 서브루틴 수행 과정 중 스택의 변화를 나타낸 것으로, SP가 스택의 Top보다 한 계단 위에 있고 주소 값이 하나 작다.

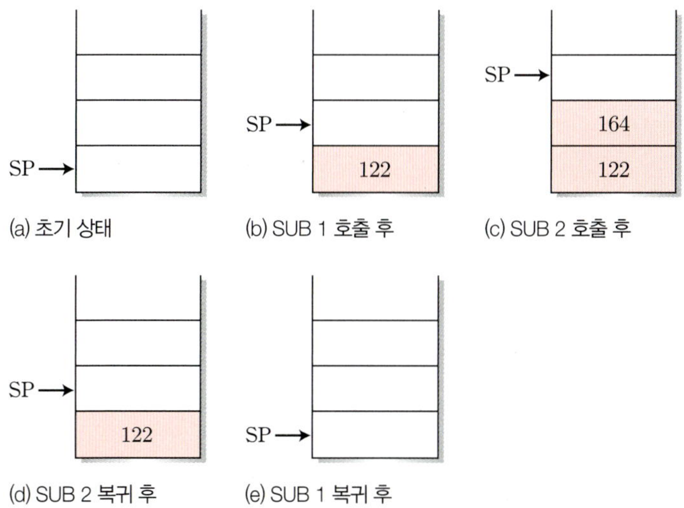

그림 12-14 서브루틴 수행 과정 중 스택의 변화

3 오퍼랜드의 형태와 수에 따른 명령어의 분류

오퍼랜드에 저장되는 데이터는 다음과 같은 형태이다.

- **주소**: 주기억 장치의 주소 또는 레지스터의 주소이다.
- **수**: 정수, 고정 소수점 수, 부동 소수점 수, BCD 등을 사용할 수 있다. 이 중 BCD는 10진수를 2진수로 표현한 것이다.

- **문자**: ASCII 코드가 사용된다.
- **논리 데이터**: 비트나 플래그 등이 사용된다.

오퍼랜드가 주소를 나타낼 때 오퍼랜드의 수에 따라 3, 2, 1, 0-주소 방식을 사용한다. 0-주소 방식은 스택을 활용하여 프로그래밍한다. [그림 12-15]는 주소 수에 따라 명령어를 분류한 것을 보여준다. 오퍼랜드의 형태가 모두 주소이고 그 수에 따라 주소 명령어의 형식이 0~3이이다.

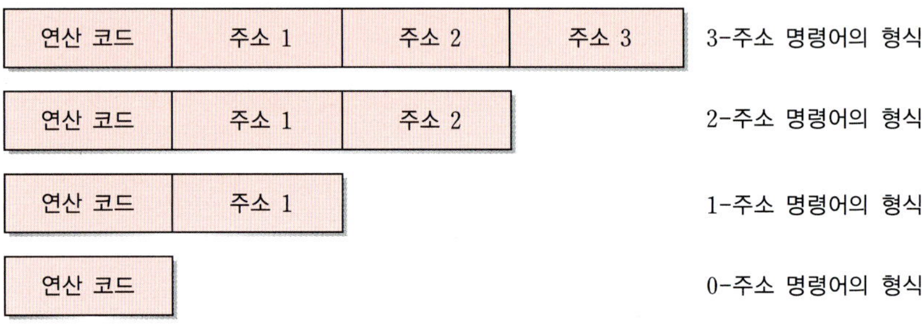

그림 12-15 주소 수에 따른 명령어의 분류

표 12-5 주소 수에 따른 명령어의 표현

명령어의 분류	어셈블리 언어로 표현한 명령어
1-주소 명령어	LOAD X
2-주소 명령어	MOV X, Y
3-주소 명령어	ADD X, Y, Z

* 0-주소 명령어는 어셈블리 언어로 표현하지 않음

1-주소 명령어

1-주소 명령어1-address instruction는 오퍼랜드가 1개이고 오퍼랜드의 형태가 주소이다. 1-주소 명령어의 형식은 [그림 12-16]과 같다. 명령어의 길이가 16비트이고 연산 코드는 5비트, 기억 장치 주소는 11비트이다. 따라서 주소 지정이 가능한 기억 장치의 주소 번지수는 2,048(=2^{11})개이다.

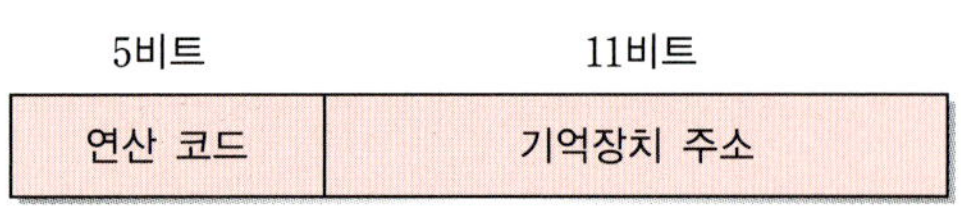

그림 12-16 1-주소 명령어의 형식

다음은 어셈블리 언어로 1-주소 명령어를 표현한 예이다.

```
LOAD X                ; AC <- M[X]
                       (X번지의 데이터를 누산기에 저장)
```

LOAD는 연산 코드에 해당하고 X는 유일한 주소이다.

2-주소 명령어

2-주소 명령어2-address instruction는 오퍼랜드가 2개이고 둘 다 주소를 저장하는 데 사용된다. 2-주소 명령어의 형식은 [그림 12−17]과 같다. 명령어의 길이가 16비트이고 연산 코드는 5비트이다. (a)는 오퍼랜드 2개가 모두 레지스터 번호인 경우이고, (b)는 오퍼랜드 1개가 레지스터, 나머지 1개가 기억 장치 주소인 경우이다. (a)는 레지스터가 8(= 2^3)개이고, (b)는 레지스터가 8개, 주소의 범위가 256(= 2^8)개이다.

5비트	3비트	3비트	8비트
연산 코드	레지스터 1	레지스터 2	(사용 안 됨)

(a) 레지스터 오퍼랜드가 2개인 경우

5비트	3비트	8비트
연산 코드	레지스터	기억장치 주소

(b) 오퍼랜드 1개가 기억 장치 주소인 경우

그림 12−17 2-주소 명령어의 형식

다음은 어셈블리 언어로 2-주소 명령어를 표현한 예로 두 변수 X, Y가 주소를 나타낸다.

```
MOV X, Y              ; M[X] <- M[Y]
                       (Y번지의 데이터를 X번지로 이동)
```

3-주소 명령어

3-주소 명령어3-address instruction는 오퍼랜드 3개에 주소를 저장한다. 3-주소 명령어의 형식은 [그림 12−18]과 같다. 명령어의 길이가 16비트이고 연산 코드는 4비트이다. 레지스터 3개의 길이가 각각 4비트이므로 레지스터 필드당 레지스터 번호 16(= 2^4)개를 저장할 수 있다.

4비트	4비트	4비트	4비트
연산 코드	레지스터 1	레지스터 2	레지스터 3

그림 12-18 3-주소 명령어의 형식

다음은 어셈블리 언어로 3-주소 명령어를 표현한 예로 세 변수 X, Y, Z가 주소를 나타낸다.

```
ADD X, Y, Z          ; M[X] <- M[Y] + M[Z]
                      (Y와 Z번지의 데이터를 더하여 X번지에 저장)
```

4 명령어 형식이 프로그래밍에 미치는 영향

오퍼랜드의 수 0, 1, 2, 3에 따라 프로그램의 특성이 달라진다. 다음 수식 계산을 네 종류의 주소 명령어로 프로그래밍하여 그 특성을 알아보자. 프로그램에서 사용되는 어셈블리 명령어는 [표 12-1]을 참고하라.

$$X = B * (C + D * E - F/G)$$

0-주소 명령어를 사용한 프로그램

스택을 이용하여 $X = B * (C + D * E - F/G)$ 연산을 수행하는 프로그램을 완성해보자. 이 프로그램은 다음과 같이 0-주소 명령어를 사용하는 프로그램으로 명령어가 12개이다.

```
100    PUSH B        ; 스택에 B가 입력됨
101    PUSH C        ; 스택에 C가 입력됨
102    PUSH D        ; 스택에 D가 입력됨
103    PUSH E        ; 스택에 E가 입력됨
104    MUL           ; E와 D를 연속해서 POP하고 곱셈을 수행한 후 결과를 PUSH
105    ADD           ; E*D의 결과와 C를 연속해서 POP하고 덧셈을 수행한 후 결과를 PUSH
106    PUSH F        ; 스택에 F가 입력됨
107    PUSH G        ; 스택에 G가 입력됨
108    DIV           ; G와 F를 연속해서 POP하고 나눗셈을 수행한 후 결과를 PUSH
109    SUB           ; F/G와 C+E*D를 연속해서 POP하고 뺄셈을 수행한 후 결과를 PUSH
110    MUL           ; (C+D*E-F/G)와 B를 연속해서 POP하고 곱셈을 수행한 후 결과를 PUSH
111    POP           ; 기억 장치 X번지에 저장하기 위해 결과를 POP
```

[그림 12-19]는 스택에서의 연산 과정을 나타낸 것으로 각 과정은 다음과 같다.

(a) PUSH 동작에 의해 B, C, D, E가 차례로 스택에 저장된다.

(b) D와 E가 POP되어 곱셈 연산한 결과가 다시 PUSH된다.

(c) (b)의 결과와 C가 POP되어 덧셈 연산한 결과가 다시 PUSH된다.

(d) F와 G가 차례로 PUSH된다.

(e) F와 G가 POP되어 나눗셈 연산한 결과가 다시 PUSH된다.

(f) F/G와 D*E+C가 POP되어 뺄셈 연산한 결과가 다시 PUSH된다.

(g) (D*E+C−F/G)와 B가 POP되어 곱셈 연산한 결과가 다시 PUSH된다.

(h) 연산 결과가 POP되고 기억 장치 X번지에 저장된다.

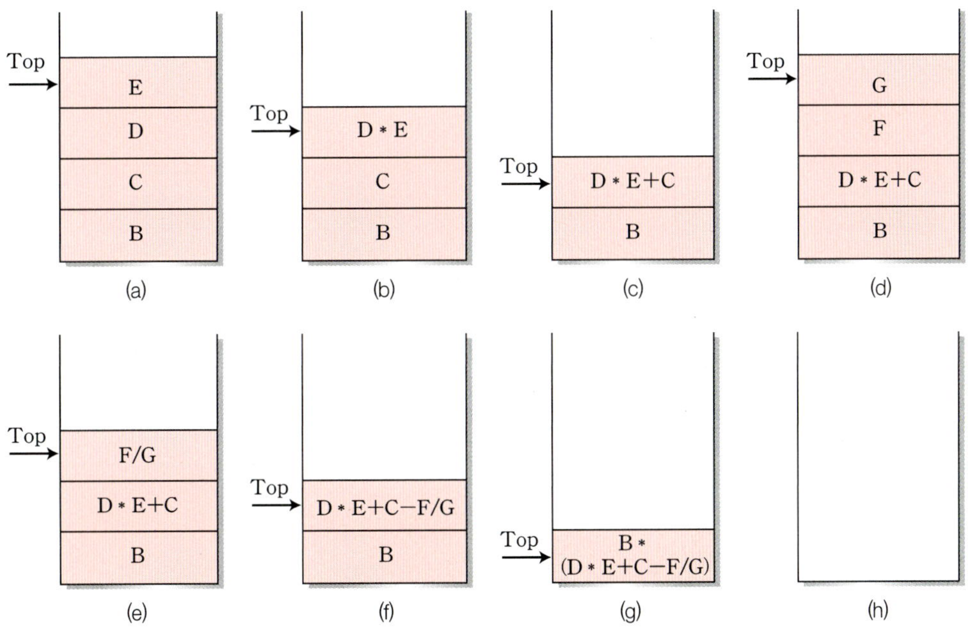

그림 12-19 스택에서 0-주소 명령어 프로그램의 동작

1-주소 명령어를 사용한 프로그램

```
100    LOAD F        ; AC <- M[F]
101    DIV G         ; AC <- AC/M[G]
102    STOR T        ; M[T] <- AC
103    LOAD D        ; AC <- M[D]
104    MUL E         ; AC <- AC * M[E]
```

```
105    ADD C          ; AC <- AC + M[C]
106    SUB T          ; AC <- AC - M[T]
107    MUL B          ; AC <- AC * M[B]
108    STOR X         ; M[X] <- AC
```

프로그램의 전체 길이가 9줄이며, M[A]는 기억 장치 A번지에 저장된 데이터의 내용을 나타내고, T는 기억 장치 내 임시 저장 장소의 주소이다. 프로그램을 한 줄씩 분석해보자.

- **100번지**: F번지의 데이터 값을 AC에 적재한다.
- **101번지**: AC의 데이터를 G번지의 데이터로 나누어 그 결과를 AC에 저장한다. 즉 F/G 연산을 수행한 것이다.
- **102번지**: 계산 결과인 AC의 값을 T번지에 저장한다.
- **103번지**: D번지의 데이터를 AC에 적재한다.
- **104번지**: E번지의 데이터와 AC의 데이터를 곱하여 그 결과를 AC에 저장한다. 즉 D*E 연산을 수행한 것이다.
- **105번지**: C번지의 데이터와 AC의 데이터를 더하여 그 결과를 AC에 저장한다. 즉 C+D*E 연산을 수행한 것이다.
- **106번지**: AC의 데이터에서 T번지의 데이터를 빼서 그 결과를 AC에 저장한다. 즉 C+D*E−F/G 연산을 수행한 것이다.
- **107번지**: B번지의 데이터와 AC의 데이터를 곱하여 그 결과를 AC에 저장한다. 즉 B*(C+D*E−F/G) 연산을 수행한 것이다.
- **108번지**: AC의 결과 값을 X번지에 저장한다. 즉 최종 연산 결과를 기억 장치에 저장하는 것이다.

2-주소 명령어를 사용한 프로그램

```
100    MOV R1, D      ; M[R1] <- M[D]
101    MUL R1, E      ; M[R1] <- M[R1] * M[E]
102    MOV R2, F      ; M[R2] <- M[F]
103    DIV R2, G      ; M[R2] <- M[R2] / M[G]
104    SUB R1, R2     ; M[R1] <- M[R1] - M[R2]
105    ADD R1, C      ; M[R1] <- M[R1] + M[C]
106    MUL R1, B      ; M[R1] <- M[R1] * M[B]
107    MOV X, R1      ; M[X] <- M[R1]
```

M[A]는 기억 장치 A번지에 저장된 데이터의 내용이고 R1, R2는 CPU 내의 레지스터이다. 2-주소 명령어를 사용하는 프로그램에서는 오퍼랜드가 2개이고 둘 다 주소를 나타낸다. 이 프로그램은 길이가 8줄로, 1-주소 명령어를 사용했을 때보다 길이가 줄어들었다. 프로그램을 한 줄씩 분석해보자.

- **100번지**: D번지의 데이터가 레지스터 R1로 이동한다.
- **101번지**: E번지의 데이터와 레지스터 R1의 데이터를 곱하여 그 결과를 레지스터 R1에 저장한다. 즉 D*E 연산을 수행한 것이다.
- **102번지**: F번지의 데이터가 레지스터 R2로 이동한다.
- **103번지**: 레지스터 R2의 데이터를 G번지의 데이터로 나누어 그 결과를 레지스터 R2에 저장한다. 즉 F/G 연산을 수행한 것이다.
- **104번지**: 레지스터 R1의 데이터에서 레지스터 R2의 데이터를 빼서 그 결과를 레지스터 R1에 저장한다. 즉 D*E−F/G 연산을 수행한 것이다.
- **105번지**: 레지스터 R1의 데이터와 C번지의 데이터를 더하여 그 결과를 레지스터 R1에 저장한다. 즉 C+D*E−F/G 연산을 수행한 것이다.
- **106번지**: 레지스터 R1의 데이터와 B번지의 데이터를 곱하여 그 결과를 레지스터 R1에 저장한다. 즉 B*(C+D*E−F/G) 연산을 수행한 것이다.
- **107번지**: 레지스터 R1의 내용을 X번지로 이동한다. 즉 최종 연산 결과를 기억 장치에 저장하는 것이다.

3-주소 명령어를 사용한 프로그램

```
100    MUL R1, D, E        ; R1 <- M[D] * M[E]
101    ADD R1, C, R1       ; R1 <- M[C] + R1
102    DIV R2, F, G        ; R2 <- M[F] / M[G]
103    SUB R1, R1, R2      ; R1 <- R1 - R2
104    MUL X, B, R1        ; M[X] <- M[B] * R1
```

R1과 R2는 CPU 내의 레지스터이다. 3-주소 명령어를 사용하는 프로그램에서는 오퍼랜드가 3개이고 모두 주소를 나타낸다. 전체 프로그램의 길이가 5줄로, 앞의 두 방법보다 길이가 더 짧아졌다. 프로그램을 한 줄씩 분석해보자.

- **100번지:** D번지의 데이터와 E번지의 데이터를 곱하여 그 결과를 레지스터 R1에 저장한다. 즉 D*E 연산을 수행한 것이다.
- **101번지:** C번지의 데이터와 레지스터 R1의 데이터를 더하여 그 결과를 레지스터 R1에 저장한다. 즉 C+D*E 연산을 수행한 것이다.
- **102번지:** F번지의 데이터를 G번지의 데이터로 나누어 그 결과를 레지스터 R2에 저장한다. 즉 F/G 연산을 수행한 것이다.
- **103번지:** 레지스터 R1의 데이터에서 레지스터 R2의 데이터를 빼서 그 결과를 레지스터 R1에 저장한다. 즉 C+D*E−F/G 연산을 수행한 것이다.
- **104번지:** B번지의 데이터와 레지스터 R1의 데이터를 곱하여 X번지에 저장한다. 최종적으로 B*(C+D*E−F/G) 연산을 수행한 것이다.

0-주소 명령어 프로그램부터 3-주소 명령어 프로그램까지 주소의 수에 따른 장단점을 살펴보자. 주소의 수가 많을수록 이를 저장할 오퍼랜드의 수가 많기 때문에 명령어가 더 복잡해진다. 또한 레지스터의 수가 많아져서 연산 속도가 빨라지고, 프로그램의 길이가 짧아짐으로써 프로그램당 명령어의 수가 감소한다. 반대로 주소의 수가 적은 경우 오퍼랜드의 수가 적어서 간단하므로 명령어 인출 및 실행 속도가 빠르지만 프로그램의 길이가 길어진다.

5 명령어 형식

명령어 내의 비트 배열을 명령어 형식이라고 한다. 일반적으로 명령어 집합에는 한 가지 이상의 명령어 형식이 존재하는데, 명령어의 구성 요소에는 하나의 연산 코드에 하나 이상의 오퍼랜드가 있기 때문이다. 즉 연산 코드의 비트 길이, 오퍼랜드의 수와 길이에 따라 명령어 형식이 달라질 수 있다.

명령어 길이에 따른 명령어 형식

명령어 형식에 영향을 주는 연산 코드의 명령어 길이 또한 다른 요인의 영향을 받는다.

- **기억 장치와 관련된 명령어 길이:** 기억 장치 용량과 기억 장치 조직에 의해 주소를 지정하는 오퍼랜드 부분이 영향을 받는다. 기억 장치 용량이 큰 경우 주소의 수가 많아져서 오퍼랜드의 비트 수도 많아져야 하기 때문이다.

- **버스 조직에 따른 명령어 길이**: 버스 조직bus structure 은 데이터를 한 번에 운반할 수 있는 능력을 나타내므로, 데이터를 전송하는 명령어의 경우 이에 맞는 명령어 길이가 필요할 것이다.
- **CPU의 복잡도와 속도에 따른 명령어 길이**: 명령어는 CPU가 한 번에 읽고 쓸 수 있는 단위로 수행된다. CPU가 한 번에 읽고 쓸 수 있는 비트 수는 워드이므로 워드의 크기에 따라 명령어 길이가 정해진다.

명령어의 종류에 따른 명령어 형식

연산 코드의 종류와 오퍼랜드가 많아지면 프로그램이 짧아짐으로써 프로그래머에게 유리하다. 주기억 장치의 용량이 증가하면 프로그래머는 더 큰 기억 장치 영역에 주소 지정을 할 수 있다. 그러나 연산 코드, 오퍼랜드, 주소 지정 방식, 주소 범위에는 비트가 필요하므로 명령어가 더 길어진다. 32비트의 명령어는 16비트의 명령어보다 공간을 2배로 차지하지만 그만큼 유용하지 않을 수도 있기 때문에 긴 명령어는 낭비를 초래하기도 한다. 결과적으로 명령어의 종류 수와 비트 수를 적절히 조정할 필요가 있다.

명령어 내에서 비트를 할당하는 데 영향을 주는 요인은 다음과 같다.

- **주소 지정 방식의 수**: 명시적일 경우 하나 또는 그 이상의 비트가 필요하다.
- **명령어 내 오퍼랜드의 수**: 오퍼랜드가 주소를 나타내는 경우 주소 수가 적으면 프로그램의 길이가 길어지고 복잡해진다.
- **오퍼랜드 저장에 사용되는 레지스터의 수**: 처리할 데이터를 CPU로 가져오는 데 사용할 레지스터의 수이다. 누산기를 사용하는 경우 오퍼랜드 주소 중의 하나가 묵시적으로 지정되어 명령어 비트를 소비하지 않는다. 따라서 오퍼랜드를 참조하는 데 사용되는 레지스터가 많아질수록 사용되는 비트 수가 적어진다.
- **레지스터 집합의 수**: 대부분의 컴퓨터는 8개 또는 16개의 레지스터로 이루어진 범용 레지스터 집합을 가지고 있으며, 이는 데이터 저장과 변위 주소 지정을 위한 주소 저장에 사용할 수 있다. 레지스터 집합이 기능적으로 분리되면 명령어에서 사용되는 비트 수가 줄어들 수 있다.
- **주소 영역**: 명령어의 기억 장치 주소에 의해 접근할 수 있는 주소 범위로 주소의 비트 수와 관계가 있다. 직접 주소 지정은 심각한 제한 요인이 된다.
- **주소 세분화**: 주소 지정 단위로 바이트 또는 워드를 사용하면 더 편리하게 문자 조작을 할 수 있다. 그러나 일정한 크기의 기억 장치에 대해 주소 비트가 더 많이 필요하다.

가변 길이 명령어

가변 길이 명령어는 명령어 형식에서 길이가 서로 다른 경우를 말한다. 이 방식은 길이가 다른 더 많은 종류의 연산 코드를 쉽게 제공할 수 있다. 또한 레지스터와 기억 장치 참조를 주소 지정 방식과 다양하게 결합하여 융통성 있게 주소 지정을 할 수 있지만 CPU가 복잡해지는 것이 단점이다.

04 축소 명령어 집합 컴퓨터

전통적인 컴퓨터의 CPU에서는 명령어가 복잡하기 때문에 명령어를 해석하는 데 시간이 오래 걸리고 명령어 해석에 필요한 회로도 복잡하다. 따라서 CPU가 명령어를 수행하려면 여러 개의 클록이 소요되어 처리 속도가 느린데, 이러한 컴퓨터 구조를 복잡 명령어 집합 컴퓨터 Complex Instruction Set Computer, CISC라고 한다.

그러나 최근에는 CPU의 명령어 수를 줄여 하드웨어 구조를 좀 더 간단하게 만드는 방식의 축소 명령어 집합 컴퓨터Reduced Instruction Set Computer, RISC가 사용되고 있다. RISC는 CISC보다 구조가 단순하기 때문에 복잡한 연산도 적은 수의 명령어를 조합하여 수행함으로써 처리 속도를 향상할 수 있다.

1 복잡 명령어 집합 컴퓨터

복잡한 명령어 집합을 가진 CPU의 구조를 복잡 명령어 집합 컴퓨터CISC라고 한다. 이 구조는 명령어 하나를 수행하는 처리가 복잡하여 마이크로프로그래밍 방식을 채택하는 경우가 많다. 마이크로프로그래밍을 이용하면 다양한 길이의 명령어 형식 등 여러 가지 명령어와 주소 지정 방식을 구현할 수 있다.

연산의 경우 레지스터와 레지스터 연산, 레지스터와 메모리 연산, 메모리와 메모리 연산을 모두 갖추고 있는 것이 일반적이다. 오퍼랜드는 2~3개를 지정할 수 있는 경우가 많다. 3-주소 명령어 1개를 이용하여 기억 장치 1에 저장된 내용과 기억 장치 2에 저장된 내용의 논리곱(AND) 연산을 수행하여 기억 장치 3에 저장할 수 있다.

CISC는 처리 속도를 향상하기 위해 마이크로프로그램의 프로시저나 서브루틴 등을 빠른 속도의 ROM에 마이크로코드화하여 구현한다. 주로 개인용 컴퓨터와 기존의 메인프레임이나 X86 호환 프로세서, 모토로라의 MC 680x0(68K) 계열 프로세서에서 이 방식을 사용하고 있다.

그런데 최근 들어 CISC의 여러 가지 단점이 부각되었다. 먼저 고급 언어 프로그램을 기계어로 변환하는 컴파일러에서 컴파일 과정이 단순화되면 그만큼 컴퓨터의 성능이 좋아진다. 그러나 CISC 기반의 프로그램에서는 프로그램의 코드 수를 최소화하고 명령어 실행 횟수를 줄이는 것 등의 단순화 작업을 통한 최적화가 쉽지 않다. 또한 컴퓨터 관련 기술의 발전으로 기억 장치의 용량이 커지고 가격이 낮아지는 상황에서 CISC는 짧은 프로그램을 생성하여 프로그램이 기억 장치를 덜 차지하므로 자원이 절약된다고 보기 어렵다. 기억 장치의 가격이 하락함에 따라 CISC의 장점인 짧은 프로그램의 효력이 떨어지기 때문이다.

한편 하나의 명령어가 여러 개의 기본 명령어보다 더 빨리 실행되므로 CISC가 명령어를 더 빠르게 실행한다고 생각할 수 있다. 그러나 속도가 빠른 것은 복잡한 기계 명령어의 능력에서 비롯된 것이 아니라 고속 제어 장치가 존재하기 때문이므로 엄밀하게 말하면 CISC가 빠르게 실행하는 것이 아니다.

이처럼 컴파일러의 단순화 측면, 짧은 프로그램 측면, 빠른 실행 속도 측면을 분석해보면 CISC는 제어기의 구성이 복잡하고 명령 단위의 수행 시간이 길어 빠른 처리를 요구하는 현대 컴퓨터에 적합하지 않다.

2 축소 명령어 집합 컴퓨터

CPU의 명령어 수를 줄여 하드웨어 구조를 좀 더 간단하게 만드는 방식을 축소 명령어 집합 컴퓨터RISC 라고 하며, 이는 마이크로프로세서를 설계하는 방법 가운데 하나이다. 전통적인 CISC CPU의 경우 프로그래밍을 수행하기 위해 많은 수의 명령어와 주소 모드가 존재했다. 그러나 그중 실제로 쓰이는 명령어가 얼마 되지 않는다는 사실을 바탕으로, 적은 수의 명령어만으로 명령어 집합을 구성한 것이 RISC이다. RISC는 CISC보다 구조가 단순하고, 복잡한 연산도 적은 수의 명령어를 조합하여 수행할 수 있다.

RISC는 명령어가 단순하므로 사이클당 한 명령어 실행이 가능하다. 즉 기계 사이클당 하나의 기계어가 실행된다. 결과적으로 CISC의 마이크로 명령어보다 덜 복잡하고 그만큼 빨리 수행될 것이다. 그리고 단순 명령어의 특징은 많은 비트를 필요로 하지 않기 때문에 레지스터 간 연산이 가능하다는 것이다. 그래서 기억 장치에 접근하는 동작이 간단한 LOAD, STOR 명령어에 의해 레지스터 연산으로 대체되고 제어 장치도 간단하다. 또한 주소 지정 방식의 경우 단순하게 레지스터 주소 지정 방식을 사용하므로 적은 수의 간단한 주소 지정 방식을 사용할 수 있다. 게다가 적은 수의 단순한 명령어 형식을 사용함으로써 연산 코드의 해독과 레지스터 오퍼랜드의 접근이 동시에 일어날 수 있다.

이러한 이유로 RISC는 오늘날 대부분의 프로세서 설계에 채택되며, 비교적 전력 소모가 적어 임베디드 프로세서에도 채택되고 있다. 요즘에는 펜티엄과 같은 CISC CPU도 내부적으로는 복잡한 명령어를 단순 명령어로 나누어 파이프라인 처리하기 때문에 실제 작동 원리는 RISC와 같다.

01 컴퓨터 프로그래밍 언어

컴퓨터 프로그래밍 언어는 표현 방식에 따라 고급 프로그래밍 언어와 저급 프로그래밍 언어로 구분된다.

02 고급 프로그래밍 언어

고급 프로그래밍 언어의 문법은 인간의 언어 체계와 유사하여 프로그래머가 프로그램을 쉽게 작성할 수 있으며, 컴파일러나 인터프리터에 의해 기계어로 번역되어 실행된다.

03 저급 프로그래밍 언어

저급 프로그래밍 언어는 컴퓨터 내부에서 바로 처리 가능한 프로그래밍 언어로, 일반적으로 기계어와 어셈블리 언어를 일컫는다. 기계어는 컴퓨터가 직접 해독할 수 있는 2진 숫자로 표현한 언어이다.

04 어셈블리 언어

어셈블리 언어는 기계어 프로그래밍의 비효율성을 극복하기 위해 기계어의 비트 형식을 연상 코드로 나타낸 것이다. 즉 기계어를 인간이 사용하는 언어에 가깝게 문자로 기호화한 것이다.

05 어셈블리 명령어

명령어	동작
ADD	덧셈
SUB	뺄셈
MUL	곱셈
DIV	나눗셈
MOV	데이터 이동
LOAD	기억 장치로부터 데이터 적재
STOR	기억 장치에 데이터 저장

06 명령어 사이클

명령어 인출 사이클과 실행 사이클을 하나의 사이클로 수행하는 것을 명령어 사이클이라고 한다.

07 명령어 인출 사이클

명령어 인출 동작은 주기억 장치에 기억되어 있는 프로그램 명령어를 호출하는 과정이므로 인출 사이클은 CPU가 기억 장치에서 명령어를 읽어오는 단계이다.

08 명령어 실행 사이클

명령어 실행 사이클은 명령어를 실제로 실행하는 단계로 실행 동작이 하나 이상 동시에 수행된다.

09 명령어 집합

명령어 집합은 CPU가 수행할 동작을 정의하는 2진수 코드로 된 명령어의 집합으로 기계 명령어라고도 한다. 일반적으로 어셈블리 코드 형태로 표현되고 CPU의 사용 목적과 특성에 따라 결정된다.

10 복잡 명령어 집합 컴퓨터

복잡한 명령어 집합을 가진 CPU의 구조를 복잡 명령어 집합 컴퓨터라고 한다. 이 구조는 명령어 하나를 수행하는 처리가 복잡하여 마이크로프로그래밍 방식을 채택하는 경우가 많다.

11 축소 명령어 집합 컴퓨터

CPU의 명령어 수를 줄여 하드웨어 구조를 좀 더 간단하게 만드는 방식을 축소 명령어 집합 컴퓨터라고 한다. 적은 수의 명령어만으로 명령어 집합을 구성하여 구조가 단순하고, 복잡한 연산도 적은 수의 명령어를 조합하여 수행할 수 있다.

01 컴퓨터 프로그래밍 언어에 대한 설명으로 옳지 않은 것은?

① 컴파일러는 고급 언어로 작성된 프로그램을 어셈블리 언어로 변환한다.
② 기계어는 컴퓨터에서 사용되는 언어이며 2진 비트로 구성된다.
③ 어셈블리 언어는 저급 언어에 해당한다.
④ 고급 언어는 인간이 사용하는 언어와 비슷하다.

02 컴퓨터 프로그래밍 언어에 대한 설명으로 옳지 않은 것은?

① 고급 프로그래밍 언어는 인간의 언어 체계와 문법이 유사하다.
② 컴파일러는 고급 프로그래밍 언어를 어셈블리 언어로 바꿔준다.
③ 기계어는 컴퓨터가 직접 해독할 수 있는 2진수로 표현된 언어이다.
④ 어셈블러는 어셈블리 프로그램을 기계어로 변환하는 역할을 한다.

03 어셈블리 언어에 대한 설명으로 옳지 않은 것은?

① 컴파일러나 인터프리터로 번역되어 실행된다.
② 기계어의 비트 형식을 연상 코드로 나타낸 것이다.
③ 일반적인 형식은 레이블부, 연산부, 오퍼랜드부, 주석문부로 구성된다.
④ 어셈블리 프로그램에서 오퍼랜드는 모두 기억 장치의 주소이다.

04 어셈블리 언어의 명령어 형식에 대한 설명으로 옳지 않은 것은?

① 레이블부: 순환이나 반복 명령어에서 프로그램 카운터를 해당 레이블로 이동한다.
② 피연산부: 명령의 니모닉스 또는 어셈블러 디렉티브 등을 기록한다.
③ 오퍼랜드부: 레지스터 이름, 정수, 레이블, 연산자, 주소 등을 기록한다.
④ 주석문부: 프로그램에 대해 설명한다.

05 어셈블리 언어의 특징에 대한 설명으로 옳은 것은?

① 2진수로 표현된다.
② 기계어의 비트 형식을 연상 코드로 나타낸 것이다.
③ 모든 컴퓨터에서 동일한 언어이다.
④ 컴파일러의 번역 프로그램이 필요하다.

06 어셈블리 언어에 대한 설명으로 옳지 않은 것은?

① 기계어의 비트 형식을 연상 코드로 나타낸 것이다.
② 어셈블러는 오브젝트 코드를 생성한다.
③ 컴파일 과정에 비해 속도가 느린 것이 단점이다.
④ 기계어를 인간이 사용하는 언어에 가깝게 문자로 기호화하여 나타낸 것이다.

07 명령어 사이클에 대한 설명으로 옳지 않은 것은?

① 부사이클 2개의 동작으로 명령어를 수행한다.
② 명령어 실행 사이클은 3개의 마이크로 연산으로 구성된다.
③ 마이크로 연산은 명령어를 실행하기 위한 가장 기본 단위의 프로그램 수행이다.
④ 명령어 인출 사이클은 CPU가 기억 장치에서 명령어를 읽어오는 단계이다.

08 명령어 사이클에 대한 설명으로 옳지 않은 것은?

① 마이크로 연산은 명령어를 실행하기 위한 가장 기본 단위의 프로그램 수행이다.
② 명령어 인출 사이클은 CPU가 기억 장치에서 명령어를 읽어오는 단계이다.
③ 명령어 실행 사이클은 3단계의 CPU 클록으로 구성된다.
④ 간접 사이클과 인터럽트 사이클이 추가로 존재할 수 있다.

09 명령어 사이클에 대한 설명으로 옳지 않은 것은?

① 명령어 인출 사이클은 CPU가 기억 장치에서 명령어를 읽어오는 단계이다.
② 명령어 인출 사이클의 마이크로 연산은 3개의 클록으로만 구성된다.
③ 명령어 실행 사이클은 명령어를 실질적으로 실행하는 단계이다.
④ 명령어 실행 사이클의 마이크로 연산은 4개의 클록으로만 구성된다.

10 명령어 인출 사이클의 마이크로 연산에서 빈칸에 들어갈 레지스터는 무엇인가?

t_0: (ⓐ) ← PC
t_1: MBR ← M(MAR), PC ← PC+1
t_2: (ⓑ) ← MBR

① ⓐ ABR, ⓑ MAR　　② ⓐ MBR, ⓑ PC
③ ⓐ IR, ⓑ PC　　④ ⓐ MBR, ⓑ IR

11 명령어 실행 사이클의 마이크로 연산에 대한 설명으로 옳지 않은 것은?

① ADD 연산의 결과는 레지스터에 저장된다.

② STOR 연산은 오퍼랜드에 저장된 주소를 이용하여 해당 기억 장치에 저장한다.

③ ISZ는 기억 장치의 값을 하나 증가시키고 그 결과 값이 0이면 다음 명령어를 실행하지 않고 건너뛰는 명령어이다.

④ BSA는 조건에 관계없이 분기하라는 명령어이다.

12 프로그램 실행의 계층 구조에 대한 내용으로 옳지 않은 것은?

① 일반적으로 명령어 사이클에는 명령어 부사이클이 2개 있다.

② 마이크로 연산은 명령어 사이클의 그룹으로 프로그램을 형성한다.

③ 명령어 실행 사이클은 몇 단계의 원자 연산으로 구성된다.

④ 명령어 인출 사이클은 CPU가 기억 장치에서 명령어를 읽어오는 단계이다.

13 명령어 집합을 설계할 때 결정해야 할 사항이 아닌 것은?

① 연산 종류　　② 데이터 형태

③ 명령어 개수　　④ 주소 지정 방식

14 명령어 집합과 명령어 형식에 대한 설명으로 옳지 않은 것은?

① CPU가 수행할 동작을 정의하는 2진수 코드로 된 명령어의 집합을 명령어 집합이라고 한다.

② 연산 코드는 수행될 연산을 지정한다.

③ 오퍼랜드는 연산을 수행하는 데 필요한 데이터 또는 데이터의 주소를 말한다.

④ 명령어 형식은 정보 전달 필드와 정보 연산 필드로 구성된다.

15 다음 중 명령어의 종류에 해당하지 않는 것은?

① 데이터 처리　　② 데이터 저장

③ 데이터 이동　　④ 데이터 분할

16 명령어 집합에 대한 설명으로 옳지 않은 것은?

① 명령어 집합은 여러 개의 연산 코드 필드와 하나의 오퍼랜드로 구성된다.
② 명령어 집합을 설계할 때는 연산 종류, 데이터 형태, 명령어 형식 등을 고려해야 한다.
③ 명령어 연산 코드에는 함수 연산, 전달, 입출력, 제어 기능이 포함된다.
④ 오퍼랜드의 형태는 주소, 수, 문자, 논리 데이터 등이 될 수 있다.

17 명령어 집합에 대한 설명으로 옳은 것은?

① 어셈블리 명령어라고도 한다.
② 명령어 형식은 산술 코드와 논리 코드로 구성된다.
③ 오퍼랜드는 연산을 수행하는 데 필요한 제어 신호를 지정한다.
④ CPU가 수행할 동작을 정의하는 2진수 코드로 된 명령어의 집합이다.

18 명령어 형식에서 연산 코드의 필드 길이가 4비트이면 이론적으로 명령어는 몇 개인가?

① 4개 ② 16개 ③ 8개 ④ 2개

19 명령어 형식에서 오퍼랜드의 형태가 아닌 것은?

① 연산 코드 ② 주소 ③ 수 ④ 문자

20 다음 중 명령어 집합의 연산 종류가 아닌 것은?

① 데이터 전송 ② 데이터 예측
③ 산술 및 논리 연산 ④ 제어의 이동

21 스택에 대한 설명으로 옳지 않은 것은?

① 후입력 선출력LIFO이 특징이다.
② 스택의 Top에 새로운 요소를 추가하는 동작을 PUSH라고 한다.
③ 스택은 보조 기억 장치의 일부분을 블록으로 지정하여 사용한다.
④ 스택의 Top에서 한 요소를 꺼내는 동작을 POP이라고 한다.

22 0-주소 명령어 프로그램부터 3-주소 명령어 프로그램까지 주소의 수에 따른 장단점으로 옳은 것은?

① 주소의 수가 많을수록 명령어가 간략하다.

② 주소의 수가 많아지면 프로그램이 짧아져서 프로그램당 명령어의 수가 감소한다.

③ 주소의 수가 적을수록 명령어의 비트 수가 길어진다.

④ 주소의 수가 적어지면 명령어 인출 및 실행 속도가 느려진다.

23 명령어 길이에 영향을 미치는 요인에 해당하지 않는 것은?

① 기억 장치 ② 버스 조직

③ 출력 장치의 수 ④ CPU의 복잡도

24 명령어 내에서 비트를 할당하는 데 영향을 미치는 요인이 아닌 것은?

① 명령어 사이클의 클록 속도 ② 주소 지정 방식의 수

③ 명령어 내 오퍼랜드의 수 ④ 레지스터 집합의 수

Chapter

13

효과적인 컴퓨터 명령어 실행 기법

학습목표

- 기억 장치의 주소를 지정하는 방법을 알아본다.
- 인터럽트의 개념을 이해한다.
- 명령어 파이프라이닝의 개념을 이해한다.
- 슈퍼스칼라 프로세서를 이해한다.

01 주소 지정 방식

많은 양의 데이터가 저장되어 있는 주기억 장치에서 원하는 데이터를 인출하려면 데이터가 저장된 정확한 위치를 파악해야 한다. 주기억 장치에서 데이터가 저장된 위치를 주소라고 한다. 주소는 저장된 데이터의 위치를 식별하기 위해 바이트나 워드 단위로 앞에서부터 뒤로 일련번호가 부여된 16진수의 고유한 번호이며, 컴퓨터에서 주소를 지정하는 것을 주소 지정 방식addressing mode 이라고 한다.

컴퓨터 시스템에서는 다양한 주소 지정 방식을 사용하고 있다. 주소 지정 방식이 다양한 이유는 제한된 명령어 비트를 적절히 이용하여 사용자가 효율적으로 오퍼랜드를 지정하고 더 큰 용량의 기억 장치를 사용할 수 있도록 하기 위함이다. 결과적으로 포인터, 카운터 인덱싱, 프로그램 재배치 등을 통해 사용자에게 오퍼랜드 지정의 편의성을 제공하여 융통성 있는 프로그래밍이 가능하며, 더 큰 용량의 기억 장치를 사용할 수 있어 번지 필드의 비트를 줄이는 효과를 얻게 된다.

주소 지정 방식은 다음과 같이 일곱 가지 형태로 분류되는데, 이를 이해하기 위해 먼저 [표 13-1]과 같은 표기 방법을 짚고 넘어가자.

표 13-1 주소 지정 방식의 표기 방법

정의 내용	표기 방법
유효 주소(기억 장치의 실제 주소)	EA
기억 장치 주소	A
레지스터 번호	R
기억 장치 A번지의 내용	(A)
레지스터 R번지의 내용	(R)

1 직접 주소 지정 방식

가장 기본적인 개념인 직접 주소 지정 방식direct addressing mode 에서는 오퍼랜드 필드의 내용이 유효 주소가 된다. 지정하려는 위치를 오퍼랜드에서 직접 표현하는 형식으로 가장 간단한 주소 지정 방식이다.

$$EA = A$$

유효 주소 = 기억 장치 주소

직접 주소 지정 방식은 데이터를 인출하기 위해 오퍼랜드에 저장된 해당 주소의 기억 장치에 한 번만 접근한다는 것이 장점이다. 그러나 연산 코드를 제외하고 남은 비트가 주소 비트로 사용되기 때문에 지정할 수 있는 기억 장소의 수가 제한되어 많은 주소를 지정할 수 없다. [그림 13-1]과 같이 직접 주소 지정 방식에서는 오퍼랜드가 주소를 나타내고, 이 주소는 직접적으로 기억 장치의 위치를 나타낸다.

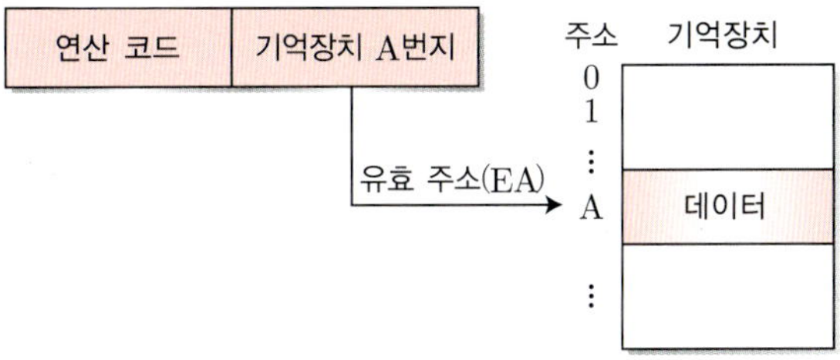

그림 13-1 직접 주소 지정 방식

2 간접 주소 지정 방식

간접 주소 지정 방식indirect addressing mode에서는 오퍼랜드의 내용이 실제 데이터가 저장된 곳이 아닌 위치하는 곳의 주소를 나타낸다. 즉 오퍼랜드 필드에 데이터 유효 기억 장치 주소가 저장된 주소가 저장되어 있고, 이 주소가 가리키는 기억 장소에서 유효 주소를 얻을 수 있다.

$$EA = (A)$$

유효 주소 = 기억 장치 A번지의 내용

간접 주소 지정 방식의 동작을 나타낸 [그림 13-2]를 보면 기억 장치 접근이 두 번 일어나는 것을 확인할 수 있다. 첫 번째로 유효 주소가 저장된 곳에 접근하고, 두 번째로 유효 주소에 접근하여 실질적인 데이터를 얻는다.

간접 주소 지정 방식의 장점은 최대 기억 장치 용량이 CPU가 한 번에 접근할 수 있는 워드 길이에 의해 결정된다는 것이다. 따라서 기억 장치의 구조를 변경하여 확장이 가능하다. 만약 워드 길이가 n비트라면 최대 2^n개의 기억 장소를 주소지로 만들 수 있다. 그러나 실행 사이클 동안 기억 장치에 두 번 접근해야 한다는 단점이 있다.

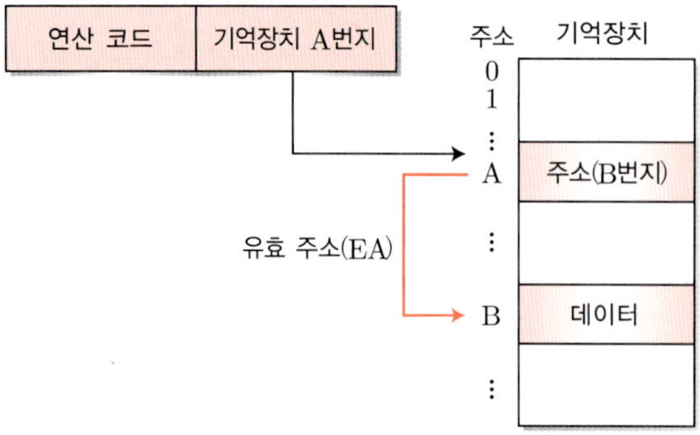

그림 13-2 간접 주소 지정 방식

간접 주소 지정 방식의 경우 명령어 형식에서도 주소 지정 방식을 표시하는 간접 비트(I) 필드가 필요하다. [그림 13-3]은 간접 주소 지정 방식을 사용하는 컴퓨터에서의 명령어 형식을 보여준다. I = 0이면 직접 주소 지정 방식이고, I = 1이면 간접 주소 지정 방식이다.

연산 코드	I	오퍼랜드(기억장치 주소)

그림 13-3 간접 주소 지정 방식의 명령어 형식

3 묵시적 주소 지정 방식

묵시적 주소 지정 방식implied addressing mode에서는 명령어를 실행하는 데 필요한 데이터의 위치가 별도로 지정되지 않고 명령어의 연산 코드에 내포되어 있다. 따라서 명령어의 길이가 짧다는 것이 장점이지만 명령어의 종류가 제한된다. 대표적인 예로 'shift left'에서 비롯된 SHL 명령어는 누산기의 내용을 좌측으로 이동하지만, 데이터가 누산기에 저장되어 있다는 것을 명령어에 표시하지 않는다.

4 즉시 주소 지정 방식

즉시 주소 지정 방식immediate addressing mode에서는 데이터가 명령어에 포함되어 있어 오퍼랜드 필드의 내용이 연산에 사용할 실제 데이터가 되며, 따라서 직접 데이터 형식이라고도 한다. 이 방식은 프로그램에서 레지스터나 변수의 초깃값을 상숫값으로 설정하는 데 유용하게 사용된다. 데이터를 인출하기 위해 기억 장치에 접근할 필요가 없다는 것이 장점이지만 상숫값의 크기가 오퍼랜드 필드의 비트 수에 의해 제한된다.

[그림 13-4]는 즉시 주소 지정 방식을 사용하는 경우 오퍼랜드 필드가 상숫값의 데이터임을 보여준다. [그림 13-3]과 비교해보면 간접 비트가 불필요하므로 오퍼랜드 필드만 있고, 이 오퍼랜드에는 상숫값만 저장된다.

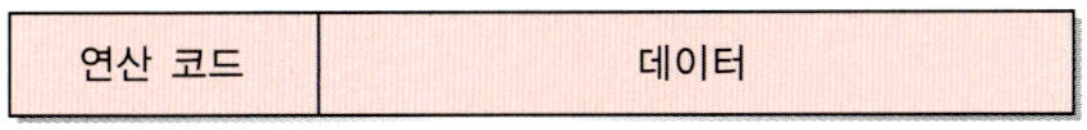

그림 13-4 즉시 주소 지정 방식의 명령어 형식

5 레지스터 주소 지정 방식

레지스터 주소 지정 방식resister addressing mode에서는 연산에 사용할 데이터가 레지스터에 저장되어 있다. 따라서 오퍼랜드 필드가 레지스터 번호를 나타내고 유효 주소는 레지스터 번호가 된다.

$$\mathrm{EA} = \mathrm{R}$$

$$\text{유효 주소} = \text{레지스터 번호}$$

만약 오퍼랜드가 k비트이면 주소 지정에 사용할 수 있는 레지스터의 수는 2^k개이다. 레지스터 주소 지정 방식은 오퍼랜드 필드가 레지스터 번호를 나타내기 때문에 비트 수가 적어도 되며, 데이터를 인출하기 위해 기억 장치에 접근할 필요가 없다. 그러나 데이터를 저장할 수 있는 공간이 CPU 내부의 레지스터로 제한된다.

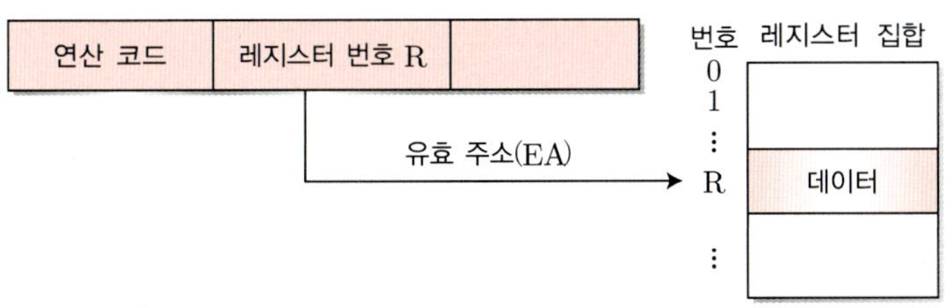

그림 13-5 레지스터 주소 지정 방식

6 레지스터 간접 주소 지정 방식

레지스터 간접 주소 지정 방식register indirect addressing mode에서는 명령어 형식의 오퍼랜드 필드가 레지스터 번호를 가리키며, 그 레지스터에 저장된 내용이 유효 주소이다. 그리고 유효 주소를 사용하여 실제 데이터를 인출한다.

$$EA = (R)$$
유효 주소 = 레지스터 번호의 내용

레지스터 간접 주소 지정 방식의 장점은 주소를 지정할 수 있는 기억 장치 영역이 확장된다는 것이다. 즉 레지스터의 길이에 따라 주소 지정 영역이 결정된다. 만약 레지스터의 길이가 16비트라면 주소 지정 영역은 2^{16}바이트(64킬로바이트)가 된다. 또한 간접 주소 지정 방식의 경우 기억 장치에 두 번 접근하지만 레지스터 간접 주소 지정 방식에서는 기억 장치에 한 번만 접근한다.

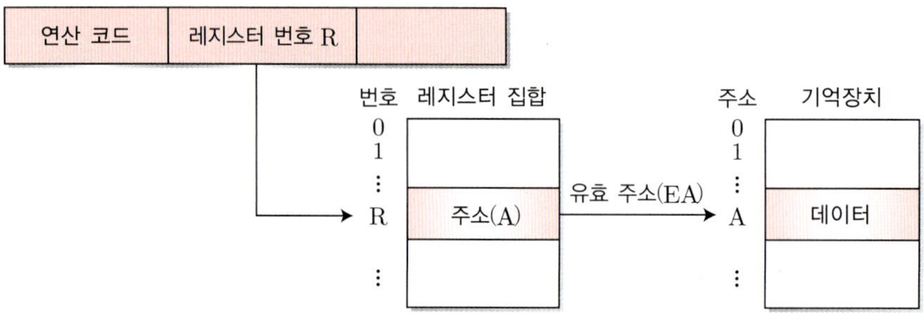

그림 13-6 레지스터 간접 주소 지정 방식

7 변위 주소 지정 방식

변위 주소 지정 방식displacement addressing mode은 직접 주소 지정 방식과 레지스터 간접 주소 지정 방식을 결합한 것이다. 명령어에 포함된 오퍼랜드 필드에 레지스터 번호 필드와 변윗값 필드가 있어 이 두 오퍼랜드의 조합으로 유효 주소가 생성된다. [그림 13-7]에서 보듯이 R이 가리키는 레지스터의 내용과 변윗값 A를 더하여 유효 주소를 결정한다.

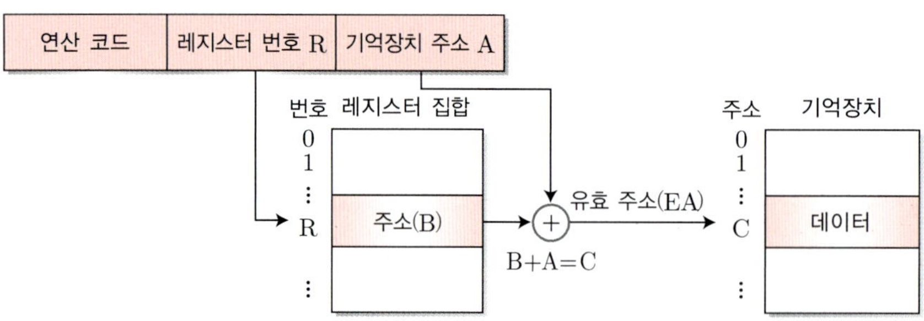

그림 13-7 변위 주소 지정 방식

변위 주소 지정 방식은 사용하는 레지스터에 따라 여러 가지 종류가 있다. 대표적으로 상대 주소 지정 방식에서는 프로그램 카운터를 사용하고, 인덱스 주소 지정 방식에서는 인덱스 레지스터를 사용하며, 베이스 레지스터 주소 지정 방식에서는 베이스 레지스터를 사용한다.

상대 주소 지정 방식

상대 주소 지정 방식relative addressing mode은 프로그램 카운터를 레지스터로 사용하기 때문에 주로 분기 명령어에서 이용된다.

$$EA = A + (PC)$$

유효 주소 = 기억 장치 주소 + 프로그램 카운터의 내용

여기서 변윗값 A는 2의 보수이며, $A \geq 0$이면 앞 방향으로 분기하고 $A < 0$이면 뒤 방향으로 분기한다. 예를 들어 JUMP 명령어가 450번지에 저장되었을 때 이 명령어가 인출된 후 PC의 내용이 451이 된 경우를 생각해보자. 오퍼랜드 필드에서 A가 +21이라면 분기 목적지 주소는 472(= 451 + 21)번지가 되고, 오퍼랜드 필드에서 A가 −50이라면 분기 목적지 주소는 401(= 451 − 50)번지가 될 것이다.

상대 주소 지정 방식의 장점은 전체 기억 장치 주소가 명령어에 포함되어야 하는 일반적인 분기 명령어보다 적은 수의 비트만 있으면 된다는 것이다. 그러나 분기 범위가 오퍼랜드 필드의 길이에 의해 제한된다.

인덱스 주소 지정 방식

인덱스 주소 지정 방식indexed addressing mode은 인덱스 레지스터(IX)의 내용과 변윗값 A를 더하여 유효 주소를 결정한다.

$$EA = (IX) + A$$

유효 주소 = 인덱스 레지스터의 내용 + 기억 장치 주소

인덱스 레지스터는 인덱스 값을 저장하는 특수 레지스터이고, 인덱스 주소 지정 방식은 배열 데이터에 접근할 때 자동 인덱싱autoindexing된다. 명령어가 실행될 때마다 인덱스 레지스터의 내용이 자동으로 증가하거나 감소하는 이 방식에서는 명령어가 실행되면 다음의 두 연산이 연속적으로 수행된다.

$$EA = (IX) + A$$
$$IX \leftarrow IX + 1$$

인덱스 주소 지정 방식의 동작을 나타낸 [그림 13-8]에서 데이터 배열이 기억 장치의 302번지부터 저장되어 있고 명령어의 주소 필드에 변윗값 300이 포함되어 있을 때 인덱스 레지스터의 내용(IX)이 5라면 데이터 배열의 네 번째 데이터에 접근한다.

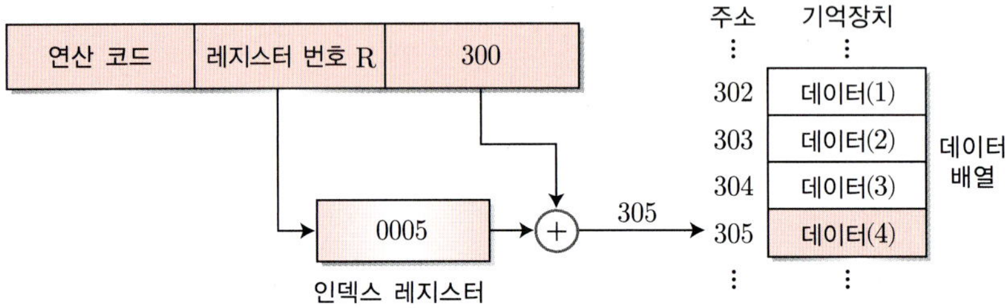

그림 13-8 인덱스 주소 지정 방식

베이스 레지스터 주소 지정 방식

베이스 레지스터의 내용과 변윗값 A를 더하여 유효 주소를 결정하는 베이스 레지스터 주소 지정 방식base register addressing mode은 서로 다른 세그먼트 내 프로그램의 위치를 지정하는 데 사용된다.

$$EA = (BR) + A$$

유효 주소 = 베이스 레지스터의 내용 + 기억 장치 주소

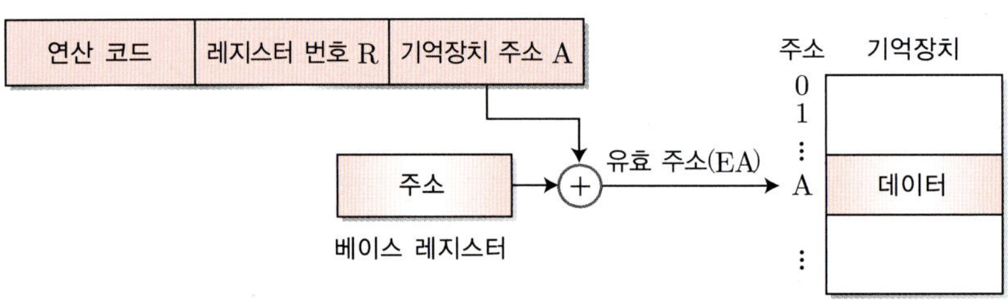

그림 13-9 베이스 레지스터 주소 지정 방식

02 인터럽트 처리

인터럽트는 '끼어든다'는 의미이며, 말 그대로 시스템의 어떤 장치에 인터럽트가 발생하면 현재 수행 중인 장치의 일을 잠시 중단하고 작업 상태를 기억해둔다. 그리고 인터럽트가 발생한 장치의 작업을 우선 진행한다.

1 인터럽트의 개념

CPU가 현재 실행 중인 프로그램의 처리를 강제로 중단하고 특정 주소에 위치한 프로그램을 수행하게 하는 것을 인터럽트라고 한다. 이 과정에서 현재 실행 중인 프로그램의 중요한 데이터가 주기억 장치에 저장되고, 새롭게 시작한 프로그램이 종료된 다음 실행된다. 이때 인터럽트를 처리하기 위해 실행되는 새로운 프로그램 루틴을 인터럽트 서비스 루틴Interrupt Service Routine, ISR이라고 한다.

[그림 13-10]은 인터럽트에 의한 제어 이동을 보여준다. 인터럽트가 발생했을 때 CPU는 먼저 어떤 장치가 인터럽트를 요구했는지 확인하고, 현재 명령어의 실행을 끝낸 후 프로그램 카운터에 저장되어 있는 다음 명령어의 주소를 스택에 저장한다. 이때 사용되는 스택은 일반적

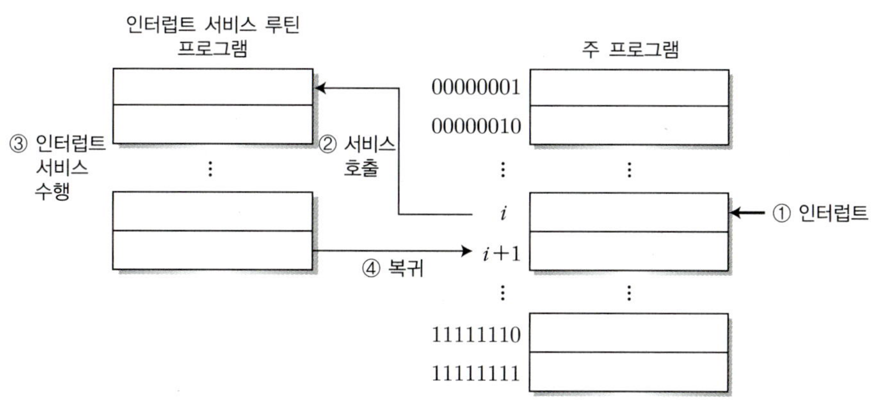

그림 13-10 인터럽트에 의한 제어 이동

으로 주기억 장치의 특정 부분에 해당한다. 다음으로 해당 인터럽트 서비스 루틴을 호출하기 위해 그 루틴의 시작 주소를 프로그램 카운터에 적재한다. 이때 시작 주소는 인터럽트를 요구한 장치에서 전송되거나 미리 정해진 값으로 결정된다. 그리고 인터럽트 서비스를 순차적으로 실행한 후 인터럽트 서비스가 완전히 종료되면 중단되었던 기존 프로그램을 계속 실행하도록 주 프로그램으로 복귀한다.

인터럽트의 발생 원인과 종류

발생 원인에 따른 인터럽트의 종류는 다음과 같다.

- **기계 착오 인터럽트**machine error: 프로그램 실행 중 갑자기 정전이 되거나 컴퓨터 자체에 기계적인 문제가 있는 경우 발생한다.
- **슈퍼바이저 호출 인터럽트**superviser call interrupt: 사용자가 입출력과 같은 서비스를 받기 위해 운영체제에 들어갈 때 슈퍼바이저 호출(SVC) 명령어를 사용하여 운영체제에 서비스를 요청하면 발생한다.
- **외부 인터럽트**external interrupt: 오퍼레이터나 타이머에 의해 의도적으로 프로그램이 중단된 경우 발생한다.
- **입출력 인터럽트**I/O interrupt: 입출력 종료나 입출력 오류에 의해 CPU의 기능이 요청되는 경우 발생한다.
- **프로그램 검사 인터럽트**program check interrupt: 프로그램 실행 중 보호된 기억 공간에의 접근이나 불법적인 명령 수행과 같은 프로그램의 문제가 있는 경우 발생한다.
- **재시작 인터럽트**restart interrupt: 오퍼레이터와 다른 프로세서에 의해 재시작 명령이 도착했을 때 발생한다.

인터럽트의 발생과 처리 예

인터럽트는 프로그램에 의한 발생, 컴퓨터 내부 하드웨어에 의한 발생, 입출력 장치에 의한 발생으로 구분된다. 프로그램이 잘못 실행되는 경우인 오버플로, 0에 의한 나누기division by zero 등이 발생하면 프로그램이 종료되는 인터럽트가 발생한다. 또한 하드웨어의 결함으로 인터럽트가 발생하는 예로는 기억 장치 패리티 오류memory parity error 를 들 수 있다. 이는 기억 장치에 저장된 데이터에 오류가 생긴 경우로, CPU가 해당 데이터의 읽기 동작을 중지하는 인터럽트가 발생하게 된다. 입출력 장치에 의한 인터럽트 발생의 예로는 입출력 제어기에 의해 프린터가 출력을 하거나, 키보드의 입력으로 CPU의 정상 처리 과정이 인터럽트되는 경우가 있다.

결과적으로 인터럽트는 처리 효율을 향상하는 방법이라고 할 수 있다. 만약 오버플로에 의한 인터럽트라면 오버플로 발생 경고 메시지와 주 프로그램을 종료하는 인터럽트 서비스 루틴이 동작할 것이다. 또한 프린터 제어기에 의한 인터럽트라면 프린터가 출력을 하게 하는 인터럽트 서비스 루틴이 수행되고 출력 동작이 끝나면 주 프로그램으로 되돌아간다.

2 인터럽트 사이클과 마이크로 연산

컴퓨터에서 명령어의 동작은 명령어 사이클을 통해 수행된다. 그런데 이 과정에서 인터럽트가 발생하면 인터럽트를 위한 새로운 부사이클이 필요하다. 인터럽트 사이클interrupt cycle은 인터럽트 발생을 처리하기 위한 부사이클로 CPU에서 인터럽트 요구가 있는지를 검사하는 과정을 말한다.

인터럽트가 없다면 다음 명령어를 인출하는 인출 부사이클이 수행된다. 그러나 인터럽트 요구가 대기 중이라면 인터럽트 사이클에 의해 현재 프로그램의 실행을 중단하고 프로그램 상태를 저장한다. 그런 다음 PC를 인터럽트 처리 루틴interrupt handler routine의 시작 주소로 세트하고 인터럽트를 처리하게 한다. 따라서 명령어 사이클이 3개의 부사이클, 즉 인출 사이클, 실행 사이클, 인터럽트 사이클로 구성된다.

[그림 13-11]은 인터럽트 사이클이 포함된 명령어 사이클로, 명령어 실행 사이클 다음에 인터럽트 발생 여부에 따라 인터럽트 사이클이 수행된다. [그림 13-12]는 인터럽트 사이클이 포함된 명령어 사이클의 순서도이다. 인출 및 실행 사이클 다음에 조건에 따라 인터럽트 사이클이 수행된다.

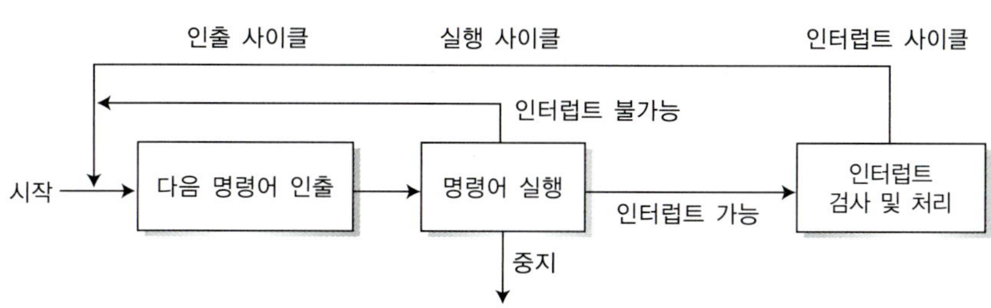

그림 13-11 인터럽트 부사이클이 포함된 명령어 사이클

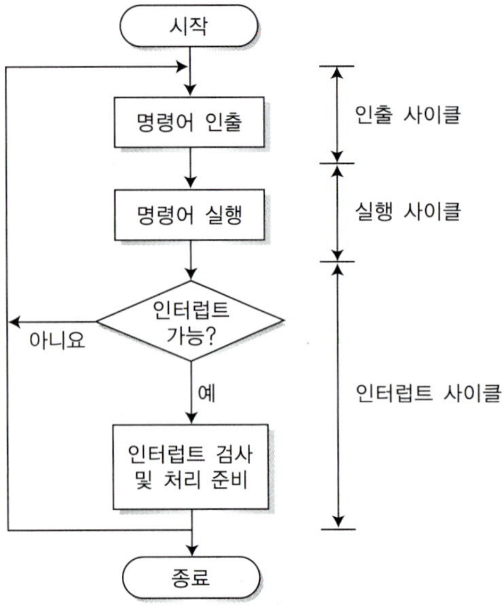

그림 13-12 인터럽트 부사이클이 포함된 명령어 사이클의 순서도

인터럽트 사이클의 마이크로 연산

CPU에서 이루어지는 인터럽트의 동작을 더 깊이 이해하기 위해 인터럽트 사이클의 마이크로 연산을 살펴보자. 인터럽트의 동작은 인터럽트 발생이 확인되면 현재 진행 중인 주 프로그램의 복귀 정보를 주기억 장치의 일부에 저장하고 인터럽트 서비스 루틴을 수행하는 것이다. 이 과정에서의 마이크로 연산은 다음과 같다.

t_0: MBR ← PC, SP ← SP−1
t_1: MAR ← SP, PC ← ISR 시작 주소
t_2: M[MAR] ← MBR

인터럽트 사이클은 인출 사이클과 마찬가지로 3개의 CPU 클록으로 구성된다. t_0에서는 PC(프로그램 카운터)의 내용이 MBR(기억 장치 버퍼 레지스터)로 전송된다. PC의 내용은 주 프로그램에서 수행될 다음 명령어의 주소이다. 즉 현재 진행 중인 프로그램의 복귀 정보를 저장하는 과정이다. t_1에서는 SP(스택 포인터)의 내용이 MAR(기억 장치 주소 레지스터)로 전송되고, PC의 내용이 ISR(인터럽트 서비스 루틴)의 시작 주소로 변경된다. MBR에 저장되어 있는 내용을 스택에 저장하기 위해 SP를 사용할 것이다. t_2에서는 MBR에 저장되어 있던 원래

PC의 내용이 스택에 저장된다. 즉 주 프로그램의 복귀 주소를 주기억 장치의 스택에 저장하는 과정이다.

[그림 13-13]은 인터럽트 사이클의 마이크로 연산이 수행되는 동안 데이터의 흐름을 보여준다.

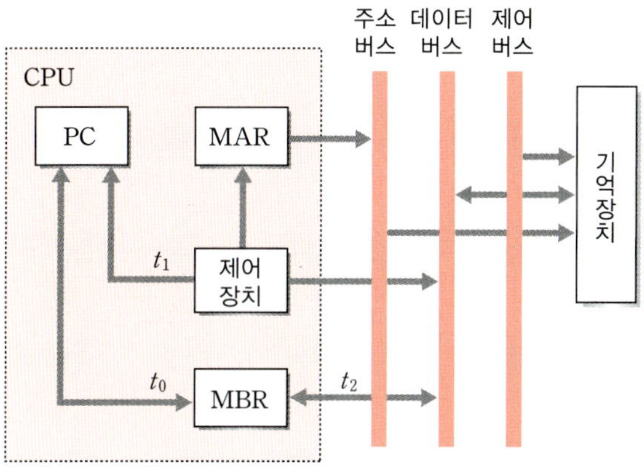

그림 13-13 인터럽트 부사이클의 데이터 흐름

이제 어셈블리 프로그램이 수행되는 도중에 인터럽트가 발생하는 경우를 생각해보자. 첫 번째 명령어인 LOAD 301이 실행되는 동안 인터럽트가 발생했으며, SP는 799이고 ISR의 시작 주소는 540번지라고 가정하자.

```
101    LOAD  301
102    ADD   302
103    STA   302
104    JUMP  190
```

[그림 13-14]는 인터럽트 사이클의 시작과 종료 과정을 마이크로 연산을 통한 상태 변화로 나타낸 것이다. (a)에서는 101번지의 LOAD 명령어가 인출 및 실행되어 301번지의 데이터 0005가 AC에 저장되었다. 그리고 인터럽트 유무를 검사하며, 인터럽트가 존재하므로 인터럽트 사이클이 수행된다. (b)에서는 SP 799에 PC의 내용인 주 프로그램의 다음 명령어 주소 0102를 저장하고 SP를 증가시켜서 798번지가 된다. 그리고 ISR의 시작 주소 540번지가 PC에 저장된다. 인터럽트가 종료되면 스택에 저장되어 있는 0102가 다시 PC에 적재되고 ADD 명령어가 수행될 것이다.

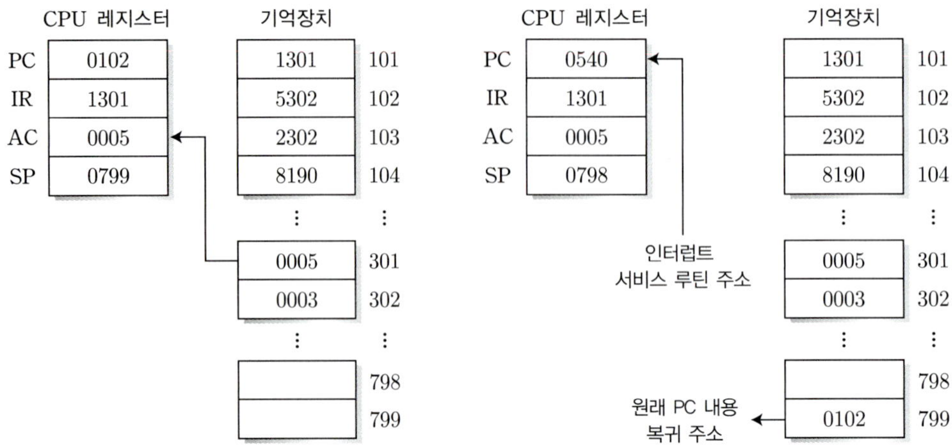

(a) LOAD 명령어의 실행 사이클이 종료된 상태

(b) 인터럽트 사이클이 종료된 상태

그림 13-14 인터럽트 요구에 따른 상태 변화

3 다중 인터럽트

인터럽트 서비스 루틴을 수행하는 동안 또 다른 인터럽트가 발생하는 것을 다중 인터럽트라고 한다. 즉 이는 현재의 인터럽트가 처리되는 동안 다른 인터럽트가 발생하는 경우를 말한다. 다중 인터럽트를 처리하는 방법으로는 인터럽트 불가능과 우선순위 인터럽트가 있다.

인터럽트 불가능

인터럽트 불가능interrupt disabled은 CPU가 인터럽트 서비스 루틴을 처리하는 도중에는 새로운 인터럽트 처리 요구가 들어오더라도 CPU가 인터럽트 사이클을 수행하지 않도록 방지하는 방식이다. 즉 나중에 발생한 인터럽트를 무시하고 있다가 현재의 인터럽트 처리가 종료된 후 발생 순서대로 처리한다. 인터럽트 불가능 기능은 인터럽트 플래그가 세트되었을 때 수행된다. 인터럽트 플래그는 시스템 운영상 중요한 프로그램이나 도중에 중단할 수 없는 데이터 입출력 동작 등을 위한 인터럽트를 처리하는 데 사용된다.

[그림 13-15]는 순차적인 인터럽트 처리 과정을 보여준다. 사용자 프로그램이 실행되는 동안 인터럽트에 의해 인터럽트 서비스 루틴 X가 수행되는데, 이때는 다른 인터럽트를 처리할 수 없다. 인터럽트 서비스 루틴 X가 완전히 종료되면 대기 중인 인터럽트 서비스 루틴 Y를 수행하고, 인터럽트 서비스 루틴 Y가 완전히 종료되면 사용자 프로그램으로 복귀한다.

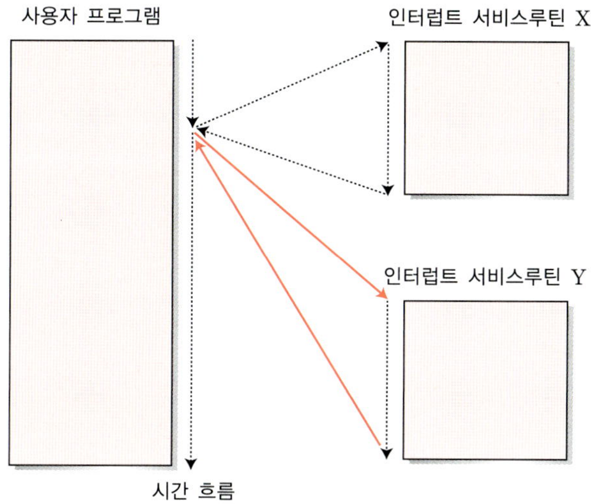

그림 13-15 순차적인 다중 인터럽트 처리

우선순위 인터럽트

인터럽트의 우선순위를 정하고, 우선순위가 낮은 인터럽트가 처리되는 동안 우선순위가 더 높은 인터럽트가 들어오면 현재의 인터럽트 서비스 루틴의 수행을 중단하고 새로운 인터럽트를 처리하는 것을 우선순위 인터럽트priority interrupt라고 한다. 즉 우선순위가 더 높은 인터럽트가 먼저 처리되도록 허용하는 방식이다.

[그림 13-16]은 우선순위 인터럽트 처리 과정을 보여준다. 사용자 프로그램이 실행되는 동안 인터럽트에 의해 인터럽트 서비스 루틴 X가 수행된다. 그런데 인터럽트 서비스 루틴 X가 수행되는 동안 우선순위가 더 높은 인터럽트 서비스 루틴 Y가 들어오면 인터럽트 서비스 루틴 X의 수행을 중단하고 인터럽트 서비스 루틴 Y를 수행한다. 인터럽트 서비스 루틴 Y의 수행이 끝나면 인터럽트 서비스 루틴 X로 복귀하고, 인터럽트 서비스 루틴 X가 종료되면 사용자 프로그램으로 복귀한다.

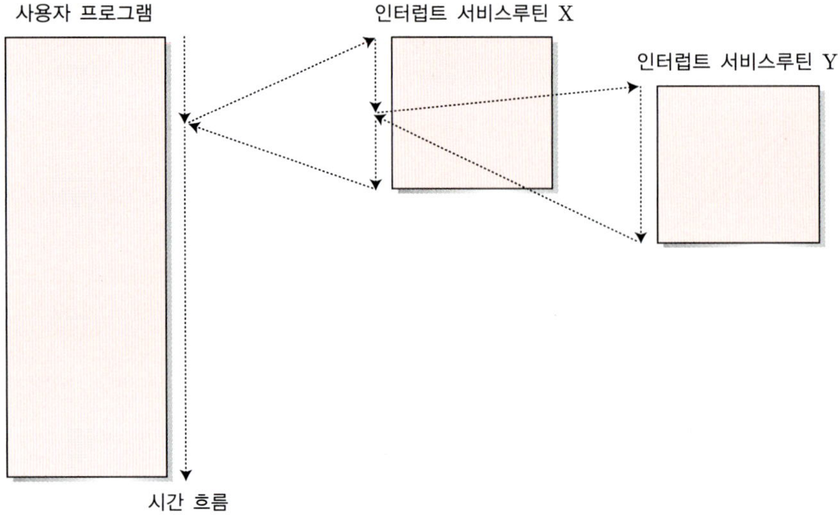

그림 13-16 우선순위 다중 인터럽트 처리

[그림 13-17]은 다중 인터럽트 처리 과정에서 시간 흐름의 한 예를 보여준다. 사용자 프로그램이 실행되는 동안 프린터에 의해 ISR이 수행된다. 이때 우선순위가 더 높은 통신 인터럽트가 동작하면 통신 ISR이 수행된다. 그리고 다시 디스크 인터럽트 요청이 발생하는데, 이것의 우선순위는 프린터 인터럽트보다 높고 통신 인터럽트보다 낮다. 그러므로 통신 ISR이 모두 수행될 때까지 대기한다. 통신 ISR이 종료되면 프린터 인터럽트보다 우선순위가 높은 디스크 ISR이 수행되고, 디스크 ISR이 종료되면 프린터 ISR이 수행된다. 프린터 ISR까지 모두 종료되면 사용자 프로그램으로 복귀한다.

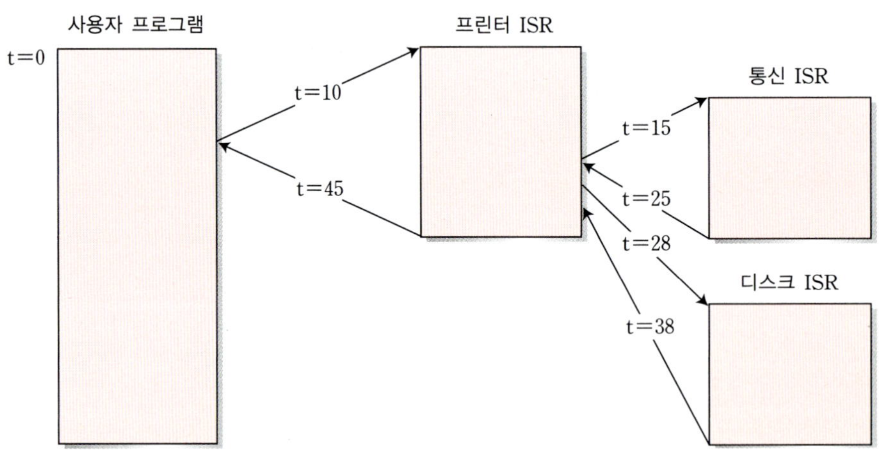

그림 13-17 다중 인터럽트 처리의 시간 흐름

03 명령어 파이프라이닝

명령어 파이프라이닝instruction pipelining은 한 번에 하나의 명령어만 실행하는 것이 아니라 하나의 명령어가 실행되는 도중에 다른 명령어의 실행을 시작함으로써 동시에 명령어 여러 개를 실행하는 방식이다. 즉 이전 명령어를 끝내기 전에 새로운 명령어의 수행을 시작하므로 같은 시간대에 명령어 사이클이 중첩되어 처리된다.

일반적인 명령어 처리 방법에서는 하나의 명령어가 처리되는 동안 다음 명령어가 처리되지 않고 기다리기만 한다. 그러나 명령어 파이프라이닝 기술은 하나의 명령어를 여러 단계로 나누어서 처리할 수 있기 때문에, 한 명령어의 특정 단계를 처리하는 동안 다른 부분에서는 다른 명령어의 다른 단계를 처리함으로써 처리 속도가 향상된다.

1 2단계 명령어 파이프라인

2단계 명령어 파이프라인two-stage instruction pipeline은 명령어를 실행하는 하드웨어를 인출 단계와 실행 단계라는 독립적인 파이프라인 모듈로 분리하여 수행하는 방법이다. 먼저 두 단계에 동일한 클록을 가하여 동작 시간을 일치시켜야 한다. 그런 다음 첫 번째 클록 주기에서는 인출 단계가 첫 번째 명령어를 인출한다. 두 번째 클록 주기에서는 인출된 첫 번째 명령어가 실행 단계로 가서 실행되고, 그와 동시에 인출 단계는 두 번째 명령어를 인출한다. 따라서 두 번째 클록부터 이전 명령어의 실행 단계와 현재 명령어의 인출 단계가 동시에 수행되어 프로그램 처리 속도가 빨라진다.

2단계 명령어 파이프라인의 시간 흐름을 나타낸 [그림 13-18]을 보면 명령어 인출 단계와 실행 단계로 분리되어 있고, 두 번째 명령어부터 인출 단계와 실행 단계가 병렬로 처리된다. 따라서 2단계 파이프라인을 이용하면 명령어 처리 속도가 2배 정도 향상되며, 이를 바탕으로 단계 수가 늘어날수록 그만큼 속도가 빨라질 것이다. 그러나 두 단계의 처리 시간이 동일하지 않으면 속도가 2배로 향상되지 않는다. 즉 각 명령어의 인출 단계와 실행 단계의 처리 시간이 동일해야 파이프라인으로 인한 효율 향상을 얻을 수 있다.

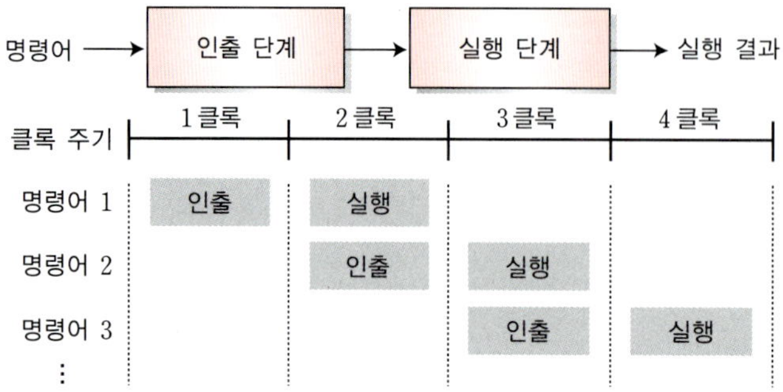

그림 13-18 2단계 명령어 파이프라인의 시간 흐름

단계의 처리 시간이 동일하지 않은 경우 속도가 향상되지 않는 문제를 극복하려면 파이프라인의 단계 수를 증가시켜서 각 단계의 처리 시간을 같게 하면 된다. 다시 말해 단계를 세분화하여 단계 간의 시간 차이가 거의 없게 하는 것이다. 이렇게 파이프라인의 단계 수를 늘리면 전체적으로 속도가 빨라지기 때문에 문제 해결과 속도 향상을 동시에 얻을 수 있다.

2 4단계 명령어 파이프라인

4단계 명령어 파이프라인four-stage instruction pipeline은 다음과 같이 단계가 4개인 명령어 파이프라인이다.

- **명령어 인출 단계**: 명령어를 기억 장치에서 인출하는 단계로, 프로그램 카운터에서 제시된 기억 장치 주소를 바탕으로 명령어를 인출하여 명령어 레지스터로 이동한다.
- **명령어 해독 단계**: 첫 번째 단계에서 인출된 명령어를 명령어 해독기로 해석한다.
- **오퍼랜드 인출 단계**: 기억 장치에서 오퍼랜드를 인출하는 단계로, 오퍼랜드는 연산에 사용될 변수나 데이터이다. 그러므로 인출된 오퍼랜드가 마지막 실행 단계의 각종 연산에서 사용될 것이다.
- **실행 단계**: 명령어에 지정된 연산을 수행하는 단계이다.

4단계 명령어 파이프라인의 시간 흐름을 나타낸 [그림 13-19]에서는 첫 번째 클록 주기를 제외하고 나머지 클록 주기가 병렬로 처리되며, 최대 4개의 명령어 단계가 동시에 수행된다. 결과적으로 2단계 명령어 파이프라인보다 더 많은 중첩 처리를 통해 속도가 향상된다.

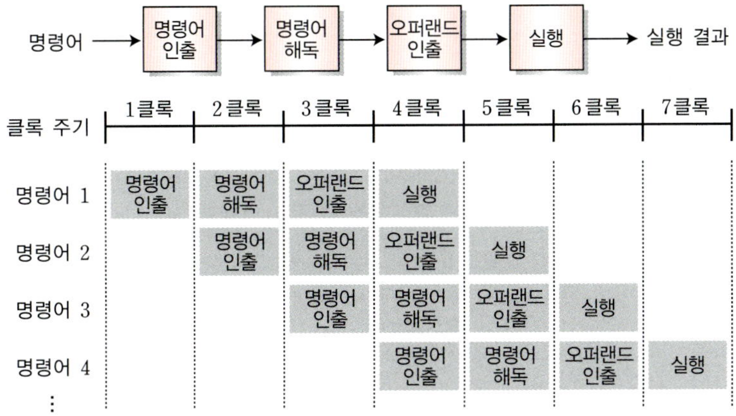

그림 13-19 4단계 명령어 파이프라인의 시간 흐름

3 6단계 명령어 파이프라인

6단계 명령어 파이프라인six-stage instruction pipeline은 다음과 같이 6개 단계로 구분된다.

- **명령어 인출 단계**
- **명령어 해독 단계**
- **오퍼랜드 계산 단계**: 오퍼랜드는 일반적인 데이터뿐만 아니라 주소일 수도 있다. 주소 지정 방식 가운데 간접 주소 지정 방식이나 변위 주소 지정 방식에서는 유효 주소를 찾는 계산이 필요하다.
- **오퍼랜드 인출 단계**: 오퍼랜드의 내용은 3단계에서 계산된 값이다.
- **명령어 실행 단계**
- **오퍼랜드 저장 단계**

이러한 단계가 다른 명령어의 단계와 동시에 수행됨으로써 2단계 및 4단계 명령어 파이프라인보다 처리 속도가 더욱 빠르다. 6단계 명령어 파이프라인의 시간 흐름을 나타낸 [그림 13-20]에서는 첫 번째 클록 주기를 제외하고 나머지 클록 주기가 이전 명령어 및 다음 명령어의 단계와 동시에 처리되며, 최대 6개의 명령어 단계가 동시에 수행된다.

클록 주기	1클록	2클록	3클록	4클록	5클록	6클록	7클록	8클록	9클록
명령어 1	명령어 인출	명령어 해독	오퍼랜드 계산	오퍼랜드 인출	명령어 실행	오퍼랜드 저장			
명령어 2		명령어 인출	명령어 해독	오퍼랜드 계산	오퍼랜드 인출	명령어 실행	오퍼랜드 저장		
명령어 3			명령어 인출	명령어 해독	오퍼랜드 계산	오퍼랜드 인출	명령어 실행	오퍼랜드 저장	
명령어 4				명령어 인출	명령어 해독	오퍼랜드 계산	오퍼랜드 인출	명령어 실행	오퍼랜드 저장
⋮									

그림 13-20 6단계 명령어 파이프라인과 시간 흐름

4 파이프라인에 의한 속도 향상

2단계, 4단계, 6단계 명령어 파이프라인의 동작을 분석해보면 명령어 단계가 많을수록 파이프라인에 의한 속도가 크게 향상된다. 그렇다면 얼마나 속도가 향상되는지 정량적으로 계산해보자. 파이프라인의 단계 수는 k, 실행할 명령어의 수는 N이고, 각 파이프라인 단계가 한 클록 주기씩 걸린다고 가정하면 파이프라인에 의한 전체 명령어 실행 시간 T는 다음과 같다.

$$T = k + (N-1)$$

즉 첫 번째 명령어를 실행하는 데 k 주기가 걸리고, 나머지 $N-1$개의 명령어를 실행하는 데 각각 한 주기씩 소요된다. 만약 파이프라이닝을 적용하지 않는다면 N개의 명령어를 실행하는 데 $k \times N$ 주기가 소요될 것이다. 예를 들어 파이프라인의 단계 수가 6이고 파이프라인 클록이 1메가헤르츠(각 단계에서의 소요 시간은 1마이크로초)인 경우에는 다음과 같다.

첫 번째 명령어 실행에 걸리는 시간 = 6μs
다음부터는 1μs마다 명령어 1개씩 실행 완료
명령어 100개의 실행 시간 $T = 6 + (100-1) = 105\mu s$

일반적인 경우의 명령어 처리 소요 시간과 파이프라이닝을 이용했을 때의 소요 시간을 비교해보면 다음과 같은 속도 향상을 얻을 수 있다.

$$\text{파이프라이닝의 속도 향상: } Sp = \frac{k \times N}{k + (N-1)}$$

이를 앞의 예에 적용하면 파이프라이닝에 의한 속도 향상은 다음과 같다.

$$(6 \times 100)/105 \fallingdotseq 5.714\text{배}$$

또 다른 예로 파이프라인의 단계 수가 6이고 명령어의 수 N이 증가할 때의 속도 향상(Sp)을 계산해보자.

N = 1000이면 Sp = 6000/1005 = 5.97
N = 10000이면 Sp = 60000/10005 = 5.997
N = 100000이면 Sp = 600000/100005 = 5.9997
$N \rightarrow \infty$이면 Sp = 6

즉 명령어의 수가 많아지면 파이프라인의 단계 수만큼 속도가 빨라진다. 그러나 실제 명령어 실행 과정에서는 명령어 파이프라이닝의 효과를 100% 충족할 수 없는데 그 이유는 다음과 같다.

- 경우에 따라서 어떤 명령어는 오퍼랜드를 인출할 필요가 없기 때문에 모든 명령어가 파이프라인 단계를 거치지 않는다. 그러나 파이프라인 하드웨어를 단순화하려면 모든 명령어가 모든 단계를 통과하도록 해야 한다.
- 4단계 명령어 파이프라인에서 명령어 인출 단계와 오퍼랜드 인출 단계가 동시에 기억 장치에 접근하는 경우 기억 장치 충돌memory conflict이 일어나면 지연이 발생하므로 효율이 저하된다.
- 조건 분기 명령어가 실행되면 미리 인출하여 처리하던 명령어가 무효화된다. 조건 분기 명령어는 순서에 맞지 않는 명령어를 수행시키는 명령어이므로 갑자기 명령어의 순서가 변경되어 파이프라이닝에 의해 순차적으로 수행되던 명령어 단계가 무효화된다. 조건 분기 명령어의 실행이 종료될 때까지는 분기 발생 여부를 판단할 수 없기 때문에 파이프라인의 효율이 저하된다.

[그림 13-21]은 분기 명령어가 있는 4단계 명령어 파이프라인의 시간 흐름을 보여준다. 여섯 번째 클록 주기에서 명령어 6의 첫 번째 단계까지 수행되었지만, 명령어 3의 실행이 완료되면서 그 내용이 명령어 12의 수행으로 판명되어 수행 중이던 명령어 4, 5, 6이 무시되고 일곱 번째 클록 주기에서 명령어 12가 수행된다. 따라서 파이프라인의 장점을 잃게 된다.

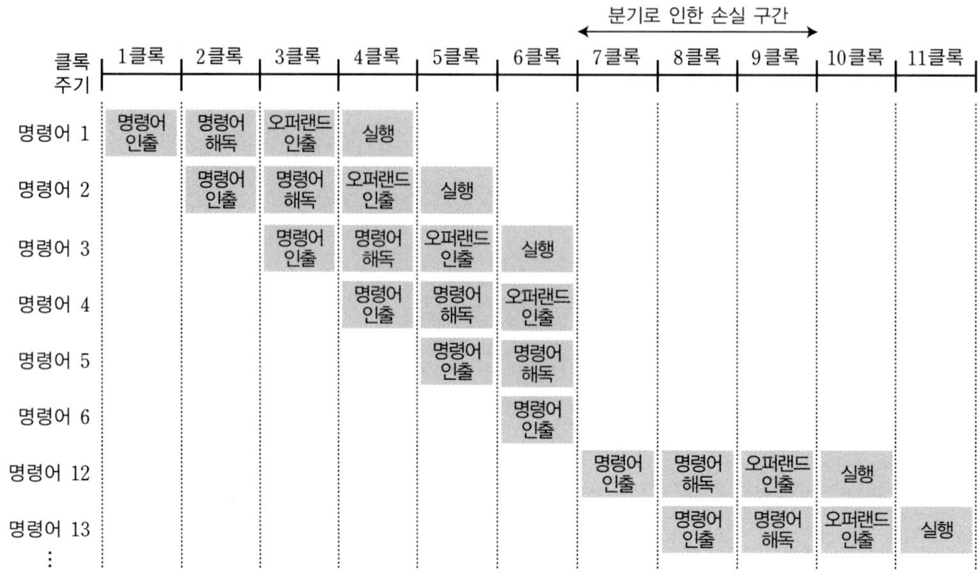

그림 13-21 분기 명령어가 있는 4단계 명령어 파이프라인의 시간 흐름

[그림 13-22]는 분기 명령어가 있는 6단계 명령어 파이프라인의 시간 흐름을 보여준다. [그림 13-21]과 마찬가지로 분기 명령어 다음의 명령어가 무시되고 분기 패널티branch penalty 부분의 명령어 수행이 시작된다.

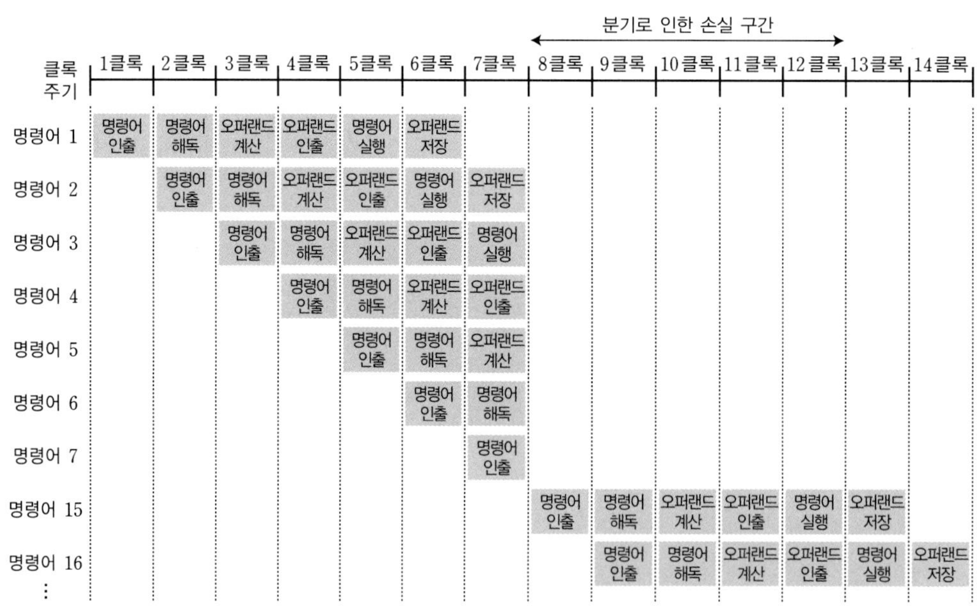

그림 13-22 분기 명령어가 있는 6단계 명령어 파이프라인의 시간 흐름

04 슈퍼스칼라 프로세서

슈퍼스칼라superscalar 프로세서는 수의 연산, 적재, 저장, 조건 분기와 같은 보편적인 명령어를 동시에 시작하고 독립적으로 실행하는 개념이다. 명령어 파이프라이닝은 실행이 동시에 병렬 처리되는 방식으로, 다수의 명령어 파이프라인을 이용하여 여러 가지 명령어를 독립적으로 실행한다. 따라서 그만큼 처리 속도가 향상되지만 병렬 처리로 인해 명령어 파이프라인을 설계하기가 복잡하다.

1 슈퍼스칼라 프로세서의 조직과 구성

슈퍼스칼라 프로세서는 여러 파이프라인을 이용하여 독립적으로 명령어를 실행함으로써 명령어를 프로그램 순서와 다르게 실행할 수 있다. 슈퍼스칼라 프로세서의 기본 구조에서는 파이프라인으로 구현된 여러 개의 기능 유닛function unit이 명령어의 병렬 처리를 지원한다.

[그림 13-23]은 이러한 슈퍼스칼라 프로세서의 기본 구조를 보여준다. 정수 레지스터 파일에서 인출된 정수 데이터가 2개의 파이프라인 기능 유닛을 거쳐 정수 연산을 수행한다. 또한 부동 소수점 레지스터 파일에서 인출된 부동 소수점 데이터가 2개의 파이프라인 기능 유닛을 거쳐 부동 소수점 연산을 수행한다. 그리고 정수 레지스터 파일과 부동 소수점 레지스터 파일 중에서 인출된 데이터가 파이프라인 기능 유닛을 거쳐 기억 장치 연산을 수행한다.

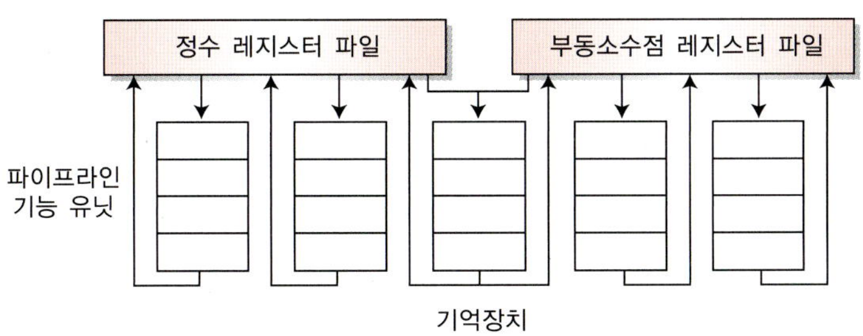

그림 13-23 슈퍼스칼라 프로세서의 기본 구조

[그림 13-23]은 2개의 정수 연산, 2개의 부동 소수점 연산, 1개의 기억 장치 연산이 동시에 수행되는 경우이다. 4단계 파이프라인과 명령어를 병렬 처리할 수 있는 2등급 슈퍼스칼라를 생각해보자. 슈퍼스칼라 등급이 2라는 것은 2개의 명령어를 병렬 처리한다는 것을 나타낸다. 파이프라이닝 동작을 위한 단계는 다음과 같이 정의된다.

- 명령어 인출 단계(FI)
- 명령어 해독 단계(DI)
- 연산 수행 단계(EX)
- 연산 결과 저장 단계(WB)

[그림 13-24]는 4단계 파이프라인과 2등급 슈퍼스칼라 방식을 비교하여 보여준다. (a)는 4단계 파이프라인으로 동시에 명령어 4개가 수행되는 경우이다. 한 단계를 실행하는 데 클록 주기 하나가 필요하다면 명령어 4개를 완전히 실행하는 데에는 클록이 7개 소요된다. (b)는 2등급 슈퍼스칼라의 동작으로, 파이프라인 기능 유닛 2개가 동시에 동작하여 명령어 2개를 실행한다. 그런데 4단계 파이프라이닝 동작이므로 7개의 클록 동안 총 8개의 명령어가 수행된다. 즉 일반적인 파이프라이닝 기법의 처리 속도보다 2배 빠르다. 그러나 슈퍼스칼라 프로세서는 두 명령어 사이에 데이터 의존성이 없어야 독립적으로 동시에 실행할 수 있다.

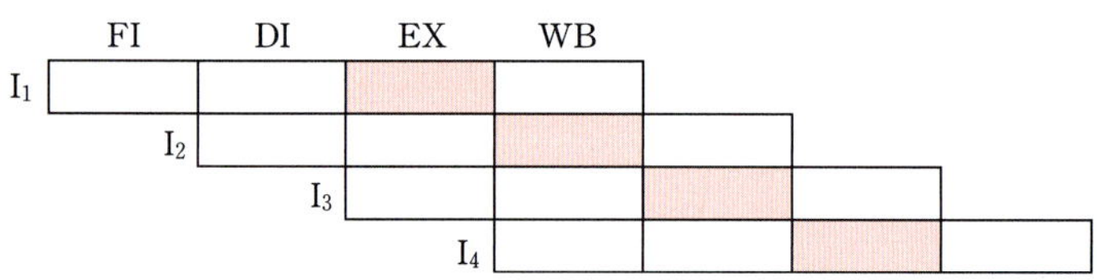

(a) 일반적인 파이프라이닝의 명령어 실행 시간

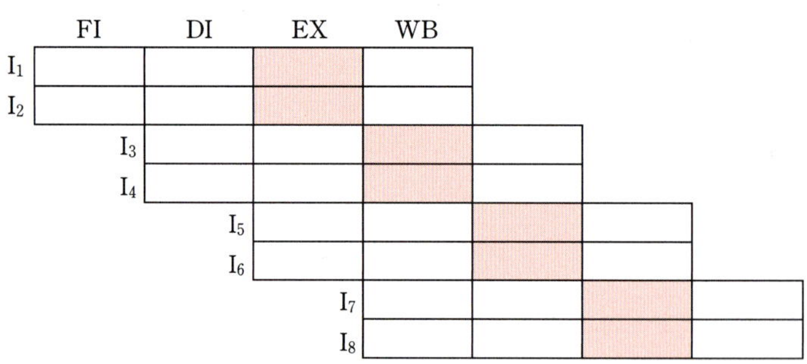

(b) 슈퍼스칼라 프로세서의 명령어 실행 시간

그림 13-24 파이프라이닝과 슈퍼스칼라

단계가 k개인 일반적인 파이프라이닝 프로세서에서 명령어 N개를 실행하는 데 걸리는 시간은 다음과 같이 계산된다.

$$P_T = k + N - 1$$

첫 번째 명령어는 단계 수 k만큼의 시간이 필요하지만 두 번째 명령어부터는 동시에 수행되므로 하나의 단계를 위한 시간이 소요된다. 그러므로 N개의 명령어에서 첫 번째 명령어를 제외하고 소요되는 시간은 $N-1$이다.

그러면 기능 유닛이 m개인 k단계의 슈퍼스칼라 프로세서에서 명령어 N개를 실행하는 데 걸리는 전체 시간은 다음과 같이 계산된다.

$$SS_T = k + \frac{N}{m} - 1 = k + \frac{N-m}{m}$$

여기서 m은 슈퍼스칼라 등급을 나타낸다. 슈퍼스칼라 프로세서에서는 등급만큼의 명령어를 병렬 처리하기 때문에 N개의 명령어는 N/m만큼의 처리 시간을 갖게 될 것이다. 그러므로 일반적인 파이프라이닝 소요 시간에서 N이 N/m으로 대체된다. 슈퍼스칼라 프로세서로 얻을 수 있는 속도 향상은 다음과 같다.

$$Sp = \frac{P_T}{SS_T} = \frac{k+N-1}{k+(N-m)/m} = \frac{m(k+N-1)}{N+m(k-1)}$$

여기서 명령어의 수 N이 무한하다면 속도 향상 Sp는 m배가 된다. 즉 명령어가 많아지면 일반적인 파이프라이닝보다 슈퍼스칼라 등급의 배수만큼 속도가 빨라진다.

2 슈퍼파이프라이닝

슈퍼파이프라이닝super pipelining은 파이프라이닝에서 단계의 클록 주기를 절반 이하로 줄여서 명령어 실행 속도를 2배 이상 높이는 방법이다. 이는 대부분의 파이프라인 단계를 수행하는 데 소요되는 클록 사이클이 반 이하의 시간이므로 가능하다. 슈퍼파이프라이닝의 등급이 n이면 기능 유닛의 클록 사이클 시간은 기본 사이클의 $1/n$이 된다.

[그림 13-25]는 2등급 슈퍼파이프라인에서의 명령어 실행 시간을 나타낸 것으로, 이 경우에는 기능 유닛의 클록 사이클 시간이 기본 사이클의 1/2이 된다. 따라서 명령어 5개가 실행되

는 동안 기본 사이클에 클록 6개만 사용된다.

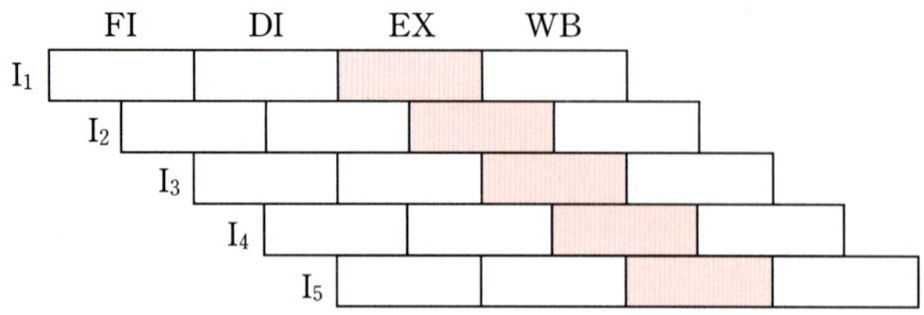

그림 13-25 슈퍼파이프라이닝의 동작

단계가 k개이고 등급이 n인 슈퍼파이프라이닝 구조에서 명령어 N개를 실행하는 데 걸리는 시간은 다음과 같이 계산된다.

$$SPI_T = k + \frac{1}{n}(N-1)$$

첫 번째 명령어는 파이프라이닝과 동일하게 기본 클록으로 동작하므로 k단계만큼의 소요 시간이 있다. 그러나 나머지 명령어는 슈퍼파이프라이닝 등급만큼 클록이 감소하므로 $N-1$개의 명령어는 기본 클록이 $1/n$이고, 소요 시간은 $(1/n)\times(N-1)$이 된다. 슈퍼파이프라이닝으로 얻을 수 있는 속도 향상은 다음과 같다.

$$Sp = \frac{P_T}{SPI_T} + \frac{k+N-1}{k+(N-1)/n} = \frac{n(k+N-1)}{nk+N-1}$$

여기서 명령어의 수 N이 무한하다면 속도 향상 Sp는 n배가 된다. 즉 명령어가 많아지면 슈퍼파이프라인은 등급의 배수만큼 속도가 빨라진다 .

[그림 13-26]은 2등급인 4단계 파이프라인, 슈퍼파이프라인, 슈퍼스칼라 프로세서의 동작을 보여준다. 기본적인 4단계 파이프라인은 클록이 9개 필요하고 슈퍼파이프라인은 6.5개, 슈퍼스칼라 프로세서는 6개가 필요하다.

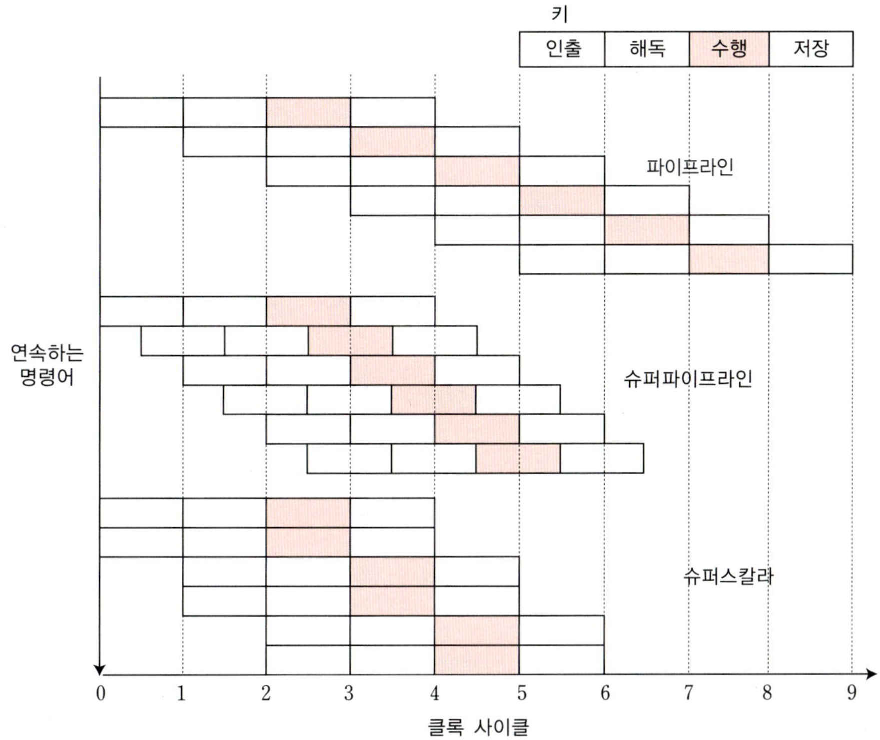

그림 13-26 4단계 파이프라인, 슈퍼파이프라인, 슈퍼스칼라의 동작

각각의 방식을 정리해보자. 먼저 기본 파이프라이닝은 클록 사이클당 1개의 명령어가 발생하고, 클록 사이클당 1개의 파이프라인 단계를 수행할 수 있다. 슈퍼파이프라이닝은 클록 사이클당 2개의 파이프라인 단계를 수행하며, 각 단계에서 수행되는 기능이 중첩되지 않는 두 부분으로 분리될 수 있고, 각각은 클록 사이클의 절반에 해당하는 시간 내에 수행된다고 볼 수 있다. 슈퍼스칼라 프로세서는 각 단계에서 2개의 기능을 병렬로 수행한다. 슈퍼스칼라 프로세서와 슈퍼파이프라이닝을 비교해보면 프로그램이 시작될 때와 각 분기 목적지에서는 슈퍼파이프라이닝의 성능이 슈퍼스칼라 프로세서보다 떨어진다.

끝으로 대부분의 고성능 CPU에서 사용되는 슈퍼파이프라이닝 슈퍼스칼라super pipelined superscalar 구조를 살펴보자. 이는 슈퍼파이프라이닝과 슈퍼스칼라 프로세서가 결합된 것으로 더 많은 속도 향상을 기대할 수 있다. [그림 13-27]은 슈퍼파이프라이닝 슈퍼스칼라 구조를 보여준다.

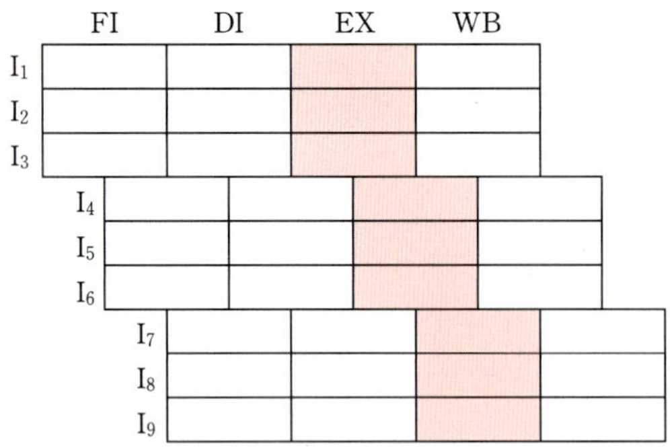

그림 13-27 슈퍼파이프라이닝 슈퍼스칼라 구조의 실행 시간

슈퍼파이프라이닝의 등급이 n, 슈퍼스칼라 프로세서의 등급이 m일 때 명령어 N개를 실행하는 데 걸리는 시간은 다음과 같이 계산된다.

$$SPSS_T = k + \frac{N-m}{mn}$$

각각의 방식에서 소요되는 시간, 즉 $SS_T = k + \frac{N-m}{m}$ 와 $SPI_T = k + \frac{1}{n}(N-1)$을 결합한 형태이다. 슈퍼파이프라이닝 슈퍼스칼라 구조로 얻을 수 있는 속도 향상은 다음과 같다.

$$Sp = \frac{T(1,1)}{T(m,n)} = \frac{k+N-1}{k+(N-m)/mn}$$

여기서 명령어의 수 N이 무한하다면 속도 향상은 mn이 된다. 즉 명령어가 많아지면 슈퍼파이프라이닝 등급과 슈퍼스칼라 등급의 곱만큼 속도가 빨라진다.

요약

01 주소

주소는 저장된 데이터의 위치를 식별하기 위해 바이트나 워드 단위로 앞에서부터 뒤로 일련번호가 부여된 16진수의 고유한 번호이다.

02 주소 지정 방식

직접 주소 지정 방식, 간접 주소 지정 방식, 묵시적 주소 지정 방식, 즉시 주소 지정 방식, 레지스터 주소 지정 방식, 레지스터 간접 주소 지정 방식, 변위 주소 지정 방식 등이 있다.

03 인터럽트

CPU가 현재 실행 중인 프로그램의 처리를 강제로 중단하고 특정 주소에 위치한 프로그램을 수행하게 하는 것을 인터럽트라고 한다. 이 과정에서 현재 실행 중인 프로그램의 중요한 데이터가 주기억 장치에 저장되고, 새롭게 시작한 프로그램이 종료된 다음 실행된다.

04 인터럽트 불가능

인터럽트 불가능은 CPU가 인터럽트 서비스 루틴을 처리하는 도중에는 새로운 인터럽트 처리 요구가 들어오더라도 CPU가 인터럽트 사이클을 수행하지 않도록 방지하는 방식이다.

05 우선순위 인터럽트

우선순위가 낮은 인터럽트가 처리되는 동안 우선순위가 더 높은 인터럽트가 들어오면 현재의 인터럽트 처리를 중단하고 새로운 인터럽트를 처리하는 것을 우선순위 인터럽트라고 한다.

06 명령어 파이프라이닝

명령어 파이프라이닝은 한 번에 하나의 명령어만 실행하는 것이 아니라 하나의 명령어가 실행되는 도중에 다른 명령어의 실행을 시작함으로써 동시에 명령어 여러 개를 실행하는 방식이다.

07 슈퍼스칼라 프로세서

슈퍼스칼라 프로세서는 수의 연산, 적재, 저장, 조건 분기와 같은 보편적인 명령어를 동시에 시작하고 독립적으로 실행하는 개념이다.

08 슈퍼파이프라이닝

슈퍼파이프라이닝은 파이프라이닝에서 단계의 클록 주기를 절반 이하로 줄여서 명령어 실행 속도를 2배 이상 높이는 방법이다.

01 컴퓨터 시스템에서 다양한 주소 지정 방식을 사용하는 이유는?

① 많은 양의 데이터를 빠르게 처리할 수 있다.
② 더 큰 용량의 기억 장치를 사용할 수 있다.
③ 오퍼랜드의 길이를 확장할 수 있다.
④ 기억 장치의 워드 길이를 확장할 수 있다.

02 간접 주소 지정 방식에 대한 설명으로 옳지 않은 것은?

① 실행 사이클 동안 기억 장치 액세스가 두 번 필요하다.
② 주소 지정 방식을 표시하는 간접 비트(I) 필드가 필요하다.
③ 명령어를 실행하는 데 필요한 데이터의 위치가 별도로 지정되어 있지 않다.
④ 오퍼랜드 필드에 기억 장치 주소가 저장된 주소가 저장되어 있다.

03 주소 지정 방식에 대한 설명으로 옳은 것은?

① 직접 주소 지정 방식: 명령어를 실행하는 데 필요한 데이터의 위치가 별도로 지정되지 않고 명령어의 연산 코드에 내포되어 있다.
② 간접 주소 지정 방식: 오퍼랜드 필드의 내용이 유효 주소가 된다.
③ 묵시적 주소 지정 방식: 오퍼랜드 필드에 데이터 유효 기억 장치 주소가 저장된 주소가 저장되어 있다.
④ 즉시 주소 지정 방식: 데이터가 명령어에 포함되어 있어 오퍼랜드 필드의 내용이 연산에 사용할 실제 데이터가 된다.

04 주소 지정 방식에 대한 설명으로 옳은 것은?

① 간접 주소 지정 방식에서는 기억 장치 액세스가 두 번 필요하다.
② 묵시적 주소 지정 방식에서는 데이터가 명령어에 포함되어 있다.
③ 레지스터 주소 지정 방식에서는 유효 주소가 오퍼랜드에 저장된다.
④ 변위 주소 지정 방식은 데이터의 위치가 별도로 지정되어 있지 않다.

05 주소 지정 방식 중 레지스터가 사용되지 않는 것은?

① 변위 주소 지정 방식
② 레지스터 간접 주소 지정 방식
③ 묵시적 주소 지정 방식
④ 레지스터 주소 지정 방식

06 주소 지정 방식의 장점으로 옳은 것은?

① 직접 주소 지정 방식: 해당 주소의 기억 장치에 한 번만 액세스한다.
② 간접 주소 지정 방식: 기억 장치에 액세스할 필요가 없다.
③ 묵시적 주소 지정 방식: 기억 장치의 구조 변경 등을 통해 확장이 가능하다.
④ 즉시 주소 지정 방식: 명령어의 길이가 짧지만 명령어의 종류가 제한된다.

07 다음 중 인터럽트의 종류가 아닌 것은?

① 입출력 인터럽트
② 프로그램 검사 인터럽트
③ 기억 장치 기록 인터럽트
④ 재시작 인터럽트

08 인터럽트에 대한 설명으로 옳지 않은 것은?

① 인터럽트를 처리하기 위해 실행되는 새로운 프로그램 루틴을 인터럽트 서비스 루틴이라고 한다.
② 인터럽트 사이클은 CPU가 인터럽트 요구가 있는지를 검사하는 과정이다.
③ 인터럽트 사이클의 마이크로 연산은 주 프로그램의 복귀 정보를 저장하고 ISR을 수행하는 것이다.
④ 우선순위 인터럽트는 ISR을 처리하는 도중에는 새로운 인터럽트를 허락하지 않는 것이다.

09 인터럽트에 대한 설명으로 옳지 않은 것은?

① ISR은 인터럽트를 처리하기 위해 실행되는 새로운 프로그램 루틴이다.
② 입출력 종료나 입출력 오류에 의해 CPU가 인터럽트를 발생시킬 수 있다.
③ 인터럽트 불가능 상태는 컴퓨터가 인터럽트를 지원하지 않을 때 발생한다.
④ 인터럽트 사이클은 명령어 사이클에서 인터럽트 발생 여부를 검사하는 과정이다.

10 인터럽트에 대한 설명으로 옳은 것은?

① CPU가 현재 진행되는 처리 순서를 중단하고 다른 동작을 수행하게 하는 것이다.
② 프로그램이 종료되는 것인 언더플로는 인터럽트 동작에 속하지 않는다.
③ 인터럽트 요구가 들어오면 인터럽트 서비스 루틴이 종료된다.
④ 인터럽트를 처리하기 위해 수행하는 프로그램 루틴을 실행 사이클이라고 한다.

11 다음 중 인터럽트가 발생하는 것은?

① 하드웨어 결함이 발생하는 경우
② CPU가 기억 장치에 접근하는 경우
③ 캐시 기억 장치의 내용이 갱신되는 경우
④ 데이터 버스에 데이터가 적재되는 경우

12 인터럽트에 대한 설명으로 옳지 않은 것은?

① 프로그램 실행 중 CPU가 현재 처리 순서를 중단하고 다른 동작을 수행하게 한다.
② 오버플로가 발생하면 프로그램이 종료되는 것이 대표적인 예이다.
③ 외부로부터 인터럽트 요구가 들어오면 인터럽트 서비스 루틴이 종료된다.
④ 인터럽트 서비스 루틴은 인터럽트를 처리하기 위해 수행하는 프로그램 루틴이다.

13 인터럽트 처리에 대한 설명으로 옳지 않은 것은?

① 인터럽트를 발생시킨 장치의 작업을 우선 진행할 수 있다.
② 인터럽트를 처리하기 위해 인터럽트 서비스 루틴이 실행된다.
③ 인터럽트를 처리하기 위해 명령어 사이클에 인터럽트 사이클이 추가된다.
④ 다중 인터럽트를 처리하려면 다중 인터럽트 가능 기능이 필요하다.

14 완전한 명령어 사이클을 구성하는 부사이클에 해당하지 않는 것은?

① 인출 사이클　　② 직접 사이클
③ 실행 사이클　　④ 인터럽트 사이클

15 4단계 명령어 파이프라인의 단계에 해당하지 않는 것은?

① 오퍼랜드 인출　　② 명령어 해독
③ 명령어 인출　　④ 실행

16 동일한 조건하에 명령어 파이프라이닝을 이용할 때 처리 속도가 가장 빠른 경우는?

① 명령어가 10개　　② 명령어가 100개
③ 명령어가 1,000개　　④ 명령어가 1개

17 각 파이프라인 단계가 한 클록 주기씩 걸릴 때 파이프라인에 의한 전체 명령어 실행 시간 T를 구하는 공식은 무엇인가? 단, 파이프라인의 단계 수는 k이고 실행할 명령어의 수는 N이다.

① $T = k * (N - 1)$ ② $T = k + (N - 1)$
③ $T = k - (N - 1)$ ④ $T = k + (N + 1)$

18 파이프라인의 단계가 2개이고 각 단계에서의 소요 시간이 3㎲일 때 11개의 명령어가 실행되는 데 걸리는 시간을 계산하라.

19 파이프라인의 단계가 6개이고 파이프라인 클록 주파수가 1MHz(각 단계에서의 소요 시간은 1㎲)일 때 명령어 100개가 실행되는 데 걸리는 시간을 계산하라.

20 일반적인 파이프라이닝과 비교했을 때 19번 문제의 파이프라인에 의한 속도 향상은 얼마인가?

21 파이프라인의 단계가 8개이고 파이프라인 클록 주파수가 1Hz(각 단계에서의 소요 시간은 1s)일 때 명령어 5개를 실행하는 데 걸리는 시간은 얼마인가?

① 8s ② 12s ③ 5s ④ 1s

22 명령어 파이프라이닝 기법에서 속도가 가장 빠른 것은?

① 클록 주기가 길고 파이프라인의 단계 수가 적은 경우
② 클록 주기가 짧고 파이프라인의 단계 수가 적은 경우
③ 클록 주기가 길고 파이프라인의 단계 수가 많은 경우
④ 클록 주기가 짧고 파이프라인의 단계 수가 많은 경우

23 4등급 슈퍼스칼라 프로세서에서 병렬 처리할 수 있는 명령어는 몇 개인가?

24 4단계로 구성된 일반적인 파이프라이닝에서 명령어 10개를 실행하는 데 걸리는 시간은 얼마인가? 단, 하나의 클록 동안 한 단계가 수행되고 클록 주기는 1㎲이다.

① 12㎲ ② 11㎲ ③ 13㎲ ④ 14㎲

25 4단계로 구성된 2등급 슈퍼스칼라 프로세서에서 명령어 10개를 실행하는 데 걸리는 시간은 얼마인가? 단, 하나의 클록 동안 한 단계가 수행되고 클록 주기는 1㎲이다.

① 10㎲ ② 9㎲ ③ 8㎲ ④ 7㎲

26 24번 문제와 비교했을 때 25번 문제의 슈퍼스칼라 프로세서에 의한 속도 향상은 얼마인가?

27 4단계로 구성된 2등급 슈퍼파이프라이닝에서 명령어 11개를 실행하는 데 걸리는 시간은 얼마인가? 단, 하나의 클록 동안 한 단계가 수행되고 클록 주기는 1㎲이다.

① 10㎲ ② 9㎲ ③ 8㎲ ④ 7㎲

28 일반적인 파이프라이닝과 비교했을 때 27번 문제의 슈퍼파이프라이닝에 의한 속도 향상은 얼마인가?

① 13/9 ② 14/8 ③ 13/8 ④ 14/9

Chapter
14

마이크로 연산과 제어 장치

학습목표

- 프로세스 내 제어 장치의 기능을 파악한다.
- 제어 장치의 구성과 마이크로 연산을 이해한다.
- 제어 장치의 구현 방법을 알아본다.
- 마이크로프로그램을 이용한 제어 장치의 구조와 동작을 이해한다.

01 제어 장치의 개념

제어 장치는 주기억 장치에 저장된 명령어를 해독하고, 해독한 명령어가 지시하는 연산이 수행되도록 해당 장치에 제어 신호를 전달한다. 따라서 제어 장치의 동작을 이해하면 어떤 과정을 통해 명령어가 처리되는지 알게 됨으로써 컴퓨터의 동작을 이해할 수 있다.

제어 장치는 구현하는 방법에 따라서 하드와이어드 제어hard-wired control와 마이크로프로그램 제어microprogrammed control로 구분된다. 하드와이어드 제어 방식은 일반적인 논리회로인 논리 게이트와 플립플롭으로 제어 장치를 설계한 것으로 마이크로 연산을 빠르게 수행할 수 있다. 그러나 속도가 빠르다는 장점에도 불구하고 융통성이 없어 오늘날의 컴퓨터에서는 마이크로프로그래밍 기법으로 제어 장치를 구성하는 마이크로프로그램 제어 방식을 이용하고 있다. 마이크로프로그램 제어 방식은 제어 함수, 제어 워드와 같은 제어 정보가 특별한 기억 장치에 0과 1로 기억된 구조로, 기억 장치의 내용을 변경할 수 있어 융통성이 좋다.

1 제어 장치의 구성

CPU는 산술논리 연산 장치, 레지스터 집합, 제어 장치로 구성되며, 이러한 구성 요소는 내부 버스로 연결되어 있다. 제어 장치는 CPU가 명령어를 수행하도록 제어 신호를 만들기 때문에 명령어가 저장된 기억 장치에서 명령어를 인출하기 위한 레지스터, 명령어 해독기, 명령어의 순서를 제어하기 위한 프로그램 카운터를 비롯한 각종 장치가 필요하다.

[그림 14-1]에서 보듯이 제어 장치는 기억 장치 버퍼 레지스터, 기억 장치 주소 레지스터, 명령어 레지스터, 명령어 해독기, 프로그램 카운터로 구성된다. 제어 장치는 프로그램 카운터를 통해 다음 명령어를 결정한다. 그리고 주기억 장치에서 명령어를 인출하여 기억 장치 버퍼 레지스터와 명령어 레지스터의 임시 저장 과정을 거쳐 명령어 해독기에서 명령어를 해독하며, 해독된 내용은 연산 장치로 전달된다.

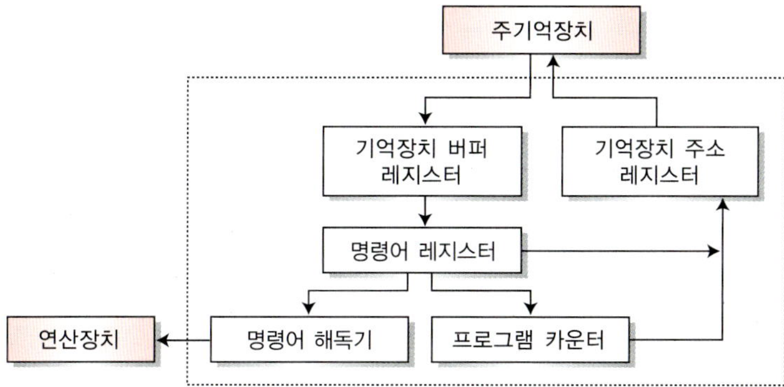

그림 14-1 제어 장치의 구성

2 제어 장치의 명령어 사이클 수행

명령어 사이클은 명령어 인출 단계와 실행 단계로 이루어지며, 이를 각각 명령어 인출 사이클, 명령어 실행 사이클이라고 한다. 제어 장치에서 수행되는 명령어 인출과 명령어 실행을 자세히 살펴보자.

명령어 인출

명령어를 해독하려면 먼저 해독할 명령어를 주기억 장치에서 제어 장치로 읽어와야 하는데 이를 명령어 인출이라고 한다. 그리고 명령어 인출을 위해 일정한 행위가 반복적으로 일어나는 구간을 명령어 인출 사이클이라고 한다. [그림 14-2]는 명령어 인출 과정을 단계별로 보여준다.

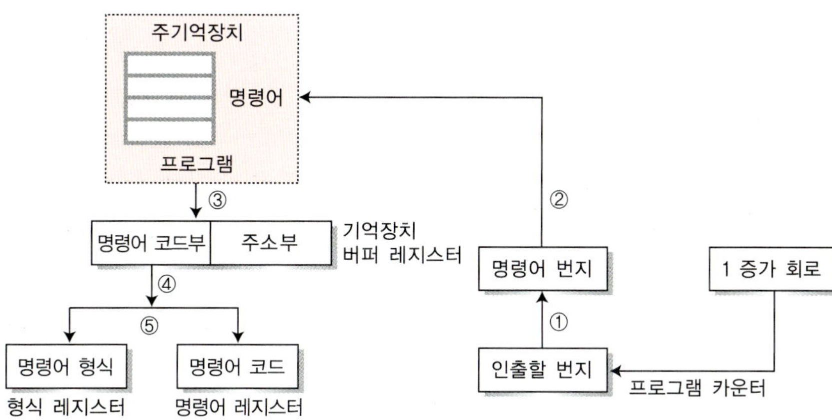

그림 14-2 명령어 인출 과정

①과 ②에서 주기억 장치가 인출할 명령어의 주소가 적재되어 있는 프로그램 카운터에서 지정된 명령어를 인출한다. 즉 프로그램 카운터의 내용이 기억 장치 주소 레지스터로 옮겨져 주소에 기억된 명령어가 기억 장치 버퍼 레지스터로 인출되는 것이다. 이때 프로그램 카운터는 다음에 인출할 명령어가 기억된 위치를 지정하도록 증가된다. ③에서는 기억 장치 버퍼 레지스터에 저장된 명령어가 ④를 통해 명령어 코드부와 주소부로 분리된다. ⑤에서는 명령어 코드부의 내용 중 명령어 코드가 명령어 레지스터로, 명령어 형식이 형식 레지스터로 각각 이동한다. 명령어 형식은 그 명령어가 어떤 형식인지를 나타내는 비트로, 주소 지정 방식이 간접 주소 지정 방식인지, 직접 주소 지정 방식인지 구분하는 데 사용된다.

명령어 실행

명령어 인출이 완료되면 명령어 실행 사이클이 시작되는데, 이때 이미 명령어 코드가 명령어 레지스터에 저장되어 있다. [그림 14-3]은 명령어 실행 과정을 단계별로 보여준다.

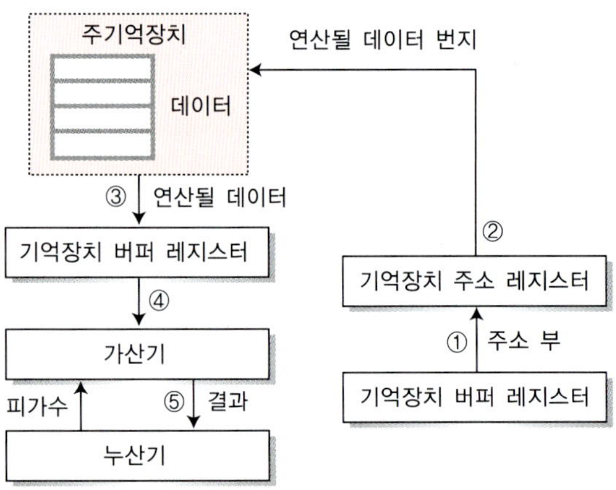

그림 14-3 명령어 실행 과정

①에서 기억 장치 버퍼 레지스터에 저장된 연산될 데이터의 주소가 기억 장치 주소 레지스터로 옮겨지면 ②에서 기억 장치 주소 해독기를 통해 데이터가 기록된 위치를 알게 된다. ③에서는 연산될 데이터가 기억 장치 버퍼 레지스터로 이동하고, ④에서는 명령어 레지스터에 저장된 명령어 코드가 명령어 해독기에서 해독되어 누산기에 기억된 피연산 데이터와 연산 데이터인 기억 장치 버퍼 레지스터의 내용을 가산기로 보내어 연산을 수행한다. 끝으로 ⑤에서 연산 결과가 누산기로 옮겨져 저장됨으로써 명령어 실행이 종료된다.

02 마이크로 연산

명령어 사이클의 부사이클인 명령어 인출 사이클과 실행 사이클은 여러 단계로 이루어지며, 이러한 각 단계에서 실제로 수행되는 동작은 프로그램 실행의 가장 기본 단위인 마이크로 연산이다. 제어 과정에서 이루어지는 마이크로 연산을 자세히 살펴보자.

1 마이크로 연산의 형식

마이크로 연산을 표현하는 데 사용되는 대표적인 동작 기호는 [표 14-1]과 같다.

표 14-1 마이크로 연산의 동작 기호

기호	적용되는 곳	예
대문자와 숫자	레지스터	R, MAR, R2
아래첨자	레지스터 내의 비트	R_1, B_2
괄호	레지스터 내의 위치	I(1–5), M(MAR)
화살표	정보 전달	R ← B
콜론	제어 기능	P: R ← B
쉼표	2개 이상의 마이크로 연산 구분	R ← B, MAR ← K

- **대문자 또는 대문자와 숫자**: 레지스터를 문자 기호로 나타낸다. 예를 들어 R은 레지스터 R, MAR은 기억 장치 주소 레지스터, R2는 두 번째 레지스터라는 의미이다.
- **레지스터를 나타내는 문자 기호의 아래첨자**: 레지스터 내의 비트 위치를 나타낸다. 예를 들어 R_1은 레지스터 R의 첫 번째 비트, B_2는 레지스터 B의 두 번째 비트를 의미한다.
- **괄호**: 레지스터 내의 위치를 나타내며, 기억 장치에서는 주소가 지정하는 기억 장치 위치를 나타내는 용도로 많이 사용된다. 예를 들어 I(1–5)는 레지스터 I의 1~5번 위치 데이터를, M(MAR)은 MAR에 저장된 번지의 기억 장치 위치를 의미한다. MAR에 100이 저장되어 있다면 기억 장치 100번지를 나타낸다.

- **화살표**: 정보의 전달을 나타낸다. 예를 들어 R ← B는 레지스터 B의 데이터를 레지스터 R로 이동하는 것을 의미한다.
- **콜론**: 제어를 수행하는 기능을 나타낸다. 예를 들어 P: R ← B는 제어 기능 P에 의해 레지스터 B의 데이터가 레지스터 R로 이동하는 것을 의미한다.
- **쉼표**: 2개 이상의 마이크로 연산을 구분하는 데 사용된다.

2 명령어 사이클의 마이크로 연산

명령어의 집합인 프로그램은 [그림 14-4]와 같이 계층 구조로 이루어져 있다. 프로그램이 실행된다는 것은 프로그램을 구성하는 명령어가 순차적으로 CPU에서 해독되고 제어 신호가 발생하여 수행되는 것을 말한다. 이때 명령어 사이클에 의해 명령어가 수행되는데, 완전한 명령어 사이클은 4개의 부사이클로 구성된다.

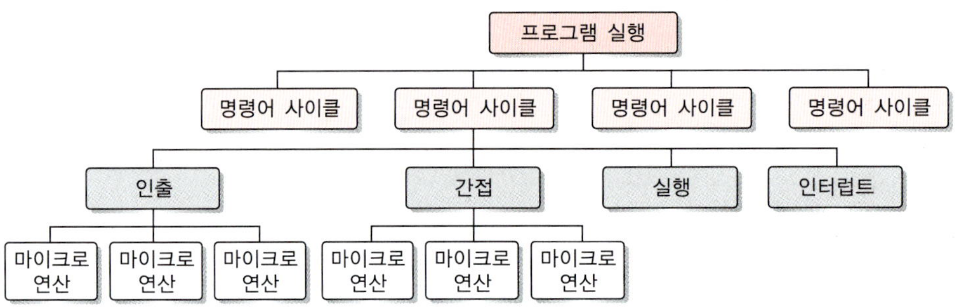

그림 14-4 프로그램 실행의 계층 구조

첫 번째 부사이클인 인출 사이클은 명령어를 기억 장치에서 CPU로 읽어오는 과정이고, 두 번째 부사이클인 간접 사이클은 간접 주소 지정 방식을 사용하는 경우 유효 주소를 찾는 과정이다. 세 번째는 실제로 명령어가 실행되는 실행 사이클로, 여러 종류의 명령어가 있으므로 해당 명령어에 맞게 동작을 수행하는 단계이다. 마지막의 인터럽트 사이클은 프로그램 실행 중 인터럽트 발생 여부를 파악하고, 인터럽트가 발생한 경우 인터럽트 서브루틴이 수행되게 한다. 이러한 부사이클의 실행은 여러 단계의 마이크로 연산으로 구성된다.

인출 사이클의 마이크로 연산

인출 사이클의 마이크로 연산 과정에 필요한 레지스터를 알아보자. MAR(기억 장치 주소 레지스터)은 주소 데이터를 전달하는 주소 버스와 연결되어 읽거나 쓰는 데 사용되는 주소를 임시로 저장한다. MBR(기억 장치 버퍼 레지스터)은 데이터를 전송하는 데이터 버스와 연결되며, 읽기 또는 쓰기 동작을 수행할 데이터를 임시로 저장한다. 인출 과정에서는 다음에 인출될 명령어의 주소를 가지고 있는 PC(프로그램 카운터)와 인출된 명령어를 임시로 저장하는 IR(명령어 레지스터)을 이용한다. 이러한 인출 사이클의 마이크로 연산은 [표 14-2]와 같다.

표 14-2 인출 사이클의 마이크로 연산

CPU 클록	마이크로 연산
t_0	MAR ← PC
t_1	MBR ← M(MAR) PC ← PC+1
t_2	IR ← MBR

- t_0: 다음 명령어의 주소가 저장된 PC의 내용을 MAR로 이동한다.
- t_1: MAR에 저장된 주소를 바탕으로 해당 기억 장치에 저장되어 있는 명령어를 MBR로 이동한다. 이와 동시에 PC를 명령어 바이트 수만큼 증가시켜 다음 명령어의 주소를 표시한다.
- t_2: MBR에 저장된 명령어의 내용을 실행하기 위해 IR로 이동하고 명령어 인출 단계를 완료한다.

그런데 인출 사이클의 PC 증가 단계가 세 번째 클록에서 수행될 수도 있다. [표 14-3]에서 보듯이 다음 명령어의 주소를 저장하기 위해 PC가 증가하는 과정이 마지막 클록에 포함되었다.

표 14-3 PC 증가 과정이 포함된 경우

CPU 클록	마이크로 연산
t_0	MAR ← PC
t_1	MBR ← M(MAR)
t_2	IR ← MBR PC ← PC+1

마이크로 연산은 클록에 따라서 적절한 순서로 수행되어야 한다. 즉 t_0의 'MAR ← PC'가 t_1의 'MBR ← M(MAR)'보다 선행되어야 한다. 다음 명령어의 주소가 먼저 정해져야 기억 장치에 접근할 수 있기 때문에 그 순서가 반드시 유지되어야 한다. 그리고 동일한 레지스터를 동시에 읽거나 쓰는 과정이 없어야 한다. 즉 충돌이 발생하면 안 된다. t_1의 'MBR ← M(MAR)'과 t_2의 'IR ← MBR'이 같은 주기에 수행되지 않도록 해야 한다. 동일한 클록에서 수행되면 MBR의 읽고 쓰기가 동시에 이루어지므로 MBR이 정확하게 IR을 전달할 수 없다. 또한 'PC ← PC+1'의 마이크로 연산은 덧셈 연산을 포함하고 있다. 따라서 산술논리 연산 장치를 사용하여 덧셈을 수행하는 추가적인 마이크로 연산이 필요하다. 인출 사이클에서 PC가 증가하는 덧셈의 마이크로 연산이 수행되는 동안 다른 마이크로 연산['MBR ← M(MAR)' 또는 'IR ← MBR']이 동시에 수행되기 때문에 자원 충돌이나 순서를 잘 고려해야 할 것이다.

간접 사이클의 마이크로 연산

간접 사이클indirect cycle은 간접 주소 지정 방식의 명령어에서 오퍼랜드 부분의 유효 주소를 결정하는 데 사용된다. 이러한 명령어의 오퍼랜드 필드에는 읽기/쓰기 동작을 수행할 데이터가 저장되어 있는 기억 장치의 주소를 표시한다. 따라서 오퍼랜드 필드에 저장된 주소가 지시하는 기억 장소에 유효 주소가 저장되어 있다.

[그림 14-5]는 기억 장치의 간접 주소 지정 방식을 보여준다. 이 경우 기억 장치에 두 번 접근해야 하며, 유효 주소를 얻으려면 간접 사이클이 필요하다.

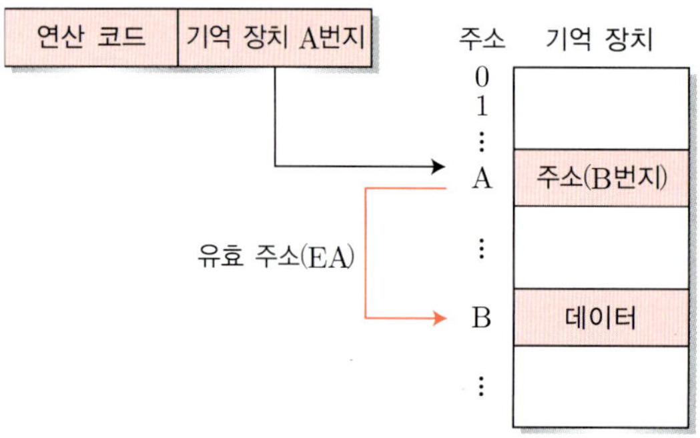

그림 14-5 간접 주소 지정 방식

간접 주소 지정 방식은 기억 장치뿐만 아니라 레지스터를 이용하기도 하는데, [그림 14-6]은 이러한 레지스터 간접 주소 지정 방식을 보여준다. 명령어의 오퍼랜드 필드에는 레지스터 번호(R)가 저장되어 있고, 해당 레지스터에는 접근할 데이터가 저장된 기억 장치의 주소가 저장되어 있다. 이 경우에도 레지스터에 저장된 유효 주소를 찾는 간접 사이클 과정이 필요하다.

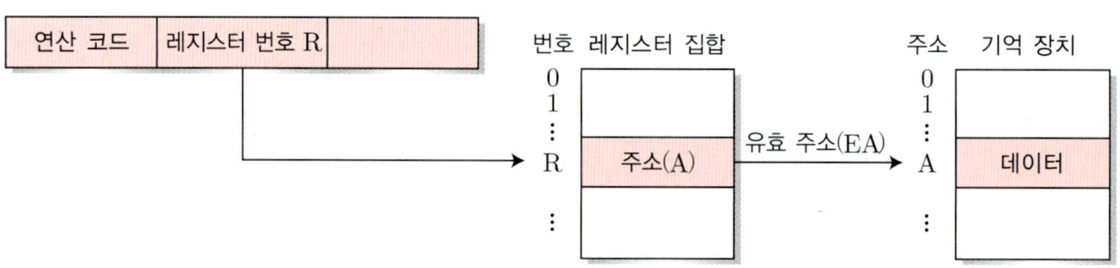

그림 14-6 레지스터 간접 주소 지정 방식

간접 사이클의 마이크로 연산은 [표 14-4]와 같이 3개의 클록으로 완성된다.

표 14-4 간접 사이클의 마이크로 연산

CPU 클록	마이크로 연산
t_0	MAR ← IR(addr)
t_1	MBR ← M(MAR) OR R(MAR)
t_2	IR(addr) ← MBR(addr)

- t_0: IR에 저장되어 있는 명령어의 오퍼랜드 부분, 즉 주소 부분을 MAR로 이동한다. 이 주소는 유효 주소 또는 유효 주소가 저장된 곳의 주소를 나타낸다.
- t_1: 유효 주소가 저장된 기억 장치 또는 레지스터의 내용을 MBR에 저장한다.
- t_2: MBR에 저장된 유효 주소를 IR의 주소 부분으로 이동한다. 따라서 IR의 명령어 오퍼랜드 부분에 유효 주소가 자리 잡고 실행 사이클로 넘어갈 것이다.

실행 사이클의 마이크로 연산

몇 가지 중요한 명령어의 마이크로 연산을 살펴보자.

■ 덧셈 연산

덧셈 연산을 수행하는 ADD 명령어의 어셈블리 언어 표현은 다음과 같다.

ADD R, X ; R ← R + Memory(X)

기억 장치 X번지의 내용과 레지스터 R이 덧셈 연산을 수행하고 그 결과를 레지스터 R에 저장한다. 이러한 명령어 실행의 마이크로 연산은 [표 14-5]와 같다.

표 14-5 ADD의 마이크로 연산

CPU 클록	마이크로 연산
t_0	MAR ← IR(addr)
t_1	MBR ← M(MAR)
t_2	R ← R+MBR

- t_0: 인출 과정에서 얻은 명령어가 저장된 IR의 주소 부분만을 MAR로 이동한다. 이는 접근할 데이터가 저장된 기억 장치의 주소를 얻는 과정이다.
- t_1: 해당 주소의 기억 장치 내용을 MBR로 이동한다. 즉 덧셈 연산을 수행할 데이터가 MBR로 이동한다.
- t_2: 기억 장치에서부터 이동한 데이터가 저장된 MBR의 내용과 R의 내용을 더하고 그 결과를 R에 저장한다.

■ ISZ

ISZ^Increment and Skip-if-Zero 명령어는 오퍼랜드의 값을 하나 증가시키고, 그 결과 값이 0이면 다음 명령어를 실행하지 않고 건너뛴다. ISZ 명령어의 어셈블리 언어 표현은 다음과 같다.

ISZ X

X번지의 내용을 하나 증가시키고, 그 결과 값이 0이면 다음 명령어를 실행하지 않고 건너뛰는데, 이 경우의 마이크로 연산은 [표 14-6]과 같이 4개의 클록으로 이루어진다.

표 14-6 ISZ의 마이크로 연산

CPU 클록	마이크로 연산
t_0	MAR ← IR(addr)
t_1	MBR ← M(MAR)
t_2	MBR ← MBR+1
t_3	M(MAR) ← MBR If (MBR=0) then (PC ← PC+1)

- t_0: IR의 주소 부분 내용(어셈블리 언어 표현의 X번지)을 MAR에 적재한다.
- t_1: MAR의 기억 장치 주소를 바탕으로 기억 장치에 저장된 데이터를 MBR에 적재한다.
- t_2: MBR의 내용을 하나 증가시킨다.
- t_3: 증가된 MBR의 내용을 원래의 기억 장치에 저장하고, 동시에 MBR의 내용을 검사하여 그 값이 0이면 프로그램 카운터를 증가시켜 다음 명령어를 건너뛰고 그다음 명령어를 수행한다.

■ BSA

분기하고 복귀할 주소를 저장하는 BSA Branch and Save return Address 명령어는 서브루틴 프로그램으로 분기하는 데 사용된다. BSA 명령어의 어셈블리 언어 표현은 다음과 같다.

BSA X

이는 BSA 다음 명령어를 X번지에 저장하고 새로운 X+1번지부터 계속 실행하라는 의미이다. 이때 X번지에 저장된 데이터는 복귀 주소를 나타내고, 서브루틴의 시작 주소는 X+1번지이다. 이 경우의 마이크로 연산은 [표 14-7]과 같이 3개의 클록으로 이루어진다.

표 14-7 BSA의 마이크로 연산

CPU 클록	마이크로 연산
t_0	MAR ← IR(addr) MBR ← PC
t_1	PC ← IR(addr) M(MAR) ← MBR
t_2	PC ← PC+1

- t_0: IR의 주소 부분 내용(어셈블리 언어 표현의 X번지)을 MAR에 적재하고, 동시에 PC의 내용과 다음 명령어의 주소를 MBR에 적재한다.
- t_1: IR의 주소 부분 내용을 PC에 적재한다. 그리고 X번지에 MBR의 내용을 저장한다. 즉 복귀 주소를 저장한다.
- t_2: 서브루틴을 시작하기 위해 X+1번지가 되도록 PC를 증가시킨다.

명령어의 마이크로 연산 과정을 살펴보면 명령어 실행 사이클은 해당 명령어에 따라 사용되는 클록의 수, 오퍼랜드의 수와 종류가 다르다는 것을 알 수 있다.

인터럽트 사이클의 마이크로 연산

인터럽트는 CPU가 현재 처리 중인 프로그램 루틴을 중단하고 다른 프로그램을 실행하게 한다. 명령어 사이클에서 인터럽트를 수행하려면 명령어 실행 사이클이 실행된 후 인터럽트 요청이 있는지를 판단하고, 요청이 있는 경우 인터럽트 서비스 루틴이 시작되게 해야 한다. 이러한 사이클을 인터럽트 사이클이라고 하며, 인터럽트 사이클의 마이크로 연산은 [표 14-8]과 같다.

표 14-8 인터럽트 사이클의 마이크로 연산

CPU 클록	마이크로 연산
t_0	MBR ← PC
t_1	MAR ← SP PC ← Routine-address
t_2	M(MAR) ← MBR

- t_0: 복귀 주소를 저장하기 위해 PC의 내용을 MBR로 이동한다.
- t_1: SP(스택 포인터)를 MAR로 이동하고 인터럽트 처리 루틴 시작 주소를 PC에 적재한다. SP는 MBR에 저장되어 있는 내용을 스택에 저장하기 위해 저장 위치를 지정하는 데 사용된다.
- t_2: MAR을 바탕으로 MBR의 내용을 해당 SP의 스택에 저장한다.

명령어 사이클 코드

CPU가 프로그램을 실행하면서 명령어가 명령어 사이클의 어느 부분을 수행하고 있는지 나타내는 코드를 명령어 사이클 코드Instruction Cycle Code, ICC라고 한다. 명령어 사이클 코드에서는 다음과 같이 명령어 부사이클을 2진수로 정의한다.

00: 인출　　01: 간접　　10: 실행　　11: 인터럽트

[그림 14-7]은 명령어 사이클의 흐름을 보여준다. ①의 인출 사이클 다음에 주소 지정 방식에 따라 간접 사이클이 수행될지를 판단하고, 그 결과에 따라 ICC가 01 또는 10이 된다. ICC가 01이면 간접 사이클이 수행되고, 그다음 실행 사이클을 나타내도록 ICC는 10이 될 것이다. 실행 사이클이 수행된 후 인터럽트 사이클 수행 여부에 따라 ICC는 11이 될 수도 있고 00이 될 수도 있다. 인터럽트 사이클이 수행된다면 ICC는 11이 될 것이다.

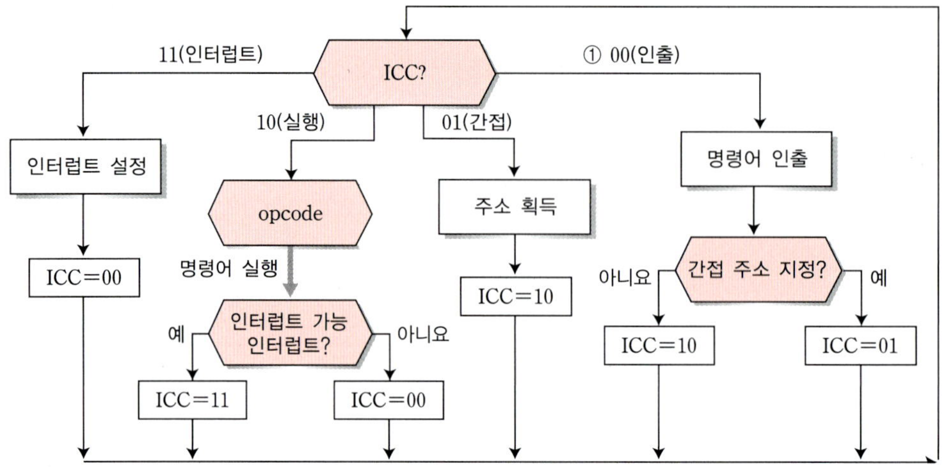

그림 14-7 명령어 사이클의 흐름

03 제어 장치 모델의 구현

제어 장치에서 발생하는 제어 신호는 CPU가 마이크로 연산 동작을 올바르게 수행하도록 명령어가 인출·해독·실행되게 한다. 즉 제어 장치는 CPU를 제어하는 데 사용된다. 이처럼 CPU를 제어하기 위해 컴퓨터에 필요한 사항은 다음과 같다.

■ **CPU가 갖추어야 할 필수 구성 요소**

- 산술논리 연산 장치
- 레지스터 집합
- 내부 및 외부 데이터 통로
- 제어 장치

■ **CPU가 수행할 마이크로 연산의 정의**

- 레지스터 간의 데이터 전송
- 레지스터에서 외부로의 데이터 전송
- 외부에서 레지스터로의 데이터 전송
- 산술논리 연산 수행

■ **제어 장치가 수행할 기능의 정의**

- **순서 제어 기능**: CPU가 마이크로 연산을 적절한 순서로 처리하게 하는 기능
- **실행 기능**: 다양한 마이크로 연산에 대한 수행 기능

1 제어 장치 모델

CPU를 제어하는 제어 장치에는 여러 종류의 입력이 있으며 이러한 입력의 조합으로 제어 신호를 생성하고 출력한다. [그림 14-8]은 기본적인 제어 장치 모델로, 제어 장치의 입력에는

클록, 명령어 레지스터에서의 연산 코드, 플래그 신호, 제어 버스를 통해 입력되는 제어 신호가 있다. 또한 제어 장치의 출력에는 CPU로 보내는 제어 신호, 제어 버스를 통해 외부로 보내는 제어 신호가 있다.

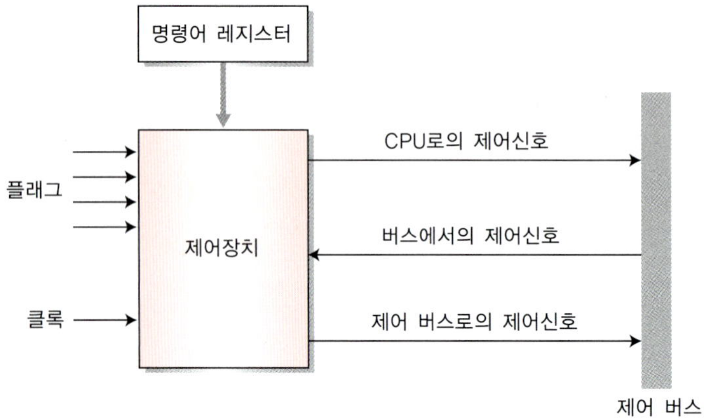

그림 14-8 제어 장치 모델

■ 제어 장치로 들어오는 입력 신호

- **클록**: 제어 장치 동작 타이밍의 기준이 되는 신호로, 하나의 클록 펄스마다 하나의 마이크로 연산 또는 마이크로 연산의 집합이 수행된다.
- **명령어 레지스터**: 명령어의 연산 코드 필드를 제어 장치에 입력하여 수행할 연산을 결정한다.
- **플래그**: CPU의 상태를 나타내거나 이전 산술논리 연산 장치의 연산 결과를 검사하는 데 사용된다.
- **제어 버스를 통해 입력되는 제어 신호**: 인터럽트 요구 신호와 확인 신호 등 외부에서 들어오는 제어 신호이다.

■ 제어 장치에서 내보내는 출력 신호

- **CPU로 전달되는 제어 신호**: 레지스터 간 데이터를 전송할 때 발생하며, 특정 산술논리 연산의 기능을 활성화할 때 출력된다.
- **제어 버스를 통해 외부로 출력되는 제어 신호**: CPU 밖의 기억 장치나 입출력 장치 모듈로 보내는 제어 신호이다.

2 명령어 사이클의 제어 신호

명령어 사이클의 각 부사이클에서는 필요한 제어 신호가 발생한다. 각 부사이클의 마이크로 연산 과정에서 발생하는 제어 신호를 알아보자.

■ 인출 사이클에서 발생하는 제어 신호

- t_0: 'MAR ← PC' 과정에서 PC로부터 전달된 MAR의 내용이 주소 버스에 적재되려면 게이트를 열어주는 제어 신호가 필요하다. 그래서 다음 명령어의 주소가 주소 버스에 실린다.
- t_1: 'MBR ← M(MAR)' 과정에서 제어 버스의 기억 장치 읽기 제어 신호가 활성화되고, 데이터 버스의 내용이 MBR에 저장되도록 게이트를 열어주는 제어 신호가 발생한다. 또한 'PC ← PC+1' 과정에서 PC의 내용에 1을 더하고 그 결과를 PC에 저장하는 제어 신호가 발생한다.
- t_2: 'IR ← MBR' 과정에서 MBR과 IR 사이에 있는 게이트를 열어주는 제어 신호가 발생한다.

■ 간접 사이클에서 발생하는 제어 신호

간접 사이클은 간접 주소 지정 방식에서만 사용되므로 먼저 간접 주소 지정 방식인지를 IR에서 검사하고 간접 사이클을 수행할지 판단하는 제어 신호가 필요하다. 간접 사이클이 수행되는 경우 다음과 같은 과정을 거친다.

- t_0: 'MAR ← IR(Address)' 과정에서 IR의 주소가 MAR로 전달되려면 게이트를 열어주는 제어 신호가 필요하다.
- t_1: 'MBR ← M(MAR)' 과정에서 시스템 버스의 읽기 제어 신호가 활성화되고, 데이터 버스의 내용이 MBR에 저장되도록 게이트를 열어주는 제어 신호가 발생한다.
- t_2: 'IR(Address) ← MBR(Address)' 과정에서 MBR과 IR 사이에 있는 게이트를 열어주는 제어 신호가 발생한다.

■ 실행 사이클에서 발생하는 제어 신호

실행 사이클에서 제어 장치는 연산 코드를 먼저 검사하여 그 결과에 따라 실행 사이클을 수행하기 위한 마이크로 연산 순서를 결정하고, 그에 맞은 제어 신호가 발생한다. 즉 다양한 명령 실행에 적합한 제어 신호가 발생한다.

■ 인터럽트 사이클에서 발생하는 제어 신호

인터럽트 발생 여부에 따라 인터럽트 사이클을 수행할지가 결정되므로 인터럽트를 제어하는 신호가 필요하다. 인터럽트가 수행되는 경우 다음과 같은 과정을 거친다.

- t_0: 'MBR ← PC' 과정에서 MAR의 내용을 주소 버스에 싣도록 게이트를 열어주는 제어 신호가 발생한다.
- t_1: 'MAR ← SP' 과정과 'PC ← Routine-address' 과정에서 주소가 전달되므로 주소 버스를 제어하기 위해 주소 버스의 게이트를 열어주는 제어 신호가 발생한다.
- t_2: 'M(MAR) ← MBR' 과정에서 시스템 버스의 쓰기 제어 신호가 활성화되고, 데이터 버스의 내용이 기억 장치에 저장되도록 게이트를 열어주는 제어 신호가 발생한다.

[그림 14-9]는 데이터 통로와 제어 신호를 나타낸 것으로, 데이터 통로에서 제어 신호가 종료되는 곳을 C_i로 표시했다. 제어 장치는 클록, 명령어 레지스터, 플래그에서 입력받은 신호를 조합하여 제어 신호를 발생시킨다. 제어 신호의 목적지는 데이터의 내부 흐름을 제어하는 데이터 통로가 될 수도 있고, 산술논리 연산을 제어하는 산술논리 연산 장치가 될 수도 있다. 또한 시스템 버스의 제어 선으로 제어 신호를 내보냄으로써 시스템 버스가 제어 신호의 목적지가 될 수도 있다.

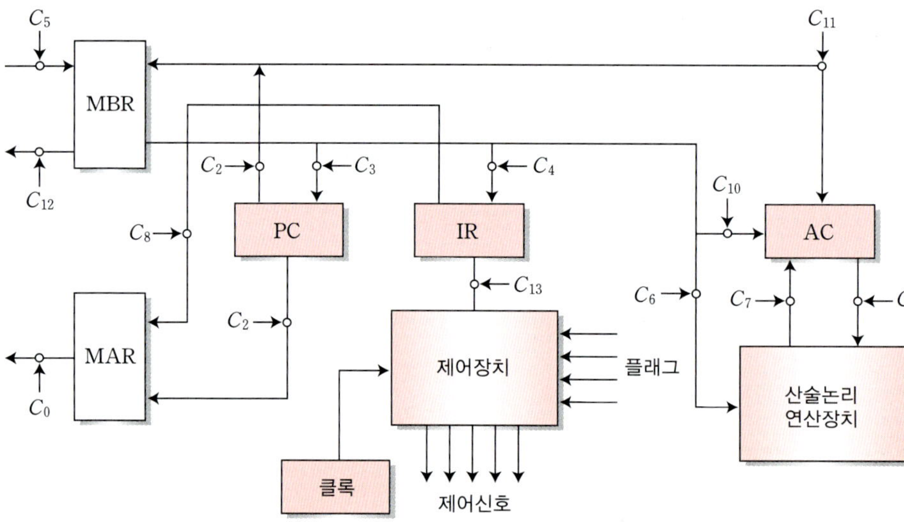

그림 14-9 데이터 통로상의 제어 신호

명령어 사이클을 수행할 때 [그림 14-9]에서 발생하는 제어 신호를 [표 14-9]에 정리했다.

표 14-9 명령어 사이클과 제어 신호

명령어 사이클	마이크로 연산	제어 신호
인출	t_0: MAR ← PC t_1: MBR ← M(MAR) PC ← PC+1 t_2: IR ← MBR	C_2 C_5, C_{Read} C_4
간접	t_0: MAR ← IR(Address) t_1: MBR ← M(MAR) t_2: IR(Address) ← MBR(Address)	C_8 C_5, C_{Read} C_4
인터럽트	t_0: MBR ← PC t_1: MAR ← SP PC ← Routine-address t_2: M(MAR) ← MBR	C_1 C_{12}, C_{Write}

3 제어 장치 구현 방법

컴퓨터 시스템을 하드웨어만으로 구성하여 운영하면 데이터를 고속으로 처리할 수 있지만 융통성이 없기 때문에 다르게 활용하려면 하드웨어를 다시 설계해야 한다. 그러나 소프트웨어를 사용하면 유연하게 응용할 수 있다.

제어 장치를 구현하는 방법도 하드웨어적인 방법과 소프트웨어적인 방법으로 구분된다. 먼저 하드와이어드 구현hard-wired implementation 또는 고정 배선 방식 구현은 제어 신호를 생성하기 위해 순차 논리와 조합 논리를 설계하여 구성한다. 이 회로의 입력 신호는 출력 신호로 변환되는데, 이 출력 신호가 바로 제어 신호이다.

[그림 14-10]은 하드와이어드 방식으로 구현된 제어 장치를 보여준다. 제어 장치를 중심으로 명령어 레지스터에서 입력을 해독할 수 있는 해독기가 있으며, 시간 발생기가 클록을 입력으로 받아서 수행한다. 제어 장치의 입력 신호 중 플래그와 제어 버스 신호는 각 비트마다 규정된 의미가 있다.

명령어 레지스터는 연산 코드를 해독하여 각 명령어가 연산을 수행하게 한다. 해독기는 각 연산 코드가 고유의 논리 입력을 가지도록 변환하는 역할을 한다. 클록은 마이크로 연산의 주기를 측정하는 데 사용되며, 클록 펄스의 주기는 신호가 데이터 경로와 CPU 회로를 통과하는 데 걸리는 시간만큼 길어야 한다. 제어 장치는 입력 신호에 따라 출력 신호가 발생하도록 논리 설계를 해야 한다.

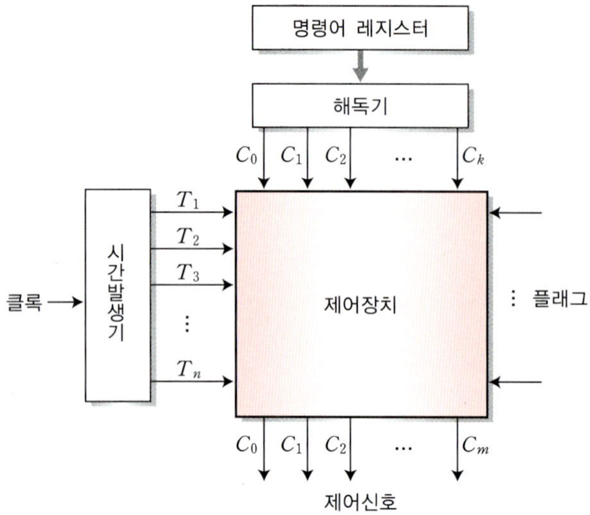

그림 14-10 하드와이어드 방식의 제어 장치

두 번째 방법으로 마이크로프로그램을 이용한 구현microprogrammed implementation은 마이크로 명령어를 제어 기억 장치에 저장하고 이것을 실행하여 제어 신호를 발생시킨다. 이렇게 구현된 대표적인 제어 장치는 마이크로 순서기microsequencing 이며, [그림 14-11]은 마이크로 순서기의 구조를 보여준다.

마이크로 순서기에서는 명령어 레지스터의 연산 코드, 플래그, 마이크로코드 기억 장치의 출력이 다음 명령어의 주소를 결정하며, 얻은 마이크로코드 기억 장치의 주소가 레지스터에 임시로 저장되었다가 이 주소를 바탕으로 마이크로코드가 실행된다. 따라서 이 실행 결과의 출력이 제어 신호가 된다.

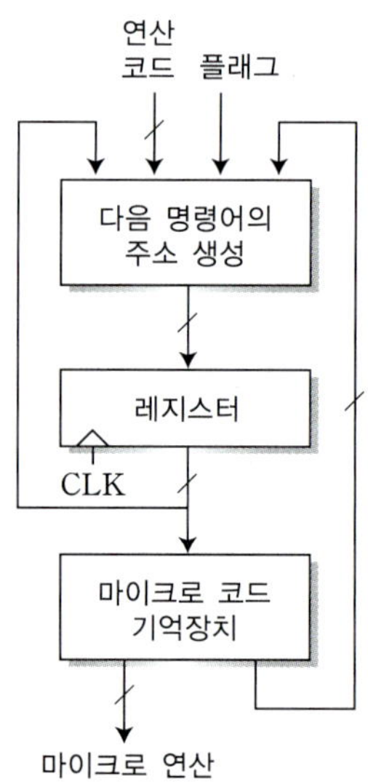

그림 14-11 마이크로 순서기

04 마이크로프로그램을 이용한 제어

하드와이어드 제어 방식은 논리 소자를 이용한 제어 장치로, 마이크로 연산의 실행 순서 제어와 수행을 위한 회로, 연산 코드의 해석 및 산술논리 연산 장치 플래그의 검사 등을 위한 논리 회로를 포함해야 한다. 따라서 하드웨어의 설계와 검사가 복잡하고 회로의 융통성도 떨어진다. 새로운 명령을 추가하기 위해 설계를 변경하는 것은 쉬운 일이 아니기 때문에 오늘날 컴퓨터 제어 장치는 하드와이어드 방식보다 마이크로프로그램을 이용하여 구현하고 있다.

[그림 14-12]는 CPU에서 마이크로프로그램을 이용하는 제어 장치의 구성을 보여준다. 이 제어 장치는 순서 제어 논리 장치, 제어 장치 레지스터, 명령어 해독기, 제어 기억 장치로 구성되고, 제어 장치 레지스터는 제어 주소 레지스터, 제어 버퍼 레지스터, 서브루틴 레지스터 등으로 구성된다.

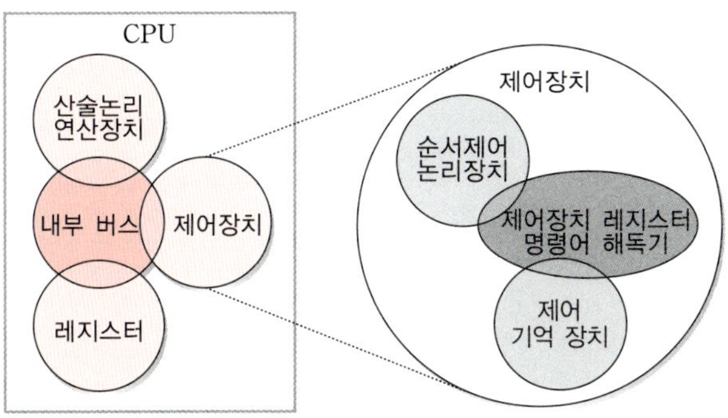

그림 14-12 마이크로프로그램을 이용한 제어 장치의 구성

1 마이크로 명령어

마이크로 연산은 기계어이므로 2진 비트로 표현되지만 사용의 편리성을 위해 기호로 표현하는데, 이를 마이크로프로그래밍 언어microprogramming language라고 한다. 명령어 사이클에서 인출 사이클, 간접 사이클, 실행 사이클, 인터럽트 사이클은 여러 단계의 마이크로 연산으로 표현되며, 동시에 수행되는 마이크로 연산 집합을 마이크로 명령어microinstruction라고 한다. 즉 명령어 사이클은 마이크로 명령어로 표현된다. 한편 마이크로 명령어로 작성된 프로그램을 마이크로프로그램microprogram이라고 한다. 마이크로프로그램은 펌웨어라고도 불리며, 마이크로프로그램에서 CPU의 특정 기능을 수행하기 위한 마이크로 명령어의 그룹을 루틴routine이라고 한다. 명령어 사이클에는 인출 사이클 루틴, 간접 사이클 루틴, 실행 사이클 루틴, 인터럽트 사이클 루틴 등이 있다.

여기서 잠깐! | 펌웨어

마이크로프로그램인 펌웨어는 하드웨어와 소프트웨어의 중간에 위치한다. 펌웨어 설계는 하드웨어 설계보다 쉽지만 펌웨어 프로그램을 작성하는 것은 소프트웨어 프로그램을 작성하는 것보다 훨씬 어렵다.

마이크로 명령어 형식

마이크로 명령어 형식에는 수평적 마이크로 명령어horizontal microinstruction와 수직적 마이크로 명령어vertical microinstruction가 있다.

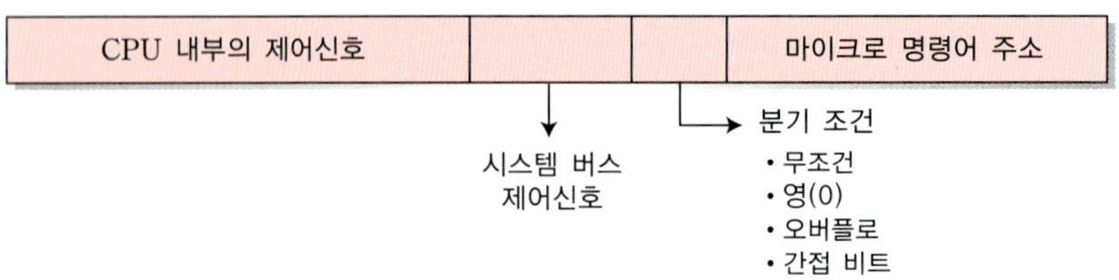

(a) 수평적 마이크로 명령어

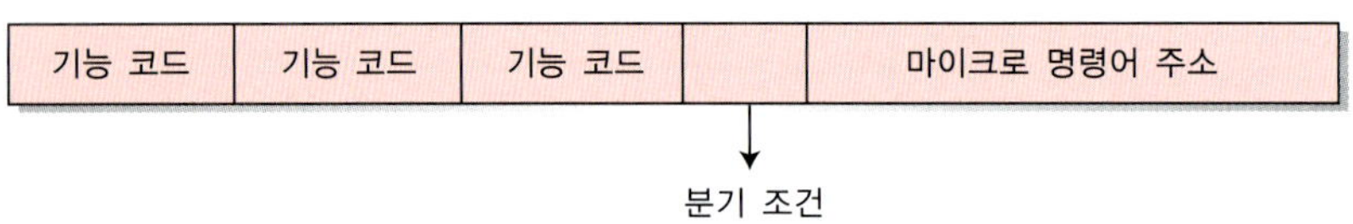

(b) 수직적 마이크로 명령어

그림 14-13 마이크로 명령어 형식

■ 수평적 마이크로 명령어

마이크로 명령어의 필드가 각 제어 신호에 대응되는 방식으로, CPU 내부의 각 제어 신호와 시스템 버스의 각 제어 신호에 필드가 할당된다. 그리고 분기에서 사용될 조건을 나타내는 조건 필드와 분기 발생 시 다음에 실행될 마이크로 명령어의 주소를 가진 필드가 있다.

수평적 마이크로 명령어의 동작 과정은 다음과 같다.

- 마이크로 명령어 실행을 위해 비트 값이 1로 표시된 모든 제어 선을 on 시킨다.
- 비트 값이 0인 모든 제어 선을 off 시킨다. 이 결과로 발생하는 제어 신호는 하나 이상의 마이크로 연산을 수행시킬 것이다.
- 만약 분기 조건 비트의 값이 만족되지 않으면 다음에 위치한 마이크로 명령어가 순서대로 실행된다.
- 만약 분기 조건 비트의 값이 만족되면 다음에 실행할 마이크로 명령어가 주소 필드에 의해 지정된다.

수평적 마이크로 명령어의 장단점은 다음과 같다.

- **장점**: 하드웨어가 간단하고 해독에 따른 지연 시간이 없다.
- **단점**: 마이크로 명령어의 비트 수가 길어서 용량이 큰 제어 기억 장치가 필요하다.

■ 수직적 마이크로 명령어

코드화된 비트를 이용하여 마이크로 명령어의 각 기능 코드function code를 구성하는 방식이다. 마이크로 명령어의 연산 필드에 적은 수의 코드화된 비트를 포함하여 제어 기억 장치의 용량을 줄이고, 해독기를 이용하여 코드를 필요한 수만큼의 제어 신호로 확장한다. 마이크로 명령어의 비트 수가 감소한다는 장점이 있지만, 제어 신호를 발생시키기 위해 코드화된 비트를 해독하는 데 지연이 발생한다.

[그림 14-14]는 수직적 마이크로 명령어의 제어 신호 발생 방법을 보여준다. 각 연산 필드의 내용은 코드화된 비트로, 해독기에서 해독되어 제어 신호가 발생한다. 3×8 해독기는 코드화된 3비트를 입력으로 받아들여서 8비트의 제어 신호가 되도록 코드를 해독한다.

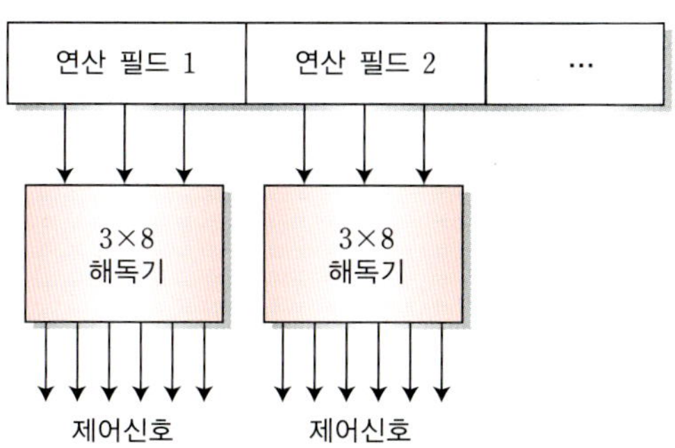

그림 14-14 수직적 마이크로 명령어 제어 신호 발생

2 제어 장치의 구조와 동작

마이크로프로그램을 이용하는 제어 장치는 다음과 같은 요소로 구성된다.

- **명령어 해독기**instruction decoder: 명령어 레지스터가 보낸 명령어의 연산 코드를 해독하여 해당 연산을 수행하기 위한 루틴의 시작 주소를 결정한다.
- **제어 주소 레지스터**Control Address Register, CAR: 다음에 실행할 마이크로 명령어의 주소를 저장하는 레지스터이다. 저장된 주소는 제어 기억 장치의 특정 위치를 가리킨다.
- **제어 기억 장치**control memory: 마이크로 명령어로 이루어진 마이크로프로그램을 저장하는 내부 기억 장치이다.
- **제어 버퍼 레지스터**Control Buffer Register, CBR: 제어 기억 장치에서 읽은 마이크로 명령어 비트를 일시적으로 저장하는 레지스터이다.
- **서브루틴 레지스터**SuBroutine Register, SBR: 마이크로프로그램에서 서브루틴이 호출되는 경우에 현재 제어 주소 레지스터의 내용을 일시적으로 저장하는 레지스터이다.
- **순서 제어 모듈**sequencing module: 마이크로 명령어의 실행 순서를 결정하는 회로의 집합이다.

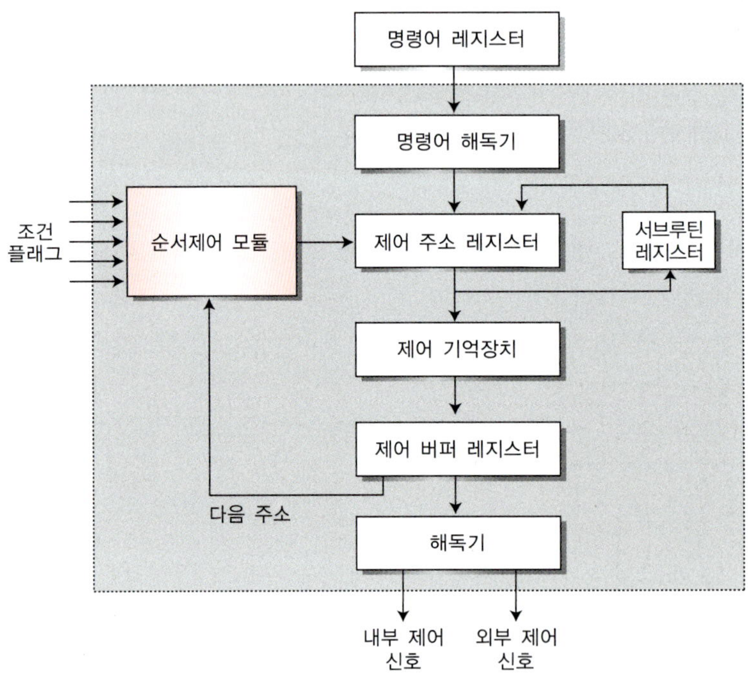

그림 14-15 제어 장치의 마이크로 구조

제어 기억 장치

CPU의 명령어 집합을 정의하려면 명령어의 종류와 비트 패턴을 정의한 뒤 명령어의 실행에 필요한 하드웨어를 설계하고 각 명령어를 위한 실행 사이클 루틴을 작성해야 한다. 이렇게 만들어진 마이크로프로그램 코드는 최종적으로 제어 기억 장치에 저장된다.

[그림 14-16]은 제어 기억 장치의 내부 구성을 나타낸 것으로, 마이크로프로그램 루틴을 제어 기억 장치에 저장한 경우이다. 전반부에는 명령어 사이클의 인출, 간접, 인터럽트 등 부사이클에 해당하는 공통 루틴을 저장하고, 후반부에는 각 명령어의 실행 사이클 루틴을 저장한다. 각 루틴 내의 마이크로 명령어는 순차적으로 실행되며, 각 루틴은 다음에 실행할 위치를 나타내는 분기 또는 점프 명령어로 끝난다.

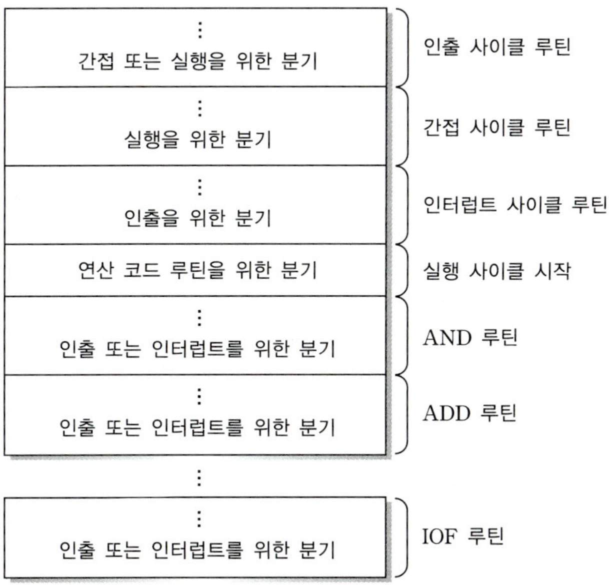

그림 14-16 제어 기억 장치의 조직

제어 기억 장치에 저장된 마이크로 명령어의 형식은 [그림 14-17]과 같다. 연산 필드가 2개이므로 2개의 마이크로 연산을 동시에 수행할 수 있다. 조건 필드에는 분기에 사용될 조건 플래그를 지정하고, 분기 필드에는 분기의 종류와 다음에 실행할 마이크로 명령어의 주소를 결정하는 방법을 명시한다. 또한 주소 필드의 내용은 분기가 발생하는 경우 목적지 마이크로 명령어 주소로 사용된다.

3비트	3비트	2비트	2비트	8비트
연산 필드 1	연산 필드 2	조건 필드	분기 필드	주소 필드

그림 14-17 마이크로 명령어의 형식

마이크로프로그램을 이용한 제어 장치의 동작 과정

[그림 14-18]은 마이크로프로그램을 이용한 제어 장치의 동작 흐름을 보여준다. 맨 먼저 순서 제어 논리 장치 또는 순서 제어 모듈이 제어 기억 장치로 READ 명령어를 보낸다. 그리고 제어 주소 레지스터에 명시된 제어 기억 장치 주소에 저장되어 있는 내용을 읽어 제어 버퍼 레지스터로 이동하며, 제어 버퍼 레지스터의 내용에 따라 제어 신호와 다음 주소 정보가 발생한다. 순서 제어 논리 장치 또는 순서 제어 모듈은 제어 버퍼 레지스터의 내용과 산술논리 연산 장치의 플래그를 바탕으로 새로운 주소를 제어 주소 레지스터에 적재한다. 그리고 이 과정을 반복한다.

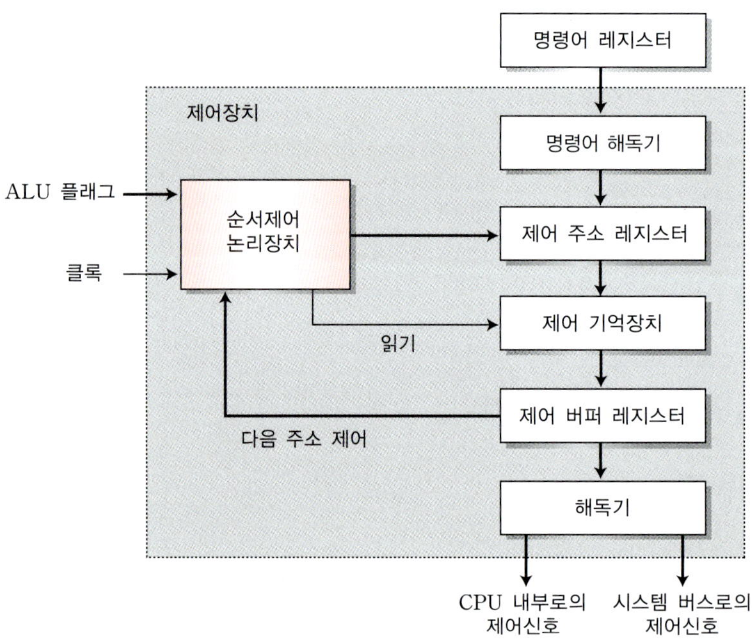

그림 14-18 마이크로프로그램을 이용한 제어 장치의 동작

순서 제어 논리 장치 또는 순서 제어 모듈로 입력되는 산술논리 연산 장치의 플래그와 제어 버퍼 레지스터의 내용은 여러 동작을 결정한다. 가장 기본적으로 다음 명령어를 인출하기 위해 제어 주소 레지스터의 내용에 1을 더하는 결정을 내린다. 그리고 제어 버퍼 레지스터의 주소 필드 값을 제어 주소 레지스터에 적재하고, 점프 마이크로 명령어에 의해 새로운 루틴으로 점프하게 한다. 또한 명령어 레지스터에 있는 연산 코드를 바탕으로 해당 루틴의 주소를 제어 주소 레지스터에 적재하여 명령어 루틴으로 점프하게 한다.

제어 장치에는 해독기가 2개 있다. 명령어 레지스터 아래에 있는 해독기는 명령어 레지스터의 연산 코드를 제어 기억 장치 주소로 변경하는 역할을 하고, 제어 버퍼 레지스터 아래에 있는 해독기는 수직 마이크로 명령어에서 코드화된 비트를 해독하는 데 사용된다.

순서 제어에서 다음 마이크로 명령어를 위한 제어 기억 장치 주소는 현재의 마이크로 명령어, 조건 플래그, 명령어 레지스터의 내용을 바탕으로 생성된다.

3 마이크로 명령어의 실행

명령어 사이클처럼 마이크로 명령어도 사이클로 구성된다. 마이크로 명령어 사이클은 마이크로프로그램을 이용하는 프로세서에서 가장 기본적인 사건인 인출 사건과 실행 사건으로 구성된다. 인출 사건은 마이크로 명령어를 제어 기억 장치에서 제어 버퍼 레지스터로 읽어오는 과정이고, 실행 사건은 제어 신호가 발생하는 과정이다. 생성된 제어 신호는 프로세서 내의 각 부분을 제어하며, 나머지 신호는 외부 제어 버스나 다른 외부 인터페이스로 전달된다. 실행 사건의 부수적인 기능은 다음 마이크로 명령어의 주소를 결정하는 것이다.

[그림 14-19]는 제어 장치에서 마이크로 명령어의 주소를 결정하고 CPU 내부나 외부의 제어 신호를 만드는 실행 과정을 보여준다. 먼저 순서 제어 모듈은 명령어 레지스터, 산술논리 연산 장치의 플래그, 제어 주소 레지스터, 제어 버퍼 레지스터를 입력으로 사용하여 다음 마이크로 명령어의 주소를 생성한다. 순서 제어 모듈은 마이크로 명령어 사이클의 타이밍을 결정하는 클록에 의해 구동된다. 제어 버퍼 레지스터는 실제 주소나 제어 비트 또는 두 가지 모두를 제공할 수 있으며, 제어 논리 모듈은 마이크로 명령어 내 몇몇 비트의 값을 바탕으로 제어 신호를 발생시킨다.

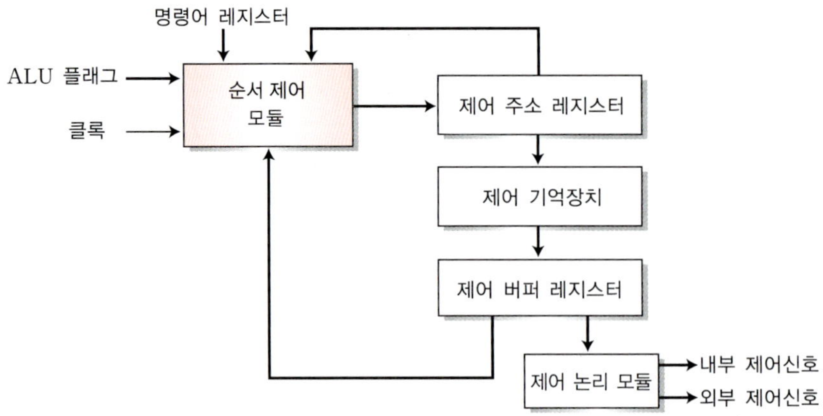

그림 14-19 제어 장치에서 마이크로 명령어의 실행

제어 장치를 설계할 때는 전혀 코드화되지 않은 마이크로 명령어 형식이나 수평적 마이크로 명령어 형식을 사용하지 않는다. 하지만 제어 기억 장치의 폭을 줄이고 마이크로프로그래밍을 단순화하기 위해 어느 정도의 코드화가 사용된다. 마이크로 명령어의 여러 필드는 코드를 가지고 있으며, 해독된 후에 하나 또는 다수의 제어 신호를 활성화한다.

마이크로 명령어의 코드화 방식에는 직접 코드화 방식과 간접 코드화 방식이 있다. 직접 코드화 방식은 마이크로 명령어가 실행될 때 각 필드가 해독되어 제어 신호를 발생시킨다. 이에 반해 간접 코드화 방식은 간접 주소 지정 방식의 개념과 유사하게 한 필드가 다른 필드를 해석하는 방법을 지정하는 데 사용된다.

[그림 14-20]은 직접 코드화 방식과 간접 코드화 방식의 개념을 보여준다. 직접 코드화 방식에서는 마이크로 명령어의 각 필드가 코드화된 데이터를 가지고 있다가 제어 신호를 생성하기 위해 해당하는 해독 논리 장치를 이용하여 해독 과정을 거치고, 해독된 신호는 최종 제어 신호가 된다. 간접 코드화 방식에서는 각 마이크로 명령어 필드가 코드화된 데이터를 가지고 있다. 첫 번째 단계에서는 각 필드에 대한 해독 과정을 수행하고, 두 번째 단계에서는 필요에 따라 한 필드의 해독된 내용이 다른 필드의 또 다른 해독 방법을 지정하는 데 사용된다. 두 번째 필드가 두 번의 해독을 통해 제어 신호가 생성되는 것을 확인할 수 있다.

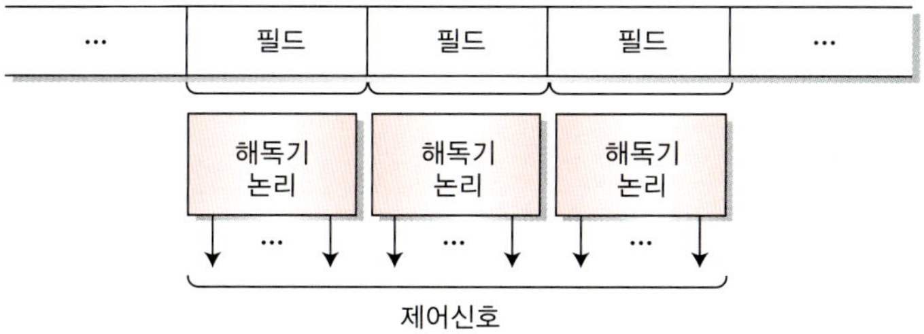

(a) 직접 코드화

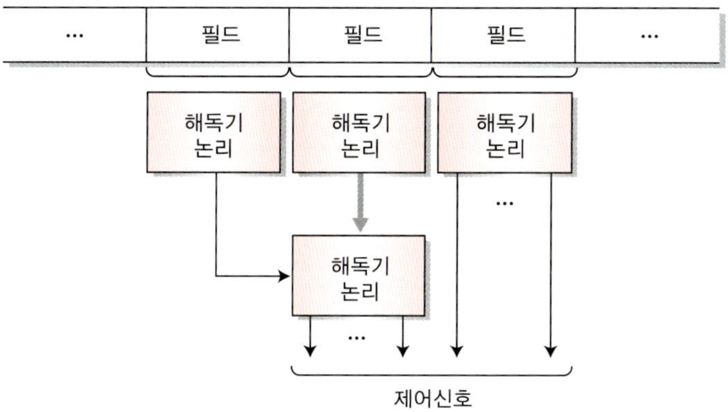

(b) 간접 코드화

그림 14-20 직접 코드화 방식과 간접 코드화 방식

요약

01 제어 장치

제어 장치는 주기억 장치에 저장된 명령어를 해독하고, 해독한 명령어가 지시하는 연산이 수행되도록 해당 장치에 제어 신호를 전달한다.

02 제어 장치의 구성

제어 장치는 CPU가 명령어를 수행하도록 제어 신호를 만들기 때문에 명령어가 저장된 기억 장치에서 명령어를 인출하기 위한 레지스터, 명령어 해독기, 명령어의 순서를 제어하기 위한 프로그램 카운터를 비롯한 각종 장치가 필요하다.

03 명령어 사이클

명령어 사이클은 명령어 인출 단계와 실행 단계로 이루어지며, 이를 각각 명령어 인출 사이클, 명령어 실행 사이클이라고 한다.

04 마이크로 연산

명령어 사이클의 부사이클은 여러 단계로 이루어지는데, 이러한 각 단계에서 실제로 수행되는 동작은 프로그램 실행의 가장 기본 단위인 마이크로 연산이다.

05 하드와이어드 제어 방식

하드와이어드 제어 방식은 논리 소자를 이용한 제어 장치로, 마이크로 연산의 실행 순서 제어와 수행을 위한 회로, 연산 코드의 해석 및 산술논리 연산 장치 플래그의 검사 등을 위한 논리회로를 포함해야 한다.

06 마이크로 명령어

마이크로 명령어 사이클은 마이크로프로그램을 이용하는 프로세서에서 가장 기본적인 사건인 인출 사건과 실행 사건으로 구성된다.

연습문제

01 다음 중 제어 장치의 구성 요소가 아닌 것은?

① 기억 장치 버퍼 레지스터 ② 명령어 인출기
③ 명령어 해독기 ④ 프로그램 카운터

02 제어 장치에 대한 설명으로 옳지 않은 것은?

① 해독된 명령어가 지시하는 연산이 수행되도록 해당 장치에 제어 신호를 전달한다.
② 오늘날에는 제어 장치를 구현하는 데 마이크로프로그래밍 기법을 사용한다.
③ 명령어를 해독하는 마이크로 연산의 과정을 명령어 인출이라고 한다.
④ 제어 장치는 기억 장치 버퍼 레지스터, 기억 장치 주소 레지스터, 명령어 레지스터, 명령어 해독기, 프로그램 카운터로 구성된다.

03 다음 중 CPU의 구성 요소가 아닌 것은?

① 산술논리 연산 장치 ② 캐시 기억 장치
③ 제어 장치 ④ 레지스터 집합

04 다음 중 마이크로 연산의 형식에 해당하지 않는 것은?

① 괄호 ② 물음표
③ 화살표 ④ 콜론

05 프로그램 수행의 가장 기본 단위로 원자 연산이라고도 불리는 것은?

① 마이크로 연산 ② 명령어 사이클
③ 인출 사이클 ④ 실행 사이클

06 완전한 명령어 사이클에서 빈칸에 들어갈 부사이클을 바르게 묶은 것은?

인출 사이클 → (ⓐ) → 실행 사이클 → (ⓑ)

① ⓐ 간접 사이클, ⓑ 종료 사이클
② ⓐ 오퍼랜드 인출 사이클, ⓑ 저장 사이클
③ ⓐ 간접 사이클, ⓑ 인터럽트 사이클
④ ⓐ 인터럽트 사이클, ⓑ 저장 사이클

07 명령어 사이클의 마이크로 연산에 대한 설명으로 옳지 않은 것은?

① 인출 과정의 마이크로 연산은 3개의 클록으로 완성된다.

② 간접 사이클의 마이크로 연산에서는 메모리와 레지스터가 사용된다.

③ 명령어의 종류는 다양하지만 명령어를 실행하는 실행 사이클에서 처리되는 마이크로 연산은 유일하다.

④ 인터럽트 사이클의 마이크로 연산에서는 스택 포인터가 사용된다.

08 완전한 명령어 사이클의 진행 순서를 바르게 나열한 것은?

① 인출 사이클 – 간접 사이클 – 실행 사이클 – 인터럽트 사이클

② 간접 사이클 – 인출 사이클 – 실행 사이클 – 인터럽트 사이클

③ 인터럽트 사이클 – 간접 사이클 – 인출 사이클 – 실행 사이클

④ 실행 사이클 – 간접 사이클 – 인출 사이클 – 인터럽트 사이클

09 프로그램 계층 구조에 대한 설명으로 옳지 않은 것은?

① 프로그램은 구성된 명령어가 순차적으로 해독되고 제어 신호가 발생하여 실행된다.

② 간접 사이클은 간접 주소 지정 방식에서 유효 주소를 찾는 과정이다.

③ 완전한 명령어 사이클은 인출 사이클과 실행 사이클로 구성된다.

④ 각 부사이클의 실행은 여러 단계의 마이크로 연산으로 이루어진다.

10 제어 장치에 대한 설명으로 옳지 않은 것은?

① 명령어를 해독하고 명령어의 연산이 수행되도록 해당 장치에 제어 신호를 전달한다.

② 작성된 프로그램을 컴퓨터에서 이해할 수 있도록 기계어로 변경하는 작업을 수행한다.

③ 구현 방법에 따라 하드와이어드 제어 방식과 마이크로프로그램 제어 방식으로 구분된다.

④ 일반적으로 기억 장치 버퍼 레지스터, 기억 장치 주소 레지스터, 명령어 레지스터, 명령어 해독기, 프로그램 카운터로 구성된다.

11 기본적인 제어 장치 모델에서의 입출력 신호에 대한 설명으로 옳지 않은 것은?

① 제어 장치의 입력에는 클록 신호가 있다.

② 제어 장치의 출력에는 제어 버스를 통해 외부로 보내는 제어 신호가 있다.

③ 제어 장치의 입력에는 명령어 레지스터의 연산 코드가 있다.

④ 제어 장치의 출력에는 플래그 제어 신호가 있다.

12 다음 중 제어 장치로 들어오는 입력 신호가 아닌 것은?

① 클록 ② 명령어 레지스터

③ CPU로 전달되는 제어 신호 ④ 플래그

13 제어 장치의 기능에 대한 설명으로 옳은 것은?

① 해독 기능은 마이크로 연산을 해석하는 것이다.

② 순서 제어 기능은 마이크로 연산을 적절한 순서대로 처리하는 것이다.

③ 인터럽트 기능은 마이크로 연산의 수행 중 발생하는 인터럽트를 처리하는 것이다.

④ 실행 기능은 각 마이크로 연산 제어 장치로부터 인출하는 것이다.

14 제어 장치에서 입력과 출력의 양방향 신호는 무엇인가?

① 제어 버스 신호 ② 주소 레지스터

③ 명령어 레지스터 ④ 플래그

15 다음 중 제어 장치의 구성 요소가 아닌 것은?

① 서브루틴 레지스터 ② 명령어 주소 레지스터

③ 명령어 해독기 ④ 제어 기억 장치

16 하드와이어드 방식으로 구현된 제어 장치에서 일반적인 입력 장치가 아닌 것은?

① 입력된 명령어 레지스터를 해독하는 해독기

② 클록을 입력으로 받아 수행되는 시간 발생기

③ 명령어 데이터의 상태를 나타내는 플래그

④ 연산을 수행하고 그 결과를 저장하는 ALU

17 마이크로프로그램에 대한 설명으로 옳지 않은 것은?

① 마이크로 명령어를 이용하여 작성된 프로그램을 말한다.

② 소프트웨어 프로그램을 작성하는 것보다 용이하다.

③ 펌웨어라고도 한다.

④ 마이크로프로그램이 하드웨어와 소프트웨어의 중간 정도임을 의미한다.

18 마이크로프로그램을 이용한 제어 장치의 구현에 대한 설명으로 옳은 것은?

① 하드와이어드 구현 방식이라고 한다.

② 제어 신호 생성을 위해 순차 논리회로를 사용한다.

③ 마이크로 명령어가 조합 논리의 신호 변환으로 출력된다.

④ 마이크로 순서기가 대표적이다.

19 마이크로프로그램 제어 방식에 대한 설명으로 옳지 않은 것은?

① 제어 함수 같은 제어 정보를 특별한 기억 장치에 저장한 구조이다.

② 마이크로 명령어는 마이크로 연산의 집합이다.

③ 마이크로 연산으로 빠르게 수행할 수 있다는 것이 장점이다.

④ 수직적 마이크로 명령어는 마이크로 명령어의 비트 수가 감소되는 것이 장점이다.

20 제어 기억 장치에 저장된 마이크로 명령어 형식에 대한 설명으로 옳지 않은 것은?

① 연산 필드가 2개이므로 2개의 마이크로 연산을 동시에 수행할 수 있다.

② 조건 필드에는 분기에 사용될 조건 플래그를 지정한다.

③ 분기 필드에는 분기의 종류와 다음에 실행할 마이크로 명령어의 주소를 결정하는 방법을 명시한다.

④ 주소 필드에는 제어 신호를 발생시키는 제어 명령어가 저장된다.

21 마이크로프로그램을 이용한 제어 장치의 구성 요소에 해당하지 않는 것은?

① 순서 제어 논리 장치 또는 순서 제어 모듈

② 제어 입출력 버퍼 레지스터

③ 제어 주소 레지스터

④ 제어 버퍼 레지스터

Chapter

15

병렬 컴퓨터 구조

학습목표

- 병렬 처리를 위한 선결 조건과 문제의 해결책을 알아본다.
- 병렬 프로세서의 유형을 파악한다.
- 배열 프로세서와 다중 프로세서의 개념을 이해한다.
- 다중 프로세서의 SMP, NUMA, 클러스터를 이해한다.

01 병렬 처리의 개념

병렬 처리parallel processing는 여러 개의 프로세서를 장착한 컴퓨터에서 실행되는 처리 방식으로, 하나의 프로그램에서 다양한 태스크를 동시에 처리할 수 있다. 이렇게 함으로써 부하를 분담하고 처리 속도를 향상한다.

병렬 처리는 다중 처리와 다른 개념이다. 다중 처리multiprocessing는 하나의 처리 장치가 여러 개의 프로그램을 다중화하여 처리하는 방식을 말한다. 다중 처리의 대표적인 예인 전자 교환기는 동시에 다수의 호출을 연결하기 위해 호출 처리를 세분화하고 아주 짧은 시간을 할당하여 실시간으로 다중 호출을 처리한다. 이와 달리 병렬 처리는 여러 개의 처리 장치(프로세서)를 통해 하나의 프로그램을 처리하므로 처리 장치의 수만큼 속도를 향상할 수 있다.

단일 프로세서를 이용한 컴퓨터 시스템이 기술 향상과 구조적 개선의 한계에 직면하여 그 결과 다중 프로세서를 이용한 병렬 컴퓨터 시스템의 병렬 처리가 주목을 받게 되었다. 이러한 상황하에 집적도가 높은 VLSI 반도체 기술을 통해 작고 저렴하며 고속인 프로세서를 하나의 시스템으로 구성할 수 있게 되었고, 병렬 컴퓨터 구조를 구현함으로써 병렬 처리 수행이 가능해졌다. 이후 소프트웨어적으로 프로그램을 분할하여 처리할 수 있는 병렬 프로그램 언어와 컴파일러가 개발되었고, 상호 배타적 메커니즘mutual exclusion mechanism을 통해 상호 공유 자원에 대한 경합을 줄이고 이용률을 극대화할 수 있는 운영체제가 개발되었다. 결과적으로 VLSI 기술, 병렬 프로그램 언어, 컴파일러, 병렬 운영체제를 기반으로 제작된 병렬 컴퓨터 시스템은 성능이 매우 향상되었다.

단일 프로세서를 사용하여 명령을 하나씩 순차적으로 처리하는 단일 프로세서 컴퓨터의 구조와 비교하여 여러 프로세서로 병렬 처리를 수행하는 병렬 컴퓨터의 구조는 훨씬 더 복잡하다. 이처럼 병렬 구조화에 따른 복잡한 처리가 추가되기 때문에 반드시 처리 장치의 수만큼 속도가 향상되지는 않는다. 한편 병렬 처리로 인해 문제가 발생하기도 하는데 이를 자세히 알아보자.

1 병렬 처리로 인한 새로운 문제

분할

프로그램 내에서 병렬 처리가 가능한 부분을 검사하여 태스크로 만드는 것을 분할partition이라고 한다. 이때 분할된 부분인 그레인grain은 다양한 크기로 분할할 수 있으며, 어떻게 분할하는지에 따라 병렬성의 성능, 스케줄링의 과부하에 영향을 미친다. 그레인의 크기가 매우 작으면 병렬성이 크지만 동기화와 스케줄링에 많은 과부하가 발생한다. 반대로 그레인의 크기가 크면 동기화와 스케줄링의 과부하가 줄어들지만 병렬성이 떨어진다.

스케줄링

분할된 태스크를 실행하기 위해 태스크를 프로세서에 배정하는 것을 스케줄링scheduling이라고 한다. 효과적인 스케줄링은 프로세서의 이용률을 높임으로써 전체 처리 능력이 향상된다.

■ **정적 스케줄링**

각 태스크를 프로세서에 할당하고 실행되는 순서가 사용자의 알고리즘 또는 컴파일러에 의해 결정되는 방법으로, 정해진 스케줄이 실행되는 동안 변하지 않는다. 스케줄링 비용이 컴파일 시간에만 들고 실행 시에는 소요되지 않는 것이 장점이지만, 태스크의 실행 시간과 태스크와의 통신 비용 등을 정확히 예측하지 못하면 비효율적이고, 원시 프로그램 작성과 컴파일 설계 시 많은 노력이 필요하다.

■ **동적 스케줄링**

프로그램이 실행될 때 각 태스크를 프로세서에 할당하는 방법이다. 프로세서의 이용률을 높일 수 있다는 것이 장점이지만, 프로그램 실행 시에 스케줄링을 하므로 실행에 많은 부담을 준다.

동기화

병렬 처리를 하려면 각 프로세서에 공유된 데이터가 임의의 한 프로세서에 의해 변경되지 않도록 하는 처리 규칙과 이에 맞게 공유 데이터가 정확한 값을 유지하도록 하는 동기화synchronization 작업이 필요하다.

■ 버스 잠금 방식

하나의 프로세서가 버스를 이용하여 공유 기억 장치에 액세스할 때 즉시 버스를 독점한 후 해당 영역을 처리하게 하는 방식이다. 버스 잠금bus-locking 방식은 프로세서 하나가 버스를 독점하기 때문에 다른 프로세서는 이 버스에 연결된 다른 자원을 사용할 수 없다. 즉 프로세서의 실행이 종료될 때까지 버스를 독점하여 잘못된 데이터 정보를 공유하지 않게 한다.

■ 상태 표시 방식

데이터를 저장하는 자원 각각에 1비트의 상태 레지스터를 두어 자원의 상태를 표시하는 방식이다. 상태 표시flag 방식에서는 대기 중인 프로세서가 상태 레지스터를 검사하여 사용 가능일 때만 접근할 수 있다.

2 병렬 처리 기능을 갖춘 프로세서의 분류

병렬 처리는 하나의 프로세서가 담당하던 작업을 여러 프로세서가 나누어 처리함으로써 처리 속도를 향상하는 것이 목표이다. 병렬 처리에서 데이터를 처리하는 방법은 다음과 같이 분류할 수 있다.

■ 파이프라인 프로세서

파이프라인 프로세서pipeline processor는 프로세서 하나를 서로 다른 기능을 가진 서브프로세서로 나누어 각 서브프로세서가 동시에 서로 다른 데이터를 처리하는 방식이다. 병렬 처리 컴퓨터에서 파이프라인 구조는 서브프로세서끼리 중첩되면서 단계별 수행을 하는 수직 형태이고 종속적인 구조의 병렬성을 갖는데, 이를 임시 병렬성 구조라고 한다. 결과적으로 이 방식은 시간적인 병렬성 처리를 수행한다.

■ 배열 프로세서

배열 프로세서array processor는 데이터를 고속으로 처리하기 위해 연산 장치를 병렬로 배열한 처리 구조로, 벡터 계산이나 행렬 계산에 사용되는 방식이다. 다양한 처리 요소기processing element가 하나의 제어 장치에 동기화되고, 하나의 명령에 따라 각 처리 요소기가 각각의 데이터를 동시에 처리하는 구조이므로 동기화된 공간적 병렬성 처리를 수행한다.

■ 다중 프로세서

다중 프로세서multiprocessor는 시스템상의 여러 프로세서에 독립적인 작업을 각각 배정하여 동시에 작업을 수행하게 하는 방식이다. 병렬 처리의 가장 일반적인 모델로, 기억 장치 등의 자원을 공유하고 프로세서끼리 상호 통신을 수행한다. 즉 비동기화된 공간적 병렬성 처리를 수행한다.

02 병렬 컴퓨터의 분류

마이클 플린Michael J. Flynn은 컴퓨터를 단일 또는 복수의 명령어 집합 사용 여부, 명령에 의해 단일 또는 복수의 데이터 연산을 하는지에 따라 구조적으로 분류했는데, 이를 플린의 분류학Flynn's taxonomy이라고 한다. 플린의 분류학을 살펴보려면 먼저 몇 가지 용어를 정리할 필요가 있다.

■ **제어 장치와 처리 장치**

병렬 컴퓨터 구조에서 제어 장치와 처리 장치는 중요한 동작을 수행한다. 제어 장치는 명령어를 인출하고 해독하여 제어 신호를 만들며, 처리 장치는 제어 장치에서 만들어진 제어 신호를 바탕으로 처리할 데이터와 주소 등의 오퍼랜드를 인출하고 명령어를 수행한다.

■ **명령어 스트림과 데이터 스트림**

프로세서를 실행하기 위해 순서대로 나열한 명령어 코드의 집합을 명령어 스트림instruction stream, 명령어를 실행하는 데 필요한 순서대로 나열한 데이터의 집합을 데이터 스트림data stream이라고 한다. 플린의 분류학에서는 프로세서가 처리하는 명령어 스트림과 데이터 스트림의 수에 따라 병렬 프로세서를 다음과 같이 분류한다.

- 단일 명령어 스트림, 단일 데이터 스트림Single Instruction stream, Single Data stream, SISD
- 단일 명령어 스트림, 다중 데이터 스트림Single Instruction stream, Multiple Data stream, SIMD
- 다중 명령어 스트림, 단일 데이터 스트림Multiple Instruction stream, Single Data stream, MISD
- 다중 명령어 스트림, 다중 데이터 스트림Multiple Instruction stream, Multiple Data stream, MIMD

[그림 15-1]은 병렬 컴퓨터 구조의 분류를 보여준다. SISD는 대표적인 단일 프로세서의 구조이고, SIMD는 벡터나 배열을 처리하는 프로세서 또는 배열 프로세서의 구조이다. MIMD는 공유 기억 장치 구조와 분산 기억 장치 구조로 다시 분류되며, 공유 기억 장치 구조의 대표적인 시스템으로 대칭형 다중 프로세서 시스템과 불균일 기억 장치 액세스 시스

템이 있다. 분산 기억 장치 구조의 대표적인 시스템으로는 클러스터cluster를 들 수 있다.

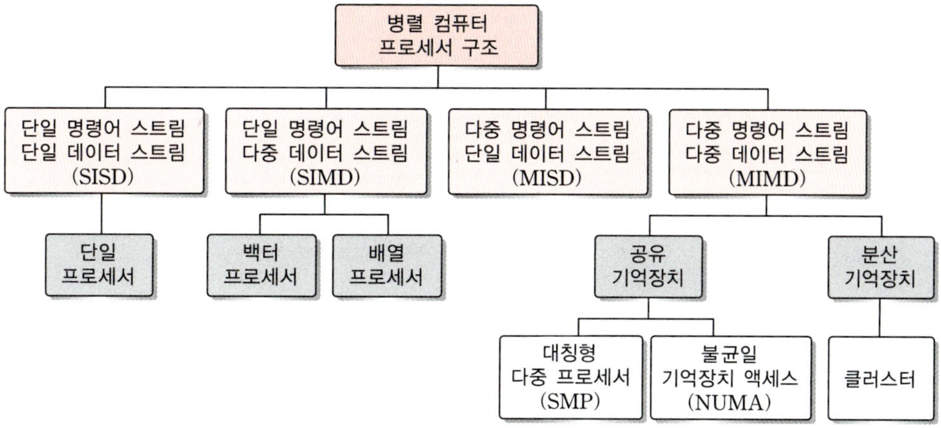

그림 15-1 병렬 컴퓨터 프로세서 구조의 분류

1 SISD

SISD는 한 번에 하나의 명령어와 데이터를 순서대로 처리하는 단일 프로세서 시스템이다. 즉 단일 프로세서가 하나의 기억 장치에 저장되어 있는 데이터를 처리하기 위해 하나의 명령어 흐름을 순차적으로 실행한다. 오늘날의 순차적 처리 컴퓨터는 대개 이러한 구조로 되어 있다. SISD는 명령어가 실행될 때 여러 단계로 나누고 각 단계가 중첩되어 수행되므로 명령어 파이프라이닝, 슈퍼스칼라 구조를 이용하여 처리 효율을 향상할 수 있다.

[그림 15-2]는 SISD의 동작을 개념적으로 보여준다. 제어 장치는 기억 장치 모듈에서 명령어 스트림IS을 인출하고, 이 명령어를 처리하기 위해 처리 장치로 보낸다. 처리 장치에서는 명령어가 수행되는 과정에 필요한 데이터 스트림DS을 기억 장치 모듈에서 읽고, 그 결과를 다시 기억 장치 모듈에 저장한다. 이때 단일 제어 장치에서 단일 명령어 스트림이 이동하고 단일 처리 장치에서 단일 데이터 스트림이 이동한다.

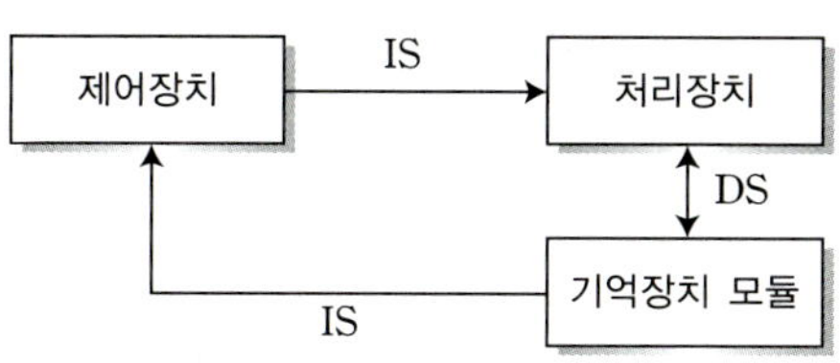

그림 15-2 SISD의 동작

2 SIMD

SIMD는 명령어 스트림 하나가 다수의 처리 장치에서 동시 처리되도록 제어하는 방식으로, 벡터 프로세서와 배열 프로세서가 대표적이다. 처리 요소기라고도 하는 처리 장치 내부에는 독립된 데이터 기억 장치가 있으며, 하나의 명령어는 처리 요소기가 각 기억 장치에 저장된 데이터를 처리하게 한다. 결과적으로 하나의 제어 장치는 하나의 명령어를 인출하여 해독하고, 여러 처리 장치는 여러 데이터를 동시에 인출하여 명령어를 실행한다. 다음과 같은 벡터를 계산하는 경우 각 행의 독립된 데이터가 덧셈 연산을 수행한다.

$$\underset{A}{\begin{bmatrix}1.5\\7.1\\6.9\\100.5\\0\\59.7\end{bmatrix}} \underset{+}{+} \underset{B}{\begin{bmatrix}2.0\\39.7\\1000.003\\11\\21.1\\19.7\end{bmatrix}} \underset{=}{=} \underset{C}{\begin{bmatrix}3.5\\46.9\\1006.903\\111.5\\21.1\\79.4\end{bmatrix}}$$

벡터 프로세서 또는 배열 프로세서에서는 위와 같은 벡터 계산을 동일한 개념으로 수행한다. 각각의 처리 장치는 덧셈 명령에 의해 동일한 덧셈 연산을 수행하지만, 각 처리 장치에서의 데이터 기억 장치와 교환되는 데이터 스트림은 서로 다른 독립된 값을 가진다. SIMD의 동작을 나타낸 [그림 15-3]에서 보듯이 여러 개의 처리 장치로 구성되고 각 처리 장치의 동작은 모두 하나의 제어 장치로 통제된다. 또한 처리 장치는 독립된 기억 장치 모듈을 별도로 가지고 있다. 따라서 모든 처리 장치는 하나의 명령어 스트림을 실행하지만 독립된 여러 데이터

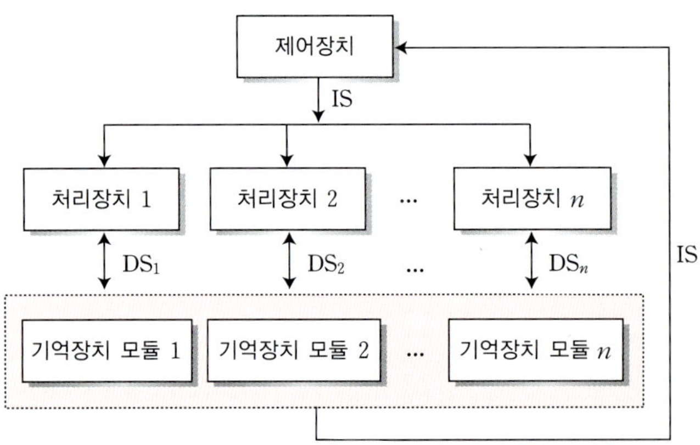

그림 15-3 SIMD의 동작

스트림을 독립적으로 동시에 처리한다.

3 MISD

MISD는 SIMD와 반대의 개념으로, 처리 장치에서 수행되는 명령어는 다르지만 전체적으로는 하나의 데이터 스트림을 가진 방식이다. 결과적으로 여러 제어 장치는 동시에 여러 명령어를 인출하여 각각 해독하고, 하나의 처리 장치는 여러 명령어를 실행하여 하나의 데이터 스트림을 갖는다. MISD의 동작을 나타낸 [그림 15-4]를 보면 각 처리 장치에서 처리한 결과가 다른 처리 장치에 입력된다.

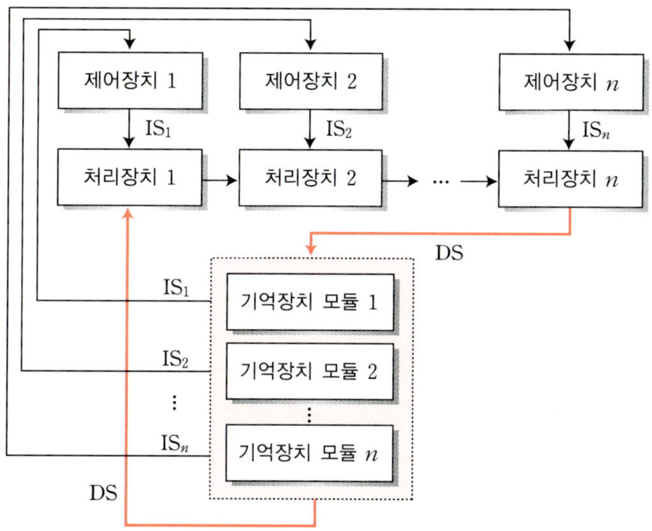

그림 15-4 MISD의 동작

만약 각각의 처리 장치에서 덧셈, 뺄셈, 곱셈, 나눗셈 명령어가 실행된다면 이 과정에서 하나의 데이터 스트림이 생성될 수 없다. 따라서 비현실적인 MISD 구조를 범용 컴퓨터 형태로 구현한 경우가 없으며, MISD는 기상 예보 분석과 같은 복잡한 자료 처리에만 사용된다.

4 MIMD

MIMD는 다수의 처리 장치가 서로 다른 명령어를 동시에 병렬로 실행하는 방식으로, 통상적인 일반 목적용 다중 프로세서 구조이다. 제어 장치는 동시에 여러 명령어를 각각 인출하고 해독하며, 처리 장치는 여러 데이터를 동시에 인출하여 각각 명령을 실행한다. [그림 15-5]는 MIMD의 동작을 개념적으로 보여준다.

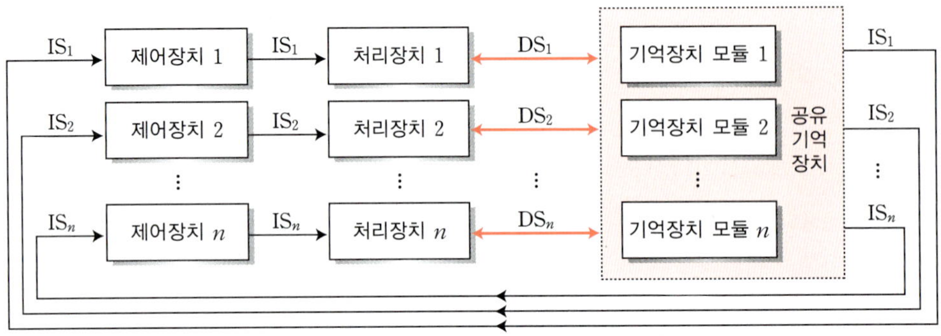

그림 15-5 MIMD의 동작

순수한 MIMD 구조는 각 처리 장치 사이에서 데이터의 상호 교환이 일어나는 것을 전제로 하며, 상호 작용의 정도에 따라서 통신이 빈번하게 발생하는 밀접 결합형 MIMD 구조와 통신 빈도가 극히 적은 느슨 결합형 MIMD 구조로 구분된다.

밀접 결합 시스템

밀접 결합 시스템tightly-coupled system은 모든 처리 장치가 공유된 기억 장치를 이용하여 통신하는 공유 기억 장치 구조의 다중 프로세서 시스템을 말한다. 밀접 결합 시스템에서 처리 장치나 처리 요소기는 공유된 기억 장치를 통해 데이터 스트림을 처리하여 처리 장치 간의 통신을 수행한다.

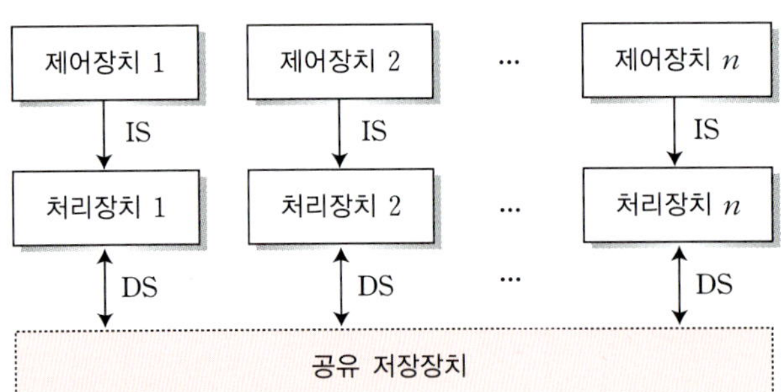

그림 15-6 밀접 결합 시스템

느슨 결합 시스템

느슨 결합 시스템loosely-coupled system은 각 처리 장치가 독립된 지역 기억 장치를 가지고 있으며, 처리 장치 간의 정보 교환에는 메시지 전송message passing 방식을 이용한다. 느슨 결합 시스템에서 각 처리 장치는 지역 기억 장치를 가진 독립적인 컴퓨터 모듈로 구성된다.

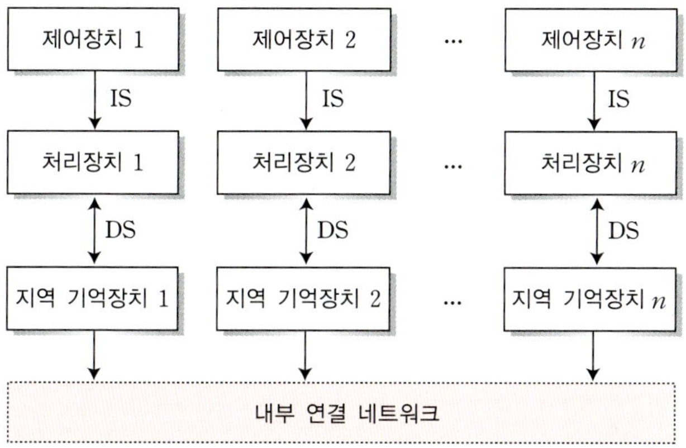

그림 15-7 느슨 결합 시스템

03 배열 프로세서와 다중 프로세서

배열 프로세서는 하나의 제어 장치가 인출한 하나의 명령어를 여러 프로세서가 각각 독립적으로 처리할 수 있는 구조이다. 그리고 다중 프로세서, 즉 멀티프로세서는 여러 제어 장치에서 인출된 여러 명령어를 여러 프로세서가 각각 독립적으로 처리하는 구조이다. 이 절에서는 대표적인 병렬 컴퓨터 구조인 배열 프로세서와 다중 프로세서에 대해 자세히 알아보자.

1 배열 프로세서

배열 프로세서는 하나의 제어 장치가 모든 처리 장치를 제어하여 동기적으로 동작하는 시스템이다. 배열 프로세서에서는 처리 장치가 프로세서와 기억 장치로 구성되고 프로세서가 간단한 연산만 수행한다. 제어 장치는 명령을 인출하여 해석하고, 그것이 실행될 처리 장치를 결정한다. [그림 15-8]은 배열 프로세서의 구조를 보여준다. 하나의 제어 장치가 제어 버스를 통해 독립된 기억 장치를 가지고 있는 처리 장치를 제어하며, 프로세서 간의 통신은 상호 연결된 네트워크를 통해 수행한다.

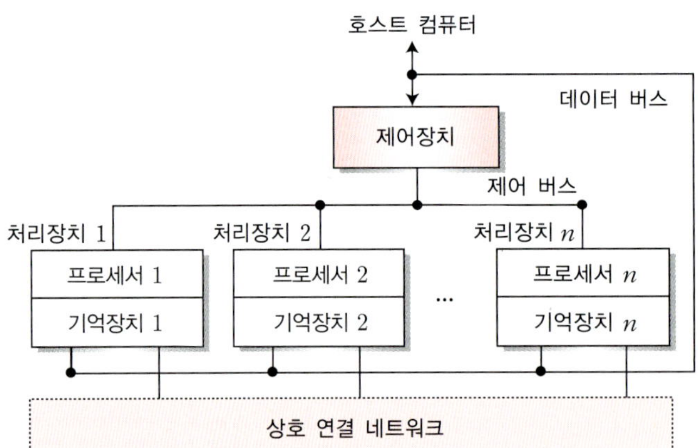

그림 15-8 분산 기억 장치 형태의 배열 프로세서 구조

일반 호스트 컴퓨터에 배열 프로세서를 연결하면 계산 전용 컴퓨터로 사용할 수 있다. 호스트 컴퓨터는 일반 목적용 컴퓨터로, 프로그램을 컴파일하고 기계어 코드를 배열 프로세서의 제어 장치로 보내며, 계산 결과를 돌려받아서 저장하거나 출력한다. [그림 15-9]는 배열 프로세서의 또 다른 구조로, 처리 장치의 각 프로세서가 상호 연결된 네트워크를 통해 공유된 기억 장치에 접근하는 것이 특징이다.

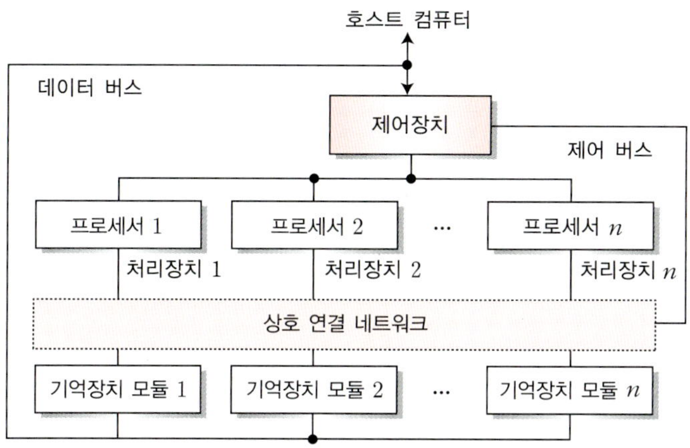

그림 15-9 공유 기억 장치 형태의 배열 프로세서 구조

배열 프로세서의 내부 구조는 산술논리 연산 장치와 여러 레지스터로 구성된다. 따라서 프로세서는 연산에 사용되는 데이터를 레지스터에 저장하고 기본적인 산술논리 연산을 수행하며, 그 결과를 전송 레지스터를 통해 전송한다. 여러 레지스터 중에서 주소 레지스터와 인덱스 레지스터는 데이터 저장과 전송 과정에 사용되고, 상태 플래그 레지스터는 처리 장치의 상태를 표시하는 데 사용된다.

[그림 15-10]에서 보듯이 배열 프로세서의 처리 장치는 산술논리 연산 장치, 데이터 레지스터(R_1, R_2, R_3), 주소 레지스터, 인덱스 레지스터, 데이터 전송 레지스터, 상태 플래그 레지스터로 구성된다. 처리 장치는 상태 플래그 레지스터가 1이면 명령어 실행에 참여하고, 0이면 명령어 실행에 참여하지 않고 대기 상태가 된다.

제어 장치는 시스템에 존재하는 처리 장치의 수만큼 비트로 구성된 마스크 레지스터mask register를 가지고 있다. 마스크 레지스터의 각 비트는 상태 플래그 레지스터의 상태를 결정하며, 그에 따라 각 처리 장치는 명령어 사이클에서 데이터 처리에 참여할 것인지를 결정한다.

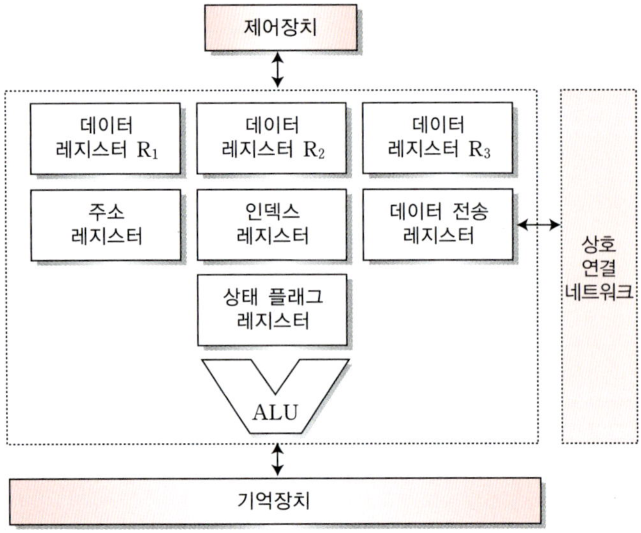

그림 15-10 배열 프로세서의 처리 장치

2 다중 프로세서

다중 프로세서는 다수의 프로세서로 여러 작업을 동시에 처리함으로써 시스템의 전반적인 처리율이 향상된다. 또한 각 프로세서에 제어 장치가 있어 자율적인 실행이 가능하며, 전체 시스템은 단일 운영체제로 운영된다.

다중 프로세서에 추가해야 할 운영체제 기능

다중 프로세서 시스템은 단일 프로세서와 동일한 운영체제를 사용할 수 있으나 성능을 극대화하려면 다음과 같이 운영체제에 추가해야 할 기능이 있다.

- 동시 처리 가능한 프로세서의 스케줄링 기능이 필요하다.
- 상호 배타 및 사건 순서 메커니즘을 이용하여 주소 공간과 입출력 자원을 공유하는 프로세서 간의 동기화가 제공되어야 한다.
- 다수의 프로세서가 사용하는 기억 장치의 일관성을 유지하기 위해 기억 장치 관리 자원이 필요하다.
- 성능이 크게 저하되지 않도록 신뢰성과 결함 허용이 지원되어야 한다.

상호 연결 구조

다중 프로세서에서 프로세서와 기억 장치의 연결 형태를 상호 연결 구조라고 한다. 상호 연결 구조의 종류에는 버스를 이용한 상호 연결, 크로스바 스위치를 이용한 상호 연결, 다단 교환망을 이용한 상호 연결, 하이퍼큐브 상호 연결이 있다.

■ 버스를 이용한 상호 연결

버스를 이용한 상호 연결 구조에는 다음과 같이 두 가지 방법이 있다.

공유 버스

공유 버스shared bus는 시스템 버스의 단일 버스와 동일한 개념으로, 한 순간에 하나의 프로세서만 전송할 수 있으며, 여러 프로세서가 동시에 버스를 사용하려는 경우 버스 사용에 대한 중재가 필요하다. 이 방식은 하드웨어가 매우 간단하지만 버스 경합이 발생하면 지연 시간이 증가한다는 단점이 있는데, 이를 보완하기 위해 버스의 전송 속도를 높이거나 캐시를 사용할 수 있다.

[그림 15-11]은 공유 버스의 구조를 보여준다. (a)에서는 단일 버스에 프로세서인 버스 마스터가 일렬로 연결되어 있어 버스 경합이 발생하면 지연이 증가한다. (b)는 버스 경합에 의한 지연을 개선하기 위해 각 버스 마스터가 캐시를 사용하는 경우이다. 캐시 적중 상태가 되면 공유 버스를 통한 데이터의 전송이 필요 없으므로 버스 경합이 줄어들고 지연도 감소한다.

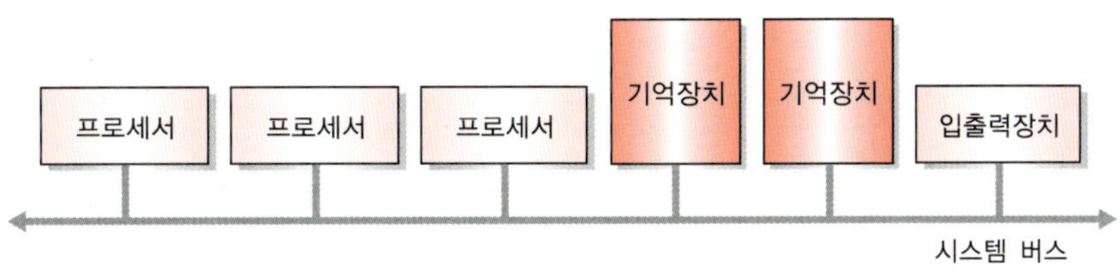

(a) 캐시가 없는 시스템

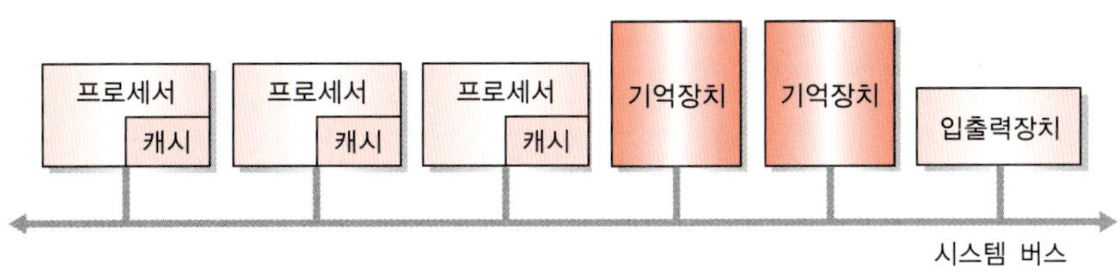

(b) 캐시가 있는 시스템

그림 15-11 공유 버스의 구조

여기서 잠깐! | **버스 마스터**

버스 마스터(bus master)는 입출력 제어기 내에 있는 프로그램으로, 컴퓨터 버스 또는 입출력 회로상의 데이터 흐름을 직접 관리한다. 즉 버스 회로상의 주소와 제어 신호 흐름을 통제한다.

다중 버스

연결되는 버스 마스터의 용도에 따라 버스 계층으로 연결되는 형태를 계층 버스 구조hierarchical bus structure라고 한다. 따라서 계층 버스 구조는 여러 개의 버스가 존재하는 다중 버스multiple bus 구조이며, 다중 버스의 계층별 전송을 통해 버스 경합을 감소시킨다.

[그림 15-12]는 다중 버스의 구조를 보여준다. 시스템 버스에는 접근이 가장 빈번한 공유 기억 장치가 바로 연결되지만 그 외의 버스 마스터는 지역 버스에 연결되고, 시스템 버스 제어기는 지역 버스와 시스템 버스를 연결하는 역할을 한다. 용도에 맞게 지역 버스로 분류되었기 때문에 그만큼 버스 경합이 감소한다.

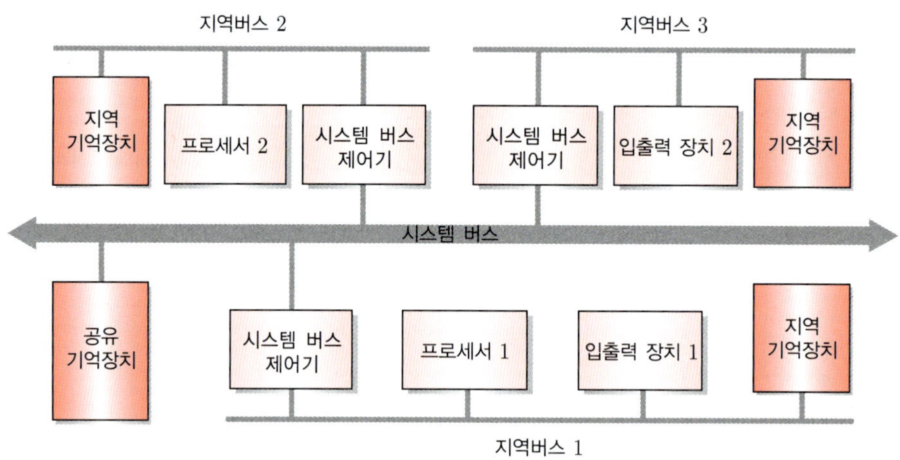

그림 15-12 다중 버스의 구조

■ 크로스바 스위치를 이용한 상호 연결

크로스바 스위치crossbar switch는 연결을 요구하는 장치 간의 완전한 연결성을 제공한다. 즉 프로세서와 기억 장치 사이의 완전한 연결성을 제공하는 방식으로, 모든 기억 장치 모듈에서 동시에 전송할 수 있다. 그러나 스위치 구성 비용이 많이 들며 하드웨어가 너무 크고 복잡하다는 것이 단점이다.

[그림 15-13]은 크로스바 스위치를 이용하여 상호 연결된 구조를 보여준다. 프로세서와 기억 장치의 교차점이 스위치로 되어 있어 상호 연결을 형성하며, 스위치의 on 동작을 통해 프로세서가 기억 장치에 접근할 수 있다.

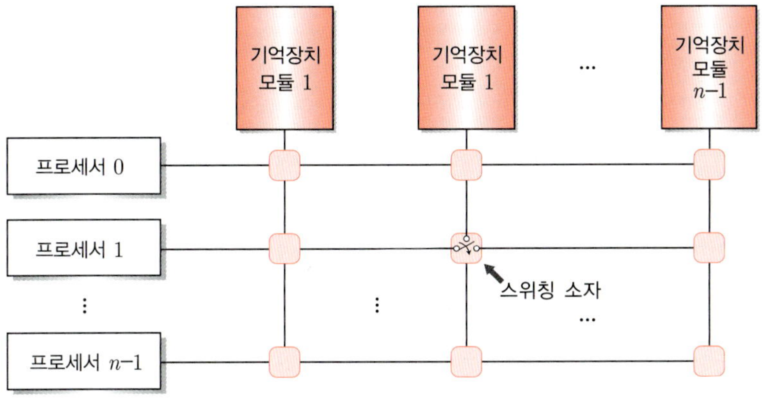

그림 15-13 크로스바 스위치의 구조

■ 다단 교환망을 이용한 상호 연결

다단 교환망multistage switched network은 느슨 결합 시스템에서 사용되는 상호 연결 방식으로, 입력과 출력이 각각 2개인 스위치를 이용하여 단계별로 연결을 구성한다. 다중 프로세서의 요소가 다단 교환망에 상호 연결되어 통신을 수행하고 통신 경로가 하나 이상 존재한다. 따라서 한 경로가 블로킹되더라도 다른 경로를 경유하여 연결할 수 있으므로 통신 지연을 감소시킬 수 있다. 그러나 메시지가 여러 단계를 통해 전달되기 때문에 제어 체계가 복잡하다.

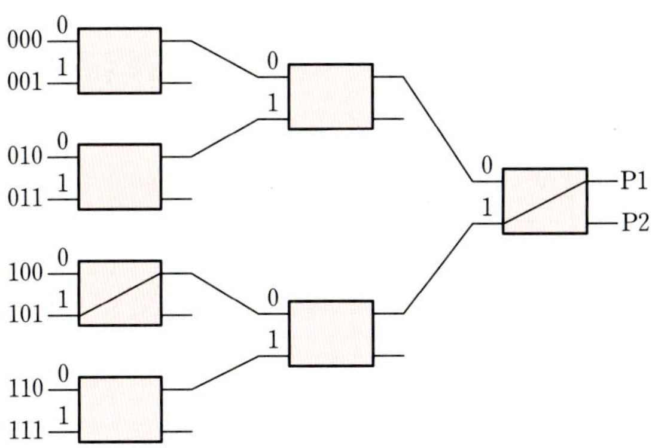

그림 15-14 다단 교환망의 구조

■ **하이퍼큐브 상호 연결**

느슨 결합 시스템에서 사용되는 하이퍼큐브hypercube 또는 초입방체 다중 프로세서 구조는 프로세서 2^n개가 n차원 2진 큐브로 연결된다. [그림 15-15]는 하이퍼큐브의 연결 구조를 보여준다. 프로세서가 2(=2^1)개이면 1차원 2진 큐브로 연결되고, 프로세서가 4(=2^2)개이면 2차원 2진 큐브로 연결된다. 2차원 2진 큐브에서는 각 프로세서가 2회선 채널을 가진다. 그리고 프로세서가 8(=2^3)개이면 3차원 2진 큐브로 연결되어 각 꼭지점이 프로세서가 되며, 각 프로세서는 3회선 채널을 가진다. 결과적으로 하이퍼큐브 상호 연결은 다수의 프로세서를 효과적으로 연결할 수 있으며 인접한 번지는 1비트 차이이다. 예를 들어 2차원 2진 큐브의 경우 01의 인접 번지인 11과 00은 1비트 차이이다.

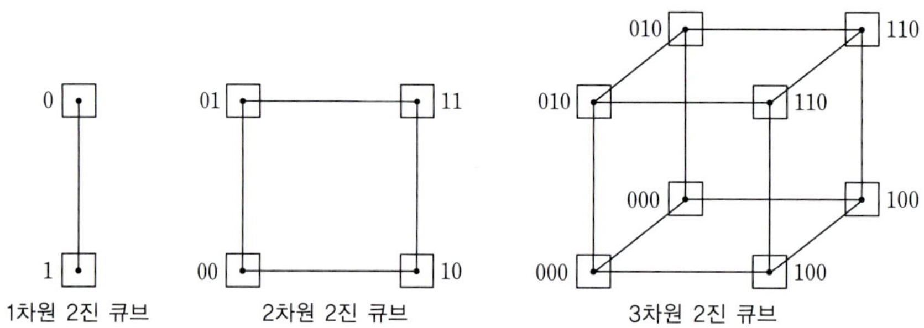

그림 15-15 하이퍼큐브의 연결 구조

기억 장치 모듈을 소유하는 방식에 따른 분류

다중 프로세서는 기억 장치 모듈을 소유하는 방식에 따라 다음과 같이 구분된다.

■ **공유 기억 장치 시스템 구조**

기억 장치가 특정한 프로세서에 속해 있지 않고 시스템 내의 모든 프로세서에 의해 공유되는 구조이다. 따라서 프로세서 간의 상호 작용이 원활하게 일어나는 밀접 결합 구조에 해당된다. 공유 기억 장치 시스템의 장점은 프로세서가 공통으로 사용하는 데이터를 공유 기억 장치에 저장하므로 프로세서 간에 데이터 교환을 위한 별도의 메커니즘이 필요하지 않다는 것이다. 또한 프로그램 실행 시간 동안 각 프로세서가 처리할 작업을 동적으로 균등하게 할당할 수 있어 프로세서 이용률을 극대화함으로써 시스템 효율을 높일 수 있다.

그러나 프로세서와 기억 장치 간의 통신량이 많아지기 때문에 경합으로 인한 지연 시간이 길어질 수 있다. 2개 이상의 프로세서가 공유하는 기억 장치 모듈 또는 입출력 장치를 동시에 사용하려는 경우 하나를 제외한 나머지 프로세서는 대기해야 한다. 이렇게 동시에 접근함으로써 지연되는 단점은 고속 상호 연결망과 캐시 기억 장치를 사용하여 보완할 수 있다.

■ **분산 기억 장치 시스템 구조**

느슨 결합 구조로서 각 프로세서가 자신의 지역 기억 장치를 가지고 있으며, 다른 프로세서와의 통신에 메시지 전송을 이용한다. 이 방식은 공유 자원에 대한 경합이 감소하지만 메시지 전송을 위한 통신 프로토콜 때문에 지연 시간이 증가한다. 또한 프로세서를 통신 네트워크에 연결하므로 시스템 수가 늘어나면 전달되는 메시지의 오버헤드가 증가한다.

다중 프로세서 시스템에서의 캐시 일관성 문제

다중 프로세서 시스템에서 각 프로세서가 하나 또는 두 계층의 캐시를 가지고 있다면 프로세서가 원하는 데이터를 캐시에서 직접 인출할 수 있고 버스 경합으로 인한 지연 문제를 해결할 수 있다. 그러나 하나의 데이터가 여러 캐시에 복사되어 있으므로, 어떤 프로세서가 데이터 쓰기 동작을 수행할 경우 나머지 프로세서의 캐시에는 데이터 불일치 현상이 발생한다. 이것을 캐시 일관성 문제라고 하며, 해결 방법으로는 즉시 쓰기 방식과 나중 쓰기 방식이 있다.

나중 쓰기 방식은 나머지 캐시가 즉시 갱신되지 못하므로 불일치가 발생한다. 또한 즉시 쓰기 방식도 나머지 캐시가 갱신 통보를 받지 못하는 경우 불일치가 발생할 수 있다. 따라서 캐시 일관성 문제를 해결하기 위한 방법으로 소프트웨어 해결법과 하드웨어 해결법이 등장하게 되었다.

■ **소프트웨어 해결법**

프로그램 컴파일러가 코드를 분석하여 공유 변수에 대해 적절하게 표시하고, 운영체제는 표시된 공유 변수가 캐시에 저장되지 않게 하는 방법이다. 이 방법은 소프트웨어에 의해 동작하므로 하드웨어만큼 복잡하지 않지만 캐시에 공유 변수가 저장되지 않으므로 캐시의 이용률이 떨어진다.

■ **하드웨어 해결법**

캐시의 일관성을 위해 하드웨어를 추가로 설치하여 해결하는 방법으로, 디렉터리를 추가하는 디렉터리 프로토콜directory protocol 방법과 버스 감시기를 이용하는 스누피 프로토콜snoopy protocol 방법이 있다.

디렉터리 프로토콜의 원리

데이터 복사본이 있는 캐시의 위치 정보가 수집되어 디렉터리에 보관되고, 이 디렉터리는 중앙 제어기와 주기억 장치에 저장된다. 캐시 제어기는 중앙 제어기로 데이터 갱신 또는 이동을 위한 요구를 보내고, 중앙 제어기가 요구에 응답하는 명령을 보내면 디렉터리 내의 상태 정보도 갱신된다. 따라서 한 프로세서가 공유된 데이터를 갱신하려면 중앙 제어기는 그 허가를 보내기 전에 복사본을 가진 다른 모든 프로세서에 무효화 메시지를 전송한다. 이러한 방법은 병목 현상이 발생하고 캐시 제어기와 중앙 제어기 간에 통신 오버헤드가 생기는 것이 단점이지만, 다중 버스나 복잡한 상호 연결망이 포함된 대규모 시스템에 적합하다.

스누피 프로토콜의 원리

캐시의 일관성 유지 책임을 모든 캐시 제어기에 분산하는 방식으로, 캐시 제어기는 캐시가 가지고 있는 블록이 공유되는 것인지를 파악한다. 그리고 공유 블록을 갱신할 때는 다른 캐시에 방송broadcast을 한다. 이때 각 캐시 제어기는 방송되는 내용을 관찰할 수 있도록 버스를 감시하는 스누핑snooping 능력을 가지고 있어야 한다. 따라서 이 방법은 공유 버스가 방송과 스누핑을 위한 간단한 수단을 제공하기 때문에 버스 기반 다중 프로세서에 적합하다. 스누피 프로토콜의 기본적인 기법은 쓰기 무효와 쓰기 갱신이다.

- **쓰기 무효**write invalidate: 동시에 여러 읽기multiple readers가 가능하지만 한 번에 하나의 쓰기one writer만 가능한 기법이다. 어떤 블록에 대한 쓰기가 요구될 때는 다른 캐시에 저장된 블록이 모두 무효화된다. 따라서 쓰기를 수행하는 프로세서는 블록에 대한 배타적 접근 권한을 가진다.
- **쓰기 갱신**write update: 쓰기 방송write broadcast이라고도 하며, 동시에 여러 읽기 및 여러 쓰기multiple writers가 가능하다. 쓰기 동작에 의해 갱신된 블록은 즉시 다른 모든 캐시에 전달되고 갱신되어 일관성을 유지한다.

04 다중 프로세서 시스템

MIMD 구조의 다중 프로세서는 기억 장치 공유 여부에 따라서 공유 기억 장치 방식과 분산 기억 장치 방식으로 구분된다. 공유 기억 장치 방식의 대표적인 시스템은 대칭형 다중 프로세서와 불균일 기억 장치 액세스이고, 분산 기억 장치 방식의 대표적인 시스템은 클러스터이다.

1 대칭형 다중 프로세서

대칭형 다중 프로세서Symmetric MultiProcessor, SMP는 다중 프로세서 시스템을 구성하는 프로세서가 동일한 성능으로 수행하고 동일한 기능을 한다. 따라서 모든 프로세서가 동등한 수준으로 구성되고, 버스 또는 다른 상호 연결망으로 프로세서가 연결된다. 또한 공유된 기억 장치는 각 프로세서가 접근하는 데 걸리는 시간이 거의 동일하며, 모든 프로세서는 입출력 장치가 접근하기 위한 채널을 공유한다.

이러한 시스템에서는 하나의 통합 운영체계가 모든 프로세서와 입출력 장치, 기억 장치를 관리한다. 여러 프로세서가 하나의 운영체계를 사용하므로 상호 배제와 재진입 부호가 필요하여 운영체제는 프로세서 간의 상호 작용을 지원하고 작업, 태스크, 파일, 데이터 요소 수준에서 프로그램 간의 상호 작용을 지원할 수 있다.

[그림 15-16]은 밀접 결합 다중 프로세서 시스템의 일반적인 구성으로, 각 프로세서가 주기억 장치와 입출력 장치, 내부 상호 연결망을 통해 연결되어 있다. 효과적인 내부 상호 연결망인 경우 프로세서 간의 통신 및 주기억 장치, 입출력 장치와의 접근 속도가 빨라서 성능이 더 좋아질 것이다.

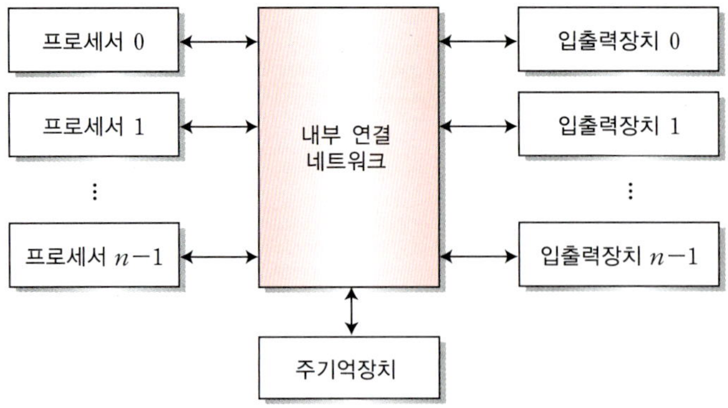

그림 15-16 밀접 결합 다중 프로세서 시스템

대칭형 다중 프로세서의 장점

대칭형 다중 프로세서는 대칭적 특성 덕분에 작업 부하를 효과적으로 분산할 수 있고 신뢰성이 높다. 다시 말해 한 프로세서가 고장 나면 운영체제는 그 프로세서를 제거한 뒤 성능이 조금 떨어진 상태에서 계속 작동할 수 있다. 또한 한 프로세서에서 실행하던 작업을 다른 프로세서로 옮겨 실행할 수 있으며, 어떤 작업은 처리기가 협력하여 실행할 수도 있다. 대칭형 다중 프로세서의 장점은 다음과 같다.

- 각 프로세서의 작업이 병렬로 분산 처리되기 때문에 성능이 더 좋아진다.
- 한 프로세서가 고장 나도 나머지 프로세서가 대신 작업을 수행할 수 있으므로 시스템의 중단 없이 계속 동작할 수 있다.
- 프로세서를 추가하여 성능을 높일 수 있으므로 점진적인 확장이 가능하다.
- 제조 회사는 프로세서의 수에 따라 가격과 성능이 다양한 제품을 제공할 수 있다.

상호 연결망

대칭형 다중 프로세서에서 사용하는 상호 연결망interconnection network 방식은 기존과 다른 방법을 이용한다. 대칭형 다중 프로세서에서 사용하는 상호 연결망에는 시분할 버스, 다중 포트 기억 장치, 중앙 제어 장치 등이 있다.

■ 시분할 버스

시분할 버스time shared bus는 가장 간단한 상호 연결망 방식으로, 구성과 연결 방법이 단일 프로세서 시스템과 동일하고 버스의 조직이 주소 버스, 데이터 버스, 제어 버스로 구성된다. 시분할의 동작은 어느 한 프로세서가 버스를 사용 중일 때 다른 프로세서가 대기함으로써 시간을 나누어 사용하는 개념이다.

[그림 15-17]은 시분할 버스를 이용한 대칭형 다중 프로세서 시스템의 구성을 보여준다. 단일 프로세서 시스템에서 이루어지는 시스템 버스의 동작과 동일하며, 각 프로세서는 버스 마스터로 동작하고 버스 경합으로 인한 지연을 해결하기 위해 2계층의 캐시를 이용한다. 캐시 접근 시간을 단축하기 위해 CPU 칩 내부에 포함된 캐시를 온칩 캐시라고 하며, 계층적 캐시에서는 온칩 캐시를 1차 캐시(L1)로 사용하고 칩 외부에 더 큰 용량의 2차 캐시(L2)를 설치한다.

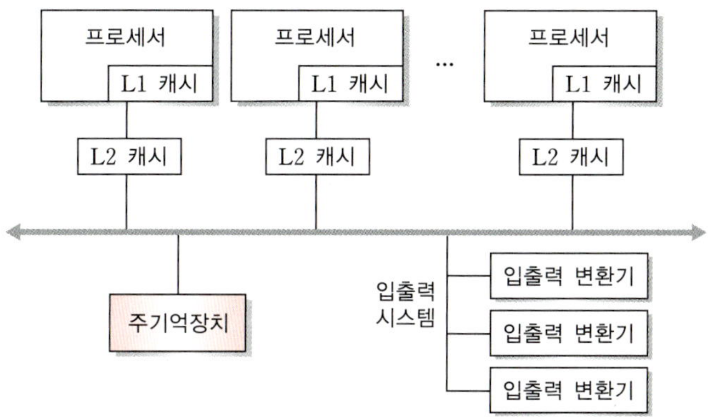

그림 15-17 시분할 버스를 이용한 대칭형 다중 프로세서 시스템

시분할 버스의 장점과 단점은 다음과 같다.

장점

- **단순성**simplicity: 단일 프로세서 시스템과 동일하게 동작하므로 단순하다.
- **융통성**flexibility: 버스에 프로세서를 추가로 연결함으로써 시스템을 쉽게 확장할 수 있어 유연하다.
- **신뢰성**reliability: 접속된 어떤 장치에 결함이 발생하더라도 전체 시스템의 동작이 중단되지 않는다.

단점

- 시분할 버스의 성능이 버스 사이클 시간bus cycle time에 의해 결정된다. 이러한 단점은 프로

세서에 캐시를 추가하여 버스 접근 수를 줄임으로써 해결할 수 있다. 그러나 다른 문제로 캐시 일관성 문제가 유발된다.

■ 다중 포트 기억 장치

다중 포트 기억 장치multiport memory는 다수의 접근 포트가 있어 프로세서와 입출력 장치가 독립적인 접근 통로를 제공받는다. 그런데 프로세서가 동일한 기억 장치 모듈에 접근하는 경우 각 기억 장치 포트에 고정 우선순위를 부여하여 이 문제를 해결할 수 있다. 결과적으로 기억 장치 주변에 회로가 추가되어 복잡해지지만 각 기억 장치 모듈에 대해 독립적인 통로가 생기므로 성능이 더 우수하다.

이 방법에서 각 프로세서는 개별적으로 기억 장치에 접근할 수 있으므로 모든 쓰기 동작이 캐시뿐만 아니라 주기억 장치에도 동시에 이루어지는 즉시 쓰기 방식이 필요하다. 그러므로 주기억 장치의 내용이 항상 캐시의 내용과 동일한 유효 상태가 유지된다. [그림 15-18]은 다중 포트 기억 장치로 구성된 다중 프로세서 시스템을 보여준다. 각 프로세서와 입출력 장치는 공유된 기억 장치에 접근할 수 있는 전용 통로가 있어 독립적인 접근이 가능하다.

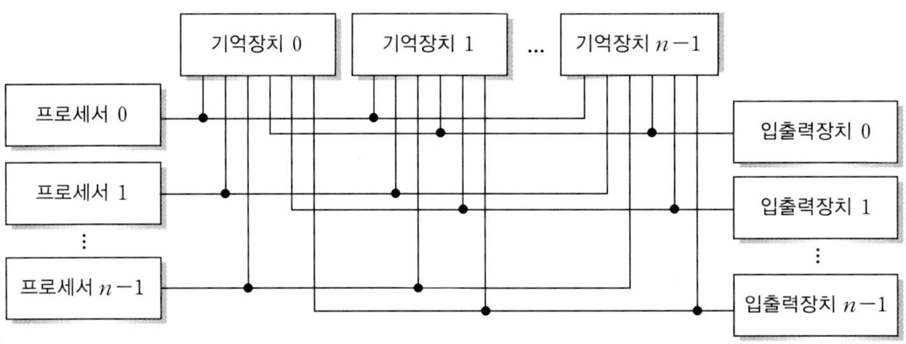

그림 15-18 다중 포트 기억 장치로 구성된 다중 프로세서 시스템

■ 중앙 제어 장치

중앙 제어 장치는 프로세서, 입출력 장치, 기억 장치 간의 데이터 흐름을 제어하고 버퍼 기능, 중재 및 시간 제어 기능을 수행한다. 또한 프로세서 간 상태 및 제어 메시지를 전달하고 캐시 갱신 감시cache update alerting 기능을 수행한다. 따라서 이 방법은 버스 구조가 단순화된다는 것이 장점이다. 그러나 제어 장치가 여러 기능을 수행하므로 구조가 많이 복잡해져서 성능 병목의 요인이 된다.

2 불균일 기억 장치 액세스

일반적인 다중 프로세서 시스템은 프로세서의 공유 기억 장치에 대한 접속 시간이 동일하므로 균일 기억 장치 액세스Uniform Memory Access, UMA 시스템이라고 한다. 반면 시스템 내의 모든 프로세서가 동일한 기억 장치를 공유하고 있지만 기억 장치에 접속하는 시간이 기억 장치의 위치에 따라 달라지는 구조를 불균일 기억 장치 액세스NonUniform Memory Access, NUMA 시스템이라고 한다.

NUMA 시스템은 대칭형 다중 프로세서에서 버스 병목 현상으로 프로세서의 수가 제한되는 것을 극복하기 위해 등장한 것으로, 기억 장치의 투명성을 제공하고 다수의 프로세서 노드를 사용할 수 있다. 각 노드는 버스를 통해 지역 기억 장치에 접속할 수 있을 뿐만 아니라 고속의 상호 연결 버스를 통해 원격 기억 장치에 접속할 수 있다. 따라서 모든 프로세서는 일정한 전역 기억 장치를 공유하며, 접속하는 데 소요되는 시간이 기억 장치의 물리적 위치에 따라 달라진다. 인접한 곳에 위치한 기억 장치의 경우 빠른 접속이 가능하여 우수한 시스템 성능을 발휘한다.

캐시 일관성 문제를 해결한 NUMA 시스템을 캐시 일관 불균일 기억 장치 액세스Cache Coherent-NonUniform Memory Access, CC-NUMA라고 한다. 이는 여러 프로세서의 캐시 사이에

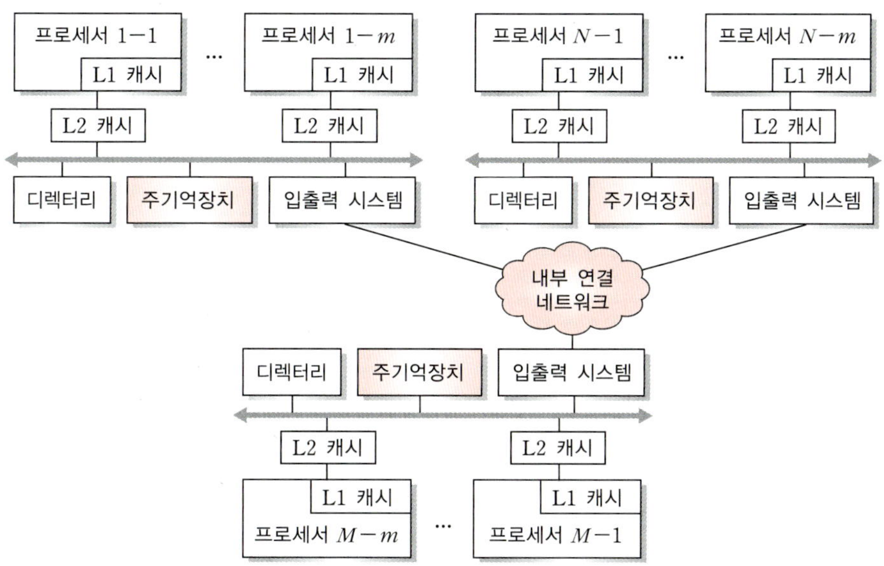

그림 15-19 CC-NUMA 조직의 일반적인 구성

캐시 일관성이 유지되는 NUMA 시스템이다. [그림 15-19]는 CC-NUMA 조직의 일반적인 구성으로, 상호 연결망을 중심으로 일반 다중 프로세서 조직이 각 입출력 시스템을 통해 연결되어 있다. 또한 다중 프로세서 조직 내에 주기억 장치가 있으며, 각 프로세서는 2계층의 캐시를 가지고 있다. 따라서 해당 다중 프로세서 조직 내에서 프로세서가 공유된 해당 주기억 장치에 접근하는 속도가 거의 동일하다. 하지만 다른 다중 프로세서 조직에 있는 주기억 장치에 접근하려면 상호 연결망을 통해야 접근하므로 다중 프로세서 조직 내의 접근 속도보다 느리다. 즉 어느 영역에 접근하느냐에 따라 접근 속도 또는 시간이 다르다. 그러나 각 프로세서에 연결되어 있는 캐시는 각각의 주기억 장치와 일관성을 유지한다.

CC-NUMA는 소프트웨어를 변경하지 않아도 대칭형 다중 프로세서보다 더 높은 수준의 병렬성을 이용하여 효과적인 성능을 제공할 수 있으며, 원격 노드에 대한 기억 장치 접근으로 인한 성능 저하를 피할 수 있다. 그러므로 캐시의 사용은 원격 접근을 포함하고 있어 기억 장치 접근을 최소화할 수 있다. 대칭형 다중 프로세서의 운영체제와 응용을 CC-NUMA에서 사용하기 위해서는 소프트웨어를 변경해야 하며, 시스템의 구성 방법에 따라 가용성 문제가 발생할 수 있다.

3 클러스터

단일 컴퓨터를 이용하여 데이터를 처리하는 방법은 이미 한계에 도달하여 그 해결 방안으로 다수의 프로세서를 협동적으로 활용하는 병렬 컴퓨터 시스템이 사용되고 있다. 여러 프로세서가 하나의 메모리를 공유하는 SMP 시스템, 여러 프로세서가 각각 독립된 메모리를 가지고 있는 MPPMassively Parallel Processing 시스템, 여러 프로세서의 지역 메모리를 계층적으로 공유하는 NUMA 시스템 등이 여기에 속한다. 따라서 최신 컴퓨터는 더 발전된 형태의 새로운 다중 프로세서를 갖추고 고성능high performance, 고가용성high availability을 충족해야 한다. 특히 대형 서버 구성에 적합해야 하는데 이러한 목적을 위해 등장한 것이 바로 클러스터이다.

클러스터는 상호 연결된 여러 대의 전체 컴퓨터가 협력하여 하나의 컴퓨터로 동작하는 통합 컴퓨팅 자원이다. 클러스터를 구성하는 전체 컴퓨터는 클러스터에서 분리되면 독립적으로 동작할 수 있는 컴퓨터 시스템이며, 이러한 각 컴퓨터를 노드라고 한다.

대용량 수치 연산에서 고품질의 결과를 빠르게 얻으려면 대규모 계산이나 데이터를 처리해야 하는데, 이를 위해 워크스테이션이나 슈퍼컴퓨터를 활용했다. 그러나 단일 워크스테이션은 충분한 성능을 제공하는 데 한계가 있고 슈퍼컴퓨터는 구축 비용이 매우 높아 일반적인 연구 환경에서 사용하기가 어렵기 때문에 클러스터는 이를 해결하는 좋은 선택 방안이 될 수 있다.

클러스터의 특징

클러스터는 워크스테이션보다 월등한 컴퓨터 성능을 제공할 수 있고 대규모 데이터 처리가 가능하며, 범용 하드웨어를 사용하므로 상용 병렬 컴퓨터에 비해 가격 대비 성능이 매우 뛰어나다. 그리고 노드 증설에 따라 성능 향상이 자유롭고, 클러스터에서 분리된 컴퓨터를 이용하여 고성능 병렬 컴퓨터를 제작할 수 있다. 또한 자체 제작이 가능하므로 어떤 문제가 발생했을 때 자체적으로 쉽게 해결할 수 있다.

클러스터의 장점은 다음과 같다.

- **절대적 선형 확장성**absolute scalability: 가장 큰 독립적 시스템보다 훨씬 더 큰 클러스터를 구성할 수 있다.
- **점진적 선형 확장성**incremental scalability: 새로운 시스템을 점차적으로 추가하면 성능을 향상할 수 있다.
- **높은 가용성**high availability: 각 노드는 독립적인 컴퓨터이므로 노드에 결함이 있어도 서비스를 계속 제공할 수 있다.
- **월등한 가격/성능**superior price/performance: 클러스터는 독립적인 컴퓨터의 집합으로서 고가의 대형 시스템보다 성능이 더 뛰어나지만 더 낮은 비용으로 구성할 수 있다.

클러스터의 분류

클러스터는 저장 장치인 디스크의 공유 여부에 따라 다음과 같이 구분된다.

■ 디스크를 공유하지 않는 구조

[그림 15-20]은 전체 컴퓨터가 디스크를 공유하지 않는 클러스터의 구조를 보여준다. 전체 컴퓨터가 LAN 또는 전용 연결망으로 연결되고 고속의 메시지 전달로 통신이 이루어진다.

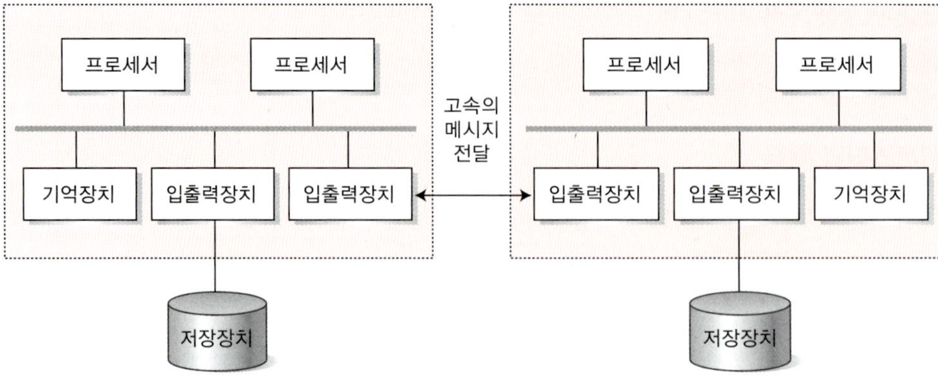

그림 15-20 디스크를 공유하지 않는 클러스터의 구성

■ 디스크를 공유하는 구조

전체 컴퓨터가 디스크를 공유하는 구조로, 공유되는 디스크 시스템으로는 RAID Redundant Array of Independent Disks 를 사용한다. RAID는 가격이 저렴하고 크기가 작은 다수의 디스크를 배열로 구성하여 하나의 패키지에 넣은 대용량 디스크로, 운영체제에 의해 하나의 논리적 드라이브로 보이는 물리적 디스크 드라이브의 집합이다. 데이터는 배열을 이루고 있는 디스크 드라이브에 분산 저장되고, 디스크 오류 발생 시 데이터 복구를 보장하기 위한 패리티 정보를 저장하는 데 여분의 디스크가 사용된다. [그림 15-21]은 디스크를 공유하는 클러스터의 구성으로, 전체 컴퓨터 간에 고속의 메시지로 연결되고 전체 컴퓨터가 RAID를 공유한다.

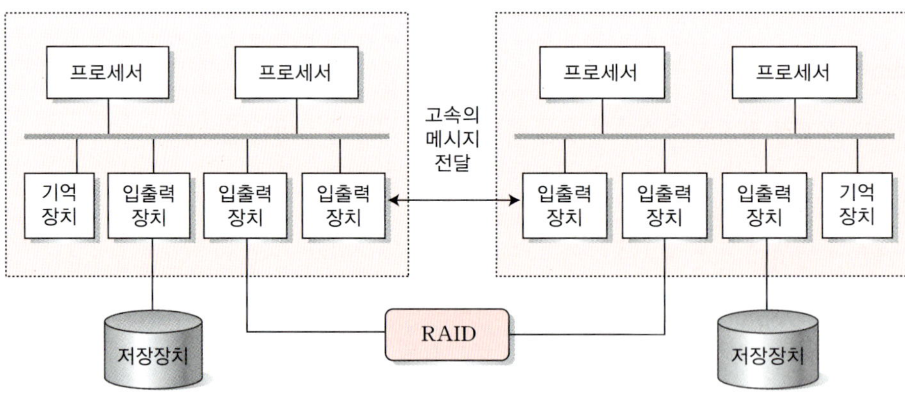

그림 15-21 디스크를 공유하는 클러스터의 구성

클러스터에 추가해야 할 운영체제 기능

클러스터를 지원하는 운영체제는 다음 기능을 포함해야 한다.

■ **결함 관리 기능**

발생할지도 모를 결함을 관리하면 모든 자원에 서비스를 제공할 확률이 높아진다. 운영체제에서 지원하는 결함 관리failure management 기능은 모든 자원을 효과적으로 운영하고 고가용성 클러스터링highly available clustering 을 충족할 것이다. 그리고 결함 허용 클러스터링fault tolerant clustering 을 형성하여 모든 자원이 항상 사용 가능하도록 보장하며, 고장이 발생한 시스템의 프로그램과 데이터 자원을 클러스터 내 다른 시스템으로 전환하는 기능을 제공할 수 있다.

■ **부하 균등 기능**

클러스터는 사용 가능한 컴퓨터 간에 부하를 균등하게 분할해야 성능을 높일 수 있으므로 운영체제는 부하 균등load balancing 기능을 지원해야 한다.

요약

01 병렬 처리

병렬 처리는 여러 개의 프로세서를 장착한 컴퓨터에서 실행되는 처리 방식으로, 하나의 프로그램에서 다양한 태스크를 동시에 처리할 수 있다.

02 다중 처리

다중 처리는 하나의 처리 장치가 여러 개의 프로그램을 다중화하여 처리하는 방식을 말한다.

03 SISD

SISD는 한 번에 하나의 명령어와 데이터를 순서대로 처리하는 단일 프로세서 시스템이다.

04 SIMD

SIMD는 명령어 스트림 하나가 다수의 처리 장치에서 동시 처리되도록 제어하는 방식이다.

05 MISD

MISD는 SIMD와 반대의 개념으로, 처리 장치에서 수행되는 명령어는 다르지만 전체적으로는 하나의 데이터 스트림을 가진 방식이다.

06 MIMD

MIMD는 다수의 처리 장치가 서로 다른 명령어를 동시에 병렬로 실행하는 방식으로, 통상적인 일반 목적용 다중 프로세서 구조이다.

07 배열 프로세서

배열 프로세서는 하나의 제어 장치가 모든 처리 장치를 제어하여 동기적으로 동작하는 시스템이다. 배열 프로세서에서는 처리 장치가 프로세서와 기억 장치로 구성되고 프로세서가 간단한 연산만 수행한다.

08 다중 프로세서

다중 프로세서는 다수의 프로세서로 여러 작업을 동시에 처리함으로써 시스템의 전반적인 처리율이 향상된다. 또한 각 프로세서에 제어 장치가 있어 자율적인 실행이 가능하며, 전체 시스템은 단일 운영체제로 운영된다.

09 대칭형 다중 프로세서

대칭형 다중 프로세서는 다중 프로세서 시스템을 구성하는 프로세서가 동일한 성능으로 수행하고 동일한 기능을 한다.

10 불균일 기억 장치 액세스

시스템 내의 모든 프로세서가 동일한 기억 장치를 공유하고 있지만 기억 장치에 접속하는 시간이 기억 장치의 위치에 따라 달라지는 구조를 불균일 기억 장치 액세스 시스템이라고 한다.

11 클러스터

클러스터는 상호 연결된 여러 대의 전체 컴퓨터가 협력하여 하나의 컴퓨터로 동작하는 통합 컴퓨팅 자원이다. 클러스터를 구성하는 전체 컴퓨터는 클러스터에서 분리되면 독립적으로 동작할 수 있는 컴퓨터 시스템이며, 이러한 각 컴퓨터를 노드라고 한다.

01 병렬 처리에 대한 설명으로 옳지 않은 것은?

① 여러 프로세서가 여러 프로그램 또는 한 프로그램의 분할된 부분을 분담하여 동시에 처리하는 기술을 병렬 처리라고 한다.

② 병렬 처리 기술을 적용하려면 용량이 크고 고가이며 고속인 프로세서를 사용할 수 있어야 한다.

③ 병렬 처리를 위해 프로그램을 여러 개로 나누기 때문에 문제가 발생할 소지가 있다.

④ 분할된 부분을 나누어 처리하는 프로세서 간의 데이터 교환을 위해 메커니즘이 필요하다.

02 병렬 처리 컴퓨터에서 발생할 수 있는 문제에 해당하지 않는 것은?

① 지역적 참조 ② 분할 문제

③ 스케줄링 ④ 동기화

03 병렬 처리에 대한 설명으로 옳지 않은 것은?

① 처리 장치의 수만큼 속도 향상을 얻을 수 있다.

② 고속 프로세서를 하나의 시스템으로 구성함으로써 병렬 처리가 가능하게 되었다.

③ 공유 데이터의 동기가 유지되어야만 병렬 처리가 가능하다.

④ 병렬 프로그램 언어와 컴파일러의 개발로 병렬 처리가 가능하게 되었다.

04 MIMD에 속하지 않는 다중 프로세서 시스템은?

① 대칭 다중 프로세서 ② 클러스터

③ 비균일 기억 장치 액세스 시스템 ④ 배열 프로세서

05 MIMD 시스템에 대한 설명으로 옳지 않은 것은?

① 하나의 기계 명령어가 다수의 처리 장치에서 동시 처리 동작을 제어한다.

② 다수의 프로세서가 서로 다른 명령어를 실행하고, 처리하는 데이터 스트림은 단일 시스템이다.

③ 배열 프로세서가 대표적이다.

④ 병렬 프로세서에서 일반 목적용으로 사용된다.

06 배열 프로세서에 대한 설명으로 옳은 것은?

① 처리 장치가 한 제어 장치의 통제하에 동기적으로 동작하는 시스템이다.
② 제어 장치가 프로세서와 기억 장치로 구성되고 간단한 연산만 수행한다.
③ 각 처리 장치가 명령어를 해석하고, 해석된 명령어가 실행될 처리 장치를 결정한다.
④ 일반 계산 전용 컴퓨터에 접속되어 호스트 컴퓨터로 사용된다.

07 다중 프로세서에 대한 설명으로 옳은 것은?

① 배열 프로세서라고도 한다.
② 단일 명령 스트림, 다중 데이터 스트림을 가진다.
③ 각 프로세서가 독립된 기억 장치만을 가진다.
④ 전체 시스템이 단일 운영체제에 의해 운영된다.

08 다중 프로세서에서 공유 기억 장치 시스템의 상호 연결 구조에 대한 설명으로 옳지 않은 것은?

① 프로세서와 공유 기억 장치의 연결 형태를 상호 연결 구조라고 한다.
② 버스의 연결에서 공유 버스는 하드웨어가 매우 간단하다는 것이 장점이다.
③ 다중 버스는 버스 경합을 줄이기 위해 버스의 수를 늘린 것이다.
④ 목적 버스는 캐시 사용에 따른 경합으로 지연 시간이 증가한다.

09 다중 프로세서에서 기억 장치 모듈의 소유 방식에 대한 설명으로 옳지 않은 것은?

① 밀접 결합 시스템은 모든 처리 장치가 공유된 기억 장치를 사용한다.
② 느슨 결합 시스템은 각 처리 장치가 독립된 기억 장치를 가지고 있다.
③ 공유 기억 장치 시스템은 공유 자원의 경합이 많다.
④ 분산 기억 장치 시스템은 처리할 작업이 동적으로 균등하게 할당된다.

10 다중 프로세서에서 운영체제에 추가해야 하는 기능에 해당하지 않는 것은?

① 프로세서 분할　② 스케줄링
③ 프로세서 간의 동기화　④ 신뢰성과 결함 허용

11 대칭형 다중 프로세서의 특징에 대한 설명으로 옳지 않은 것은?

① 각 프로세서가 기억 장치에 접근하는 데 걸리는 시간이 거의 동일하다.

② 모든 프로세서는 입출력 장치의 접근을 위한 채널을 공유한다.

③ 점진적 확장이 불가능하다.

④ 하나의 통합 운영체제가 시스템을 제어한다.

12 대칭형 다중 프로세서에 대한 설명으로 옳은 것은?

① 기억 장치에 접속하는 시간이 기억 장치의 위치에 따라 달라진다.

② 구성되는 프로세서가 동일한 성능으로 수행되고 동일한 기능을 한다.

③ 모든 처리 장치가 한 제어 장치의 제어에 의해 동기적으로 동작한다.

④ 상호 연결된 여러 대의 전체 컴퓨터가 협력하여 하나의 컴퓨터로 동작하는 통합 컴퓨팅 자원이다.

13 대칭형 다중 프로세서의 상호 연결망으로 사용되는 방식이 아닌 것은?

① 주파수 분할 버스 ② 시분할 버스

③ 다중 포트 기억 장치 ④ 중앙 제어 장치

14 다중 포트 기억 장치의 원리에 대한 설명으로 옳지 않은 것은?

① 프로세서와 입출력 장치가 기억 장치에 대해 독립적인 접근 통로를 제공한다.

② 여러 프로세서가 동일한 기억 장치 모듈에 접근하려는 경우 충돌 해결을 위한 회로가 필요하다.

③ 캐시 제어에는 반드시 나중 쓰기 방식을 사용한다.

④ 주기억 장치의 내용이 항상 캐시의 내용과 같아서 유효하다.

15 CC-NUMA에 대한 설명으로 옳은 것은?

① 구성된 프로세서의 성능이 동일하다.

② 여러 프로세서의 캐시 사이에 캐시 일관성이 유지되는 NUMA 시스템이다.

③ 구성된 컴퓨터를 분리하여 독립적으로 사용할 수 있다.

④ 디스크를 공유하지 않는 경우 RAID를 사용한다.

16 클러스터를 지원하는 운영체제에 추가해야 하는 기능에 해당하는 것은?

① 동기화 ② 스케줄링

③ 일관화 ④ 부하 균등화

17 클러스터의 특징에 대한 설명으로 옳지 않은 것은?

① 모든 처리 장치가 한 제어 장치의 제어에 의해 동기적으로 동작하는 시스템이다.

② 여러 대의 전체 컴퓨터가 상호 연결되어 단일 컴퓨터로 동작하는 통합 컴퓨팅 자원이다.

③ 지원하는 운영체제에 결함 관리 기능과 부하 균등 기능이 포함되어야 한다.

④ 선형 확장성, 높은 가용성, 낮은 가격 등이 장점이다.

18 클러스터에 대한 설명으로 옳지 않은 것은?

① 점진적 선형 확장이 가능하다.

② 고가의 대형 시스템보다 성능이 더 뛰어나지만 더 낮은 비용으로 구성할 수 있다.

③ 디스크를 공유하는 경우 고속의 메시지 전달로 통신이 이루어진다.

④ 부하 균등 및 결함 관리 기능을 운영체제에서 추가해야 한다.

19 다중 프로세서 시스템에 대한 설명으로 옳은 것은?

① 대칭형 다중 프로세서에서는 모든 처리 장치가 한 제어 장치의 제어에 의해 동기적으로 동작한다.

② 불균일 기억 장치 액세스에서는 프로세서가 동일한 성능으로 수행되고 동일한 기능을 한다.

③ 클러스터에서는 상호 연결된 여러 대의 전체 컴퓨터가 협력하여 하나의 컴퓨터로 동작한다.

④ 배열 프로세서는 버스 병목 현상으로 프로세서의 수가 제한되는 것을 극복하기 위해 등장했다.

찾아보기

찾아보기

찾아보기